수렵채집 사회

고고학과 인류학

수렵채집 사회

고고학과 인류학

로버트 켈리 지음

성춘택 옮김

사회평론아카데미

수렵채집 사회
고고학과 인류학

2014년 12월 30일 초판 1쇄 펴냄
2024년 4월 15일 초판 3쇄 펴냄
지은이 로버트 켈리 **옮긴이** 성춘택 **펴낸이** 윤철호 **펴낸곳** (주)사회평론아카데미
편 집 김천희 **디자인** 김진운 **본문 조판** 디티피하우스 **마케팅** 김현주

등록번호 2013-000247(2013년 8월 23일) **전 화** 02-326-1545 **팩 스** 02-326-1626
주 소 서울특별시 마포구 월드컵북로6길 56
ISBN 979-11-85617-29-9 93900

한국어판 서문

먼저 한국어판을 번역한 성춘택 교수의 노고에 감사 드립니다. 한 문단을 다른 말로 옮기는 일도 어려운데, 책 전체를 번역하였으니, 이 책이 잘 쓰인다면 번역자 덕택일 것입니다.

여러분이 보고 있는 책은 1995년 *The Foraging Spectrum*이라는 이름으로 출간되었으며, 2007년 조금 수정을 거쳤던 책의 두 번째 판입니다. 많은 사람들이 나에게 재판인데 왜 책의 제목을 바꾸었는지 물었습니다. 케임브리지대학 출판부가 책 제목에 "수렵채집"이라는 말을 넣어 검색을 수월하게 하자고 해서 그런 것입니다. 그래도 나는 제목을 유지하고 싶어 부제로 사용하였습니다.

나는 이 책을 인류학과 고고학을 공부하는 사람을 위해 썼습니다. 특히 선사시대 수렵채집민 연구에 관심을 가진 독자를 주로 염두에 두었습니다. 이 책은 현대 수렵채집 사회에 대한 모델을 제시하고 있으며, 이는 선사시대를 이해하는 데 도움이 될 것입니다.

한국은 미국보다 작은 나라이지만, 미국의 15,000년보다 훨씬 오래된 선사시대를 가지고 있습니다. 물론 그 선사시대의 대부분은 바로 수렵채집 사회였습니다. 그런데 한국의 가장 이른 시기, 곧 후기 구석기시대 이전 호미니드의 행위에 대한 고고자료는 우리가 일반적으로 이해하는 측면에서 그리 "문화적"이지 않을지도 모릅니다. 그리하여 언뜻 이 책에서 다루고 있는 내용과 다를 것이라 생각될 수도 있지만, 이 점에서 이 책의 내용은 여전히 유용할 것입니다. 현대 수렵채집민에 대한 모델을 바탕으로 한국의 아주 이른 시기 수렵채집민이 완전한 현생의 수렵채집민과 얼마나 다르고 비슷한 행위를 하였는지 이해할 수 있는 것입니다. 이로써 완전한 현생인류가 등장하는 후기 구석기시대 이전의 호미닌이 남긴 자료를 해석하는 데 도움을 얻을 수 있을 것입니다.

그리고 한국에서 그 이후 시기의 선사시대와 수렵채집 사회에 대해 연구하는 사람에게도 이 책이 담고 있는 내용이 유익할 것입니다. 특히 한국 선사시대 자료의 다양성과 변화를 이해하는 데 도움이 되길 바랍니다.

책을 읽어주어 고맙습니다. 모든 이에게 쓸모있는 책이기를 바랄 뿐입니다.

와이오밍대학교 인류학과
로버트 켈리
RLKELLY@uwyo.edu

서문

나는 1972년 『내셔널 지오그래픽』에서 타사데이(Tasaday)족 원주민 남자와 여자가 뒤돌아보는 사진을 보았을 때의 놀라움을 아직 기억하고 있다. 멀리 동떨어진 곳을 찾고 싶어 하고 선사시대 사람들을 연구하고자 했던 나이 어린 고등학생에게 타사데이족 사진은 모든 것을 할 수 있는 기회를 주었다. 거기에 석기시대가 있었다. 문명에 더럽혀지지 않은 "수만 년 전 우리 조상들이 그랬던 것처럼"(McLeish and Launois 1972: 219) 살았던 수렵채집민이 있었다.

인류학과 타사데이족 그리고 나 자신까지 포함하여 우리는 1972년 이후 먼 길을 걸어왔다. 물론 타사데이족은 구석기시대의 유물이 아니다. 솔직하게 얘기하면 나는 타사데이족이 어떤 족속이었는지, 지금은 어떠한지에 대해 잘 알지 못한다. 아마도 몇몇 사람들의 말대로 타사데이족은 필리핀 정부가 지리정치적인 이유에서 억지로 만들어낸 볼모와 같은 존재일지도 모른다(Headland 1992; Hemley 2003). 그러나 타사데이족이 남긴 유산은 여전히 대중들의 마음속에 남아 있으며, 때로는 인류학에서 수렵채집민을 인지하는 데 기여하기도 했다. 대중 미디어는 수렵채집 사회를 기술(技術)이라는 함정에서 벗어난 인간성을 보여준다거나 구석기시대의 유물 또는 시간을 잃어버린 사람들이라고 묘사하기를 좋아한다. 이런 식으로 흔히 우리가 가지고 있지 못한 것을 통해 수렵채집민을 묘사하려고 한다. 이를테면 타사데이족에게는 분명

"농사지을 도구가 없고 … 직물로 만들어진 옷이 없으며 … 파이프도 없고 … 토기도 없고 … 전쟁이란 말도 없다"고 한다(MacLeish and Launois 1972: 242). 타사데이족을 포함하여 모든 수렵채집민은 "낮은 단계의 자연 상태에 사는 사람들"이라 "보이는" 것이다(Holmberg 1950: 261). 이는 우리가 수렵채집민이 진정으로 어떤 사람들인지 알아야 할 충분한 이유가 되기도 한다.

자연 그대로의 인간성이 과연 좋은 것인지에 대해서는 의견이 엇갈린다. 장 자크 루소가 말하는 "고귀한 야만인"이라 하여 문명에 오염되지 않은 존재로 생각하는 사람도 있고, "원시" 사회에서 인간성의 어두운 측면을 보는 사람도 있다. 많은 사람들은 산업화 사회의 실패나 성공을 돋보이게 하는 수단으로 수렵채집 사회를 이용한다. 어떤 이는 수렵채집민에게서 야만스런 사냥이나 유혈성이 진화적으로 배태되어 있다는 증거를 보기도 하며(Cartimill 1993), 반면 협력하는 사회의 모델이 되는 친절하고도 온화한 사회의 사례를 찾기도 한다(Bernhard and Glantz 1992). 특히 『동굴곰의 혈통(Clan of the Cave Bear)』 같은 책이나 〈불을 찾아서(Quest for Fire)〉, 〈늑대와 춤을(Dance with Wolves)〉, 〈부시맨(The Gods Must Be Crazy)〉 같은 영화에서 먼 과거의 사회가 어떠했는지를 우리가 어떻게 생각하는지가 수렵채집민을 통해서 그려지고 있다. 책이나 영화에서 수렵채집민은 태생적으로 히피족이든지 최후의 전사 정도로 그려지고 있다. 한편으로 수렵민은 우리 모두가 동경하는 단순하고 평등했던 과거를 보여주는 사례로, 다른 한편으로는 우리가 본질적으로 몽둥이를 휘두르는 혈거인이라는 사실을 증명해 주는 것이라 여겨진다.

이제 이 점만은 분명히 해두자. 우리가 이 책에서 논의하는 수렵채집민은 현대 서구 문명의 또 다른 자아가 아니며, 수렵채집민은 "단순한" 사회도 아니고, 자연 상태의 인간성에 머물러 있는 것도 아니며, 구석기시대의 유물도 아니다. 그리고 윌슨(E. O. Wilson 1978)이 말하듯이, 현재의 수렵채집 사회에서 거슬러 올라가 외삽(外揷)하는 방식으로 선사시대의 인류사회를 복원할 수도 없다.

불행히도 대중 미디어처럼 사회과학자들도 이런 단순화에 어느 정도 책임이 있다. 많은 이론적인 논의와 교과서에서는 수렵채집 사회가 지니는 현대 사회 및 경제적인 맥락이나 먹을 것을 찾아 사냥하고 채집하는 사람들 사이에 존재하는 다양성이 갖는 중요성을 무시하거나 과소평가한다. 물론 강의를 위해서나 이론을 만들어내기 위해서 어느 정도 단순화할 필요가 있을 수는 있다. 그러나 그럼으로써 부지불식간에 다른 사람들의 삶을 지나치게 안이하게 구성하고, 현대의 수렵채집민의 삶에 영향을 미치는 요인과 진화에 대해 잘못 이해할 수 있다.

이 책은 이런 문제들과 수렵채집 사회를 단순화하려는 경향, 그리고 인류의 차이를 조건짓는 요인들에 대한 오해와 싸우는 데 기여하고자 했다. 이러한 목적을 위해 이 책은 수렵채집 생활방식의 다양성, 그리고 이 다양성을 설명할 수 있는 요인들을 기술(記述)하는 데 초점을 맞추었다. 나는 인간행동생태학의 시각에 의지하였다. 독자들이 이 접근이 유용함을 알게 되기를 바랄 뿐이다. 하지만 수렵채집민에 대한 간략한 스케치를 찾고자 한다면 실망할 수도 있다. 그런 스케치는 또 다른 새로운 고정관념을 만들어낼 수 있기 때문에 이 책에 싣지 않았다.

나는 두 독자층을 생각하고 이 책을 썼다. 첫째, 대학의 학부생은 행위의 배경이 되는 인과적 변수들에 주목할 수 있을 것이다. 나는 학생들이 가령 공유와 같은 몇몇 특징들이 수렵채집 사회에 일반적이라고 한다면, 이는 단순히 수렵채집민이거나 인간이 지닌 고대의 핵심적 특질을 보존하고 있어서가 아니라, 현존 수렵채집 사회의 광범위한 일련의 조건들 때문임을 이해하였으면 한다. 나는 수렵채집민들이 어떻게 생계와 이동성, 기술, 인구, 공유, 영역성, 사회 및 정치 조직에서 차이를 보이는지에 초점을 맞추면서 논의하였다. 나는 학생들에게 또 다른 시간과 공간을 찾도록 놔두지 않았다. 행위와 환경 사이의 관계에 초점을 맞추는 접근이야말로, 비록 덜 낭만적이기는 하지만, 학생들이 스스로가 속한 사회의 구조적인 요소들이 어떻게 특정한 행위를 하도록(또는 못하도록) 만드는지를 깨닫게 해줄 것이라고 생각한다.

둘째, 이 책은 대학원생 , 특히 고고학을 연구하는 학생들을 위한 책이기도 하다. 어느 정도 인류학적인 지식을 가지고 있지만 수렵채집 사회 문헌이나 인간행동생태학에 그리 밝지 않은 전공자를 생각하였다. 나는 고고학을 연구하는 학생들이 현존하는 수렵채집민 또는 다른 수렵채집 사회를 혼합하여 과거를 복원하지 않기를 바란다. 그렇다고 민족지 자료가 고고학에 쓸모없다는 것은 아니며, 사실 이와는 정반대이다. 다만 민족지 자료는 명확하게 이론적인 시각에서 이해할 때만 유용하다. 그렇지 않다면 우리의 과거에 대한 인식에 "폭군"과도 같은 역할을 할 뿐이다(Wobst 1978). 선사시대 사람들에 대한 상사(相似, analogues)로서 현존 수렵민을 보아서는 결코 안 되며, 인간행위에 대한 몇 가지 가정들을 검증하는 데 관련 자료를 사용할 수 있을 뿐이다. 단순히 말한다면, 나는 이 책이 학생들의 이론적인 사고를 고양시키기를 원한다. 나의 목적은 개괄적인 논의를 하는 것이었기 때문에 몇 가지 매력적인 주제들이 축약될 수밖에 없었다. 이 부분은 학생들이 앞으로 더 진전시켜 연구하기를 바랄 뿐이다.

마지막으로 용어와 자료에 대한 주의사항이 남았다. 최근 수렵채집민(hunter-gatherer)이라는 용어 대신 더 포괄적인 용어인 "포리저(forager)"라는 말을 사용하는 학자가 많다. 특히 수렵채집민에서 "사냥꾼"이 가지는 더 특권적인 느낌을 지울 수 있기 때문이다. 나는 순전히 단조로움을 피하려는 이유에서 이 두 용어를 모두 사용할 것이다. 몇몇 수렵채집민에게 붙여진 이름도 인류학이 성장하면서, 인류학의 주제가 더 큰 목소리를 내면서, 그리고 사회가 변화하고 스스로를 재정립하면서 변화했다. 나는 민족지 문헌을 읽는 학생들에게 도움이 될 용어와 이 책을 읽을 수렵채집사회 또는 과거 수렵채집을 하였던 사회의 구성원이 모욕을 느끼지 않을 용어들 사이에 균형을 맞추고자 했다. 또한 어떤 부분에서는 민족지적인 현재형을 사용할 터인데, 다만 독자는 특정한 집단이 민족지 연구가 이루어졌던 시점에서 지금에 이르기까지 아무런 변화도 보이지 않았다고 생각하지는 말았으면 한다. 반대로 과거형을 사용한 곳에서도 그 수렵채집민이 더 이상 존재하지 않는다고 생각하지 말기를 바란다. 또한 학생들은 이 책에 실린 표에 나와 있는 자료를 무비판적으로 사용하지 않았으면 좋겠다. 원 자료는 상이한 목적을 띠고 다양한 조건에서 수집된 것이다. 나는 이 자료를 사용하여 수렵채집민 사이에 다양성이 있음을 보여주고 자료의 잠재적 원천의 지침으로서 제시하였다. 그러나 학생들이 분석에 이용할 경우 일차 자료를 참고함으로써 자료의 적질싱을 판단하기를 바란다.

나는 전문가로서는 상당히 젊었을 때 이 책의 초판을 썼다. 비록 고고학자이긴 하지만, 첫 대학원 강의에서 루이스 빈포드(Lewis Binford)는 나에게 민족지의 매력을 불어넣어 주었다. 그리고 내가 대학에 처음 자리를 잡을 때 나를 수렵채집 사회 전문가라고 소개하였다. 그러나 강의를 시작하면서 나는 수렵채집민에 대해서 알고 있는 지식이 별로 없음을 깨달았다. 이 책은 공부하기 위해서 썼던 것이다. 첫 판은 1995년 스미스소니언연구소출판부에서 발간되었다. 2004년 출판부가 사라지면서 엘리엇워너(Elliot Werner)사에서 퍼처론 출판사(Percheron Press)를 통해 조금 수정된 판(몇 가지 잘못만을 고쳤다)을 냈다. 지금 여러분이 손에 든 이 책은 완전히 개정된 두 번째 판이다. 그 뒤 어떤 변화가 있었을까?

우선 이 두 번째 판은 기술에 대한 새로운 장(5장)이 담겨 있다. 1995년 이전에는 인간행동생태학의 시각에서 쓰인 글이 별로 없었다. 공유에 대한 장 역시 1995년 이후 이 주제에 대해 많은 연구가 이루어진 만큼 크게 수정하여 다시 집필하였다. 마찬가지로 인구에 대한 장(제7장)에서 재생산생태학에 대한 부분 역시 크게 바뀌었으며, 불평등의 발달에 대한 장(제9장) 역시 1995년 판의 핵심 요소는 변하지 않았다 하더라도 크게 개정되었다. 전체적으로 참고문헌을 갱신하였고 새로운 사진과 그림을 추가하고 오류를 수정하였으며 글도 다듬었다. 이 새로운 판이 읽을 만하기를 기대한다.

처음 타사데이족 사진을 보고 놀라움을 느낀 지 벌써 40년이 지났다. 나는 더 이상 타사데이족의 얼굴에서 선사시대의 친척을 보지는 않는다. 이제는 대부분 자원 이용의 비용과 효과, 시간 분배의 차이, 칼로리 회귀율, 기회비용, 유용성 곡선 같은 것을 들여다본다. 그러나 가끔은 이런 것을 넘어 인간성의 다양성과 궤도와 진화 과정을 이루어낸 열정과 꿈과 욕망을 보기도 한다. 나는 여전히 놀라워하고 있다.

감사의 글

이 책의 개정판을 내기 위한 작업은 수년 동안 이루어졌다. 여기에 언급되어야 할 만한 사람들이 많고 빠져 있는 경우도 있을 것이 분명하다. 그분들에게 고마움을 표하고자 한다. 먼저 데이빗 허스트 토머스(David Hurst Thomas)와 루이스 빈포드(Lewis Binford)에게 감사함을 말하지 않는다면 잘못일 것이다. 토머스는 그레이트베이슨(Great Basin) 지역 고고학을 통해서 나를 수렵채집민 인류학 연구로 이끌어 주었다. 인류학을 하는 나의 접근법의 대부분은 빈포드를 통해서 형성된 것이다. 그동안 토머스와 빈포드의 지도와 기다림이 없었다면 나는 지금처럼 감사를 전하는 즐거움에 빠져 있지도 못했을 것이다.

이 책의 첫 판은 1988-1989년 학술진흥연구(School of Advanced Research)에서 웨더헤드펠로우(Weatherhead Fellow)로서 지원을 받았을 때 형태를 갖추었다. 그러한 기회를 준 데 대해 감사한다. 그리고 루이빌대학에 재직하는 동안 첫 판을 썼다. 책은 미크로네시아의 추욱(Chuuk) 섬에 머무는 동안 완성되었다. 거기서 아내 린 포이어(Lin Poyer)의 현지조사를 도와주었지만, 아내 역시 지난 30년 동안 내게 훨씬 많은 도움과 격려와 함께 진화이론에 대한 지속적인 논평을 해주었다. 아내의 도움이 없었다면 이 재판이 나왔을지 의문이다. 또 다시 열대의 섬에 가는 것도 환영할 일이지만, 와이오밍 주 라라미(Laramie)의 우리 집 부엌 테이블에 앉아서 고양이 더스티와 파미나, 그리고 강아지 제나가 나를 바라보는 가운데 이 책의 대부분을 집필하였다. 마지막 원고는 2012년 가을에 완성하였는데, 당시 나는 케임브리지대학의 세인트존스칼리지에서 방문학자로 있었다. 매스터스 정원이 내려다보이는 조용한 공간을 주어 이 작업을 완성하게 해준 세인트존스칼리지에 고마움을 전한다.

이 책의 첫 판과 재판 원고는 다음과 같이 많은 사람들이 읽고 논평을 해주었다. 켄 에임스, 잔느 페팃, 린 포이어, 레이철 레킨, 러슬 라이드, 스티프 심스, 에릭 알덴 스미스, 존 스페스, 토드 서로벌, 로버트 톤킨슨, 브램 터커, 니콜 웨이그스팩, 그리고 이름을 밝히지 않은 논평자들. 이 가운데 특히 에릭 알덴 스미스에게 감사한다. 에릭은 초판과 재판 원고를 읽고 그때마다 많은 시간을 들여 큰 도움을 주었고 작거나 당혹스런 실수들을 바로잡아 주었다. 리베카 블리지 버드와 피터 브로시어스, 바이언 그리핀, 배리 휼렛, 킴 힐, 로버트 히치콕, 짐 오코널은 고맙게도 사진을 제공해 주었다. 헤더 락웰은 그림 1-1을 그려 주었다. 또한 케임브리지대학 출판부의 직원들, 아프타라사(Aptara, Inc.)의 페기 로트, 연구서의 편집자인 조안 애니 워이의 도움에도 감사한다. 내게 해주었던 충고를 모두 받아들였어야 했지만 그렇지 못하였다. 때문에 오류나 문제가 있다면 모두 내 책임이다.

책을 쓰고 싶어 하는 사람은 많은데도, 쓰는 사람은 언제나 자신의 책을 빨리 끝내고 싶어 한다. 나 역시 마찬가지이다. 책이란 요구가 많은 주인과도 같아서 저자가 사랑하는 사람으로부터 멀어지게 만든다. 그러나 책은 또 현명한 주인이기도 하여 사랑하는 사람의 소중함을 더욱 느끼게 만들기도 한다. 그래서 린, 매튜, 다이커스에게 드디어 끝났다고 말하고 싶다. 다른 무엇보다도 가족에게 고맙다.

영국 케임브리지에서
로버트 켈리

차 례

제1장   수렵채집 사회와 인류학

제2장   환경과 진화 그리고 인류학 이론

1

수렵채집 사회와 인류학

모든 인간이 모든 인간의 적이 되는 곳, … 자신이 지닌 힘 말고는 아무런 안전장치도 없이 살면서 스스로 만들어내야만 하는 곳 … 이런 조건에 산업이 들어설 자리는 없다. 왜냐하면 그 열매가 불확실하기 때문이다. 그리고 결과적으로 지구의 문화도 없고, 항해도 없으며, 바다를 거쳐 들어오는 상품도 없고, 이동 수단도 없으며, 무엇을 움직이는 데도 큰 힘이 필요하며, 지표(地表)에 대한 지식도 없고, 시간에 대한 관념도 없고, 예술도 없고, 편지도 없고, 사회도 없다. 그리고 최악의 것은 지속적인 공포, 난폭한 죽음의 위험이다. 인간의 삶은 외롭고, 가난하며, 끔찍하고, 짐승 같으며, 짧다.

— 정치철학자(Hobbes 1968[1651]: 186)

사냥하는 생활 방식이야말로 지금까지 인간이 성취한 가장 성공적이며 지속적인 적응이었다.

— 인류학자(Lee and DeVore 1968: 3)

수렵채집 사회는 인류학 이론에서 핵심적인 역할을 한다. 19세기 진화론자들은 수렵채집 사회를 초기 인류사회의 살아남은 화석과도 같이 보았다. 에밀 뒤르켕(Emile Durkeim)의 종교 이론과 사회 이론은 호주 원주민 문화에 크게 의존했다. 래드클리프브라운(A. R. Radcliffe-Brown)의 안다만섬 사람들과 호주 원주민에 대한 연구는 구조기능주의 이론의 토대가 되었다. 줄리언 스튜어드(Julian Steward)는 북아메리카 서부의 쇼쇼니(Shoshone)족과 파이우트(Paiute)족에 대한 자세한 지식을 바탕으로 문화생태학을 세웠다. 호주 원주민 민족지는 클로드 레비스트로스(Claud Levi-Strauss)의 친족체계의 기본 구조를 찾는 데 중요한 부분을 차지한다. 사실상 인류학의 토대는 원시사회에 대한 관념이었기 때문에(Kuper 1988), 우리는 인류학의 역사를 수렵채집 사회 민족학의 측면에서 쓸 수 있을 정도이다(Yengoyan 1979). 수렵채집 사회는 인류학의 본질적인 주제라고 할 수 있다(Bettinger 1991).

그런데 수렵채집민이란 누구인가? 지난 세기 동안 상징적인 몇 가지 민족지 사례들이 유행을 하고 수그러들기를 반복하였다. 인류학의 초창기에는 호주의 아란다(Aranda)족이 유행했다. 시간이 지나면서 북아메리카 서부의 쇼쇼니족이 관심을 받았다가 아프리카 남부의 주호안시(Ju/'hoansi)족¹이 부상하였다. 최근에는 파라과이의 아체(Ache)족, 탄자니아의 핫자(Hadza)족, 호주의 메리암(Meriam)족이 주목을 받고 있다. 수렵채집민에게는 때로 식물을 재배하지 않고 동물을 사육하지 않는 사람들을 뜻하는, 경제적인 측면의 정의가 통용된다. 물론 이 정의에는 다양한 사회형태가 포괄되어 있기도 하다. 또한 작은 집단을 이루고 있으며 구성원 자격이 유연하고 사회정치적 관계가 평등한 무리(band)사회와 같이 사회적인 측면에서 정의되기도 한다. 물론 이 정의에는 다양한 경제 형태가 포괄되어 있기도 하다(Lee 1992; Roscoe 2002). 시간이 흐르면서 전형적인 수렵채집 사회도 변화하였다. 폐쇄적인 가부장적

---

1   1965년 이후 쿵 부시맨(!Kung Bushmen)이라 불리던 남아프리카 보츠와나의 수렵채집민이다. 리처드 리를 비롯한 인류학자의 연구로 유명해졌다. 리는 이들을 쿵족이라 불렀으나 원주민 스스로 주호안시라는 이름을 선호한다며 바꾸었다. 'Ju'는 사람을 뜻한다고 하며, '/'는 산(San) 어족에서 보이는 독특한 혀를 차는 듯한 소리를 표현한 것이다(옮긴이, Lee, Richard. 2012. *The Dobe Ju/'hoansi*. 4th ed. Cengage Learning).

무리에서 구성원 자격이 유연한 양변 무리(bilateral bands)로, 그리고 "사냥하는 남성"에서 "채집하는 여성"으로, 평등 무리에서 시골에 사는 프롤레타리아트로, 고립된 구석기시대 유존에서 현대 세계체제의 변두리에 있는 구성원으로 바뀌어 왔던 것이다.

그럼에도 민족지 문헌을 조금만 읽어 보면 민족지적으로 알려진 수렵채집민에는 상당한 정도의 다양성이, 심지어 아프리카 칼라하리 사막이나 동남아시아와 같은 어떤 한 권역에서도 차이가 있음을 알게 된다(e.g., Barnard 1992; Kent 1996; Fortier 2009a). 수렵채집 사회에는 다양한 친족체계가 있으며, 사냥이 중요한 지역도 있지만 경우에 따라서는 채집이 중심적인 곳도 있다. 식민주의적 경험이 몇몇 수렵채집 사회를 변화시키기도 하였으며, 그것을 거부하고 살아남은 경우도 있다(Marlowe 2002). 영역성을 지니는 경우도 있지만, 그렇지 않기도 하다. 대규모 집단이 정주하고 살기도 하며, 작은 집단이 야영을 하면서 이동하며 살기도 한다. 구성원이 평등하기도 하지만, 사회위계가 있는 경우도 있다. 출산율이 높은 경우도, 낮은 경우도 있다. 이렇게 다양한 경우가 있는데, 진정한 수렵채집민이 있다면 자리에서 일어나 주기 바란다!

인류학자는 이러한 변이를 이해하고 있지만,[2] 그 동안 수렵채집 사회 연구자는 특이한 환경이나 특수한 역사 조건의 산물로서 다양성을 설명하는 것이 아니라 수렵채집 생활방식의 본질적인 핵심을 찾으려고 했다(Panter-Brick, Layton, and Rowley-Conwy 2001). 가령 『수렵민 *The Hunters*』이라는 책에서 엘먼 서비스(Elman Service 1966)는 북아메리카 서북부 해안 주민들은 식량이 풍부한 환경에 적응하였는데, 이는 드문 예이기에 제외하였다고 한다(이 주장에 대해서는 9장에서 더 살펴본다). 모델이나 원형으로 삼은 집단이 바뀌었다는 것은 지식이나 이해가 진전되었음을 알려 주는 것이기도 하지만, 행위의 연속선상에서 강조, 특정한 논점이 바뀌었음을 반영하는 것이기도 하다. 각 모델이 제안되면서 변이는 걸러지고 본질적인 수렵채집민에 대한 일원화한 기술만이 남는다. 때로 "단순(simple)"과 "복합(complex)", 또는 "즉자 회수

---

2   e.g., Hamilton 1982b; Barnard 1983; Arcand 1988; Myers 1988b; Burch 1994

(immediate return)"와 "지연 회수(delayed return)"라는 두 가지 범주를 사용하여 수렵채집 사회를 나누기도 하지만, 흔히 그 가운데 한 범주가 수렵채집 생활방식, 그리고 초기 인류사회의 본질을 구성하는 듯이 생각되고 있다.

물론 민족지적으로 알려진 수렵채집 사회에 공통점이 많은 것도 사실이다. 그리고 현존하는 수렵채집민에게서 공통성이나 차이점을 어느 정도 찾을 수 있느냐 하는 이슈가 아주 흥미로운 것도 사실이다. 하지만 어떤 한 행위가 현존 수렵채집민에게 공통된다고 하더라도, 현재의 인과적 변수, 가령 유럽의 식민지화, 교역이나 낮은 인구밀도로 인한 제약이 원인이어서 그럴 수도 있다(Ember 1975; Schrire 1984a). 더욱 중요한 것은 민족지적으로 알려진 수렵채집민과 공통적으로 결부되는 사실이 모두 사냥과 채집하는 행위와 인과적으로 연결될 수 있는 것은 아니라는 점이다. 우리가 "수렵채집민"이라고 부르는 범주는 인류의 다양성에 대한 범주에 불과한 것이지 그 자체로 인과적인 변수가 되는 것은 아니다. 그러니 민족지적으로 공통되는 특질이라는 단순한 이유에서 그 특질을 사용하여 수렵채집 사회를 복원하는 행동이 정당화되지는 않는다.

이 책을 쓰는 목적은 민족지적으로 알려진 수렵채집민(그림 1-1)에서 나타나는 변이에 대한 인류학적인 지식을 개괄하는 것이다. 그렇다면 어떤 집단이 여기에 해당할까? 엄밀한 정의를 들이댄다면, 수렵채집민이 아닌 이웃 사회로부터 어떤 것을 획득한 적이 있는 집단이라면 배제해야 할 것이다. 이 경우 민족지에 따르면 해당 사례가 거의 없을 것이다. 그러므로 이 책에서 "수렵채집민"이라고 하는 용어는 단순히 인류학에서 전통적으로 수렵채집민으로 인지되었던 족속을 가리킬 뿐이다. 다시 말하면, 어떤 구체적인 범주라기보다는 인류학의 역사가 이 주제를 규정한다. 수렵채집민은 전체는 아닐지라도 생계의 많은 부분을 사냥, 채집, 어로에서 획득한(또는 획득하였)다. 그러나 독자는 이 "수렵채집민" 가운데 많은 집단이 식량의 일부를 재배하기도 하며, 주변 농경민과 교역하며 통화 경제에도 참여한다는 것을 알아두기 바란다. 우리는 인간 행위에서 나타나는 변이의 원인을 찾고자 하는 것이지 수렵채집민의 본질을 찾는 것이 아니기 때문에, 어떤 집단이 "순수한" 수렵채집민이 아니라는 사실에

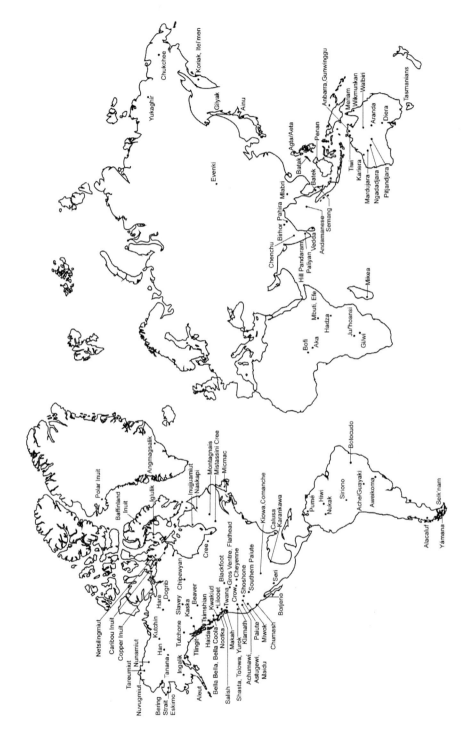

그림 1-1. 본문에 언급된 수렵채집 사회의 위치를 보여주는 세계지도(집단 이름은 표 3-1, 7-1, 7-3 참조)

신경 쓰지 않기를 바란다.

　나는 이 책을 주로 고고학자를 염두에 두고 썼다. 물론 책에는 선사시대도 나오지 않고, 결코 고고학적 관심에 한정되어 있지도 않다. 고고학자는 읽고 싶은 민족지 문헌을 섭렵할 시간이 충분하지 않다. 불행히도 그렇기 때문에 가령 주호안시나 핫자, 쇼쇼니 같은 특정 민족지 집단을 통하여 선사시대의 수렵채집민을 보고자 하는 유혹을 느낀다. 나의 목적은 전문가가 아닌 동료 고고학자와 민족학자가 수렵채집민 연구를 할 때 수렵채집 사회에서 나타나는 변이에 관한 지식과 그것을 설명할 수 있는 생각을 그들에게 제공하는 것이다. 이를 위해 생계, 이동성, 교역, 공유, 영역성, 기술, 인구, 사회정치 조직과 같은 몇 가지 행위 영역을 고찰한다. 우주론과 종교와 같은 수렵채집민의 삶과 관계되는 몇 가지 영역에 대해서는 다루지 않는다.[3]

　나는 이러한 변이를 이해하기 위해서 인간행동생태학(human behavioral ecology)의 시각을 사용한다. 앞으로 더 자세히 살펴보겠지만, 잠깐이나마 왜 이 접근을 채택하는지에 대해 설명하고자 한다. 첫째, 지난 50년 동안 이루어진 수렵채집민 연구의 상당 부분은 생태학이나 진화적인 시각을 채용한 것이고, 지난 30년 동안에는 인간행동생태학과 관련되어 있다. 그러므로 인류학 연구를 개괄하는 목적을 지닌 이 책은 당연히 인간행동생태학의 시각을 반영해야 한다. 둘째, 나는 인간행동생태학이 생산적인 연구전략임이 입증되었다고 생각한다. 연구는 이론에서 시작하여 예측을 하며, 그런 다음 경험 자료에서 예측된 행동을 검증한다. 물론 인간행동생태학이 수렵채집민을 연구하는 단 하나의 길은 아니지만, 그동안 유용함이 입증되었다. 이 연구야말로 연구 패러다임에서 우리가 요구할 수 있는 가장 중요한 것이다.

　수렵채집민 연구의 맥락을 알기 위해서 이 책은 부계/부거 모델과 일반수렵채집 모델, 상호의존 모델이라는 세 가지 모델의 측면에서 수렵채집민의 연구사를 짧게나

3　호주 원주민의 토지반환소송에서 우주론과 종교의 역할에 대한 논의로는 Wilmsen 1989b, c와 Layton 1989, 생계생태학과 이데올로기에 대해서는 Mosko 1987, Bird-David 1990, 1992a, b, 변화하는 생태 및 사회상황에서 개인의 문화적 지각의 협의과정에 대해서는 Tanner 1979, Sharp 1981, Ridington 1987, Myeres 1988a: 274-75 참조.

마 개괄할 것이다. 하지만 첫째, 먼저 이전 시기로 돌아가서 19세기 사상에서 수렵채집민의 위치를 알아보자. 후일의 모델은 흔히 19세기 진화론이 지닌 단점(과 인종주의)에 대한 반응이었지만, 인류학이 이 시기의 지성적인 입장이 지닌 특징을 유산으로 받은 것도 사실이다.

20세기 이전 연구에서 수렵채집민

인류의 다양성을 연구하는 학문으로서 인류학은 최초의 호미닌(hominin)이 왜 이웃 계곡과 다를까 하는 생각을 하면서 시작되었다고 할 수 있다. 그러나 더 보수적으로 보면, 인류학은 유럽과 미국에서 19세기 말에 형태를 갖춘 학문으로 등장하였다. 다른 많은 서양의 사고와 같이 인류학은 계몽 철학에 지성적인 뿌리를 내리고 있다. 계몽 철학에서는 "원시적"인 사회에 대한 생각이 주된 역할을 하였다.

계몽사상은 역사를 진보의 기록으로 다루었으며, 진보는 사회 질서와 도덕뿐 아니라 기술과 물질 재화에 반영되어 있다고 생각하였다. 유럽인들은 인류의 다양성을 이해할 수 있는 길을 찾았다. 세계는 완전한 신에 의해 창조되었으며, 인간의 다양성은 완전성의 정도에서 차이를 반영하는 것이라고 생각하였다. 그리하여 인간 위에 신이 있는 것처럼, 완전성의 측면에서 문화와 민족 집단 역시 순위를 매길 수 있었다. 유럽의 사상가에 따르면, 인간이 지속적인 이성적 사고를 통해 자연을 통제함으로써 진보하였다고 한다. 그들은 "원시"사회의 사람들이 이성적으로 생각할 수 없었기 때문에 자연의 통제를 받는다고 생각하였다. 오늘날 이런 식의 수렵채집 생활방식에 대한 이미지는 "끔찍하고도, 짐승 같으며, 짧은"이라는 홉스(hobbes)의 유명한 말에 함축되어 있다.[4]

---

4   홉스가 구체적으로 수렵채집민을 지칭한 것은 아니었으며, "사회 이전" 시기에 대한 자신의 관점을 말한 것이다. 수렵채집민 개념 자체는 이보다 한참 뒤에 나왔기 때문에 당시로서는 생각할 수 없었다(Barnard 2004 참조). 그럼에도 홉스가 말한 먼 과거 생활에 대한 이미지는 여전히 초창기 수렵채집민에 대한 생각과

19세기 고고학자들은 석기시대, 청동기시대, 철기시대라고 하는 기술 발전의 단계를 제시하였고, 이를 통해 당대의 지식인들은 인류가 초기의 단계를 거쳐 근대성이라는 진보를 이루었다고 생각하였다. 19세기 말 인류학은 그러한 과거 단계들을 복원하고자 하는 노력의 일환으로 발전하였다. 그 노력으로 들 수 있는 것이 루이스 헨리 모건(Lewis Henry Morgan)의 『고대사회(*Ancient Society*)』(1877), 헨리 메인(Henry Main)의 『고대의 법(*Ancient Law*)』(1861), 존 러복(John Lubbock)의 『선사시대(*Prehistoric Times*)』(1865), 에드워드 타일러(Edward Tylor)의 『원시문화(*Primitive Culture*)』(1871) 등이다.[5] 하지만 이 초기 진화론자들은 한 가지 문제에 직면한다. 선사시대를 복원하는 일에는 고고학적 증거, 곧 인류의 과거에 대한 물적 증거가 필요하다는 점이다. 비록 19세기 말에 과거를 판별하기 위해 상당한 고고학 조사가 이루어졌지만, 전체를 온전히 그리는 데는 충분하지 않았다. 알려진 정보는 기술이 발전하고 자연을 점점 통제하게 되었다는 것이었으며, 친족체계나 정치·사회구조에 대해서는 아무것도 알 수 없었다. 그렇기에 고고학 자료가 불충분한 곳에서 선사시대를 복원하기 위해서 진화론자들은 민족지와 비교방법(comparative method)에 의지했다.

비교방법은 지성적으로는 그 계보가 그리스 철학까지 거슬러 올라갈 수 있는데, 18세기 말이 되면 계몽사상에도 광범위한 요소가 되었다. 그리고 프랑스 철학자로서 실증주의의 창시자라 할 오귀스트 콩트(Auguste Comte)에 와서 이론적인 정당성을 갖추었다. 언어학에서는 비교방법으로 사라진 언어를 복원하였으며, 생물학에서는 절멸된 종을 복원하였고, 인류학에서는 유럽의 과거를 복원하였다. 비교방법은 세계에 현존하는 문화적 다양성을 취하여 진화적인 연쇄를 맞추는 방식을 띠었다. 단순하게 말하면, 상이한 족속은 인간이 완전성을 향하여 행진해온 상이한 단계를 대표하는

결부되었다.

5 　헨리 메인과 루이스 헨리 모건은 당시 법률가로 활동하고 있었다. 아마도 유럽의 식민주의와 아메리카대륙으로의 팽창에 자극을 받아 원시사회에 관심을 가졌을 것이다(Kuper 1988). 식민정부로서는 아프리카, 인도, 신대륙의 원주민이 땅과 자원에 대해 어떤 권한을 갖고 있는지를 판단해야 했다. 유럽인에게 원주민은 진화적으로 "뒤처졌다"고 생각되었기 때문에, 법률가들은 "초기" 형태의 재산소유권의 성격을 고려하였다. 초기 진화적 논의에서 소유물의 개념이 중요시되었던 것이다.

것이라 여겨졌다.

당시의 진화론자들이 지녔던 이론적인 패러다임은 비교방법론을 정당화했다. 초기 진화론자들은 계몽주의적인 진보의 관념을 가지고 있었기 때문에, 인류학을 배운 사람이면 찰스 다윈(Charles Darwin)이나 허버트 스펜서(Herbert Spencer)의 저술에서 나타나는 "생존 경쟁"이나 "적자생존" 같은 주제를 잘 알 수 있었다. 그러나 다윈의 자연선택 개념은 초기 진화론자들의 연구에서 아무런 역할을 하지 못하였다. 초기 진화론자들은 변화를 선택적 과정이 아니라 단선적인 진보의 선상을 따라 변환(transformation)한다는 시각에서 보았다. 오늘날 인류학자들은 이를 단선진화(unilineal evolution)라고 부른다.

단선진화의 패러다임은 진화란 이성적으로 사고하고 자연을 통제할 수 있는 능력뿐만 아니라 시간이 흐름에 따라 사람들의 마음과 도덕을 증진시킨 생각들이 축적됨으로써 일어난다고 보았다. 모건 같은 진화론자는 어떤 환경은 인간의 발전에 더 많은 제약을 가했기 때문에 사회는 환경에 따라 상이한 길을 밟을 수도 있다고 여겼다. 물론 생각의 전파도 역할을 한다. 그럼에도 단선진화론자들은 주로 진화의 일반적인 속도에만 치중했다. 루이스 헨리 모건은 『고대사회』에서 세계사를 야만(Savagery), 미개(Barbarism), 문명의 범주로 나누었으며, 야만은 다시 하위, 중위, 상위, 미개 역시 하위, 중위, 상위로 나누어 모두 일곱 개의 시기로 기술하였다. 각 단계에는 인류의 조건을 증진시키고 진보를 확인시킨 특징적인 발견이나 발명이 있었다.

물론 이로써 다음과 같은 중요한 문제가 제기된다. 지구상에서 똑같은 시간이 흘렀다면, 왜 어떤 민족은 다른 민족에 비해 더 진보하였는가? 계몽주의 패러다임은 세계 민족들에서 차이가 나타나는 것은 정신적인 발전의 속도에서 차이가 있기 때문이라고 한다. 진화의 사다리에서 다른 민족보다 더 위로 "진보한" 민족이 있다는 것이다.[6] 이로써 너무나도 쉽게 초기 진화론자들은 덜 발전된 사회는 초기 사회의 유물,

---

6　다위니즘의 시각에서 이는 문화 변이에 자연선택이 작용하여 시간의 흐름에 따라 규범이 차별적으로 전수되었다고 볼 수 없기 때문에 진화라고 할 수 없다.

곧 모건(Morgan 1963[1877]: 41)의 말과 같이 "과거의 기념물"이라고 보았다. 세계의 민족들을 서열을 지어 배열하면 인류의 선사시대를 복원할 수 있는 것이다. 고고학 유적에서 손에 흙을 묻히지 않고서도 말이다!

진화적 연쇄를 만들어내는 데 쓰이는 범주는 다양한데, 기술, 사회, 정치, 지성, 도덕적 요인까지 포괄되어 있다. 이런 범주는 결국 비교방법이 지닌 자민족중심주의를 드러낸다. 서양 학자들은 거의 언제나 다른 사회를 유럽사회의 기준으로 재단하였다. 일부일처제가 일부다처제보다 우월하고, 부계가 모계보다 낫고, 유일신교가 도덕적으로 조상숭배보다 우월하며, 마법이나 종교적 영감에 뒤이어 과학이 발전하였다고 생각하였다. 서열을 매기는 것은 인종주의적인 토대에서 이루어진 것으로, 유색인종이 가장 아래에, 유럽인(특히 서북부의 밝은 색 피부의 유럽인)이 연쇄에서 가장 위에 놓였다. 에드워드 타일러(Tylor 1871: 27)는 "호주 원주민, 타이티, 아스텍, 중국, 이탈리아 문화의 순서로 올바르게 인종을 배열할 수 있다는 데 반대할 사람은 거의 없을 것이다"라고 주장하였다. 공정하게 말하자면, 모건은 몇 가지 차이를 환경이나 기술의 탓으로 돌렸으며, 타일러는 생물학이 원인이라는 데 반대하였지만 궁극적으로 문화 진보를 생물학적 유사성과 연결지었다(모건과 타일러의 인종결정론에 대해서는 Harris 1968: 137-41을 참조).

비교방법은 흔히 수렵채집 사회를 진화의 사다리에서 가장 아래 단계에 배열한다. 현존하는 수렵채집민은 선사시대 수렵민의 후손이라고 생각되었으며, 19세기 박학다식한 지식인이었던 존 러벅의 주장과도 같이, 현대의 후피(厚皮)동물이 선사시대의 후피동물에 대해 알려 주는 것과 마찬가지 이유에서 과거에 대해 말해 준다고 하였다. 과거에 대한 연구는 "역사의 도움을 받을 수 없으며, 동시에 전통이 개입되어 있기 때문에," 선사학자는 "지질학에서 그토록 성공적으로 이루어져 왔던 방법을 그대로 사용하여 이미 지나가 버린 시대의 하찮은 뼈와 돌로 만들어진 도구를 절멸된 동물의 화석과도 같이 취급할 수 있는 것이다"(Lubbock 1900: 407).

이런 시각은 20세기 초까지도 이어졌다. 북극 탐험가 빌흐잘무르 스테판손(Vilhjálmur Stefánsson 1966[1913]: 177-8)은 에스키모가 "석기시대의 유물이 아니라 석기시대 그 자체이다"라고까지 말하였다. 윌리엄 솔라스(William Solas 1911: 70)는 네안데르탈인의 신체 특징(지금은 잘못된 복원임을 잘 알고 있다)을 이용하여 호주 원주민이 직계 후손이라고 주장하였다. 솔라스에게 부시맨은 오리냐시안 후기 구석기시대 사람들이었으며, 에스키모인은 막달레니안의 후손으로서 유럽 후기 구석기시대 족속들의 유전적인 유산이었다.[7] 솔라스(Sollas 1911: 70)는 이것이 빈약한 접근이라는 것을 알았지만, 직접 사용할 수 있는 고고학 자료가 별로 없었던 상태에서 이 주제에 대해서는 더 완전한 대안을 찾지 못하여 "너무도 그럴듯하여 환상에 이끌려 갈 수밖에 없었음"을 인정하였다.

다음 두 가지 요소를 바탕으로 수렵채집 사회는 진화적 척도의 아래 단계에 놓인다. 첫째, 수렵채집민은 가진 것이 별로 없다. 물적 재화는 이동하는 족속들에게는 장애가 된다는 점이 분명해 보였지만, 19세기 유럽의 학자들은 인과적 화살을 거꾸로 보았다. 다시 말해 수렵채집민은 지성적으로 정주 생활을 할 수 있는 기술—농기구나 저장 시설, 집, 토기와 같은 것—을 발달시킬 수 없었기 때문에 이동한다는 것이다. 도덕적이고 지성적인 성품을 교육받으려면 수렵채집민은 정주하여 진보라는 물적 보상을 거둬들여야 한다.

둘째, 수렵채집 사회의 다수는 이동생활을 하기 때문에 사유재산의 개념이 유럽인과는 아주 다르다. 비록 수렵채집민 사이에 영역적 경계가 없다고 하는 것이 옳지는 않지만(제6장 참조), 수렵채집민의 지리적인 관념의 세부적인 모습은 유럽 탐험가와 식민주의 때문에 사라지고 말았다. 유럽인의 생각에 수렵채집민은 사유재산의 개념이 없는데, 이는 "발육 정지"의 확실한 신호였다.[8]

하지만 당시 모든 연구자가 비교방법에 매달렸던 것은 아니다. 가장 눈에 띄는

---

7 유럽의 후기 구석기시대(40,000-10,000년 전)는 물질문화 양상에 따라 몇 시기로 나뉜다. 오리냐시안(Aurignacian)은 45,000-32,000년 전, 그라베티안(Gravettian)은 32,000-22,000년 전, 솔뤼트레안(Solutrean)은 22,000-17,000년 전, 막달레니안(Magdalenian)은 18,000-10,000년 전 정도이다(옮긴이 보완).

8 연쇄적으로 문화를 배열하려는 다른 시도도 있다. 가령 스펜서는 동종-이종 원칙으로 동종사회가 이종사회보다 더 진보하였다고 하였고, 타일러는 언어, 특히 친족 용어는 보수적이라고 생각하였다.

학자는 미국 인류학을 확립시킨 프란츠 보아스(Franz Boas)이다. 보아스는 현지조사를 하지 않은 당대의 다른 인류학자와는 달리(북극 지방에서 오래 조사한 것을 시작으로) 실제 "원시" 민족들을 연구한 경험이 있었고, 이 경험을 바탕으로 원주민이 유럽인과 비교하여 지성적으로 열등하다고 여기지 않았다. 비교방법은 순환논리의 두드러진 사례라고 보았던 연구자도 있었다(Bock 1956: 17). 만약 호주 원주민이 네안데르탈인의 "문화"와 그토록 잘 어울린다면, 그 이유는 유럽인이 이미 네안데르탈인의 문화가 그러할 것이라 가정하였기 때문이다. 그렇다고 해서 호주 원주민이 살아 있는 유물이 되는 것은 아니다(그리고 네안데르탈인이 어떻게 유럽에서 호주로 들어갔는지에 대해서 고려한 사람도 없었다). 만약 비교방법이 그처럼 효용성이 있다면, 그 이유는 "편의적으로 과거가 그저 발견되었다고 가정했기" 때문이다(Kuper 1988).

그럼에도 계몽사상과 비교방법은 20세기에 들어서도 사회과학 연구에 영향을 미쳤다. 이는 왜 수렵채집 생활방식이 바람직하지 않은 것이고 절멸을 피하고자 한다면 버려야 할 것이라 생각되었는지를 말해 준다. 수렵채집민을 다른 모든 "야만인"에 포함시켰던 러벅은 다음과 같이 말한다.

> (사냥꾼은) 결코 자유롭지도 고귀하지도 않다. 오히려 격정의 노예이다. 날씨로부터 제대로 보호받지 못하기 때문에 밤의 추위와 낮의 태양열로 고생을 한다. … 늘 굶주린 얼굴을 하고 있으며 결국은 대안으로 끔찍한 식인풍습을 행하기도 하고 죽음에 이르기까지 한다. … 언제나 의심이 많고 늘 위험에 노출되어 있으며 항상 경계한다. 기댈 사람이 아무도 없으며, 누구도 그에게 기대지 않는다(Lubbock 1900: 595).

아마도 한 번도 유럽을 떠나본 적이 없고 실제 "야만인"을 만난 적도 결코 없는 러벅을 이해할 수 있을지도 모른다. 그러나 그런 경험이 있는 사람까지도 이런 시각의 영향을 받았다. 이로부터 몇 십 년 뒤 앨런 홈버그(Allen Holmberg)는 볼리비아의 시리오노(Siriono)족에 대해 기술(記述)하면서, 열대우림지역에 비능률적으로 적응하고 식량이 늘 주된 걱정거리이며 성품도 관대하지 않고 싸움을 좋아한다고 하였다(1950; Isaac 1977에 나온 논평도 참조). 헨리(Jules Henry 1941:3)는 브라질의 카잉앙 (Kaingang, Botocudo)족이 〔그들이 300여 년 전에는 원경(園耕)을 했다고 주장하기 때문에〕 현재의 이동 생활방식에 "분개"한다고 주장하였다. 수렵채집민을 주변 농경민에 의해 변두리로 밀려나 낮 시간 동안 식량을 찾아 헤매느라 문화적인 진전을 이룰 시간이 전혀 없었던 족속으로 보는 사람도 있었다. 20세기 초 수렵채집민에 대해 쓴 글은 너무도 암울하여 학생들은 "사냥꾼들이 살아가는 방식뿐 아니라 결국 그것이 생활인지까지 의심"하게 되었다(Sahlins 1968:85).

이후 인류학은 마침내 이런 슬픈 이미지를 떨쳐 버리지만, 그로부터 물려받은 단선진화론의 유산을 청산하기는 어려운 일이었다. 빅토리아 시대의 학자들은 인류 사회가 놀라울 만큼 다양할 것이라고 말할 수 있었고, 그것이 비교방법을 가능케 하였다. 연구자들은 이 다양성이 바로 선사시대의 수렵채집민이라는 아담과 이브에게서 단일하게 기원하였다고 가정하였다. 왜 그러할까? 당시의 진화론자들은 동일한 단계에 속한다고 생각하였던 사회들이 공유하고 있는 것을 찾으려고 하였다. 전파와 환경으로 인한 차이도 있을 터이지만, 만약 시간의 흐름에 따른 생각의 축적이 변화의 주 동인이라면 발달의 초기 단계에서는 큰 변이를 만들어낼 만큼 충분한 시간이 흐르지 않았다고 생각되었다. 그러므로 나중의 단계에서보다(사람들이 수렵채집민이었던) 인류 진화의 초반에는 다양성이 낮았을 것이다.

결과적으로 20세기의 수렵채집민 연구 모델에서 본질적인 수렵채집민을 밝히는 설명에 변이가 배제되고 말았다. 우리는 이 경향이 20세기 수렵채집민 모델에서도 지속됨을 알 수 있다.

부계/부거 무리

시작점을 찾는 일이 늘 쉬운 것은 아니지만, 부계/부거 무리 개념을 공식적으로 사용한 것은 아마도 래드클리프브라운(A. R. Radcliffe-Brown 1930-31)이 호주 원주민의 사회조직, 특히 카리에라(Kariera)족과 아란다(Aranda)족 사회를 기술하면서였을 것이다. 래드클리프브라운은 호주 원주민이 부계/부거의 "무리(horde)"를 이루어 산다고 주장하였다. 사회조직에 대해서는 8장에서 더 자세히 살필 것이다. 부계사회(*patrilineal* society)란 출계(出系)가 남성의 가계를 따라 이루어지는 사람들로 구성된 사회 집단을 가리키며, 모계(*matrilineal*)사회는 그 반대이다. 부거(*patrilocal*)사회란 새로이 혼인한 부부가 신랑의 아버지가 살고 있는 곳에 사는 것을 말하며, 반대로 모거(*matrilocal*)사회에서는 신혼부부가 신부 가족이 있는 곳에 산다.

래드클리프브라운은 무리를 때로 작은 부거 집단으로, 경우에 따라서는 씨족, 때로는 씨족 같은 것〔그러나 반대의 증거가 있을 때마저도 부거 집단의 중요성에 천착하였다(Elkin 1953; Radcliffe-Brown 1954)〕으로 기술하였다. 어떤 집단일지라도 무리는 토템 유적을 포함하는 특정 영역에 배타적 권리를 가지고 있어 외부 사람이 드나드는 데 허락이 필요하다고 하였다. 또한 이런 무리는 전쟁을 일으키는 기본 단위이기도 하였다.

줄리언 스튜어드는 이로부터 불과 몇 년이 지난 1936년에 래드클리프브라운의 기술을 포함한 민족지 자료를 이용하여 "무리(band)" 개념을 공식화했다. 스튜어드는 무리 구성에서 다양성을 발견하였으며, 무리 구성을 부계, 모계, 복합이라는 세 주된 형식으로 나누어 기술하였다. 부계 무리는 지역 외혼을 하며, 50에서 100명 정도의 집단이 자치를 하면서 부계의 출계와 상속, 부거 거주, 계통에 따른 토지 소유를 한다고 하였다. 이론적으로 이런 무리는 단일한 부계를 포함한다. 부계 무리는 가장 일반적인 사회형태라고 하였는데,[9] 이 말은 가장 이른 것을 뜻한다. 모계 무리는 부거 무리를 반영하면서도 모계 출계와 모거 거주를 한다고 하였다. 스튜어드는 모계 무리의 존재 요인을, 아내의 가족에서 남자가 부족한 상황이나 아내 가족의 영역에서 더 유리한 조건, 육아에 아이 어머니의 도움이 필요한 상황, 아내의 무리에서 교환할 여자가 결여되었거나 이웃하는 집단의 관습이 전파된 결과에서 찾았다. 스튜어드는 모계 무리에 대해 별다른 신경을 쓰지 않았으며, 나중에는 자신의 논의에서 거의 배제

---

9 하지만 스튜어드는 아홉 수렵채집 사회에서 셋만을 부계무리로 분류할 수 있다고 하였다.

하였다(e.g., Steward 1955).

복합 무리는 몇 개의 독립적인 가족들로 구성되는데, 양변(bilateral) 출계(어머니와 아버지 쪽 모두와 관계가 있는)를 하는 내혼 집단으로 분명한 거주율은 찾을 수 없다. 복합 무리는 부거 무리보다 큰 경우가 많은데, 스튜어드는 이것을 식량자원, 특히 이동하는 사냥감이 더 풍부하기 때문이라고 주장하였다. 스튜어드는 복합 무리는 다양한 요인의 결과라고 보았는데, 특히 집단의 크기와 영역이 특수한 경제적인 이유에서 이미 가족의 구역(예를 들면 알곤킨족과 아타파스카족의 모피 포획 영역[Speck 1915])으로 나누어져 있기 때문이라고 하였다. 스튜어드는 무리 간 입양과 합법적인 교차사촌(cross-cousin) 및 평행사촌(parallel-cousin) 혼인 역시 복합 무리의 형성에 기여하였다고 주장하였다.

스튜어드는 서부 쇼쇼니족과 에스키모[10] 같은 집단은 자신의 분류에 들어맞지 않는다고 하였다. 그는 쇼쇼니와 에스키모에는 가족을 넘어서는 정치 단위가 없다고 주장하였다. 나아가 이를 가족 수준의 통합(family level of integration)이라고 기술하였고, 이는 무리 형성을 방해하는 혹심한 환경의 탓이라고 생각하였다.

비록 스튜어드가 모든 수렵채집 사회가 부계 무리 모델에 들어맞지는 않는다는 점을 분명 인지하였다고 하더라도, 그는 예외적인 사례에는 그리 크게 주목하지 않았다. 스튜어드는 부거 무리의 기원을 자연적인 남성 지배(Steward 1936; 나중에는 이 생각을 철회하였다), 그리고 공동으로 사냥하기 위해 남자들(형제들)이 서로 뭉칠 필요에

---

10 이런 용어에는 정치적 함의가 있기 때문에 여러 집단을 어떻게 불러야 할지를 알기란 쉽지 않다. 에스키모와 이누이트란 말이 좋은 사례이다. "에스키모"는 "날고기를 먹는 사람들"이라 번역되지만, 실제 그 증거는 전혀 없다(Damas 1984a). 사실 이 용어가 어떻게 쓰이기 시작했는지는 모호한데, 몬타네(Montagnais, 역시 문제 있는 용어이다)족 단어의 스페인어 말을 프랑스어나 영어로 옮긴 것이 아닌가 한다. 캐나다에서 흔히 공격적인 뜻을 내포하고 있으며, "이누이트(단수는 이눅)" 이누피아크(Inupiaq)어(알래스카 북부에서 캐나다 북극을 가로질러 그린란드까지 관련 방언들)를 쓰는 집단들이 자신들을 일컫는 말이다. 정치적으로 캐나다의 원주민은 에스키모보다는 이누이트란 말을 선호하였다. 하지만 에스키모란 말은 여전히 알래스카에서 쓰이고 있는데, 특히 알래스카 서남부와 서부, 그리고 시베리아 극단의 유픽(Yupik)어를 쓰는 사람들이 선호한다. 알류트어 사용자들은 알류트족이라 일컬어지며, 알래스카 서남부 끝이나 알류샨 열도에 산다.

서 찾을 수 있다고 생각하였다. 또한 그는 사냥꾼에게는 지역의 지식이 성공적인 사냥에 필수적이기 때문에 어린 시절 살던 곳에 머물러야 한다고 주장하였다. 그는 "내적 기능이나 문화의 구성요소들의 연결 관계와 환경적인 배경에 대한 분석을 통해 원시 무리의 원인"(Steward 1936: 344)을 확신하였다고 주장하였지만, 토지 이용이나 입양 관습, 친족체계, 인간성(남성 지배와 영역성) 같은 선험적인 개념들도 중요시했다.

줄리언 스튜어드의 학생이었던 엘먼 서비스(Elman Service 1962)는 스승의 형식학을 비판하였는데, 그 과정에서 변이를 더욱 평가절하하였다. 스튜어드는 복합 무리가 부계 무리의 형성을 가로막은 생태적 요인 때문이었다고 보았지만, 서비스는 가족 수준의 무리와 더불어 복합 무리가 인구 감소와 유럽과의 접촉으로 인해 해체된 효과 탓이라고 보았다. 서비스는 스튜어드보다 혼인 후 거주율을 더 강조하였는데, 이는 많은 단선출계의 사례가 거주율에 기인하는 사실상의 출계 집단이라고 생각했기 때문이다(Service 1962: 30-33, 60). 그러므로 서비스는 부계 무리보다는 부거 무리라는 용어를 더 선호하였다. 이러한 무리가 수렵채집 사회에 일반적인 듯하고 많은 환경에서 나타나기 때문에, 그는 부거 무리는 가족의 수준을 넘어서는 인류 조직에서 가장 이른 형태였다고 결론을 내렸다. 그리고 스튜어드와는 대조적으로 부거 무리는 적응이 아니라 사회조직의 "피할 수 없는" 형태였다고 생각했기 때문에 "생태적 적응은 부거 무리의 형성을 가로막거나 좌절시키는 그 어떤 역할도 하지 않았다"(Service 1962: 108)는 입장에 섰다. 그렇기 때문에 부거 무리는 최초의 조상으로까지 소급될 수 있다는 것이다.

그리하여 수년 안에 "부거 무리"라는 용어는 수렵채집민과 거의 동의어처럼 쓰인다(Owen 1965; Service 1966; Williams 1974). 그럼에도 부거 무리 모델이 애초부터 알려진 모든 수렵채집 사회를 포괄할 수는 없었다. 호주에서는 부거 모델과 민족지적인 실제 사례 사이의 불일치 때문에 수렵채집민의 행위에서 온 자료인지 아니면 이데올로기와 관련된 자료인지에 대해 논쟁이 벌어졌다. 래드클리프브라운은 "기억 문화"를 기록하였기 때문에 실제 행위보다는 토지 이용에 대한 이데올로기와 출계에 대한 자료를 기록하였다. 그는 이 둘이 똑같은 것이라고 생각하였다(Peterson and

Long 1986: 18). 멜빈 메깃(Melvin Meggitt)과 특히 레스 하이엇(Les Hiatt)은 래드클리프브라운이 구성한 부계 무리의 형식이 너무 단순하고 정적이며 민족지 자료에 나타나는 다양성을 무시하였다고 비판하였다(Meggitt 1962; Hiatt 1962, 1965, 1966, 1968; Keen 1988에 있는 논평도 참조).[11] 예를 들어 호주에서 토지를 소유하고 있는 사회 집단들이 모두 부계인 것은 아니었다(Keen 1988: 88). 또한 하이엇은 모계율도 협력적인 토지 소유나 식량 채집의 단위는 아닐망정 존재하고, 토지에 대한 경제적인 관계는 토지에 대한 의례적 연결과는 구분되어야 함을 지적하였다.

스태너(W. E. H. Stanner 1965)는 하이엇이 래드클리프브라운의 분석을 지나치게 단순화하였다고 주장하면서, 호주에서 무리(horde)의 개념이 지닌 모호성을 대지(estate)와 범위(range)라는 개념을 통해 풀고자 하였다. 대지란 전통적으로 특정 부계 출계 집단에 "속하는" 땅(원주민의 용어로는 "나라"나 "꿈꾸는 곳")으로 인식되는 지역을 가리키며, 범위란 수렵채집 집단이 돌아다니는 실제 땅을 말한다. 때로 대지와 범위는 동일하기도 하지만, 범위가 더 큰 경우가 많다(Barker 1976). 부계 집단은 다른 사회적 수준에서 경계로 인식되는 지역에 들어갈 수도 있으며, 많은 출계집단의 구성원들이 하나의 식량 채집 단위를 구성할 수도 있다. 또한 많은 부계 집단은 의례(토템) 유적을 포괄하는 뚜렷한 영역적 경계를 가지고 있지 않으며, 식량 채집 단위는 다른 집단의 의례유적을 포함한 지역으로 들어갈 수도 있었다.

분명히 래드클리프브라운을 포함한 많은 민족지 연구자들은 호주 원주민 사회 조직의 다양성을 알고 있었다. 그리하여 그 다양성이 환경 때문인지 아니면 유럽과의 접촉 탓인지에 대해, 그리고 유럽과의 접촉 이후 수집된 자료가 유효한지와 부계 무리의 생태적인 토대에 대해 논쟁을 벌였다(Stanner 1965; Birdsell 1970). 또한 과연 그 변이가 유의미한 것인지에 대해서도 논쟁이 있었다. 다른 형태의 지역 집단 조직이 더는 없는 것인가(L. Hiatt 1968: 100)? 아니면 관찰된 조직이 단순히 설명을 논할 만

---

11 래드클리프브라운이 아란다(Aranda) 사회에서 비아란다 형식의 혼인관습의 존재를 무시하였듯이 의도적으로 변이를 무시하였다고 주장할 수도 있을 것이다.

큼 가치가 없는, 그저 주제에 대한 것인가? "(래드클리프브라운은) 광범위하게 적용되는 언급에서 무리라고 지칭하고, 세부적이거나 분석을 할 때에는 혈연이라고 말하는 경향이 있었다"는 스태너(Stanner 1965: 8)의 관찰에서 논점을 알 수 있다. 결과적으로 많은, 특히 호주 외부의 인류학자들의 마음속에서 혈연과 무리는 동의어처럼 생각되었다. 래드클리프브라운의 다양성에 대한 어떤 암시도 글을 읽는 이는 무시하고 말았으며(Stanner 1965: 15-16을 보라), 이보다 더 일반적인 논의에서 래드클리프브라운 자신도 무시하기도 하였다. 왜냐하면 당시 인류학은 수렵채집 사회조직에 대한 단일한 기술 모델을 찾고자 하였기 때문이다.

하지만 1960년대가 되면서 많은 인류학자는 수렵채집 사회는 부계/부거 무리 모델로 포괄할 수 없을 만큼 다양함을 알게 되었다. 이로써 새로운 종합이 이루어질 순서가 되었으며, 그 계기가 된 것이 바로 "맨 더 헌터(*Man the Hunter*)" 학회였다.

일반수렵채집모델

1966년 전 세계에서 온 학자 76명이 시카고에 모여 수렵채집 사회에 대한 당시의 연구현황에 대해 논의했다. 이 "맨 더 헌터" 학회는 솔 택스(Sol Tax)의 권고를 받아 리처드 리(Richard Lee)와 어븐 드보어(Irven DeVore)가 조직했는데, 수렵채집민 연구에서 세기의 분수령이 되었다.

학회에서는 혼인, 인구, 영역, 사회정치 조직, 진화에 관한 주제들이 망라되었으며, 아프리카, 호주, 냉한대지방, 극지방, 남아메리카, 북아메리카의 고고학 및 민족지 사례를 논의하였다. 학회를 통해 혼인 관습과 출계에 대한 새로운 시각들이 개진되었다. 학회의 제목과 달리 수렵채집민의 식생활에서 식물성 식량과 여성 노동의 중요성에 대한 논의가 있었으며, 이는 결국 인류 진화에 대한 새로운 해석으로 이어졌다(Slocum 1975; Dahlberg 1981의 논문들 참조).

당시에는 문화생태학(2장 참조)이 대세였던 터라 학회에서는 환경과 생계가 더욱 중요하게 여겨졌다. 예를 들어 발표자들은 혼인관습이 먼 거리에 있는 집단과 사회적 유대를 만들어냄으로써 국지적으로 가용자원이 감소할 경우 이주를 용이하게 할 수 있는 방법이라고 하였다. 집단의 이동 양상과 크기, 구성원은 국지적 식량의 밀도와 가변성에 대한 반응이라 여겨졌다. 리처드 리는 부시맨이, 수십 년 동안 잘 보여주었듯이, 환경 조건에 "장기간" 적응한 사례라고 하였다. 이로써 이전 연구자들이 수렵채집민을 진화에 실패한 것으로 기술하였던 것과는 대조적으로, 1960년대 후반에 들어와 수렵채집민은 세상에 정통한 생태주의자(savvy lay ecologists)라는 명성을 얻게 되었다. 주호안시족의 말처럼 *t'xudi kaus*, 곧 자연에 대해 정통해 숲에 관한 지식을 얻게 된 사람들이었다.

이로써 "맨 더 헌터" 학회를 통해 일반수렵채집모델(generalized foraging model, Isaac 1990)이라고 불리는 수렵채집 사회에 관한 새로운 모델이 탄생하였다. 이 모델에서는 고기가 아니라 식물성 식량이 생계의 중심이 된다. 방어와 영역은 중요하지 않고 인구는 의도적인 문화적 통제를 통해 식량자원과 균형을 유지하는 것으로 여겨졌다. "맨 더 헌터" 학회에서는 수렵채집 사회의 적응에서 공유, 양변 친족체계, 혼인 후 양거(양소, bilocal) 거주율의 중요성이 제기되었다.[12] 리와 드보어는 "이동 양식(nomadic style)"이란 개념에서 이러한 새로운 모델을 분명하게 제시하였다. 모델은 다음과 같은 다섯 가지 특성으로 이루어져 있다.

(1) 평등사회. 이동성 때문에 소유할 수 있는 재산의 양이 제한되는데, 이는 물질적 평등을 유지시키는 기제가 된다.

(2) 낮은 인구밀도. 인구는 절제와 유산, 유아살해와 같은 의도적이고 의식적인 통제를 통하여 수용한계(carrying capacity) 밑으로 유지한다.

(3) 영역성의 결여. 자원의 가변성에 장기간 적응한 결과 한 지역에서 다른 곳으로

---

12 학회에서는 부거 거주율이 강조되었지만, 몇몇 중요한 논문(e.g., Damas 1968; Helm 1968)의 메시지는 양거 거주(보통 모거를 하는 신부봉사의 시간이 포함된다)의 중요성이었다.

이동함으로써, 영역 방어는 오히려 적응적이지 않은 것, 곧 비적응(maladaptive)이 된다.

(4) 최소한의 식량 저장. 집단이 이동하고 인구밀도에 비해 식량이 풍부하기 때문에 장기간의 저장은 불필요하며, 따라서 저장으로 인한 사회위계가 나타날 가능성은 없어진다.

(5) 유동적인 무리 구성. 사회 유대를 유지하기 위해서는 빈번한 이동과 방문을 하는데, 싸움이 아닌 집단의 분열을 통해 분란을 해소함으로써 폭력성이 낮아진다.

스튜어드는 원래 (부계) 무리를 큰 집단으로 생각하였지만, "맨 더 헌터" 학회에서는 "최소 무리(minimum bands)"나 "다가족 무리(multifamily primary bands)" 그리고 여전히 "부계 무리"와 같은 용어를 사용하였다. 스튜어드는 민족지 자료가 단순한 형식 안에 수용되기 어려움을 알고 있었으며, 부계 또는 부거 무리라는 개념 자체가 가진 내포 의미는 없다고 말하였다. 하지만 "맨 더 헌터" 학회가 끝난 뒤 "무리(band)"는 "최소 무리"와 동의어로 25명 정도 사람이 모여 사는 집단으로 여겨졌다. 예외적인 사례들이 있기는 하지만, 경제 행위로서의 수렵과 채집은 무리라는 사회 형태와 동등하게 취급되었다. 수렵채집민에 대한 논의는 "무리 사회"에 초점을 맞추었으며, 북아메리카 서북부 해안이나 캘리포니아 남부의 추마시(Chumash)족, 일본의 아이누(Ainu)족 같은 대규모의 정주 집단은 제외하였다(e.g., Leacock and Lee 1982a). 사실상 칼라하리사막의 수렵채집민, 특히 주호안시족이 수렵채집민의 모델이 되었던 것이다(그림 1-2).

그리고 그냥 모델이 아닌 우리가 따라가야 하는 모델이 제시되었다. 제1차 세계대전 이후 근대적인 생활에 대한 불만족이 커졌는데, 1960년대와 1970년대에 베트남에서의 소모전이 지속되었고 정치적인 암살과 타락, 광범위한 환경 파괴가 이루어지면서 극에 이르렀다. 19세기의 진보의 관념은 쇠락하였으며, 사회진화를 통한 거침없는 상승 대신에 이제 에덴으로부터 긴 쇠락을 겪는 듯이 보였다. 많은 사람들은 서양 사회의 "물질(만능)주의"를 거부하고 물적 소유가 별 의미가 없고 사람들이 자연

그림 1-2. 1975년 8월 칼라하리 사막의 서 산드펠드(Western Sandveld)에서 남부 쿠아(Kua)족 여성이 두 가구를 위해 당나귀 머리 요리를 준비하고 있다. 오른쪽의 여성은 이웃하는 소 목장에서 일한 대가로 받은 옥수수를 찧고 있다. 1960년대와 1970년대에 부시맨은 수렵채집민의 전형으로 여겨졌지만, 주변 농경유목민과 상호의존 생활도 하였다. 로버트 히치콕(Robert Hitchcok) 제공.

과 어울려 살면서 서로 싸울 국경도 존재하지 않는 대안적인 생활방식을 찾았다. 이것이 바로 존 레논의 노래 〈이매진(*Imagine*)〉과 수많은 히피 공동체가 나온 맥락이다. 수렵과 채집은 역사의 99% 이상 인간을 생존으로 이끌었는데(Lee and DeVore 1968: ix), 이로부터 배울 수 있는 것은 무엇일까?

마셜 살린스(Marshall Sahlins 1968, 1972)는 이 문제에 대해 "원풍요사회(original affluent society, 최초의 풍요로운 사회)"라는 개념으로 대답하였는데, 이야말로 "맨 더 헌터" 학회가 남긴 오래 지속되는 유산이 되었다.

학회가 열리기 전 많은 사회과학자들은 수렵채집이란 끝없이 식량을 찾아 헤매는 고단한 일이라고 보았다(e.g., Kroeber 1939: 220). 구석기시대 수렵민은 수렵채집이라는 시간이 많이 걸리는 노동에서 벗어나 농경과 가축 사육을 채택하였다고 주장하였다. 이것이야말로 진화의 성공스토리였다. 현존하는 수렵채집민은 농경하기 어려운 환경에 내몰린 불행한 사람들로 여겨졌다. 깨어 있는 시간을 모두 식량을 찾는데 보내는 수렵채집민은 관개체계를 수립하거나 토기를 굽고 피라미드를 세워 복합의례를 할 시간을 갖지 못했기 때문에 정교한 문화를 발전시키지 못했다는 것이다.

살린스는 경제학자 존 케네스 갈브레이스(John Kenneth Galbraith)가 쓴 『풍요로운 사회(*The Affluent Society*)』에 영감을 받아 "가능한 가장 충격적인 용어"로 이같은 잘못된 생각을 뒤집고자 하였다(Sahlins 1968: 85). 살린스는 민족지 자료는 실제로는 상당히 다른 양상임을 주장하였다. 수렵채집민은 일하는 데 별로 시간을 쓰지 않으며, 필요한 모든 식량을 가지고 있고, 여가 시간에 잠을 자거나 사회화를 한다는 것이다. 초기의 탐험가나 민족지 연구자들은 수렵채집민이 "미래에 악마가 들어올지도 모르겠다"는 식의 생각을 가지고 있다고 하여 어리석고 바보스럽다고 여겼다. 하지만 살린스는 이것이야말로 자부심과 자연이 필요를 충족시킨다는 확신을 드러내는 것이라고 주장하였다. 수렵채집민이 물질 재화에 무관심하다는 것을 과거에는 개인 재산에 대한 인지 능력이 떨어진 탓으로 해석하였지만, 이제 살린스는 물질 재화를 소유하는 것이 오히려 이동하는 생활 방식에 방해가 된다고 보았다. 살린스가 제시한 용어에 따르면, 수렵채집 경제는 하나의 선(禪) 경제로서 필요로 하는 것이 적기 때문에 수렵채집민은 필요한 모든 것을 가지고 있다고 할 수 있다. 이처럼 살린스는 호주 원주민과 주호안시족이 하루에 몇 시간밖에 일하지 않으면서도 문명을 이루지 않았다는 사실을 극적으로 다루었다. 문자와 예술, 건축이 발달하는 데는 시간 여유 이상의 것이 요구되었다.

살린스는 수렵채집민에게 "풍요"라는 말을 사용해 큰 관심을 받았다(그리고 지금도 그러하다. Gowdy 1998; Kouravelos 2009).[13] 하지만 수렵채집의 경제적인 한계

---

13   1968년 이후 쓰인 거의 모든 개설서에는 수렵채집민이 거의 완전한 생활을 하는 것으로 묘사되어 있다(이

와 사회관계, 물질 재화와 문화의 관계에 대해서는 제대로 논의되지 못하였다(Bird-David 1992a, b). 결과적으로 인류학자들은 풍요의 개념을 다양하게 사용하였다. 많은 사람에게 풍요는 수렵채집 경제에 고유한 것으로 생각되며, 따라서 모든 수렵채집민은 이 정의에 따라 풍요롭다. 그러나 실제로 이때 인류학자가 생각하는 수렵채집민은 주호안시족과 유사한 집단(그리고 때로는 아마도 주호안시족뿐만이 아닐까 싶다), 곧 일반수렵채집모델이 의도하는 이미지와 어울리는 집단을 말한다(Bird-David 1992b). 인류학자들의 수렵채집 사회에 대한 시각은 근시안적으로 변해, 모계나 정주하는, 그리고 영역을 가지고 있거나 전쟁을 하고 서열이 있는 수렵채집 사회(가령 북아메리카 서북부 해안)는 배제하였다. 고고학에서 풍요의 개념은 농경의 기원을 설명하는 데 큰 영향을 미쳤다. 비록 고고학자들은 오랫동안 농경이 인간생활에 큰 진전을 가져왔다고 여겼지만, 1960년대가 되면서 혹심한 환경에서 채택된 생활방식이었다고 생각했다.[14] 농경의 기원을 설명하는 이론은 인구 증가와 이주가 얼마나 환경적으로 주변적인 지역의 수렵채집민에게 여유로운 생활을 버리고 농경민이 되어 삶을 위해 노동을 하게 하였는지에 초점을 맞추게 되었다(e.g., Binford 1968; Cohen 1977).

하지만 다른 고고학자들은 풍요로운 수렵채집민의 이미지를 바꾸었다. 높은 인구밀도와 많은 재산을 가지고 식량을 저장하는 집단을 가장 풍요롭다고 하고, 살린스의 원래 개념과 반대로 분명 더 많은 것을 필요로 하며 더 많이 가진 집단도 있으며, 사막 같은 지역에 사는 수렵채집민이 가장 풍요롭지 않다고 보았다(e.g., Koyama and Thomas 1981의 글을 참조). 사실상 몇몇 연구자는 매장의식과 물질문화가 세련되어 있는 북아메리카 서북부 해안의 사회는 풍부한 식량자원이 있는 환경의 산물로서 세련된 문화를 발달시킬 여유로운 시간을 가졌다고 주장하였다. 그런데 이런 식의 관계야말로 살린스가 애써 반대하였던 것이 아닌가!

런 생각은 대중서에도 파급되었다).

14   이 점에서 고고학은 생태학과 경제학 연구를 원용하였는데, 특히 보서럽(Esther Boserup 1965)의 농경의 기원에 대한 인구압 가설이 그러하다. 그러나 나는 보서럽의 가설이 고고학의 흥미를 끌었던 것은 이런 풍요롭다는 생각과 잘 들어맞는 수렵채집 생활 모델 때문이 아닌가 생각한다.

풍요라는 말의 사용에 차이가 나는 것은 부분적으로 원래 개념을 잘못 이해한 탓이기도 하지만, 주로 수렵채집 사회라는 단일한 기술(記述) 모델 안에서 다양성을 설명하려는 데서 일어나는 것이다. "맨 더 헌터" 학회에서는 수렵이나 채집과 관련된 대부분의 일반화들에 대해서 논란이 있었으며, 특히 호주 원주민과 같이 몇몇 집단을 배제할 경우에만 일반화시킬 수 있다는 데 불편함을 느끼는 사람들이 많았다(Lee and DeVore 1968: 336-7). 흔히 호주 원주민은 북아메리카 서북부 해안과 미국 대평원의 기승(騎乘) 인디언 사회와 같이 특수 사례로 치부되었다(이는 당시 이용할 수 있는 많은 민족지 자료의 표본이 특수 사례가 되었음을 뜻한다). 비록 학회에 참여한 연구자들은 수렵채집 사회에 상당한 다양성이 있음을 인정하였지만, 개념으로서 수렵채집민이라는 일반적 범주를 포기하려 하지는 않았다. 수렵채집 사회에 대해서 최빈값의 형태로 보편적 특질을 찾으려 하는 사람들(e.g., Williams 1968: 126)과 다양성을 설명하는 것이 필요하다고 보는 사람들 사이에는 긴장이 있었다. 비록 드보어가 "우리는 사냥을 한 적이 있는 모든 사람들에게 적용하기 위한 어떤 일반화도 문제 삼을 수 있다"고 참가자들의 주의를 환기시키기는 하였지만(Lee and DeVore 1968: 339), 삶을 위해 수렵과 채집을 하는 모든 사람들에게 일반적인, 사회적이고도 문화적인 특색이 있을 것이라는 생각은 없어지지 않았다.

예외 사례로 치부하거나 무리사회라는 형식과 정의를 그냥 두는 것도 여전히 실체를 찾기 어려운 일이었다. 1955년 그 같은 형식을 제시하였고 "맨 더 헌터" 학회에서 무리에 대한 형식을 제안하기도 한 스튜어드(Steward 1955: 180)는 결국 집단 구성이 해마다 유동적이기 때문에 무리라는 개념을 "일반적인 범주로 일련의 하위 범주를 가진 것이거나 더 큰 사회 단위의 한 종류"로 삼기는 어렵다고 결론을 내린 바 있다(1969b: 290). 스튜어드는 "과연 구조적으로 동일한 통문화적인 형식이 있는지"(1968: 322)에도 의문을 제기하였으며, "무리라는 기준을 찾는 일 또는 무리라는 형식을 만들어내는 것은 크게 중요하지 않다"(1969a: 322)고 보았다. 그 대신 "바로 이 포괄적인 범주 아래 서로 구별되는 특징들이 만들어진 과정을 찾는 것이 훨씬 더 생산적인 일"(1969a: 187)이라고 말하기도 하였다. 스튜어드의 말은, 인류학자들이 수렵채집민에 대해 그들의 사회가 사회적인 형식인지 아니면 경제적인 형식인지, 그 형식이 무엇인지에 대해 정의 내릴 수도 없으면서 연구하려는 욕심을 가지고 있음에 대한 불만을 지적한 것이다. 이것이야말로 본질주의(본질론, essentialism)적인 사고가 지닌 딜레마였다.

그러나 "맨 더 헌터" 학회를 통해 하나의 이론적 모델이 무너지고 다른 것이 세워졌다고 한다면, 이 새로운 모델도 곧 무너질 운명이었다. 이는 바로 새로운 모델을 통해서 급속하게 확장된 정보는 더 이상 그 모델로는 설명할 수가 없었기 때문이다.

"원풍요"라는 일반수렵채집 모델의 개념의 핵심에 던지는 문제는 바로 "수렵채집민은 얼마나, 그리고 왜 일하느냐"는 것이다. 주호안시족과 호주 원주민이 어떻게 일하는지 재검토한 결과는 살린스의 주장과 달랐다. 크리스틴 혹스(Kristen Hawkes)와 제임스 오코널(James O'Connell)은 파라과이 아체족이 주당 70시간에 이르는 노동을 한다는 것과 주호안시족이 기껏 12시간에서 19시간만을 일한다는 보고에는 큰 차이가 있음을 발견했다(1981). 혹스와 오코널은 이 차이가 리처드 리의 노동에 대한 정의에서 비롯되었음을 알았다.[15] 리는 숲에서 사냥감을 찾는 것과 식량을 획득하는 것만을 노동 시간에 넣었고, 캠프에서 식량자원을 가공하는 데 필요한 일은 고려하지 않았다. 도구를 만들거나 수선하는 일, 물을 길어오는 일, 육아, 견과류와 사냥감 가공, 땔감을 모아오는 일, 집을 청소하는 일을 노동 시간에 넣는다면 주호안시족은 주당 40시간 이상 일하는 것이 된다(Lee 1984; Isaac 1990; Kaplan 2000). 덧붙여 살린스가 사용한 호주 원주민 자료 가운데는 어른 아홉만이 다른 부양자 없이 하는 그야말로 며칠간의 수렵채집 실험도 포함되어 있다. 이 사람들에게 사냥을 더 많이 해야 한다는 동기부여는 거의 없었다(그리고 분명 그 사냥 행위에 참여하는 일에도 내켜 하지 않

---

15 이 점에서 리의 노동에 대한 정의는 집 밖에서 하는 일이라는 서구의 관념에서 비롯되었음을 쉽게 볼 수 있다. 일을 어떻게 정의하느냐에 따라 노동에 대한 측정이 크게 달라질 수 있기 때문에 문제가 된다. 가령 존슨(Allen Johnson 1975)은 어떤 정의를 따르냐에 따라 마치 마치구엔가(Machiquenga)족의 일은 하루 2.5시간에서 8시간까지 달라진다고 하였다. 따라서 일에 대한 모호한 범주를 더 구체적인 활동의 범주로 나눌 필요가 있다(R. Bailey 1991: 43).

았다, Altman 1984, 1987; Bird-David 1992b).

수렵채집민이 자원을 획득하고 다른 일을 하는 데 들이는 시간을 더 정확히 평가해 보면 하루 일곱, 여덟 시간 이상 생계 활동과 관련된 노동을 하는 이들도 있음을 알 수 있다(표 1-1, Hill *et al.* 1985도 참조).[16] 그러나 많은 수렵채집민은 사냥과 채집에 그다지 큰 시간을 들이지 않으며, 이틀이나 그 이상에 한 번 꼴로 식량 획득 활동에 나서는 집단도 있다. 수렵채집 활동을 더 하지 않는 이유는 무엇일까? 여유 있고 풍요로운 삶을 의도하는 것일까?

로나 마셜(Lorna Marshall)은 "맨 더 헌터" 학회에서, 주호안시 여성은 필요한 것보다 더 많이 채집할 경우 여분의 과실들을 다른 사람들과 나누어야 하고 나누지 않을 경우 인색하다는 비난을 받을까 염려하기 때문에 더 열심히 일하지 않을 수 있음을 지적하였다. 마셜은 더 열심히 일한다고 해서 가족에게 더 많은 혜택이 돌아가는 것이 아님을 알기에 채집할 식량의 양을 의도적으로 제한한다고 주장하였다(Lee and DeVore 1968: 94). 그러나 이 주장에는 더 많은 설명이 있다. 낸시 하우웰(Nancy Howell 2010)은 주호안시 사람들은 20대 초반이 되기까지 칼로리 순이득을 생산하지 않는데, 이는 어린이와 심지어 사춘기 소년들도 어른의 작업 능력에 의존함을 보여주는 것이라고 하였다. 그러나 무더운 칼라하리 사막에서 수렵채집 활동을 하기가 힘들고 더 열심히 일할 경우 죽을 수도 있기 때문에 주호안시족이 그렇게 하지 않는 것이다. 마찬가지로 베네수엘라의 히위(Hiwi) 사람들은 하루 중 가장 더운 때 일이 힘들어 실제 칼로리 섭취량이 줄어들기 때문에 하루 두어 시간 이상 수렵채집 활동을 하지 않는다(Hurtado and Hill 1990). 무리할 경우 여성의 생식력이 크게 떨어질 터인데, 이 점을 히위족 여성들은 잘 알고 있는 듯하다.

그렇다면 수렵채집민은 진정으로 아주 적은 양만을 필요로 하기 때문에 원하는 모든 것을 가지고 있는가? 윈터할더는 살린스가 말하는 "선(禪) 경제에는 생태학적

---

16   아북극 및 북극 집단이 어렵고 때로 위험하며 늘 고된 생활을 하는 것은 분명하다(Rasmussen 1931: 134-9; J. Smith 1978).

표 1-1. 수렵채집과 노동

집단	하루 수렵채집 시간(여성)	하루 수렵채집 시간(남성)	수렵채집 시간(남녀)	노동 시간 (남녀)	참고문헌
남아메리카					
Ache	1.3	6.9	–	6	Hill *et al*. 1985; Hurtado *et al*. 1985
히위(Hiwi, 늦은 우기)[a]	2.6	1.3	–	–	Hurtado and Hill 1987, 1990
히위(이른 건기)	2.2	1.7	–	–	Hurtado and Hill 1987, 1990
히위(늦은 건기)	1.6	2	–	–	Hurtado and Hill 1987, 1990
히위(이른 우기)	1.5	2.2	–	–	Hurtado and Hill 1987, 1990
푸메(Pumé)	0.4	1.3	–	1.9[c]	Gragson 1989
아프리카					
주호안시(Ju/'hoansi)	1.8	3.1	–	7	Lee 1979, 1982
바음부티(BaMbuti, 그물사냥)	–	–	–	8.5	Harako 1981
바음부티(활사냥)	–	5	–	–	Harako 1981
바음부티(그물사냥)	–	–	10	–	Terashima 1983
바음부티(활사냥)	–	8.1	–	–	Terashima 1983
에페(Efe, 남성)	–	4.6	–	6.3	Bailey 1991
카데(≠Kade)	2.4	6.3	–	9.5	Tanaka 1980
그위(G/wi)	–	–	5.2	–	Silberbauer 1981a,b
핫자(Hadza)	–	–	2	–	Woodburn 1968
핫자(건기)	2-6	–	–	–	Hawkes, O'Connell, and Blurton Jones 1989
핫자(우기)	4-8	–	–	–	Hawkes, O'Connell, and Blurton Jones 1989
핫자	4.1	6.1	–	–	Marlowe 2010, 2006
쿠체(Kutse, 부시맨)[b]	–	2.6	–	–	Kent 1993
호주					
호주 해안	–	–	–	3.8	McCarthy and McArthur 1960
호주 해안	–	–	–	5.1	McCarthy and McArthur 1960
호주 내륙	–	–	–	3	Curr 1886-87
호주 내륙	–	–	–	2-3	Grey 1841

집단	하루 수렵채집 시간(여성)	하루 수렵채집 시간(남성)	수렵채집 시간(남녀)	노동 시간 (남녀)	참고문헌
호주 내륙	–	–	–	2-4	Eyre 1845
은가다자라(Ngadadjara)	4.5	–	–	7	Gould 1980
서부 사막(Western Desert)	4-6	–	–	–	Tindale 1972
팔리얀(Paliyan)	–	–	–	3-4	Gardner 1972
동남아시아					
아그타(Agta, 남성)	–	7.5	–	–	Estioko-Griffin and Griffin 1985
아그타(여성)	6.2[b]	–	–	–	Goodman *et al.* 1985
이하야 아그타(Ihaya Agta, 여성)	–	–	–	4.2	Rai 1990
이하야 아그타(남성)	–	–	–	7.7	Rai 1990
바탁(Batak)	2.9	4.1	–	–	Endicott and Endicott 1986
북아메리카					
틀링잇(Tlingit)	–	–	–	6.5	Oberg 1973

a 여성의 노동은 산후 조리나 수유하지 않는 사람을 대상으로 했다. 수유하고 있거나 임신한 여성은 일을 적게 한다.
b 사냥만을 포함한 것, 1987~91년 건기.
c 여성 = 2.86, 남성 = 0.89
주의: 노동에는 수렵채집과 음식물 준비, 가공이 포함됨.

열쇠"(Winterhalder 1988: 323)가 있으며, 수렵채집민이 얼마나 많은 노력을 들여 생계활동을 하는지에는 많은 환경적인 요인들이 영향을 미친다고 주장하였다. "원풍요"라는 개념은 수렵채집 노동이나 재생산에서 나타나는 다양성, 그리고 노동량을 증가시키고 인구의 성장을 가져오는 조건들을 설명할 수 없다(Blurton Jones, Hawkes and Draper 1994; Winterhalder and Goland 1993; 7장 참조).

또한 많은 수렵채집민은 늘 충분한 영양을 섭취하지 않아 계절에 따라 몸무게와 영양 상태의 변화가 많은데, 특히 여성의 경우 생산성과 자녀 수유의 질에 영향을 미친다.[17] "원풍요 사회"의 전형이라 할 주호안시 사람들은 "아주 마른 몸으로 일년 내

---

17   영양에 대해서는 Stini 1981, Howell 1986b, 2010 참조. 계절적 변동은 Wilmsen 1978, 1986; Hausman and Wilmsen 1985; Spielmann 1989; Hurtado and Hill 1990; Speth 1990 참조. 7장 역시 참조.

내 자주 배고픔을 호소한다. 물론 단순히 굶어 죽는 사람은 별로 없다 해도 전염병이나 기생충 감염으로 야기된 많은 죽음의 원인은 배고픔이다"(Howell 1986b: 173-74; Isaac 1990). 사실 임신하고 수유하는 주호안시 여성은 신체용적지수(몸무게/키²)가 18.5 정도인데, 이는 만성적인 에너지 부족을 동반하는 수치이다(Howell 2010). 이는 단순히 유럽인과의 접촉으로 나타난 결과는 아니다. 또한 고고학 연구에 따르면, 다양한 환경의 선사시대 수렵채집민은 신체적으로 힘든 삶을 살았으며 계절적인 식량 부족 현상을 겪었다고 한다(e.g., Yesner 1994; Larsen and Kelly 1995).

몇몇 수렵채집민의 삶은 이전에 생각했던 것보다 더 폭력적이기도 하다(Keeley 1996; 제7장과 제9장 참조). 주호안시족을 포함하여 수렵채집 사회 가운데는 살인율이 상당히 높아 서양의 대도시 수준에 근접하는 경우도 있다(Lee 1979: 398-99; Headland 1988). 전쟁으로 말미암은 죽음까지 포함한다면 북아메리카 수렵채집 사회의 비율이 높으며, 이동하는 수렵채집민이 분란을 조정할 장치도 없이 강제로 큰 마을을 이루어 살게 되었거나 술을 쉽게 이용할 수 있을 때 폭력이 발생하기도 한다(Lee 1979; Kent 1990). 그럼에도 주호안시족은 폭력을 겪고 있으며 다른 수렵채집민 역시 복수를 위해서 또는 식량이나 노예를 차지하기 위해서 서로 싸우고 침입하기도 한다.[18] 칼라하리 사막의 몇몇 족속을 포함하여 영역성이 강한 수렵채집민도 있어(Heinz 1972) 영역을 적극적으로 방어하기 위하여 경우에 따라서는 폭력을 쓰기도 한다.

일반수렵채집모델에서는 식물성 식량을 강조하였지만, 이 역시 모든 수렵채집 사회에 적용할 수 있는 것은 아니다. 북극의 수렵민에게는 적용되지 않으며, 저위도에 사는 많은 집단에게도 통용되지 않는다. 캐럴 엠버(Carol Ember)는 머독의 민족지 지도(Murdock 1967)를 이용하여 단순한 통계 비율을 산출했는데, 이에 따르면 고기는 식물성 식량보다 중요하며 대부분 사회에서 남자가 여자보다 생계에 기여하는 바

---

18   Warner 1931; Swadesh 1948; Ember 1978; Ferguson 1984; Mitchell and Donald 1985; Knauft 1987; Donald 1997, 2000; Chindina 2000; Griffin 2000 참조.

가 높다고 한다(1978).[19] 브라이언 헤이든(Brian Hayden) 또한 사냥해온 고기가 식량 무게의 35%만을 차지한다고 하여도 이는 많은 집단에서 전체 칼로리 필요량의 적어도 반을 제공하는 것임을 지적한 바 있다(1981b).

　수렵채집민의 평등 관계 역시 잘못된 것이며 불평등이 만연하다. 젊은 층과 장년층, 그리고 남성과 여성 사이도 그러하다(Woodburn 1980; Hayden *et al.* 1986; Leacok 1978; 8장, 9장 참조). 모두가 식량을 평등하게 공유하는 것은 아니어서 여자는 남자보다 덜 먹기도 한다(Speth 1990, 2010; Walker and Hewlett 1990). 다양하고 상이한 환경에서 불평등한 수렵채집민이 존재했다는 고고학 증거가 더욱 많이 쌓이고 있는데(Price and Brown 1985b; Arnold 1996a; Ames 2001), 대부분은 인구밀도가 높으며 대규모로 식량을 저장한다. 수렵채집을 단순히 평등주의와 동일시해서는 안 된다.

　1980년대에 일반수렵채집모델에 커다란 균열이 생긴다. 이 때문에 많은 연구자들은 생태학과 생계에 치중된 접근이 지닌 문제점을 인식하게 되었는데, 그럴수록 더욱 세계의 현존하는 수렵채집민은 수렵채집만으로 살지는 않음을 알게 되었다.

상호의존모델, 곧 "원시전문가들"

　"맨 더 헌터" 학회의 목표 가운데 하나는 부거 무리 모델이 지닌 문제들을 해소하는 것이었다. 그러나 이와 함께 1960년대 중반 올두바이고지(Olduvai Gorge)를 비롯한 유적에서 놀라운 발견이 이루어지면서 인류의 기원이 거슬러 올라가고 현존하는 수렵채집 사회를 근거로 초기의 인류 조상을 재구성하려는 욕구 또한 새로워지게 된다. 리와 드보어에 따르면, "맨 더 헌터" 학회는 다음과 같이 주장한다.

19　유진 헌(Eugene Hunn 1981)은 민족지 지도가 채집 식량의 역할을 과소평가하였다고 하면서, 민족지 자료로 재구성된 고원지대의 생계와 민족지 지도의 부호를 비교하였다. 식물은 고위도 지방에 사는 사람들의 식단에서 여전히 아주 중요하다.

학회는 논리적으로 이전에 살았던 인간의 기원에 대한 심포지엄을 따르고자 하였다. … 현재의 민족지 연구는 수렵채집민에 대해 상당한 양의 새로운 자료를 제공하였으며, 우리가 가진 "사냥꾼으로서의 사람"이라는 개념을 급속히 바꾸어 놓고 있다. 사회인류학자들은 일반적으로 출계와 계통(filiation), 거주, 집단 구조와 같은 기본 개념들을 개정하여 왔다. 고고학에서 최근 초기 생활면이 발굴됨으로써 복원을 위해 수렵채집민 자료에 대한 새로운 관심이 일어났으며, 현재의 사회 및 사회진화 이론은 필연적으로 수렵채집 집단에 대한 이런 새로운 자료를 고려하여야 한다(Lee and DeVore 1968: vii).

비록 "맨 더 헌터" 학회에서 어느 인류학자도 현존하는 수렵채집민이 "정확히" 플라이스토세(Pieistocene, 갱신세)의 사람들이라고 하지는 않았지만, 사회진화 이론을 통해 어떻게 수렵채집 집단 관련 새로운 자료를 설명할 것인지는 분명하지 않다.

현존하는 수렵채집민은, 살린스의 용어를 빌리자면, 수렵민의 세계가 아니라 마이크로소프트나 코카콜라, 세계은행이 후원하는 목장과 국제 목재시장, 폭력적인 반란의 세계에 살고 있기 때문에, 이 문제는 고고학에서 더욱 중요하다. 수렵채집민은 모두 신체적으로나 사회적으로 자신들과는 아주 다른 사회의 주변에 산다. 그리고 다른 사회와 교역과 혼인, 고용, 징병, 법정 같은 것을 통해 상호작용하며, 몇몇 사례에서 이런 일은 오랫동안 이루어져 왔다(Spielmann and Eder 1994). 말레이시아의 바텍(Batek)족과 보르네오의 페낭(Penan)족은 등나무를 채집하여 세계 시장에 파는데, 페낭족은 아마도 거의 1000년 전에 중국 상인들과 교역을 시작하였을 것이다(Hoffman 1984; Endicott and Endicott 2008). 인도의 힐 판다람(Hill Pandaram)족은 카스트 제도의 일부이기도 하면서 밀림에서 얻은 것을 시장에 파는 전문 채집자이기도 하다(Morris 1982). 남부 아프리카 부시맨의 많은 사람들[20]은 지역 숲에 대한 지식 때문에

---

20 코이산(Khoisan)어족의 수렵채집민을 부르는 "올바른" 용어는 아프리카 남부의 정치 지형이 변화함에 따라 새로운 의미를 지니기도 했다. 과거 부시맨과 산(San)이라는 말이 자유롭게 쓰였지만, 바사르와(Basarwa)라는 용어를 신호하면서 잘 쓰이지 않게 되었다. 바사르와는 모사르와(Mosarwa)라는 말에서 전치

그림 1-3. 마다가스카르 서남부에서 계절적인 수렵채집 생활을 하며 이동하는 미케아족의 가족. 이들은 건기에 숲에서 덩이줄기를 채집하여 먹거나 판다. 우기에는 반영구적인 오두막으로 이동하여 화전 원경 기법으로 옥수수를 재배한다. 그러나 영속적인 마을에도 집을 가지고 있다. 그리하여 마을 시장에도 나가고 임금 노동도 자주 한다. 지은이 촬영.

현대의 군사제에 포함되었으며, 몇몇 집단은 수백 년 동안 유목과 농경, 수렵채집 생활을 병행했다(Denbow 1984; Wilmsen 1989a; Wilmsen and Denbow 1990; Gordon 1992). 아프리카 피그미족은 유럽인이 이투리(Ituri) 숲에 들어오기 훨씬 전부터 상아교역을 해왔다(Bahuchet 1988). 오늘날 보피(Bofi) 피그미족은 숲에서 사냥한 것의 약 35% 정도를 지역 원경 마을사람들과 교역한다(Lupo and Schmitt 2002). 북아메리카의 알곤키(Algonqui)족은 16세기와 17세기에 유럽에서 쓰일 모자를 제작하기 위해 비버를 사냥하여 거의 멸종에 이르게 할 뻔하였다. 네바다 주 훔볼트 강을 따라 사

사 "모"를 "바"로 바꾼 것으로, 언어적 열등성의 함의를 피하고자 한 말이다. 그러나 경우에 따라서는 "농노"와 같은 말로 받아들여져서, 차라리 이전 용어인 부시맨을 쓰는 사람도 있다(Robert Hitchcock, 개인 대화, 1993). 이 책의 초판에서도 그러했으며, 계속 이 용어를 쓸 것이다.

는 쇼쇼니족은 19세기 중반에 캘리포니아 경계에 들어와 사는 이주민의 가축을 사냥하기도 했고(Clemmer 2009), 캘리포니아 수렵채집민은 18세기부터 시작된 질병과 집단학살로 파괴되기도 하였다. 호주 원주민은 영국의 식민지가 되기 훨씬 이전부터 셀레베스(Celebes) 섬에서 해삼을 따러 온 사람들과 교역하였다(Meehan 1982: 16). 그리고 유럽인이 들어온 이후 영국 이주민들은 스포츠를 위해 대륙과 타스마니아에서 원주민을 사냥하기도 했다.

짧게 말하여, 인류학자가 연구를 시작하기 훨씬 전부터 수렵채집민은 이미 질병에 감염되고 총에 맞기도 하였고, 식민 강대국이나 이웃 농경민과 교역하였거나 고용되었고 착취를 당했다. 많은(어떤 이는 '모든'이라고 말할 것이다) 사례에서 결과는 수렵채집 생활의 극적인 변화로 나타났다. 캐나다 나스카피(Naskapi)족과 몬타네(Montagnais)족의 가족 덫치기 영역은 아마도 유럽 접촉 이전의 토지 소유권이 아니라 모피 교역을 위한 적응일 것이다(Cooper 1946; Leacock 1954, 1969, 1983). 캐나다 동부 미크맥족에 나타나는 분업은 유럽과의 교역에서 여성보다 남성을 더 대중적이면서도 권위 있게 변모시켰다(Gonzales 1982). 아마존 사람들도 가족 집단으로 나뉘어 고무를 포함한 숲에서 얻은 물품을 시장에 내놓는다(Murphy and Steward 1955). 식민 기업에 노동력을 파는 수렵채집민도 있으며 때로는 참담한 결과를 초래하기도 한다(e.g., Gould, Fowler and Fowler 1972; Krech 1983).

20세기의 수렵채집민은 문화적 경계에 살면서 수렵채집과 농경, 유목, 그리고 정부 복지와 임금 노동 사이에서 유동한다(Gardner 1993; 그림 1-3). 화폐 경제에 깊이 관련되어 있는 수렵채집민도 있어, 수공업품을 만들고 숲에서 물품을 채집하여 세계 시장에 팔기도 한다(Peterson and Matsuyama 1991을 보라). 오늘날 열대우림에 사는 거의 모든 수렵채집민은 원경민과 상당한 탄수화물 교역을 하고 있거나 정부 또는 종교단체의 배급품에 의존한다.[21] 사실상 열대우림지대에서 수렵채집민이 탄수화물

---

[21] Peterson 1978; Abruzzi 1980; Bahuchet and Guillaume 1982; Griffin 1984; Hoffman 1984; Hart and Hart 1986; Bailey and Peacock 1988; Bailey *et al.* 1989; Headland and Reid 1989.

없이, 그리고 원경민이 제공하는 철제 도구 없이 살아가는 것은 불가능하다고 주장하는 사람도 있다(Rambo 1985: 31; Bailey *et al.* 1989; Headland and Reid 1989).[22]

식민 강대국의 징병이나 세금, 행정 기관을 피해 숲이나 사막으로 들어가는 수렵채집민도 있다(Nurse and Jenkins 1977; Woodburn 1979; Feit 1982; Gardner 1993). 예를 들어 마다가스카르의 미케아(Mikea)족은 19세기에 노예가 되는 것을 피해, 1960년대에 다시 세금 징수를 피해 숲으로 들어갔다(Poyer and Kelly 2000; Yount *et al.* 2001; Tucker 2003). 그럼에도 오늘날 문화적인 가치를 확인하기 위해 수렵채집을 하는 사람들도 있는데, 이는 소수민족 거주지에서만 통용되는 정치적 메시지라고 할 수 있다.

민족지적으로 알려진 모든 수렵채집민이 어떤 방식이든 세계 경제체제와 연결되어 있다는 데는 의심의 여지가 거의 없으며, 그런 관계가 수백 년 전으로 올라가는 사례도 있다(e.g., Leacock 1983; Morrison and Junker 2002; Ikeya, Ogawa and Mitchell 2009).[23] 수렵채집민은 진화의 유물이 아니다. 이 사람들을 이용하여 올두바이고지나 다른 유적의 층에서 나온 고고학 증거를 해석하는 일은 그리 간단하지 않다.

20세기 중반에 인류학자는 수렵채집민과 이웃하는 사회 사이의 접촉의 효과를, 마치 라디오 신호에서 잡음 같은 것처럼, 배제할 수 있거나 중립화시켜 접촉 이전의 생활방식을 재구성할 수 있다고 생각하였다. 하지만 1980년대에 많은 학자들은 수렵채집민을 "원시적이고 고립되어 있으며, 불완전하고 온전히 진화하지 못한, 주류에

---

22   에페 열대 수렵채집 집단과 주변 원경 레세족 간의 관계에 대한 민족지로는 Richard Grinker 1990, 1994 참조. 민족지에 따르면 현재 교역 없이 사는 열대림의 수렵채집민은 없는 것이 사실이지만, 그렇다고 수렵채집만으로 사는 것이 불가능하다는 것은 아니다(e.g., Brosius 1991; Headland and Bailey 1991, Hill and Hurtado 1996). 사실 고고학 연구에 따르면, 수렵채집민은 열대우림지대에서 농경이 시작되기 훨씬 전부터 살고 있었다. 다만 경제적으로 유용한 식물과 동물을 도입하기도 했고(Spriggs 2000), 토착 식물을 재배하여 생산성을 높이기도 했다(Politis 1996, 2007).

23   이로써 수렵채집민이 틈새에 존재했는지, 아니면 가령 북부 멕시코(W. Taylor 1972)에서와 같이 선사시대 국가정치체의 가장자리를 따라 존재했는지, 그리고 과연 수렵채집민으로 살아가는 사람들이 앞으로도 지배적인 사회질서를 따르지 않고 비어 있는 생태적소에 살 것인지 하는 흥미로운 문제가 생기기도 한다(Asch 1982; Feit 1982; Bird-David 1988).

들어오지 못한 사람들"로 보는 시각이 자리 잡았다고 주장하였다(Headland and Reid 1989: 43). 그러나 수렵채집 체계의 구조를 수렵채집민이 어떻게 비수렵채집 사회와 상호작용하는지 하는 측면에서만 이해할 수 있다고 말하는 것은 불가능하다고 보는 사람들도 있다. 톰 헤드랜드(Tom Headland)와 로렌스 라이드(Lawrence Reid)는 수렵채집민이 "제한된 조건에서 경제적으로 가장 실행 가능한 선택이었기 때문에 수렵채집민으로 남았으며, 자신들이 살고 있는 글로벌 세계에서 하는 경제적인 역할 때문에 그 생활 방식을 유지하고 있다"(Headland and Reid 1989: 51; Marlowe 2002 역시 참조)라고 하였다.

이로써 몇몇 인류학자들은 1960년대와 1970년대의 생태학적 패러다임을 넘어서고자 하였다. "상호의존(interdependent)" 모델, 또는 셀리그먼(Seligman 1911)의 용어에 따르면 "원시전문가(professional primitives)" 모델로 이전의 수렵채집 모델을 대체하고자 하였던 것이다.[24] 이전의 모델과는 달리 새로운 모델은 인류 진화의 초기 단계 복원과는 관련이 없으며 과거를 재구성하는 데 민족지는 아무런 역할도 하지 않는다고 주장하였다.

1960년대와 1970년대에 주호안시족이 수렵채집민 인류학에서 차지한 중요성을 감안할 때, 이 새로운 시각의 대부분은 리처드 리의 민족지를 재해석하는 데 초점이 맞추어져 있었음은 이해할 만하다. 간단히 말하면 에드윈 윔센(Edwin Wilmsen), 제임스 덴보우(James Denbow) 등의 연구자는 주호안시를 비롯한 부시맨족은 지난 수백 년, 아마도 천 년 이상 동안 "순수한" 수렵채집민이 아니었다고 주장하였다. 수정주의자라고 불리게 되는 이 연구자들은 부시맨이 아프리카와, 나중에는 유럽의 교역자들과 밀접한 접촉을 유지하였으며, 아프리카 남부 권역의 사회 및 정치적 실체의 변화에 따라 수렵채집과 농경, 유목 생활을 유동적으로 하였다고 주장하였다(Wilmsen 1983, 1989a, 1992; Denbow 1984; Gordon 1984, 1992; Wilmsen and Den-

---

24   이 용어는 리처드 폭스(Richard Fox 1969)에 의해 대중화되었다(Seligman and Seligman 1911; Schrire 1980, 1984a; Wilmsen 1983, 1989a, b, c; Denbow 1984; Gordon 1984; Parkington 1984; Headland and Reid 1989).

bow 1990). 부시맨 사회와 문화는 생태만이 아니라 아프리카의 정치경제에 의해서도 형성되었다는 것이다. 이런 유리한 시각에서 몇몇 연구자들은 부시맨의 평등주의가 사막에서의 이동 생활이라는 위급함에 대해 적응한 결과가 아니라 외부인 주도에 대한 반응이라고 보기도 하였다(Woodburn 1988의 논의 참조). 부시맨이 실제 계급사회의 가장 낮은 층에 놓여 있다는 사실을 무시할 때만 평등적으로 생각할 수 있다는 것이다(Wilmsen 1983, 1989a; Gordon 1984).

캐멀 쉬라이어(Carmel Schrire 1980, 1984b)와 윔센은 리처드 리가 주호안시족의 생활방식을 "경제생활의 기초적인 형태"(Lee 1969: 73)를 가지고 있으며 "농경, 도시화, 기술 발전과 국가 및 계급 충돌로 생긴 부가물과 복잡함을 벗겨낸 인간의 기본적인 적응"(Lee 1974: 169)이라고 한 것을 비판하였다. 리는 주호안시족에 대한 글에서 "가장 처음 해야 할 작업은 (유럽과의) 접촉이 생활 방식에 끼친 효과를 주의 깊게 설명해야 한다는 것이다. 상업적인 것이나 정보 및 다른 외부적 관심의 영향을 면밀하게 평가한 다음에만 수렵채집민의 진화적 유의성에 대한 진술을 정당화할 수 있다"고 말하였다(Lee 1979: 2). 쉬라이어와 윔센은 그런 접근이란 불가능하며, 접촉의 효과를 빼고 나면 아무것도 남지 않는다고 주장한다. 사실 윔센은 자신의 부시맨 연구는 수렵채집민에 대해 아무 것도 말해 주지 않는다면서 "칼라하리 사막에서 그런 얘기를 하기에 우리는 이미 천 년 이상 늦었다"고 말하기도 했다(Wilmsen 1989a: 57). 윔센과 쉬라이어는 부시맨이나 다른 어떤 수렵채집민의 정치적이고 역사적인 맥락을 무시하는 일은 수렵채집민의 삶을 특징짓는 착취와 불평등을 무시하는 일이라고 주장했다. 결과적으로 많은 사람들이 수렵채집민에 대한 전통 인류학적인 관심에서 벗어나 현존하는 수렵채집민의 정치적인 실체를 이해하고 토지와 정치적 자치권을 위한 수렵채집민의 주장을 돕는 데 관심을 가지고 있다.[25]

---

25 Leacock and Lee 1982b; Wilmsen 1989c; Headland and Blood 2002; Sercombe and Sellato 2007; Biesele and Hitchcock 2011. 자립할 수 있는 생계수단을 개발하는 데 관심을 가진 사람들도 있다(e.g., Tucker 2007a, b; Tucker *et al.* 2010). 원주민 집단 내뿐 아니라, 수렵채집민 후손과 식민 강대국 사이에 형성되는 불평등에 대한 통찰력 있고 중요한 연구는 호주에서 이루어졌다(Altman 1989).

구체적인 부시맨의 역사에 대해서는 칼라하리 사막 전문가들이 가장 잘 알 것이다. 다만 나는 여기서 윔센보다는 리처드 리의 해석을 더 지지한다고 말하고 싶다 (Solway and Lee 1990; Lee 2002).[26] 그럼에도 이 논쟁은 두 가지 중요한 문제를 제기하고 있다.

현존 수렵채집민은 누구인가?

첫 번째 문제는 현존 수렵채집민에게서 관찰되는 사회문화적 경향이 사냥과 채집 그 자체와 결부된 것인지 아니면 비수렵채집 사회와의 상호작용을 통해 만들어진 산물인지 하는 것이다.

어떻든 (민족지가) 외부의 힘이 사회의 영역 안에 들어와 끼친 영향을 기술하고 있다는 데 대해서는 의심의 여지가 없다. 인류학자는 이런 연구를 이용하여 수렵채집 양식에 잔류물이 무엇이고 내재된 것이 무엇인지를 찾아 집단 간에 나타나는 공통성을 상정한다. 여기서 제기되는 큰 문제는 수렵채집 집단의 공통 특성이 양변 친족체계와 같이 구조적 요소든 식량을 공유하는 경향과 같은 행위적인 요소든 상호작용의 결과물인지 하는 것이다. 우리가 연구하는 공통의 특성이, 지구상에서 보낸 시간의 99% 동안 행해진 수렵과 채집의 생활방식을 인간이 공유해서라기보다, 오늘날의 수렵채집민이 비슷한 문제에 비슷한 해결책을 찾아 부지불식간에 일치하는 일을 계속해서 한 때문인가?(Schrire 1984b: 18)

이는 인간행위에서 나타나는 변이의 원인이라는 핵심에 다가가는 것이기에 중

---

26   윔센은 과장하여 표현하고 있는지도 모른다. Solway and Lee 1990; Harpending 1991; Lee and Guenther 1991, 1993; Silberbauer 1991; Kent 1992; Lee 1992 참조.

요한 질문이다. 상호의존모델은 과거를 재구성하는 데 현존 수렵채집민이 유용하지 않다고 하였지만, 이 역시 새로운 전형을 만들어낼 위험성을 가지고 있다. 그것은 바로 민족지 사례들의 특정한 역사 조건을 고려하지만 접촉으로 만들어진 공통적인 특성들에 초점을 맞춤으로써 여전히 다양성을 감소시키는 역할을 하고 있다는 것이다.

그러나 접촉을 통해 이루어진 모든 관계들이 동일한 것은 아니다(Schrire and Gordon 1985: 2; Lee 1988; Spielmann and Eder 1994). 아마도 부시맨은 식민주의자들이나 교역자들과 접촉한 탓에 평등적일 것이다. 그렇지만 북아메리카 서북부 해안에서는 외부인과 접촉함으로써 수렵채집민이 더욱 호전적이면서 위계적인 사회를 이루었다(Ferguson 1984). 마찬가지로 남아메리카 티에라 델 푸에고의 셀크남(Selk'nam, Ona)족과 야마나(Yámana, Yahgan)족은 서로 이웃하면서도 사회조직과 환경적 조건이 상이했기 때문에 유럽의 침입에 서로 다른 방식으로 반응하였다(Stuart 1980). 원주민의 캡슐화는 사회정치적인 통치나 질병, 강제이주, 교환이나 현금 찾기, 그리고 이웃 주민에 대한 의존 등 경제가 붕괴되는 결과를 초래하기도 한다(Gardner 1993). 포티어(Jana Fortier 2009a, b)는 비재생 자원을 교역하는 수렵채집민은 소작농이 되거나 권역 문화에 병합되는 반면, 재생 자원을 교역하는 수렵채집민은 자율성을 유지한다고 본다. 현존하는 수렵채집민 조직의 모든 양상이 캡슐화 때문만은 아니다(Woodburn 1988). 우리는 "수렵채집민이 고립되지 않고 병합되지 않으면서도 참여하면서 자율적일 수 있음"을 고려해야 한다(Solway and Lee 1990; Fortier 2001도 참조).

접촉으로 인한 변화에 대해 관심을 기울이면서 수렵채집 사회의 다양성에 대한 분석이 오히려 감소하였고, 권력과 통제라는 문제에 치중한 또 다른 전형이 만들어졌다. 또한 현존 수렵채집민을 권리를 박탈당한 시골 프롤레타리아트로 취급하고 궁극적으로 선사시대를 이해하는 데 현존 수렵채집민 연구의 유용성을 거부하는 결과를 낳았다(Marlowe 2005a). 이는 일반수렵채집모델만큼이나 지나친 단순화이다. 민족지가 선사학에 무용하다고 주장하는 것은 접촉의 효과를 현존 수렵채집민에게서 수월하게 제거할 수 있다고 생각하는 것만큼이나 지나치게 순진하고 과장된 말이다.

마르크스주의 접근

상호의존모델이 제기한 두 번째 문제는 "맨 더 헌터" 학회 이후 조사연구가 지닌 생태학적 패러다임에 관한 것이다. 수렵채집 사회가 어떻게 세계체제 안에서 캡슐화하였는지에 대해 관심이 증가함에 따라 정치경제, 곧 경제와 정치의 교차에 대해서도 관심이 커졌다. 결과적으로 1980년대 수렵채집 사회 연구에 마르크스주의 접근이 침투해 들어간다. 물론 마르크스주의는 방대한 영역이고, 여기에서는 마르크스주의 접근에 대해 짧게 논할 수밖에 없지만, 최근 들어 유행에서 멀어지고 있는 점은 주목할 필요가 있다(흥미롭게도 1989년 베를린 방벽이 무너진 뒤에 그러하다).

마르크스주의 접근은 칼 마르크스의 생산양식 개념에 의존하고 있다. 요약하면 생산양식은 생산수단(토지, 원자재, 노동)과 사회적 생산관계(생산물이 분배되고 노동과정이 재생산되는 방식)로 이루어진다. 마르크스는 생산수단이 생산관계의 상태를 좌우한다고 보았다. 마르크스주의자들은 몇 가지 생산양식을 구분하는데, 그 가운데 하나가 자본주의 생산양식이다.

자본주의 생산양식은 사회를 생산수단을 소유하는 소유자와 노동력만을 가진 노동자로 구분한다. 노동자는 노동력을 소유자에게 팔고 소유자는 이윤(세금, 자본 투자, 노동임금을 제외하고 남는 것)을 위해 재화를 시장에 내다 판다. 고전경제학에서는 이윤을 모든 이를 위하여 경제에 투자되는 자본으로 본다. 하지만 마르크스는 이윤을 착취로 본다. 소유자가 이윤을 통제하고 그로부터 이득을 얻기 때문에, 이익을 최대화하는 것은 소유자의 이득을 최대화하는 일이다. 그리고 노동이 가장 비싼 생산요소이기 때문에 소유자는 노동 비용을 절감하여(노동자를 대신하여 기계를 사용하거나 노동자를 최소한으로 고용하며, 값싼 노동력을 찾아 회사를 옮김으로써) 이익을 최대화한다.[27]

---

27 마르크스는 자본주의가 내재된 모순을 가지고 있다고 주장하였다. 생산물의 가치는 그것을 만드는 데 들어간 노동력의 양과 상응한다. 경쟁을 위해 노동력을 절감하고 효율성을 높이면 상품의 가치는 하락하고 체계에서 전체 이익 역시 하락하여, 소유자는 노동에 들어가는 자본을 더 절약하고자 한다. 마르크스는 자본주의 조직들이 다른 것을 병합하려 할 것이고, 따라서 크기는 더 커지고 수도 더 적어질 것이라고 보았다. 또한

따라서 자본주의는 생산이 값싼 재화의 생산을 용이하게 하지만, 결국 노동자를 착취하는 사회관계를 수반한다.

왜 이것을 노동자가 참아야 하는가? 마르크스는 소유자가 사회의 이데올로기까지 통제, 곧 계급 간 사회관계에 대한 관념까지 착취한다고 주장하였다. 마르크스는 소유자가 사회의 이득을 위해 일한다는 주장과 노동자가 계약을 받아들여 일한다는 이데올로기가 실제 착취의 관계를 가리고 있다고 말하였다. 생산력은 지속적으로 발전하지만 생산관계는 이처럼 억압되기 때문에 사회에서 실제 사회관계와 공식적인 사회관계 사이의 모순이 생겨 결국 노동계급은 둘 사이의 불일치를 깨달으면서 계급충돌을 일으킨다는 것이다. 모순을 해결하려는 시도로 계급투쟁이 일어나서 새로운 계급이 형성되는데, 마르크스의 논리에 따르면 이런 순환은 공산주의가 확립될 때까지 일어난다.

애초 수렵채집 사회에는 분명 그런 모순의 요소가 없을 것이기에, 연구자들은 계급 없는 사회, 곧 "원시공산주의" 사회를 수렵채집 사회에서 찾으려 하였다(리처드 리[Lee 1988]는 마르크스가 아니라 프리드리히 엥겔스에게 영향을 미친 루이스 헨리 모건을 인식한 것이라고 하였다). 이 주장에 따르면, 수렵채집민은 수렵채집 생산양식, 곧 선자본주의의 생산양식의 증거이다. 리(Lee 1988)는 이 생산양식에서는 사회관계가 자원에 대한 동등한 접근을 가능하게 한다고 하였다.

- 생산수단(토지와 자원)의 공동 소유
- 혼인 등 사회적 유대를 통해 다른 사람의 자원에 호혜적으로 접근할 수 있는 권리
- 축재를 강조하지 않음(사실상 축재에 반대함)
- 캠프 전역에서 전체적인 공유

값싼 노동시장으로 눈을 돌려 먼 지역에서까지 자신들의 영향력을 확장할 것이고, 이로써 수렵채집 사회를 포함한 많은 비자본주의 사회까지 포괄하여 하나의 세계경제체제를 만들 것이라고 주장하였다.

- 식량 획득을 위해 필요한 도구에 대한 동등한 사용 권리
- 위 도구에 대한 개인적인 소유(Leacock and Lee 1982a: 8-9)

몇몇 이론가는 수렵채집 생산양식이, 식량 생산에 대한 통제가 결여되고 한 곳에 머무를 경우 식량획득률이 떨어질 수밖에 없어 이동생활을 하며 물질 재화와 토지 소유에 대해 관심 없게 만드는 생계방식에 토대를 두고 있다고 본다(Meillassoux 1973). 반대로 팀 잉골드(Tim Ingold 1987, 1988)는 사회관계를 더 강조하면서 수렵채집민은 먹기 위해서뿐만 아니라 평등주의와 자원에 대한 공동전용을 강조하는 특수한 사회관계의 질서를 유지하기 위해 사냥하고 채집한다고 하였다.

리콕과 리는 수렵채집 생산양식(그리고 결과적으로 원시공산주의)은 무리를 이루어 사는 사람들, 곧 평등적 사회체제를 가진 수렵채집민에만 적용할 수 있다고 주장한다. 그러나 많은 수렵채집민은 이 모델과 어울리지 않는다. 마르크스주의적 접근과 더불어, 경제적으로 말하면, 수렵채집민이지만 수렵채집 생산양식의 정의에 부합하지 않는 사람들을 기술하고 설명해야 하는 문제도 생기게 되었다.

사회관계의 측면에서 정의하면, 수렵채집 사회는 흔히 평등과 불평등이라는 두 형식으로(Keeley 1988; 9장 참조), 또는 우드번(Woodburn 1980)의 용어에 따르면, 즉자 회수(immediate-return)와 지연 회수(delayed-return) 수렵채집 사회로 나뉜다. 즉자 회수 체계에서는 잉여가 없으며, 자원, 특히 식량은 날마다 소비된다. 이는 평등 수렵채집민이며, 여기에는 핫자, 음부티(Mbuti), 주호안시 같은 집단이 포함된다. 반대로 지연 회수 수렵채집민은 노동을 투자한 뒤 시간이 흘러 효과를 거둔다. 이 범주에는 나중의 소비를 위해 식량을 저장하는 수렵채집민이 포함된다. 우드번의 관점으로는 호주 원주민도 포함되는데, 그 이유는 어른 남자가 나중에 신부를 받을 것을 기대하고 자신의 부계에서 친척여자를 신부로 보내어 남성이 여성이라는 형태로 권리를 축적하기 때문이다(Testart 1987, 1989도 참조). 광범위한 식량 저장은 사회정치 조직이 불평등한 수렵채집 사회에서 보이는데, 물론 저장 그 자체가 반드시 착취를 야기하는지는 분명하지 않다(Keeley 1988; Testart 1982; 9장 참조). 지연 회수나 저장하는

수렵채집민은 원시공산주의 모델에 부합하지 않는다.

마르크스주의자들은 계급사회나 자본주의의 개념으로 수렵채집 사회를 이해할 것을 주장한다. 수렵채집 사회는 내재된 착취 관계와 사회관계와 이데올로기 사이의 모순을 통해 변화한다고 보는 것이다. 이들 사회는 결과적으로 생산의 사회관계에 치중하는데, 그 이유는 다음과 같다.

사회관계는 그 자체로 변화를 일으키는 맥락이며 더 큰 변화를 불러오는 역학을 발생시키기도 한다. 사회관계는 환경이나 인구 같은 다른 변수들의 영향을 받기도 하지만 그 자체로 내적인 역학을 가지고 있으며, 결정이 내려지는 것은 바로 이 지점이기 때문에 대체로 주요한 것으로 여겨질 수 있다(Lourandos 1988: 150; Meillassoux 1973; Godelier 1977; Bender 1985도 참조).

또한 마르크스주의자들은 잉여 식량이나 자원의 창출이 집단 간의 경쟁적 행위에 이용되고, 이로부터 어떤 개인들은 다른 사람의 노동을 이용할 권위를 얻음으로써 이익을 볼 수 있기 때문에 특히 흥미롭다고 본다.

그러나 수렵채집 사회에 마르크스주의를 적용하는 데는 많은 어려움이 있다(Bettinger 1991을 참조). 마르크스의 사회분석은 계급사회를 염두에 두고 고안된 것이기에 많은 무계급 수렵채집 사회에 적용할 수 있을지에 대해서는 의문을 던질 수 있다. 하지만 많은 마르크스주의자들은 사회를 분석하는 데 계급이 필수적인 것은 아니며 모든 사회에는 이론적으로 계급에 근접하는 집단들 사이에 어느 정도 모순과 착취 관계가 포함되어 있다고 주장한다. 수렵채집민에게 가장 분명한 범주는 바로 젠더와 나이일 것이다(Bern 1979; Woodburn 1982). 예를 들면, 호주 원주민 사회에서는 나이 든 남자가 혼인을 통제하는데, 젊은 남자는 나이 든 남자에게 복종하고 사냥을 해주며 사냥에서 얻은 고기를 분배함으로써 아내를 얻는다. 마찬가지로 아내를 받은 남자는 아내를 돌려줄 때까지 아내를 준 나이 든 남자에게 빚을 지게 된다. 우드번(Woodburn 1982)은 이를 불평등적이라고 보며, 나이 든 남자와 젊은 남자, 그리고 남자와 여자 사이에 착취가 있다(비록 사회적 이동이 전혀 없거나 제한적인 진정한 의미의 사회계급과는 달리 집단의 모든 젊은 남자는 결국 나이 든 남자가 되지만)고 주장한다.

그러나 모든 수렵채집 사회에 계급에 근접하는 집단 사이의 착취관계가 존재한다고 해도 분명 모두 동일하지는 않다. 예를 들어 콰콰카와쿠(Kwakwaka'wakw, Kwakiutl)족에서 보이는 경쟁적 축제는 주호안시족에서는 볼 수 없으며, 우드번의 분석을 받아들인다 해도 호주 원주민의 노인지배(장로제)는 확실히 북아메리카 서북부 해안의 사회(여기에서는 노예 계급이 포함되어 있다)와는 다르다. 이처럼 상이한 수준과 형태의 불평등성을 낳은 원인은 분명하지 않은 채 남아 있다(9장 참조). 모든 수렵채집 사회는 착취 관계를 은폐하거나 전파시키는 모순들을 안고 있으며, 많은 현존 (그리고 선사시대의) 수렵채집민은 이웃하는 농경 또는 산업사회와의 관계에서 (마르크스주의의 시각에서) 하나의 계급을 구성한다는 점은 사실인 것 같다.

마르크스주의는 집단의 내적 역학의 작동, 곧 수렵채집 사회와 이웃 사회의 관계, 그리고 이데올로기 상징의 조작을 이해하는 데 강력한 설명틀이 될 수 있다. 그러나 마르크스주의는 원시공산주의이든 초기 자본주의이든 모든 수렵채집 사회가 본질적으로 비슷하다고 하고, 다양성을 이해하기보다는 전형을 파악하려 할 때 그 설명틀이 가진 강점을 잃고 만다.

문화 형식으로서 수렵채집민

인류학 사상의 역사 동안 수렵채집 사회의 전형은 한 극단에서 다른 극단으로, 짐승처럼 끔찍하고도 짧은 삶에서 풍요의 삶으로, 그리고 고기가 주식인 데서 채식이 주식인 것으로, 평등에서 불평등으로, 고립된 유산에서 시골 프롤레타리아트로 변모하였다. 인류학은 수렵채집민의 생활방식에 대해 우선적으로 작은 표본, 때로는 단 하나의 표본으로부터 보편성을 찾음으로써 그 사회를 설명하려 해왔다. 사실 이는 과학자의 의무이기도 하다. 그러나 근저의 다양성을 훼손해서는 안 된다. 일반화는 오히려 다양성을 이해하고자 내딛는 걸음이어야 한다.

　　이 점에서 독자는 내가 수렵채집민이라는 범주에 별다른 유용성을 찾지 못하면서 왜 수렵채집민에 대한 책을 쓰고 있는지 의아해 할 수도 있다. 많은 방식에서 수렵채집 사회는 인류학에 소중한 다른 범주의 인간 사회, 곧 원경민이나 농경민, 유목민과는 통계적으로 다른 집단이다. 마찬가지로 수렵채집 무리는 부족, 군장사회나 국가와도 다르다. 과거에 인류학자는 그런 다른 범주의 사회와 대조해 수렵채집 사회가 일반적으로 공유하고 있는 성격, 곧 수렵채집 생활방식에서 본질적인 것을 찾으려고 하였다. 이런 작업은 문화적 다양성을 낳은 인과적 변수를 찾는 열쇠로서 상응관계에 치중하여, 수렵채집민이라고 부르는 사회와 다른 사회의 차이를 구별함으로써 문화진화를 이해하는 데 중요한 역할을 해왔다. 그럼에도 "과학에서 중요한 것은 어떤 현상이 경험적으로 일반적인지가 아니라 그 바탕에 깔린 지속적인 자연 과정을 드러내는지 하는 점이다. 요약하면 다양한 현상들 사이의 체계적인 관계를 찾아야 하는 것이지, 비슷한 것들 사이의 실질적인 정체성을 찾는 것은 아니다"(Geertz 1973: 44). 기술이나 사회조직 또는 경제와 사회, 수렵채집민과 농경민과 같이 단조로운 범주들 사이의 관계를 찾는 일은 인류의 문화적 다양성을 가져온 메커니즘과 과정을 흐리게 할 뿐이다(Testart 1988에 대한 E. Smith의 대답을 참조).

　　1990년대 초반에 이 책의 초판을 쓸 때 많은 연구자들은 수렵채집 사회의 다양성이 연구할 만한 영역임을 인식하기 시작하였다(e.g., Kent 1996a). 연구자들은 흔히 다양성을 형식학적으로 다루어 수렵채집민을 단순/복합, 저장/비저장, 지연 회수/즉자 회수, 이동성/정주성, 포리저(foragers)/컬렉터(collectors)와 같은 이분법적인 범주로 나누었다. 당시, 그리고 지금도, 내 목적은 이 분야를 그런 형식학적인 접근에서 벗어나 다양성을 분명하게 설명할 이론적 틀로 인도하는 것이다. 마빈 해리스(Harris 1979: 79)는 수렵채집 사회에서 보이는 유사성과 차이를 다룰 수 없는 전략에 어떠한 문제가 있는지를 말해 준다.[28] 이 책의 초판이 나오고 나서 15년이 흐른 뒤 수렵채집

28　M. Martin 1974; c. Ember 1978; Winterhalder and Smith 1981: 4; R. Bailey 1991: 2; E. Smith 1991:

사회 연구라는 분야는 해리스의 말을 가슴에 새기고 하나의 흥미로운 탐구 시기에서 다른 흥미로운 설명의 시기로 변화했다.

나는 수렵채집민이라는 범주를 비판적으로 검토하면서 인류학에서 쓰이는 모든 범주화가 쓸모없다고 하지는 않았다. 인류학이란 분석 범주를 끊임없이 만들어내고 파괴하는 과정이다. 형식학적 사고는 아마도 피할 수 없는 인간의 일부일 것이다. 그러나 어떤 한 범주는 다양성을 만들어내고 있는 과정을 보여줄 때에만 유용하다. 다양성을 고찰하기 위해 일시적으로 그 범주로 분류〔그리고 궁극적으로는 기술(記述)〕되는 것이다. 오늘날 수많은 포럼에서 개진된 수렵채집민이라는 범주에 대한 걱정스런 의견(e.g., Roscoe 2002)은 이 범주가 인류학에서 유용성이란 생명의 끝을 맞이하고 있다는 신호이기도 하다. 하지만 주의하여 사용한다면 "수렵채집민"이란 용어에는 아무런 하자도 없다. 이 용어 자체에는 어떤 설명적인 무게도 없으며, 단지 연구와 교육을 위한 도구로서 인류를 분석적으로 조절할 수 있는 부분으로 나누는 장치로 사용한다면 여전히 유용하다.

그러므로 나는 이 책에서 수렵채집민이라는 전통적인 인류학 범주를 사용하여 수렵채집 사회의 범주 안에서 다양성을 밝히고자 한다. 그리고 다양성에 집중함으로써 받아쓰기와 같은 방식으로 이루어지는 형식학적 접근을 누그러뜨리고자 한다. 형식학적 접근에서는 어떤 한 모델이 상이한 다른 모델로 대체되면서 무너지는데, 새로운 모델은 아마도 정치적으로 더 유행하고 있을 것이지만, 그러나 여전히 제한되고 제한을 주는 것이다. 여기에서 나는 배경 지식과 함께 변이를 설명하는 이론을 개발하고자 한다.

결과적으로 이 책의 제목에도 불구하고, 나는 수렵채집민에게 관심이 있다기보다는 인간행위와 문화에 영향을 미치는 요인들, 가령 수렵채집이나 교역과 영역성에 영향을 미치는 요인들, 재생산의 생태학에 관심을 가지고 있다. 수렵채집 사회를 이해하는 데 의의를 지닌다고 생각되는 것이 다른 전통적인 사회적 범주와는 관련

4-5 참조.

이 없는 경우도 있다. 예를 들어 환경은 흔히 수렵채집 사회 분석에서 큰 역할을 하지만 농경사회 연구에서는 관심이 덜하다고 할 수 있다. 그럼에도 사실상 이 책의 상당 부분은 인류학의 다른 전통적인 문화 형식들(곧 농경민, 유목민, 원경민 등)에도 적용되어야 한다. 예를 들면 농경민 가운데는 여전히 사냥과 채집을 하는 사람들도 있으며(Kent 1989c; Ken 1996b의 논문 참조), 수렵채집을 분석하는 데 사용된 접근을 원경을 분석하는 데도 사용할 수 있다(e.g., Keegan 1986; Cashdan 1990). 폴 로스코(Paul Roscoe 2002)는 사회 위계와 물질문화가 세련된 뉴기니 사회와 그렇지 못한 사회 사이의 가장 큰 차이는, 전자가 수렵채집민이고 후자가 농경민이어서가 아니라 전자가 분산된 자원을 이용하고 후자는 집중된 자원을 이용하기 때문이라고 하였다. 마찬가지로 수렵채집민의 인구, 토지 소유, 친족체계에서 나타나는 다양성을 이해하는 접근들은 비수렵채집 사회의 연구에도 적용할 수 있다. 다시 말하여 일반이론은 인류학이 인류를 연구하면서 제시하였던 전통적인 범주들을 가로지르며 나타나는 다양성(범주 내의 다양성과 함께)을 설명할 것이다. 그러나 이 세상 모두를 단 한 번에 다룰 수 없는 만큼 수렵채집민이라는 한 부분에 집중해 보자.

수렵채집 사회와 생태학

나는 환경에 대한 적응이 수렵채집 사회에서 보이는 다양성에 가장 큰(결코 단일한 요인은 아니지만) 역할을 하였다고 생각한다. 따라서 이 책에서는 생태학적인 접근을 강조하여 시간과 에너지, 재생산과 관련된 행위와 의사결정에 집중할 것이다(Smith and Winterhalder 1992b). 나는 생태학에 대해 "유기체와 그것에 영향을 미치거나 그로부터 영향을 받는 물리적이고 생물학적인 요인들의 총체 사이의 관계에 대한 학문"이라는 피앙카(Pianka 1978: 2)의 광범위한 정의를 따르지만, 거기에 인간의 사회관계, 지각, 문화화(어린이가 문화를 배우는 과정)에 대한 관심을 덧붙이고 싶다.

마르크스주의 접근이나 상호의존모델을 주창하는 사람들은 (가령 에스키모가 농경민이 될 수는 없다는 식의) 지극히 사소한 수준을 넘어서는 유의성이 없다고 하여 삶의 물질적 제약의 영향을 과소평가할 것이다. 이것은 잘못이다. 왜냐하면 이런 분석은 사회관계를 경제에 환원시키는 일을 한사코 반대하면서도 결국 경제와 환경적 설명에 근거하고 있기 때문이다.[29] 비록 현존하는 수렵채집민이 고립되어 있지 않음을 명심해야 하고 보호구역의 원주민에게서 순수한 수렵채집민을 정제해낼 수는 없겠지만, 상호작용과 교역이 현존 수렵채집 사회에서 알 수 있는 모든 것이라고 생각해서도 안 된다. 이러한 맥락을 빼놓으면 안 되겠지만, 적어도 반 정도의 식량을 정부복지나 상점에서 사는 재화로 충당하는 수렵민에 대한 최근 연구는 수렵채집민 생계를 좌우하는 요인들에 대한 이해를 심화시킨 것도 사실이다.[30] 수렵채집민은 정치 환경에 대처하면서도 자신들을 둘러싸고 있는 물리적 환경에서 살아가야 한다. 생태학, 특히 생계와 관련된 문제들을 등한히 하는 것은 선사시대 그리고 분명히 현존하는 수렵채집민에게 중요한 문제를 등한히 하는 일이다. 우리는 "순수한" 수렵채집민이든 그렇지 않든, 어떻게 의사결정을 하고 물리 및 사회 환경에 적응하여 살아가는지를 고찰할 수 있다(Blurton Jones *et al.* 2002).

환경과 인류의 상호작용은 인류사회의 토대가 아니며 이론적인 만병통치약도 아니다. 인류의 의사결정은 생태적 배경 안에서 이루어지지만, 역사 및 문화적 제약 안에서 이루어지는 것도 사실이다. 문화와 환경 사이에 완벽한 일치란 없으며, 생태학적 시각이 호주의 꿈의 시대 신화나 부시맨의 친족체계, 콰콰카와쿠족의 신화에 대해 자세한 사항을 설명할 수도 없다. 행위를 "생태"적인 것과 "사회"적인 것으로는 나눌 수 없다(Ingold 1987, 1988 참조). 그러나 어딘가에서 출발을 해야 한다. 환경과 인간의 상호작용에 대한 이해가 그리 쉬운 일은 아니지만, 내 의견으로는 현재 인류학 앞에 놓인 작업 가운데 가장 분명한 일이기도 하다. 다음 장에서 인류학에서 생태

---

29 가령 마빈 해리스는 고들리에의 호주 원주민 분족체계 분석과 바음부티 생산양식 분석은 궁극적으로 생태학에 근거하고 있다고 주장한다(Harris 1979: 231-2).

30 가령 Meehan 1982; O'Connell and Hwakes 1981, 1984; Altman 1987; Bailey 1991; E. Smith 1991; Bliege Bird *et al.* 2002; Bliege Bird and Bird 2002, 2008; Blicgc Bird 2007; Bliege Bird *et al.* 2009.

학적인 사고의 발달 과정을 간단하게나마 살펴볼 것이며, 이 책의 근간이 되는 패러다임인 인간행동생태학에 대한 논의로 끝맺음할 것이다.

2
환경과 진화
그리고 인류학 이론

문화가 자연에 뿌리를 내리고 있는 것은 사실이지만, 문화가 식물이 아니듯이 자연에 의해 생산된 것은 아니다.

— 인류학자(Kroeber 1939: 1)

우리는 사자와 표범, 점박이 하이에나가 우리를 해칠 것이기 때문에 싫어한다. 영양은 우리가 밤에 불을 피우는 것을 보고 우리를 싫어한다. 은아디마(신)가 영양에게 우리가 이 불로 구워서 요리한다고 말했기 때문이다.

— 그위족 남자(Silberbauer 1981a: 63)

자연 환경만이 사회를 만드는 것이 아니라는 알프레드 크로버(Alfred Krober)의 주장에 논쟁의 여지는 별로 없을 것이다. 그럼에도 그위(G/wi)족이 인정하는 생태학적인 현실 역시 부인할 수 없다. 이 두 가지 사실을 토대로 인류학은 인류사회와 환경 사이의 관계에 대한 연구를 해왔다. 일관된 이론을 통해 환경을 문화적 다양성과 연관시키는 일은 어렵지만, 인류학은 인간행동생태학이라 알려진 분야에서 생태학적 시각과 진화이론을 결합하여 상당한 성과를 거두고 있다. 우리는 이론 패러다임으로서 인간행동생태학을 살펴볼 터인데, 우선 학사(學史)적인 맥락에서 환경의 역할을 중시하였던 문화영역 개념과 문화생태학이라는 이전의 패러다임을 먼저 살펴보자. 이 책에서 논의하고 있는 조사와 연구, 자료 가운데는 문화영역 및 문화생태학 패러다임에 입각한 것도 있기 때문이다.[1]

문화영역 개념

프란츠 보아스(Franz Boas)는 20세기 초 미국 인류학의 토대를 놓은 학자이다. 보아스는 단선진화론을 거부하고 문화를 역사적인 맥락에서 총체적으로 연구해야 함을 강조하였다. 보아스는 샤머니즘, 가면, 북, 요리나 신화 같은 문화 특질은 여러 문화에서 서로 다른 이유에서 연원할 수 있다고 보았다. 그러므로 그것들은 특정 문화와 역사적 맥락 안에서만 이해할 수 있으며, 그 자체로 어떤 사회가 진화적인 척도의 어디에 위치해 있는지를 알려 주는 증거가 될 수는 없었다. 보아스는 당시의 단순하고 인종주의적인 환경결정론을 거부하고, 독자적 발명과 역사, 전파에서 문화 특질의 원천을 찾고자 하였다. 또한 환경이 가능성이나 한계(특히 식량이란 측면에서)가 될 수 있음을 인정하면서도, 그 이상의 역할은 없다고 하였다.

19세기의 단순한 관찰가의 눈에도 문화 특질은 지리적으로 군집되어 있는 경

---

1   인류학에서 생태학적 사고를 종합적으로 다룬 글로는 Ellen 1982 참조.

향이 보였다. 오티스 메이슨(Otis Mason 1894)은 처음으로 그러한 권역을 "문화영역(culture area)"이라 불렀으며, 문화영역이 박물관 전시에서 사회를 나누는 데 유용하다고 하였다. 그러나 보아스는 문화 특질이 군집하여 진화하는 것만은 아니며, 사회조직이나 의례, 악기의 문화영역은 서로 일치하지 않을 수 있다고 주장하였다. 문화영역의 경계를 긋는 일이 사실 어떤 특질을 선택하느냐 하는 문제라는 것이다.

그러나 보아스의 학생들도 북아메리카 인디언의 특질 분포를 지도화하는 작업을 하였다. 크로버도 "수도 없이 많은 사실들이 완벽하지는 않을지라도 지리적으로 나누어지기 때문에 보아스의 관점에도 의문의 여지가 있다"고 하였다(Kroeber 139: 4). 학생이었던 클라크 위슬러(Clark Wissler)와 알프레드 크로버는 이런 지리적 구분이 지닌 이론적인 함의에 대해 논의하였다.[2]

위슬러(Wissler 1914, 1923, 1926)는 문화 특질의 분포로 규정되는 문화영역은 들소나 연어, 야생 씨앗(종자)류, 옥수수, 카리부와 같은 주된 식량자원의 지리적 범위와 일치한다고 하였다. 그리하여 문화영역을 들소 영역이나 동부 옥수수 영역 같이 주요 생계자원에 따라 이름 붙이기도 하였다. 위슬러는 들소 사냥에 쓰이는 창이나 사냥 울타리 같은 생계 기술이 문화와 환경 사이를 연결해 준다고 설명하였다. 어떤 문화영역의 중심지에서의 문화는 권역의 주된 식량자원을 가장 잘 이용하게 되어 있을 것이라고 주장하기도 하였다(다만 중심지는 환경 조건뿐 아니라 역사나 종족적인 것으로도 정해질 수 있다. Wissler 1926: 372). 문화 특질은 중심지에서 주변으로 전파되고, 결국에는 주 식량자원 이용의 지리적 한계에 이르면서 문화영역이 만들어진다는 것이다.

크로버(Kroeber 1939)는 민족지 자료와 식생 자료를 종합하여 북아메리카의 문화영역과 자연 영역 사이의 관계 지도를 만들었다(Kroeber 1925 참조). 그는 문화적 "전체"에 더 관심을 가졌던 반면, 위슬러는 개별 특질의 분포에 치중하였다. 비록 두

---

2   위슬러의 연구가 발간되고 얼마 지나지 않아 그의 연구를 면밀히 검토한 데이빗슨(Davidson 1928)은 호주 원주민의 문화영역에 대해 유사한 연구를 발표했다.

연구자는 상이한 방식으로 접근하였지만, 보아스와 마찬가지로 문화사의 복원을 목표로 하였으며, 토기, 모카신〔북아메리카 원주민의 부드러운 가죽신(옮긴이)〕, 바늘통 같은 문화 요소들의 역사적 관계에 관심을 가졌다. 크로버는 1939년 출간된 책의 첫 쪽에서 자신의 목적은 "북아메리카 원주민 문화의 환경적인 관계를 개괄하는 것", 그런 다음 "문화영역이나 문화의 지리적 단위의 역사적 관계를 고찰하는 것"이라고 밝혔다. 크로버는 이 가운데 두 번째가 가장 중요하다고 보았다. 그는 "모든 문화는 생계 배경에 달려 있"고 "자연과 문화 사이에 관계"가 있음을 인정하였지만, 그저 마지못해 문화적 다양성에 환경이 중요한 역할을 한다고만 여겼을 뿐이다. 보아스와 같이 크로버 역시 "문화 현상의 원인은 다른 문화 현상"에서 찾을 수 있다고 생각했기 때문이다(Kroeber 1939: 1).

크로버에게 문화영역은 문화사를 복원하려는 목적에 대한 수단일 뿐이었다. 어떻게 그러한가? 북아메리카 원주민 민족학에서 역사 자료는 대체로 빠져 있었으며, 고고학은 학문으로서 아직 걸음마 단계에 있었다. 직접적인 역사 자료 대신에, 크로버(그리고 위슬러)는 문화영역이라는 개념을 통해 역사 자료의 대용물로 특질의 공간 분포를 이용하였다. 예를 들면 시대–영역 방법은 어떤 문화영역 안에서 가장 오래된 문화요소가 가장 널리 분포할 것이고 좁게 분포되어 있는 요소는 역사가 더 짧을 것이라고 가정하였다.

불행히도 문화영역 접근 방법은 방법론적인 어려움에 봉착하고 만다. 크로버가 말하였듯이 "문화 전체에 대한 지도가 가진 가장 큰 약점은 너무 분명한데, 그것은 바로 경계를 짓는 것이다"라고 하였다(Kroeber 1939: 3). 보아스도 지적한 바와 같이 (가령 종교 관습이나 친족 용어 같은) 문화의 다른 양상들이 문화적 경계나 지리적 경계를 가로질러서도 나타날 수 있기 때문에 문화영역을 정의하는 것은 어렵다. 위슬러(Wissler 1914)는 멕시코 북쪽에서 아홉 개의 문화영역을 작성하였으며, 이에 반해 크로버는 다섯 개만을 제시하였다(Driver and Massey 1957).

더구나 문화영역이 넓을수록 그 안의 환경과 문화 다양성은 더 폭넓을 것이고, 환경과 사회 간 연결도 더 많을 것이며, 그것을 정리하는 일도 더 어려울 것이다. 어떤 문화영역의 "전형적인" 특질이나 그런 특질이 나오게 된 "이상적 조건"을 확인하는 명확한 방법(둘 모두 영역의 중심지에 자리해야 한다는 것 말고)도 없다. 가령 들소 사냥과 같은 적응에 관해서는 선험적인 관념이 "전형적인 특질"을 규정하는 데 분명 큰 역할을 하였다.

　중요한 것은 연구 전략으로서 문화영역 접근이 문화와 환경 사이의 인과적 연결을 규정할 수 없다는 점이다. 크로버는 그 이유를 부분적으로 방법론적인 어려움에서 찾는다. "문화와 환경의 상호작용은 아주 복잡하게 전개된다. 그리고 이 복합성 때문에 일반화는 전반적으로 별 소득이 없다. 각 상황이나 지역에서 자연적 요인은 다양한 강도로 문화에 영향을 미친다"(Kroeber 1939: 205). 결과적으로 환경은 단지 문화의 가능성을 제한하는 어떤 배경이 될 뿐이다. 한 문화영역 안에서 환경적 변이를 통해 상이한 "생태적 생계 적응"이 나올 수 있지만, 이는 단지 "공통의 문화특질이 감소되거나 강조되는 결과만을 가져온다"(Kroeber 1939: 27). 크로버는 문화영역 안의 이런 변이를 진지한 연구 가치가 있는 것으로 여기지 않았다. 대신 변이는 문화 전체 사이의 역사적 관계에 대한 문제에 대답하기 위하여 조절되어야 하는 문화의 양상이라고 생각된다. 예를 들면 북극의 문화는 아시아에서 기인한 것인가, 아니면 북아메리카의 내륙 산림지대에서 온 것인가?

　나는 위슬러가 크로버처럼 항복 선언을 할 생각이 없었다고 생각한다. 위슬러가 똑같은 생태 권역에 살고 있는 여러 부족의 유사성을 설명하는 기제가 존재할 것이라는 의문은 가졌지만, 결국 그것을 찾지는 못했다고 본다. 대신 위슬러의 논리는 순환론적이다. 들소 사냥꾼이 들소 사냥에 적응하였다면 들소 사냥꾼과 어울리고 들소 사냥 영역에 머무르는 경향이 있을 것이며, 그래서 새로운 생각을 개발하지 않고 들소 사냥꾼에 머물렀다는 것이다. 한번 환경에 적응하였다면, 문화는 느리게 변화할 것이며 환경의 경계를 넘는 것은 아주 어려운 일이다. 자연영역과 문화영역이 완전하게 일치할 때, 문화는 "정점"에 있다고 생각되었다. 이는 아주 잘 적응하였거나 환경에 잘 "맞춘" 사회를 말하는 모호한 개념이다(Harris 1968: 376-77). 위슬러와 크로버는 기후와 식생, 문화요소의 분포에 많은 상응이 있음을 알았지만, 결국 가장 중요한 것은 자신들이 가진 이론 패러다임 때문에 생계 적응을 무시하고 다른 모든 것에서 일어나는 변화와 변이를 설명하기 위해 이주와 전파라는 역사적 요인에 의지할 수밖에 없었다는 점이다.[3]

문화생태학

줄리언 스튜어드

비슷한 시기에 문화영역 지도를 만드는 작업을 했으며 크로버의 학생 중 하나였던 줄리언 스튜어드는 문화영역 개념의 결함을 해결하고자 하였다. 스튜어드 (Steward 1955: 36)는 "문화가 문화에서 기인한다는 성과 없는 생각"을 거부하고 사회와 기술, 환경 사이의 관계에 집중하였으며, 이러한 접근을 궁극적으로 문화생태학 (cultural ecology)이라고 불렀다.

문화생태학의 목적은 "그 어떠한 문화-환경적 상황에라도 모두 적용할 수 있는 일반 원칙을 끌어내기보다, 구체적인 문화 특성의 기원과 상이한 영역을 특징짓는 유형을 설명하는 것"이었다(Steward 1955: 36). 그리하여 스튜어드는 문화생태학을 하나의 방법으로 보았지만, 다른 모든 방법처럼 이에도 이론적 함의가 있었다. 그 함의는 문화생태학의 중심 개념인 문화핵심(culture core)에서 드러난다. 문화핵심이란 "생계 활동이나 경제 방식과 가장 밀접히 연관되는 특성들의 집합"을 말한다 (Steward 1955: 37). 이 문화핵심 위에 사회의 이차적 특성이 자리하며, 당연히 문화핵심의 영향을 받지만, 혁신이나 전파와 같은 역사 및 문화 요인에 영향을 받기도 한다

---

3   결과적으로 문화영역 개념은 문화가 정체되어 있거나 적어도 환경에 적응한 뒤에는 정체된다는 시각을 가질 수밖에 없었다. 그렇다고 해서 문화영역 개념이 인류학에서 쓸모없다는 것은 아니다. 피터슨(Peterson 1988)은 호주 원주민사회에 대해 이런 흥미로운 개념을 사용하였는데, 이는 역사적 우연성(historical contingency)과 문화적 요인의 역할을 인정하면서도 사회와 환경 사이의 상호작용 연구에서 생태학적 분석틀의 필요를 느꼈기 때문이다.

(Steward 1955: 37-41). 크로버에게 이런 요인들은 중요한 것이었지만, 스튜어드에게는 이차적인 것이었다. 그리하여 스튜어드는 다음과 같은 관계를 제시하였다.

환경 ↔ 기술 ↔ 문화핵심 ↔ 이차 특성

여기서 화살표는 양쪽으로 향하는데, 이는 스튜어드가 인과 관계는 단순히 선형이 아님을 알고 있었기 때문이다. 하지만 스튜어드는 주로 오른쪽으로 향하는 화살표에 관심을 가지고 있었다.

"이차 특성"에는 권역이나 우주론적 생각뿐 아니라 일반적인 사회 및 정치 조직도 포함되지만, 이것들이 채취 기술과 식량 획득 행위와 얼마나 밀접히 연결되어 있는지에 따라 문화핵심의 일부일 수도 있다. 결과적으로 스튜어드는 문화핵심과 이차 특성을 판단하는, 곧 각 사례에서의 핵심과 이차 특성을 경험적으로 규정할 수 있는 잘 정의된 방법을 제시하지 못했다. 이는 문화핵심이 인류학자의 의도에 따라 달라질 수 있음을 뜻한다(Harris 1968: 661). 거기에는 가령 물과 식물, 사냥감의 분포 같은 환경의 "중요한" 특성들과 밀접히 연결된 행위가 포함된다. 스튜어드는 이런 중요한 특성을 인상에 입각하여 정의하였을 뿐이다. 그저 "지역 문화가 중요하다고 말하는 것"일 뿐이었다(Steward 1955: 39). 그리고 그는 환경이 문화적으로 지각되는 것임을 알았지만, 이런 관찰이 지닌 함의를 찾으려 하지는 않았다.

수렵채집 사회 연구에서 문화핵심은 "토대"라는 관념에서 마르크스주의 접근과 유사한 점이 있다. 마르크스주의에서는 "토지 이용 양식은 수렵민 사회에서 결정적인 요인이다. 왜냐하면 그로부터 경제나 사회 및 정치조직뿐 아니라 종교적 표상까지도 추론할 수 있기 때문이다"(Meillassoux 1973: 199)라고 주장한다. 몇몇 연구자가 문화생태학을 "저속한 마르크스주의"라고 부르는 이유는 바로 이와 같은 결정론적인 위계구조 때문이다. "분명한 제도의 위계가 결정적 기능의 위계를 암시한다"고 여겨지는 것이다(Ellen 1982: 60; Geertz 1973: 44). 해리스(Harris 1968: 668)는 스튜어드가 환경과 기술, 사회 사이에서 확률적인 것이 아니라 결정론적인 관계를 찾으려 하였다고 했다. 그러나 스튜어드는 "기술과 환경이 어느 정도 지침을 주기는 하지만, 그런 활동이 기능적으로 다른 문화 양상과 관련된 정도는 순전히 경험적인 문제이다"라고 주장하였다(Steward 1955: 41). 다시 말하여 기술과 환경은 때로 다른 특성을 결정하기도 하지만, 그렇지 않을 때도 있다는 것이다.

스튜어드(Steward 1955: 40)는 다음과 같이 문화생태학의 세 단계를 개괄하였다. 1. 환경과 이용 기술의 상호관계를 분석하고, 2. 특정 환경을 특정한 기술로 이용하는 행위를 분석하며, 3. 이 행위가 어떻게 이차 특성에 영향을 미치는지를 판단한다. 그(Steward 1955: 37)는 생계나 경제와 함께 "핵심은 밀접히 연결된다고 경험적으로 판단되는 사회와 정치, 종교적 패턴들을 포함한다"고 주장하였다. 수렵채집민에게는 핵심이 대부분의 행위를 포괄한다고 생각하였던 것이 분명하다.

> 단순 수렵채집 사회에서 사회 단위의 성격은 문화생태학적 적응의 과정에 의해, 곧 주어진 환경에서 주어진 기술이라는 수단으로 생계에 필요한 사회 상호작용의 성격에 의해 크게 좌우된다. 자연 환경과 대조를 이루는 사회 환경 또한 사회 성격의 요인이지만, 대부분의 사례에서 그 역할은 아주 적다(Steward 1969a: 188).

마코 비치리(Marco Bicchieri 1969a)도 "문화 복합성이 수렵채집 수준에 있을 때 문화핵심은 총 행위 패턴의 대부분을 구성한다"고 말한다. 다시 말하여 수렵채집 사회에는 이차 특성이 없으며, 그저 문화핵심뿐이라는 것이다.

우리는 문화생태학의 방법론이 모두 너무 모호하다고 불평할 수는 있겠지만, 1950년대와 1960년대 미국 인류학 — 특히 수렵채집 사회 연구 — 에 극적인 영향을 끼쳤다는 점에는 의심의 여지가 없다(Vayda 1969; Cox 1973). 사실 문화핵심을 경험적으로 판단해야 했기에 수렵채집 사회의 생계 행위에 대한 상세한 연구가 강조되었다(e.g., Lee and DeVore 1968; Damas 1969d; Bicchieri 1972). 인류의 다양성을 설명하는 데 환경이 가진 역할을 인정하였던 것이다.

문화생태학의 변모

하지만 문화핵심과 그 핵심이 기술과 환경과 어떻게 연결되어 있는지, 그리고 이차 특성에 어떤 영향을 미치는지를 분명하게 판단해야 한다는 스튜어드의 방법론을 진정으로 따르는 사람은 별로 없었다. 오히려 문화생태학 연구에서는 특정 권역에서 행위들이 어떻게 기능적으로 식량 확보와 연결되어 있는지를 밝히고자 하였다. 가령 어떻게 수렵채집의 효율성을 높이고 위험부담을 낮추며 가장 높은 수익을 올릴 것인지를 고찰하는 것이다. 그리하여 우리는 이러한 연구가 단선진화론의 인종주의적인 주장, 그리고 이른바 원시 사람들이 이성적인 사고가 아니라 미신을 믿어 우둔하게 행동한다는 생각에 반대하였음을 알 수 있다. 예를 들면, 오마 무어(Omar Moore 1965)는 산림지대의 나스카피(Naskapi)족이 불에 탄 카리부 견갑골을 이용하여 사냥 방향을 판단하는 일은 반복해서 같은 장소로 사냥을 나가지 않기 위해서라고 설명하였다. 그는 사냥감이 넓게 흩어져 이동하는 상황에서 시간을 가장 효율적으로 사용하는 방법이라고 주장하였다. 마찬가지로 데이빗 데이머스(David Damas 1969b: 51)는 이누이트 겨울 캠프의 크기 — 대략 50에서 150명 — 가 "사냥꾼 홀로 또는 몇 명으로는 성공 가능성이 별로 없기 때문에" 집단에서 사냥꾼의 수를 늘려 실제 사냥에 성공할 수 있는 확률을 최대화하는 방법이라고 보았다. 데이머스에 따르면 이누이트족의 주거 규모는 위험부담을 줄여 주기 때문에 환경에 대해 적응한 결과라고 할 수 있다. 비치리(Bicchieri 1969a, b)는 부시맨과 핫자족, 그물사냥 및 활사냥을 하는 바음부티(BaMbuti)족의 생계 관습과 사회조직, 종교를 비교하였는데, "한정적인" 환경에 사는 수렵채집민은 선택의 여지가 별로 없으며, 따라서 문화핵심은 이차 특성에 더 큰 영향을 미친다고 결론을 내렸다. 이와 대조적으로 "호의적인" 환경에 사는 사람들의 사회정치조직은 전파와 같은 다른 문화 과정의 영향을 받을 수 있다고 하였다. 엔고연(Yengoyan 1968)은 호주 원주민사회에는 먼 곳에서 아내를 얻는 혼인 관습이 있는데, 이것이 먼 집단과 사회적 연결을 구축하는 방법이라고 보았다. 또한 이는 호주 사막 환경에 대한 반응으로, 이곳 사람들은 가뭄 시기에 다른 사람들과 같이 이동하여 들어오기도 한다. 웨인 서틀스(Wayne Suttles 1968)와 스튜어트 피독(Stuart Piddocke

1965)은 북아메리카 서북부 해안의 포틀래치(potlatches)—추장이 이불이나 구리, 카누, 심지어 노예까지 버림으로써 권위를 얻는 대규모 축제의 하나—를 인구압과 자원이 궁핍해질 가능성에 대비한 하나의 적응이라고 보았다(9장). 축제는 재화의 재분배를 보장하고 식량이 부족한 시기를 대처하기 위해 채무와 동맹의 관계를 맺는 것이다.

1960년대 체계이론과 생태계 개념이 인류학에 도입되면서 사람을 포함한 하나의 생태계 안에서 에너지의 흐름을 측정함으로써 문화생태학은 더욱 견고해졌다(Winterhalder 1984). 생태계 개념의 적용은 비수렵채집 사회 연구—특히 로이 라파포트(Roy Rappaport 1968)의 뉴기니 쳄바가 마링(Tsembaga Maring) 원경민 연구와 브룩 토머스(R. Brooke Thomas 1973)의 안데스지방 원경/유목민 연구—에서 잘 드러난다. 연구에서는 한 체계에서 에너지 흐름을 추적함으로써 체계의 요소들이 어떻게 서로 연결되어 있는지를 판단하였다. 예를 들어 라파포트는 돼지와 인구 크기, 전쟁, 원경, 의례 사이의 복잡한 연관 관계를 밝혔다. 이런 연구를 통해 의례체계가 단순히 생계행위를 반영하거나 입증하는 것이 아니라 체계의 통합된 일부임이 밝혀졌다. 라파포트의 말에 따르면 쳄바가족은 "의례를 통해 조절하는 생태계"에 살고 있는 것이다.

특히 문화생태학은 아프리카 이투리 숲이나 칼라하리 사막, 호주, 북극지방의 많은 수렵채집 족속들에 대해 비슷한 생태학 연구를 하는 계기가 되었다.[4] 리처드 리(Lee 1969)는 도베 주호안시(Dobe Ju/'hoansi)족의 "입력-출력" 연구를 통해 1964년 7월에서 8월까지 획득한 고기와 몽공고 열매, 식물 식량의 무게를 재서 수렵채집민이 획득한 에너지를 계량화하였다. 이런 식량자원이 지닌 칼로리 내용물을 토대로 매일 어느 정도의 에너지가 캠프에 들어오는지(2355 kcal/명)를 파악하였다. 그 다음 남

---

[4] 이투리숲의 생계 연구로는 Bicchieri 1969a, b; Harako 1976, 1981; Tanno 1976; Abruzzi 1980; Terashima 1980, 1983; Ichikawa 1983 참조. 칼라하리사막에 대해서는 Lee 1969, 1979; Lee and DeVore 1976; Marshall 1976; Tanaka 1980; Silberbauer 1981a, b 참조. 호주에 대해선 Gould 1968; Meehan 1977a, b, 1982, 1983 참조. 북극지방에 대해서는 Balikci 1970 참조.

자와 여자, 어린이의 에너지 지출을 신체 크기와 활동량에 대한 표준적인 지표를 이용하여 추정하였다. 리처드 리에 따르면 주호안시족 개인은 평균적으로 매일 1,975 kcal를 필요로 한다. 따라서 실제 필요한 것보다 더 많은 에너지를 획득하고 있다는 것이다. 남는 것은 개에게 먹이거나 정신없이 춤을 추며 사회적 모임을 갖는 데 쓰고, 체지방으로 축적하여 궁핍한 계절에 신진대사를 돕도록 할 수 있다. [그런데 이후 낸시 하우웰(Nancy Howell 2010)의 연구에 따르면 주호안시족 식단은 리처드 리의 원래 연구에서보다 그리 좋지 않다고 한다.]

한계

하지만 어떤 점에서 문화생태학은 문화영역 개념과 똑같은 문제를 안고 있었다고도 할 수 있다. 많은 연구들은 기실 수렵채집민이 환경에 얼마나 잘 적응하고 있는지에 대한 가능한 설명만을 하는 "일화적인 생태학"에 불과하며, 주관적이고 사후적인 설명이다(Wilmsen 1983). 예를 들면, 옌고연의 호주 분족체계(section system)에 대한 연구는 혼인이 실제로 사람들에게 압박의 시기에 도움을 받을 수 있는 관계를 제공하는지를 밝혀줄 수 없다. 생계 안정성에서의 차이가 서북부 해안 마을의 권위와 서열에서의 차이를 설명해 준다는 피도크의 연구가 논증된 것도 아니다(9장, Bettinger 1991: 54-57). 과연 경쟁 축제(competitive feasting)가 자원 변이에 대한 반응인지를 알기 위해서는 아주 긴 기간을 포괄하면서도 경쟁하는 마을 사이의 구체적인 관계가 기록된 자료를 필요로 한다. 계량 자료는 문화생태학이 제시하는 생각을 검증하고 세련되게 할 수 있다.

데이머스가 논의한 이누이트 겨울 캠프의 규모와 숨구멍을 이용한 바다표범 사냥을 예로 들어보자. 그는 "사냥꾼 수가 많으면 사냥에 큰 이점이 있다"고만 말한다(Damas 1969b: 51). 그러나 그 이점이 수렵채집의 효율성(개인당 수익률)의 증가인지, 개인당 사냥 성공률의 변이를 최소화하는 것인지, 아니면 개인이 먹는 고기에서의 변이를 최소화하는 것을 말하는지 분명하지 않다. 데이머스의 연구가 출간되고 시간이 흐른 뒤 에릭 스미스(Eric Smith 1981, 1991)는 (다른 집단의 이누이트족이었지만) 겨울 캠프 크기와 바다표범 사냥에 대한 계량 자료를 수집하였다. 그는 사냥꾼의 수가 많다고 해서 개인당 수익률(회수율, return rates)이 최대화되는 것도 아니고, 수렵채집의 위험부담이 경감되는 것도 아니라고 하였다(Smith 1991: 323-30). 그 대신 대략 일곱 개 수렵 집단을 포괄하고 각각 3명에서 8명이 사냥감을 공유하는 캠프 구성이 개인당 소비량에서의 변이를 최소화한다는 점을 밝혔다. 활동하는 사냥꾼은 인구의 25% 정도임을 가정할 때(e. Smith 1991: 327), 각각 3명에서 8명 사냥꾼이 있는 일곱 개 수렵 집단이란 대략 120명으로 이루어진 본거지 캠프를 말하며, 그 크기는 데이머스의 50~150명 사이에 위치한다.

문화생태학은 이처럼 모호한 방법을 사용한 것 말고도 일관된 이론 체계를 갖추지 못했다(Thomas *et al*. 1979). 개별 연구들은 폭넓은 이론적 토대에 대한 언급 없이 구체적인 변수들에 집중하였기 때문에 각각이 지닌 의의를 찾기 어려웠다. 특히 이는 환경에 대한 규정에서 가장 명확하게 드러난다. 예를 들면, 현존 수렵채집민은 주변적인 환경에 살고 있기 때문에 더 좋은 환경에서 살았던 선사시대 사람들에 대한 상사로 사용되기 어렵다고 생각되었다(e.g., Keene 1981). 이른바 "호의적인" 환경의 다양한 식물과 동물, 기후를 떠받치고 있는 공통의 생태 구조가 있어 더 수월하게 식량을 얻을 수 있을지도 모른다(호의적이라는 말은 날씨나 지형을 말하는 것이 아니라 바로 이것을 의미하는 것이다). 그러나 그 구조를 결코 정의하지 않았으며, 그리하여 주변의 더 좋은 환경에 사는 족속들에서 보이는 문화 다양성의 원인도 파악하지 않았다. 비록 많은 선사시대 사냥꾼은 현존 수렵민이 살고 있지 않은 환경에서도 살았음이 분명하지만, 주관적인 용어로 환경을 범주화함으로써 사회와 환경 사이의 복잡한 관계를 제대로 가늠하지도 못했다. 〔사실 포터와 말로(Porter and Marlowe 2007)는 농경민과 수렵채집민의 환경 사이에 큰 차이가 없다고 하였으며, 수렵채집민은 농경민이 이용할 수 없는 땅에서만 사는 것이 아니다. 가령 캘리포니아에는 유럽인과 접촉하기 이전까지 수렵채집민이 살았는데, 현재는 세계적인 주요 농경지대이다.〕

덧붙여 문화생태학은 각 사회의 공간적 경계를 긋고 에너지의 입력-출력 분석에 한계를 설정하고자 했지만, 이것은 마치 문화영역 이론가들이 문화 특질의 연속

변화를 바탕으로 경계를 설정하는 것과 같았다. 물론 어느 정도 수준으로 경계를 긋는 일은 모델을 세울 때 필요한데, 이는 자연스런 경계가 지어지는 체계란 거의 없기 때문에 모든 생태학적 접근이 갖는 문제라고 할 것이다. 그러나 문화생태학은 결과적으로 인간 사회를 마치 원초적이고 고립되어 있으며 자급자족적인 단위인 것처럼 다루었다. 그 결과 비역사적인 접근으로 수렵채집 사회를 연구하여 다른 사회와 상호작용하는 것도 외면했다(Winterhalder 1984). 문화변화는 외부로부터의 유해한 힘이나 인구 증가, 환경변화 탓으로 돌려졌으며, 내부의 사회정치 구조 같은 요인을 고려하지 않았다(마르크스주의자들은 이 점을 비판한다). 결과적으로 문화생태학은 수렵채집민이 플라이스토세 구석기시대의 유물, 곧 다른 사회로 발전하는 외부 요인이 없어 수렵채집민에 머물러 있다는 19세기의 관점을 부지불식간에 유지하는 경향이 있었던 것이다.

이는 중요한 방법론적 문제라 할 수 있다. 그러나 문화생태학의 가장 중요한 이론적 결함은 1) 신기능주의적인 적응의 개념과 2) 암묵적으로 집단선택 개념에 의지했던 것이다(Bettinger 1991). "신기능주의"라는 말은 문화생태학자들이 행위의 "기능"을 사회와 환경의 균형을 유지하는 것이라고 생각했음을 의미한다. "적응"이라는 용어는 결과적으로 현재의 상황을 유지하는 합리적인 길로 보이는 행위를 말한다. 그리하여 적응은 지속적인 과정이라기보다는 현존재의 상태로 생각되었다(Mithen 1990: 8-9).[5] 이로써 곧 행위는 존재하기 때문에 적응적이며 그렇지 않았다면 존재하지 않았을 것이라고 생각되는데, 이는 동어반복일 뿐이다. 생활에 대한 이 같은 낙관적인 시각은 모순을 안고 있는데, 만약 어떤 행위가 존재한다면 그것은 목적을 이루는 데 이전에 존재했던 다른 기법이나 전략보다 더 효과적이었기 때문이라고 여겨

---

5   문화생태학은 평형상태(homeostasis)를 강조함으로써 통시성에 대해 눈을 감고 만다(Winterhalder 1984: 307). 역사적 연구 또는 가령 가뭄 같은 위험부담에 대한 인간의 반응에 대한 연구로 이런 잘못을 바로잡을 수 있었다(Vayda and McKay 1975). 다만 이런 연구는 민족지 연구자의 생애보다 더 긴 시간대와 고고학 또는 민족사(ethnohistoric) 자료를 요하는 것이기에 힘든 일이었다(e.g., Amsden 1977; Winterhalder 1977; Hitchcock and Ebert 1984; Schrire 1984a; Hitchcock 1987a, b). 하지만 장기간의 자료가 있었더라도 문화생대학이 장기간의 일화성 기술(記述)을 넘어설 수 있었는지는 불분명하다.

진다. 이 점에서 문화생태학자는 문화영역 이론가와 마찬가지로 사회는 과거에 변화를 겪었으나 연구 시점에는 환경에 "가장 잘" 적응한 상태였다고 가정하였다. 그렇다면 사회가 인류학자들이 막 등장할 때쯤 환경에 제대로 적응하였다는 것인데, 이들은 이처럼 부적절한 확신을 가졌다.

또한 암묵적으로 "집단선택" 개념에 의지하여, 인간이 자신이나 친족에게 반드시 좋지는 않지만 집단에게 가장 좋은 행동을 한다는 가정을 하였다. 이런 생각은 주로 생태학자 윈에드워즈(V. Wynne-Edwards 1962)의 연구에서 비롯되었다. 윈에드워즈는 인구밀도가 높아져 식량에 대한 경쟁이 커질수록 이런 압박은 짝짓기를 위한 과시와 같은 여러 행동에 영향을 미쳐 재생산을 감소시키고, 결국 인구를 식량 공급과 평행한 수준으로 되돌림으로써 종이 존속할 수 있게 한다고 주장하였다. 집단선택 이론은 게임이론과 복잡한 수학 모델링을 통해 최근에 다시 재조명되고 있지만, 1960년대의 주된 주장은 유기체가 생식력을 스스로 제한함으로써 종이나 개체군(집단)에게 가장 좋은 행동을 이타적으로 한다는 것이었다.

집단선택 개념은 수렵채집 사회의 인구에 대한 문화생태학자들의 시각에서도 드러난다. 1970년대 인류학자들은 수렵채집 사회는 수용한계(carrying capacity)—주어진 기술 수준에서 환경이 부양할 수 있는 최대 인구—아래로 인구를 유지한다고 주장하였다. 사실 "맨 더 헌터" 학회 이후, 수렵채집 사회는 유아살해, 수유, 성교금기와 같은 다양한 문화적 수단을 동원하여 인구를 수용한계의 겨우 20~30% 정도로 유지한다는 것이 일반적인 생각이었다(제7장에서 이것이 사실인지 살펴본다). 그러면서 수렵채집민은 과도한 식량 공급을 막아 환경과 균형 상태에 머문다고 하였다(e.g., Birdsell 1968; Lee and DeVore 1968: 11). 인류학자들은 수렵채집민이 집단의 이익을 위해 (자신의 자식을 포함하여) 재생산 이득을 스스로 희생한다고 생각하였다.

문화생태학자들은 체계가 인간에게 그런 의지를 부여했다고 보았다(Lee and DeVore 1968: 243의 논의 참조). 그리하여 실제 개인에게 있는 의사결정 능력을 집단에서 찾았다. 문화생태학에서 서로 다를 뿐만 아니라 상충되기도 하는 목적을 가진 집단 구성원은 드러나지 않는다. 예를 들어, 일반수렵채집모델에서 집단 구성원 자격의 유동성은 자원의 등락에 대한 의도적 또는 부지불식간의 합의 적응이라고 생각되었다. 그러나 최근 베틴저(Bettinger 1991: 162)의 논의에 따르면, 무리 구성원 자격의 유동성은 집단의 현 구성원들이 가진 상이한 요구(가령 상이한 가족의 크기) 사이의 긴장에서도 기인한다. 등을 떠미는 일이 생길 때 몇몇 사람에게 가장 좋은 선택은 그저 짐을 싸서 떠나는 것이다.

집단선택 개념은 특히 재생산을 스스로 제한하는 기제를 설명하는 데 분명히 중요하다. 인류학자들은 재생산 제한을 집단의 이익을 위한 희생이라고 보았다. 그러나 그들은 또한 제한이라는 것이 성인으로까지 성장하는 자식의 수를 늘림으로써 실제 개인의 재생산을 "최대화"하는 방법일 수도 있다고 보았다.

예를 들어, 주호안시 여성은 대략 4년 터울로 아이를 낳는다. 이 사실은 흔히 수렵채집민이 의도적으로 인구를 수용한계 아래로 유지시켜 자원의 과도한 이용을 방지하려는 사례로 거론되어 왔다(7장 참조). 하지만 니콜라스 블러튼 존스(Nicholas Blurton Jones 1986, 1987, 1989)는 더 짧은 터울로 아이를 낳는 여성보다 4년마다 아이를 출산하는 주호안시 여성에게 성인에 이르는 아이의 수가 더 많다고 주장하였다. 비록 성병 때문에 생식력의 한계가 있지만(Pennington 2001; 7장), 주호안시 여성은 그런 식으로 자신들의 재생산을 최대화하는지도 모른다. 다만 상당히 낮은 수준의 최대화에 머물러 있을 뿐이다. 이처럼 문화생태학이 평형상태를 강조하고 집단선택론의 시각에 천착했기 때문에, 이는 많은 인류학자들이 마르크스주의와 구조주의, 상징주의 등 다른 이론적 토대에 눈을 돌리는 계기가 되었다. 그러나 문화생태학이 완전히 옳지는 않지만, 전혀 틀리지도 않는다고 생각하는 학자도 있었다. 문화생태학에 결여되어 있었던 것은 바로 다윈주의 진화이론이었다.

인간은 문화적 동물이지만, 비인간 세계를 지배하는 것과 똑같은 진화적 과정을 겪을 수밖에 없다. 진화는 단순히 시간의 흐름에 따른 변이의 차별적인 지속일 뿐이며, 적응은 선택의 과정과 차별적 재생산을 설명해 준다. 그러므로 문화생태학은 다윈니즘의 시각에서 진화적이지 않다. 왜냐하면 문화생태학의 기능주의적인 입장은 집단의 구성원 사이의 경쟁의 가능성과 자연선택의 중요성을 과소평가하며, 따라서 집단 안의 행위적 변이의 중요성을 평가절하한다. 그 대신 문화생태학은 "결과의 이론"이며(Bettinger 1991: 113-220), 그 안에서 적응의 결과가 과정을 규정한다 — 그 반대가 아니라 — 고 한다. 문화영역 개념과 마찬가지로 문화생태학은 적응적 변화가 어떻게 일어나는지를 적시하지 않았다. 사람들은 외부적 상황이 변화할 때 어떤 일을 이렇게 또는 저렇게 하는 것이 집단에 좋을 것인지를 결정하는 듯하다. 다만 이런 의사결정이 내려지는 방식은 모호하다. 그리고 더 좋은 일이라는 것이 무엇을 뜻하는지도 불분명하다(절멸을 피하는 것인가? 아니면 부족의 규모를 키우는 것인가? 더 많은 자식, 아니면 더 강한 자식인가? 심리적 만족인가?). 이는 몇몇 중요한 패러독스를 낳는다.

인구 조절을 다시 예로 들어 보자. 인류학자들은 수렵채집민이 인구를 수용한계 아래로 유지한다고 생각하였지만, 이와 동시에 농경과 같은 인위적 환경의 수용한계 증가는 인구증가의 산물이라고 주장하기도 했다. 분명히 수렵채집민 가운데는 인구 성장을 잘 조절하지 못하는 족속도 있다. 그렇다면 왜 어떤 집단에서는 인구가 증가하고 다른 집단은 그렇지 않은가? 왜 어떤 수렵민은 성장에 반응하여 재생산을 제한하는데, 식량 생산을 통해 인구증가에 반응하는 집단도 있는가? 우리는 각 사례마다 "적응"을 말하면서 올바른 지식을 얻었다고 주장할 수는 없을 것이다.

이와 같은 문화생태학의 이론적 패러독스를 극복하기 위해서 1970년대 인류학자 가운데는 진화생태학이라는 새로운 분야에 관심을 돌리는 학자들이 있었다. 이 분야는 인간에게 적용되면서 마침내 인간행동생태학(human behavioral ecology, HBE)이라는 이름을 얻게 되었다. 아래에서는 최근 논의 가운데 가장 중요한 부분만을 살펴보면서 이어지는 장들에서 논의될 연구의 배경 지식을 살피고자 한다(더 넓은 논의와 회고에 대해서는 Smith and Winterhalder 1992b, 2003과 Winterhalder and Smith 2000 참조).

인간행동생태학

진화생태학은 이름에서 추측할 수 있듯이 동물 행동의 진화적 기반을 이해하려는 것으로, 생태학적인 맥락에서의 생물학(총괄하여 "적응형 설계"라 불리는 것)이라고 할 수 있다(e.g., Hutchinson 1965; MacArthur and Pianka 1966; Orians 1969; MacArthur 1972; Charnov 1976; Krebs and Davies 1978; Pianka 1978). 인간행동생태학은 생물학과의 관련은 덜하고, 상이한 인간행위가 어떻게 특정한 환경 및 사회 맥락에서 적응적인지를 이해하는 데 더 관심이 있다. 인간행동생태학의 두 가지 특징은 상이한 환경 조건 아래에서 나타나는 행위의 변이를 예측하기 위해 수학적이고 그래프를 동원한 모델을 사용한다는 것과 경험적인 민족지 자료를 사용하여 예측된 사항을 검증한다는 것이다. 이 패러다임 안에서 작업하는 연구자들은 아프리카 핫자, 주호안시, 아카(Aka), 에페(Efe), 보피(Bofi)족, 마다가스카르의 미케아족, 캐나다의 이누주아미우트(Inujjuamiut)와 크리(Cree)족, 남아메리카의 아체, 푸메(Pumé), 치마네(Tsimane), 히위(Hiwi)족, 호주의 메리암(Meriam), 마르투(Martu)족, 인도네시아의 라마레라(Lamalera)족 같은 수렵채집민에 대한 중요한 장기 현지조사를 담당하였다.

초창기에 인간행동생태학은 식량과 재생산적 적응도(fitness) 사이에 분명한 연관이 있었기 때문에 (다시 말해 먹지 않으면 죽을 것이고 재생산하지 못할 것이기에) 대체로 수렵채집 행위에 관심을 가졌다. 덧붙여 말하자면, 인간행동생태학은 맨 먼저 수렵채집민의 행위에 관심을 가졌다(Winterhalder and Smith 1981). 인간행동생태학이 수렵채집민이 농경민이나 산업사회의 사람들보다 "자연에 더 가까운" 또는 "덜 문화적"이라고 가정하고 있다고 트집을 잡는 사람도 있다. 그렇다면 인간행동생태학의 주창자들은 19세기 단선진화 이론가들보다 나을 것이 없는데, 이는 저주와도 같은 비판이 될 것이다. 인간행동생태학은 인류학자인 브루스 윈터할더(Bruce Winterhalder)와 에릭 스미스(Eric Smith)라는 두 개척자의 노력 덕분에 부분적으로 수렵채집 사회에 적용되었고, 이로써 생태학적 수렵채집 모델의 유용성이 분명해졌다. 그리고 지난 30년 동안 이와 같은 수렵채집 행위에 대한 관심은 특히 이동성, 공유, 재생산(짝짓기와 육아), 사회 경쟁 같은 다른 생활 영역으로까지 확장되었다. 인간행동생태학은 수렵민이 아닌 다른 종류의 사회에도 적용되었다.

앞에서 인간행동생태학은 인간행위가 어떻게 적응적인지를 이해하고자 한다고 하였다. 이 진술은 문화생태학과 별다른 차이가 없어 보인다. 하지만 문화생태학과는 달리 인간행동생태학은 분명하게 진화이론을 사용한다. 문화생태학이 한 사회의 규범적인 기술과 환경 사이의 기능적인 연결을 찾는 데 반하여, 인간행동생태학은 특히 자연선택이라는 진화적 과정이 어떻게 인간행위를 형성시켜 왔는지를 알고자 한다. 스미스와 윈터할더는 어떤 행위(가령 특정한 방식으로 사냥하는 것)가 무엇을 하는지(곧 기능)를 설명한다고 해서 그 행위가 어떻게 한 사회에 확산되었는지를 온전하게 설명하는 것은 아니라고 말한다(Smith and Winterhalder 1992a; Winterhalder and Smith 1992). 다시 말하면 기능적 설명은 인과적 설명에 의존한다. 그리고 진화에서 인과적 설명은 어떻게 한 행위가 자연선택을 통해 만연하게 되었는지를 파악할 것을 요구한다. 문화생태학은 효율적으로 보이는 행위를 설명하기 위하여 이성적인 선택에만 의지한다. 곧 "이성적인 인간이 일련의 목적을 가정할 때 주어진 조건 아래에서 어떻게 행동할 것인가"를 질문한다. 그러나 이성적 선택은 일련의 일반적 목적(가령 수렵채집의 효율성)뿐 아니라 이런 목적을 달성할 것 같은 전략에 대한 선호까지를 가정한다. 이 목적과 선호를 맞추고 유지하며 바꾸는 데는 어떤 과정이 수반되어야 한다.

이 과정이 무엇인지는 다음과 같은 질문을 던지면서 살펴보자. 인간행동생태학에서는 어떻게 다양성을 다루는가? 인간행동생태학이 더 이상 수렵채집민의 전형을 찾지 않도록 해주는 것은 무엇인가? 진화는 세대와 세대를 거친 정보의 차별적인 지속임을 기억하자. 인류에게 대부분의 정보는 문화적이며, 문화화라는 사회 과정을 통해 전달된다. 이 과정으로 인해 행위에서 변이가 생긴다. 인간행동생태학이 관심을 가지는 것은 집단 내, 그리고 집단 간에 나타나는 변이이다. 인간행동생태학은 변이가 한 방향에서 다른 방향으로 나아가는 과정, 곧 자연선택이라는 과정을 덧붙임으로써 문화생태학의 오류를 바로잡는다.

자연선택

다윈이 제시한 자연선택을 통한 진화라는 개념은, 부드럽게 얘기하더라도, 지축을 흔든 것이었는데, 원리는 아주 간단하다. 자연선택은 개체군에서 유전자형(genotypes)의 빈도를 변화시키지만 직접적으로 표현형(phenotypes)에 작용한다. 여기서 표현형이란 유전자형과 환경의 상호작용으로 생산되는 유기체의 관찰 가능한 특성이다. 유전자형의 빈도는 주로 돌연변이와 재조합, 부동(drift), 자연선택이라는 메커니즘을 통해 변화한다. 어떤 표현형이 좀 더 적응적이라는 것은 개체군에 존재하는 다른 표현형보다 이어지는 세대에 얼마나 더 많은 유전자를 물려주는지(다시 말해 다른 개체에 비해 다른 표현형보다 생식 가능한 연령에 도달하는 자손을 더 많이 낳거나 유전적으로 가까운 친척이 그러하도록 도움으로써)에 따라 달라진다.

인간의 표현형에는 문화 행위가 포함된다. 이로부터 "행위적 변이와 유전적 변이 사이의 관계는 무엇인가" 하는 문제가 제기된다. "강한 사회생물학적 논지"를 가진 연구자는 유전적 변이와 행위적 변이 사이에 밀접한 연관이 있다고 주장한다(Cronk 1991을 참조). 유전적으로 통제되는 어떤 행위가 그 행위를 하는 개체에게 더 큰 생식적 성공을 가져다준다면, 개체군 안에서 그 행위가 유전적으로 연결된 다른 행위적 변이에 비하여 더 많을 것이다. 물론 이 원칙을 인간에게 적용하는 데 따르는 문제는 인간행위의 대부분, 그리고 확실히 전통적인 인류학의 관심 사항(곧 인간 집단 사이의 차이)의 대부분은 분명 유전적으로 결정되지 않는다는 점이다. 보르네오의 푸난족과 캐나다의 콰콰카와쿠족이 두 집단 사이의 유전적인 차이 때문에 서로 다르게 행동하는 것은 아니다.

그러므로 행동생태학자의 대부분은 "약한 사회생물학적 논지"에 동조하면서, 인간은 일련의 행위적 변이 가운데 주어진 사회 및 생태학적 맥락에서 평균적으로 개체의 생식 또는 포괄적응도를 최대화하는 행위를 선택하는 경향이 있다고 본다. 비록 구체적인 행위가 유전적으로 선택된 것은 아닐지라도, 이런 "약한 논지"에 동조하는 연구자는 진화적 과정으로 "우리 인간 종에게는 인류 진화의 환경(여기서 환경은 개체의 문화 및 사회적 상황까지를 포괄한다)에서 적응적인 경향이 있는 심리학적인 성향과 정신 능력, 신체 능력이 전수된다"고 본다(Cronk 1991: 27). 이 "약한 논지"는 행위가 유전적으로 통제된다고 주장하지는 않는데, 가령 사냥하는 유전자나 모계 출계 유전자 같은 것이 있을 수는 없다고 본다. 다만 인간은 행위들이 지닌 재생산적인 결과를 부지불식간에 평가한다고 본다. 그러므로 어떤 주어진 자연 및 사회 환경에서 더 높은 적응도와 관련되어 있고 (문화나 유전을 통해서) 전수될 수 있는 행위라면 집단 안에 "널리 퍼져 있는 경향"이 있을 것이다. 내가 여기서 "널리 퍼져 있는 경향"이 있다고 한 말에 주목하기 바란다. 인간행동생태학은 인류 문화와 같이 아주 눈에 띄는 몇 가지 요인 때문에 재량의 여지가 크다는 점을 인정한다. 이에 대해서는 나중에 다시 살펴보자.

이 논쟁에서 중심이 되는 것은 적응도라는 개념이다. 적응도란 유기체가 "어떤 특정한 환경과 개체군에서 생존하고 생식(재생산)하는 경향성"을 말한다(Smith and Winterhalder 1992b: 27에 제시된 Mills and Beatty의 정의). 스미스와 윈터할더의 지적처럼 이는 적응적 설계와 "잠재적으로" 자손의 수가 얼마나 될지에 주목하는 개념이다. 실제 재생산이 아니라 "잠재적"인 숫자인데, 이는 생산되는 자손의 수 또는 성인이 될 때까지 생존하는 비율이 표현형과는 다른 수많은 요인의 영향을 받기 때문이다. 따라서 행동생태학자는 특정 개체의 적응도보다는 상이한 행위적 선택(choices)의 평균 적응도에 관심을 가진다.

행동생태학은 이 목적을 이루기 위해서 방법론적 개체주의(methodological individualism)와 최적화(optimization)라는 두 가지 가정을 한다.

방법론적 개체주의

이미 살펴본 바와 같이, 진화이론은 집단이 아니라 개체에서 선택이 일어난다고 본다. 가장 일반적으로 말하자면, 자연선택은 개체군 안에서 나타나는 개별 변이에 작용하여 적응도를 높일 수 있는 행위를 하는 개체를 선호한다(Foley 1985). 행동생태학에 비판적인 사람들은 인간이 문화와는 독립적으로 행동한다고 생각하지만, 이는 잘못이다. 한 개체가 지닌 목적의 구체적인 내용은 생물학적 정보와 함께 문화적 정보에서 온다. 다시 말해 "성공"으로 이끄는 것은 (재생산을 위한) 생물학적 지시자뿐만 아니라 문화적 지시자(예를 들어, 가능하면 많은 고기를 집에 가지고 오며, 자식과 시간을 보내고, 많은 아이를 낳고, 적은 아이를 가지고, 권위를 얻고, 부를 얻으며, 친척에게 잘하는 것 같은)도 수반한다. 행동생태학 분석에서도 목적이 정해져야 하지만, 모든 목적이 동일할 것이라고 선험적으로 가정할 이유는 없다. 행동생태학에는 인간이 지식을 저장할 능력이 있고 행동과 목적 사이의 관계를 이해할(적어도 이해하고 있다고 생각하는) 능력이 있다는 합리적 주장만이 필요하다. 인간에게 이는 그렇게 대단한 가정은 아닐 것이다.

최적화

최적화에 대한 가정은 1) 어떤 커런시(연구에서는 주로 칼로리로 측정되는 에너지)를 사용하여 2) 일련의 이용 가능한 행위적 선택사항들에 대해 3) 개체의 의사결정 행위와 4) 각 행위적 선택과 그 효과를 결정하는 일련의 제약들에 초점을 맞춘다. 커런시를 통해 각 행위적 선택을 비용과 효과의 측면에서 평가하는 것이다. 수렵채집민 연구의 최적화 모델은 "언제 어디서 얼마나 수렵채집 활동을 할 것인지," "몇 명이 같이 활동을 해야 하는지," "몇 명이 함께 살아야 하는지," "어떤 식량자원을 선택해야 하는지," "어떤 식량을 공유해야 하는지"와 같은 연관된 질문에 집중한다. 행동생태학자는 가설을 검증하기 위해 상이한 행위적 집합 안에서 개체의 적응도를 측정해야 할 수도 있다. 여기에서는 공통적으로 수렵채집의 효율성을 재생산 적응도에 대한 대용지표(proxy measure)로 가정하고 있다. 연구자들이 이 가정을 별로 검증하지 않는다는 점도 주목해 보자(그러나 E. Smith 2004 참조).

더 구체적인 용어로 표현하면, 진화이론은 한 수렵채집민의 목적이 수렵채집 활동을 최적화하는 것, 곧 식량 획득에서 순이익을 최대화하는 것이라고 본다(E. Smith 1979). 결국 수렵채집 활동에 들이는 시간을 최소화하고 식량 획득은 최대화해야 한다(아래 논의를 보기 바란다). 아래에 한 수렵채집민이 식량 획득률을 최대화할 수 있는 최소한의 조건 네 가지를 제시한다.

1. 특정한 영양소 공급이 부족할 때(수렵채집민이 부족 영양소를 필요한 양만큼 획

득할 확률을 증가시킨다)

2. 필요한 비수렵채집 활동을 할 시간이 부족할 때(육아 같은 적응도에 필수적인 다른 활동뿐 아니라 종교 활동과 권위 경쟁 등을 위한 시간을 유지하면서 충분한 식량을 확보한다)

3. 수렵채집민이 수렵채집으로 남획이나 극한적인 기후, 사고 같은 위험에 노출될 때(가능하면 수렵채집 활동에 최소한의 시간을 들임으로써 부상의 위험을 줄인다)

4. 재생산적 적응도를 증진시키는 데 초과 식량이 쓰일 수 있을 때(가령 수렵채집민은 식량을 공유함으로써 a) 짝짓기 기회와 b) 다른 사람이 자기 자식에게 쏟는 관심, c) 미래의 잠재적인 호혜를 늘릴 수 있다)

조건들은 중요성에서 차이가 날 것이다. 특정 영양소를 지극히 제한적으로 얻을 수 있는 환경도 있다. 어떤 곳에서는 포식자와 마주치거나 환경적인 위험에 처할 수 있고, 수렵채집을 하는 것이 위험을 수반하는 곳(가령 겨울의 북극지방 같은)일 경우도 있다. 몇몇 사회에서는 어린이를 교육하거나 습격으로부터 마을을 지키는 일 같이 비수렵채집 활동이 중요한 경쟁 활동이기도 하다. 그럼에도 이런 요소들은 모든 환경에 존재한다. 그러므로 모든 수렵채집민은 최적화한 수렵채집 활동을 하는 경향이 있다고 할 수 있다.

최적화 가정은 인간이 여러 대안 활동 가운데 어떻게 시간을 할당하는지를 연구하는 행동생태학 연구의 중요한 부분이다. 식량을 채집해야 하고 아이를 길러야 하며 사회적 책무를 져야 하는 등 한 명의 수렵채집민이 시간을 활용하는 데는 상충되는 요구가 있게 마련이다. 인간은 시간 사용을 어떻게 결정하는가? 파라과이의 아체족(그림 2-1)과 자이레의 에페 피그미족의 대조되는 사례가 이 문제를 잘 예증해 준다. 아체족은 오늘날 선교 원경 마을에 살면서 가끔 숲에서 사냥하는, 최근에 정주한 수렵채집민이다.[6] 에페족은 바음부티 피그미족의 대집단 가운데 하나로, 이투리 우림지

---

6   아체족은 이 책에서 자주 언급될 것이다. 초창기 연구에서는 아체족이 사냥을 떠날 때 무엇을 하는지에 초

그림 2-1. 아체족 사냥꾼. 카네기(Kanegi)가 원숭이를 향하여 활을 쏘는 모습을 차추기(Chachugi, 왼쪽)가 보고 있다. 차추기의 첫 사촌이 카네기의 아내이기 때문에 이 둘은 형식적으로 처남, 매부 사이이다. 남성은 흔히 조를 이루어 원숭이를 사냥하는데, 한 명이 사냥감을 찾고 다른 하나가 활을 쏜다. 킴 힐(Kim Hill) 제공.

대에서 레세(Lese, 반투족) 원경민과 공생하면서 지낸다. 에페족은 레세 마을의 들에서도 일하며 노동과 식량을 교환하기도 한다.

아체족의 훌륭한 사냥꾼은 하루 종일, 심지어 사냥감을 잡은 뒤에도 밖에 머물면서 그렇지 않은 사냥꾼보다 더 많은 시간을 사냥한다. 한편 훌륭한 에페족 사냥꾼은 그렇지 않은 사냥꾼보다 적은 시간 동안 사냥한다. 훌륭한 에페 사냥꾼은 필요한 최소한의 고기만을 획득하여 집으로 돌아온다. 아체족 사냥은 에너지 최대화 전략이며, 반면 에페족 사냥은 시간 최소화 전략이다. 왜 이런 차이가 생겼을까? 아체족 사

점이 맞추어져 있었다. 이 책의 초판에는 아체족이 75%의 시간을 보내는 선교 취락에서 일어나는 일이 별로 나와 있지 않지만, 개정판에서는 이를 바로잡았다. 취락에서의 아체족에 대한 연구(e.g., Gurven *et al.* 2002)를 통해 아체족 생활에 대해 더 상세한 내용을 알 수 있다.

냥꾼에게는 분명 필요하지 않은 비수렵채집 시간 동안 에페족 사냥꾼이 하는 일은 무엇일까? 어떤 목적의 차이가 있어, 수렵채집이 아닌 일에 보낼 시간을 최대화하는 것보다 많은 양의 고기를 획득하는 것이 아체족 사냥꾼에게 중요해졌는가?

아체족과 에페족의 차이에서 중요한 요인 가운데 하나는 남편과 아내의 관계이다. 에페족 남자는 이웃하는 레세 원경민에게 아내를 (또는 잠재적인 아내를) 잃을 수 있는 위험부담이 크다. 에페족 가운데 혼인할 수 있는 여성의 13%는 레세 마을 사람과 결혼한다. 이 때문에 레세 여성과 결혼할 수 없는 에페족 남성 사이에서는 신부감을 놓고 경쟁이 커진다(R. Bailey 1988).[7] 로버트 베일리(Robert Bailey 1991)에 따르면, 비록 사냥의 성공이 혼인과 직결되지는 않는다고 해도 물적 부(가령 그릇이나 팬, 칼, 날이 넓은 칼 등)를 통해 간접적으로 관련되어 있는 듯하다. 많은 소유물을 가진 남성은 그렇지 못한 사람보다 혼인할 가능성이 더 높으며, 많은 재화를 레세족과의 교역으로 확보한다. 훌륭한 사냥꾼이 교역할 고기를 얻으면서도 혼인이 하고 싶다면, 시간을 할당하여 레세 마을사람들과 교환 관계를 활발히 해야 한다.

한편 아체족 남성은 성적인 호의(아마존 집단에서 드물지 않다, Siskind 1973)와 미래의 호혜(7장 참조)를 위해 고기를 교역하는데, 이로써 스스로 재생산 적응도를 높이는 듯하다(Kaplan and Hill 1985a, b; Hill and Kaplan 1988a, b). 아체족은 사냥 시간을 최소화하는 것보다 최대로 잡아 유용성을 높인다. 에페 남성은 아체 남성에게는 없는 시간이라는 제약을 가지고 있는 것이다(그 이유가 사회적인 것 때문이지 자연 환경 때문이 아님을 주목하라). 따라서 에페 남성은 고기를 더 획득하는 것보다 교역 관계를 유지하는 데 시간을 사용함으로써 유용성을 높인다. 이렇듯 에페 남성과 아체 남성은 목적은 다르지만 모두 수렵 활동의 효율성을 최대화하려고 한다.

이 사례는 인간행동생태학의 또 다른 중심 주제를 잘 보여 준다. 다시 말해 모든

---

7   이를 승혼(昇婚, hypergamy, hypergynous marriages)이라고 하는데, 높은 지위 집단의 남자와 낮은 지위 집단의 여자 사이의 혼인을 말한다. 이웃 집단에 비해 낮은 지위에 있다고 생각하는 수렵채집 사회에서도 상당히 일반적이다. 주호안시 여성의 10%는 반투 유목민과 혼인하며, 필리핀에서 바탁족 여성의 25%, 아그타족 여성의 18%는 승혼을 한다.

인간행위는 대안들 사이의 선택이다. 무엇을 더 중요하게 여기는지를 고려하는 것이다. 인간행동생태학에서 이 선택은 때로 한 활동에 쏟는 시간이 보통 다른 것을 하는 기회를 앗아가는 식이 되기 때문에 행동의 기회비용으로 표현된다. 수렵채집을 긴 시간 하면 자식에게 시간을 덜 쓰게 되고, 베리 열매[漿果]류를 택하여 채집하면 사냥감을 쫓는 데 시간을 덜 쓰게 된다. 가능하면 많은 식량을 획득하면 자식에게 더 많은 음식을 줄 수 있겠지만, 포식자에 노출되는 등 위험이 따른다. 새 깃털을 찾아 시간을 보내면 다가오는 축제의 성공을 보증할 수는 있겠지만, 가족이 먹을 다른 식량을 대가로 치러야 할 수도 있다. 수렵민은 이처럼 선택이 지닌 비용과 효과를 지속적으로 저울질한다. 다른 종류의 선택이지만, 우리도 마찬가지이다.

하지만 선택을 한다고 해서 언제나 "가장 좋은" 전략을 찾아내는 것은 아니다. 그 이유로는 다음 두 가지가 있다. 첫째, 진화란 존재하는 생물학 및 문화적 정보를 세대와 세대를 이어 상이하게 전달하는 과정이기 때문에, 결코 단 하나의 가장 좋은 전략이 아니라 다른 기존의 전략보다 목적 달성에 유리한 전략이 자연선택으로 나오게 된다. 최적화 모델은 흔히 한 행위의 결과가 집단 안에서 그 빈도에 영향을 받지 않는 상황에 적용된다. 여기서 어떤 야생 종자류를 채집할지 또는 어떤 동물을 사냥할지를 선택하는 일은 그 씨앗이나 동물에 대해 알고 있는 특성(가령 칼로리 내용물, 찾는 데 걸리는 시간, 확보하는 데 걸리는 시간) 때문이지, 얼마나 많은 사람이 그 씨앗이나 동물을 찾고 있는지 또는 다른 사람들이 어떤 자원을 찾고자 하는지(비록 개체 수가 간접적으로 자원의 풍부함이나 행위와 관련되어 선택에 영향을 미칠 수 있지만) 때문은 아니다. 그러므로 물리 환경과의 상호작용은 우리가 제3장에서 논의할 최적화 모델의 분석이 잘 적용된다.

둘째, 수렵민이 선택을 한다는 사실은 거의 모든 행위가 절충으로서, 수렵민을 상이한 방향으로 끌어들이는 선택력의 산물이다. 가족에게 식량을 공급하는 일은 분명 중요하지만, 식량을 공유하여 필요할 때 도움이 되는 동맹관계를 만드는 일도 중요하다. 수렵민이 얼마나 많은 식량을 가지고 얼마나 많은 양을 주는지는 이런 물리력 모두의 산물이다. 한 수렵민은 가족 식량공급을 최대화하는 전략을 취할 수 있기나 맥락에 따라 음식 공유를 최대화하는 전략에 기댈 수 있지만, 보통 결과는 그 둘이 혼합된 것이어서 어느 것도 "최적"이 아니다. 결과적으로 최적화 분석은 선택 이론의 추상적 예측을 모델화해서 검증을 할 수도 있지만, 사람들이 가능한 한 가장 절대적으로 효율적인 방식으로 행동할 것이라 기대할 수는 없다.

이 점에서 특별한 관심을 가질 수 있는 것은 한 집단의 다른 사람들이 이미 하고 있는 행위에 영향을 받는 행위적 선택이다. 이것이야말로 대부분 사회 상호작용의 전형적인 양상이다. 예를 들면 한 개인은 다른 이가 권위를 쫓는 행위를 하기 때문에 성공적 사냥을 최대화하기를 선택할 수 있다. 이 상황은 게임이론을 통해 가장 잘 분석할 수 있다(Smith and Winterhalder 1992a). 게임이론에 대해 논의하는 것은 이 책의 영역을 벗어나는 일이다. 게임이론은 집단 안에서 존재하는 상이한 행위적 변이들(가령 육아 방법)이 나오는 빈도가 각 변이의 결과물이 다른 행위적 변이들과의 상호작용으로 결정된다고 생각한다고만 우선 알아 두자. 이로써 에너지 효율성에서 서로 다른 행위적 변이들이 안정적으로 혼합되어 나타나며, 이를 "진화적으로 안정된 전략(evolutionarily stable strategy)"이라고 한다. 여기서 논점은, 게임이론을 적용하면 어느 행위적 변이도 단순한 최적수렵모델에서 예측하는 최적화한 것이 아닐 수 있는 상황이 나올 수도(Hawkes 1990, 1992b, 1993b), 한 집단 안에 인간행동생태학의 논지를 위반하지 않는 전략이 하나 이상 있을 수도 있다는 것이다.

위 논의는 모두 적절한 것 같고, 식량과 식량을 획득하는 행위 그리고 재생산 사이의 관계가 분명한 동물 자원의 경우에 특히 그럴 듯해 보인다. 그러나 유전적으로 통제를 받는 것이 아니라 문화의 산물이라고 할 인간의 행위의 경우에는 어떠한가? 인류학에서 진화적 접근을 주장하는 사람들은 문화는 스스로 성공의 표준을 세우며 그 표준이란 사회마다 아주 다양하다고 주장한다. 어떤 사회에서는 물적 부가 높은 가치이지만, 다른 사회에서는 물적 재화에 초연한 것을 가치 있게 여길 수도 있다. 돼지를 높게 여기는 사회가 있는 반면 금을 가치 있게 여기는 사회도 있다. 일부다처(복혼)가 허용되는 사회도 있고, 그렇지 않은 사회도 있다. 개인이 의식적으로 수렵의 효율성이나 권위, 또 다른 어떤 유용한 것을 최대화하려는 사회를 찾을 수도 있지만, 의

식적으로 "재생산적 적응도"에 가치를 두는 문화를 찾기란 힘들다. 행동생태학자들은 이 모든 것을 잘 알고 있다. 자연환경, 사회 및 문화 환경 모두가 성공의 상이한 표준을 만들어내는 것이 사실이지만, 그 표준을 만족하는 개인은 더 높은 적응도를 성취할 행위적 변이를 보여줄 것이다. 이것이 사실일까? 아니면 인간행동생태학은 진화이론을 그저 상사의 수단으로 사용하는 것일까?

문화는 어떠한가?

사실 인류학자들 가운데는 인간행동생태학의 패러다임에 별 관심을 갖지 않는 사람도 많은데, 거기에는 그럴 만한 이유가 있다. 우리의 생활을 한 번 생각해 보자. 우리는 과연 재생산 적응도를 위해 행위의 결과에 대해 의식적으로 생각하고 있는가? 그렇지 않을 것이다. 그런 행위들을 일으키는 것이 얼마나 무의식적인 것인가. 그래도 여전히 행위적 선택의 방향을 결정하는가? 순결 맹세, 낙태, 유아살해, 가족 수를 의도적으로 제한하는 일 같은 재생산 적응도와 어긋나는 문화적 행위를 어떻게 설명할 것인가?

그런데 "약한 사회생물학적 논지"는 인간의 먼 진화적 과거에서 문화를 이루어내는 생물학적 능력이 선택되었을 것이라고 주장함으로써 스스로 논지를 정당화한다. 모든 인류학자는 이 논지를 주저 없이 받아들일 것이다. 그리고 문화 능력이 자연선택의 과정을 통해 자리잡았다는 사실도 모두 받아들일 것이다. 한 집단 안에서 문화적인 존재였던 개체들의 수가 과거 어느 시점에 팽창하였고, 다른 문화적이지 않은 호미닌은 사라졌을 것이다. 다시 말해 문화적인 개체가 더 높은 재생산 적응도를 지녔다고 할 수 있다.

사정이 위와 같기 때문에 인류학자들 가운데는 한걸음 더 나아가 문화 행위가 생물학적 적응의 연장이며 비슷한 목적으로 작동된다고 보는 사람들도 있다. 바로 이 점이 많은 인류학자들을 서로 벌어지게 만든 관점이다.

문화 능력이란 생물학적 토대가 있는 것이고, 따라서 자연선택으로 생기는 것이 거의 확실하지만, 문화는 생물학의 단순한 확장이 아니다.[8] 호미닌이 문화적인 동물이 되면서부터 진화적 게임의 규칙은 변했다. 여기에서 진화란 "정보의 차별적인 지속"임을 되풀이 말하는데, 그 정보 가운데 어느 정도는 유전적이지만 인간에게 대부분은 문화적이다. 문화적 정보는 유전자에 코드화되어 있지 않고 상징적 의사소통에 담겨 있으며, 재생산이 아니라 문화화 과정으로 전달된다. 우리는 유전자를 부모로부터 물려받지만, 많은 사람들로부터 문화를 습득한다. 영향력 있는 역할 모델이라면 자식이 없다고 해도 한 개인이 집단 안에서 (행위의) 표현형적 빈도를 바꿀 수도 있다. 인간에게 유전자 빈도의 변화는 문화변화에 거의 직접적인 영향(가령 우유당 결핍으로 한 사회의 식단에서 유제품을 멀리하는 것)을 미치지 않는다.

인간은 친족체계, 생계, 종교, 도덕, 미학 등에 대한 정보를 여러 세대에 거쳐 전달한다. 문화는 시간의 흐름에 따라 변화하기 때문에 정보 가운데는 분명 전달되지 않는 것도 있고, 반면 (전파나 독자적 발명 또는 문화화 과정에서 발생한 실수 등으로 생긴) 어떤 새로운 정보가 확산될 수도 있다. 다시 말하여 정보는 세대와 세대를 거쳐 선택적으로 전달된다. 그리하여 그 정보의 측면에서 문화가 유전자와도 같아지는데, 다만 DNA가 아니라 상징 속에 부호화되어 있어 한 세대는 이전 세대로부터 상이하게 전수받는다. 그렇다면 이는 어떤 전수(transmission)의 원칙에 입각하여 작동된다고 볼 수도 있다(Boyd and Richerson 1985; Bettinger 1991).

위에서 살펴본 바와 같이 인간행위의 다양성은 특정한 역사적 맥락 안에서만 이해될 수 있는 다면적인 문화적 가치들이 표현된 것이다. 하지만 주어진 문화의 어느 시점에서도 개인은 문화적인 주제에 대해 조금이라도 다른 변이를 대표한다. 예를 들어, 어떤 개인은 다른 이보다 더 많이 일하는 것에 가치를 둘 수도 있고, 종교적 규범에 더 열심인 사람도 있을 것이다. 문화변화는 이런 변이들의 빈도에서 변화가 생기

---

8   인간이 언제 문화적인 되었는지, 우리 조상이 정확히 어떤 시점에 완전히 문화적이 되었는지는 불분명하다. 다만 후기 구석기시대가 되면 확실해진다.

는 것이다. 토지 문제에 대해 별로 생각하지 않았던 세대에서 많은 이들이 중요하게 생각하게 된 세대로의 변화를 예로 들 수 있을 것이다. 문제는 왜 한 사회 안에서 행위적 변이가 시간의 흐름에 따라 빈도의 변화를 보이는지 하는 것이다. 새로운 행위나 생각의 수용 또는 거부, 기존 행위의 확산을 결정하는 것은 무엇인가?

신다윈 이론의 시각에서 문화 연구("문화전수이론"이라고 불린다)는 이제야 시작되었으며, 여기서 좀 더 깊이 살펴볼 것이다(Cavalli-Sforza and Feldman 1981; Boyd and Richerson 1985; Bettinger 1991; Durham 1991; Shennan 2009). 그러나 전수에는 생물학적 전수와 문화적 전수가 있음을 지적해야 할 것이다. 이런 관찰은 인간행동생태학의 시각에서 수렵채집민을 연구하는 데 다음 세 가지 효과가 있다.

첫째, 정보의 문화전수는 전적으로 생물학적 언명에 입각한 모델과는 다를 수 있다. 예를 들면, 많은 사회에서 과거와 현재의 부유한 가정은 가장 많은 자손을 거느리고 있다. 연관은 분명하다. 더 부유하다는 것은 더 많은 식량과 더 좋은 의료 혜택, 더 나은 주거(그리고 몇몇 경우에서는 복수의 아내), 그리하여 더 많은 자식이 성인으로 성장하는 것이다. 그러나 미국이나 서유럽 같은 선진국의 사례에서 이 패턴은 지난 세기 후반부터 반대로 나타났다. 부유한 가정에서 자식의 수가 가장 적었던 것이다〔이를 에릭 스미스(Eric Smith 2004)는 "여피(yuppie) 적응도억제 증후군"이라고 부른다〕. 원인은 문화적인 지각에 있는데, 부유한 사람들이 자식을 사립학교에 보내고 비싼 방과후 활동을 시키는 등 아이를 성년까지 기르는 데 부양이 필요하다고 느끼기 때문이다. 또한 젠더와 직업에 대한 문화적 이상, 곧 두 임금노동자가 가정의 수입을 증가시키고자 하는 것과도 연관되어 있다. 결과적으로 많은 자원이 있음에도 부유한 가정은 양육에 많은 돈이 들기 때문에 적게 낳았다. 이런 식으로 문화는, 단순 진화이론이 기대하는 방향은 아니지만, 여전히 재생산 적응도에 영향을 미친다.

둘째, 진화는 기존 변이에 작용하기 때문에 상이한 수렵채집 집단 간의 변이뿐 아니라 공동체 안에서의 변이도 기록해야 한다. 유전 및 문화전수 모델을 검증하기 위해서 우리는 한 사회 안에 얼마나 많은 행위적 변이가 존재하는지를 이해하는 데서 출발해야 한다. 불행히도 수렵채집민 관련 민족지 자료의 많은 부분은 과거의 이론 패러다임에서 민족지 연구자가 일반적이거나 평균적이라고 생각하였던 행위들(더 흔하게는 정보전달자가 부모나 조부모의 시절에 일반적인 행위였다고 주장하는 행위)로 기록되어 있다. 이제 새로운 민족지 고찰을 통해 공동체 안에서의 행위적 변이를 기록함으로써 행동생태학 모델을 평가할 수 있는 자료를 수집해야 한다.

셋째, 문화변화를 이해하기 위하여 성인의 행위에서의 변화가 어떻게 문화화에 영향을 미치는지, 곧 어린이가 문화를 학습하는 과정을 알아야 한다. 예를 들어 배리 휼렛(Barry Hewlett 1991b)은 사냥에 능숙하지 못한 아카(Aka) 피그미 남성은 능숙한 남성에 비해 아이와 보내는 시간이 많음에 주목한다. 그렇다면 능숙한 사냥꾼과 서툰 사냥꾼이라는 두 조합이 어린이 성장에 어떤 영향을 미치는가? 생물학적인 것보다는 사회에서 자식이 지니는 가치의 측면에서 어떤 차이가 있을까? 더 일반적으로 말하자면, 어린이가 양육되는 방식에서의 변화를 통해서 한 사회의 가치가 어떻게 바뀌는가? 문화화에서의 변이가 문화변화에 하는 역할은 무엇인가? 비록 문화화 연구와 행동생태학 사이의 연관이 아직 철저히 연구되지 못하였지만, 우리는 성인의 행위에 영향을 미치는 생태 요인들이 육아에 영향을 미침으로써 문화변화에 큰 역할을 한다고 생각할 수 있다. 성인의 수렵채집과 문화화, 문화변화의 관계에 대해서는 앞으로 더 살펴볼 것이다.

결론

물리 환경과 상호작용하는 것은 인간 생활의 피할 수 없는 부분이다. 수렵채집민도 마찬가지이다. 인류학자는 오랫동안 이 사실을 알고 있었지만, 환경과 사회 사이의 단선적인 개념과 패턴에 치중하여 연관을 구체화하지 못하였다. 예를 들어 문화생태학자는 수렵민이 평형상태(homeostasis)를 유지하려 한다는 극도로 빈약한 주장에 치중하여, 사회가 아니라 개인이 의사를 결정하고 그 결정이 다른 것과 상충될 수 있다는 생각을 하지 못하였다.

나는 인간행동생태학이 환경과 사회의 연결 메커니즘을 이해하는 가장 좋은 연구 전략이라고 생각한다. 클라크 위슬러는 이 메커니즘을 찾으려 했으나 찾기 힘들다고 하였고, 크로버는 연구하기에 너무 복잡하다고 말하였으며, 스튜어드는 찾아내기 시작하였다. 인간행동생태학은 수렵채집민이 어떻게 환경과의 상호작용에 대한 의사결정을 하는지, 그리고 그 의사결정이 문화 특질의 전수에 어떻게 영향을 미치는지를 이해할 수 있는 시각과 방법론을 알려 준다. 진화이론에 확고히 근거하여 사회 내, 그리고 사회 간 행위 변이를 설명하고자 한다. 어떤 연구 패러다임도 모든 대답이 될 수는 없으며, 우리가 할 수 있는 가장 나은 길은 한발이라도 앞으로 나아가는 것이다. 나로서는 인간행동생태학 이외에 다른 아무런 대안이 없다. 다만 이어지는 장을 읽으면서 독자 스스로의 필요에 부합하는지 판단하기를 바란다.

행동생태학은 인간의 행위가 재생산 성공을 최대화하는 목적을 지니고 있다고 생각하는 데서 출발한다. 이는 기껏해야 잠정적인 가정일 뿐이다. 생물 유전과 문화 전수 사이의 관계에 대한 현재의 연구에 따르면, 재생산 적응도는 인간행위의 변이를 이해하는 데 필요한 유일한 범주는 아니다.

여기에서 정의하는 바와 같이, 행동생태학은 식량자원의 풍부도와 분포, 수렵과 다른 활동(가령 짝짓기 상대 선택, 권위 경쟁, 재생산, 육아)에 보내는 시간 할당, 그리고 이런 활동이 문화정보의 전수에 미치는 영향 사이의 관계에 대해 설명해 주는 개념적 틀을 제공한다. 우리는 이 개념 틀을 가지고 인간사회의 안정기뿐 아니라 변화를 설명하는 이론을 만들 수 있다. 그 이유는 이 개념 틀이 인간의 활동과 재생산, 문화화 사이의 관계를 중요시하고 생물학적 존재 및 문화적 존재로서 인간을 이해하는 데 가장 적합하기 때문이다.

또한 행동생태학은 현존 수렵채집민이 선사시대 수렵민과 상사하다는 주장으로부터 벗어날 수 있는 길을 제공한다. 행동생태학은 환경을 획득하는 데 비용과 효과가 수반되는 자원이 필요하다고 본다. 현존 수렵민이 구석기시대의 원초적인 유물임을 가정하지도, 가정할 필요도 없다(결코 그렇지 않기 때문에 옳은 일이다). 식량이 직접석으로 획득뇌는지, 아니면 머을 수 없는 밀림의 산물을 교환하여 읻는 것인지, 또는 창이나 총으로 얻는 것인지는 모두 동일한 측면에서 평가될 수 있다(e.g., E Smith 1991: 6장). 이는 행동생태학자들이 농경 또는 산업사회의 사람들이 이웃하는 수렵채집민에게 영향을 미쳐 통화 경제에 참여하게 만드는 현상을 무시할 수 있음을 의미하는 것은 아니다. 오히려 열대림 사냥꾼이 총을 사용하는 것과 같은 새로운 기술의 이용이나 가공된 밀가루 또는 임금 노동 같은 것은 모델이 예측한 바를 검증하는 데 실제로 사용되고 있다(3장 참조).

인간행동생태학은 새로운 문화전수 모델을 바탕으로 지난 20세기 대부분의 시기 동안 이루어진 수렵채집 사회의 연구와는 다른 생태학적 접근을 취한다. 그렇다고 해서 환경 속에 사는 인간의 위치에 대한 관심을 포기하지는 않는다. 앞으로 이어질 장에서 살펴보겠지만, 환경은 수렵채집민이 무엇을 먹을지, 떠날지 머물지, 공유할지 아니면 저장할지, 영역 안에 다른 사람을 들어오게 할지 말지, 아이를 가질지 말지, 권위 축제에 참여할지 말지를 결정하는 데 가장 중요하다. 이런 결정이 어떻게 이루어지는지 그리고 세대를 거치며 문화 정보의 전수에 어떠한 영향을 미치는지를 이해하는 일은 진화인류학을 확고히 하는 데 필수적이다.

3

수렵채집과 생계

이 땅에 대해 몇 마디 해야겠다. 내가 좋아하는 음식은 고기뿐이다.

— 이누이트족 남자(Brody 1987 : 62)

세상에 몽공고 열매가 널려 있다면 왜 심어야 하는가?

— 주호안시족 남자(Lee 1979)

생계 연구는 수렵채집민 인류학에서 오랫동안 가장 중요한 주제였다. 왜 그렇지 않겠는가. 음식이 없으면 사람은 죽는다. 1966년 "맨 더 헌터" 학회 이전 인류학자들은 수렵민이 대체로 고기를 먹는다고 생각하였다. 그러나 학회에서 밝혀낸 것 가운데 하나가 수렵채집민에게 식물성 식량이 중요하다는 것이었음은 아이러니라고 할 수 있다. 특히 리처드 리가 제시한 주호안시족의 식단 자료가 설득력이 있었는데, 자료에 의하면 식량의 85%가 식물성이었다. 리는 이것이 주호안시족만의 사례는 아니며, 수렵민 사회의 표본을 분석한 결과 수렵채집민의 식단에서 고기가 기여하는 바는 전체 위도에서 평균 35% 정도라고 하였다. 리의 자료는 남성의 대형동물 사냥을 강조하였던 부계 무리 모델을 무너뜨리는 데 기여하였다. 심지어 어떤 연구자는 수렵채집민이라는 용어를 채집수렵민(gatherer-hunter)이라고 바꾸기도 하였다(e.g., Bender and Morris 1988).

수렵채집민 생계에서 식물성 식량의 역할을 인지하는 것은 중요하다. 사냥에 치중된 인류진화 모델의 편향성을 알 수 있기 때문이다. 그럼에도 사냥을 강조하다가 채집을 중요시하는 것은 전형화의 오류를 반복하는 것이며, 수렵민의 식단에 나타나는 다양성을 이해하는 데 장애가 된다. 이 장에서는 우선 총 식단 변수와 환경 변수 사이에 단순한 상응이 있음을 논증함으로써 수렵채집민의 식단이 체계적으로 환경과 관련되어 있음을 확실히 해본다. 그런 다음 인류학자들이 수렵민 식단의 구성을 설명하기 위해 사용하는 최적화 모델에 대해 살펴보자.

환경과 식단

표 3-1은 머독(Murdock 1967)이 쓴 『민족지 지도(Ethnographic Atlas)』의 자료를 근거로 하였는데, 이 자료는 수렵채집민 식단의 다양성을 보여 준다. 다만 이 표에 제시된 채집, 사냥, 어로로 획득한 식량은 모호하기도 하고 불일치하기도 한다. 예를 들어, 채집된 식량은 대부분 식물성이지만, 소형동물이나 조개류까지도 포함할 수 있

다. 몇몇 사례에서 상대 가치는 무게로 제시되기도 했지만, 실제 칼로리로 측정된 경우도 있다. 이 가운데는 민족지 연구자의 인상으로 판단된 것도 있다. 또한 이 자료는 경제 활동을 가리키기도 하고 실제 식단을 반영하기도 한다. 예를 들면, 열대림에 사는 몇몇 집단의 경우 사냥으로 얻은 식량의 범주가 차지하는 비율이 높지만, 이렇게 사냥된 식량은 결국 원경민의 생산품과 교환되기도 한다. 이 경우 사냥이 높은 비중을 차지하는 것은 사람들이 실제로 무엇을 먹느냐가 아니라 교역 때문이었음을 알수 있다. 그럼에도 이 자료를 통해 여전히 수렵채집민의 식단이 다양함을 잘 알 수 있다. 그리하여 우리는 수렵민이 대부분 식물을 먹는다거나 고기를 먹는다고 분별없이 주장할 수는 없다.

표 3-1. 환경과 수렵채집민의 식단

집단	실효온도(ET)	일차생산 (g/m²/yr)	사냥(%)	채집(%)	어로(%)
북극 이누이트(Polar Inuit)	8.5	45	40	10	50
배핀랜드 이누이트(Baffinland Inuit)	9.3	59	5	0	95
타루이우트(Taġiuġmiut(Tareumiut))	8.7	59	30	0	70
유카기르(Yukaghir)	8.9	89	50	10	40
오나(셀크남)(Ona(Selk'am))	9	401	70	10	20
앙막살릭(Angmagsalik)	9	333	20	0	80
시보카크메잇(Sivokakhmeit)	9	195	15	5	80
코퍼 이누이트(Copper Inuit)	9.1	115	40	0	60
이글루링이우트(Iglulingmiut)	9.5	90	50	0	50
누나미우트(Nunamiut)	9.8	115	87	3	10
야마나(Yámana (Yahgan))	9.9	706	20	10	70
카리부 이누이트(Caribou Inuit)	10	144	50	10	40
나스카피(Naskapi(Innu))	10	278	70	10	20
알라칼루프(Alacaluf)	10	535	20	10	70
북틀링잇(N.Tlingit)	10	633	30	10	60
치페와이언(Chipewyan)	10.3	283	60	0	40
투초니(Tutchone)	10.3	209	45	10	45

집단	실효온도(ET)	일차생산 (g/m²/yr)	사냥(%)	채집(%)	어로(%)
카스카(Kaska)	10.4	206	40	10	50
길략(Gilyak)	10.4	482	30	20	50
타나이나(Tanaina(Dena'na))	10.4	464	40	10	50
벨라쿨라(Bella Coola (Nuxalk))	10.5	828	20	20	60
벨라벨라(Bella Bella)	10.5	828	30	20	50
추가치 이누이트(Chugach Inuit)	10.5	323	20	0	80
쿠친(Kutchin(Gwich'n))	10.5	144	40	10	50
드네타(Slavey (Dené thá))	10.6	327	50	10	40
오지브와(Ojibwa)	10.7	699	40	30	30
미스타시니 크리(Mistassini Cree)	10.8	555	50	20	30
잉갈릭(Ingalik(DegHit'an))	10.8	245	40	10	50
누지박(Nunivak)	10.9	209	30	10	60
타나나(Tanana)	10.9	217	70	10	20
남 틀링잇(S. Tlingit)	10.9	633	30	10	60
침샨(Tsimshian)	11.1	862	20	20	60
하이다(Haida)	11.1	837	20	20	60
칠코틴(Chilcotin)	11.2	354	30	20	50
타흘탄(Tahltan)	11.2	245	50	10	40
캐리어(Carrier (Dakelne))	11.2	350	40	20	40
마카(Makah)	11.3	757	20	20	60
사르시(Sarsi)	11.3	283	80	20	0
블랙풋(Blackfoot(Siksika))	11.4	472	80	20	0
퀴놀트(Quinault)	11.5	871	30	20	50
대평원 크리(Plains Cree)	11.5	397	60	20	20
알류트(Aleut)	11.6	283	10	30	60
몬타녜(Montagnais)	11.6	456	60	20	20
콰콰카와쿠 (Kwakwak'wakw, Ft. Rupert)	11.6	822	20	30	50
우트(Ute(Uintah))	11.7	278	35	40	25
솔토(Saulteaux)	11.7	533	35	20	45

집단	실효온도(ET)	일차생산 (g/m²/yr)	사냥(%)	채집(%)	어로(%)
아시니보인(Assiniboin)	11.7	432	70	20	10
운콤파그레(Uncompahgre)	11.8	583	50	35	15
아이누(Ainu)	12	661	20	30	40
쇼쇼니(Wind River Shoshone)	12	307	50	30	20
플랫헤드(Flathead)	12.1	369	40	30	30
클라마스(Klamath)	12.2	320	20	30	50
와쇼(Washo)	12.3	235	30	40	30
퓨알럽-니스퀄리(Puyallup-Nisqually)	12.3	820	20	30	50
트와나(Twana)	12.3	720	30	10	60
와다디카(Wadadika(RubyValley))	12.4	161	30	50	20
슈스왑(Shuswap)	12.4	450	30	30	40
아가이두카(Agaiduka(Lemhi))	12.5	181	30	30	40
누차눌트(Nuuchahnulth(Nootka))	12.6	943	20	20	60
알시(Alsea)	12.7	925	20	10	70
해안 유키(Coast Yuki)	12.7	671	20	40	40
산포일(Sanpoil)	12.7	283	20	30	50
미크맥(Micmac)	12.7	772	50	10	40
신키오니(Sinkyone)	12.8	692	30	40	30
팀파노고츠(Timpanogots(UtahL.))	12.9	432	30	40	30
투바투라발(Tubatulabal)	12.9	391	30	50	20
고시우트(Gosiute)	12.9	172	40	50	10
북 파이우트(N. Paiute (Kidütökadö))	12.9	186	20	50	30
크로우(Crow(Apsáalooke))	13	354	80	20	0
유록(Yurok)	13.3	713	10	40	50
네즈 퍼스(Nez Perce)	13.3	259	30	30	40
톨로와(Tolowa)	13.3	804	20	40	40
파이우트 (Pyramid Lake Paiute (Kuyuidökadö))	13.3	135	20	50	30
아추마위(Achumawi)	13.3	464	40	30	30
테니노(TenIno)	13.3	464	20	30	50

집단	실효온도(ET)	일차생산 (g/m²/yr)	사냥(%)	채집(%)	어로(%)
샤이엔(Cheyenne)	13.3	408	80	20	0
우마틸라(Umatilla)	13.3	285	30	30	40
모독(Modoc)	13.3	318	30	50	20
서 모노(W. Mono)	13.4	303	40	50	10
마이두(Maidu)	13.5	584	30	50	20
아추게위(Atsugewi)	13.5	550	30	40	30
서파이우트(Kaibab〔S.Paiute〕)	14	425	30	70	0
샤스타(Shasta)	14	539	30	40	30
자원획득-아파치(Kiowa-Apache)	14.3	1,045	80	20	0
코만치(Comanche)	14.4	706	90	10	0
보토쿠도(Botocudo〔Kaingang〕)	14.4	1,844	40	50	10
키오와(Kiowa)	14.6	717	90	10	0
윈투(Wintu)	14.6	812	30	30	40
디에구에노(Diegueno〔Tipai-Ipai〕)	14.6	26	40	50	10
카데 그위(=Kade G/wi)	14.8	476	20	80	0
시에라 미웍(Sierra Miwok)	14.8	699	30	60	10
파나민트(Panamint)	15	45	40	60	0
카후일라(Cahuilla)	15	487	40	60	0
카와이수(Kawaiisu)	15	67	30	50	20
루이세뇨(Luiseño)	15.1	415	20	60	20
왈라파이(Walapai)	15.1	144	40	60	0
모아파(Moapa)	15.2	47	40	60	0
보르헤노(Borjeno〔Baja,Calif.〕)	15.8	67	18	57	25
디에리(Dieri)	15.9	85	30	70	0
아란다(Aranda)	15.9	202	40	60	0
동남 야바파이(S.E. Yavapai)	16	134	40	60	0
동북 야바파이(N.E. Yavapai)	16	134	40	60	0
아웨이코마(Aweikoma)	16.5	1,286	60	40	0
카란카와(Karankawa)	16.6	976	30	40	30

집단	실효온도(ET)	일차생산 (g/m²/yr)	사냥(%)	채집(%)	어로(%)
핫자(Hadza)	17.7	1,508	35	65	0
카리에라(Kariera)	18	323	50	30	20
세리(Seri)	18.3	212	25	25	50
왈피리(Walpiri (Walbiri))	18.4	209	30	70	0
주호안시(Ju/'hoansi (Dobe))	18.8	459	20	80	0
그위(G/wi)	19.3	476	15	85	0
그루트아일랜드(GrooteEylandt)	19.5	1,755	10	30	60
윅문칸(Wikmunkan)	19.6	2,164	40	40	20
시리오노아(Sirionoa)	20.6	2,358	25	70	5
첸추아(Chenchua)	20.8	1,482	10	85	5
아에타(Aeta)	21.2	3,800	60	35	5
안바라(Anbarra)	21.6	2,890	13	22	65
누칵(Nukak)	21.7	2,613	11	76	13
티위(Tiwi)	22.6	2,450	30	50	20
베다(Vedda)	23	2,800	35	45	20
기진갈리(Gidjingali)	23	2,892	30	50	20
먼진(Murngin)	23.5	2,617	30	50	20
세망(Semang)	23.7	4,622	35	50	15
음부티(Mbuti)	23.7	2,624	60	30	10
온지(Onge (Andamanese))	24.4	3,884	20	40	40
푸메(Pumé)	24.5	659	10	60	15[a]
페낭(Penan)	24.9	5,128	30	70	0

a 원경이나 정부 및 선교단체의 구호금, 시장 상품에 어느 정도 의존한다.
 실효온도(effective temperature, ET)와 일차생산(primary production, PP)은 민족지학자가 제공한 기후 자료 또는 지도에 제시된 것을 토대로 계산했다. 식단은 사냥, 채집(소형동물과 때로는 조개류 채집 포함), 어로(조개류와 바다 포유동물 포함)에서 얻는 식량의 비율을 개략적으로 계산했다. 식단 자료는 머독(Murdock 1967) 또는 필자의 것이다(민족지 지도 자료에 대한 논평은 제1장, 주 19 참조).

또한 자료를 보면 수렵채집민의 식단과 환경 사이에 체계적인 관계가 있음을 알 수 있다. 이 관계를 알아보기 위해 먼저 실효온도(effective temperature, ET)와 일차생산(primary production, PP)이라는 변수로 환경을 수치화하여 비교해 보자.

실효온도라는 개념은 베일리(H. Bailey 1960)가 고안하였으며, 루이스 빈포드 (Lewis Binford 1980)가 인류학에 도입하였다. 실효온도는 일사량의 연중분포와 함께 집중도[1]를 동시에 측정한 것이다. 실효온도는 가장 더운 달(W)과 추운 달(C)의 평균 기온(℃)을 바탕으로 다음과 같이 계산한다.

$$ET = (18W\text{-}10C)/((W\text{-}C) + 8)$$

실효온도는 적도에서는 26, 극지점에서는 8인데, 낮은 ET 값은 추운 환경에서의 짧은 성장 계절을 뜻하고, 높은 ET 값은 열대 서식지에서의 긴 성장 계절을 가리킨다.

일차생산은 연중 순지표식물생산($g/m^2/yr$)을 가리키며, 채식동물이 이용할 수 있는 식량의 양을 ET보다 더 직접적으로 알려 준다. PP는 실효강수량(effective precipitation)과 일사량으로 측정되는데, 샤프 공식(Sharpe 1975)을 사용하여 증발량(E) 값을 계산한다(Thornthwaite Associates 1962, 1963, 1964; UNESCO 1974).

$$PP = 0.0219E^{1.66}$$

일사량이 일정하다면 일차생산(PP)은 태양 에너지가 임계점에 이를 때까지(추가적인 강수가 아무런 효과도 없을 때까지) 강수량이 증가하면 높아진다. 강수량이 일정하다면, PP는 일사량에 따라 달라진다.

표 3-1에는 126개 수렵채집 사회의 사례에서 산출한 PP와 ET 값이 제시되어 있다. 무작위 표본은 아니며 비열대림 사례들이 많은데, 80%가 ET 값 8에서 15 사이이다. 지리적으로도 편향되어 있어, 77%의 사례가 북아메리카의 것이고 유럽과 아시아 지역 대부분의 사례는 반영되어 있지 않다(그림 1-1의 사례 분포 참조). 〔이 책의 초판 출간 이후 루이스 빈포드(Binford 2001)가 수렵채집 사회의 자료를 종합한 바 있고, 말로

---

1   기온만이 아니라 습도와 복사열 등 실제 생물체의 성장에 직접 영향을 미치는 온도(옮긴이).

(Marlowe 2005a)가 마찬가지로 초판 발간 이후 400개가 넘는 수렵채집 사회에 관한 자료를 제시한 바 있다. 이 자료는 표에 실려 있지 않다.)

모든 PP가 사람이 먹을 수 있는 것은 아니다. 북극지방에서는 대부분이 이끼류이고, 온대 사막에서는 많은 것이 식용 가능한 씨앗(종자)류이며, 열대림에서는 상당 부분이 먹을 수 없는 줄기와 잎으로 구성되어 있다. 열대림에는 들어가는 것도 어려운 일이다. 예를 들어, 자료에서 가장 높은 생물량 사례의 하나인 누칵(Nukak)족 여성은 식물성 자원 채집을 남성에게 의지한다. 과실이 대부분 높은 나무에서 열려 남자만이 올라갈 수 있기 때문이다(Politis 2007: 240).

일반적으로 사람은 열대 및 온대 사막에서 자라는 많은 식물을 먹을 수 있다. 이런 곳에 주호안시족처럼 민족지적으로 잘 기록된 수렵채집민이 산다. 따라서 수렵채집민이 주로 식물성 식량에 의존한다는 일반화는 부분적으로 민족지적 편향의 결과이다. 수렵채집민의 식단과 환경 사이의 관계를 이해하기 위해서는 식단 변수와 환경 변수에 대해 전형적이 아닌 체계적인 관계를 찾아야 한다.

그렇다면 수렵민이 얼마나 식물성 식량을 먹는지를 결정하는 요인은 무엇인가? 아한대림과 북극 툰드라지방에는 먹을 만한 식물(소나무 가지나 지의류, 이끼같이 별로 선호하지 않는 것들)이 별로 없다는 단순한 이유 때문에, 추운 환경에 사는 수렵민이 식물성 식량을 적게 먹을 것이라고 생각할 수 있다. 리처드 리는 식물성 식량을 고기로 바꿀 수 있다고 가정하여 위도가 높아질수록 사냥의 중요성이 커진다는 가설을 세웠으면서도, "위도는 사냥의 비중에 별다른 차이를 내지 않는다"라고 결론을 내렸다. 이런 주장을 하면서 북극 집단은 제외하였지만 말이다(Lee 1968: 42).[2]

실제로 식물성 식량의 중요성은 적도에서 멀어질수록 감소하는데(Keeley 1992, 1995), 이는 바로 위의 이유 때문이다. 그러나 추운 환경에서 식물성 식량은 반드시 육지 동물이 아니라도 어로와 해양 동물 자원으로 대체될 수도 있다. 어떻게 알겠는가?

---

2   하지만 위도는 환경을 직접 반영하는 대용지표가 아니다. 미국의 루이빌, 켄터키, 토토파, 네바다는 모두 같은 위도에 있지만, 환경은 달라서 각각 습윤한 낙엽성수림, 관목 및 명아주과 관목 사막에 속한다.

논의를 시작하는 한 가지 방법은 수렵민이 소비할 것이라고 기대하는 식물성 식량의 양을 예측하는 것이다. 그 양은 분명 어떤 환경에서 사람이 식용할 수 있는 식물성 식량의 양과 관련되어 있다. 그리고 그 양은 일차생산(PP)과 실효온도(ET)의 조합으로 개략적으로나마 측정할 수 있다. 표 3-1에 제시된 ET와 PP에 따르면, 채집에 의존하면서도(수 n=126, 상관계수 r=0.75, 확률 $p \ll 0.001$) 사냥한 식량에 의존하지 않음(n=126, r=0.18, p=0.129)을 예측할 수 있다(ET와 PP는, 조합이 그렇게 강하진 않지만, 채집된 식량의 비중과 관련되면서도 사냥에 대한 유의한 예측 변수는 아니다). 분명히 다른 요인들이 몇몇 수렵민 생계 유형과 관련되어 있어 환경 자료만으로 모든 것을 알기는 어렵다.

ET와 PP는 육상 수렵채집 환경만을 나타낸다. 그 밖에 관련되어 있을 가능성이 있는 요인으로는 물고기, 조개류, 해양 동물 같은 수생자원의 이용과 이웃하는 사람들과의 교역을 들 수 있다. 식단에서 수생자원의 비중이 25%가 넘는 집단을 제외하면, PP와 ET의 조합이 식물성 식량과 사냥의 비중을 상당히 잘 예측함을 알 수 있다(식물성은 n=58, r=0.63, $p \ll 0.001$, 사냥은 n=58, r=0.62, $p \ll 0.01$).

채집이나 육상 동물 식량 대신에 해양자원을 이용한다고 가정해 보자. 별로 근거가 없는 가정일지도 모르지만, 일단 그렇게 생각해 보자. 조개류를 제외하면 해양자원 이용에는 비용이 많이 든다. 바다를 항해할 보트나 그물, 덫, 작살, 밧줄, 어살 같은 것이 필요하다. 이런 기술은 상당한 정도의 선투자 비용을 요구하여 집약적인 해양자원 이용에 장애가 될 수도 있다(5장 참조). 수렵민이 남아프리카와 지중해 연안에서 125,000년 전부터 해양자원을 이용하였다고는 하지만(Klein *et al.* 2004; Marean *et al.* 2007; 그리고 심지어는 190만 년 전에도 이용했다(Steele 2010)), 해양 식량은 아주 늦은 시기(남아프리카와 유럽의 후기 구석기시대)까지도 식량에서 중요한 비중을 차지하지 못하였다. 또한 고고학 연구에 따르면, 집약적인 어로 자원 이용, 특히 소하성(遡河性) 어류와 바다표범과 고래 같은 해양 동물 이용이 언제 시작되었다 하더라도, 그 생계 유형은 육상 생계 유형으로부터 발달하였다고 한다. 그렇다고 하면 수생자원은 기존의 사냥 또는 채집 식단의 일부를 대체하였다고 생각하는 것이 논리적일 듯하다.

수생자원에 대한 의존도는 채집에 대한 기댓값과 실제 의존도의 차이와 상응하는데, 물론 그렇다고 변수의 많은 부분이 설명되지는 않는다(n=126, r=0.44, $p \ll 0.01$). 다른 연구에서도 같은 결론을 내린 바 있다(Keeley 1995; Cordain *et al.* 2000). 따라서 수생자원은 먹을 수 있는 식물성 식량이 충분하지 않을 때 이용하는 듯하다. 이미 지적하였듯이, 수생자원은 따뜻한 기후보다는 추운 기후에서 더 많이 이용되는 경향이 있다. 이는 부분적으로 우리가 가진 표본 때문일 수도 있는데, 북아메리카 서북부 해안에는 연어와 바다동물에 크게 의존하는 해안 수렵민에 대한 사례가 많다. 그럼에도 북쪽으로 가면서 해양 자원 이용이 증가하는 양상은 북쪽의 바다가 주변 육상 환경보다 상대적으로 더 생산성이 높아 식량의 원천으로서 땅보다는 바다가 매력적이기 때문이다. 이것이 전혀 기대하지 않은 바는 아니다.[3] 또한 추운 기후에서 사는 수렵채집민은 따뜻한 기후에서 사는 사람들보다 저장 식량에 더 크게 의존한다. 사실 식량 저장은 ET값이 14 미만인 환경에서 극적으로 증가한다(Binford 1980, 2001). 그렇다면 식량 저장은 해양 환경과 추운 육상 환경 간 생산성의 차이에서 비롯되었는가? ET값이 14 미만인 곳에 사는 집단의 수생자원 의존도는 단지 채집 식량자원에 대한 기댓값과 실제 비중 간 차이를 조금만 설명할 수 있을 뿐이다(n=81, r=0.36, p=0.0007). 수생자원의 비중은 저장 가능한 식물성 자원의 결여를 어느 정도 보완해 줄 수 있지만(Pálsson 1988; Binford 1990), 다른 요인도 관련되어 있음이 틀림없다.

수생자원 의존도는 사냥의 기댓값과 실제 비중 간 차이의 변이를 상당 부분 설명해 주는데, 이는 ET값이 14 미만인 표본(n=81, r=0.85, $p \ll 0.001$)뿐 아니라 전체 표본(n=126, r=0.79, $p \ll 0.001$)에서도 그러하다. 집단에서 어로의 비중이 높을수록 육상 동물에 대한 사냥은 줄어드는 것이다. 이는 수생자원이 사냥으로 얻는 식량이 채울 식단의 일부를 보완해 줌을 의미한다. 민족지 표본에서 수생자원에 대한 의존도가 높은 집단은 흔히 고위도지방의 작은 영역에서 살며 인구밀도가 높다(Yesner 1980;

---

3 지표수와 심층수 온도의 차이는 해수의 용승작용을 일으켜 영양소가 올라오고 생산적인 해양 먹이사슬을 만들어낸다(Yesner 1980).

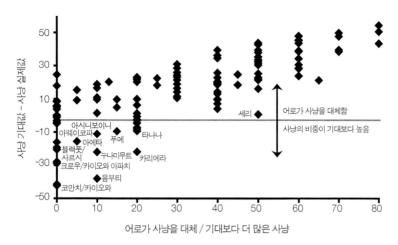

그림 3-1. 어로에 의존하는 비율(x축)과 사냥 의존의 기댓값과 실제값 사이의 차이(y축)의 관계

Keeley 1988; Binford 1990, 2001). 추운 환경에서 사냥하는 데는 넓은 영역이 필요하기에, 한 사회가 얼마나 고기에 의존할 수 있는지 하는 데에도 한계가 있다. 많은 서북부 해안 사회의 경우 영역이 캐나다 록키산맥 정도로 작지만, 해양자원을 이용할 수 없는 곳에 사는 수렵채집민의 영역은 상당히 크다(4장 참조).

춥고 숲으로 덮인 환경에서 일차생물량이 높은 것은 주식이 될 만한 식물성 식량이 별로 없음을 의미한다. 똑같은 이유에서 대형동물의 풍부도는 감소할 것이며, 결과적으로 수렵민은 큰 영역범위에서 활동하게 된다. 인구밀도가 너무 높아서 큰 영역을 이용할 수 없을 경우(곧 이동성의 비용이 높을 경우), 수렵채집민은 수생자원에 눈을 돌려 육상 식량의 부족을 보완한다(Binford 2001: 368).

그림 3-1은 수렵채집민의 식량 확보 활동의 목표에 대해 더 많은 것을 말해 준다. 수평선 아래에 있는 집단은 육지 사냥모델에서 기대되는 것보다 더 많이 사냥한다. 이 가운데 많은 집단은 사냥한 고기를 탄수화물과 교환하는 열대림 집단(음부티, 아에타(Aeta), 아마도 아웨이코마(Aweikoma))이나 상당한 정도의 해양자원을 얻기 힘든 북부지방의 집단, 대안으로 취할 식물성 식량이 별로 없는 집단(누나미우트(Nunamiut), 타나나(Tanana))이다. 또한 열대림 집단과 마찬가지로 고기를 탄수화물(이 경우 푸에

블로나 다른 원경민이 재배한 옥수수)과 교환하고 북아메리카 내륙 초원지대에 사는 대평원 수렵민도 여기에 포함될 수 있다. 그리고 일차생산의 많은 생물을 먹을 수 없는 지역이나 이동성이 높은 기승(騎乘) 집단〔카이오와(Kiowa), 코만치(Comanche), 샤이엔(Cheyenne), 크로우(Crow), 카이오와-아파치(Kiowa-Apache), 사르시(Sarsi), 블랙풋(Blackfoot)〕도 포함된다. 호주 서북부 해안의 카리에라(Kariera)족과 세리(Seri)족은 자료 해석의 오류이거나 채집된 식량 대신 수생 자원에 의지하는(사막이라는 육지 환경의 식물성 식량보다 열대의 수상 환경에서 더 많은 수렵채집 자원을 제공받는) 사례이다.

지금까지의 논의를 통해, 우리는 어떤 식량을 먹을지는 수렵민이 그 식량이 가진 비용과 효과에 바탕을 두고 선택함을 암시하였다. 다시 말해 상이한 식량자원을 획득하면서 어떤 비용이 들어가는지, 그리고 그로부터 얼마나 큰 유용성을 얻는지 하는 문제이다. 이러한 의사결정 과정을 더 상세히 들여다보기 위해 인간행동생태학의 최적수렵모델(optimal foraging theory)을 고찰해 보자.

식단폭모델

최적수렵모델은 동물의 수렵행동을 이해하기 위해 생태학에서 개발되었다(Emlen 1966; MacArthur and Pianka 1966; Pulliam 1974; Stephens and Krebs 1986). 그러나 인간 수렵민을 연구하던 학자들도 재빨리 그 유용성을 알게 되었다. 특히 인간의 식단이 지닌 다양성은 신체적인 지각 능력이나 자원획득을 위한 신체의 부속기관, 포식자의 크기에서의 차이로 돌릴 수 없기 때문이었다.

최적수렵모델에는 목적과 통화(커런시), 제약조건, 일련의 선택이 포함되어 있다. 목적은 보통 수렵채집 효율성(단위 시간당 획득하는 식량)을 최대화하며, 가장 흔하게 쓰이는 통화는 칼로리이다. 제약에는 수렵채집과 기타 활동(가령 육아)에 들어가는 시간의 최대치 같은 것이 포함된다. 선택이라는 것은 잠재적인 다양한 식량자원을 말한다. 식량자원이 함유 영양소와 수확하고 가공하는 데 걸리는 시간 등 구체적인 특징에서 다르기 때문에, 최적수렵모델은 어느 자원이 수확되고 어떤 것이 무시되는지에 초점을 맞춘다. 여기에서는 가장 널리 적용되고 있는 식단폭모델(diet-breadth model, DBM)에 집중한다.

식단폭모델의 다른 이름, 곧 식량선택모델(prey-choice model)에서 짐작할 수 있겠지만, DBM은 어떤 수렵민이 자원을 마주할 때 그것을 취하는지, 아니면 그냥 지나치는지를 예측한다. 그리하여 모델은 식단의 폭이 좁은지, 곧 특정한 식량자원에 집중되어 있는지, 아니면 넓은지, 곧 이용할 수 있는 다양한 식량이 포괄되어 있는지를 예측한다. (그렇지만 모델은 어떤 특정한 자원이 식단에서 어떻게 널리 퍼져 있는지를 예측하지 않고, 단지 그 존부만을 판단한다.) 지난 장에서 주목하였지만, 식단폭모델은 수렵민이 총수렵채집 수익(회수)률을 최대화하는 일련의 자원을 선택한다고 가정한다. 몇몇 현존, 그리고 선사시대의 수렵채집 사회를 통해 검증할 때 DBM은 아주 유용하다 (e.g., E. Smith 1983, 1991; Hill and Hawkes 1983; Bird and O'Connell 2006의 평가 참조).[4]

DBM에서는 각 식량자원을 찾는 데 얼마나 시간이 걸리는지, 그리고 획득하고 가공하는 데 걸리는 시간은 얼마인지가 중요하다. 이를 각각 탐색비용(search costs)과 가공비용(handling costs)이라고 일컫는다. 탐색비용은 대개 자원이 얼마나 풍부한지를 나타내는 개념으로, 풍부한 자원은 더 빈번하게 마주칠 것이고, 그렇지 않은 자원은 드물게 대면할 것이다. 가공비용은 마주한 다음 자원을 수확하는 데 걸리는 시간(사냥의 경우 쫓고 죽이는 데 걸리는 시간)과 가공하는 데 걸리는 시간을 말한다. 가공비용은 나아가 자원의 대면후수익(회수)률(postencounter return rate), 더 간단히 시간당 얻는 칼로리(곧 kcal/hr)로 수익률을 계산한 것이다.[5] 칼로리 정보는 민족지 현

---

4 사례 연구로는 Winterhalder and Smith 1981; E. Smith 1983, 1991; Hawkes *et al.* 1982; Hames and Vickers 1983; O'Connell and Hwakes 1984; Winterhalder 1986a, b, 1987; smith and Winterhalder 1992b, 그리고 Bird, Bliege Bird, O'Connell, Hawkes and Blurton Jones의 여러 연구 참조. 최적수렵모델 학사의 초기에 연구자들은 선형프로그램(linear programming, e.g., Reidhead 1979, 1980; Keene 1979, 1981; Belovsky 1987, 1988)을 이용하였고, 책의 초판에서도 소개하였다. 하지만 선형프로그램은 더 이상 유용하게 쓰이지 않으며, 재판에서는 뺐다.

5 물리학적으로 칼로리(소칼로리)란 물 1g을 1°C만큼 올리는 데 드는 에너지로 측정된다. 영양학자의 칼로리

지조사 자료(그림 3-2) 또는 복원된 도구와 기술을 통한 실험 연구로 알려져 있다. 마지막으로 탐색비용과 획득비용을 합한 총수렵(채집)수익률(overall foraging return rate)은 바로 수렵민이 최적화하고자 하는 것으로서, 찾고 획득하는 데 걸리는 시간과 비교하여 확보한 식량의 총량을 말한다.

탐색비용과 가공비용, 수익률의 차이를 알 수 있는 간단한 사례를 보자. 한 수렵민이 평균 3시간을 탐색하여 1,000kg의 씨앗이 있는 야생벼(*Oryzopsis hymenoides*)가 자라는 들에 나간다고 생각해 보자. 탐색비용은 3시간/1,000kg, 곧 0.003hr/kg인데, 이는 쌀 1kg을 찾는 데 평균 약 0.003시간, 곧 1분 미만의 시간이 듦을 뜻한다. 가공비용은 야생벼를 찾은 다음 가공하는 데 걸리는 시간이다. 스티브 심스(Steve Simms 1987: 119)는 인도 야생벼를 원주민 기술을 이용하여 41분 동안 수확하고 가공(갈돌과 갈판을 이용하여 씨앗을 가는 일)한 다음 먹을 수 있는 식량 98g을 얻었다. 이로써 가공비용은 0.68hr/0.098kg, 곧 6.97hr/kg이 된다. 비록 야생벼 1kg을 찾는 데 1분도 걸리지 않았지만, 그것을 수확하고 가공하는 데는 7시간이나 걸린다. 쌀은 그램당 2.74kcal를 가지고 있으며, 이로써 대면후수익률은 2.74×96gm/41min, 곧 6.55kcal/min, 다시 말해 393kcal/hr가 된다(이는 낮은 수익률이다).

대면후수익률은 DBM에서 아주 중요한데, 이는 모델이 식량자원은 수익률의 순서로 식단에 추가된다고 가정하기 때문이다. 만약 수렵민이 식단을 확장하고자 한다면, 그 다음 낮은 수익률 자원을 추가하고, 그러고는 그 다음 낮은 자원을 추가하는 순서를 밟을 것이다. 왜 그럴까?

수렵민은 어떤 자원을 마주칠 때, 그것을 획득할지 아니면 무시하고 더 나은 것을 찾을지를 결정해야 한다. 이것은 지난 장에서 언급한 트레이드오프의 사례이다. 특정 자원을 획득할 것인지에 대한 결정은 방금 대면한 자원의 수익률이 더 상위의 자원을 계속 탐색하여 얻는 수익과 비교하여 더 큰지 아니면 작은지에 달려 있다. 어떻게 그러한지를 간단한 사례를 들어 알아 보자.

(대문사 C로 쓰는 칼로리)는 1000 소칼로리, 곧 킬로칼로리(kcal)를 말한다.

표 3-2. 최적의 식단을 계산하기 위해 제시된 가정적인 식량자원의 탐색비용과 가공비용.

자원	탐색 시간(분)	가공 시간(분)	kcal/ 단위 자원	대면 후 수익률 (kcal/분)	자원 A를 찾는 데 걸리는 시간 동안 대면하는 자원의 단위(kcal/분)		전체 수렵채집 수익률
A	30(120)	10	1,000	100	1(1)	for A:	25.0(7.7)
B	20(30)	20	800	40	1(4)	for A+B:	30.3(20.0)
C	20	30	800	26	1(6)	for A+B+C:	28.9(23.1)
D	10	40	400	10	3(12)	for A+B+C+D:	18.1(15.9)

수렵민이 각각 A, B, C, D라 불리는 식량자원 네 가지를 이용할 수 있다고 생각해 보자(표 3-2). 자원은 대면후수익률(여기에서는 시간이 아니라 분을 사용하였다)의 측면에서 순위를 매길 수 있다. 새로운 자원이 등장하면 수익률에 따라 식단에 추가하여 총수익률, 곧 탐색하고 수확하는 데 시간을 투자하여 얻는 수익을 최대화하는 것이 목적임을 기억하자.

이를 바탕으로 수렵민은 자원 A로부터 언제나 가장 상위의 수익률을 얻기 때문에 그것을 찾는다고 가정할 수 있다. 자원 A를 찾는 데 30분, 수확하는 데는 10분이 걸린다. 이를 통해 열량 1,000kcal를 얻으며, 따라서 총수익률은 1,000kcal/(30분 탐색 + 10분 가공)로서 25kcal/min이 된다. 그러나 수렵민이 자원 A를 찾는 동안 주변에 더 풍부한 자원 B와 C, D를 마주하는 상황을 생각해 보자. 그럴 경우 수렵민은 계속 A를 탐색할 것인지, 아니면 그만두고 다른 자원을 수확할 것인지를 결정해야 한다. 수렵민은 어떻게 해야 하는가?

규칙은 만약 대면후수익률이 모든 상위의 자원을 탐색하고 가공하여 얻는 총수익률보다 높은 경우 수확한다는 것이다. 자원 B의 수익률은 30kcal/min이다. 이는 자원 A만을 취하여 얻는 수렵채집 총수익률 25kcal/min보다 높기 때문에, 수렵민은 자원 B를 획득하고자 할 것이다. 우리는 자원 A와 B의 총수익률을 판단하여 이를 검토할 수 있다. 만약 수렵민이 자원 B를 식단에 포함한다면, 수렵채집 활동의 총수익률은 30kcal/min로 오른다. 1,000kcal(A)+800kcal(B)=1,800kcal를 두 자원의 탐색시간 30분+자원 A 가공 시간 10분+자원 B 가공 시간 20분=60분 총 가공시간으로

그림 3-2. 대략 1958년, 앨리스 스티브(Alice Steve)라는 파이우트(Paiute)족 여성이 북아메리카 잣나무 열매를 전통적인 방식으로 가공하고 있다. 씨앗의 겉껍질을 깨서 키질로 까부른다. Margaret Wheat 또는 Laura Mills 사진, University of Nevada-Reno 도서관의 특수소장품.

나누면 30kcal/min이 된다. 여기에서 탐색비용은 DBM에서 수렵민이 모든 자원을 한꺼번에 탐색할 수 있음을 가정하기 때문에 중복될 수 있다.

이제 수렵채집민이 자원 C를 마주하면 어떻게 할까? C는 A와 B를 탐색하고 가공하여 얻는 것보다 수익률(26kcal/min)이 더 낮기 때문에 식단에 포함되어서는 안된다. 곧 수렵민은 C를 마주할 때 무시하고 A와 B를 계속 찾아야 한다. 이를 계산을 통해 확인할 수도 있다. 만약 C가 식단에 추가되면, 수렵채집 활동의 총 수익률은 28.9kcal/min으로 감소한다. (A 1,000kcal+B 800kcal+C 800kcal)/(30분 탐색+10

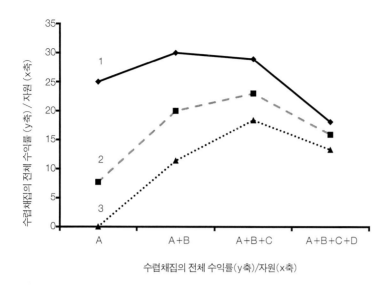

수렵채집의 전체 수익률(y축)/자원(x축)

그림 3-3. 표 3-2의 가정적인 식단 사례가 어떻게 변모하는지를 그래프로 표현했다. (1) 자원 A와 B가 풍부할 경우, 자원 C는 식단에 포함되지 않는다. (2) 자원 A와 B가 드물 경우 C는 식단에 포함된다. (3) 자원 D는 가장 풍부하지만, 결코 식단에 포함되지 않는다. 수렵채집 활동의 가장 높은 총수익률은 A와 B를 취할 때, 그리고 A, B와 함께 C를, 그 다음 B와 C만을 취할 때 점점 감소함을 주목하라.

분 가공 (A)+20분 가공 (B)+30분 가공 (C)]. 마찬가지로 자원 D 역시 대면후수익률이 10kcal/min에 불과하기에 무시될 것이다. 현명하지 못한 수렵채집민이 D를 수확하기를 고집할 경우 총수익률은 (D를 포함하면) 더 떨어진다(그림 3-3의 곡선 1). 자원 C와 D는 자원 A와 B보다 더 빈번하게 마주치더라도 그냥 지나쳐야 한다.

그런데 A와 B를 찾기 어려워질 때는 어떨까? 자원의 풍부도가 떨어져 탐색비용이 증가할 수 있으며, 다른 이유에서도 비용은 증가할 수 있다. 예를 들어, 사냥꾼이 동물 자체를 찾기보다는 이동로나 자취, 다른 신호를 찾아 그로부터 동물이 지나간 때와 조건, 속도 등을 판단할 수 있다. 아한대림에서는 폭설 때문에 특히 표면이 단단해졌을 때 무스의 이동성이 감소하여 흔적이 잘 남지 않기에 무리를 찾기가 더 어려워진다. 캐나다 크리 무스 사냥꾼은 이동로를 찾기 때문에(Winterhalder 1981:73), 폭설이 오면 실제 무스의 밀도는 그대로인데도 무스를 찾을 확률이 떨어진다.

표 3-3. 아체족의 두 달 동안 식단

자원	μ_i(kg)	E_i(kcal/kg)	H_i(hr/kg)	수익률(kcal/hr)	총 가공시간	서열
멧돼지(collared)	232	1950	0.03	65000	7.0	1 (1)
사슴	300	819	0.03	27300	9.0	2 (1)
파카	307	1950	0.28	6964	86.0	3 (2)
긴코너구리	351	1950	0.28	6964	98.3	4 (2)
아르마딜로	386	1950	0.33	5909	127.4	5 (3)
뱀	10	1000	0.17	5882	1.7	6 (3)
오렌지	1283	355	0.07	5071	89.8	7 (4)
새	35	1240	0.26	4769	8.7	8 (5)
꿀	57	3037	0.93	3266	52.5	9 (6)
멧돼지(white-lipped)	457	1950	0.71	2746	324.5	10 (7)
야자수 유충	43	3124	1.32	2367	56.8	11 (8)
물고기	189	975	0.46	2120	86.9	12 (9)
야자순	171	595	0.39	1526	66.7	13 (10)
원숭이	533	1300	1.07	1215	570.3	14 (11)
야자섬유	1377	120	0.10	1200	137.7	15 (11)
야자열매	249	350	0.37	946	94.6	16 (12)

• 괄호 안은 원저에 제시된 서열(옮긴이)

출처: Hawkes *et al*. 1982: 표 3

　　자원 A와 B에 대한 탐색 시간이 늘어나면 대면 비율이 감소하는 것을 모델화할 수 있다. 표 3-2의 괄호 안 숫자는 마주치는 자원의 단위 수가 변화하고, 자원 A와 B의 탐색비용이 각각 120분과 30분으로 증가하는 경우, 총수익률에서의 변화를 나타낸다. 예를 들면, 자원 A의 한 단위를 찾으면서 마주쳤던 자원 C 한 단위는 자원 A 한 단위를 찾을 때 자원 C 여섯 단위를 마주하는 경우로 변경될 수 있다. 이제 자원 C가 식단에 포함됨으로써 수렵채집 효율성이 최대화할 수 있다(23.1kcal/min, 그림 3-3에서 곡선 2). 예상대로 상위 자원이 드물어짐에 따라 식단폭은 확장되어 하위 자원까지 포함한다. 그런데 만약 자원 A가 사라질 경우에도 D는 결코 식단에 포함되지 않는다(그림 3-3의 곡선 3).

우리는 지금까지 총수익률을 쪽지 메모 하듯이 대략적으로 계산해 보았다. 실제 계산은 이보다 더 복잡하지만, 똑같은 결과가 나온다. 로버트 베틴저(Bettinger 2009)는 식단폭 수렵채집 모델을 세우는 데 훌륭한 지침서를 썼다.

또한 그림 3-3은 식단폭 확대에 대해 흥미로운 점을 보여 준다. 각 곡선의 변곡점은 "최적" 식단폭을 가리킨다. 그런데 변곡점, 곧 수렵채집의 최대 총수익률은 한 곳에 머물지 않고 상위 자원의 풍부도가 감소함에 따라 하락한다(곡선 1, 2, 3이 점점 아래로 내려간다). 만약 곡선 2와 3의 조건에서 살고 있는 어떤 수렵민이 곡선 1의 조건에 사는 수렵민과 같은 양의 식량을 획득하기 위해서는 더 오랫동안 일해야 한다. 이런 예측은 열한 개 수렵채집 사회에 대한 헤임스(Hames)의 연구에서 옳음이 증명되었다. 연구에서는 사냥감의 밀도가 감소함에 따라 수렵채집에 들어가는 시간 역시 증가함이 드러났다. 이처럼 식량자원의 밀도가 감소하면 수렵채집의 기회비용이 증가하고, 결과적으로 기술혁신과 새로운 식량자원의 실험이 이루어지거나 식물 재배를 고무시키고 다른 사람의 노력을 통제하는 등 더 극단적인 방법도 쓰게 된다. 우리는 다음 장에서 이런 문제에 대해 다시 살펴본다.

두 번째로 DBM을 민족지적 상황, 아체족에 적용한 더 기술적인 사례를 들어 보자(Hawkes, Hill and O'Connell 1982). 첫 번째 사례에서 지적했듯이, 에너지 획득을 최대화한다는 것은 n번째 자원의 수익률(이 사례에서는 Ei/Hi로 표기됨)과 가공비용이 수렵채집의 총수익률(Ei/Hi)과 같아지거나 그보다 클 때까지 수렵민이 식량자원을 수확함을 의미한다. 다시 말하여 자원은 $E/T \leq Ei/Hi$인 한 식단에 포함된다.

E = 수렵채집 활동 동안 얻는 총 kcal

T = 전체 수렵채집 시간(탐색, 수렵과 채집, 가공)

Ei = 자원 i의 한 단위에서 얻을 수 있는 kcal

Hi = 자원 i 한 단위 당 가공 시간

수렵채집 활동의 총수익률은 상이한 자원이 식단에 추가됨에 따라 달라진다.

$$E/T = \frac{\sum \mu_i \times E_i \times T_S}{T_S + \sum \mu_i \times H_i \times T_S} = \frac{\sum \mu_i \times E_i}{I + \sum \mu_i \times H_i}$$

여기에서 T_S는 전체 자원에 대한 총 탐색 시간이며 μ는 i번째 자원의 양이다. 마주치는 자원이 다시 한 번 현재의 총수익률보다 낮은 수익률을 내면 무시될 것이다.

아체족이 61일 동안 수렵채집 활동을 하면서 수확하는 16개 자원의 특징은 표 3-3에 나타나 있다. 자료에는 총 3,673시간이라는 탐색 시간과 1,024시간이라는 운반 시간(식량을 캠프로 운반하는 데 드는 시간, 운반에 대한 문제는 아래에서 살펴보자)이 기록되어 있다. 그림 3-4에서 위에 있는 곡선은 x축에 배치되어 있는 순위에 따른 각 자원의 수익률(E_i/H_i)을 나타낸다. 아래의 곡선은 자원이 식단에 추가되면서 변화하는 수렵채집의 총수익률(E/H)을 표현한다. 예를 들어, 멧돼지와 사슴 사냥의 수익률은 (232×1,950=452,400)+(300×819=245,700)이며, 이것을 (3,673 탐색 시간+1,024 운반 시간+16 가공 시간)으로 나누면 148kcal/hr가 나온다. 파카와 긴코너구리를 식단에 추가하면 칼로리의 양은 1,283,100kcal에서 1,981,200kcal로 증가한다. 마찬가지로 비용은 184 가공 시간(405 kcal/hr의 총수익률을 낸다)만큼 증가한다. 나머지 자원을 식단에 추가하면서 곡선이 870kcal/hr 지점에서 교차함을 알 수 있다. 그 점에서 $E_i/H_i = E_i/H_i$이 된다. 아체족은 대면후수익률이 870kcal/hr보다 낮은 자원은 어떤 것이라도 취하지 않아야 하며, 실제로 그런 것 같다. DBM은 아체족이 수렵채집 도중에 어떤 식량자원을 선택할지 잘 예측하고 있다.

마찬가지로 DBM은 어떤 자원 대신 다른 어떤 자원을 추구할 것인지도 예측한다. 아체족의 사례에서 단독 사냥의 평균 총수익률은 탐색, 추적, 가공비용을 포함하여 1,115kcal/hr이다. 오렌지(4,438kcal/hr)와 벌꿀(3,231kcal/hr), 야자수 유충(1,849kcal/hr)은 아체족이 사냥감을 탐색하는 와중에도 채집되어야 하며 실제로도 그러하다(여기에서는 탐색 및 가공 시간을 고려해야 하며, 따라서 총수익률은 가공시간만을 포함한 표 3-3에 나와 있는 것보다 낮다). 하지만 멧돼지를 발견하면 다른 어떤 자원도 더 이상 찾지 않는데, 이는 멧돼지에서 얻는 수익인 65,000kcal/hr는 다른 어떤 자원의

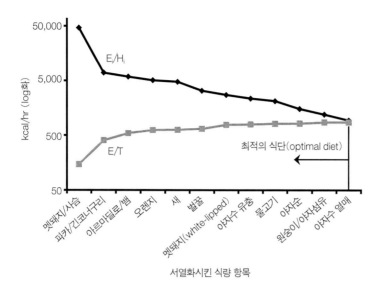

그림 3-4. 아체족 식단에 대한 식단폭모델. 위의 검은 색 선은 각 자원의 대면후수익률이며, 아래의 회색 선은 상이한 폭의 식단을 계산한 수렵채집의 총수익률(처음 것은 가장 상위 자원, 그 다음은 상위 자원을 합한 것이다. 이런 식으로 계속된다)이다. Hawkes *et al.*(1982)에서 재도(再圖). 미국인류학회 허가로 전재. *American Ethnologist* 9(2), 그림 1, p. 390, 1982년 5월.

수익보다 높기 때문이다. 그러나 멧돼지를 찾는 시간이 길어질수록 사냥한다 해도 수익률은 낮아질 것이며, 결과적으로 찾는 시간이 길어지고 사냥이 늦어질수록 다른 자원을 취할 가능성은 높아진다(Hill *et al.* 1987: 18).

DBM은 수렵채집 활동의 목적이 총에너지 수익률을 최대화하는 것이라는 가정에 바탕을 두고 이루어지는 수렵민의 의사결정 과정을 잘 보여 준다. 특정 자원을 획득하는 데 걸리는 시간은 다른 자원을 탐색하는 일을 가로막을 수밖에 없으며, 각 자원에는 모두 나름의 기회비용이 있다. 그리하여 다른 자원을 탐색하는 대신에 특정 자원을 추구하기를 선택하면 에너지와 시간의 손실 같은 일이 수반될 수 있다. DBM은 단순성과 일반성 때문에 많은 사례에서 수렵채집민의 식단을 성공적으로 예측해 왔다.[6]

---

6   가령 아한대림(Winterhalder 1981), 아마존지역(Hames and Vickers 1982), 말레이시아(Kuchikura

적절한 수익률 찾기

표 3-4는 세계의 다양한 지역에서의 실험 및 민족지 자료를 바탕으로 수익률을 제시하고 있다. 이 표는 몇몇 식량자원의 집합이 다른 것에 비해 낮거나 높은 수익률을 나타내는 경향이 있음을 잘 보여 준다. 예를 들어, 씨앗과 뿌리는 보통 크고 작음을 막론하고 동물에 비해 수익률이 낮다.[7] 그러나 어떤 집합 안에서도 변이는 있게 마련이며, 어떤 집합은 서로 다른 것과 중복되기도 한다.

수익률 계산에는 많은 요인이 개입되어 있다. 가령 앞에서 인도 야생벼의 수익률을 계산하여 393kcal/hr라는 값을 얻었다. 그 과정에서 우리는 비용으로 시간만을 고려하였다. 그러나 연구자 중에는 총 칼로리 획득에서 자원을 수확하는 데 필요한 활동의 에너지 비용을 감하는 사람도 있다. 이를 순획득률(NAR)이라고 한다. 만약 스티브 심스가 이전에 논의하였던 쌀을 수확하고 가공하면서 200kcal를 소비하였다고 하면, 순획득률은 2.74×98=269-200=69kcal/41분=10kcal/hr가 된다.

수익률은 흔히 민족지 연구를 통해 확립된다. 민족지 조사에서는 연구자가 수렵민이 자원을 찾아서 수확하고 가공하는 데 시간이 얼마나 걸리는지를 추적한다. 거슬릴 수도 있지만, 이것이 바로 민족지 연구의 성격이다. 다시 말해 사람들을 따라다니고 가져오는 것의 무게를 재는 일을 한다(내가 미케아족 연구를 할 때는 사람들이 고기를 거의 공유하지 않았는데 ─ 그 이유는 6장에서 논의한다 ─ 고기를 얼마나 얻는지 다른 사람에

1987, 1988), 중부 호주 사막(O'Connell and Hawkes 1981, 1984), 캘리포니아(Broughton 1999), 북극지방(E. Smith 1991) 연구를 들 수 있다.

7 만약 씨앗이 그처럼 낮은 수익률을 나타낸다면, 오늘날 옥수수나 쌀, 밀이 어떻게 전세계 70억 인구의 대부분을 먹여살리게 되었을까? 킬리(Keeley 1995)는 이런 씨앗(종자)류는 사실 수렵채집민의 식단에 가장 마지막으로 추가된 것이라고 하면서, 그런 수렵민은 일반적으로 충분한 사냥감을 얻을 수 없는 지역에 살거나 해양자원을 얻을 수 없는 곳에서 식량을 저장해야 하고 인구밀도가 높은 곳에 산다고 하였다. 수렵민은 씨앗류를 집약적으로 이용하고 유리한 유전적 변이를 지닌 곡물을 재배함으로써 결국 야생 씨앗의 생산성을 증가시키는 자연선택 과정을 거쳐 농작물을 만들어냈다. 가령 옥수수(maize)의 야생 조상으로 멕시코 남부에서 야생으로 자라는 테오신테(teosinte)에는 새끼손가락보다 작은 옥수수가 열린다.

게 알리는 것을 꺼려해서 어려움을 겪었다). 그렇기에 민족지학자는 영리하게 행동하여 문화적으로 불쾌함을 느끼지 않는 선에서 자료를 모아야 한다.

고고학자는 연구 대상 수렵민이 이미 아주 오래 전에 사라진 사람들이기 때문에, 실험을 통해, 곧 스스로 수렵채집을 하여 계산하는 방법을 취한다(e.g., Simms 1987; C. S. Smith, Martin and Johansen 2001). 이미 논의한 심스(Simms 1987)의 야생 벼 수확 실험은 고고학자가 수행했던 많은 연구 가운데 하나이다. 물론 가장 눈의 띄는 문제는 고고학자가 실제 수렵채집민과 비교하여 행위를 잘 하지 못한다는 점이다. 고고학자는 어떤 의미 있는 자료를 얻기까지 반복적으로 연습해야 한다.[8] 쇼쇼니족은 가을에 록키산맥에서 백송 열매(사실 씨앗이지만)를 채집한다. 그러나 어떻게 채집을 하는지는 그리 잘 알려져 있지 않다. 한 가지 방법은 곰이 하듯이 다람쥐가 숨겨 놓은 솔방울 씨앗을 찾는 것이다. 마른 솔방울 씨앗을 찾아 껍질을 깨고 까부르는 것은 간단한 일이다. 쇼쇼니족이 정말 그렇게 했는지는 확신할 수 없다 해도, 그렇게 하여 나무에서 솔방울 씨앗을 하나하나 따는 것보다 훨씬 많은 씨앗을 얻을 수는 있다. 해결책은 자원을 획득하는 가능한 모든 방법을 모델화하는 것이지만, 정말 모든 방식을 다 알고 있는지는 분명하지 않다.

심지어 모든 방식을 다 알게 된다 해도, 실험적인 수렵채집은 식물성 식량에만 적용이 가능하며, 사냥감에게 실험을 하는 것은 훨씬 어려운 일이다(우리가 해야 할 일을 못하는 경우도 있을 것이다). 매머드와 같이 더 이상 존재하지 않는 사냥감은 어떻게 할 것인가? 비록 현존하는 사냥꾼 통계자료에 의존하는 연구도 있지만, 그것을 선사시대의 상황에 적용하는 것이 그리 용이하지 않기도 하다(총을 사용하면 추적 시간이 절약된다).

---

8   연구자는 반복된 연습과 실험을 통해 최대 수익률에 도달하면서 이런 어려움을 극복할 수 있다. 그래서 아주 적은 실험에 근거한 수익률은 대략적인 측정일 뿐이다(Madsen and Schmitt 1998). 몇몇 식량 자원의 경우 과거 사람들이 어떻게 획득하고 가공했는지가 분명하지 않기도 하다. 가령 조개류는 여러 방식으로 채집되기도 하는데, 껍데기를 간 뒤 요리하기도 하고 그 반대의 경우도 있다(e.g., Bird and Bliege Bird 1997, Bettinger et al. 1997, Thomas 2008). 이런 경우 상이한 조건에서 실험을 하고 수익률의 범위를 살펴보는 것이 좋다.

한 가지 경험법칙으로서 지금까지의 연구에 따르면, 몸집의 크기와 수익률 사이에 상응관계가 있기 때문에 몸집 크기를 사용할 수 있다(e.g., Broughton 1999). 그렇지만 여기에도 몇 가지 예외가 있다. 가령 고래는 공동으로 사냥해야 하고 사냥된 것을 참여자들이 모두 나누어 가져야 하기 때문에, 몸집 크기에서 기대되는 것보다 마리당 수익률이 낮다(Alvard and Nolin 2002). 더구나 몸집 크기가 동물 사냥의 어려움과 언제나 상응하지는 않는다. 예를 들어 거북이는 잡기 쉽지만, 비슷한 크기를 가진 토끼는 그렇지 않다. 동물의 이동성이나 다른 행동 특성이 획득 비용과 수익률에 영향을 미치기는 하지만(Bird *et al.* 2009), 그럼에도 몸집 크기는 여전히 좋은 경험 법칙의 역할을 한다(Hill *et al.* 1987; Broughton *et al.* 2011; Bird *et al.* 2012; Ugan and Simms 2012 역시 참조).

또한 우리는 동물이 개별적으로 사냥되는지, 아니면 집단사냥 방식이 사용되는지도 고려해야 한다. 작살이나 낚시를 사용한 전통적인 방식으로 잡는 물고기는 상당히 수익률이 낮은 경향이 있다(그리고 미끼를 찾는 데 걸리는 몇 시간의 비용까지 포함하면 더 낮아진다, Goto 1996: 28 참조). 반면 어살이나 그물을 사용하여 집단적으로 잡을 경우 수익률은 높아진다(표 3-4의 조지아주 해안의 수익률을 비교해 보라). 그러나 집단적으로 잡았을 때 수익률이 더 낮아지는 먹잇감도 있다(표 3-4에서 영양과 토끼를 개별 및 집단으로 사냥할 때의 수익률과 비교해 보라). 메뚜기나 작은 물고기 같은 자원을 집단적으로 획득하는 경우, 가공 역시 집단적으로 할 수 있다는 사실에 부분적으로 이유가 있는 것 같다. 가령 메뚜기를 가공하는 일은 씨앗을 가공하는 일과 아주 비슷하다. 그러나 토끼는 집단적으로 사냥되었든 개별적으로 사냥되었든, 가공에 별 차이가 없다. 집단적으로 획득하는 일은 보통 단체 사냥을 뜻하며, 획득한 식량을 나누면 개인당 수익률은 떨어진다(Ugan 2005).

가장 처음, 그리고 가장 널리 사육된 동물인 개는 수익률을 높이는 역할을 한다. 식량이 될 수도, 짐을 운반하는 동물이 될 수도 있음은 차치하고라도, 개는 수렵에 도움을 준다. 개는 사냥감을 쫓아 구석으로 몰아 사냥감을 찾을 확률(대면율)을 높이며, 추적 비용을 감소시킨다(Turney-High 1941: 70; McCarthy and McArthur 1960: 150;

표 3-4. 다양한 식량자원의 대면 후 수익률

이름/장소/기타 정보	식량의 형태	수익률(kcal/시간)
호주 사막(알라와라, Alyawara)[a]		
Panicum australiense	풀 씨앗	261-1,226
Fimbristylis oxystachya	풀 씨앗	261-405
Panicum cymbiforme	풀 씨앗	668
Chenopodium rhadinostachyum	풀 씨앗	652
Vigna lanceolata	덩이 줄기	255-1,724
Ipomoea costata	덩이 줄기	1,769-6,252
Cyprus rotondus	뿌리	848
Solanum chippendalei	부시 토마토	9,380
Cossidae sp.	애벌레	1,486-2,834
다양한 종	도마뱀	2,975
Varanus sp.	도마뱀	4,200
Solanum centrale	과일	5,984
Acacia coriacea(unripe)	나무 씨앗	4,333
A. coriacea(ripe)	나무 씨앗	〈676
A. aneura	나무 씨앗	580
A. cowleana	나무 씨앗	552
다른 아카시아종	나무 씨앗s	538
Cyperus sp.	나무 씨앗	4,435
Megaleia rufa	붉은 캥거루	14,382-35,281
	왈러비[q]	1,873
	오리	492-867
호주 사막(마르투, Martu)[s]		
Varanus gouldii	모래 도마뱀	635
Ardeotis australis	느시(총 사용)	1,800
Macropus robustus	캥거루(총 사용)	967
Varanus gigantius	페렌티에(큰 도마뱀)	704
Solanum diversiflorum	과일	2,757
V. lanceolata, C. bulbosus	뿌리	416

이름/장소/기타 정보	식량의 형태	수익률(kcal/시간)
Felis cattus	야생 고양이	913
Endoxla sp.	유충	515
	꿀	5,378
Hakea spp.	꽃 꿀	8,482
호주 해안(메리암, Meriam)[v]		
T. gigas	조개류	14,100
Hippopus sp.	조개류	6,200
Tridacna sp.	조개류	3,800
Trochus(large)	조개류	3,900
Lambis sp.	조개류	3,000
Cypraea sp.	조개류	2,100
Trochus(small)	조개류	950
T. crocea	조개류	600
Strombus sp.	조개류	500
Asaphis sp.	조개류	400
Nerita sp.	조개류	300
미국 그레이트베이슨[b]		
M. sanguinipes(lake windrows)	메뚜기	41,598-714,409
Anabrus simplex(hand collected)	귀뚜라미	2,245-20,900
Odocoileus hemionus	사슴	17,971-31,450
Ovis canadensis	양	17,971-31,450
Antilocapra americana(개별 사냥)	영양	15,725-31,450
Antilocapra americana(몰이 사냥)	영양	1,161-1,887
Lepus sp.(개별 사냥)	토끼	13,475-15,400
Lepus sp.(drive)	토끼	628-4,243
Thomomys sp.	땅다람쥐	8,983-10,780
Sylvilagus sp.	토끼	8,983-9,800
Typha latifolia	부들개지	2,750-9,360
Spermophilus sp.	다람쥐	5,390-6,341
Citellus sp.	다람쥐	2,837-3,593

이름/장소/기타 정보	식량의 형태	수익률(kcal/시간)
Typha latifolia	뿌리줄기와 부들개지	3,300
Anas sp.(개별사냥)	물새와 오리	1,975-2,709
Anas sp.(drive during molt)	오리	561-1,317
Quercus gambelli	씨앗과 감벨오크	1,488
Descurainia pinnata	씨앗	1,307
Pinus monophylla	씨앗	841-1,408＋
Pinus flexilisu	씨앗	191-13,437
Lewisia rediviva	뿌리	1,237
Elymus salinas	씨앗	266-1,238
Atriplex nuttalli	씨앗	1,200
Atriplex confertifolia	씨앗	1,033
Scirpus sp.	씨앗	302-1,699
Echinochloa crusgalli	씨앗	702
Lepidium fremontii	씨앗	537
Helianthus annuus	씨앗	467-504
Poa sp.	씨앗	418-491
Oryzopsis hymenoides	씨앗	301-392
Typha latifolia	어린 싹, 부들개지(봄)	200-300
Phalaris arundinacea	씨앗	261-321
Muhlenbergia asperifolia	씨앗	162-294
Hordeum jubatum	씨앗	138-273
Carex sp.	씨앗	202
Typha latifolia	뿌리줄기	128-267
Scirpus sp.	뿌리	160-257
Distichlis stricta	씨앗	146-160
Allenrolfea occidentalis	씨앗	90-150
Sitanion hystrix	씨앗	91
Gila bicolor(그물 사용)	피라미	750-7,514
Gila bicolor(바구니 사용)[g]	피라미	5,200-241,000
O. clarki henshawi(덫)[g]	송어	4,700-36,000

이름/장소/기타 정보	식량의 형태	수익률(kcal/시간)
O. clarki henshawi(작살)[g]	송어	17,700-24,400
O. clarki henshawi(자망)[g]	송어	33,600-69,600
Gila bicolor(덫)[g]	피라미	4,700-38,600
Calochortus nuttalli[h]	나비나리	207
미국 대평원		
Lomatium hendersonii	뿌리	3,831
Lewisia rediviva	뿌리	1,374
Lomatium cous	뿌리	1,219
Lomatium canbyi	뿌리	143
Perideridia gairdneri	뿌리	172
말레이시아[d]		
검은잎원숭이	중형 동물	1,620
띠잎원숭이	중형 동물	1,550
White-handed gibbon	중형 동물	1,490
빈투롱	중형 동물	1,290
큰다람쥐	소형 동물	1,060
마카크원숭이	소형 동물	480-780
다람쥐	소형 동물	330-480
새	소형 동물	230
열대 민물 어로	소형 어류	360-5,936
아한대림[f]		
무스와 카리부	대형 동물	
겨울		6,050
봄		11,950
여름/가을		5,920
가을(발정기)		11,280
그물	물고기	
겨울		1,060
봄		3,180-9,680
여름		2,260-5,320

이름/장소/기타 정보	식량의 형태	수익률(kcal/시간)
가을		6,390
토끼 올가미	소형 동물	1,900
머스크랫	소형 동물	
봄 덫		250-2,500
가을 사냥		1,330-2,370
비버	소형 동물	
겨울 덫		1,640-5,280
물새	소형 동물	
해산 전		720
해산 후		1,980
동결 전		1,190
블루베리	베리	250
북극[1]		
Erignathus barbatus	Bearded seal	15,000-25,700
Rangifer tarandus	Caribou	25,400
Phoca hispida	Ringed seal	10,600-16,300
Somateria mollissima	Eider duck	3,200-5,200
Lagopus sp.	Ptarmigan	2,700-3,500
아프리카(피그미)		
그물 사냥	다이커 영양	110-535
소형 포유류(그물)[1]	다이커 영양	106-215
소형 포유류(창)[1]	다이커 영양	3,044-6,769
호저(창)[1]	소형 동물	2,152
소형 동물(올가미)[1]	소형 동물	4,909
주머니쥐(맨손)[1]	소형 동물	561
호저(덫)[1]	소형 동물	1,037
쥐(덫)[1]	소형 동물	10
미케아		
Dioscorea[1] sp.채집:	덩이 줄기	
여자 어린이		537

이름/장소/기타 정보	식량의 형태	수익률(kcal/시간)
남자 어린이		505
사춘기 여자		1,196
사춘기 남자		1,372
성인 여자		1,851
성인 남자		2,419
아프리카(핫자, Hadza)[k]		
Cordia sp.(어린이)	베리	2,223
Cordia sp.(성인)	베리	4,018
Salvadora persica(어린이)	베리	964
Salvadora persica(성인)	베리	1,344
Eminia atenullifera(어린이)	덩이 줄기	436
Vigna frutescens(어린이)	덩이 줄기	267
Vigna frutescens(성인)	덩이 줄기	1,043
북아메리카(조지아주 해안)		
Crassostrea virginica(summer)	굴	231-1,235
Crassostrea virginica(winter)	굴	209-1,096
Geukensia demissa(shucked)	홍합	387
Geukensia demissa(unshucked)	홍합	1,259
Mercenaria mercenaria(shucked)	조개류	2,246
Mercenaria mercenaria(unshucked)	조개류	4,379
Littorina irrorata	페리윙클	26-138
Busycon sp., *Busycotypus* sp.	쇠고둥	1,231-1,381
Callinectes sapidus	게	310
물고기(어살)	큰 물고기(>5 kg)	>17,700
물고기(어살)	큰 물고기	7,540-18,760
	중간 물고기	9,623-12,265
물고기(자망)	큰 물고기	21,216-62,792
	중간 물고기	19,823-25,265
	작은 물고기	6,714-9,894
물고기(주낙)	큰 물고기	16,982-42,252

이름/장소/기타 정보	식량의 형태	수익률(kcal/시간)
	중간 물고기	13,486-17,188
	작은 물고기	4,567-6,731
Fish(작살)	큰 물고기	5,655-14,070
	중간 물고기	3,206-4,086
	작은 물고기	1,086-1,600
Odocoileus virginianus	흰꼬리사슴	12,096-19,895
Ursus americanus	흑곰	37,352-61,434
Alligator mississippiensis	악어	22,000
Apalone sp., *Chelydra* sp.	거북이	6,547-8,273
Procyon lotor	너구리	9,408-13,569
Didelphis virginiana	주머니쥐	6,540-12,111
Branta canadensis	거위	6,762-12,522
Sylvilagus aquaticus	습지 토끼	2,942-5,248
	작은 거북이	2,182-2,758
Sylvilagus palustris	습지 토끼	2,042-3,781
	오리	1,230-2,278
Malaclemys terrapin	후미거북	1,304
Sciurus carolinesis	다람쥐	672-1,244
Carya sp.(맨손 추출)[m]	히커리 열매	100-165
Carya sp.(돌에 으깨어 끓임)[m]	히커리 열매	2,030-2,233
Carya sp.(나무판에 으깨어 끓임)[m]	히커리 열매	3,113-3,480
Quercus virginianal(채집, 껍질 벗기기, 침출)	도토리	477
Quercus kellogin(채집, 껍질 벗기기, 침출)	도토리	1,091-1,194
Quercus sp.(채집, 껍질 벗기기, 끓이기)[o]	도토리	821
아마란스[p]	씨앗	1,359
밤[p]	열매	914
호두[p]	열매	568
해바라기[p]	씨앗	489
메이그래스[p]	씨앗	457
명아주[p]	씨앗	433

이름/장소/기타 정보	식량의 형태	수익률(kcal/시간)
섬프위드[p]	씨앗	272
작은 보리[p]	씨앗	274
마디풀[p]	씨앗	286
돼지풀[p]	씨앗	110

Goodale 1971: 167; Dwyer 1983; Brosius 1991; Koster 2008; Turov 2010: 33; Lupo 2011). 다만 몇 사례, 특히 북극지방에서 먹이를 주고 개를 키우는 일에는 높은 비용이 들 수 있다(Schnirelman 1994). 그러나 많은 사례에서 쓰레기더미에서 먹이를 찾는 것을 볼 때, 개를 키우는 비용은 아주 작다고 할 수 있다(나는 미케아족이 개에게 먹이를 따로 주는 것을 본 적이 없다).

수익률은 흔히 상이한 기술을 사용함으로써 아주 극적으로 달라지기도 한다. 예를 들어, 씨앗을 손으로 벗기는 것보다 도구로 치는 것(Simms 1987), 작살이나 낚시로 물고기를 잡는 것보다 그물을 쓰는 것, 활과 화살보다는 총을 사용하는 것이 수익률이 높다. 이로써 장비를 제작하는 비용을 수익률 계산에 포함시켜야 하는지에 대한 문제가 생긴다(Bailey and Aunger 1989a). 기술과 관련된 이슈, 그리고 수렵채집 수익률과 기술의 관계에 대해서는 5장에서 더 살펴본다.

구체적인 환경 조건 역시 수익률에 영향을 미친다. 마다가스카르의 미케아 밀림 모래땅 속에서 덩이줄기를 캐는 일(5분 미만)은 핫자족 영역의 돌밭에서 덩이줄기를 캐는 것(10~20분)보다 훨씬 쉽다.

"먹을 수 있는 부분"이라고 생각되는 것 역시 수익률에 영향을 미친다. 우리들 대부분은 동물에서 먹을 수 있는 부분은 살뿐이라고 생각하기 쉽지만, 수렵민은 흔히 골수와 더불어 내장까지도(경우에 따라서는 뼈도) 먹는다. 예를 들어, 마다가스카르의 미케아족은 어른 주먹보다 작은 고슴도치를 가시 부분만 벗겨낸 다음 요리하여 코 부위에서 시작하여 뭉툭한 꼬리까지 전체를 먹는다. 호주 원주민은 도마뱀 전체를 빨아 먹는다. 많은 수렵민은 뼈를 빻여 기름으로 녹여 먹는다.

동물의 영양 상태가 계절적 변화를 겪고 계절에 따라 동물 행동이 달라져 탐색과 가공비용에 차이가 날 수 있기 때문에, 수익률은 계절에 따라 다를 수도 있다. 미케아족은 우기에 굴이나 발자국을 찾아 고슴도치를 잡는다. 그러나 건기에 고슴도치는 나무 틈에서 여름잠을 잔다. 사냥꾼은 고슴도치가 있을 법한 나무를 도끼로 두드려 고슴도치가 몸을 움직일 때 가시가 긁히는 소리에 귀를 기울인다. 유능한 사냥꾼이라면 고슴도치가 있는 곳을 알아내어 나무에 구멍을 내어 꺼낼 수 있다(고슴도치는 잠자고 있기에 바로 죽이지 않고 간단히 그물 자루에 담아 캠프로 돌아와 나무 상자에 보관한다). 미케아족은 고슴도치를 땅 속에 굴을 파고 들어가 더 잘 움직이는 우기보다는 그렇지 않은 건기에 더 쉽게 찾는다. 또한 표 3-4의 아한대림지대에서 나타나는 대형동물의 계절적인 수익률 차이도 주목할 수 있는데, 이는 부분적으로 동물이 봄보다는 가을에 더 살이 찐다는 데 따른 것으로 보인다.

수익률은 개인에 따라서도 다르다. 개인의 재능이나 나이(이에 대해서는 다음에 더 논의한다), 또는 심지어 같은 사람이라도 날마다의 상황에 따라 다를 수 있다. 호주 서부 사막에서 도마뱀을 찾는 수렵민의 수익률은 114kcal/hr에서 8,580kcal/hr까지 다양하며, 같은 사람일지라도 그날의 조건에 따라 1,030kcal/hr에서 8,580kcal/hr까지 변하였다(Cane 1987: 표 22). 실험적으로 얻어진 수익률은 상대적인 측정값으로만 여겨져야 하며, 가능한 경우 다양한 관찰에서 나온 평균을 사용하여야 한다.

탐색비용과 가공비용을 나누는 것은 DBM이 가진 중요한 성격이다. 이는 그렇게 함으로써 자원의 밀도나 탐색 기법에서의 변화를 자원의 가공(가령 가공이나 획득기술에서의 변화)과는 독립적으로 평가할 수 있기 때문이다. 자원획득에서 이 두 양상은 모두 자원의 유용성을 평가할 때 고려해야 한다. 예를 들면, 몽공고 열매에 대한 리처드 리의 자료에는 1,900kcal/hr의 수익률이 나오는데 견과류 치고는 나쁘지 않다. 그러나 리는 몽공고 열매를 소화할 수 있는 형태로 만들기 위해 껍질을 깨고 알을 빻는 시간을 고려하지 않았다. 주호안시 여성과 어린이는 캠프의 그늘에서 몇 시간 동안 앉아서 서로 담소하면서, 견과를 하나하나 모룻돌 위에 올려놓고 다른 돌로 내리쳐 깬 다음 여기서 나오는 것들에서 먹을 부분을 골라낸다(나 역시 미케아족이 작은 견과류로 똑같은 작업을 하는 모습을 본 적 있다). 이런 가공 시간을 고려하면, 몽공고의 수익률은 1,900kca/hr에서 670kcal/hr까지 약 2/3 정도 떨어져, 몽공고의 매력은 리처드 리가 원래 제시했던 것보다 덜할 것이다. 몽공고를 가공하는 데 드는 시간을 더 많은 몽공고(또는 다른 식량)를 채집하는 데 쓸 수 있다면, 그것 역시 수익률 계산에 넣어야 한다. 하지만 몽공고를 가공하는 데 들어가는 시간은 사회화하는 데 들이는 것이라 볼 수도 있어, 아마도 포함시키지 말아야 할 것이다.

식단폭모델의 중요성

식단폭모델에서는 우리의 직관과는 다른 몇 가지 결론이 나타난다. 이 가운데 가장 중요한 점은 자원의 풍부도만으로는 그것이 이용될지를 예측할 수 없다는 것이다. 아체족은 수익률 870kcal/hr 미만의 자원을 빈번하게 마주칠지라도, 그 자원을 이용하지 않는다. 더 구체적으로 말하면, 식단폭모델은 "어떤 자원을 식단에 포함시킬지 여부는 상위 자원의 풍부도에 달려 있다"고 본다. 앞서 논의한 바와 같이, 하위 자원을 포함시키느냐는 문제는 상위 자원의 탐색비용에 달려 있다. "맨 더 헌터" 학회에서 조셉 버드셀(Joseph Birdsell)은 수렵채집민이 순수한 생물량의 측면에서 사슴보다 쥐와 같은 더 많은 자원에 집중하지 않는지 궁금해 했다(Lee and DeVore 1968: 95). 대답은 이제 분명하다. 작은 굴을 파서 사는 동물이 지닌 수익률은 아주 적다. 풍부하지는 않더라도 다른 많은 효율적인 자원이 많이 있는 것이다. 이와 비슷하게 마틴 봄호프(Martin Baumhoff 1981)는 캘리포니아에서 도토리 수확을 했다면 원주민 약 190만 명을 먹여살릴 수 있었으리라고 주장하였다. 비록 캘리포니아에는 인구밀도가 높은 수렵채집 사회가 있었지만, 190만 명이라는 수치는 유럽인과 접촉하기 이전 인구밀도 예상치보다 무려 60~70배나 높다. 그렇다면 왜 그토록 많은 인구가 도토리 수확만으로 살 수 없었을까? 대답은 도토리에는 타닌이라는 물질이 있어 날로 먹을 경우 입이 바로 마르고 많이 먹으면 병에 걸릴 수 있기 때문이다. 타닌은 견과류를 깨서 껍질에서 알을 떼어낸 다음 마른 도토리 알을 빻고 씻기를 몇 차례 되풀이함으로써 제거할 수 있다(이에 대해서는 Goldschmidt 1974 참조). 이런 높은 가공비용 탓에 도토리는 수량은 풍부할지 몰라도 하위의 자원이다(표 3-4). 결과적으로 캘리포니아의 수렵채집민 가운데 도토리를 먹는 집단도 있지만, 모두 그런 것은 아니다. 먹는 집단 역시 선사시대 늦은 시기에야 인구가 성장하여 상위 자원이 고갈된 뒤 식단에 포함했다(Basgall 1987).

또한 DBM은 여러 자원의 실제 수익률을 고려함으로써 우리의 자문화중심적인 사고를 극복하게 해준다. 곤충의 경우를 살펴보자. 수렵채집 사회 가운데는 상당히 많은 곤충을 소비하는 집단도 있다(Hayden 1981b). 호주 서부 사막에 사는 원주민은 꿀벌레큰나방 애벌레를 즐겨먹으며, 동남부 고지대 원주민은 기름기가 많은 밤나방을 채집한다(Flood 1980). 마찬가지로 콜럼비아의 누칵족은 야자수 애벌레를 채집하여 먹는다(Politis 2007: 263). 캘리포니아의 시에라네바다(Sierra Nevada) 산맥 남부에 사는 모노(Mono), 파이우트(Paiute)족은 애벌레를 먹으며(Fowler and Walter 1985), 반면 그레이트베이슨의 다른 지역에 사는 파이우트와 쇼쇼니족은 호수 주변에서 파리 유충과 메뚜기를 채집한다(Heizer 1950; Sutton 1985; Madsen and Kirkman 1988). 쇼쇼니, 파이우트, 샤이엔(Cheyenne), 아시니보이니(Assiniboine)족은 메뚜기를 몰아서 잡기도 한다. 이런 자원에 대해서는 실험적이고 민족지적인 연구가 별로 없긴 하지만, 이런 곤충의 수익률이 아주 높다는 것을 알 수 있다. 예를 들어, 어떤 상황에서는 메뚜기의 수익률이 270,000kcal/hr 이상이기도 하여 다른 많은 식량자원 가운데 아주 높은 자리를 차지한다.[9]

DBM은 식단의 다양성을 예측하지만, 어떤 식량자원이 식단에 얼마나 빈번하게 들어갈지를 예측하지는 않는다. 예를 들면, 멧돼지는 아체족의 메뉴에서 가장 높은

---

[9] 그런데 메뚜기가 이처럼 수익률이 높은 경우는 드물다. 많을 때는 수천 마리가 호수 위를 날아다니지만, 내려와 물에 빠져죽은 뒤 호숫가로 쓸려와 길이 수미터, 높이 50cm 전후로 쌓이기도 한다. 이런 곤충은 그냥 바구니 안에 넣어 불에 구울 수도 있다. 이런 특수한 경우에도 소화가 되지 않는 키틴질이 많이 함유되어 있기에, 한 사람이 한 번에 얼마나 많은 메뚜기를 먹을 수 있는지 별도로 고려해야 한다.

자리에 있는 자원이지만, 그렇다고 아체족 식단의 많은 부분을 차지하지는 않는다. 윈터할더(Winterhalder 1981)의 지적대로, 아한대림에 사는 크리족이 획득하는 어떤 자원의 총량은 그 자원의 총 생물량과 상응하지 않는다. DBM에서는 대면할 경우 모든 상위 자원을 획득할 것이라 예측하지만, 드물게만 대면한다면 식단에서 적은 부분만을 차지할 것이라고 본다.

DBM에서는 어떤 식량자원을 취하지 않는다면, 그것은 대면후수익률이 너무 낮기 때문이라고 본다. 그러나 만약 그렇지 않다면 어떻게 할까? 다른 이유, 가령 금기시하기 때문에 어떤 자원을 피한다면 어떨까? DBM을 검증하기 위해서는 식단에 포함되지 않을 수 있는 자원에 대한 자료도 필요하다. 예를 들면, 870kcal/hr보다 수익률이 높지만 금기시되어 이용되지 않는 자원이 있다면 어떨까? 그렇다면 아체족은 연구자가 알지 못하는 사이에 DBM의 예측을 벗어나게 될 것이다(Hill et al. 1987: 4). 불행히도 어떤 자원은 이용되지 않으며, 민족지학자는 그 자원의 탐색비용과 가공비용에 대한 정보를 갖고 있지 못하다. DBM은 실제로는 부정확한데도 정확한 것처럼 보일 수도 있다.

이런 딜레마는 두 가지 방식으로 극복할 수 있다. 첫째는 가능한 모든 식량자원에 대해 수익률을 계산하는 것이다. 불행히도 이것 역시, 내가 미케아족 연구에서 느꼈던 것처럼, 그리 현실적이지는 않다. 비록 많은 수렵채집 사회에서 애벌레를 먹지만, 미케아족은 역겨운 일이라고 여긴다(애벌레를 먹을 수 있느냐고 묻자 미케아족은 내가 얼마나 한심한 외국인인지 놀라 쳐다보았다). 그런데 미케아족이 애벌레를 잡지 않는다면 환경에 대해 많은 지식을 갖고 있다고 해도 애벌레를 채집하고 가공하는 방법을 알지 못할 것이며, 이로써 이와 관련된 어떤 실험적인 수렵채집도 가치가 없어진다.

두 번째로 들 수 있는 접근은 현지 조건 아래에서 실험 방법을 이용하여 식단에 포함되지만 거의 이용되지 않는 식량자원들 간의 트레이드오프에 대해 질문을 던지는 것이다. 혹스와 오코널, 블러튼존스(Hawkes, O'Connell and Blurton Jones 1991)는 이러한 접근방법으로 아프리카 핫자족의 생계를 연구하였다. 핫자족 남자는 보통 대략 4,000kcal/hr의 대면후수익률로 대형동물을 사냥하거나 약취한다. 이들은 소형동물을 무시함으로써 수익률을 최대화하는가? 핫자족은 보통 소형동물을 잡지 않기 때문에 일상적인 핫자 수렵채집 활동에 대한 자료로는 이 문제에 대해 확실하게 대답할 수 없다. 그러나 핫자족 남성은 작은 동물을 어떻게 사냥하는지를 알고 있었다. 그러므로 혹스 등은 경험 많은 핫자족 남자에게 덫과 올가미로 작은 동물만을 잡아 달라고 요청하였다. 이 실험에서 얻은 자료에 따르면, 대부분 소형동물의 평균 수익률은 4,000kcal/hr보다 훨씬 낮았다. 핫자 사냥꾼은 작은 동물을 무시함으로써 수익률을 최대화하는 것이다.

    탐색 또는 가공비용에 영향을 미치는 상이한 기술적인 상황에서 식단이 어떻게 변화하는지를 검토함으로써 DBM을 검증할 수도 있을 것이다. 비록 총을 사용하거나 조사자의 차량을 이용한 수렵채집 활동의 분석을 비판하는 연구자도 있지만(Dwyer 1985a), 실제 그런 수렵 활동을 통해 조사자가 편리하게 검증할 수 있는 것도 사실이다. 아체족 조사자는 실제로 엽총을 아체족 사냥꾼에게 빌려 주기도 했다. 엽총을 사용하면 숲에서 활과 화살이나 입으로 불어 사냥하는 도구를 쓸 때처럼 분명하게 목표물을 시야에 두어야 할 필요가 없어 더 빨리 사냥감을 잡을 수 있다. 엽총 사용은 이렇듯 추적 시간을 줄여 줌으로써 수익률을 증가시키고, E/T 곡선(그림 3-4 참조)을 끌어올리며, 식단의 다양성을 감소시키는 효과를 가져왔다. 활과 화살 대신에 엽총을 사용할 때 아체족 사냥꾼은 예상대로 원숭이와 새를 잡지 않음으로써 식단폭이 줄어들었다(Hill and Hawkes 1983). 그리고 윈터할더(Winerhalder 1981)는 스노모빌을 사용하는 경우 탐색 시간이 줄어듦을 보여 주었다. 이로써 크리족 식단이 한 가지로 더 집중되었는데, 눈신을 신고 사냥할 때 잡았던 사냥감을 무시하고 빠른 스노모바일을 타고 무스를 사냥할 장소로 이동하였던 것이다.

    마찬가지로 DBM이 상이한 계절 혹은 기후 조건에서도 식단을 정확히 예측하는지를 살펴봄으로써 검증할 수도 있다(Hill et al. 1987: 24-26). 아체족 식단은 계절적으로 특정 식량자원의 풍부도가 달라짐에 따라 (그리하여 탐색비용의 차이가 생김에 따라) 일정한 방식으로 변화한다(Hill, Hawkes, Hurtado and Kaplan 1984). 이와 유사하게 오코널과 혹스(O'Connell and Hawkes 1981, 1984)는 DBM을 사용하여, 호주 원주민이 상업적인 밀가루를 이용하면 기존에 이용하던 종자류는 가공비용이 높기 때문에 바로 식단에서 사라질 것이라고 예측하기도 했다. 또한 종자류는 가뭄 때문에 상위 자원의 이용성이 바뀜에 따라 식단에 포함되기도 하고 배제되기도 한다고 예상하였다. 정부의 배급으로 밀가루와 설탕을 받게 된 군윙구(Gunwinggu)족에게 실제로 이런 일이 일어났다(Altman 1984). 응아다자라(Ngadadjara)족의 경우에도 역시 종자류는 기후의 변동 때문에 상위 자원의 이용성이 변화하면서 식단에 포함되기도 하고 배제되기도 한다(Pate 1986). (다만 페이트에 따르면, 가뭄과 자원의 이용 가능성 사이의 관계는 오코널과 혹스의 예상보다 그리 간단하지 않았지만, 어쨌든 예측은 들어맞았다고 한다.)

요약하면, DBM은 수렵민의 생계활동의 목표를 예측하고 있다고 할 수 있다.

패치선택모델

DBM보다는 덜 사용되는 모델이 또 하나 있다. 패치선택모델(patch-choice model, PCM)은 자원이 주어진 경관에서 균질 분포하는 것이 아니라 군데군데 패치를 이루고 있다고 가정한다. 또한 환경에서 차지하는 직접적인 빈도에 따라 순차적이고도 무작위적으로 패치를 이용하는 경우도 가정하고 있다. 모델에 따르면, 수렵민은 한 번 이용한 뒤 자원이 회복되기 전까지는 다시 그 패치에 돌아오지 않으며, 패치에서 다른 패치로 이동하는 동안에는 (수렵채집을 통해) 아무것도 획득하지 않는다고 생각된다. 그리하여 PCM은 수렵채집 활동에서 어떤 자원 패치가 이용되어야 하는지를 질문한다. 짐작할 수 있듯이 PCM은 DBM과 유사하지만, 자원이 아니라 단위 시간당 에너지 수익에 따라 패치 형식의 순위가 정해진다는 점에서 다르다. 더불어 패치 안에서의 수렵채집 활동은 DBM의 원칙에 따라 이루어진다(Smith 1991: 207).

PCM에 따르면, 수렵민은 주변 환경에 대한 지식을 바탕으로 가장 수익이 높은 패치를 선택한다. 스미스(E. Smith 1991)는 이런 식의 PCM을 옹호하면서, 캐나다 북극에 사는 이누주아미우트(Inujjuamiut)족은 연중 특정한 시기(계절 자료이든, 월별 자료이든)에 가장 수익률이 높은 서식지나 패치(해수, 담수, 얼음바다, 내륙 등)를 이용하는 경향이 있다고 하였다. 하지만 패치에서 보내는 시간과 평균 계절 또는 월별 수익률 간의 상관관계가 그리 강하지 않기 때문에, 검증은 그처럼 분명하지는 않다. 스미스는 이누주아미우트족이 패치나 서식지를 고르기보다는 바다 그물 어로나 여름 카누 사냥, 낚싯대 어로 또는 겨울 카리부 사냥과 같은 수렵 형식에 시간을 배분한다고 주장하였다. 수렵 형식은 자원 패치라고도 생각할 수 있는데, 이는 어떤 특정 종류의 수렵활동을 수행하는 일은 사냥꾼이 어디에 어떤 장비를 운반하여 가는지와 직결되는 것이기 때문이다. 스미스는 자료를 계절에 따라 모으고 수렵 형식을 패치로 판단함으로써 이누주아미우트족이 계절에 따라 수익률이 더 높은 수렵 형식에 시간을 배분한다는 결론에 이르렀다.

그런데 패치선택모델은 패치 간 이동하는 시간에는 아무런 수렵채집 활동을 하지 않는다고 가정하지만, 이는 사실과 다를 수도 있다. 윈터할더(Winterhalder 1981)는 숲이라는 패치에서 무스를 사냥하는 크리족은 패치를 순차적으로 탐색하는 것이 아니라, 될 수 있는 한 무스 이동로를 탐색하여 가능한 사냥 패치로 이동한 다음 패치로 들어간다고 한다. 덧붙여 패치의 여러 특징이 사냥감의 밀도에 영향을 미친다는 점도 주의해야 한다. 가령 잡목림이 두터운 패치에는 무스가 있다고 해도 소리를 내지 않고 접근할 수 없기 때문에, 캐나다 크리족은 패치를 그냥 지나친다. 그렇기 때문에 사실상 이런 패치에는 사냥감이 없다고도 볼 수 있다. 그렇다고 해서 PCM에 이론적인 결함이 있다는 것은 아니다. 다만 모델을 좀 더 현실적으로 만드는 데 방법론적인 이슈가 있다는 것이다. 바로 이런 점 때문에 최적수렵모델이 지닌 문제들에 대해 살펴볼 필요가 있다.

최적수렵모델의 문제와 해결책

최적수렵모델(Optical foraging model)은 궁극적으로 현장에서 수렵채집 활동 과정의 의사결정을 재구성하는 것을 목적으로 한다(Mithen 1989, 1990). 그러나 DBM

은 애초에 수렵민과는 아주 다른 초원지대의 참새의 행동을 설명하기 위해 개발되었던 모델이다(Pulliam 1974). 결과적으로 DBM은 참새에게는 이치에 맞지만 사람에게 적용하기 힘든 가정도 포함되어 있을 수 있다. 이 점은 일견 심각한 듯이 보이지만, 사실 극복하지 못할 정도는 아니다.

무작위성

DBM은 수렵민이 주변 경관에 무작위적으로 분포하는 식량자원을 무작위적으로 탐색할 것이라고 가정하며, PCM 역시 (탐색하는 것은 식량 패치이지만) 마찬가지이다. 때문에 수렵민이 식량자원의 밀도에 비례하여 식량자원을 마주칠 것이라고 여긴다. 예를 들어, 주어진 환경의 모든 식량자원에서 작은 원숭이가 25%를 차지한다면 수렵채집 활동 중 마주치는 식량자원의 25%는 원숭이일 것이다.

물론 이런 가정이 사람의 수렵채집 활동에 그대로 들어맞는 일은 드물다(B. Smith 2009). 식량자원은 흔히 군데군데 패치를 이루어 분포하고 있는데, 가령 베리 열매류가 여기에 있으면 저쪽에는 종자(씨앗)류가 있고 사슴은 산기슭에 있는 식이다. 그리고 수렵민이 주변 경관을 결코 무작위적으로 돌아다니는 것도 아니다(e.g., Brown, Liebovitch and Glendon 2007). 어디로 가는지, 거기에서 어떤 자원을 마주할지 수렵민은 알고 있다. 수렵채집 활동을 하면서 남자와 여자는 식물의 존재와 동물의 발자국, 자취, 수원지, 굴이나 새집 같은 것에 주의하며, 이런 정보를 다른 사람과 나눈다.[10] 호주 북부의 아넘랜드(Arnhem Land)에서 남자는 "벌집이 있는 나무와 열매나 견과가 열린 나무를 찾아 나중에 여자들에게 알려 준다"(McCarthy and McArthur 1960: 153). 미스타시니 크리족 사냥꾼은 캠프 주변의 다양한 신호에 근거하여 에이드리언 태너(Adrian Tanner)에게 "사냥이 일어나기 이미 이틀 전 마주칠 동물의 성과 나이"를 알려 주기도 했다(Tanner 1979: 55). 누나미우트족은 광범위한 탐색을 통

---

10 Draper 1975; Blurton Jones and Konner 1976; Marhsall 1976; Tanner 1979; Heffley 1981; Silberbauer 1981a: 271; Meehan 1982; Morren 1986: 120; Mithen 1990.

해 봄에 카리부를 나중에 어디에 가면 찾을 수 있는지를 판단한다(Binford 1978: 169). 치페와이언(Chipewyan)족과 크리족은 대형동물의 신호를 찾아나선 뒤 언제 어디로 캠프를 옮길지(Heffley 1981; Winterhalder 1981; Whallon 2006 역시 참조), 그리고 심지어 앞으로 수년 안에 어디에서 사냥할지를 결정한다(Tanner 1979: 133). 이런 설명은 모두 수렵민이 자신이 살고 있는 환경에서 어떤 일이 벌어지는지를 잘 알고 있음을 말해 준다고 할 수 있다.

하지만 특정한 식량을 찾아나서는 수렵채집 활동은 부분적으로 그 식량을 마주 대할 가능성에 근거한 것이며, 그 가능성은 대체로 식량자원의 풍부도에 달려 있다. 비록 DBM의 무작위성에 대한 가정이 현실적이지 않다고 해도, 수렵민의 의사결정 과정과 거의 흡사하다고 할 수 있다. 만일 수렵민이 사슴의 수가 감소했음을 알아차렸다면, 그 다음 순위의 식량자원에 집중할 것이다. 이것이 바로 DBM이 말하는 바이다.

사냥감 추적

또 다른 문제는 사냥꾼은 비인간 포식자와는 다르게 사냥감을 쫓는다는 것이다 (Hill *et al.* 1987: 17). 육식동물은 장거리가 아닌 단거리 달리기에 능하기 때문에, 사냥감을 쫓을지 말지를 재빨리 (흔히 순간적으로) 결정한다. 하지만 사람은 사냥감을 아주 오랜 시간에 걸쳐 추적 사냥(persistence hunting) 방법을 사용한다(Liebenberg 2006). 예를 들어 윌리엄 스트롱(William Strong)에 따르면, 눈신을 신은 나스카피 (Naskapi)족은 하루 종일 카리부 여섯 마리를 추적하여 모두 칼 하나만을 사용하여 죽였다고 한다(Leacock and Rothschild 1994: 114). 또한 사냥꾼은 동물이 화살이나 창에 맞아 독이나 출혈로 약해질 때까지 몇 시간이나 뒤쫓는다(대형동물은 화살과 창에 맞아도 대부분 바로 죽지 않는다). 이는 사람이 사냥하는 데는 추적 시간이 길고 기회비용이 높다는 것을 의미한다. 그러나 이런 추적 시간이 높은 수익률에 반영되기만 한다면, 사람이 다른 육식동물보다 더 오랫동안 사냥감을 추적한다는 사실은 문제될 것이 없다.

자원의 가공

지금까지 보았던 바와 같이 DBM은 식량자원을 추적하고 획득하는 비용뿐 아니라 가공비용도 강조한다. 여기에는 자원 가공에 들이는 시간을 다른 식량자원을 획득하는 데 쓸 수 있다는 가정이 있다. 그러나 수렵민은 실제 수렵채집 활동을 할 수 없을 때, 가령 어두운 밤이나 해가 너무 뜨겁게 비칠 때, 좋지 않은 날씨에 식량을 가공할 수도 있다(Hill *et al.* 1987: 17). 그리고 수렵민이 아닌 다른 사람이 그 음식을 가공할 수도 있다. 실제 사냥꾼이 사냥감을 잡은 다음 캠프로 가져와서 다른 사람들에게 운반이나 도살을 하게 하는 경우도 흔하다(사냥꾼의 이런 행위는 동물의 크기와 캠프까지의 거리, 캠프에서 운반할 사람의 수 등에 달려 있다). 그렇다면 사냥꾼으로서는 자원의 가공비용은 낮거나 거의 없을 터이며, 결과적으로 대면후수익률은 우리가 달리 기대할 수 있는 수치보다 더 높을 것이다.

요리는 흔히 자원의 수익률 계산에는 포함되지 않지만, 수렵민은 음식이 요리되는 동안 다른 활동을 할 수도 있기 때문에 특수한 양상의 가공이기도 하다. 그러나 요리는 보통 소화를 촉진함으로써 음식의 영양가를 높이기 때문에 무시되어서는 안 된다(Wrangham 2009). 마찬가지로 많은 지중 식물〔덩이줄기, 구근(球根)류, 구경(球莖)류 등〕에 열을 가하면 탄수화물이 더 잘 소화되는 당분으로 전환되기 때문에, 요리가 수익률을 높인다고 할 수 있다.[11] 보통 요리는 다른 활동을 막지 않는다. 가령 불을 때서 덩이줄기가 익기를 기다리며 나무껍질을 비틀 수도 있다. 다만 요리에 시간이 많이 들어가는 경우도 있는데, 이렇게 요리가 다른 활동에 장애가 된다면 수익률 계산에 포함되어야 할 것이다. 예를 들어, 몇몇 수렵민은 물이 새지 않는 바구니나 가죽을 촘촘히 댄 구덩이에 물을 넣고 화덕에서 불에 구워진 돌을 집게로 꺼내어 물에 집어넣

11　이는 특히 복합 탄수화물(녹말과 프룩탄, 특히 이눌린)을 함유한 덩이줄기가 그러하다. 이런 덩이줄기를 구우면 탄수화물이 단순 과당과 포도당으로 전환되어 쉽게 소화된다(Wandsnider 1997). 요리하지 않으면, 덩이줄기의 음식 가치의 상당 부분은 얻을 수 없다. 따라서 요리하지 않은 덩이줄기의 수익률은 요리한 것과 상당히 다르다. 사실 제시된 대부분 수익률은 요리하지 않은 상태의 것이다. 요리는 흔히 자원의 칼로리 가치를 높이고 사람이 소화할 수 있게 해주기에(Wrangham 2009), 사실 음식의 수익률은 날것이 아닌 요리된 것을 기준으로 하는 것이 나을 수도 있다.

어 끓인다. 그 돌이 식으면 다른 돌을 집어넣고, 식은 돌을 다시 불에 굽는다. 이렇게 하여 생각보다 빨리 물을 끓일 수 있지만, 그 동안 다른 일을 할 수 없기에 수익률 계산에 포함할 수 있다.

누가 수렵채집을 하는가?

DBM은 어떤 자원을 탐색하면서 다른 모든 가능한 식량을 취할 수 있다는 포괄적 수렵민을 가정하고 있다. 그러나 한 수렵채집 사회의 모든 이가 똑같은 식량을 찾지는 않는다. 능력에도 차이가 있겠지만, 가장 중요한 차이는 어른 남자와 여자, 그리고 어른과 아이들 사이에 있다. 8장에서 논의하겠지만, 수렵채집 사회에서 여성은 (작은 동물과 조개류와 함께) 씨앗류와 덩이줄기 같은 더 신뢰할 만한 식량을 채집함에 반해, 남성은 이보다는 이용 가능성에 변동이 큰 대형동물을 사냥한다. 남성과 여성 사이에는 상당히 강한 분업이 있다. 비록 둘 모두 같은 숲에 나갈 수도 있지만, 똑같은 식량자원을 목적으로 하지는 않는다. 결과적으로 우리는 동일한 조합의 식량자원으로 식단을 모델링할 수는 없다(Jochim 1988).

마찬가지로 어린이는 흔히 엄마를 도와 수렵채집에 나서기도 하며, 스스로 음식을 해결하기도 한다(Blurton Jones *et al.* 1994a, b; Hawkes *et al.* 1995; Bird and Bliege Bird 1997, 2000, 2002, 2005; Tucker and Young 2005). 예를 들어, 베리 열매[漿果]가 열리는 계절에 핫자족 어린이들은 대부분 스스로 먹을거리를 해결한다(Marlowe 2010: 115).

또한 어린이는 상이한 수렵채집 목표를 가지고 있기도 하다. 어른보다 걸음이 느리기 때문에 상위 자원과 마주칠 확률은 더 떨어진다. DBM에 따르면, 어린이는 어른과 비교할 때 더 하위의 자원을 빈번하게 취하는데, 이는 민족지 사례에서도 검증된다(Bird and Bliege Bird 2002, 2005). 어린이의 수익률은 신체적인 능력과 경험이 저마다 다르기 때문에 서로 차이가 난다. 예를 들면, 미케아족 어린이는 어른 여자나 남자보다 빠르게 덩이줄기를 캘 수 없다. 이유는 덩이줄기가 땅 속 약 75cm, 곧 어른의 팔 길이로 손에 닿는 곳에 있기 때문이다. 어린이의 팔은 더 짧아서 구멍을 더 크게, 더 오래 파야 한다(또는 지표 근처의 더 작은 덩이줄기를 파기도 한다). 우리는 이 문제에 대해 7장에서 더 논의하면서 어린이 수렵채집 활동의 인구적인 결과를 살펴볼 것이다. 다만 여기에서는 남자, 여자, 어린이의 수렵채집 목표에 차이가 있다는 점을 지적하고 넘어가자.

사람들은 어떻게 먹는가?

최적수렵모델은 동물이 먹이 활동을 하는 행동을 모델로 하기 위한 것이다. 동물과 달리 사람은 중심지수렵민(central place foragers)이라고 볼 수 있다. 다시 말해 현장에서 채집한 식량을 먹을 수도 있지만, 수렵민은 식량의 대부분을 중심지로 가져와 가공하고 서로 나눈다. 말로(Marlowe 2010: 128)에 따르면, 핫자족은 채집한 베리류와 벌꿀의 반 정도, 덩이줄기는 약 1/4, 고기의 경우 15% 정도를 캠프 바깥에서 소비하고, 나머지를 캠프로 가져온다고 한다. 수렵민은 식량자원을 캠프로 가져올지를 결정하는 과정에서 얼마 정도를 현장에서 가공할지도 결정한다. 그렇다면 몽공고 열매를 현장에서 깨서 알을 골라내 캠프로 가져와야 할까? 이 문제를 고려하기 위해 최적수렵모델의 또 다른 핵심 모델을 살펴보자.

임계치정리

최적수렵채집모델, 특히 패치선택모델(PCM)이 등장하던 초기, 먹이를 찾는 동물이 언제 특정 패치 탐색을 그만두고 다음 패치로 이동하는지에 대한 문제가 제기되었다. 이 문제에 대한 대답으로 제시된 것이 에릭 샤노프(Eric Charnov)의 임계치정리(marginal value theorem, MVT)인데, 간단하면서도 명쾌하며 강력한 모델로 원래 의도한 것 이상으로 폭넓게 쓰이고 있다. 여기에서 MVT를 소개하겠지만, 이동성과 기술을 다루는 다음 장들에도 나올 것이다.

수렵민 한 사람이 베리류가 있는 패치에 들어간다고 가정해 보자. 처음 베리를 채집할 때는 수확률이 높을 것이다. 그러나 시간이 흐르면서 자원과 마주치는 비율은 감소하며, 갈수록 베리 찾기가 어려워지고, 이에 따라 수익률도 하락한다. 곧이어 수렵채집민은 나뭇가지를 더 당겨서 높이 있는 베리를 따기 위해 애를 쓸 것이다. 만약 그 패치에 머물러 끝까지 베리를 따고자 한다면, 거두어들인 베리를 먹을 수밖에 없다. 수익률은 이제 음성이 될 것이며, 순수익에서 손실을 입게 된다. 이 사실이 그림 3-5에 묘사되어 있는데, 두 개 의 서로 다른 패치에서 얻는 수익이 표현되어 있다. 그림에서 y축은 누적 수익이며, 오른쪽의 x축은 패치에서 보내는 시간이다. 곡선에는 베리류가 있는 두 패치에서 채집 활동 시간이 흐름에 따라 순수익이 변화함이 표현되어 있다. 패치 B는 패치 A보다 생산성이 높지만, 두 패치 모두 쉽게 딸 수 있는 베리를 먼저 따면서 수익이 처음에 빠르게 오르다가 하나씩 베리를 따면서 점점 평탄한 곡선을 그리게 된다. 패치에 더 오래 머무르면 채집민은 남은 몇 개의 베리를 따기 위해 자신이 딴 베리를 먹을 것이기에 곡선은 내려갈 것이다.

문제는 "수렵채집민은 언제 패치를 떠나 다음 패치로 이동해야 하는지" 하는 것이다. 이동하는 데는 시간이 걸리는데, 그 시간은 사실 기존 패치에서 베리 열매류를 따는 데 쓸 수도 있다. 이것이 우리가 언급한 트레이드오프의 하나이다. 샤노프는 수렵채집의 총수익률을 최대화하기 위해 "수렵채집민은 패치에서 수익률이 0으로 떨어질 때가 아니라 (이동 시간을 포함하여) 다음 자원 패치의 평균 수익률에 도달할 때 그 패치에서 떠날 것"임을 발견했다. 이것이 임계치정리(MVT)이다.

비록 해결책은 수학 모델에 바탕을 두었지만,[12] 그림 3-5는 수렵채집민이 언제 패치를 떠나야 하는지를 잘 제시하고 있다. 그림에서 실선의 기울기는 환경의 평균 수익률이며, 패치 사이의 이동 시간을 고려하여 모든 패치의 평균 자원 수익률을 표현했다. 두 곡선은 상이한 초기 수익률을 지닌 두 개 패치에서 순수익이 시간이 흐름에 따라 변화하는 과정을 나타낸다. 미적분을 떠올려 보자. 이 곡선들을 따라 어떤 지점에서의 수익률—x에 비해 y의 증가—은 그 점에서 기울기의 접선이다. 환경의 평

---

12   미적분학에서 환경의 평균수익률은 X의 도함수를 만들어 수렵민의 패치 이동 시점을 말해 준다.

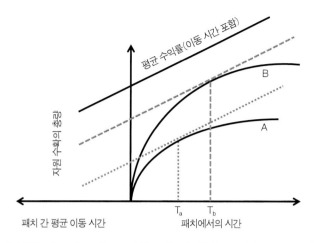

평균 수익률(이동 시간 포함)

자원 수확의 총량

B

A

패치 간 평균 이동 시간

T_a　T_b

패치에서의 시간

그림 3-5. 임계치정리(MVT)를 그래프로 표현했다. 평균 수익률은 패치 간 이동 시간을 포함하여 환경의 평균 순수익률이다. 두 곡선 A와 B는 수렵채집 패치의 수익률이 시간의 흐름에 따라 달라지는 것을 보여 준다. B가 A보다 더 생산성이 높은 패치이다. MVT는 수렵채집민은 A보다는 B에서 시간을 덜 보내겠지만, 두 패치 모두에서 자원이 완전히 고갈되기 훨씬 전에 그곳을 떠날 것이다.

균 수익률과 평행하면서 각 곡선에 접하는 점이 바로 수렵채집민이 패치에서 머무를 시간의 길이를 나타낸다. 따라서 곡선에서 x 축에 내린 수직 점선은 패치 A와 B에 머물러야 할 시간의 길이를 가리킨다. 우리는 수렵채집민이 패치 A(Ta)보다는 B(Tb)에서 더 오래 머물 것이라고 기대할 수 있다. 만약 두 패치에서 더 오래 머무른다면, 이동 시간을 포함한 수익률(Tb나 Tb 점을 넘어선 곡선의 어떤 부분에서 기울기의 접선)은 환경의 평균보다 낮아질 것이다. 비록 패치 A보다는 B에서 더 오래 머물겠지만, 두 경우 모두 "자원이 고갈되기 전에 떠날 것이다."[13]

13　많은 연구자의 지적대로 임계치정리는 수렵채집민이 자신들의 자원을 고갈시키거나 절멸에 이를 정도로 사냥하지 않을 것임을 암시한다. 수렵채집 사회에 고유한 보존 윤리를 거론할 필요노 없나(4장 참조).

중심지 수렵채집

위에 언급한 바와 같이, 사람은 수렵채집 활동을 하면서 획득한 식량을 먹지 않고 캠프로 가지고 돌아온다는 사실을 다시 살펴보자. 이 사실은 식량자원의 탐색과 수확, 가공비용뿐 아니라 운반비용까지 고려해야 함을 뜻한다. 동물학자들은 중심지 수렵모델(central place foraging models)을 개발하여 새끼를 위해 음식을 가지고 오는 은신 포식자들의 행동을 설명하고자 하였다(Orians and Pearson 1979). 인류학자들 역시 이 모델의 유용성을 알았으며, 특히 고고학자들은 현장에서 어느 정도의 식량자원을 가공해야 하는지, 동물뼈 같은 유존물이 가공 유적과 본거지 캠프 사이에 어떤 차이가 있는지를 연구하는 데 시사점을 주기 때문에 관심을 가졌다(e.g., Jones and Madsen 1989; Rhode 1990, 2011; Metcalfe and Barlow 1992; Barlow and Metcalfe 1996; Bettinger *et al.* 1997; Bird and Bliege Bird 1997; Kelly 2001; Bird *et al.* 2002; F. Thomas 2002; Zeanah 2002, 2004; Marlowe 2006; D. H. Thomas 2008).

문제는 "운반할 짐의 유용성을 최대화하기 위해서는 현장에서 어느 정도의 식량자원을 가공해야 하는지, 그리고 그것이 자원 선택에 어떠한 영향을 미치는지"하는 점이다.[14] 이것 역시 트레이드오프의 문제이다. 채집민이 잣나무 씨앗, 곧 잣을 딴다고 생각해 보자. 잣을 채집하는 방법 가운데 하나는 나뭇가지를 긴 갈고리 막대기로 끌어내려 솔방울 색이 아직 녹색으로 너무 익어 스스로 터져 낙엽들 사이로 떨어지기 전에 따는 것이다. 그런 다음 녹색 솔방울을 불에 태워 터지게 만든다. 그러고선 각각의 솔방울을 돌로 깨고 바구니 키를 써 부드럽게 까부름으로써 씨앗을 얻는다(그림 3-2). 솔

---

14   고고학자는 다양한 정도의 시간대를 포괄하는 자료를 다루겠지만, 언제나 민족지 연구의 시간대보다 길다. 이 점은 한 수렵민이 최적의 식단을 얻는 데 얼마나 오래 걸렸는지의 측면에서 문제가 된다. 수확하는 자원의 종류와 양은 날마다, 계절마다, 해마다 변한다. 수렵채집민은 흔히 고기나 꿀 같은 특정한 자원을 잔뜩 섭취하기도 한다. 한 해 동안 집단은 다양한 식단을 이용할 수 있지만, 주어진 시점에는 아주 제한된 식량만을 이용할 수도 있다. 그렇다면 어떤 시간대에 연구를 해야 하는가? 이 문제에 시사점을 주는 연구는 별로 없지만, 스미스(Smith 1991)의 이누주아미우트족 식단 분석은 개략적인 시공간 척도가 아니라 정밀한 척도에서 식단폭모델의 더 정확한 예측치를 나타낸다.

방울 가공은 솔숲에서 할 수도 있고, 짐바구니에 집어넣어 캠프로 가져와 가공할 수도 있다. 솔숲에서 가공하려 한다면, 나뭇가지에서 더 많이 딸 시간에 솔방울을 가공해야 한다. 그러나 캠프로 가져와 가공하고자 한다면, 먹을 수 있는 알뿐만 아니라 쓸모없는 솔방울과 겉껍질까지 바구니에 담아야 한다. 현명한 채집인이라면 어떻게 할까?

직관적으로, 캠프에서 얼마나 거리가 먼지, 얼마나 운반해야 하는지, 그리고 식량을 가공하는 데 어느 정도 시간이 걸리는지 하는 데 달려 있음을 알 수 있다. 예를 들어, 핫자족 사냥꾼은 사냥감이 15kg이 넘고 캠프에서 두 시간 이상 거리라면 현장에서 응급조치를 취한다(O'Connell, Hawkes and Jones 1990). 잣나무 사례로 돌아와, 만약 캠프가 솔숲에서 10미터 떨어져 있다면 솔방울을 캠프로 끌고 오지만, 10km 너머에 있다면 그 자리에서 솔방울을 가공할 것이다. 그런데 어느 정도나 그렇게 할까?

"현장에서 어느 정도의 자원을 가공해야 하는지"의 문제는 "그 패치에서 얼마나 오래 수렵채집 활동을 해야 하는지"와 비슷한 문제이기 때문에, MVT가 이 문제에 대답하는 데 실마리를 줄 수 있다. 그림 3-6을 생각해 보자. A와 B 모두에서 y축은 짐으로서 먹을 수 있는 운반된 자원의 비율을, x축의 오른쪽은 자원을 수확하고 가공하는 데 걸리는 시간, x축의 왼쪽은 자원의 지점에서 캠프까지의 왕복 시간을 가리킨다(왕복을 이야기하는 이유는 가공되지 않은 식량을 캠프로 가져온 다음 다시 더 채집할 수 있기 때문이다. 그러나 이 역시 간단하게 캠프까지의 일방 거리로 계산할 수도 있다). 이 모델과 MVT 사이의 차이는 가공하거나 가공하지 않는 것의 결정은 시간의 흐름에 따라 연속적인 변화가 아니라 계단상의 변화를 야기한다는 점이다(그림 3-6B). 이 모델이 자원획득 현장에서 어느 정도의 양이 가공되어야 하는지를 어떻게 예측하는가?

짐바구니에 있는 가공되지 않은 잣나무 솔방울에는 먹을 수 없는 부분이 70%이며 30%만이 잣알이라고 생각해 보자. 물론 가공한 식량이 100% 유용하지만, 현장에서 가공되지 않은 솔방울을 수확하여 바구니에 넣는 경우(x_0, y_0)가 가공하여 담는 경우(x_1, y_1)보다 시간이 덜 걸린다. 그런데 여기에도 트레이드오프가 있다. 단순히 솔방울만을 채집하여 바구니에 담아 총총히 캠프로 돌아와 짐을 바닥에 내려놓은 다음 다시 솔숲으로 가서 채집을 되풀이할 수 있다. 그리하여 몇 차례 더 짐을 운반힐 수도 있지만, 물론 각 짐에는 30% 정도의 먹을거리가 있을 뿐이다. 이런 작업 대신에 현장에서 솔방울을 가공하여 씨앗, 곧 잣알만을 가지고 올 수도 있다. 그러나 솔방울을 가공하려면 더 이상 솔방울을 채집할 수 없다. 그렇다면 언제 첫 번째 전략에서 두 번째 전략으로 바꾸어야 하는가?

대답은 캠프까지의 이동시간을 포함하여 가공하지 않는 경우에 비해 가공한 경우가 수익률이 높아질 때 전략을 바꾸는 것이다. 이 전환점은 두 점 (x_0, y_0)과 (x_1, y_1)을 잇는 선으로 정해진다. 그 선이 x 축 왼쪽 부분과 접하는 점, 곧 z는 가공되지 않은 자원이 운반될 최대의 왕복시간을 가리킨다(그림 3-6B). 만약 왕복시간이 z보다 크다면, 현장에서 자원을 가공하게 될 터이다.

그런데 가공을 하느냐 하지 않느냐의 문제가 아니라 가공이 단계적일 수도 있다는 이유에서 이보다 더 복잡한 모델이 나왔다(e.g., Bettinger *et al.* 1997). 가령 잣나무 씨앗에는 (1) 솔방울 자체를 제거하는 일, (2) 겉껍질을 제거하는 일, (3) 씨앗을 갈아 가루로 만드는 일 같은 세 가지 가공 단계가 있다(과연 그럴까 생각하는 사람은, 100미터 정도 솔방울을 운반해야 한다면, 늘 1단계, 곧 솔방울을 제거한다. 그러나 수백 킬로미터를 운반하느니 겉껍질을 제거하거나 갈아서 가루로 만들 것이다).[15]

그렇다면 어떤 특정 자원의 z값을 어떻게 알 수 있을까? 그리 어렵지는 않다. x 축의 z점에 교차하는 선의 기울기는 $y_0/(z+x_0)$ 또는 $y_1/(z+x_1)$이다.

$$\frac{y_0}{z + x_0} = \frac{y_1}{z + x_1}$$

15 중심지수렵모델은 어떤 자원이 선사시대 캠프에서 분명했는지를 예측하는 데 도움을 주기 때문에 고고학에서 아주 중요하다(e.g., Cannon 2003). 나는 이 모델을 사용하여 30km 밖에 떨어져 있지 않은데도 네바다 서부 스틸워터마시(Stillwater Marsh) 유적에서 이용되지 않았음을 판단하였다. 그 정도 거리에서는 겉껍질을 열매에 그대로 놔둔 채 캠프로 가져왔을 것이며, 유적에는 부서진 식물유체가 있을 것인데, 그렇지 않았다(Kelly 2001). 마찬가지로 몇몇 연구에서는 높은 가공비용으로 하위의 수익률인 조개류가 패총에서 예상보다 더 많이 등장한다. 이는 낮은 가공비용을 지닌 상위의 수익률 자원은 해안에서 껍질을 벗기고 조갯살만을 캠프로 가져왔기 때문이다(Bird and Bliege Bird 1997; Bird *et al.* 2002). 본거지 캠프에는 어디에서 채집되었는지를 알려 주는 증거가 없다.

z = 캠프에서 식량 획득 지점까지의 왕복 시간

x_0 = 가공되지 않은 식량을 획득하는 데 걸리는 시간

x_1 = 식량을 획득하고 가공하는 데 걸리는 시간

y_0 = 가공되지 않은 식량의 유용성

y_1 = 가공된 식량의 유용성

z에 관한 공식을 풀면 다음과 같다.

$$z = \frac{y_0 x_1 - y_1 x_0}{y_1 - x_0}$$

여기에서 어려운 부분은 x와 y의 값을 알아내는 것이다. 수익률 계산과 마찬가지로, 이는 민족지 현지조사와 실험을 통해 얻을 수 있다. 미국 서부의 그레이트베이슨에서 고고학자들은 민족지적으로 짐바구니 무게를 측정하고 솔방울, 야생벼, 부들개지 뿌리가 가진 칼로리를 실험하여 몇 단계 가공에 적절한 값을 얻었다. 민족지에 따르면, 식량자원은 바구니 없이도 운반될 수 있다. 작은 동물은 허리띠에 꿰찰 수 있고, 대형동물을 그대로 운반할 수도 있으며, 나무 막대기에 묶어 등에 지고 운반할 수도 있다. 핫자족은 아주 큰 동물을 사냥한 다음에는 고기를 긴 조각으로 나누어 어깨와 몸통에 걸치는데, 이를 제임스 오코넬은 마치 "고기 셔츠"와 같다고 표현하였다.

일반적으로 중심지수렵모델은 캠프까지의 거리가 어느 자원을 채집해야 하는지를 결정하는 데 중요하다고 본다. 그림 3-6에서 y축은 먹을 수 있는 식량의 비율을 나타낸다. 이 비율을 칼로리로 환산하고 식량자원을 캠프로 운반하는 데 걸리는 시간을 (획득하고 현장에서 가공하는 시간에) 더하여 수익률을 계산할 수 있다.[16] 이를 통해 하

---

16 일반적으로 수렵채집모델은 가공비용까지 고려하여 수익률의 측면에서 자원의 서열을 정한다. 하지만 운반 비용과 함께 현장에서 가공되는 자원의 수익률에 대해서도 가능하면 구체적이어야 한다. 나머지 가공은 캠프에서 수렵채집의 기회비용 없이 이루어질 수도 있다. 고찰된 바는 없지만, 현장에서 가공된 것과 완전히

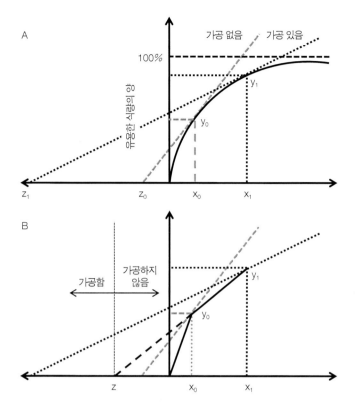

그림 3-6. 임계치정리(MVT)에 입각한 현장 가공 모델. 그림의 y축은 먹을 수 있는 식량의 양을 비율로 표시한 것이고, x축의 오른쪽은 자원을 획득하고 현장에서 가공하는 데 걸리는 시간을, x축의 왼쪽은 캠프와 현장 사이의 왕복 시간을 가리킨다.

A: 현장에서 가공을 하지 않을 경우 현장에서 시간을 덜 쓸 것이며(x_0), 쓸모없는 부분이 있기 때문에 음식으로서 비율은 낮은 (y_0) 짐을 운반할 것이다. 가공을 할 경우 운반할 짐(x_1)을 꾸리는 데 더 많은 시간이 걸리나, 순전히 먹을 수 있는 부위가 많은 식량(y_1)을 가져올 것이다. 여기에서는 캠프가 가깝거나(z_0) 더 먼(z_1) 두 사례를 제시하였다.

B: 캠프에서 어느 정도 먼 거리에서 자원이 가공되는가? 수렵채집에 걸리는 시간에 비해 가공 시간의 길이는 흔히 A에서와 같이 연속적인 것이 아니라 단계적이다. 캠프가 z점보다 멀다면 가공이 필요하다. z점은 점(x_0, y_0)과 점(x_1, y_1)을 잇는 선이 x축과 접하는 부분이다.

가공된 식량의 수익률은 상응할 것이고, 상대 서열에서 차이가 없을 것이다.

위 자원은 멀리까지 운반될 경우 순 손실을 입을 수 있음을 알 수 있다. 캠프에서 더 멀리 이동할수록 대면후수익률은 높아지는데, 이로써 식량자원을 운반해야 할 부가적인 비용이 생긴다. 그리하여 캠프에서 멀리 이동할수록 수렵채집 활동 영역은 줄어든다. 짧은 거리에서 채집될 수 있는 자원은 먼 거리에서 마주쳤을 경우 그냥 지나칠 수 있다.

이 모델은 모든 식량을 걸어서 짊어지고 오는 경우를 가정하고 있다. 카누나 개썰매, 말 같은 운반 기술을 이용할 수 있는 경우, 상당히 큰 짐도 운반할 수 있다. 그림 3-6을 보면, 운반 기술이 있다면 운반비용(x축의 왼쪽 부분)을 줄임으로써, 많은 자원의 현장 가공 필요를 절감할 수 있다. 이 경우 대부분 식량자원의 가공은 본거지 캠프에서 이루어질 것이며, 이는 우리가 방금 언급한 바와는 달리 하위 자원도 캠프 멀리에서 효과적으로 채집될 수 있음을 뜻한다. 이는 걸어서 운반할 경우 비용이 많이 드는 하위 자원을 채집해야 할 압력이 있을 경우, 수렵채집민이 운반 기술에 더 많은 시간과 에너지를 투자한다는 점을 시사하기도 한다(Ames 2002; 5장 역시 참조).

고려해야 할 다른 요인들

위험부담

어떤 환경도 일정하지는 않다. 계절 변이도 있을 뿐 아니라, 해마다 변화가 있기도 하다. 어떤 해 겨울은 따뜻하다가도 다음 해에는 혹독하게 춥기도 하며, 여름에 비가 많이 오기도 하지만 어떤 때는 건조하여 비가 오락가락한다. 연어나 카리부처럼 이동하는 자원은 경우에 따라 예상보다 늦게 오기도 하고, 아예 오지 않기도 한다. 다른 모든 사람들처럼 수렵채집민도 생활에서 위험부담에 대처해야 한다.[17]

---

17 예를 들어 de Garine and Harrison 1988; Huss-Ashmore *et al.* 1988; Minc and smith 1989; Cashdan 1990.

위험부담(risk, 불확실성)이라는 용어는 시간과 공간에 따른 자원의 풍부도의 등락과 관련된 많은 현상을 가리키는 말이다(5장 참조). 자원은 밀도(시간의 흐름에 따라 자원 풍부도의 변화), 빈도〔자원의 풍부도가 주어진 수준 아래와 위로(가령 평균 풍부도의 표준편차의 두 배) 얼마나 빈번하게 변동하는지〕, 공간 범위(특정 자원의 등락에 영향을 받는 지역의 크기는 어느 정도인지), 예측 가능성〔자원의 전망에 대해 어느 정도나 미리 알 수 있는지(이는 다시 시간과 공간적인 범주로 나눌 수 있다)〕에 따라 다양할 수 있다. 많은 연구자들이 위험부담을 거론할 때, 이런 상이한 차원들이 결합된 것을 일컫는 경우가 많다. 그래서 위험부담이란 보통 충분히 오랫동안 충분한 식량을 갖지 못하여 식량 부족이 어떤 바람직하지 않은 결과를 낼 가능성을 말한다(Cashdan 1992의 개괄 참조).

브라이언 헤이든(Brian Hayden 1981a, b)에 따르면, 수렵채집민은 위험부담에 대비하기 위해서 이용 자원의 토대를 다양화해 안정되고 신뢰할 수 있게 만든다고 한다. 식단에 다양한 자원을 포함함으로써 하나가 잘못되면 다른 것으로 대체할 지식과 능력을 갖추는 것이다. 헤이든은 다양화할 수 있는 (가령 종자류 식량자원을 갈거나 낚시하고 저장하는 것 같은) 기술을 개발하여 생계에서 신뢰도를 높이고자 하지만 늘 그다지 성공적이지 못했던 탓에 이미 선사시대에 넓은 토대의 경제가 등장했을 것이라고 본다.[18] 하지만 DBM에서는 다양화는 위험부담을 줄이기 위한 의식적인 욕망 때문이 아니라 상위 자원을 이용하기 어려울 때 일어난다고 본다.

그러나 최적수렵(채집)모델(optimal foraging model)이 다루는 의사결정 과정에서 위험부담은 확실히 역할을 한다. 사람은 환경에 완벽한 정보를 가지고 있다고 보기 어렵다. 조건에 따라서 수렵채집 활동의 시간을 최소화하고자 할 수도 있고, 하루 활동의 순수익을 최대화할 수도 있으며, 빈손으로 돌아오는 위험부담을 낮추고자 할 수도 있다. 어떤 상황에서는 의도적으로 가장 위험부담이 큰 식량자원을 목표로 할

---

18 어떤 경우에도 어떤 자원이 식단의 예비 자원으로서 적극적으로 포함되지는 않는다. 가령 미국 서남부의 푸에블로 사람들은 옥수수 작물이 실패할 경우 보통 식단에 포함되는 야생 식물자원에 의존한다. 예비전략과 굶주릴 때의 식량은 사회의 신화, 민속, 의례 등에도 숨겨져 있을 수 있다(e.g., Minc 1986). 자원이 예비식량으로서 지속적으로 이용될 필요는 없다.

수도 있다(8장 참조).

　스티븐 미슨(Steven Mithen 1989, 1990)은 DBM의 요소와 함께 장기간 수익을 증가시키면서도 하루 동안 아무것도 잡지 못하고 돌아갈 위험부담을 감소시킨다는 상충되는 요구를 포함하는 시뮬레이션을 사용한 바 있다. 시뮬레이션에서 식량 선택에 대한 의사결정 능력은 수렵채집인의 지역 조건에 대한 지식과 정보, 그리고 그것을 다른 사람의 것과 합치는 경우에 영향을 받는다. 미슨의 컴퓨터 시뮬레이션에서는 개별 수렵채집인이 분석의 단위가 되며, 분당 활동 시간이 모델화된다. 수렵채집민의 목적은 단기적으로는 그날 일찍 어떤 일이 있었는지에 따라, 그리고 장기적으로는 시간이 흐르면서 바뀐다. 이 모델은 서로 정보를 공유하는 몇몇 개인의 활동을 가정하는데, 이들은 모두 매일 먹을 것 없이 돌아가야 하는 위험부담을 줄이면서 장기간의 수익률을 증가시키고자 한다. 그러므로 이 모델에서 수렵채집민은 (1) 그날 얼마나 식량을 확보하였는지, (2) 그날 남아 있는 시간과 자원을 획득하는 데 드는 에너지 비용을 감안할 때 얼마나 자원을 더 획득할 것인지(남아 있는 시간에 다른 자원을 탐색하여 획득할 것인지 하는 경우와 비교하여), 그리고 (3) 매일 적어도 최소한의 식량을 가져오고 싶은 욕심에 바탕을 두고 자원을 획득한다. 미슨은 자신의 모델을 아프리카 동부의 밸리 비사(Valley Bisa)에 적용하여 민족지 자료와 (개인의 수렵채집의 효율성을 높이려는 장기적인 목적과 아무런 식량도 없이 돌아가야 하는 위험부담을 낮추려는 단기적 목적을 포괄하는) 모델이 서로 밀접하게 일치함을 알게 되었다.

　이것은 예기치 않은 일이 아니다. 이전에 주목하였듯이, 특정 수렵채집 활동을 하나의 "패치"라고 생각할 수도 있다. 이동 시간을 포함하여 그 패치의 수익률이 환경의 평균 아래로 떨어지면 그 "패치"를 떠나며(가령 어두워지면서 엘크 추적을 멈추는 경우), 그 대신 주변에 있는 베리 열매를 채집하리라고 예상한다. 요약하면, 위험부담 감소를 위한 모델은 일반적으로 더 단순한 수렵채집 모델의 예측과도 상통한다(Winterhalder 1986a 참조).[19]

19　Keene 1979, 1981; E. Smith 1979; Foley 1985; Sih and Milton 1985; Belovsky 1987; Gragson 1993

왜 칼로리뿐인가?

최적수렵모델은 일반적으로 킬로칼로리로 제시된 에너지만을 통화로 사용한다. 그러나 독자는 "칼로리가 중요하지만, 비타민이나 미네랄도 그만큼 중요하지 않은가" 하고 생각할 수도 있다.

사람은 생존을 위해 탄수화물, 지방, 단백질, 미네랄, 비타민이라는 다섯 가지 필수 영양소를 필요로 한다. 하지만 이런 영양소가 얼마나 필요한지는 그리 분명하지 않다. 많은 사람들은 미국이나 세계보건기구의 하루권장섭취량에서 칼로리, 미네랄이나 비타민의 부족이나 과잉에 시달리기도 한다. 예를 들어 세계보건기구 표준에 따르면, 에페(Efe)족은 필요한 것보다 칼로리는 26% 넘게, 단백질은 138%나 더 섭취한다(Bailey and Peacock 1988). 식단 표준에 따르면 단백질이 칼로리에서 차지하는 비중은 8% 정도가 되어야 하고(Keene 1979: 표 16.4; 현재 미국당뇨병협회는(매일 0.8g 단백질 / kg 몸무게)를 권장한다) 35~40%가 넘으면 안 되지만, 많은 수렵채집 사회의 식단에서 단백질은 칼로리의 50% 정도를 차지한다(Cordain *et al.* 2000).

또한 수렵채집민은 흔히 특정 자원을 대량으로 소비하기도 한다. 대형동물을 잡은 뒤에 고기를 잔뜩 먹거나 벌집을 찾을 경우 지나치게 많은 양의 벌꿀을 먹기도 한다. 이런 행위가 갖는 장기간의 생리학적인 결과는 아직 잘 알려져 있지 않다.

대부분의 사례에서 다양하고 충분한 칼로리 식단은 필요한 영양소를 제공한다. 그리고 사람은 충분히 칼로리를 섭취하지 않았을 때를 쉽게 안다. 배가 고프기 때문이다. 그래서 칼로리는 아마도 가장 단순하고도 현실적인 식단의 통화일 것이다. 사람의 매일 칼로리 필요량은 확실하게 알려져 있는데, 하루 2,000kcal는 흔히 기본적인 성인의 권장량으로 쓰이고 있다. 그러나 실제 양은 나이나 성별, 몸집, 활동량, 임신이나 수유 여부, 평균기온과 같은 환경적 변수에 따라 다르다. 칼로리 섭취는 계절적으로도 달라질 수 있으며, 그 변화는 경우에 따라서는 극적이기도 하다(Lee 1979; Meehan 1982; Wilmsen 1982; Hurtado and Hill 1990). 표 3-5에는 수렵채집 사회에서의 평균 하루 칼로리 섭취량이 정리되어 있다.

이 숫자는 다양한 시간대에 대한 평균일 뿐이다. 고기 섭취에는 계절적인 변동

표 3-5. 성인의 칼로리 섭취와 평균 신체 크기

집단	남자 키 (m)	남자 몸무게 (kg)	여자 키 (m)	여자 몸무게 (kg)	개인당 하루 칼로리 섭취(kcal)	참고문헌
아체	1.61	59.6	1.50	51.8	3,827	Hurtado and Hill 1987, 1990
히위	1.54	59.0	1.45	48.0	2,043	Hurtado and Hill 1987, 1990
주호안시	1.60	49.0	1.45	48.0	2,355	Hurtado and Hill 1987, 1990
안바라	1.70	59.9	1.60	47.4	2,150	Meehan 1977
온지(Onge)[a]	–	–	–	–	1,740	Bose 1964
에페[b]	1.45	42.9	–	–	2,848	Bailey and Peacock 1988
에페[c]	–	–	1.36	37.8	2,509	Bailey and Peacock 1988
카데 그위	1.59	54.6	1.49	49.6	1,800-2,300	Tanaka 1980
핫자	1.62	53.0	1.50	46.3	3,003	Marlowe 2010

a 한 달 동안 전체 41명 집단의 사례
b 건기의 자료로서 전체 집단에 대한 몸무게(kg) 당 평균 칼로리 섭취
c 혼인한 성인의 평균; 남자 = 2,990kcal, 여자 = 3,016kcal

도 있다. 예를 들어, 그위족의 개인당 하루 고기 섭취량은 9월에는 0.06kg에 불과하지만 1월에는 0.57kg에 이른다(Silberbauer 1981b).

기름진 고기의 중요성

사람은 고기, 특히 기름진 고기에 대한 욕심이 많다. 식물성 식량이 칼로리의 대부분을 제공하는 곳에서도, 수렵채집민은 여전히 캠프에 고기가 없는 것을 가리켜 배고픔과 굶주림으로 표현하는 일이 잦다(Silberbauer 1981b: 494; Shostak 1981). 실제 사냥으로 얻는 것이 별로 없는 경우에도(표 3-6), 모든 수렵채집 사회는 고기의 가치를 높이 평가한다(Dwyer 1985b). 예를 들어, 부시맨의 식단에서는 식물성 식량이 중요함에도 주호안시족은 "야채는 필요한 만큼만 먹으며, 고기는 먹을 수 있는 만큼 먹는다"(Lee 1968: 41; 그림 3-7)고 한다. 호주 사회에서는 젊은 남자가 나이든 사람에게 고기를 주면서 종교적인 지식을 얻기도 한다. 남자는 충분한 의식적인 지식을 갖지 못하면 완전히 성인이 되지도 못하고 혼인도 할 수 없기 때문에, 사냥해야 할 동기는

표 3-6. 고기 소비와 사냥의 성공

집단	소비 (Kg/일/명)	Kg/hr/ 사냥꾼	Kg/일/ 사냥꾼	성공률	참고문헌
에톨로(Etolo)	1.23	0.2-0.3	–	–	Dwyer 1983
아체(Ache)	1.78	–	1	–	Hill *et al*. 1985; Hurtado *et al*. 1985
아체(활)	–	0.53	–	–	Hill and Hawkes 1983
아체(엽총)	–	1.6	–	–	Hill and Hawkes 1983
아체(손)	–	0.27	–	–	Hill and Hawkes 1983
야노마모(Yanomamo, 활)	0.21-0.49	0.48	3.9	–	Hames and Vickers 1982
야노마모(Yanomamo, 엽총)	–	1.35	–	–	Hames and Vickers 1982
예크와나(Ye'kwana)	–	–	13.3	–	Hames and Vickers 1982
시오나-세코야 (Siona-Secoya)	–	–	16.8	85	Vickers 1989
비사(Bisa)	–	–	25	9-33	Marks 1976
쿠이바(Cuiva)	–	–	3.6	–	Hurtado and Hill 1987
핫자(Hadza)	–	1	4.6	27	Hawkes *et al*. 1991
조호안시(Ju/'hoansi)	0.46	0.66	2.6	23	Lee 1979, 1982
카데 그위(≠Kade G/wi, 덫)	–	–	0.48	20	Wilmsen and Durham 1988
카데 그위(≠Kade G/wi, 활)	–	–	2.9	16	Wilmsen and Durham 1988
카데 그위(≠Kade G/wi)	0.3	–	–	–	Tanaka 1980
쿠체 부시맨(Kutse Bushmen)	–	–	–	38	Kent 1993
에페(Efe, 원숭이 사냥)	0.42[b]	–	–	30	Bailey 1991
에페(Efe, 매복 사냥)	0.20[c]	–	–	11	Bailey 1991
에페(Efe, 집단 사냥)	0.26[d]	–	–	–	Bailey 1991
에페(Efe, 활)	–	–	0.33	–	Terashima 1983
바음부티(BaMbuti, 그물)	–	–	0.12-0.39	–	Ichikawa 1983
바음부티(BaMbuti, 그물)	–	–	0.12	–	Terashima 1983
바음부티(BaMbuti, 활)	–	–	0.11	–	Terashima 1983
바음부티(BaMbuti, 그물)	0.45	0.22	–	–	Hart 1978
바음부티(BaMbuti, 활)	0.11-0.17	–	–	52	Harako 1981
바음부티(BaMbuti, 그물)	–	0.37	–	61	Harako 1981
바음부티(BaMbuti, 그물)	1.06	0.38	2.6	100	Tanno 1976

집단	소비 (Kg/일/명)	Kg/hr/ 사냥꾼	Kg/일/ 사냥꾼	성공률	참고문헌
바음부티(BaMbuti, 창)	0.22	0.63	–	–	Harako 1981
보피(Bofi, 그물)	–	0.32	–	–	Lupo and Schmitt 2002
아카(Aka, 그물)	–	–	0.45-2.1	–	Noss and Hewlett 2001
안바라(Anbarra)	0.55	–	–	–	Meehan 1977b, 1982
응아다자라(Ngadadjara)	0.56	–	–	–	Gould 1980
그위(G/wi)	0.29	–	–	–	Silberbauer 1981a, 1981b
아그타(Agta, 남성)	–	–	–	17	Estioko-Griffin and Griffin 1985; Gooman et al. 1985
아그타(Agta, 여성)	–	–	–	31	Estioko-Griffin and Griffin 1985; Goodman et al. 1985
아그타(Agta, 혼성)	–	–	–	41	Estioko-Griffin and Griffin 1985; Goodman et al. 1985
아그타(Agta, Upper Palanan)	–	–	–	63	Griffin and Griffin 2000
아그타(Agta, Cagayan)	–	–	–	29	Griffin and Griffin 2000
아그타(Agta, Cagayan)	–	–	–	16	Griffin and Griffin 2000
바텍(Batek)	0.2	–	–	59	K. Endicott 1981
세마크-베리(Semaq-Beri, 마을)	–	0.41	3.3	43	Kuchikura 1987, 1988
세마크-베리(Semaq-Beri, 캠프)	–	0.5	2.8	33	Kuchikura 1987, 1988
누칵(Nukak, 우기)	0.09-0.56	–	–	–	Politis 2007
누칵(Nukak, 건기)	0.20-0.27	–	–	–	Politis 2007
푸메(Pumé)	–	0.51	2.38	75	Greaves, Kramer, pers.comm.
에벤키(Evenki)	6.5-7	–	–	–	Turov 2010

a 크기를 불문하고 어떤 동물이라도 잡았던 사냥 여행의 비율.
b 표준편차 = 0.464; 화살을 만드는 시간을 고려하면 평균 수익률은 0.319.
c 사냥 장비를 만드는 데 드는 시간을 합하면 평균 수익률은 0.185.
d 표준편차 = 0.274; 공동 사냥을 할 때 어떤 남자가 동물을 잡지 못할 확률은 70~96%이다.

충분하다. 사냥의 성공은 호주에서 세속적인 지위뿐 아니라 의식적인 지식의 양과도
상응한다(Sackett 1979; Altman 1984, 1987). 호주 군윙구(Gunwinggu)족 남자는 동물
의 살을 먹을 만한 마이흐막(maihmak)과 그렇지 않은 형편없는 마이화레(maihwar-
reh)로 나뉜다(Altman 1987). 사실 많은 수렵채집 사회에서 사냥은 종종 강한 상징석

그림 3-7. 1978년 4월 크와 부시맨이 1978년 4월 크와 부시맨이 약취한 영양의 갈비뼈 부분의 살을 발라내고 있다. 사냥이나 약취를 통해서 칼로리나 단백질, 지방 에너지원으로서 고기를 구할 수 있다. 로버트 히치콕 제공.

인 의미를 지니기도 한다. 이는 크리족의 지적과도 같이 사람과 같은 생명을 취하는 일이기 때문이다(Tanner 1979). 하지만 이에 대해 생태학적으로 접근하려면 어떤 활동이 지닌 가치를 물적인 결과와 연관 지어 평가해야 한다. 왜 고기는 모든 수렵채집 사회에서 그토록 갈망하는 음식인가?

분명한 이유 한 가지는 고기가 높은 단백질 함유량과 사람의 몸으로는 합성할 수 없는 9개 필수 아미노산 을 지니고 있다는 점일 것이다. 질 좋은 단백질은 이동하는 생활에서 신진대사 기능을 활발히 하는 데 중요하다. 고기는 식물성 음식보다 영양소가 더 농축되어 있어, 철분이나 아연 같은 필수 미네랄과 B12 같은 비타민, 쉽게 소화할 수 있는 형태의 포도당을 포함하고 있다.

민족지에는 고기의 중요성을 말해 주는 자료가 풍부하지만, 지방의 중요성 역시 사냥감을 평가하는 데 강조하고 있다(Jochim 1981: 78-87; Hayden 1981b; Speth and Spielmann 1983; Abrams 1987). 예를 들어, 캐나다 카스카(Kaska) 사회를 살펴보자.

고기는 선호에 따라 순위가 정해진다. … 지방을 아주 즐기며, 비계 부위가 포함되어 있는 고기를 높이 평가한다. 무스의 경우, 뛰어다니기 시작하는 10월부터 겨울 동안은 강해져서 비계가 별로 없다. 이 경우 카스카 족은 비계가 많고 기름기가 흐르는 소와 비교하여 무스가 먹기에 별로 좋지 않다고 말한다(Honigmann 1949: 104; 이에 대한 더 많은 논의는 Speth 2010: 70-72 참조).

체지방이 별로 없는 동물은 흔히 이차적인 자원, 심지어는 굶주린 음식이라 생각된다. 예를 들어, 캐나다 북극 연안 지방에서 대형 살찐 동물이 없는 시기에 헤어(Hare)족 남자는 지쳐서 "이제 토끼나 잡아야겠네"라며 한숨을 내쉬었다(Savishinsky 1974: 25). 그러므로 많은 수렵채집 사회에서 고기를 그토록 원하는 이유는 단백질이 아니라 지방 때문이다. 동물의 지방은 리놀렌산의 원천(물론 식물성 기름보다 더 좋지는 않지만)이며 지용성 비타민의 흡수와 운반, 신진대사, 저장에 중요하다. 따라서 사람이 기름진 음식을 선호하는 데는 생리학적인 이유가 있다.

수렵채집민이 고기를 원하는 것은 단백질이나 지방 때문인가, 아니면 칼로리 때문인가? 단백질과 지방 둘 모두는 에너지원이다. 고기에 있는 4kcal/gm의 단백질은 탄수화물과 같은 에너지량을 제공하며, 지방에서는 이보다 더 큰 9kcal/gm를 얻는다. 사람의 몸은 단백질을 에너지로 전환하기 위해서 탄수화물이나 지방에서 에너지를 얻는 과정에 필요한 것보다 10% 정도 이상 신진대사율을 높여야 한다(Noli and Avery 1988: 396). 그런데 간에서 흡수되는 산소의 비율은 단백질에서 얻을 수 있는 개인의 에너지 필요량을 약 50% 정도로 — 수렵채집 사회에서 보이는 거의 최대량 — 제한한다(Cordain *et al.* 2000; 아체족을 예로 들면 39%의 에너지를 단백질에서 얻는다, Hill 1988). 실험 분석에 따르면, 살고기만을 섭취하는 경우 임상적으로 단백질 중독의 증상이 나타날 수 있다. 콩팥과 간의 과부하 신호로 메스껍고 어지럽거나 탈수와 설사 등의 증상을 보일 수 있다. 극단적으로는 죽을 수도 있다. 북극 지방 사람들은 토끼만 먹어 굶주린다고 하지만, 실제 봄에 원하는 대로 토끼만 먹으면, 그 시기 토끼는 별로 살이 없기 때문에 죽을 수도 있다. 단백질을 에너지원으로 지나치게 사용하면 짧은 기간에도 혈당 암모니아 수치가 독성 수준으로 높아지기고 하고, 칼슘 손실이나 근육 손실을 일으킬 수 있어 특히 임신한 여성에게 해롭다(Speth and Spieldmann 1983; Spielmann 1989; Speth 1990, 2010). 지방이 없는 고기는 북극지방에서만의 문제가 아니다. 동물이 생산성이 낮은 계절 동안 축적된 지방을 사용하여 스스로 신진대사를 해야 하는 시기에는 모두 마찬가지이다(Speth 2010: 72).

덧붙여 단백질이 필요해지기 이전에 에너지의 필요를 맞추어야 한다. 단백질의 비중이 높고 탄수화물이나 지방의 비중이 낮은 식단에서는 몸이 단백질을 에너지로 사용하는데, 결국 살코기 비중이 높은 식단은 단백질 부족으로 이어질 수 있다(Speth and Spielmann 1983: 13). 탄수화물과 지방은 에너지원으로 사용하기 위해 단백질을 아껴 둔다. 다른 모든 조건이 똑같다면, 현명한 수렵채집인은 식단에 어느 정도 양의 탄수화물이나 지방을 포함할 것이며, 오히려 단백질을 자유롭게 유지할 것이다. 만약 음식의 칼로리와 단백질 함량이 상응한다면, 수렵채집 모델에서 칼로리만을 통화로 사용하는 것이 정당하다. 혹스와 오코널(Hawkes and O'Connell 1985)이 주호안시족이 먹는 음식을 통해 이를 밝힌 바 있다.

칼로리, 단백질, 지방을 이런 시각에서 보면, 수렵채집 사회에서 벌어지는 관습을 이해할 수 있다. 이를 통해 이른바 지방과 기름기에 집착하는 해양 수렵채집 사회를 설명할 수 있는데, 북아메리카 서북부 해안에서는 율라칸[북태평양 빙어의 일종(옮긴이)] 어유가 아주 소중하게 여겨진다(Noli and Avery 1988). 또한 미국 대평원의 수렵채집 사회에서 고기를 실컷 먹는 관습(Speth and Spieldmann 1983)과 수렵채집민과 원경민 사이의 고기와 탄수화물 교환을 설명할 수 있다(1장 참조, Spielmann 1991 역시 참조). 나아가 열대림 지대의 생계의 성격을 파악하는 데도 실마리가 된다. 인류학자들은 열대림 지대(특히 아마존 지역)의 마을 전쟁이나 사냥 금기의 원인을 충분한 동물성 단백질을 확보하기 어려운 사정에서 찾았다.[20] 그렇지만 열대 수렵채집민 역시 고기에서 상당한 칼로리 — 가령 히위(Hiwi)족의 경우 68% — 를 얻는다는 연구도 있다(Hurtado and Hill 1990). 열대림의 수렵채집 사회는 단백질은 확보할 수 있지만, 탄수화물이 부족한 경우가 많다(Milton 1985; Sponsel 1986; Hill *et al.* 1987). 예를 들어, 에페족은 고기보다 두 배에서 다섯 배 많은 칼로리를 함유한 레세(Lese)족의 농산물과 고기를 교환한다(Hart 1978; Bailey and Peacock 1988). 하지만 열대림 원경민의 경우 탄수화물이 과잉이지만 단백질은 부족하기도 하다(e.g., Keegan 1986). 그리하여 수렵채집 사회는 이웃하는 원경민의 탄수화물을 필요로 하며, 사냥은 그것을 얻을 수 있는 효과적인 수단이다.

결론

이 장은 전세계적인 시각에서 생계의 범주를 살펴보면서 시작하였다. 이를 통해 수렵채집 사회의 식단은 표준화할 수 없지만, 전반적인 환경적 특징과 상당히 직결되어 있음을 알게 되었다. 특히 해양자원의 이용은 사냥 비중이 낮은 경우, 생계가 어려운 계절에 대비하여 식물성 식량이나 고기를 적절하게 저장하지 못하는 경우와 관련되어 있음도 살펴보았다.

그러나 이런 것들은 일반적인 경향을 그럴듯하게 해명한 것일 뿐이다. 생계의 변이를 설명하는 일은 수렵채집 사회에서 의사결정 과정의 경제학에 달려 있다. 여기에서 논의한 최적수렵모델은 그런 과정을 모델화한 것이며, 지금까지 대체로 성공적

---

20 스폰설(Sponsel 1986)에 따르면, 열대 동물의 39%는 몸무게가 5kg이 채 되지 않으며, 54%는 단독 생활을 하고, 73%는 야행성이며, 44%는 수상생활을 한다. 이 점이 충격 도구로서 아주 커다란 화살과 독을 사용하는 이유가 되는데, 열대림에서는 활을 가진 사냥꾼이 선호하는 10~15미터보다 더 먼 거리에서 화살을 쏴야 하기 때문이다. 또한 열대림 사람들이 엽총을 쉽게 받아들인 것도 이와 관련되었을 수 있다. 그리고 대부분의 열대림 원경민은 분명 단백질이 부족하다. 반투 마을사람들은 칼로리로는 세 배에 이르는 농산물을 피그미족의 고기와 교환한다(Bailey 1991).

이었다. 최적수렵채집이라는 개념을 통해 사냥의 총수익률이 어로의 수익률보다 낮을 때 왜 수렵채집민이 사냥을 그만두고 고기잡이에 나서게 되는지를 말할 수 있다. 열대림이나 초원지대와 같이 식물 채집의 수익률이 낮으면서 어로 자원이 없는 지역에서 수렵민은 충분한 칼로리를 확보할 길을 찾아 원경민과 탄수화물을 교환하기 위해 사냥에 더 많은 시간을 쏟을 것이다.

식량자원의 특성 자체는 생계 관련 의사결정 과정의 초기 조건만을 알려 줄 뿐이다. 수렵채집민은 에너지(칼로리)의 측면에서 식량의 서열을 정하지만, 경우에 따라서는 단백질이나 지방이 중요하게 여겨지기도 한다. 극단적으로는 특정 영양소를 목적으로 자원을 선택하는 사례도 있지만, 이는 식단에서 나타나는 전반적인 패턴을 설명하는 요인으로는 부적절하다. 식단폭모델과 패치선택모델을 적용한 연구에 따르면, 사람의 사냥과 채집은 진화생태학의 모델을 수정한 것과 잘 어울린다고 한다. 이러한 모델을 통해 사람의 수렵채집에 중요한 변수를 이해할 수 있으며, 사람의 분명한 의사결정 과정으로서 수렵채집 활동을 설명할 수 있다(Mithen 1990 참조).

최적수렵모델에 대한 흔한 비판은 음식이라 생각되는 것은 문화적인 것이어서, 에너지와 상관없는 이유에서 취해지기도하고 배제되기도 하는 자원을 설명할 수 없다는 것이다. 사람은 권위를 찾아 사냥에 나서기도 하며(Dwyer 1974, 1985a, b), 모피나 깃털을 얻기 위해서 사냥하기도 한다. 어떤 자원은 아마도 신성한 것이든 먹을 수 없는 것으로 여겨지든 금기시되기도 한다. 어떤 음식은 입맛 때문에 무시되기도 하고, 반대로 선호되기도 한다(e.g., Koster, Hodgen, Venegas and Copeland 2010). 최적수렵모델이 어떻게 비생계적인 이유에서 취해지기도 하고 배제되기도 하는 자원을 설명할 수 있을까?

수렵채집 모델이 실제상황을 그대로 담고 있다고 주장하는 것은 아니다. 다만 수렵채집민이 모델의 목적과 조건에 입각하여 행동하는지 하는 점을 구체적인 실제상황을 통해 모델화한다. 최적화모델은 해석적 장치이다. 그 자체로 선험적인 대답도 아니며 설명도 아니다. 예를 들어, 탐색비용과 대면후수익률을 통해 자원의 서열이 정해진다고 할 때, 최적수렵모델을 검증하기 위해 수집된 자료는, 수렵채집민은 어떤 자원을 획득할 것인지를 예측함으로써, 에너지가 아닌 다른 이유에서 취해지기도 하고 무시되기도 하는 자원에 주목할 수도 있다. 가령 미슨(Mithen 1989)은 자신의 수렵채집 모델을 아프리카 밸리비사(Valley Bisa)족에 적용할 때 얼룩말이 식단에 포함되어야 한다는 가설을 세웠다. 그럼에도 밸리비사족은 얼룩말을 거의 사냥하지 않는다. 이에 합당한 이유가 있는지, 아니면 (그저 문화적인 이유로) 먹을 수 있는 자원이라 생각하는 범주에 얼룩말이 포함되어 있지 않은지는 불확실하다[우연히도 보츠와나의 그위족 역시 얼룩말을 사냥하지 않는데, 이는 사실 설명하기 쉽지 않은 일이다(Silbergauer 1981a: 293)]. 이 사례에서 모델은 얼룩말이 식단에 포함되리라고 예측하였지만 사실은 그렇지 않았다. 이때 얼룩말을 먹지 않아야 할 이유는 에너지 요인과는 별 관계가 없음을 알 수 있다.[21] 결국 수렵채집 모델은 어떤 자원이 비생계적인 이유에서 취해지고 배제되는지를 아는 데 도움이 된다고도 할 수 있다.

최적수렵모델이 인류학에 도입된 지 30여 년이 흘렀음에도, 여전히 수렵채집 사회의 식단의 변이를 이해하는 최선의 방법이다. 특히 경험적으로 검증할 수 있는 모델을 제공하고 있으며, 수렵채집 전략과 식단, 기술, 남자와 여자의 활동, 어린이의 생계활동, 에너지 획득이 목적이 아닌 수렵채집 활동 사이의 관계를 생각하는 데 여전히 생산적이다. 그리하여 이어지는 장에서 수렵채집 활동과 양육, 재생산, 사회 경쟁과 같은 문제들이 어떻게 관련되어 있는지를 살펴보고, 식량이라는 단순한 영역을 넘어 수렵채집민의 행위를 이해해 보자.

---

21 고고학 역시 이런 접근의 도움을 받을 수 있다. 타스마니아의 어로를 사례로 들어 보자. 3500년 전, 타스마니아 원주민은 물고기를 먹지 않게 되었다(Jones 1978). 유럽 식민자들은 타스마니아 사람들이 물고기를 먹을 수 없는 것으로 여김을 알게 되었다. 물고기는 그저 금기시되었는가, 아니면 다른 식량에 비해 하위의 자원이어서 그러한가? 또는 플라이스토세 최말기 해수면 상승으로 섬이 되면서 타스마니아 집단의 크기가 너무 작아 어로의 기술이 유지되지 못하고 말았는가(Henrich 2004; 논평은 Read 2006 참조). 최적수렵모델은 순전히 에너지의 이유에서 물고기가 식단에서 빠질 수 있는 조건을 제시할 수 있으며, 따라서 이런 가설을 검증하는 데 도움이 될 수 있다. 마찬가지로 캘리포니아 남부 추마시족에게 황새치는 특별한 상징적 의미를 지니고 있고, 식량으로서 가치가 아니라 그런 상징적 의미 때문에 값비싼 통나무배로 잡으러 나간다 (Davenport et al. 1993; Pletka 2001).

4

이동성

어렸을 때 우리는 늘 이동했다. 결코 한 곳에 오래 머무르지 않았다. 이동하지 않으면 먹을 것을 찾을 수가 없다. 가끔 한동안 먹을거리가 없는 경우, 캠프 사람들은 배고파한다. 먹을거리가 있다면 그곳으로 이동해야 했다.

— 이쿠친족 남자(Nelson 1986: 273)

백인들처럼 늘 한곳에만 머물러 있기를 (우리는 좋아하지 않는다)

— 카스카족 남자(Honigmann 1949: 102)

인류학에서 작은 수렵채집민 무리가 어깨에 작은 짐을 메고 사구(砂丘)와 관목 숲을 가로질러 이동하는 모습만큼 낭만적인 이미지는 없다. 이 사람들은 모든 곳에 살면서 어느 곳에도 집착하지 않는다. 이것이야말로 학생이 수렵채집민을 공부하며 보게 될 첫 이미지 가운데 하나이며, 이는 전문가에게도 여전히 의미가 있다. "맨 더 헌터" 학회에서 리와 드보어(Lee and DeVore 1968: 11)는 수렵채집민이 "많이 이동하는" 사람들이라고 말하였는데, 이 사실이야말로 수렵채집민의 생활을 강하게 규정한다. 맞는 말이다. 이동성은 수렵채집민의 다른 생활에도 큰 영향을 미친다. 예를 들어, 마르셀 모스(Marchel Mauss 1904-05)와 살린스(Sahlins 1972)는 수렵채집민의 자유방임적인 생활 자세에 이동성이 가장 중요한 역할을 했다고 하였다.

1970년대에 고고학자들은 수렵채집민의 계절적 순환(seasonal rounds)에 관심을 가졌다. 수렵채집민은 자원 풍부도가 계절별로 변동함에 따라 한 곳에서 다른 곳으로 이동한다(e.g., Thomas 1973; Bettinger 1977).[1] 예를 들어, 미국 그레이트베이슨에 사는 쇼쇼니족은 산간지역의 잣나무와 향나무 숲이 있는 마을에서 겨울을 보낸다(그림 4-1). 봄이 오면 계곡 밑으로 내려와 덩이줄기와 구근 그리고 봄의 첫 씨앗들을 채집한 다음, 오르막 비탈을 올라가 거기에서 나는 씨앗을 딴다. 여름에는 송어가 헤엄치는 강으로 또는 물새를 사냥할 수 있는 습지로 이동하여 골풀 씨앗을 채집한다. 초가을에는 산간지역으로 다시 돌아가 겨울 캠프를 세우고 사슴과 큰뿔양을 사냥하면서 잣나무 열매를 딴다.

수렵채집민은 다양한 방식으로 이동한다. 정말 "많이 이동하는" 집단도 있지만, 별로 이동하지 않는 사람들도 있다. 그리고 이동하는 사람들이 수렵채집민만은 아니어서, 많은 원경민과 거의 모든 유목민도 이동한다.[2] 생계와 마찬가지로, 수렵채집민의 이동이 어떻게 그리고 얼마나 이루어지는지 하는 데는 상당한 변이가 있다(표 4-1).

이번 장에서는 계절 순환(놀랄 만큼 다양하다)의 다양성이 아니라, 그런 다양성을

---

1   취락(주거)유형 연구는 고든 윌리(Gordon Willey 1953)의 페루 비루밸리 연구 이후 등장하여 1970년대에 정점에 이르렀다.

2   잉골드(Ingold 1987)와 크립(Cribb 1991)은 수렵채집민과 유목민의 이동성 간의 개념적 차이를 논한다.

낳은 수렵채집 생활과 캠프 이동 사이의 관계를 밝히려고 한다. 먼저 개념들과 함께 이동성과 환경 사이의 관계를 기록한 민족지 자료를 살펴보자. 그런 다음 상이한 수렵채집 환경이 어떻게 길고 짧은 개별 활동을 낳는지 그리고 얼마나 자주 집단이 이동하는지에 대해 간단한 모델을 제시할 것이다. 그 다음에는 정주, 곧 본거지(거주) 이동성의 결여를 논의한다. 내 의견으로는, 이동생활에서 정주하는 존재로의 전환은 수렵채집민의 사회 및 정치 생활에 중요하고도 확산력이 큰 영구적인 변화의 도가니와 같은 것이기 때문에 특별한 논의를 필요로 한다(9장에서도 살펴본다). 마지막으로 인류학의 전통을 이어서 이동성의 정신과 어린이가 어떻게 문화를 배우는지(문화화), 그리고 수렵채집민이 의도적으로 자원을 보호하는지와 같은 세 가지 연관 이슈들을 살펴봄으로써 이동생활이 다른 양상의 생활에 미치는 영향을 이해해 보자.

이동성과 환경

수렵채집민은 참으로 빈번하게 이동하기도 하는데, 인류학자들은 오랫동안 이동성이 다양함을 잘 알고 있었다. 초기 모델 가운데는 수렵채집민을 다음의 네 범주로 나누기도 하였다. "자유 유랑(free-wandering)" 집단은 영역적 경계가 전혀 없이 새로운 지역으로 들어가는 유형이며, "제한적 이동(restricted-wandering)" 집단은 영역적 경계 안에서만 더 높은 인구밀도를 이루는 유형이며, "중심지 이동(central-based wandering)" 집단은 계절적으로 특정 마을에 돌아가는 유형이고, "반영구적 정주(semipermanent sedentary)" 집단은 연중 한 곳의 마을에 살면서 몇 년에 한 번씩 이동하는 유형을 말한다(Beardsley *et al.* 1956).

머독(Murdock 1967)은 후일 이 네 범주를 수정하여, 각각 완전유랑(fully nomadic), 반유랑(seminomadic), 반정주(semisedentary), 완전정주(fully sedentary) 집단이라고 구분하였다. 빈포드(Binford 1980)는 실효온도(effective temperature, ET, 3장 참조)라는 개념을 사용하여 환경과 머독의 주거 형식 간에 체계적인 관계가 있음

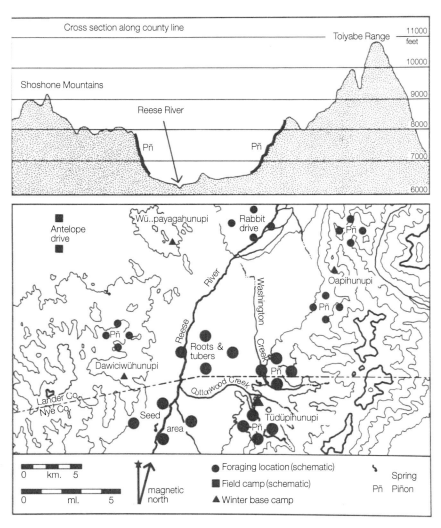

그림 4-1. 리스강(Reese River) 계곡에 사는 쇼쇼니족인(Tüdüpihunupi)의 주거 유형. 스튜어드(Steward 1938: 그림 8)의 원도를 토머스(Thomas 1981)의 책에서 데니스 오브라이언(Dennis O'Brien)이 다시 그렸다. 미국자연사박물관 인류학부 제공.

을 보여 주었다 (표 4-2). 열대림이나 북극지방의 수렵채집민은 이동성이 매우 강한 경향이 있다. 온대림이나 사막에서는 이동성이 계절적으로 제한되는데, 특히 겨울의 저장 식량 사용이 중요한 요인이다. 사막의 수렵민에게는 수원지의 분포가 중요하다. 빈포드의 연구는 특히 고고학자들이 수렵채집민의 이동성에 다시 한 번 주목하는 계기가 되었다.

빈포드는 수렵채집민의 주거체계의 다양성을 "포리저(foragers)"[3]와 "컬렉터(collectors)"라는 개념으로 파악하였다. 나아가 같은 본거지에 사는 집단이 한 야영지에서 다른 야영지로 옮기는 것을 말하는 "거주(본거지) 이동성(residential mobility)"과 개인이나 소규모 분대가 식량 확보를 위해 나갔다가 다시 본거지에 돌아오는 것을 가리키는 "조달 이동성(logistical mobility)"이라는 개념을 구분한다. 포리저는 본거지 이동성을 통해 소비자를 식량자원으로 이동, 그러니까 권역의 자원소재지로 옮겨다닌다(그림 4-2). 컬렉터는 중요한 지점(가령 수원지이거나 땔감이 있는 곳)에 본거지를 옮긴 다음 조달 활동을 통해 식량을 야영지로 가져온다(그림 4-3). 빈포드는 일반적으로 포리저가 높은 본거지 이동성을 가지며 조달 이동의 빈도가 그리 높지 않은 데 반해, 컬렉터는 본거지 이동은 별로 하지 않고 조달 활동을 빈번하고도 길게 한다고 주장하였다. 포리저는 소비자가 식량 있는 곳으로 옮기는 데 반해, 컬렉터는 식량을 소비자에게 옮긴다.

그러나 (빈포드의 정의에 따른) 모든 포리저가 이동성이 높은 것은 아니며, 모든 컬렉터가 거의 정주에 가까운 생활을 하는 것도 아니다. 빈포드의 형식은 이동의 빈도가 아니라 개별 수렵활동에 대한 캠프 이동의 양상에 치중한 것이다. 북부 호주의 안바라(Anbarra)족을 예로 들면, 이들은 연중 몇 번만 이동하지만, 사냥과 어로 그리고 조개류와 뿌리를 채집하고 물을 길어 오기 위해 빈번하고도 짧은 활동에 나선다(정부 구호품으로 대략 50%의 칼로리를 충당한다). 말레이시아의 세망(Semang)족은 빈번한 본거지 이동을 하면서도 보통 캠프를 떠나서 낮에만 수렵활동을 한다. 하지만 빈포드의 시각에서 보면, 이 두 집단은 모두 소비자가 자원이 있는 곳으로 이동하기 때문에 포

---

3   빈포드의 논의에서 "forager"는 "collector"에 대응하는 개념으로 쓰이고 있다. 이 책에서는 빈포드의 논의를 제외하고 "forager"라는 말을 "수렵채집민"과 같은 개념으로 사용된다.

리저이다. 이동의 빈도에서 나타나는 차이는 각 환경에서의 식량의 밀도와 관련되어 있지만, 수렵민 개인과 집단 이동의 관계는 여전히 동일하다.

빈포드는 원래 자신의 두 주거체계 형식이 민족지나 고고학 사례를 분류하는 데 이용되기를 의도하지는 않았다.[4] 오히려 포리저와 컬렉터는 연속적인 변이의 양 끝에 해당한다고 하였다. 다시 말해 수렵채집민이 식량자원의 공간적이고 계절적인 분포에 대응하는 방식에서 나타나는 변이는 연속적이라는 것이다. 자원이 균질적으로 분포하고 대체로 연중 내내 식량을 이용할 수 있는 곳이라면, 포리저 유형이 더 그럴듯할 것이다. 그 반대의 상황이라면, 컬렉터 유형이 나타나리라고 본다. 일반적으로 적도에서 극지로 갈수록 자원은 공간적으로 더 군집되어 있고 계절적으로도 이용 가능성에 차이가 있다(아마도 극지방에서 회유하는 물고기나 무리지어 이동하는 카리부 떼에 접근할 수 없는 몇몇 집단은 제외해야 할 것이다. 이장의 뒷부분에 있는 넷실링미우트(Netsilingmiut), 배핀랜드 이누이트에 대한 논의 참조). 그러므로 빈포드가 머독의 범주와 ET를 통해 관찰한 유형은 포리저—컬렉터 연속변이와 자원 분포에 유사함이 있음을 의미한다.[5]

빈포드의 포리저—컬렉터 연속변이는 이동성이 환경과 관련되어 있음을 뜻한다. 민족지 자료 역시 이 점을 시사하고 있다.

4 　빈포드는 1980년에 논문이 나오기 바로 전, 나에게 수렵채집민의 형식을 나누고자 한 것은 아니지만, 많은 연구자들이 그렇게 사용할 것이라고 말했다. 이 생각은 옳았다. 원래 의도는 고고학자들에게 고고 자료에서 보이는 경관의 척도에서 공간 유형을 판단하는 데 도움을 주기 위해서였다.

5 　덧붙여 베틴저와 봄호프(Bettinger and Baumhoff 1982; Bettinger 1991)는 이동자(traveler)-가공자(processor)라는 유사한 개념을 제안하였다. 이동자란 본거지 및 조달 이동성이 높아서 상위자원, 특히 대형동물만을 취한다. 가공자는 이동성이 낮고 다양한 자원, 특히 식물성 식량을 취한다. 생계에서의 차이는 인구에서의 차이를 일으켜, 이동자 사회에서 여아살해율을 높여 인구를 조절한다. 이동자는 새로운 환경으로 들어가는 집단일 수도 있으며, 반면 가공자는 빈포드의 포리저와 컬렉터를 포괄할 수도 있다. 베틴저(Bettinger 1991: 102)는 자신의 모델이 인구와 자원 간, 그리고 주거와 생계 간의 정확한 관계를 특정해 주는 이점이 있다고 주장한다.

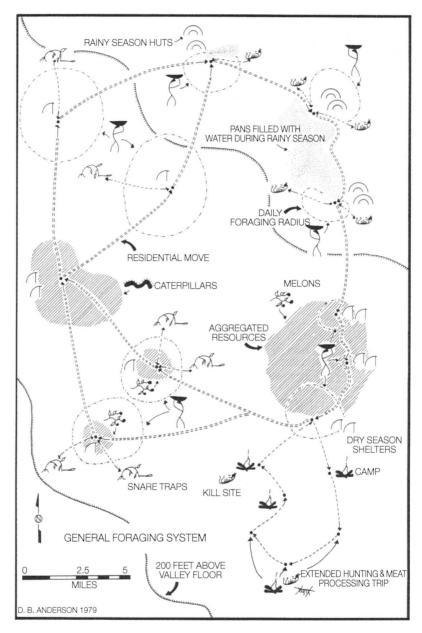

그림 4-2. 포리저 생계–주거체계의 특징. 빈포드(Binford 1980)의 자료를 재도(Dana Anderson)했다. 미국 고고학회 *American Antiquity* 45(1) 허가로 전재.

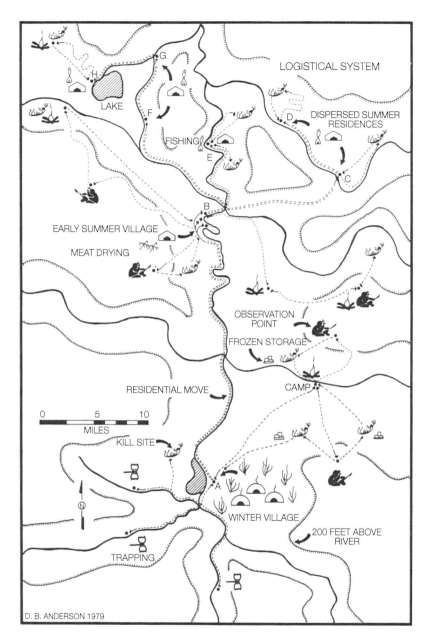

그림 4-3. 컬렉터 생계-주거체계의 특징. 빈포드(Binford 1980)의 자료를 재도(Dana Anderson)했다. 미국 고고학회 *American Antiquity* 45(1) 허가로 전재.

표 4-1. 수렵채집민의 이동성

집단	연간 본거지 이동의 수	평균 거리 (km)	총 거리 (km)	총 면적 (km²)	조달 이동 (날짜)	일차 생물량 (kg/m²)	참고문헌
배핀랜드 이누이트 (Baffinland Inuit)	60	12	720	25,000	–	0.27	Hantzsch 1977
오나 (Ona(Selk'nam))	60	–	–	–	–	8.6	Gusinde 1934; Stuart 1972
넷실링미우트 (Netsilingmiut)	14	16.8	237	6,000	–	0.027	Balikci 1970
누나미우트 (Nunamiut)	10	69.5	725	4,200-20,500	–	1.11	Amsden 1977; Binford 1978
칠캇 틀링잇 (Chilkat Tlingit)	〉2	–	8-80	2,500	–	29.6	Schalk 1978; Mitchell and Donald 1988
벨라쿨라 (Nuxalk(BellaCoola))	–	–	–	625	–	30.1	Schalk 1978
콰콰카와쿠 (Owikeno Kwakwak'wakw)	–	–	–	639	–	33.6	Schalk 1978
미스타시니 크리 (Mistassini Cree)	10	–	510	3,385	–	11.9	Rogers 1963, 1967a, b; 1972
남 틀링잇(S. Tlingit)	3	–	–	1,953	–	29.6	Schalk 1978
오지브와 (Berens River Ojibwa)	–	–	320	–	–	8.5	Rogers 1967a,b; 1969b
크리 (Grand L. Victoria Cree)	–	–	–	2,890	–	19.8	Rogers 1967a,b; 1969b
오지브와 (PikangikumOjibwa)	–	–	–	650	–	8.5	Rogers 1967a,b; 1969b
에벤키 (Evenki(순록 유목))	–	–	200-400	–	1-2	–	Turov 2010
하이슬라(Haisla)	–	–	–	4,000	–	32.2	Schalk 1978
침산(Tsimshian)	3-5	–	290-450	–	–	32	Schalk 1978; Mitchell and Donald 1988
하이다(Haida)	–	–	–	923	–	32.9	Schalk 1978; Langdon 1979
마카(Makah)	2	7.3	15	190	–	34.1	Schalk 1978
퀼류트(Quileute)	–	–	–	185	–	34.3	Schalk 1978

집단	연간 본거지 이동의 수	평균 거리 (km)	총 거리 (km)	총 면적 (km²)	조달 이동 (날짜)	일차 생물량 (kg/m²)	참고문헌
블랙풋 (Blackfoot (Siksika))	–	16-24	–	700	–	3.9	Ewers 1955
퀴놀트(Quinault)	–	–	–	110	–	34.7	Schalk 1978
콰콰카와쿠 (Kwakwak'wakw,Ft. Rupert)	3-4 +	13.6	35	727	–	33.6	Schalk 1978
콰콰카와쿠 (Kwakwak'wakw,Ft. Rupert)	–	–	252-276	–	–		Mitchell and Donald 1988
와스와니피 크리 (Waswanipi Cree)	–	–	–	4,870	–	12.8	Rogers 1967a,b; 1969b
알류트(Aleut)	1	–	–	–	32	8.6	Coxe 1804(1787); Laughlin 1980
몬타네(Montagnais)	50	64	–	2,700	–	7.7	Tanner 1944; Leacock 1954
치눅(Chinook)	–	–	–	118	–	35.1	Schalk 1978; Kroeber 1939
아이누(Ainu)	2	4.3	8.6	171	48	21.5	Watanabe 1968a, b; 1972
클라마스(Klamath)	11	7.5	84	1,058	27	15.3	Gatschet 1890; Spier 1930; Barrett 1910
트와나(Twana)	4	–	48-70	211	–	35.2	Mitchell and Donald 1988; Elmendorf 1960
퓨알럽-니스퀄리 (Puyallup-Nisqually(S.Salish))	–	–	–	191	–	23.8	Schalk 1978
스카짓 (UpperSkagit(S. Salish))	–	–	–	203	–	23.8	Schalk 1978
누차눌트 (Nuuchahnulth (Nootka))	〉3	10	5-55	370.5	–	34.9	Drucker 1951; Mitchell and Donald 1988
스콰미시 (Squamish (C.Salish))	0-4	–	0-320	–	–	18.5	Mitchell and Donald 1988
살리시 (Other Gulf Salish)	3	34.9	77	631	–	23.8	Schalk 1978

집단	연간 본거지 이동의 수	평균 거리 (km)	총 거리 (km)	총 면적 (km²)	조달 이동 (날짜)	일차 생물량 (kg/m²)	참고문헌
동사니시(E.Saanich (C.Salish))	4-5	–	75-110	58	–	28.8	Schalk 1978; Mitchell and Donald 1988
서사니시(W.Saanich (C.Salish))	3-5	–	165-320	–	–	28.8	Schalk 1978; Mitchell and Donald 1988
누크삭(Nooksack (C.Salish))	–	–	–	356	–	28.8	Schalk 1978
미크맥(Micmac)	–	56	–	1,000-5,200	–	17.9	Wallis and Wallis 1955; Denys 1908; LeClerq 1910; Speck 1921
산포일(Sanpoil)	10	–	–	–	–	5.7	Ray 1932
타스마니아원주민 (Tasmanians)	–	–	400	376	–	34.8	Jones 1974
위요트(Wiyot)	0-2	–	–	32	–	19.7	Schalk 1978
파이우트 (Kidütökadö, Surprise Valley Paiute)	40	–	–	–	29	5.8	Kelly 1932
크로우 (Crow,Apsáalooke)	38	19.2	640	61,880	32	4.5	Nabokov 1967
타스마니아원주민 (Tasmanians, S.W.)	–	–	400	476	–	34.8	Jones 1974
네즈퍼스(Nez Perce)	–	16-24	–	2,000	–	11.3	Haines 1955
샤이엔(Cheyenne)	33	12	396	–	–	6.5	Gussow 1954
톨로와(Tolowa)	2?	–	–	91	–	35.9	Schalk 1978; Cook 1976
유록(Yurok)	0-2	–	–	35	–	35	Schalk 1978; Cook 1976
마이두(Maidu)	–	–	–	455-3,255	–	6.7	Dixon 1905; Beals 1933
타스마니아원주민 (Tasmanians, Oyster Bay)	–	–	160	572	–	12	Jones 1974
카록(Karok)	–	–	–	30	–	18.1	Schalk 1978
타스마니아원주민(Tasmanians, Big River)	–	–	480	1,114	–	12	Jones 1974

집단	연간 본거지 이동의 수	평균 거리 (km)	총 거리 (km)	총 면적 (km²)	조달 이동 (날짜)	일차 생물량 (kg/m²)	참고문헌
카이밥 파이우트 (Kaibab Paiute)	–	–	–	706	–	3.2	Leland 1986; Kelly 1964
자원획득(Kiowa)	–	16-24	–	–	–	11.4	Kroeber 1939
카데 그위 (≠Kade G/wi)	17	25	300	906	10	1.5	Tanaka 1980
쿠아 (Kua, 이동성 집단)	11	–	–	990	6	2	Hitchcock and Ebert 1989; Hitchcock 1982
왈라파이(Walapai)	–	–	–	588	–	2.1	Kroeber 1935
피찬자라(Pitjandjara)	–	–	–	–	5-6	0.7	Tindale 1972
응아다자라 (Ngadadjara)	37	43	1,600	2,600	8-16	0.6	Gould 1968, 1969a, b; Pate 1986
보르헤노(Borjeno)	–	–	–	–	26	1	Aschmann 1959
아란다(Aranda)	10	–	–	260	–	0.8	Spencer and Gillen 1927
워로라(Worora)	–	–	–	743	–	9.5	Peterson and Long 1986
과야키(Guayaki)	50	5.9	295	780	–	31.6	Clastres 1972
핫자(Hadza)	27	8	216	2,520	3-4	11.3	O'Connell, Hawkes, and Blurton Jones 1988; Woodburn 1968, 1972
핫자(Hadza)	4-20(6.5)	11-12	–	78	–	11.3	Marlowe 2010
세리(Seri)	–	–	248	–	–	0.6	McGee 1898
푸메(Pumé)	7	2.1	46	124	–	0.66	Greaves 2006
주호안시(Ju/hoansi [Nyae Nyae])	–	–	–	–	6-10	2	Hitchcock and Ebert 1984
주호안시 (Ju/hoansi(Dobe))	6	23.6	142	260-2,500	10	2	Hitchcock 1987a, b; Lee 1979
아이세(/Aise, 정주민)	0	–	–	–	2-10	2	Hitchcock and Ebert 1984
쿠아(Kua, 정주민)	0	–	–	–	7-46	2	Hitchcock and Ebert 1984
알라와라(Alyawara)	–	–	–	1,500	7	0.8	O'Connell, Latz, and Barnett 1983
도로보(Dorobo)	6	–	–	–	–	25.7	Huntingsford 1929

집단	연간 본거지 이동의 수	평균 거리 (km)	총 거리 (km)	총 면적 (km²)	조달 이동 (날짜)	일차 생물량 (kg/m²)	참고문헌
그위(G/wi)	11	25	275	782	8-24	1.5	Silberbauer 1972, 1981a, b
음라브리(Mlabri)	24	19	196	2,826	1	35.7	Pookajorn 1985, 1988
비르호(Birhor)	8	10.3	90.3	130	5-6	13.8	Williams 1974
마르두자라 (Mardudjara)	-	-	-	-	15	0.5	Cane 1987; Tonkinson 1978
시리오노(Siriono)	16	14.4	230	780	-	18.3	Holmberg 1950; Stearman 1984
첸추(Chenchu)	4	11.2	39.5	-	-	15.6	Furer-Haimendorf 1943
움필라(Umpila, Nesbitt R., Cape York)	-	-	-	35-70	-	9.1	Chase and Sutton 1987
힐 판다람 (Hill Pandaram)	45	4	144	79.8	-	3.9	Morris 1982
아에타 (Aeta〔Cagayan〕)	22	12.8	281.6	3,265	-	26.9	Vanoverbergh 1925
아그타(Agta〔Isabela〕)	20	5	107	-	-	23.6	Rai 1990
바탁(Batak)	17-26	-	-	-	-	30.3	Eder 1978, 1987
안바라(Anbarra)	3	3.2	7	56	1-4	9.8	Meehan 1982
아카(Aka)	8	7	60	400	-	25.4	Bahuchet 1979, 1988, 1992
누칵(Nukak)	70-80	5.75	400-500	400-500	1	46.2	Politis 2007
미른가자(Mirrngadja, GlydeRiver)	5	3.5	14.2	-	-	10.1	Peterson 1973
베다(Vedda)	3	11.2	36.3	41	-	17.2	Seligman and Seligman 1911
음부티(Mbuti)	5-11	5-8	57	120-780	-	33.1	Bicchieri 1969b; Tanno 1976; Harako 1976; Turnbull 1972; Bahuchet 1992
세망(Semang)	26	11.3	203.8	2,475	-	50.3	Schebesta 1929
안다만원주민(Andamanese〔Onge, 내륙〕)	8	2.4	40	8	-	57.3	Radcliffe-Brown 1922; Cooper 1990

집단	연간 본거지 이동의 수	평균 거리 (km)	총 거리 (km)	총 면적 (km²)	조달 이동 (날짜)	일차 생물량 (kg/m²)	참고문헌
안다만원주민(Anda-manese〔해안〕)	–	–	–	25	–	57.3	Cooper 1990
페낭(Penan)	45	8.5	384	861	–	56.6	Harrison 1949
샤스타(Shasta)	–	–	–	3,255	–	19.3	Dixon 1907
오웬스밸리 파이우트 (Owens Valley Paiute)	–	–	–	1,964	–	1	Steward 1933
와쇼(Washo)	–	–	–	2,327	–	4.4	Downs 1966

주의: 민족지에서 관련 자료를 얻기가 쉽지 않았다. 원래 연구(Kelly 1983)에서 본거지 이동은 계절 순환 동안에 이루어진 본거지에서의 모든 변화라고 정의하였다. 한 지점이 계절적으로 재점유된다 해도(가령 북아메리카 서북부 해안의 겨울 마을처럼) 대부분의 집단이 계절적으로 그 지점을 떠난다면 거주적으로 이동성이 있다고 생각된다. 비교를 위한 세밀한 자료는 흔히 개략적인 자료로 거듭 만들어져야 한다. 예를 들어, 집단이 때로 중간 지점에 2~3일 정도 머무를 수도 있지만 본거지 이동은 한 번으로 생각되기도 한다(e.g., Williams 1974; Kozak, Baxter, Williamson, and Carneiro 1979). 그리하여 열대림, 아한대림 집단과 말을 타는 대평원의 수렵민에 대해 추정치를 매길 수 있었다. 표의 자료는 민족지에서만 온 것은 아니고, 한 집단이 언제 얼마나 이동하는지에 대한 간접적인 인용을 종합하기도 했다. 많은 사례는 전체 계절 순환을 가리키고 있지만, 몇 개는 추정적이거나 적절하다고 판단될 경우 한 계절에서 다른 계절로 외삽한 것이다. 자료의 대부분은 특정한 연도, 특정 무리의 이동에 관한 것이다(범위가 제시된 경우를 제외하고). 어떤 사례도 민족지적으로 규정된 집단 안에서 모든 시기의 모든 무리를 대표한다고 생각되어서는 안 된다. 예를 들어, 응아다자라족의 자료는 리처드 굴드(Richard Gould)의 현지조사에서 온 것인데, 호주 서부 사막의 다른 수렵민 그리고 심지어 응아다자라 족의 다른 무리와 동일하리란 법은 없다. 배핀랜드 이누이트의 이동성과 영역에 대해서는 주8 참조.

이동성에 대한 민족지 자료

유형적 틀에 얽매이기보다 다음과 같은 다섯 가지 변수를 사용하여 이동성이라는 차원을 측정해 보자. 1) 해당 연도별 본거지 이동의 수, 2) 이동한 평균 거리, 3) 해당 연도별 이동한 총 거리, 4) 연중 이용한 지역의 전체 면적, 5) 특정 조달 활동의 평균 거리(Kelly 1983; 표 4-1 참조). 여기에서는 이동성 변수들 사이의 몇몇 경험적 유형을 고찰하고, 그 다음 개별 수렵채집과 캠프 이동 사이의 관계로부터 어떻게 유형이 만들어지는지를 고찰한다.

나는 실효온도(ET)와 일차생물량(primary biomass)을 측정하여 식량의 풍부도 및 분포와 관련하여 이동성을 고찰한다. ET는 3장에서 정의하였고, 일차생물량은 특정 환경에서 자라는 총 식물량을 말한다. 대부분의 경우 사람은 식물의 생식 관련 부분(견과나 씨앗)이나 저장된 탄수화물〔괴경(塊莖)이나 근경(根莖), 구근, 구경〕을 먹는다.

표 4-2. 생태지대와 머독의 주거유형

지대	ET 범위	이동	반이동	반정주	완전 정주	평균
열대림	26-21	9(75)	2(16.7)	1(8.3)	0(0)	1.33
열대/아열대사막	20-16	9(64.2)	4(28.5)	1(7.1)	0(0)	1.42
온대사막	15-14	3(9.3)	21(65.6)	9(9.3)	5(15.6)	2.31
온대림	13-12	4(7.5)	32(60.3)	12(22.6)	5(9.4)	2.33
아한대림	11-10	5(11.1)	21(46.4)	12(26.6)	7(15.4)	2.46
북극	9-8	5(41.6)	4(33.3)	2(16.6)	1(8.3)	1.91

괄호 안 숫자는 해당 열에 대한 백분율이다. 평균이란 네 개 주거유형 범주에 주어진 값들의 평균을 뜻한다(완전 이동=1, 정주=4). 문헌: Binford 1980: 표 2

열대림과 같이 일차생물량이 높은 곳에서 식물은 생식 부분이나 저장보다 구조 유지와 태양열 확보에 더 많은 에너지를 쏟아 대체로 먹을 수 없거나 손에 닿지 않는(곧 나무의 끝이나 가지 끝에 있는) 일차생산(PP)이 많다. 일차생물량이 낮은 곳에서 식물은 구조 유지나 성장에 쏟는 에너지가 적고 생식 조직(씨앗)에 더 큰 에너지를 쓴다. 덧붙여 건조하고 낮은 일차생물량 환경의 식물은 땅 속에 큰 괴경을 가지고 있다(이는 가뭄과 불에 대한 적응이다). 그러므로 일차생물량은 일반적으로 그리고 어느 정도까지는 먹을 수 있는 식물성 식량의 효율적인 풍부도와 반비례한다. 또한 동물의 풍부도와 분포와도 반비례하는데, 이는 높은 일차생물량 환경에 사는 동물은 크기가 작은 경향이 있기 (그래서 나무 위에서도 살 수 있다) 때문이다. 만약 크기가 크다면 수가 적고 아주 널리 분포하게 마련이다. ET 값과 함께 일차생물량을 바탕으로 주어진 환경 안에서, 수렵채집에서 잠재적으로 얻을 수 있는 수익을 개략적으로나마 측정할 수 있다. 여기에서 논의된 집단에 대해서 나는 빈포드(Binford 2001)의 일차생물량 계산법을 사용하였다.[6]

6 　일차생물량은 일차생산과 건조 및 습윤의 범주로 나누어지는 주 생물량을 이용하여 두 가지 회귀방정식으로 계산하였다(Kelly 1983). 습윤한 환경은 연간 400mm 이상의 강우량과 ET 값이 8에서 12.5이거나 19.5에서 26에 해당하는 곳이다. 건조 환경은 ET 값이 12.5~19.5에 해당하거나 강우량이 400mm 미만인 곳(툰드라와 북극시방은 세외)이다.

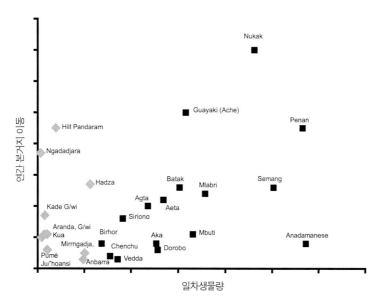

그림 4-4. 연간 본거지 이동의 수를 일차생물량과 비교하여 나타낸 도표. 일차생물량은 열대(검은 사각) 및 아열대(회색 마름모) 지방의 자원 밀도에 대한 대용지표로 사용되었다(집단 이름은 표 3-1, 7-1, 7-3 참조).

본거지 이동성 자료를 수집하기는 쉽지 않다. 이동하는 무리와 한 해 동안 내내 같이 살기 어려운 민속지 연구자는 현지조사 기간 동안의 기록을 일년 전체로 외삽한다. 우리는 그런 외삽 자료가 옳다고 가정하지만, 계절에 따라 본거지 이동이 달라진다면 (실제 흔히 그러하다) 문제가 생길 수 있다. 그리고 몇몇 사례에서 집단은 한 곳에서 다른 캠프로 이동하면서 하룻밤이나 그 이상 묵기 위해 도중에 몇 번 이동을 멈

건조 환경: $\log_{10}$ 일차생물량(g/m^2) = 2.66+0.0009x

습윤 환경: $\log_{10}$ 일차생물량(g/m^2) = 4.2+0.00013x

여기서 x는 전 지구적 증발 지도에서 계산된 순지표상 일차생산$(g/m^2/yr)$이다. 경계에 위치한 사례들에서는 기후 자료로 결정되는 방정식이 아니라 집단의 환경을 더 정확하게 말해 주고 있다고 생각되는 자료를 사용하였다. 이는 개략적인 측정이며, 빈포드는 지역의 날씨 자료에서 이보다 더 정확한 일차생산량 측정을 위해 더 깊은 논의를 하였다. 하지만 빈포드의 측정값과 나의 자료는 일치하여(r=0.86, p<0.01), 초판에서 제시한 패턴은 여전히 유효하다. 다만 음라브리(Mrabri)족의 경우 빈포드의 측정값에 오류가 있어, 회귀방정식을 사용하여 다시 계산하였다.

추고 머무를 수도 있다. 어떤 민족지 연구자는 이런 모든 것을 이동이라고 간주하기도 하고, 반면 다른 연구자는 캠프 사이의 중간기착지로만 보기도 한다. 전자에서는 더 높은 빈도가, 후자에서는 더 낮은 빈도의 이동이 나타날 것이다. 이런 차이를 민족지로부터 찾아 보정하기란 어려우며, 여기에서는 그저 지침 정도로 사용하기로 한다.

연간 본거지 이동의 수

수렵민 집단이 한 해 동안 얼마나 자주 걸어서 이동할 수 있는지 하는 데는 최대 365번이라는 한계가 있다. 그러나 실제로 한계는 이보다 훨씬 적어서, 일주일에 한 번을 넘기 어렵다(e.g., Pookajorn 1988: 186). 본거지 이동은, 논의를 시작하며 인용한 쿠친(Kutchin)족 남자의 말과도 같이, 식량의 이용 가능성과도 관련되어 있다. 나는 앞에서 일차생물량으로 육상 식량의 밀도에 대해 대략적 추정치를 알 수 있는데, 낮은 것보다 높은 일차생물량 환경에서 식량이 덜 풍부하고 이용 가능성도 떨어진다고 하였다. 그러므로 높은 일차생물량 환경에서 연간 본거지 이동의 수는 높아져야 한다. 그림 4-4는 여러 사례를 종합한 자료, 곧 열대림(n=16, r=0.51. p=0.04)에 부합함을 나타낸다. 수생자원에 의존하고 있는 집단 (가령 안바라 족이나 특히 상당히 작은 섬에 살고 있어 이동성이 제한적일 수밖에 없는 안다만섬 원주민), 나라의 구호품을 받거나(e.g., Anbarra) 원경민과 연결된 집단[(e.g., Mbuti; 그리고 첸추(Chenchu)족과 베타(Vedda)족은 농사를 조금 지으면서 마을과도 연결되어 있다)의 경우는 그런 자원을 이용하지 못하였다면 더 자주 이동하였을 것이다.

많은 열대림의 수렵채집민에게 캠프의 이동은 수렵활동을 위해 나서는 일이기도 하다. 이처럼 이동 중에 수렵활동을 할 경우 캠프와 그 다음 캠프 사이의 거리가 줄어들 수밖에 없기에 집단의 이동성이 그만큼 제한된다고도 할 수 있다. 말레이시아의 세망족에 따르면, "아이들까지 데리고 무리 전체가 하루 동안 길게 행진할 수 없어서 집단은 이동 도중에도 식량을 찾아나설 수밖에 없다. 때로 강어귀에 멈추어 물고기를 잡기도 하고, 숲에서 먹을 수 있는 뿌리를 캐기도 한다"(Schebesta 1929: 150)고 한다. 필리핀의 아그타(Agta)족의 말에 따르면, "여행은 사냥감을 마주쳐 한비

그림 4-5. 1985년 사라왁(Sarawak) 숲을 가로질러 걷고 있는 페낭(Penan)족 가족. 사고야자를 따기에 더 좋은 곳으로 이전 캠프에서 서너 시간 걸어 캠프를 옮긴다. 남자는 그 전날 먼저 나가서 캠프 자리를 잡고 길을 낸다. 피터 브로시우스(Peter Brosius) 제공.

탕 소동을 벌이기 전까지는 여유로운 일이다. 구장나무 열매를 따먹거나 낚시를 하고, 채집이나 요리, 심지어 낮잠을 자기 위해 자주 멈춘다"(Rai 1990: 59; 동남아시아 음라브리(Mlabri)족에 대해서는 Pookajorn 1988 참조)고 한다. 탄자니아 핫자족은 평균 11km 정도를 이동하는데, 한 번에 세 시간이면 충분히 움직일 수 있는 거리지만 핫자족은 도중에 예닐곱 번이나 멈춘다(Marlowe 2010: 107).

　우리가 가진 자료 대부분은 열대림 집단(그림 4-5)과 아한대림 집단에 대한 것이지만, 셀크남, 미크맥, 몬타네족도 자주 이동한다 (그림 4-6). 일차생산성(primary productivity)이 낮고 일차생물량이 어느 정도 높은 아한대림의 육상 환경에서는 식량이 풍부하지 않기 때문에 이곳의 수렵민은 본거지 이동성이 매우 높다고 기대할

그림 4-6. 1902년경 중앙 알래스카의 아트나(Ahtna)족 캠프. 임시 움막으로 볼 때 본거지 이동성이 높을 것으로 보인다. 아트나 족은 겨울 동안 마을에 움집을 짓고 산다. 마일스 형제 사진. 스미스소니언연구소의 국립인류학 기록물 제공(03003800).

수 있다. 이는 사실인 듯하다. 미크맥족은 "가족이 생계수단을 찾을 수 있는 한 곳에 캠프를 짓고 머문다"(LeClerq 1910: 100). 르주엔느(LeJuene)는 1633~34년 몬타네족 집단과 겨울을 같이 보내면서 11월 12일부터 4월 22일까지 스물 세 차례, 곧 일주일에 한 번꼴로 이동했다고 기록하였다(Leacock 1954; Turner 1889; Helm 1972; Rogers 1972 참조). 온대지방의 상록림에 사는 타스마니아 원주민(Tasmanians)은 적어도 연중 일부 기간에는 "날마다 새로운 곳을 찾아나선다"(Backhouse, in Roth 1890: 104; B. Hiatt 1967, 1968 역시 참조). 티에라 델 푸에고 내륙의 오나(Ona, Selk'nam)족은 "가족이 과나코(야생 라마)를 쫓아 가만히 있지 못하며 사냥감을 잡은 바로 그곳에서 며칠을 머문다. 고기를 다 먹은 다음에 다시 떠나면서 끊임없이 주거지를 옮긴다"

(Gusinde 1934: 276). 캐나다 북부 비버 인디언의 경우, 추운 기후에서의 비생산적인 사냥은 무리를 지치게 만드는 일임을 고려할 때, 캠프는 아주 중요하다.

> 먹을 식량이 없는 사냥꾼은 첫날 무스를 잡을 수 있다는 기대를 하고 출발한다. 사냥꾼은 20~30 마일까지 갈 수 있으며 무스의 흔적을 찾아 사냥에 성공할 가능성이 꽤 높다. 그런데 이튿날 가능성은 크게 낮아지고, 사흘, 나흘이 흘러 먹을 것이 없는 상태가 되면 힘들어하고 추위 탓에 완전히 지친다(Goddard 1917: 215).

열대지방이 아니지만 일차생물량이 높은 환경에서는 연중 본거지 이동의 수가 집단이 해양자원에 크게 의존하지 않는 한 일차생물량과 상응하는 듯하다(표 4-3). 해양자원에 대한 의존이 높은 경우, 거의 확실히 본거지 이동성이 낮다(Yesner 1980). 이용할 수 있는 자료는 적지만, 한 집단이 해양자원에 크게 의존하는 경우 본거지 이동의 수는 일차생물량과 반비례한다(Kelly 1983: 292). 3장에서 우리는 수생자원이 육상 사냥감을 대체할 수 있다고 하였다. 온대지방, 특히 열대지방보다 일차생산이 낮은 한대지방에서 사냥감은 식단에 더 중요하며, 이동성을 결정하는 데도 더 중요한 요인이다. 하지만 이런 환경에서 일차생물량이 증가하고 기온이 내려갈수록 큰 동물은 더 산포되어 있고 수도 적은 경향이 있다. 수생 자원에 대한 의존은 일차생물량의 증가의 경사도를 따라 사냥의 비용이 증가함에 따라 증가한다. 표 4-3에는 수생자원에 대한 의존이 50% 미만인 집단의 경우 일차생물량의 증가에 따라 수생자원 의존율이 증가함이 나타난다. 해양자원에 크게 의존하는 집단의 경우, 낮은 일차생물량 환경에 사는 집단(가령 산포일(Sanpoil)족)은 높은 일차생물량 환경에 사는 집단보다 이동성이 높다. 수생 자원 의존율이 높고 본거지 이동성이 낮은 집단은 모두 높은 일차생물량 환경에 산다(하지만 대부분의 사례가 북아메리카 서북부 해안이라는 단일한 곳의 자료이기에 결론은 유보적이다).[7]

---

7   비교문화(cross-cultural) 분석의 어려움 가운데 하나는 "문화 계통발생(cultural phylogeny)"의 문제이

표 4-3. 온대지방과 아한대림 집단의 이동성

집단	일차생물량(kg/m²)	어로 의존도(5)	연간 본거지 이동의 수
파이우트(Kidütökadö)	5.8	30	40
샤이엔(Cheyenne)	6.5	0	33
크로우(Crow)	4.5	0	38
오나(Ona)	8.6	20	60
몬타네(Montagnais)	7.7	20	50
미스타시니 크리(Mistassini Cree)	11.9	30	10
알류트(Aleut Low)	Low	60	1
클라마스(Klamath)	15.3	50	11
산포일(Sanpoil)	5.7	50	10
칠캇 틀링잇(Chilkat Tlingit)	29.6	높음	〉2
살리시만 원주민(Other Gulf Salish)	23.8	높음	3
동 사니시(E. Saanich)	28.8	높음	4-5
서 사니시(W. Saanich)	28.8	높음	3-5
아이누(Ainu)	21.5	40	2
위요트(Wiyot)	19.7	높음	0-2
유록(Yurok)	35	50	0-2
트와나(Twana)	35.2	60	4
마카(Makah)	34.1	60	2
남 틀링잇(S. Tlingit)	29.6	60	3
톨로와(Tolowa)	35.9	40	2?
남콰콰카와쿠 (S.Kwakwak'awakw, Ft. Rupert)	33.6	50	3, 〉4
침샨(Tsimshian)	32	60	3-5
스콰미시(Squamish)	18.5	높음	0-4
누차눌트(Nuuchahnulth)	34.9	60	〉3

다. 자료에서 보이는 패턴은 환경 변수와 관련된 것처럼 보이지만, 사실 공통의 문화에서 기인한 때문일 수도 있다. 만약 모든 사례가 문화적으로 연관되어 있는 패턴을 구성한다면, 그 패턴은 수렴진화나 적응적 반응이 아니라 공통의 문화적 사고의 결과일 수도 있다. 북미 서북부 해안에는 서로 다른 언어를 쓰는, 그래서 상이한 분화 계통의 집단이 많이 있는데, 아마도 공통의 문화적 출계가 개입되어 있을 것 같지는 않다.

비록 수렵채집민은 식량 활동의 조건에 따라 야영지를 자주 옮기지만, 땔감이나 집을 지을 나뭇가지, 은신처, 물, 모기, 그리고 캠프가 얼마나 더러워졌는지 하는 것들도 고려한다(e.g., Plitis 2007: 169; Marlowe 2010: 41). 다른 집단의 위치 역시 이동의 조건이 될 수 있어, 관계의 성격에 따라 그쪽으로 가까이 갈 수도 있고 더 멀리 떨어질 수도 있다.

이런 측면에서 사막은 문제가 된다. 사람은 날마다 물을 필요로 하며, 물은 무거워 운반하는 데 힘이 많이 든다. 그래서 사막에서는 식량보다 물이 캠프의 위치를 결정하는데, 이는 그리 놀라운 일이 아니다. 예를 들면, 베네수엘라 푸메족 여자는 700미터 이상 물을 운반하는 것을 싫어한다(Greavers 2006). 미케아족의 작은 무리는 건기에 물이 찬 덩이줄기인 바보(babo)가 나는 곳에 캠프를 짓고 산다. 마다가스카르 서남부의 미케아 숲의 많은 지역에서는 지표수를 찾기가 매우 힘들다. 그럼에도 다른 사막의 수렵민과 마찬가지로 미케아족도 수원지에서 야영을 한다(비록 이 사례에서는 말 그대로 물을 마시지만). 호주 북부의 안바라족 캠프에서는 물이 희귀해지고 더욱 더 먼 거리에서 운반해야 하게 되면서 긴장과 걱정이 늘었다. 이런 긴장과 걱정이 심각해지면 그들은 캠프를 이동한다 (Meehan 1982). 탄자니아의 핫자족은 주변의 수원이 마르면 이동한다 (Marlowe 2010: 41). 월터 테일러(Walter Taylor)는 수원지에 의해 이동이 제한되는 집단을 (얽)매인 수렵민(tethered foragers)라고 부른 바 있다(Taylor 1964, 1972).

물의 이용이 강우, 지질, 지형과 같은 요인들과도 관련되어 있을 수 있기 때문에, 일차생물량과 분명한 상관관계가 없이도 아열대지방의 이동성에서 다양성을 기대할 수 있다(그림 4-4 참조).

도베 주호안시족과 그위족 역시 사막의 이동성에 미치는 물의 영향을 잘 보여준다. 이 두 집단의 큰 차이 가운데 하나는 주호안시족의 환경에는 건기에 넓은 습지가 물을 머금고 있다는 것이다. 그위족이 사는 곳의 지형에서는 그런 습지가 형성될 수 없다. 표 4-4에 나와 있는 자료에는 우기 말에서 건기 초의 주호안시족 이동의 성격이 제시되어 있다. 주호안시족은 건기에는 별로 이동을 하지 않으면서 수원지 주변에 야영지를 세우고 멀리 수렵채집 활동에 나선다. 하지만 우기에는 지표수를 이용

표 4-4. 도베 주호안시족의 수원지에 매인 수렵 활동

이동	일수	캠프 수	평균 캠프 점유 시간(일)	도베에 돌아와 머무는 날
1		6	4	17
2	24	10	2.2	11
3	22	5	4.25[a]	26
4	17	6	2.6	14
5	16	6	3.1	–

* 기간은 1968년19 1월 27일부터 7월 11일까지. 이동 3과 4는 각각 35km, 40km 거리였으며(Yellen 1976; 지도 5), 한 번 이동의 평균 거
리는 7km와 5.7km였다.
a 12일 동안 사용한 캠프
출처: Yellen 1976: 표 3.

하기가 더 쉽기 때문에 가족의 이동성이 높아져 도베에서 더 멀리까지 나가 수렵채
집 활동을 한다(Yellen 1976). 물적 재화와 원경 생산물의 산지인 도베에서 가까운 마
을 역시 주호안시족이 수원지에 머물게 하는 요인이기도 하다. 거꾸로 그위족은 건기
에 이동성이 높아 사냥감의 위나 야생 수박에서 물을 얻기도 한다(Silberbauer 1972,
1981a, b; Tanaka 1980). 그위족은 물을 지속적으로 확보하기 위해 건기에 주호안시족
보다 더 흔하게 캠프를 옮긴다.

이렇듯 사막에서 수원지가 한정되어 있다면 수원지 가까이 머물러야 할 이유 때
문에 수렵채집의 효율성은 떨어지리라고 생각할 수 있다. 수천 평방킬로미터에서 아
주 약간의 물만이 있는 호주의 서부 사막을 생각해 보자(Cane 1990: 157). 이곳에 사
는 응아다자라족은 물이 마를 때까지 수원지에 머무르는 경향이 있다. 또한 수원지를
신뢰도에 따라 이용함으로써 예상보다 더 뜨거운 계절에 현재 이용하고 있는 수원지
보다 더 의지할 수 있는 수원지를 파악한다(Gould 1991). 다른 수렵민과는 달리 수원
지에 매인 수렵민은 수원지 주변의 수렵활동 거리 안의 모든 이용할 수 있는 자원을
이용할 것이며, 순수익이 거의 0에 이를 때에서야 떠날 수도 있다. 내 생각으로는 수
원지에 매인 수렵민은 (식물성 식량을 포함하여) 자원을 찾아 다른 사막의 수렵민보다
더 멀리까지 나가 수렵을 한다. 예를 들어, 주호안시족은 캠프에서 10km 이상 떨어
진 곳에서 수렵 활동을 하며, 반면 그위족은 반경 5km 이내에서 수렵 활동을 하는 경

향이 있다.

식단폭모델에 따르면, 수원지에 매인 수렵민은 주변 상위 자원의 고갈 탓에 수렵의 효율성을 물 공급의 안정성과 바꿀 수도 있다. 캘리포니아 중부 바하(Baja) 사막의 보로로(Bororo)족의 경우, "물이 마르면 몇 개의 수원지에 인구가 집중되고 동물의 활동 범위에서 사냥하는 일은 줄어들어 거의 소실점에 이르게 된다. 접근할 수 있는 구역에서는 식물 자원의 고갈이 분명해지기 전에 사냥감은 거의 소진된다"(Aschmann 1959: 96). 이 사례에서 사냥감은 희소해지면서 남자는 여자와 함께 식물성 식량의 채집에 눈을 돌린다. 보로로족의 경우 물을 얻기 위한 에너지 소비를 줄여야 할 필요가 이동성만이 아니라 식단에도 영향을 미친다.

현대의 많은 수렵채집민은 수원지에 매인 수렵민의 패턴을 따르고 있다. 하지만 현존 수렵채집민은 물과 함께 흔히 농경지(자신들이 소유한 경우도 있고 정주한 이웃 주민들의 농지일 수도 있다)나 임금 노동지, 담배와 술, 정부 관리와 복지구호품, 선교지 등에도 얽매어 있다. 이런 점에서 현대의 많은 수렵민은 아마존 유역에 사는 열대의 원경민과도 유사하다. 아마존 원경민은 주기적으로 밀림에 들어가 며칠에서 몇 주 동안 고기를 비롯한 식량과 다른 산물을 획득한다(Hames and Vickers 1983의 글 참조).

본거지 이동의 평균 거리

수렵채집민은 본거지 이동을 통해 식량과 다른 자원이 있는 곳으로 거처를 옮긴다. 우리는 본거지와 본거지 사이의 평균 거리가 (수원지에) 매인 수렵민에게는 식량 자원의 분포와 관련될 것이라 추측할 수 있다. 일반적으로 기온이 하강하는 경사도를 따라 자원은 공간적으로 차별 분포하며, 따라서 ET 값이 감소함에 따라 본거지 이동의 평균 거리는 증가한다. 이 두 변수 사이의 관계는 그림 4-7에 표현되어 있다.

물이나 다른 요인에 매인 수렵민(그림 4-7에서 검은 삼각형)은 예상되는 유형을 잘 따르고 있다($n=22$, $r=0.75$, $p<0.01$). 여기에서는 육상 수렵에 강 어로를 포함시키고, (연어와 같은) 소하성 어류의 포획은 제외하였다. 클라마스(Klamath)족과 미크맥족을 포함시키는 것은 둘 다 어로에 크게 의존하기 때문에 문제가 있다. 이 두 집단을 제외하

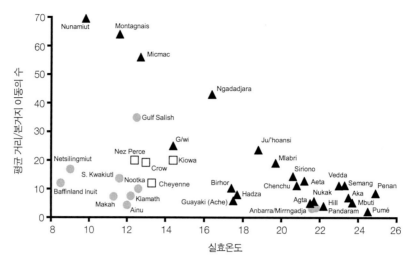

그림 4-7. 본거지 이동의 평균 거리를 실효온도에 대응시켜 자원 간 거리에 대한 대용지표로 사용한 도표(집단 이름은 표 3-1, 7-1, 7-3 참조)

면 그 상관관계가 더 분명해진다(n=20, r=0.83, p<0.01). 이 도표에 나온 다른 집단은 대평원의 기승 수렵민과 바다표범과 소하성 어류 같은 해양자원에 크게 의존하는 집단이다. 이런 집단은 ET 값이 낮거나 중간 정도의 환경에 살면서도 본거지를 멀리 이동하지 않는다.

북극의 두 집단은 아주 흥미로운 사례이다. 다른 북극 집단과는 달리 넷실링미우트(Netsilingmiut)와 배핀랜드(Baffinland) 이누이트족이 사는 환경에는 카리부 떼를 찾아볼 수 없다.[8] 그 대신 이 두 이누이트 족은 단독 생활을 하는 동물을 사냥하고 작은 개울에서 물고기를 잡거나, 겨울에는 얼어붙은 바닷가에 살면서 바다표범을 얼음 숨구멍을 통해 사냥한다. 자원은 산포되어 있고, 다른 북극의 지방보다는 열대림

---

8   한츠(Hantzsch 1977)의 배핀랜드 자료에 어느 정도 불확실성이 있음을 인정한다. 1911년에 배핀랜드에
     서 식물 표본을 수집하고자 한츠는 집단을 평소보다 더 빈번하게 이동하게 했다. 또한 이 해양 포유동물 사
     냥 집단의 일반 범위보다 더 넓은 내륙 깊이까지 들어갔을 수 있는데, 한츠가 죽은 뒤 집단은 원래 살던 해안
     으로 돌아왔다. 거기서 평소대로 이동했는지, 아니면 더 빠르게 이동했는지는 분명하지 않다. 전자의 경우라
     해도, ET 값이 낮은 다른 집단의 측정값을 올리지는 않는다.

의 자원 분포와 비슷하다. 열대지방의 수렵채집민과 마찬가지로 북극 지방의 사람들도 캠프 주변에 산포하는 자원을 이용하며, 그런 다음 새로운 수렵 활동의 중심지를 찾아 떠난다. 가령 넷실링미우트의 이웃인 코퍼(Copper) 이누이트는 겨울에 바다표범을 사냥하는 동안 반경 약 8km 정도에서 활동한다. 수렵 활동을 하는 곳에 자원이 고갈되면 집단은 새로운 수렵지를 찾아 약 16km 정도, 곧 수렵 활동 반경의 두 배 거리를 이동한다(Damas 1969a, b, 1972, 2002). 그렇다면 넷실링미우트과 배핀랜드 이누이트가 마치 빈포드가 말하는 열대의 "포리저(foragers)"와 마찬가지로 짧은 본거지 이동을 하는 것도 이상한 일이 아니다.

미국 대평원의 들소 수렵민은 말을 타고 캠프를 자주 옮기지만 언제나 그리 멀리 가지는 않는다. 예를 들어 1805년의 자료에 따르면(Larocque's journal, Ewers 1955: 147), 크로우(Crow)족은 76일 동안 47번이나 캠프를 옮기면서 약 15km 정도의 평균 거리를 이동하였지만, 각 이동은 5km에서 38km의 범위에서 이루어졌다. 던바(Dunbar)는 포니(Pawnee)족과 함께 1834~35년 156일 동안 겨울 사냥을 떠나 약 640km를 이동했다. 그 동안 포니 족은 32번 캠프를 옮겼으며, 매번 평균 20km 거리를 이동했다(Roper 1991). 이동하고 산포되어 있는 동물을 사냥하는 대평원의 수렵민은 어떤 면에서는 북극이나 열대림의 수렵민과 비슷하다. 특정한 캠프를 점유한 뒤에는 수렵채집에서 얻는 이득이 크게 떨어지는 것이다. 결과적으로 대평원의 집단은 짧은 거리이지만 자주 이동한다. 들소의 분포가 아닌 땔감이나 식물, 말 먹이 확보, 적의 존재와 같은 다른 요인도 확실히 캠프 이동에 영향을 미친다. 말을 이용하면 비용이 줄어 대평원 집단이 더 자주 이동할 수 있지만, 우리의 예상보다는 훨씬 짧은 거리를 이동한다.

북부의 많은 어로 사회들도 영역적인 한계 때문에 짧은 거리나마 이동하지만, 다른 집단의 영역을 침범하지 않고서는 멀리 옮길 수 없다. 이들은 작은 영역에서 인구밀도가 높게 살면서, 겨울에는 강어귀 해안 가까운 곳에 마을을 이루어 살다가 봄이나 여름에는 가까운 곳에 물고기잡이나 조개잡이 또는 식물 채집 캠프를 짓고, 다시 겨울 마을로 돌아온다. 그림 4-7은 이런 해안 사회가 영역적인 한정성을 갖지 않거나 해양자원에 의지하지 않는다면, 특히 겨울에는 먼 거리를 이동할 수 있음을 시사한다.

이런 예외들은 ET 값이 자원 분포를 측정하는 데 완벽하지는 않지만 수렵채집민의 이동성을 구조화하는 중요한 요인임을 알려 준다.

그로브(Grove 2009)는 빈포드(Binford 2001: 표 5.01)의 자료를 이용하여 평균 이동 거리와 환경 변수 사이의 관계를 고찰한 바 있다. 자료에는 본거지 이동의 수와 연간 총 이동 거리가 포함되어 있는데, 평균 이동 거리는 후자를 전자로 나누면 된다. 짧은 거리를 자주 이동할 것인지, 아니면 먼 거리를 드물게 이동할 것인지를 선택하는 것이다.

그로브는 표본을 생계활동에 따라 "수렵민(hunters)" "채집민(gatherers)" "어로민(fishers)"의 범주로 나누어, 평균 강우량과 ET로 측정되는 서식지의 질이 평균 이동 거리를 결정하는 가장 중요한 요인이라고 하였다. 그로브에 따르면, "수렵민"과 "채집민" 범주 모두 연평균강우량이 감소하면 연평균이동거리도 감소한다고 한다. 이와 더불어 이동의 수는 증가한다. 다시 말하여 "서식지의 질이 전반적으로 나빠지면, 사냥이든 채집 식량에 의존하든, 수렵채집민은 짧은 거리를 더 자주 이동한다"고 한다. 이 점은 본거지 이동의 수에 대한 이전의 논의를 잘 반영한다.

그로브에 따르면, 어로민의 경우 (북극에서 적도로 갈수록) ET 값이 증가함에 따라 평균이동거리는 감소한다고 한다. 열대지방에서 해양자원에 크게 의존하는 수렵채집민의 경우 자주 이동하지만 거리는 짧으며, 온대지방이나 추운 환경에서 해양자원에 의존하는 집단은 이동 횟수는 적지만 먼 거리를 옮긴다. 그 이유는 부분적으로, 해양자원에 의존하는 수렵민은 흔히 식량 저장을 많이 하기 때문인데, 이동하는 경우 말려 놓은 물고기(운반하기에는 양이 많아 비용이 많이 든다, Kelly 2001)를 어떻게 할지하는 문제가 생긴다. 그러나 이들의 이동성 역시 따뜻한 서식 환경에서 추운 지방으로 갈수록 자원을 획득하는 지점 사이의 거리가 증가함을 보여 준다.

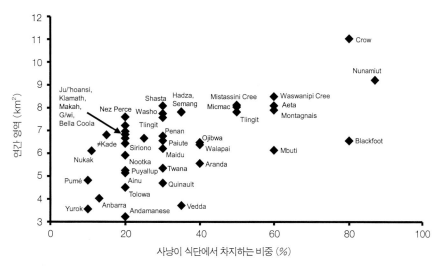

그림 4-8. 수렵채집민이 사냥에 얼마나 의존하는지에 따라 연간 이용하는 범위의 넓이를 도표화시킨 그림(자료는 표 3-1에서). 사냥에 대한 의존도가 높을수록 이용 영역의 크기도 증가한다(집단 이름은 표 3-1, 7-1, 7-3 참조).

조달 이동과 영역의 범위

지금까지는 본거지 이동만을 살펴보았다. 그렇지만 개인의 이동을 추적해 보면, 대부분은 캠프를 옮기는 것이 아니라 사냥과 채집을 위한 조달 여행을 한다. 비록 수렵채집민은 원재료나 땔감을 얻기 위해 떠나기도 하고 방문이나 정보를 얻기 위해 나서기도 하지만(Whallon 2006; Whallon *et al.* 2011), 이런 작업은 흔히 식량을 획득하기 위해 여행할 때 같이 이루어지기도 한다(Lee 1979: 211; O'Connell and Hawkes 1981; Binford 1982). 여기에서는 식량 획득이야말로 조달 이동(logistical mobility)의 주된 목적이라고 생각한다. 먹이사슬 피라미드를 생각할 때 육식동물은 흔히 채식동물보다 영역이 더 넓다. 그래서 다른 요인들이 일정하다면, 수렵채집민의 사냥에 대한 의존도가 높을수록 이용하는 영역의 범위도 넓을 것이라고 생각할 수 있다. 그림 4-8은 사냥에 대한 의존도와 전체 영역의 범위에 상관관계가 있음을 잘 보여 준다($n=41$, $r=0.62$, $p \ll 0.01$). 그런데 y축이 긴 척도이기 때문에 이 두 변수 사이의 관계는 곡선이어서, 사냥에 대한 의존도가 높을수록 영역은 아주 빠르게 커진다. 본거지 이동의 평균 거리에 영향을 미치는 똑같은 요인이 전체 영역의 크기에도 영향을 미친다. 이는 사냥이 극지로 갈수록 더 중요해지며 채식동물 역시 고위도지방에서는 (PP 값이 낮기 때문에) 더 넓은 영역을 이동하여 먹이를 먹고 살기 때문이다. 또한 조달 이동은 대형동물에 대한 의존도가 높을수록 더 많아지는데, 그럼으로써 이동하는 동물을 대면할 기회가 많아져서 사냥과 결부된 위험부담을 어느 정도 낮출 수 있기 때문이다(Grove 2010). 대형동물에 의존하는 수렵민은 본거지 이동과 조달 이동 모두 높을 수 있다.

비록 우리가 가진 자료가 분석에 적절하지는 않지만, 집단의 크기 역시 영향을 미칠 수 있다. 큰 집단은 더 넓은 범위가 필요하기도 하다. 하지만 7장에서 논의한 바와 같이, 경험 자료와 이론적인 논의에 따르면 걸어서 이동하는 수렵채집민에게 25명이라는 본거지 집단의 크기는 상한선처럼 생각되고 있다. 그리고 북아메리카 서북부 해안에서처럼 국지적인 집단의 크기가 클 경우 흔히 영역은 작으며, 생계도 해양자원에 집중되는 경향이 있다. 집단의 크기가 커지면, 서로 영역을 나누거나 주거지와 생계 전략을 바꾼다. 따라서 집단의 크기는 영역의 범위를 결정하는 데 식량자원보다 덜 중요하다(Grove 2009 역시 참조).

사냥에 의존하는 수렵채집민은 연중 넓은 범위를 이용할 수 있지만, 그렇다고 해서 반드시, 식물성 식량에 의존하는 집단과 같이, 본거지 이동을 통해 영역을 철저하게 이용하지는 않는다. 앞으로 살펴보겠지만, 어떤 자원이 획득되는 거리는 자원의 수익률(그리고 운반 가능성)과 연관되어 있다. 상위의 수익률(회수율)을 주는 자원은 하위 자원보다 캠프에서 먼 곳에서 획득된다. 일반적으로 대형동물이 상위 자원이다. 수렵채집민은 채집이 주도하는 경제에서는 그리 먼 거리에서 자원을 얻지 않는다. 따라서 사냥에 의존하는 집단보다 짧은 거리를 이동할 수 있다. 수렵민은 먼 조달 여행을 하며, 상대적으로 본거지 이동을 통한 영역 이용은 제한적이다. 반면 채집민은 본거지 이동을 통해 영역을 더 철저히 이용한다.

우리는 표 4-1에서 제시된 자료를 바탕으로 연간 이용하는 영역의 넓이를 본거지 이동의 총 거리로 나눔으로써 영역 이용의 정도를 개략적으로나마 계산할 수 있다. 이로부터 나오는 지수를 주도적인 생계 범주(사냥, 채집, 어로, 표 3-1 참조)에 따라 모아 보면 다음과 같은 결과를 얻을 수 있다. 채집에 의존하는 집단의 평균은 0.54이며 (n=10, 핫자족과 세망족을 제외하면 평균은 0.65), 사냥에 의존하는 집단의 평균은 0.05(n=6)이다. 다시 말해 채집민이 수렵민에 비해 본거지 이동을 통해 영역을 더 포괄적으로 이용함을 알 수 있다(Binford 2006 참조).[9] 이와 반대로 수렵민은 아마도 개인적으로 이동하는 데 시간을 더 많이 씀으로써 영역을 포괄할 것이다. 해양자원에 크게 의존하는 수렵채집민 역시 본거지 이동을 통해 영역을 포괄하지는 않는다(n=6, 평균 0.08). 물론 육상 수렵채집 활동과는 직접 비교할 수 없지만, 보트를 사용하기 때문에 먼 거리로 조달 여행을 할 수 있다.

이렇게 민족지 자료를 훑어보면 수렵채집 활동의 성격은 본거지 집단의 이동에 영향을 미친다고 가정할 수 있다. 이제 이 가정을 더 상세하게 검토해 보자.

개인의 수렵채집 활동과 캠프 이동 : 중심지수렵모델

민족지 자료와 이동성

살린스는 『석기시대의 경제(*Stone Age Economics*)』에서 수렵채집민의 일상적인 경제에 대해 다음과 같이 말하였다.

수렵채집민은 지속적으로 수익이 감소하는 절박함에 큰 곤란을 겪는다. 생계에서 시작하여 다른 모든 부분으로 확산되기에, 처음의 성공은 기껏해야 나중에 애를 써도 혜택이 줄어들 것임을 의미하는 듯하다. 이로써 특정한 지점 안에서 식량 획득은 전형적인 곡선을 그리게 된다. 작은 수의 사람들이 캠프에서 편리한 범위 안의 식량자원을 곧 감소시킨다. 그로부터 수렵채집민은 실제 비용의 증가, 혹은 실제 수익의 감

---

9   이런 관찰은 권역의 수렵채집민 관련 고고 자료의 형성에 참고할 만하다(Binford 1983 참조).

소 가운데 하나를 견디며 머무를 수도 있다. 사람들이 더 멀리서 식량을 찾을수록 비용은 높아지며, 가까운 데서 질 낮은 식량에 만족한다고 해도 수익은 감소한다. 물론 해결책은 다른 곳으로 떠나는 것이다(Sahlins 1972: 33).

민족지 문헌을 조사하면 개인의 수렵채집 활동과 캠프 이동 사이의 연결이 상당히 분명함을 알 수 있다. 칼라하리 사막 중부의 카데(≠Kade)족 여성을 예로 들어 보자.

(여성은) 야영지 주변에서 식량을 채집하기 시작하여, 머무는 동안 처음 며칠은 1km에서 2km 거리에서도 채집할 수 있다. 그렇게 캠프 근처의 식물들을 이용한 다음에는 더 멀리 나갈 수밖에 없다. 만약 왕복 거리가 10km 정도를 넘어설 경우에는 가지고 있는 모든 짐을 짊어지고 새로운 영역으로 떠나는 편이 나을 것이다(Tanaka 1980: 66).

콩고의 음부티족은 캠프에서 5km 거리 안에서 수렵채집 활동이 여의치 않다면 그곳을 떠난다(Harako 1981: 535). 윌리엄스(Williams 1974: 74)에 따르면, 인도 비르호(Birhor)족이 이동하는 이유의 91%는 수렵채집 활동이다. 좀 더 구체적으로 말하면, 비르호족은 반경 5~6km 안에서 받아들일 수 없는 수준으로 사냥이 잘 이루어지지 않으면 캠프를 옮긴다. 호주 피찬자라(Pitjandjara)족의 경우, 여성이 너무 먼 거리까지 걸어서 채집해야 한다며 불평하면 이동한다(Tindale 1972: 244-45). 비록 핫자족은 캠프에서 8km 거리까지 뿌리를 캐러 나갈 수 있지만 일반적으로는 5km를 넘지 않으며 (Vincent 1984), 여성이 덩이줄기를 캐러 너무 먼 곳까지 가야 한다고 불평하면 캠프를 옮긴다(Marlowe 2006, 2010).

(핫자족은) 주로 식량이나 물을 원하는 것보다 쉽게 얻을 수 없을 때 떠난다. 다른 동기가 있는 경우에도 물론 이와 함께 식량과 물을 확보하고자 한다. 하지만 이동은 보통 (물과 식량의) 부족이 심각해지기 훨씬 전에 이루어진다(Woodburn 1968: 106).

그 위족은 "지역 자원이 고갈되어 가구 간에 경쟁이 일어나 협동이나 협력 관계가 훼손되기 전에 다음 야영지로 이동한다"(Silberbauer 1981a: 250-51). 말레이시아의 바텍족 여성은 얌을 찾기 위해 한 시간을 걸어야 할 때가 오면 캠프를 옮겨야 한다고 생각한다(Endicott and Endicott 1986: 149). 타이의 음라브리족 여성은 캠프에서 1km 거리 안에서만 채집한다(Pookajorn 1988: 190). 필리핀의 아그타족은 국지의 자원을 모두 이용하기 전에 떠난다(Rai 1990: 59). 비록 캠프로부터 아주 먼 곳에서 대형 동물을 사냥할 수도 있지만(Grimstead 2010), 왕복 20~30km의 거리가 다양한 서식 환경에서 사냥군이 하루에 이동하는 최대 거리로 생각된다.[10] 그렇기에 수렵채집민이 매일 식량 획득 과정에서 걷는 거리는 보통 최대로 걷는 거리보다 짧을 수밖에 없다. 예를 들어, 핫자족 여성은 수렵채집 활동 중 평균 5.5km를, 남성은 8.3km를 걷는다(Marlowe 2010: 121). 아마존의 누칵족 어른의 경우 왕복 거리가 평균 8.4km 정도이다(Politis 2006). 베네수엘라 푸메족은 사냥할 때 11.4km, 물고기잡이에는 5.4km, 채집활동에는 1.6km를 걷는다(Greaves 2006). 에벤키(Evenk)족 남성은 가을에 무스를 사냥할 때 매일 10~15km를 여행한다(Turov 2010: 34).

10　Lee 1968: 31; Tindale 1972: 245; McClellan 1975: 100; Tanaka 1980: 66; Irimoto 1981: 127; Hitchcock and Ebert 1984; Endicott and Endicott 1986: 150; Morren 1986: 120; Cane 1987: 395; Kuchikura 1987; Vickers 1989; Marlowe 2006, 2010. 그림스테드(Grimstead 2010)의 분석은 현실적이지 않다. 나갔다 돌아오는 칼로리 비용을 잘 계산했다고 해도, 긴 수렵채집 여행이 필요로 하는 시간을 포함하지는 않았다. 사슴 한 마리의 칼로리가 122,521kcal이고 수렵민은 5km/hr로 걷는다고 하자. 단순한 논의를 위해 수렵민은 나가는 데 300kcal/hr를, 사냥감을 가지고 돌아오는 데 390kcal/hr를 소비한다고 하자. 5km/hr 속도로 왕복 100km를 여행한다면 10시간씩, 모두 20시간이 필요하다. 왕복 100km 여행에서 순수익률은 〔(122,521-(300×10)-(390×10)〕/20(hrs)=5781(kcal/hr)이다. 이는 나쁘지 않다. 그러나 하루 동안 사슴을 찾아나서고, 다음 날 사냥하며, 사슴을 운반할 날도 필요하다(고기를 말리면 무게의 60%를 줄일 수 있다). 그래서 왕복 100km 정도 사냥하는 데는 적어도 사흘이 걸린다. 그동안 수렵민은 먹어야 하는데, 2, 3일째 적어도 2,000kcal씩 모두 4,000kcal가 필요하다. 따라서 수렵민은 실제 사흘 동안 걷고 준비하는 데 8,900kcal(3,000+3900+2,000)를 투자하여 순수익률(122,521-8,900)/72=1,578(kcal/hr)를 얻는다. 이는 실행 가능하기도 하지만, 캠프 근처에서 더 나은 수렵채집 활동을 선택할 수도 있다.

중심지수렵모델

이전 장에서 논의한 임계치정리(MVT)에 따르면, 수렵민이 캠프 주변의 식량을 모두 소비하기 전, 현재의 수익률이 그 환경이 주는 전체 평균 수익률과 같아질 때에 캠프를 떠난다는 점을 다시 상기해 보자. 여행하는 시간을 포함한 환경의 전체 수익률에는 몇 가지 변수가 포괄되어 있다. 변수들의 효과를 알기 위해서는 나무로 만든 샌들이나 바다표범 가죽으로 만든 방한화까지 고려해야 한다.

한 수렵민이 어떤 자원을 효과적으로 획득할 최대 거리는 그 자원이 지닌 수익률과 함께 얼마나 획득할 것인지 하는 데에 제한을 받는다. 그림 4-9는 단순한 형태의 중심지수렵모델(central place foraging model, Kelly 1990, 1991)의 결과를 나타낸다. 이 모델에서는 두 수렵민이 매일 가족을 위해 식량을 획득한다. 가족은 매일 14,000kcal를 필요로 하며, 수렵민은 여유로운 속도로 한 시간에 3km를 이동한다고 가정하자 (Craig and Chagnon 2006: 54 참조). 속도는 조금 느리게 잡았는데, 핫자족은 시간당 3.5km를 시간당 300kcal를 소비하며 이동하고, 걷는 비용은 식량을 획득하여 돌아올 때 30% 정도 늘어난다(Jones and Madseon 199; 역시 걷는 비용을 계산하는 세부적인 방법에 대해서는 Grimstead 2010 참조). 그리고 식량자원을 수확하고 가공하는 데 걸리는 시간과 더불어 자원이 있는 곳까지 이동하는 시간을 포함한 수렵채집 활동을 하루 8시간으로 제한하여 보자.[11] 매일의 수렵채집 활동의 순수익률은 단순히 다음과 같을 것이다.

순수익률=$[(8-2t)r]-(300t+390t)$

여기에서

t = 자원이 있는 곳까지 가는 시간(거리/3km/hr)

---

[11] 수렵채집민이 식량을 채집하고 가공하기 위해 이처럼 오래 일하는 경우는 흔하지 않다(표 1-1 참조). 윈터할더(Winterhalder 1986a)의 시뮬레이션은 일상적으로 이처럼 일하는 경우는 적응적이지 않음을 보여 준다.

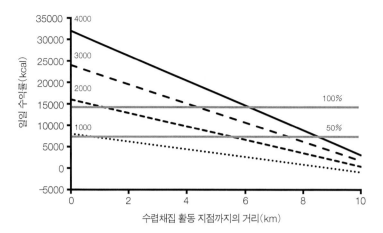

그림 4-9. 수렵채집 활동에서 얻는 순수익과 활동 지역으로부터 거리의 관계를 평균 수렵채집 수익률에 따라 도표화한 그림. 수평선 두 개는 수렵민이 확보해야 할 칼로리의 양이다. 50%는 수렵채집 활동을 두 명이 할 경우, 100%는 혼자서 할 경우이다. 수렵채집 지역으로 이동하는 데 더 많은 시간과 에너지를 소비할수록 평균 수익이 감소한다. 한 수렵민은 가족에게 필요한 식량을 더 많이 확보하고자 함에 따라, 그리고 그 환경에서 수익률이 감소함에 따라, 수렵채집 지역은 캠프로부터 더 가까이 위치해야 한다.

r = 평균 전체 수익률(여기에서는 1,000에서 4,000kcal/hr까지 변화함; 가령 네 가지 상이한 환경이나 동일한 환경에서도 네 가지 상이한 자원을 생각해 보자)[12]

네 가지 상이한 환경이나 자원이 캠프에서 멀어질수록 식량자원의 획득과 가공에 들이는 시간에 비해 이동에 더 많은 시간과 에너지가 필요하기 때문에, 수렵채집 활동의 순수익률은 줄어든다. 예상과도 같이, 순수익률은 수익률(r)의 감소와 함께 줄어든다. 수평선 두 개는 가족이 일상적으로 필요로 하는 에너지의 양을 나타내는

---

12   우리는 확보된 칼로리가 자신과 부양가족의 에너지 필요에 쓰일 것이라고 가정한다. 수렵채집 활동의 에너지 비용을 방정식에 추가하면 상이한 수렵채집과 캠프 이동 비용을 분석할 수 있다. 또한 성인이 어린이의 모든 식량을 확보한다고 가정한다. 물론 어린이가 스스로 어느 정도의 채집 활동을 하는 사회도 있고, 거의 하지 않는 사회도 있다(Blurton Jones *et al.* 1989). 어린이가 언제 수렵채집에 나설지를 결정하는 요인은 여기서 제시한 단순한 모델에 들이기에는 너무 복잡하다(7장 참조). 하지만 성인이 어린이에게 가져와야 할 식량이 적을수록(그리고 아이에 대한 부담이 적을수록), 캠프에서 더 멀리 수렵에 나설 수 있다. 이 점은 남성이 아니라 여성의 수렵채집에 더 영향을 미친다.

데, 수렵민이 가족의 총 칼로리 필요량의 각각 50%와 100%를 획득하는지의 여부를 표현했다.

적어도 날마다 필요한 식량을 집에 가져올 수 있는 거리는 비스듬한 순수익률 선과 필요 칼로리를 나타내는 수평선이 만나는 점인데, 이것은 수익률이 감소하고 (감소하거나) 수렵민 개인이 해야 할 작업량이 감소함에 따라 더 짧아진다. 수렵민이 평균 수익률 2,000kcal/hr의 환경에 산다고 가정해 보자. 그리고 이 수렵민이 식단의 50%를 책임진다고 생각해 보자. 그렇다면 캠프에서 약 5.75km 정도까지만 식량을 획득할 수 있을 것이다. 똑같은 이유에서 필요한 자원이 증가하여(가령 배우자가 아플 때) 식단의 100%를 책임져야 한다면, 캠프에서 1.5km 정도에서만 순수익을 낼 수 있을 뿐이다. 따라서 실효수렵채집반경(effective foraging radius)은 이용 가능한 자원의 수익률과 그 자원에 대한 의존도(이는 또한 각 가정이나 개인의 필요 칼로리를 얻기 위해 얼마나 많은 사람이 수렵채집 활동에 나서는지 하는 데에 따른다)에 따라 결정된다. 평균 수익률이 감소함에 따라 (식단에 하위의 자원이 추가될 때 발생한다), 그리고 수렵민이 가져와야 할 식량의 양이 증가함에 따라, 실효수렵반경은 더 짧아지며 가족은 더 자주, 더 짧은 거리에서 활동해야 한다.[13]

수익률과 실효수렵반경의 관계는 식단에 영향을 미친다. 중심지수렵모델(3장 참조)에 따르면, 캠프에서 멀리 이동할수록 자원 선택은 더 제한될 수밖에 없다. 수렵민은 캠프에서 먼 곳에서는 상위의 자원만을 취하며, 마찬가지로 캠프에서 가까운 곳에서는 더 다양한 식량자원을 획득한다(Kaplan and Hill 1992; 민족지 사례로는 Vickers 1989도 참조, 고고학 사례로는 Speth and Scott 1989, Broughton 1999 참조).

하지만 자원의 운반가능성 역시 변수가 된다. 우리는 3장에서 가공이 어떻게 자원을 운반해야 할 거리에 영향을 미치는지에 대해 살펴보았다. 상위의 수익률을 내는 식량은 아주 먼 곳에서도 운반된다. 적절한 상황이라면, 가령 아주 상위의 수익률을

13　고고학의 활동영역분석(catchment analysis)은 주호안시족 자료에 근거하여 표준적인 수렵채집 활동의 반경을 5km로 생각하고 있다. 하지만 이 모델에서 실효 수렵채집 거리는 일정하지 않다.

내는 메뚜기를 잡을 수 있지만, 비교적 가벼운 양의 메뚜기도 짐의 크기가 상당히 클 수 있기 때문에 멀리 운반하기가 쉽지 않다(Jones and Madsen 1989). 말린 생선 역시 똑같은 문제가 있다.

지금까지는 캠프에서 가까운 지역에서의 수렵채집의 성격에 따라 이동이 결정되는 것처럼 생각하였다. 하지만 살린스도 지적하였듯이, 수렵채집민은 한 곳에 머물렀을 때의 비용을 중요시하며, 먼 거리까지 나가야 하는 (또는 주변 지역에서 수익률이 점점 떨어지는) 것보다 새로운 지역으로 옮겼을 때의 효과가 더 크다는 점을 생각한다.

한 가족이 4,000kcal/hr의 자원이 균질하게 분포되어 있는 환경에 산다고 가정해 보자. 논의를 단순하게 하기 위하여, 각 가족 중 한 사람이 가족 부양을 위해 매일 14,000 kcal를 확보해야 한다고 생각해 보자. 하루 8시간 일한다고 가정할 때, 이는 적어도 14,000/8, 곧 시간당 1,750 kcal의 식량자원을 획득해야 함을 뜻한다. 이전에 했던 가정을 따라서, 순수익률(R)은 수렵채집지로 나가야 하는 거리가 멀어짐에 따라 줄어들어 캠프에서 6km의 거리에서는 1,750 kcal/hr에 이른다(그림 4-10).

$$R = \frac{4000(8-2t) - (300t = 390t)}{8}$$

이로써 반경 6km의 수렵채집 활동 지역이 만들어진다.

또한 우리는 가족이 기존 캠프에서 주어진 반경 안의 자원을 이용한 뒤 새로운 수렵채집 지역으로 이동하고자 할 때의 수익률을 계산할 수도 있다. 식량자원이 균질하게 분포되어 있고 수렵민이 최소한의 노력을 들이고자 함을 가정하였기 때문에, 수렵민은 기존의 수렵채집 반경 거리를 다시 그 지역의 가장자리로 옮겨야 한다. 캠프를 해체하고 세우는 데 한 시간이 걸린다고 생각할 때(이에 대해서는 다음에 논의한다), 이동 후 수렵인 개인의 수익률을 계산하면 다음과 같다.

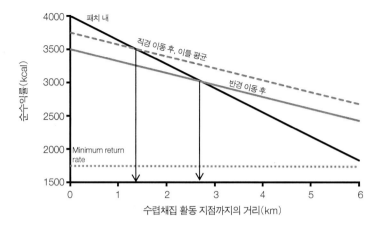

그림 4-10. 현재의 수렵채집 지역의 끝부분에 자리한 캠프에서의 이동(회색 직선)과 비교하여 특정 수렵채집 지역(검은 직선) 내에서 겪게 될 수익률의 관계. 이 모델에 따르면, 수렵민은 식량을 찾기 위해 캠프에서 3km 거리〔수렵채집 활동의 반반경(half-radius)〕까지 여행해야 한다면 캠프를 옮길 것이다. 회색 점선은 수렵채집 반경을 두 번 옮긴 뒤 하루 그리고 그 다음 날(수익률이 4000 kcal/hr일 때)의 평균 수익률을 나타낸다. 이와 같은 평균 수익률에서 수렵민은 캠프에서 반경 1.5km 거리에서 수렵채집 활동을 한 뒤에 캠프를 옮길 것이다.

$$\text{이동 후 } R = \frac{4000(7-t) - 300(t)}{8}$$

그림 4-10에서 이동 후 선은 수렵민이 캠프의 0, 1, 2, 3 … 6km 안에서 수렵채집 활동을 한 뒤 캠프를 옮길 때의 하루 수익률을 나타낸다. 3,000kcal/hr보다 조금 적은 수익률에서 수렵채집 거리는 약 2.6km이며, 이동 후 순수익률은 기존 패치 내의 수익률과 동등해짐을 주목하자. 이는 캠프에서 3km 안에서 자원을 획득한 뒤, 가족이 기존 수렵채집 활동 지역의 (3km 떨어진) 가장자리로 옮기는 것이 이득임을 뜻한다. 이동에 걸리는 시간을 포함하더라도 가족이 이동하지 않는 것보다 그날 높은 수익률을 달성할 수 있다(그리고 그 다음 날에는 4,000kcal/hr로 돌아간다). 이런 단순한 모델과 이전에 인용한 민족지 자료에 따르면, 수렵민은 수렵채집 활동의 수익률을 최대화하고자 하며, 중심지 수렵민은 하루 이동 시간을 최소화하고자 한다(Orians and Pearson 1979).

그런데 우리는 수렵민이 식량자원이 균질하게 분포되어 있을 경우, 기존 수렵채집 반경에서 두 배 정도의 거리로 이동하여 새로운 패치의 중심에 자리잡으리라고 예상할 수도 있다. 하지만 이러한 가정을 토대로 모델을 정리하면, 이동 후 수익률은 언제나 패치 내 수익률보다 낮다. 모델에 따르면, 이는 수렵민이 캠프에서 6km 반경 안의 자원이 완전히 고갈될 때까지 이동하지 않을 수도 있음을 뜻한다. 이는 이 장을 시작하면서 인용한 민족지 자료와 임계치정리와는 다른 결론이다.

그러나 연관된 시간 틀을 고려해야만 한다. 수렵민은 다음날 더 높은 수익률을 얻을 것임을 알고 그날의 손실을 감수할 것인가? 수렵민은 확실히 시간의 틀로 자원의 수익의 증감을 평가하고, 그 시간은 분명 한 시간이 아닌 며칠이거나 몇 주일 것이다. 기존 수렵채집 반경보다 두 배 떨어진 곳으로 옮기는 일은 그날의 수익률을 떨어뜨릴 수 있겠지만, 수렵민은 이동 다음날 수익률이, 우리의 사례에서 다시 4,000kcal/hr로, 증가할 것임을 알고 그날의 손실을 감수한다. 그림 4-10에서 이동 후 수렵채집의 평균 수익률과 그 다음날 수익률, 4,000kcal/hr을 그래프로 표시하였다. 여기에서 우리는 수렵민이 캠프에서 1.5km 안에서 수렵채집을 한 뒤 이동하리라고 예상할 수 있다.

이동에 영향을 미치는 요인들

매일의 수렵채집과 집단의 이동 사이의 관계에서 핵심은 캠프 이동과 수렵채집의 비용이다. 이전의 모델에서 우리는 다음 캠프의 위치가 기존 캠프의 수렵채집 반경 거리를 통해 결정된다고 가정하였다. 그러나 야영지는 다른 많은 요인들, 가령 수원지, 땔감, 그늘, 쉼터, 개미나 벌레 등과도 관련되어 있다. 그림 4-11에서 다음 패치까지의 거리는, 그림 4-10에서처럼 현존 수렵채집 반경으로 결정되는 것이 아니라, 5km, 그리고 7km를 일정하게 유지하는 것으로 나타나 있다. 따라서 각 이동 후 선의 기울기는 0인데, 이는 이동의 비용이 수렵채집을 했던 지역의 크기와 관계되는 것이 아니라 일정하기 때문이다. 예상되는 바와 같이, 만약 다음 캠프가 5km 떨어져 있다면 수렵민은 이동하기 전에 캠프에서 거의 4km 정도 안에서 자원을 획득하며, 다음

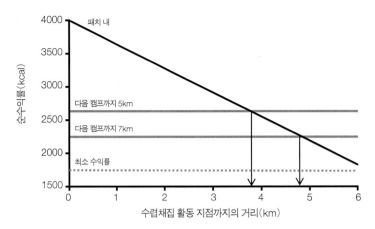

그림 4-11. 한 수렵채집 지역 안에서 겪게 되는 수익률의 변화를, 수렵민의 선택이 5km 또는 7km 떨어진 새로운 캠프로 이동하는 것일 때 기대할 수 있는 수익률에 비례하여 도표화한 그림. 다음 패치로 가는 거리가 증가할수록, 수렵민이 기존의 패치에서 머무르는 시간이 길다.

캠프가 7km 떨어져 있으면 이동하기 전 캠프에서 거의 5km 안에서 수렵채집을 해야 한다(그리하여 수렵채집 지역은 어느 정도 중복된다). 이와 같은 수렵채집 거리에서 나타나는 차이는 크지 않은 것으로 보인다. 그러나 실효수렵거리를 가령 3km에서 4km로 (33% 정도) 증가시키면, 수렵채집 지역과 캠프에서 머무는 시간의 길이는 77%나 증가한다(자원 분포가 균질하다고 가정할 때).

하지만 다음 패치까지의 거리는 이동 비용에 영향을 미치는 한 가지 변수일 뿐이다. 지형지물을 건너야 하는 어려움 또한 계산에 넣어야 한다(그림 4-12). 예를 들면, 봄에 10km의 소택지를 건너는 일은 10km의 초원지대를 건너는 경우보다 훨씬 힘들다. 북극에서 겨울의 길고 어두운 날에 갑작스런 폭풍우를 만나면 이동은 더욱 힘들어진다(Leacock and Rothschild 1994: 120; Jenness, in Damas 2002: 329). 우리의 모델에서 수렵채집 비용을 300kcal/hr로 유지한 채 이동 비용을 1,200kcal/hr로 크게 올리면, 집단은 캠프에서 2.25km 거리에서 수렵활동을 한 뒤에 이동해야 한다. 따라서 집단의 이동성은 수렵채집 활동뿐 아니라 집단의 이동에 들어가는 비용까지 고려해야 한다. 지형이 중요한 것으로 여겨지지만, 수레나 썰매를 끄는 동물의 이용 가능성

그림 4-12. 북아메리카 대륙 서북부(Nunavut)에서 이누이트족이 얼음으로 덮인 트리 강(Tree River)에서 썰매를 타고 내려오고 있다. 여자들과 개가 썰매를 끌고 있다. 이동의 비용은 걸어야 하는 지형의 형상이나 날씨, 운반할 짐의 양, 거처의 형식에도 영향을 받는다. Canadian Museum of Civilization, J. J. O'Neill 사진, 1915년 10월. 38571.

과 운반 기술(가령 개썰매나 말, 카누 등; Binford 1990 참조) 역시 중요하다. 1,200kcal/hr라는 이동 비용은 지나친 듯하지만, 나는 수렵채집 비용에 비해 이동 비용이 증가하면 본거지 이동성은 감소할 것이라는 점을 말하기 위해 그렇게 했다. 비록 지금까지 이동을 사람과 짐의 이동이란 측면에서 논의했지만, 비용에는 다음 야영지가 이미 점유되어 있는지도 포함될 수 있다. 만약 그렇다면, 이동의 비용에는 현재 살고 있는 사람들이 다른 곳으로 옮기는 비용(잠재적으로 폭력까지 발생할 수 있다)까지도 고려되어야 한다(9장 참조).

거주의 형태 역시 이동 비용에 영향을 미친다. 캠프를 해체하고 새로이 만드는 일은 기존 문헌에 별로 잘 나와 있지 않다. 나는 모델에서 해체와 건립에 한 시간이 걸린다고 가정했지만 이에 대한 정보는 별로 없다(Peter Brosius와 개인 대화, 1989; Robert Hitchcock과 개인 대화, 1989). 열대지방의 집단에게 캠프 해체 시간은 더 짧을 수 있지만, 북극 집단에게는 운반해야 할 재화의 양 때문에 더 긴 시간이 필요할 수

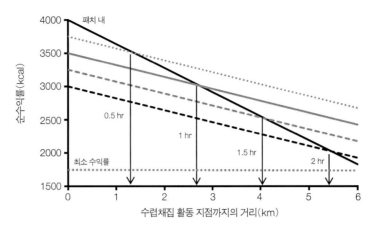

그림 4-13. 어떤 수렵채집 지역 안에서 얻게 되는 수익률과, 수렵민이 활동 반경을 새로운 지역으로 옮겼을 때 기대하는 수익률을 30분에서 2시간까지 캠프 이동에 걸리는 시간과 대비한 그림. 캠프 해체와 건립에 드는 비용이 증가할수록 현존 캠프에 머무는 시간은 길어진다.

도 있다[북극에서도 한 시간 안에 캠프를 세우는 집단도 있지만(Burch 1988: 107), 아북극의 나스카피족의 경우 하루 종일 걸린다(Leacock and Rothschild 1994: 64)]. 핫자족 여성은 우기에 오두막을 두세 시간 걸려 만든다(Marlowe 1010: 107).[14] 캠프 해체/건립 시간의 증감은 하루 노동시간의 길이의 변화에도 큰 영향을 미친다(그림 4-13). 캠프를 두 시간에 걸쳐 해체해야 한다는 것은 반경 4~6km 안의 식량을 거의 소진시키기 전에 이동하는 것이 효과적이지 않음을 뜻하며, 반면 캠프 해체/건립에 30분 정도만 소요된다면 수렵채집 반경 1.5km에서 이동이 이루어짐을 예상할 수 있다. 그렇다면 캠프 이동이 더 어렵고 시간이 많이 걸릴수록, 수렵채집민은 기존 지역에 더 오랫동안 머물 것이다(cf. Grove 2009). 반대로 집단이 에너지 획득이 필요해서 이동해야 한다면(효과적이면서 짧은 수렵활동 거리에서 수익률이 감소하면), 거처는 이동성의 필요에 맞추어 조정될 수밖에 없다. 이처럼 거처와 이동성은 서로 체계적으로 관련되어 있다고

---

14   의례적 필요가 있을 경우 캠프를 해체하는 데 시간이 더 걸릴 수 있다. 가령 크리족은 캠프를 청소하고 동물 유체를 적절하게 폐기함으로써 동물의 영혼에 욕을 보이지 않으려 한다. 그래야 동물이 그 지역에 다시 돌아온다고 한다(Tanner 1979: 74; Leacock and Rothschild 1994).

할 수 있다(5장 참조, Binford 1990).[15]

이런 단순한 모델을 통해 캠프 이동을 남자의 수렵채집 활동이 결정하는지 아니면 여자의 활동이 결정하는지 하는 문제에도 실마리를 얻을 수 있다. 예를 들어, 아그타족의 캠프 구성원은 몇 시간 또는 며칠 동안 이동할 것인지 논의하는데, 이 논의에는 남자의 활동과 여자의 활동이 모두 영향을 미친다(Rai 1990: 59). 식물성 식량을 효율적으로 채집하는 거리는 일반적으로 대형동물을 사냥하는 거리보다 짧다. 식물성 식량은 대부분 대형동물보다 하위의 수익률을 나타내기 때문이다. 대형동물은 보통 남자들이 사냥하기 때문에(8장 참조), 여성의 채집 활동이 흔히 언제 어디로 캠프를 옮겨야 하는지를 결정한다. 아그타족에게 "사냥은 이동하는 동물을 획득하는 것이기에, (이동을 결정하는 데) 중요한 고려 사항은 아니다. 남자와 여자는 본거지의 변화에 대해 자유롭게 발언하지만, 대부분 채집 활동을 담당해야 하는 여자들이 마지막 결정을 한다"(Rai 1990: 59).

위험부담(불확실성, risk)

여기에서 사용한 모델은 수렵채집민이 환경에 대해 완벽한 지식을 갖춘 듯이 가정한다. 그러나 언제나 그렇지는 않기에 이동 비용에는 위험부담이라는 요인이 포함되어야 한다. 예상되는 자원이 그리 확실한 것이 아니라면, 이동 비용은 사실상 더 높아질 것이고, 수렵채집민은 기존의 캠프에 더 오래 머물 것이다. 사막의 많은 수렵민은 수렵채집의 수익률 감소에도, 다른 수원지의 조건이 불확실하기 때문에, 기존 캠프에 머문다. 기존 수원지가 마를 때까지 또는 다른 수원지의 이용 가능성이 확실해질 때까지 그 자리에 머물 수 있다. 사실 호주 원주민 가운데는 안정된 수원지에서 멀어지기보다는 캠프에서 15km까지 수렵채집 활동을 하는 아주 낮은 수익률을 받아

---

15 북극지방의 기후에서처럼 집이 튼튼해야 한다면, 이동성은 감소할 수밖에 없다. 반대로 이동성이 높아야 한다면, 캠프를 단단하게 짓지 않아도 된다. 캠프를 짓는 데 쓰이는 재료와 이동에 따라 결정이 이루어지며, 따라서 집 짓는 기술과 이동성이 서로 관련되어 있다. 대평원의 인디언은 생활에서 말의 도움을 받는다. 말은 이동성의 비용을 줄이고, 집을 짓는 데 필요한 재료를 운반할 수 있게 해준다.

들이는 집단도 있다(Gould 1969a; Cane 1987).

수익률 변이의 측면에서 위험부담을 측정하는 한 가지 방법을 살펴보자. 3장에서 주목하였듯이 자원의 형식, 밀도 그리고 수렵민의 능력이 일정하다면, 보통 날마다 수익률이 달라질 것이다. 이것이 수렵민의 이동 결정에 어떻게 영향을 미치는가?

첫째, 이것은 지각의 문제이다. 아이패드 같은 기기를 갖고 있지 않아도 수렵민이 이동 후 수익률에서의 변이를 알고 있는 상황이라면, 이동을 결정하기 전 평균 수익률이 얼마나 낮아야 하는가(Gragson 1993 참조)? 그림 4-14는 그림 4-10에 묘사된 패치 내부 및 이동 후 수익률을 다시 나타내는데, 패치 내부 선에서는 ±200kcal/hr 변이 한계와 이동 후 수익률에서는 ±400kcal/hr의 변이 한계를 포함하고 있다. 반경 4km를 조금 넘는 수렵채집 활동지역에서 패치 내부 수익률의 변이 하한은 이동 후 평균 수익률과 거의 같아진다. 이 경우 수렵민은 이동하기 전 캠프의 반경 4km 안에서 자원을 이용할 수 있는데, 이 점에서 기존의 캠프에서보다 확실히 더 효과적일 것임을 알 수 있다. 이동 후 수익률에서 인지된 변이가 높을수록, 수렵민이 기존 캠프에 머물 가능성이 높아진다.

반대로 만약 수렵민이 가끔 아주 높은 수익을 주는 자원을 찾고자 한다면, 의도적으로 높은 변이를 가진 자원을 찾아나설 수도 있다(7장 참조). 만약 그러하다면 수렵민은 이동 후 가능한 가장 높은 수익률이 기존 캠프 주변의 수렵채집에서 가능한 가장 높은 수익률보다 높으면 이동할 것이다. 그림 4-14를 보면 이는 반경 2km의 수렵채집, 곧 비교적 짧은 점유 시간을 암시한다.

저장

변수로 생각할 수 있는 요인으로 저장이 있다. 저장이란 어떤 장소에 식량을 축적해 두는 것을 말하며, 이로써 환경의 "패치성(patchness)"이 높아지고 본거지 이동성도 낮아질 수 있다. 3장에서 저장된 자원의 양은 ET 값이 14 아래로 내려가는 곳에서 크게 증가함(Binford 1980; Keeley 1988 역시 참조)을 논의했던 것을 상기해 보자. 이는 식량 저상이 주로 자원의 계절성에 내처하기 위함임을 시사한다. 식량이 지장된

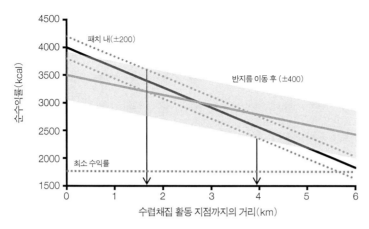

그림 4-14. 기존 캠프에 머물러야 하는지 아니면 이동해야 하는지 하는 결정에 수익률의 변이가 미치는 영향. 수렵민은 가능한 높은 수익률을 유지하기 위해서, 이동 후 변이의 하한이 패치 내 수익률 변이의 하한과 일치할 때까지 기존 캠프에 머물러야 한다. 이와 반대로 위험부담이 큰 자원을 찾기 위해서 더 빨리 이동할 수도 있는데, 이때는 이동 후 수익률의 상한이 패치 내부 수익률 변이의 상한을 넘어설 때이다.

곳에 머무르거나 다른 곳으로 식량자원을 운반해야 하는 결정은 특정 자원을 이동시킴에 따라 돌아오는 수익(이는 다시 운반 가능성에 따라 다르다) 대 각각의 잠재적인 지점에서 획득할 수 있는 식량자원의 기대 수익률에 달려 있다고 할 수 있다(Jones and Madsen 199; Rhode 1990). 하지만 나는 일반적으로 저장 식량을 운반하는 일은 획득한 신선한 식량을 운반하는 것보다 비용이 더 든다고 생각한다. 따라서 저장은 본거지 이동성을 감소시킨다고 할 수 있다.

저장된 식량은 다음과 같은 방식으로 본거지 이동성을 낮출 수도 있다. 만약 수렵민이 얼마나 많은 양의 식량을 은닉해야 하는지 그리고 그 은닉처로 가는 데 얼마나 많은 시간이 걸리는지를 알고 있다면, 은닉된 식량을 되찾는 수익률은 이미 알려져 있으며 변이가 별로 없을 것이다. 그림 4-15는 수렵민이 수익률에서 변이가 별로 없는 상황에서 이동하거나 캠프(저장된 식량이 있는 캠프)에 머무를 것임을 나타낸다. 만약 자원의 변이가 장기간에 걸쳐 증가한다면, 수렵채집민은 저장에 더 많은 노력을 쏟아 이동성이 감소할 수도 있다(Rowley-Conwy and Zvelebil 1989 참조).

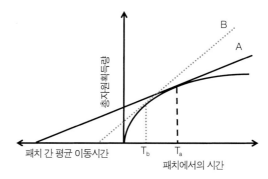

그림 4-15. 그림에서 곡선은 자원이 고갈되는 양상을 나타낸다. 한계수익률은 패치에 오래 머무를수록 감소한다. 임계치정리(MVT)를 상기하여, 환경에서 평균수익률이 낮은 경우(A의 기울기), 수렵민은 환경의 평균 수익률(B)이 높을 때(T_b)보다 기존 패치에 더 오래 머물러야(T_a) 한다.

기타 요인

이미 주목하였듯이, 본거지 이동이 모두 먹을거리와 관련되어 있는 것은 아니다. 사람은 땔감이나 원재료를 찾아 이동하기도 하며, 현 캠프에서 개미나 벌레 것에 질려서 옮기기도 한다. 스트롱은 나스카피족과 함께 겨울을 보내면서 노트에 "텐트를 따뜻하게 하고 그 안에 너무 오랫동안 살 경우 눈이 땅에 흘러내려 녹는다. 그리고는 너무 더워져서 사람들이 아프기도 하는데, 이것이 자주 이동하는 이유 가운데 하나이다"라고 적었다(Leacock and Rothschild 1994: 137). 이동에는 사회적이거나 정치적인 동기가 있기도 하여, 사람들은 배우자나 동맹, 샤먼을 찾거나 일부러 마법사에게서 멀리 떨어지고자 할 때 옮기기도 한다. 사실 죽음이 이동의 일반적인 원인이기도 하다(e.g., Pookajor 1988: Politis 2007: 169; Marlowe 2010: 41).

사회적 긴장을 누그러뜨리기 위해 이동할 수도 있고, 친구나 친척을 방문하거나 교환이나 놀이, 의례에 참여하기 위해서 또는 그냥 새로운 것을 찾기 위해 옮길 수도 있다.[16] 하지만 사회적 이유에서 이루어진 이동도 궁극적으로는 수렵채집과 관련되

---

16   Woodburn 1968, 1972: 205; Lee 1976; Morris 1982: 178-9; Griffin 1989; Vickers 1989; Kent and

어 있을 수 있다.[17] 예를 들면 사이사이(/Xai /xai) 부시맨은 교환을 위해 모든 곳을 다 닌다고 말하지만, 결정은 먹을거리에 대한 두 주간의 논쟁 뒤에 내려진다(Wiessner 1982b).

정주(定住) : 왜 이동을 멈추는가?

지금까지 우리는 수렵채집민이 이동을 계속하는 요인을 논의하였다. 그렇지만 고고학 자료에 따르면, 많은 수렵민은 한 곳에 정주하여 더 이상 본거지를 옮기지 않는다. 정주 공동체의 기원은 인류학에서 중요한 문제이다. 정주 공동체는 대체로 불평등한 사회정치조직, 곧 물질적 부와 사생활, 개인성, 협력 등에 대한 문화적 관념의 변화뿐 아니라 사회 위계와 권력세습, 정치적 지배, 성에 따른 불평등, 자원 이용의 불평등과도 결부되어 있기 때문이다(Wilson 1988). 우리는 9장에서 정주와 사회정치조직 간 관계에 대해 논의할 것이다. 이 장에서는 정주의 원인을 이해하는 데 집중해 보자.

정주(정착, sedentism)란 용어는 많은 사람에게 상이한 의미를 갖는 듯하다. 대부분의 경우, 정주는 "인간 집단이 이동성을 줄여 연중 본거지가 한 곳에 머무르기에 이른 과정"이나(Hitchcock 1987a: 374), "적어도 인구의 일부가 연중 내내 한 곳에 머무르는 주거 양태"를 가리킨다(Rafferty 1985: 115). 정주는 흔히 정체된 조건이라기보다는 정도를 의미하며, 따라서 주거(취락)체계는 "이전보다 덜 이동적"이거나 "시간이 흐름에 따라 더욱 정주"되어 간다(Kelly 1992). 정의에는 계절적인 본거지 이동과 개인이 본거지를 순환하든 아니면 본거지 사이를 오가는 경우, 집단의 연간 영역 범위와 집합 유적(가령 북아메리카 서북부 해안의 겨울 마을이나 계절적 열대림 지대의 우

Vierich 1989.

17   지은이는 인간행동생태학의 관점에서 수렵채집민 생활의 대부분 양상은 비용과 효과의 측면에서 설명할 수 있다고 본다. 장기간의 진화 과정을 거쳐 더 나은 생계 전략이 자리잡았다는 것이다. 그러나 위에 제시된 사회적인 이유가 더 중요하다고 여기는 연구자도 있다(옮긴이).

기의 마을들), 그리고 집과 어살 같은 시설물의 영구성 등까지를 포함한 몇 개의 이동성의 차원들이 복합되어 있다(Stark 1981; Eder 1984; Rafferty 1985; Ingold 1987).[18] 이동성에는 몇 개의 서로 연관된 항목들—개인적인 수렵채집 활동(조달 이동), 본거지 이동, 장기간의 영역 변화—이 있음을 기억하자.

필리핀 바탁(Batak)족의 민족지 자료에는 본거지 이동과 개인의 이동 사이의 상호관계가 잘 나타나 있다. 바탁족은 연중 내내 누군가는 중심 거주지에 머무른다 (Eder 1984). 바탁 족은 이 중심 거주지를 7년에서 10년 만에 옮긴다. 하지만 개별 가족은 중심 거주지에서 일 년에 약 25% 정도만 시간을 보낼 뿐이다. 나머지 시간은 야외의 집이나 밀림의 캠프에서 보낸다. 바탁 가족은 제한된 수의 지점들을 돌아다니며 해마다 90번 정도 이동한다. 각 이동의 평균 거리는 3km 정도이며, 전체 연간 본거지 이동 거리는 270km에 이른다. 개인은 이 캠프에서 숲으로 수렵채집 활동을 떠나며, 이로써 전체 개인의 이동성이 추가된다. 다시 말하여 바탁 족은 "국지적 집단 전체의 (본거지) 이동성이란 짐을 더 낮은 수준의 사회조직으로 더는 것이다"(Eder 1984: 851). 본거지 이동성이 감소함에 따라 조달 이동성은 증가한다(Binford 1980). 마찬가지로 부시맨은 정주함에 따라 (정부의 강압이나 노동임금에 이끌려) 남자가 더 먼 곳까지 조달을 위한 수렵채집 활동에 나선다(Hitchcock 1982, 1987a, b; Hitchcock and Ebert 1984, 1989). 예를 들면, 칼라하리 사막에서 본거지 이동을 하는 쿠아족은 캠프에서 6km를 넘어서는 활동하지 않으며, 반면 정주 쿠아족 마을의 구성원은 50km에 이르는 거리를 여행한다.[19]

한편으로 본거지 이동과 다른 한편으로 개인의 조달 이동 사이에는 비용과 효과 사이의 균형이 있다. 정주는 에너지를 절약하지는 않지만, 에너지를 재조직한다. 왜

---

18 잉골드는 이런 행위적 차원은 어떻게 수렵채집민이 스스로를 특정한 장소와 관련시키는지 하는 측면에서 개념적인 것이기도 하다고 한다.

19 선사시대 인골 연구에 따르면, 남성이 여성보다 (심지어 선사시대의 농경사회에서도) 더 이동적이었다고 한다(Larson and Kelly 1995). 그러나 민족지 유형이 정주 현상 자체인지, 아니면 식민화의 영향인지에 대해서는 연구가 더 필요하다.

그럴까?

수년 동안 인류학에서 주도적인 관점은 이동하는 생활방식이란 올바른 생각을 하는 사람이라면 결코 하지 않을 일이라고 보는 것이었다. 1955년에 공동체 패턴 세미나에 참여한 연구자는 "우리는 일반적으로 정주 생활이 이동 생활보다 인류에게 더 큰 생존 가치를 지니고 있으며, 동일 조건에서 기회만 있다면 정주로 전이할 것임을 당연시하였다"라고 했다(Beardsley *et al.* 1956: 134). 인류학자들은 그 기회를 농경이나 자원의 풍부함이라고 생각하였다. 이 가운데 농경이 더 그럴듯한 원인이며, 북아메리카 서북부 해안의 정주 수렵채집민은 선호되었던 변칙의 사례였다. 하지만 농경이 정주에 앞선 고고학 사례도 많으며, 정주가 농경에 앞서는 곳도 많이 있다(Price and Brown 1985b; Kelly 1992). 덧붙여 계절적으로 이동하는 원경민도 많은데〔가령 멕시코의 라라무리(Raramurí)족, Hard and Merrill 1992 참조), 이들은 먼 거리까지 수렵채집 활동에 나서기도 하고(가령 아마존 유역의 많은 사회들) 토지 고갈이나 사냥감의 감소에 따라 몇 년에 한 번씩 거주지를 옮긴다(Vickers 1989 참조). 따라서 농경과 본거지 이동성의 관계는 그리 간단하지 않다.

빈포드(Binford 1983)는 자원이 풍부할 때 수렵채집민이 정주한다는 생각—"에덴 동산 주장"이라고 불렀다—에 도전하였다. 빈포드에 따르면, 수렵채집민이 이동하는 이유는 정주할 기회가 없었기 때문이 아니라 주된 식량자원을 이용할 수 없게 되었을 때 보완할 자원에 대한 정보를 유지하기 위해서라고 한다(Whallon 2006 역시 참조). 현재와 잠재적인 미래의 자원—수원지의 상태나 사냥감의 신호, 식물성 식량—의 상태에 대한 지식을 유지하는 일은 집단의 계획에 아주 중요하다. 누나미우트족 남성은 초봄에 "이동하는 카리부떼를 찾고 동물의 수나 이동 시간에 대한 정보를 알아내어 가로채기 사냥(intercept strategy)을 계획하기 위해 넓은 지역을 여행한다"(Binford 1978: 169). 북극지방의 넷실링미우트족과 호주의 아란다족 역시 비슷한 일을 한다(Horne and Aiston 1924; Balikci 1970). 칼라하리 사막의 그위족은 여러 대안 전략들을 가늠해 보기 위해 이런 정보를 사용한다. 마치 체스 게임에서와 같이 자원을 이용하는 데 드는 비용을 가늠한다. 무리는 다음 이동뿐만 아니라 가까운 장래에 할 일련의 이동까지도 고려한다. … 목표는 다가오는 계절의 이동에 대해 상세하게 계획을 세우는 것이 아니라, 무리가 앞으로 갈 곳에 대해 아주 폭넓은 선택을 할 수 있을 일련의 이동을 실행에 옮기는 것이다(Silberbauer 1981a: 249).

결과적으로, 많은 수렵채집민에게는 아주 넓은 지역에 대한 지식이 있다(Kelly 2003 참조). 누나미우트족은 250,000km²(Binford 1983: 206), 호주의 핀투피(Pintupi) 족은 52,000km²(Long 1971), 그위족은 주변 20,000km²에 대해 상세한 지식을, 200,000km²에 대해서는 어느 정도의 지식(Silberbauer 1981: 95)을 가지고 있다.[20] 물론 이 가운데 어느 집단도 한 해에 이 영역 모두를 이용하지는 않는다. 누나미우트족은 사실 일생 동안 영역의 겨우 10분의 1 정도만을 이용할 뿐이다. 또한 이동성은, 수렵채집민이 어려울 때를 대비하여 가까운 친족과 네트워크와 사회적 유대를 세우고 관리하며, 교역과 종교적인 파트너 관계를 세우고, 어린이에게 권역의 자원과 지리를 가르치는 일에 도움이 된다.[21]

수렵채집민이 다른 지역에 대한 정보를 어느 정도나 유지관리해야 하는지 하는 문제는 자원의 시공간적인 변이의 정도와 관련되어 있다. 어떤 환경도 안정적이라 말할 수는 없지만, 환경은 상이한 척도로 변동한다. 자원 변동의 정도에 따라서 정보나 사회적 유대를 유지관리할 필요와 능력에서 어느 정도 변이가 생길 것이다(9장 참조). 자원이 일정하고 믿을 만하다면, 정보를 모으는 데 이동성은 그리 필요하지 않을 것이다. 물론 이동성이 도움은 되겠지만, 정주 원경민도 마을을 옮기지 않고서 정보네트워크를 유지관리한다. 정보의 문제는 차치하고라도, 수렵채집 활동과 본거지 이동성 사이의 관계로 돌아와서, 과연 정주는 자원의 풍부함의 산물인가?

이전에 논의하였던 수렵채집모델을 다시 살펴보자(그림 4-10 참조). 반경 6km 패

---

20 지역에 대해 잘 알고 있음은 북극 수렵민이 수백 평방킬로미터를 포괄하는 지역을 기억만으로 지도를 그린 것으로도 확인할 수 있다(e.g., Boas 1888: 236-40; Nelson 1899: 197; Carpenter 1955; Petersen 1984; Lovis and Donahue 2011).

21 이동성과 사회 네트워크의 유지관리는 Yengoyan 1976; Wiessner 1977, 1982a, b; 교역 상대 관리는 Park 1938: 629; Woodburn 1968: 106, 1972: 205; Lee 1976: 96; Yellen 1977: 64; 어린이 교육은 Gould 1969b: 87 참조.

치에 정확히 얼마나 머물지 하는지는 수렵채집 지역의 식량자원의 밀도에 달려 있다. 가령 0.25kcal/m²의 칼로리 획득을 가정할 때, 25명(개인 하루 2,000kcal 필요)은 6km 수렵채집 지역에서 565일, 그러니까 일년 이상 머무를 수 있다. 그러나 수렵민이 캠프에서 반경 3km 내의 모든 자원을 먹은 뒤에 떠난다면, 70일밖에는 머물 수 없다. 수렵민은 풍부한 자원을 완전하게 이용하지는 않는다.[22] 심지어 에덴 동산에서도 그리고 이동을 부추기는 다른 요인들을 차치하더라도, 수렵민은 여전히 이동한다.

사실 이 모델은 자원이 균질하게 분포하는 환경에서 "수렵채집민이 이동하지 않을 단 하나 이유는 떠날 곳이 없다는 것"을 의미한다. 높은 인구밀도와 함께 지역의 살 만한 곳에는 모두 본거지를 꾸린 집단이 있다는 것이야말로 이들이 마주칠 수 있는 곤경이다. 대안이라고는 다른 집단을 쫓아내는 것일 뿐이기에, 이런 상황은 정주를 유발할 수도 있다. 자원이 풍부하여 인구성장률이 높을 경우(Winterhalder and Goland 1993 참조: 7장), 지역에 사람들이 들어차서 본거지 이동이 제한될 수도 있다. 북아메리카 서북부 해안과 같이 궁극적으로 정주 수렵채집민이 살게 된 지역에서도 정주 공동체의 출현 이전에 수천 년 동안 이동하는 수렵채집민이 살았음을 알 수 있다(e.g., Ames and Maschner 1999).

자원이 균질하게 분포되어 있지 않은 환경이라면 어떨까? 임계치정리(MVT)에 대한 논의를 되짚어, 수렵민이 패치에서의 수익률이 환경의 평균 수익률과 같아지면 (이동 시간까지 포함하여) 그 패치를 떠난다는 사실을 상기해 보자. MVT에 따르면, 수렵민은 패치가 고갈되기 전에 떠날 것이다.

이제 그림 4-15를 다시 생각해 보자. 여기에서 우리는 그림 3-5와 비슷한 수렵채집 활동 곡선을 볼 수 있다. 다시 말해 수익은 처음에는 크게 오르다가 하락하고 결국

22　반경 6km면 113.04km²의 지역에 28,260kcal이다. 개인당 일일 2,000kcal일 경우, 25명 집단은 50,000kcal이고, 28,260/50,000=562.2, 곧 우리의 반경 유형으로는 282일이 된다. 반경 3km 지역에서 머무르는 날도 비슷하게 계산된다. 여기에서 이용된 수치는 MVT에서 고갈 곡선을 구성하는 데도 쓰일 수 있다. 환경의 전체 수익률을 결정하는 것은 쉽지 않다. 여행 시간을 고려해야 하지만, 자원이 균질적으로 분포하는 지역에서 여행 시간은 수렵채집 지역의 크기와 직결된다.

수익률의 임계치가 지속적으로 감소함에 따라 떨어진다. 그림 3-5와 같이, 두 개의 상이한 패치 대신에 두 가지 상이한 환경적인 맥락을 생각해 보자. A선은 B선보다 (역시 이동 시간도 고려해서) 전체적으로 낮은 수익률을 가진 환경을 가리킨다. B선에 접하는 곡선은 A선(T_a)보다 본거지 시간(T_b)이 더 짧다. 비록 직관에 반하기는 하지만, 평균 수익률이 높은 환경에서 수렵민은 전체 수익률이 낮아지면 더 빨리 떠난다(E. Smith 1991: 255 역시 참조). "풍부한" 환경에서는 "빈약한" 환경에서보다 패치에 더 짧은 시간만 머무른다.[23]

현 캠프 주변에서 수렵채집 활동을 하는 데 드는 비용에 비해 캠프를 옮기는 데 더 큰 노력(에너지나 시간)이 필요하다면, 캠프에 머무르는 시간은 더 길어진다. 본거지 이동의 빈도는 자원의 패치가 더 널리 확산되어 있을수록 감소하며, 반면 조달 이동의 길이는 증가한다. 여기에서 중요한 몇 가지 요인, 곧 다음 캠프까지의 거리, 건너야 하는 지형의 조건, 운반해야 할 짐, 집을 만드는 데 걸리는 시간, 예상되는 수익률, 다음 지점에서 자원의 변이 등에 대해서는 이미 논의한 바 있다. 그럼에도 이런 변수는 모두 한 곳에 머무르는 데 드는 비용과 효과 대, 다른 곳으로 옮기는 데 드는 비용과 효과 사이의 트레이드오프라는 문제로 수렴된다. 이 모델에 따르면, 수렵채집민은 다음 패치의 기대 수익률에서 이동 비용을 뺀 수치가 현재 점유하고 있는 패치의 기대 수익률보다 낮을 경우 본거지 이동을 멈춘다.

수렵채집민이 원경민이 되지 않으면서도 정주하기 위해서는 연중 내내 식량 공급이 적절하거나, 한 계절에 충분히 확보한 식량으로 비수기의 인구를 부양할 만큼 식량을 저장할 수 있어야 한다. 이것이야말로 왜 정주 공동체가 흔히 국지적인 자원이 고갈될 염려가 덜한 해안이나 강 주변에 있는지를 말해 준다(Roscoe 2006 참조).

---

23 중심지수렵모델과 MVT는 서로 상충되는 것처럼 보인다. 전자는 수익률 감소가 실효수렵채집 반경의 감소와 집단의 이동을 부르지만, 후자에서는 높은 수익률이 똑같은 결과를 낸다. 그림 3-5를 보자. 동일한 환경에서 상이한 두 개 패치가 있는데, (B)는 (A)보다 단위 시간 당 더 높은 수익을 낸다. 환경의 평균 수익률이 일정하다면, 패치 A에서는 B보다 더 짧은 시간을 머물 것이다. 물론 사람들은 더 나은 곳에서 더 길게 머문다. 그러나 모든 것은 상대적이다. 만약 그림 3-5에서 전반적인 환경이 나아진다면(환경 평균 수익률이 증가한다면), A와 B 모두에서 더 짧게 머물 것이다(물론 여전히 B보다는 A에서 더 짧게 머물 것이지만).

하지만 이런 상황은 정주의 필요조건일 수는 있겠지만 충분조건은 되지 못한다. 정주에 대한 결정은 국지적인 것이 아니라 권역의 자원 조건에 바탕을 둔다. 한 장소에 자원이 풍부하다는 것으로는 충분하지 않은데, 이는 모든 곳에 자원이 균질하게 풍부하다면 빈번하지는 않을지라도 수렵채집과 연관된 고갈의 문제로 이동을 하리라 기대할 수 있기 때문이다. 토착민의 말을 빌리면, 정주는 권역의 희소성이란 맥락에서 국지적인 풍부도의 문제이다.

이 사실은 정주 마을이란 자원 추출 지점의 통제와 결부되어 있음을 뜻하기 때문에 중요한데, 이에 대해서는 9장에서 살펴볼 것이다. 또한 정주는 도미노 효과를 낳는다. 예를 들어, 한 집단이 연어가 회귀하는 생산성이 높은 강어귀에 정주한다면, 이는 다른 집단에게는 자원 패치가 없어지는 일이다. 이로써 환경은 더욱 패치화하고 이동의 비용은 증가한다. 이처럼 주변에 정주 마을이 생긴다는 것은 마치 의자 빼앗기 놀이와도 같아서 이웃들에게도 정주를 유도한다(Rosenberg 1998). 그러므로 우리는 정주 공동체가 단일하게 생기기보다는 집단적으로 발생하리라고 예상할 수 있다.[24]

수렵채집과 이동성 그리고 사회

이동성의 정신

많은 이동하는 수렵민은 이동에 가치를 부여한다. 현재나 이전에 이동생활을 했던 수렵채집 사회는 흔히 친구를 방문하거나 다른 곳에서 어떤 일이 벌어지고 있는지를 보기 위해, 또는 지루함을 덜기 위해 이동하고자 하는 강한 욕망을 표현한다. 아

---

24 그런데 한 집단이 정주하면서 빈 지역이 생길 수도 있고, 다른 집단은 정주 마을의 틈새에서 지속적으로 수렵채집을 하며 살아갈 수도 있다. 이것이 가능한 정도는 자원의 패치 분포에 달려 있다. 원경민 공동체가 이동하는 수렵채집민에 둘러싸여 서로 교역하는 경우도 흔하다. 고고학자는 때로 정주를 다시 수렵채집으로 돌아가지 못하게 하는 진화적인 문턱으로 보았다. 6장에서는 정주가 어떻게 인구증가를 가져오고 왜 다시 정주에 더 천착하는지를 논의한다. 하지만 여기에서 개괄한 시각에 따르면, 자원의 형상과 인구밀도에서의 변화가 정주로의 경향을 바꾸어 본거지 이동성의 생활로 돌아가게 할 수도 있다.

북극지방에서 여행은 "그 자체가 목적"이라고 할 수 있으며(Savishinsky 1974: 120), "새로운 것을 보기 위해 여행하는 일은 그 자체로 좋은 것이다"(Slobodkin 1969: 84; Boas 1888: 1666-67 역시 참조). 호주 원주민은 친척이 있는 곳으로 여행하기를 좋아하지만, "세상을 보는 것도 좋다"고 여긴다(Beckett 1965: 19; gould 1969b: 87; Myers 1986: 44 참조). 하레(Hare)족에게 여행은 자유를 비유하는 말이며(Savishinsku 1974: 120), 카스카족은 "백인처럼 한 곳에 늘 머물러 있는 것"을 좋아하지 않는다(Honig-mann 1949: 120).[25] 비록 대규모의 진화적 변화를 설명하는 데는 적절하지 않을 수 있지만, 이동에 높은 가치를 부여하는 것을 문화적 이상으로 삼으면 예상보다 높은 이동성을 유도할 수 있다. 문화적 이상은 원경민과 이웃하는 수렵민 사이의 문화 및 생태적소의 차이를 영속시키는 역할을 할 수도 있다. 이동성이 자주성을 유지하고 문화적 정체성을 확인하는 전략일 수도 있기 때문이다.

하지만 수렵채집민이 이동성에 가치를 두기 때문에 이동한다고 주장하면, 왜 이동성에 높은 가치를 부여하는지에 대해 질문할 수 있다. 우리는 이동성이 사회적 유대만이 아니라 넓은 지역에 대한 지식을 유지관리하는 데 도움이 됨을 지적하였다. 그러나 이 장을 시작하며 인용한 수렵민은 왜 수렵채집민이 이 같은 이동성의 정신을 가졌는지 가장 주요한 원인을 알려 준다. 식량을 찾기 위해 이동해야 하기 때문에 이동에 가치를 두는 것이다. 만약 선택압이 인간사회의 진화와 전혀 무관한 일이라면, 그리고 수렵채집의 효율성이 적응도의 대용지표(proxy measure)라고 한다면, 수렵민에게는 문화적으로 이동성에 가치를 부여할 강한 선택압이 있으리라고 볼 수 있다. 비록 이동성 정신의 강도에는 변이가 있겠지만, 본거지 이동을 하는 수렵민이 이동 생활에 가치를 부여하는 것은 전혀 놀라운 일이 아니다.[26]

---

25 하지만 정주하는 해안 틀링잇(Tlingit)족은 내륙의 아한대림 사람들이 애처롭게 식량을 찾아다니는 것을 춤으로 흉내낸다(McClellan 1975: 96). 최근에 정착한 칼라하리사막의 그아나(G//ana)족 역시 동물처럼 근거지 없이 떠돌아다닌다며 경멸적으로 말한다(Cashdan 1984: 323).

26 이동하는 사람들을 정착시키고자 하는 정부는 이동성이 문화 규범과 독특함을 표현하는 역할을 하며, 신체뿐 아니라 심리적인 행복에 중요함을 깨달을 필요가 있다.

수렵채집과 문화화

물론 수렵채집민이 수렵채집 활동만을 하는 것은 아니다. 종교 활동이나 권위 경쟁에도 시간을 들이며, 가족생활, 사회화, 교역, 방어, 도구제작도 한다. 수렵채집에 시간을 들이는 것은 이 가운데 하나 이상의 활동을 못한다는 뜻이기도 하다. 수렵채집에 개인이 쏟는 시간의 양은 다른 활동의 비용/효과의 측면에서 균형을 이루어야 한다(Winterhalder 1983, 1987; Hill 1987). 이는 어려운 주제인데, 갖가지 식량자원을 일련의 공통 측정으로 환원시킬 수 있을지라도, 육아나 도구제작, 사회화와 같은 다양한 활동의 유용성을 그렇게 측정하는 일은 참으로 힘들기 때문이다.

그럼에도 우리는 어른의 수렵채집에 대한 의사결정이 잠재적으로 육아라는 특히나 중요한 영역에 미치는 영향을 고려해야 한다. 육아 연구는 인류학에서는 역사가 길지만, 수렵채집민 연구에서는 최근에서야 주목을 받고 있다.[27] 식량 획득에 얼마나 많은 시간을 쓰는지 하는 데도 변이가 많음을 생각할 때, 자녀 양육에 쏟는 시간에도 변이가 있을 것임을 예상할 수 있다. 아이는 젖을 먹기 위해 엄마와 같이 있어야 하기 때문에, 가장 큰 변이는 아버지가 아이를 대하는 시간이다. 예를 들어, 휼렛(Hewlett 1992a, b)은 아카족 아버지들은 캠프에 있는 동안 22% 정도의 시간을 어린 아이를 안고 있으나, 주호안시족 아버지들에게는 이런 시간이 겨우 2%뿐이라고 한다(West and Konner 1976). 에페, 기진갈리(Gidgingali), 핫자족 아버지들 역시 캠프에서 보내는 시간의 6% 이하 동안만 아이를 돌볼 뿐이다(Hamilton 1981; Winn *et al.* 1990; Marlowe 1999b, 2010). 어른이 얼마나 아이와 함께 시간을 보내는지 하는 것은 문화화에 영향을 미치고, 따라서 문화진화의 변화에도 영향을 주기 때문에 중요하다. 여기에서 우리는 특히 정주 초창기에 일어나는 어른의 수렵채집 활동에서의 변화의 효과에 관심이 있다. 문화화에서의 변화는 아마도 이동 집단이 정주하면서 나타나는 극적인 문화 변화에서 중요한 역할을 한다. 이에 대해서는 9장에서 살펴본다.

27　Barry *et al.* 1959; Lee and DeVore 1968: 337-8의 논의 참조. 수렵채집민 연구로는 Draper 1975, 1976; Condon 1987; Burbank 1988; Hames 1988; Hewlett 1991a, b, 1992b; Hewlett and Lamb 2005; Keith 2005; Winn *et al.* 1990 참조.

문화화에는 부모와 또래집단을 통하는 두 가지 형태가 있다(Draper and Harpending 1987). 전자에서 어린이를 돌보는 주된 사람은 부모, 특히 엄마이다. 엄마는 젖을 먹이는 데서 시작하여 예측 가능하고도 일관된 자원 제공자이지만, 여기에는 애정과 주의, 보호 역시 포함된다. 어린아이는 음식같이 자신이 바라는 것을 한 사람 또는 두 사람이 지니고 있음을 배운다. 아이가 자라서 점점 자립함에 따라 부모는 이런 것을 덜 준다. 비록 요구하는 것을 더 고집할 수 있겠지만, 아이는 결국 부모에게서 독립한다. 팻 드레이퍼(Pat Draper)와 헨리 하펜딩(Henry Harpending)은 아이가 원하는 자원과 재화는 제한적이고 획득하기 어려움을 배운다고 한다(Draper and Harpending 1987: 220). 이를 통해 아이는 더 자립적이고 독립적이 된다. 그리하여 대체로 수익률에 바탕을 두고 수렵채집 활동을 선택하고 재화를 얻기 위해 사회적인 선호가 아니라 기술에 의존하는 습성을 갖게 된다(Schlegel and Barry 1991). 이런 훈련은 농경사회보다 수렵채집 사회에서 더 일반적이다(Barry, Child and Bacon 1959). 이동하는 사회에서 소년들은 남자 대 남자의 경쟁을 덜 강조하고 기술을 통해 자연 세계에 대처해 나아가는 데 치중하는 경향이 있다(Schlegel and Barry 1991). 더구나 부모가 아이들을 돌보는 곳에서는 양육에서 또래 집단이 중요한 곳에서보다 믿음이나 행위에서 집단 내 변이가 큰 경향이 있다(Cavalli-Sforza and Feldman 1981; Hewlett and Cavalli-Sforza 1986; Hewlett 1991b).

또래 양육은 상이한 결과를 낳는다. 또래 양육(동료학습)된 아이는 만 2세 정도가 되면 보통 나이가 많은 형제자매 (흔히 나이 많은 언니)의 보살핌을 받으며 특정 연령대 집단의 구성원이 된다. 이 집단은 아이의 사회 상호작용의 주 무대가 된다. 하지만 구성원 사이에서 지위와 권력의 차이는 아이와 부모 사이만큼 그렇게 크지 않다. 아이들은 마을의 거소들을 옮겨다니며 부모 말고도 음식과 바라는 것을 얻을 곳이 많음을 배운다. 또래집단 안에서 양육된 아이들은 서로 연결되는 것을 배우고 사회관계를 조절함으로써 자원을 얻을 수 있음을 배운다. "중요한 점은 개인이 누구를 알고, 이 사람들이 누구인지, 무엇을 가지고 있는지, 아이에게 어떻게 내주는지 하는 것이다"(Draper and Harpending 1987: 223). 아이들은 자원이 희소하지 않으며 설득을 통해 획득할 수 있음을 배운다. 덧붙여 또래집단에서 아이들은 자신들의 문화를 대체로 서로에게서 한꺼번에 학습하기 때문에, 부모에게 양육되어 자란 어른들에서보다는 또래 양육으로 자란 어른들 사이에서 집단 내 변이가 덜하다고 할 수 있다.

또래집단에서 아이들을 양육하자는 결정은 부모의 활동과도 연관되어 있을 수 있다. 만약 이 활동이 수렵채집민이 정주하면서 변화한다면 육아 방식 역시 바뀌고, 이것은 다시 뒤이은 문화변화의 원인이 될 수 있다. 캠프를 더 오래 점유할수록 수렵민은 자원을 얻기 위해 더 멀리까지 가야 한다. 그리고 상위 식량자원의 고갈이 더 커지고, 결과적으로 하위 자원을 수확하고 가공하는 데 쏟아야 할 시간이 더 필요해진다. 남자가 사냥을 하고 여자가 하위의 자원을 채집한다고 가정할 때, 정주할 경우 일반적으로 남자는 아이와 떨어져 많은 시간을 보내고, 여자는 자원획득과 가공에 더 많은 시간을 쏟는다. 정주하는 부시맨 집단에게도 이런 일이 벌어졌다(e.g., Hitchcock 1982, 1987b; Draper and Cashdan 1988). 부모, 특히 젊은 엄마가 식량 채집과 가공에 많은 시간을 쏟아야 할 때, 또는 아버지들이 긴 수렵 여행을 떠나 있을 때, 여섯 달 된 아이일지라도 누나나 언니의 보살핌을 받을 수 있으며, 이런 식으로 또래 양육이 이루어진다. 문화전수의 방식에서 일어나는 이러한 변화는 수렵채집민이 정주하면서 왜 사회문화의 변화가 그토록 빠르게 생겨나는지를 설명해 준다(9장 참조).

부모 양육과 또래 양육은 소년과 소녀에게 상이한 영향을 미친다(Draper 1985). 아이들이 또래 양육되는 사회에서 소녀는 나이 어린 아이를 보살펴야 하는 경우가 많다. 이로써 소녀는 소년보다 더 제한된 공간 범위를 갖게 됨과 더불어 양육과 친사회적 행동을 더 선호하는 효과가 생긴다(Draper and Harpending 1982; Draper and Cashdan 1988: 340). 이런 사회에서 아버지들은 오랜 시간 동안 밖에 머무르는데, 이는 소년들이 여성에게 편향된 태도를 지니게 되는 것과도 결부된다. 그리하여 소년은 다른 남성들과 경쟁하면서 공격적으로 변하고, 자라서 자식에게 거의 신경을 쓰지 않는다. 이로써 또래 양육(동료학습)은 계속된다(Draper and Harpending 1982).

이동 사회보다 정주 사회에서는 사춘기 소년의 또래집단이 더 중요하여, 정주 사회의 성인식은 더 폭력적이고 혹독하다(Schlegel and Barry 1991; Knauft 1991 역시 참조). 또래라는 경쟁집단이 소년의 삶의 성공을 좌우한다. 페기 샌데이(Peggy Sanday 1981: 60-64, 67, 90) 역시 (수렵채집민에 국한된 것은 아니지만) 비교문화(통문화, cross-cultural) 연구에서, 남자가 자식과 많은 시간을 보내고 육아에 협조적일 때 문화적으로 경쟁을 덜 강조하는 경향이 있다고 하였다. 남자가 자녀에게 떨어져 지내는 시간이 많은 사회에서는 남성과 여성의 일이 물리적으로 분리되어 있고 남자들 사이에서의 경쟁이 심한 경향이 있다. 또래 양육된 소녀들은, 부분적으로 남성의 행위에 대한 반응으로서, 성적인 관심을 표현하고 어린 시절부터 성 행동을 생각하기도 하며, 남성에 대해 부정적인 자세를 보이기도 하고 한 남성과 장기간의 관계를 잘 맺지 못하기도 한다(Draper and Harpending 1982, 1987). 인성을 결정하는 데는 분명 많은 요인이 관련되어 있겠지만, 어른의 노동 패턴, 곧 이동 사회와 정주 사회의 차이가 문화화와 문화변화에 극적인 영향을 미친다고 할 수 있다.

수렵채집과 자원 보존

"맨 더 헌터" 학회 이전에는 수렵민은 미래에 대해 아무런 생각도 하지 않으며 오늘의 행동이 내일 미칠 영향에 대해서 관심이 없는 사람들이라고 여겨졌다. 그러나 살린스가 수렵채집 사회를 풍요롭다고 표현함으로써 이런 시각은 바뀌었다. 1960년대 말에 인류학자들은 수렵민이 의도적으로 자원을 관리한다고까지 생각하게 되었다(Williams and Hunn 1982; Feit 1973; Gowdy 1998). 최적수렵모델을 통해 수렵민의 의도적 또는 비의도적인 환경 변경을 인정하고 논의할 수 있다(그러나 B. Smith 2009도 참조).

의도적으로 야생 씨앗(종자)을 뿌려 토지의 생산성을 증가시키는 수렵채집 사회도 있으며, 경우에 따라서는 야생 풀밭에 단순한 방식으로 물을 대기도 하고, 지난해 죽은 식물을 태우기도 한다(Steward 1938; Lawton *et al.* 1976; Keeley 1995; Fowler 2000; Politis 2007). 미케아족은 종종 덩이줄기의 일부를 파낸 구멍에 도로 심기도 하며, 캘리포니아 원주민 가운데는 관근(冠根)을 남겨 놓아 다시 자라게 하는 사람들도 있다(Anderson 2005: 302). 이뉴피앗(Iñupiat)족은 고기잡이하는 날의 반 정도 시간 동안 이살의 둑을 열어 놓아 미래의 물고기 자원을 관리하기도 한다(Burch 2007a).

수렵민은 동물을 선택적으로 사냥함으로써 식량 공급을 조절할 수도 있다. 경우에 따라서는 사냥을 제한하여 사냥이 중단되는 계절이 생기기도 하며, 재량에 따라 식물 자원을 이용하기도 하고, 벌집의 일부만을 채취함으로써 벌들이 벌집을 버리지 않게 하며, 다른 많은 비슷한 보존 기법들을 사용한다(Woodburn 1980: 101; 캘리포니아 원주민 사례에 대해서는 Anderson 2005 참조).

보존 윤리는 영적인 믿음에도 드러난다. 그위족은 재생할 수 있을 만큼 충분한 식물을 놓아 두지 않으면 은아디마(N!adima, 신)가 노한다고 믿는다. 와스와니피 크리(Waswanipi Cree)족은 동물을 치미이코노우(chimiikonow), 곧 선물이라고 여기는데, 동물은 의지를 가지고 지성 있게 행동하는 "사람과 같고" 호혜에 부응할 의무가 있는 사냥꾼에게 스스로를 맡긴다고 한다(Feit 1973: 116, 1994: 433). 크리족과 나스카피족은 필요한 양보다 더 많은 동물을 죽이고 공유할 의무를 등한히 하거나 남은 동물들을 부적절하게 대하는 일은 사냥감의 반발을 불러와 더 이상 스스로 잡히는 일을 허용하지 않을 수 있다고 믿는다(e.g., Leacock and Rothschild 1994: 148).[28]

하지만 이와 더불어 수렵민이 실제 사냥감을 과도하게 잡는 사례를 들 수도 있다. 예를 들어, 알래스카의 이뉴피앗족은 자신들의 영역 범위의 한 지역에서 카리부와 산양을 몰살시킨 뒤 다른 곳으로 옮겨서도 역시 전멸시켰다(Burch 1994b: 179). 캐나다 동부에서는 수렵민이 17세기 모피교역의 광분 속에서 비버를 사냥하여 거의 멸종에 이르게 할 뻔했다. 또한 알래스카 북부의 누북미우트(Nuvugmiut)족은 털갈이 새를 그물로 몰아 잡아 우미악(umiaks, 목재에 바다표범 가죽을 대어 만든 에스키모의 배(옮긴이))을 다 자란 새로 가득 채우고 "수천 마리 솜털 달린 어린 새는 그냥 내버렸다"(Nelson 1899: 135; 더 많은 사례는 Krupnik 1993 and Krech 1999 참조).

이 장에서 특히 중요한 점은 이동성이 자원 보존에 어떤 역할을 하는지의 여부이다. 지금까지 논의에서 우리는 단일 계절과 관련된 차원의 이동성만을 살펴보았다.

---

28 수렵민은 스스로와 자연세계의 관계를 복잡하고도 미묘하게 이해하기도 한다. 윌러스베프(Rane Willer-slev 2007)은 시베리아 유카기르족의 사람과 동물 사이의 관계에 대한 관점에 대해 자세히 논하고 있다.

그렇지만 장기간 이동성, 곧 연간 범위의 변화라는 또 다른 차원의 이동도 있다. 많은 수렵채집민의 경우, 몇 년에 한 번씩 연간 범위 또는 영역의 크기가 바뀐다. 예를 들어, 누나미우트족의 연간 영역의 크기는 카리부 무리의 크기에서 오는 변동에 따라 $4,000km^2$에서 $6,000km^2$, 심지어 $22,000km^2$까지 변화한다(Amsden 1977; Binford 1980, 1982). 마찬가지로 도베 주호안시족이 이용하는 지역은 작게는 $260km^2$에서 $2,500km^2$를 넘어서기까지 변화하며, 그위족은 700에서 $4,000km^2$까지 변화한다. 범위의 크기뿐 아니라 지점까지도 변화할 수 있다. 누나미우트는 8년에 한 번 꼴로 연간 범위를 바꾼다. 하비 파잇(Harvey Feit 1973)은 크리족의 사냥 영역 연구에서, 스물두 개 영역 가운데 여섯 개만이 연구 기간에 있었던 두 차례 겨울 동안에 모두 점유되었다고 하였다. 이런 식으로 토지 이용을 하면 식물과 동물 개체군이 보충될 수 있는 기회가 생긴다. 그렇지만 스트롱은 캐나다 동부 래브라도 반도의 나스카피족의 경우 "북부에 있는 어떤 무리에게서도 의도적으로 휴지기를 줌으로써 동물 개체군을 회복하려는 생각을 찾을 수 없었다"고 하였다(Leacock and Rothschild 1994: 89).

또 다른 사례를 보자. 폴리티스(Politis 2007)는 누칵족이 야자수 열매를 채집하면서 캠프 주변의 땅 위에 많은 씨앗들을 흩뿌려 놓는다고 하였다. 그는 누칵족이 "생산하기 위해 이동하"며 야자 씨앗을 개활지에 뿌려 놓아 생산성을 늘리고 분포지역을 늘리기 위해 의도적으로 더욱 이동성을 높였다고 주장한다. 그렇지만, 그림 4-4를 보면, 누칵족의 높은 본거지 이동성은 환경이 지닌 높은 일차생물량으로 이미 예견되었다. 누칵족의 높은 이동성은 야자수의 확산을 촉진할 수는 있겠지만, 그렇다고 의도적으로 야자수를 확산시켰을까?

그리고 마지막 사례를 보자. 수렵민은 주기적으로 숲과 풀을 태우고, 표면상 어린 나무를 가꿈으로써 사냥감을 유인한다(Jones 1969; Mills 1986; Lewis and Ferguson 1988; Lewis 1989, 1991). 가령 알래스카의 타나나족은 무스를 사냥하면서 산비탈을 태워 어린 버드나무의 성장을 돕는다(McKenna 1959: 49). 마찬가지로 캘리포니아 원주민은 들판을 불태우는 일이 덩이줄기의 크기와 풍부함에 도움이 된다고 말한다(Anderson 2005: 301; Gamble 2008: 33). 사실 앤너슨(Anderson 2005: 136)에 따르면,

불은 "캘리포니아 인디언 부족들의 경우 가장 중요하고도 효과적이며 능률적이고 널리 쓰이고 있는 식생 관리 방법"이다.

　문제는 자원을 보존한다고 주장되는 이 같은 행위가 의도적으로 자원 보존을 하기 위한 것인지, 아니면 인구밀도가 낮은 인간의 사회들에 의해 의도하지 않은 최적 수렵의 결과(Smith 1983; Alvard 1993)인지 하는 것이다. 사냥 영역을 바꾸는 일은 사냥감의 개체수가 회복하는 데 도움이 될 수 있고, 불을 태우는 일은 식생의 성장과 생물다양성을 고양시킬 수 있다. 그러나 이것이 수렵채집민이 사냥 영역을 바꾸고 대지를 불태우는 이유일까?

　버드 등(Bird *et al.* 2005)에 따르면, 호주 서부 사막에서는 사람들이 불태워 자원의 성장을 도모한다는 증거를 찾을 수 없다고 한다. 오히려 마르투족은 작은 천공동물이 움직인 길과 구멍을 찾고자, 다시 말해 탐색비용을 줄이기 위해 불을 놓는다. 마찬가지로 마다가스카르에서 나는 미케아족 남자가 관목지를 불태우는 모습을 보았다. 때로는 동물의 굴을 찾으려 했다는 설명도 있지만, 이는 단순히 "돌아가는 길을 더 수월하게 하고자 함"이었다.

　3장에서 지적한 바와 같이, MVT는 수렵채집민이 식량이 고갈되기 전에 더 이상 패치를 이용하지 않을 것임을 예측한다. 수렵민의 행동은 정확히 이와 일치한다. 예를 들어, 크리족은 목격이나 동물의 신호, 성공률이 줄어들어 영역이 과도하게 사냥되었음을 알려줄 때 사냥 영역을 변화시킨다(Feit 1973: 122). MVT와 이타적 보존주의자로서 수렵채집 모델은 모두 동일한 행위, 곧 패치를 바꾼다는 사실을 말해 준다. 다만 전자는 수익률이 받아들일 수 있는 수준 밑으로 떨어져 사냥이 비효율적이될 때, 후자는 환경이 훼손되기 때문에 패치를 바꾼다고 하는 차이가 있다. 수렵민은 경우에 따라서는 "합리적인 보존 전략을 가진 신중한 포식자"일 수도 있고, 아니면 "동일한 결과를 내는 비합리적인 전략을 가진 운 좋은 포식자"일 수도 있다(Burch 2007a: 130). 어느 원칙이 수렵민의 행위를 인도하는지를 찾는 일은 그리 쉽지 않다(Hames 1987). 그렇지만 여전히 그 차이는 크다.

　마이클 알바드(Michael Alvard 1993, 1995)는 페루의 피로(Piro)족의 사냥을 통

해 최적수렵모델이 적절한지, 아니면 자원보존모델이 잘 설명되는지를 질문함으로써 이 문제를 논의한다. 자원보존모델이 들어맞기 위해서는 최대증가율이 낮은 사냥감을 사냥 도중 마주쳤다면 정기적으로 피함으로서 개체군이 생존할 수 있도록 해야 한다. 이와 반대로 식단폭모델(DBM)에 따르면, 자원은 마주친다면 언제나 사냥되어야 한다. 여기에서는 칼로리 획득과 탐색 및 가공비용에 근거하여 사냥이 이루어질 것이다. 자원보존모델은 사냥꾼이 장기적인 효과를 위하여 일상적인 수렵활동의 수익에서 손실을 받아들일 것이라고 본다. 그러나 DBM은 수렵민이 장기적인 결과가 어떠하든 언제나 단기적인 수익률을 최대화하려 한다고 본다. 짧게 말하면, 알바드는 DBM이 자원보존모델보다 피로족 사냥 행위를 더 잘 설명한다고 하였다(Hawkes *et al.* 1985 역시 참조). 피로족은 동물의 개체수 증가율이 낮더라도 발견하는 대로 사냥한다.

그래서 피로족은 자연보존주의자가 아니다. 사실 어느 누구도 그러하지 않다. 그러나 이전에 수렵채집을 했던 많은 집단은 오늘의 행동과 내일의 결과가 연결되어 있다는 생각을 하는 것도 분명한 사실이다. 이것을 이해하기 위해서는 조상으로부터 받은 땅에서 이루어지는 개발계획에 대해 이들이 어떻게 느끼는지를 살펴보기만 하면 될 것이다. 거대한 댐과 저수지 건설로 사냥 영역이 사라지는 것을 목도했던 캐나다의 크리족은 미래 세대에게 물려줄 자원이 악의적이고도 돌이킬 수 없이 파괴되는 데 대해 곤혹스러워하고 슬퍼하였다(Feit 1994). 로버트 브라이트먼(Robert Bright-man 1987)은 북아메리카의 아한대림 원주민에게서 광범위하게 보이는 자원보존의 윤리가 실은 모피교역 이후의 현상임을 시사하고 있다. 대면하는 동물을 사냥하는 일은 필요한 시기에 동물이 없어지는 결과를 초래할 터인데, 이는 사냥꾼이 동물이 스스로 주는 선물을 "거부하는" 일이라는 것이다. 그러나 이러한 보존이 서구사회에서 들어온 윤리인 것 같지는 않다〔러브캐널(Love Canal) 사건[29]이나 지구온난화, 나그네비둘기 멸종 같은 결과를 초래했던 서구의 문화〕.

---

29 1892년 나이아가라 강과 온타리아 호를 연결하기 위해 운하를 팠으나 공사가 중단된 채 방치되다가 산업폐기물 매립장으로 이용되었다. 이후 학교와 주택지가 조성되었으나 각종 유해 폐기물이 나오고 주민들이 질병에 시달려, 결국 1978년 재난지역이 되었다. 미국 최대의 환경재난 사건으로 큰 파상을 일으켰다(옮긴이).

문제는 수렵민이 자원을 보존하는지의 여부가 아니다. 그런 집단도 있고 그렇지 않은 집단도 있다. 문제는 "문화적인 개념뿐만 아니라 의도적으로 자원을 관리하고 보존하는 행위를 기대할 수 있는 조건은 어떠한지" 하는 것이다(Alvard 1995; Zavaleta 1999; Smith and Wishnie 2000l; Hames 2007).

"손 안에 든 새 한 마리가 숲 속에 있는 두 마리보다 낫다"는 속담처럼, 사람들은 미래를 과소평가하는 경향이 있다. 미학적인 이슈는 차치하고라도, 자원이 보존되는 정도는 자원이 보존되어 얻는 이익이 당장 자원을 획득함으로써 얻는 이익보다 얼마나 큰지 하는 문제와 연관되어 있다. 자원이 보존되어야 할 때, 또는 수렵민이 즉각적인 수익을 주는 사냥과 채집 행위에서 지연된 수익의 농경으로 변화하여야 할 때를 알려 주는 모델도 있을 것이다(Tcker 2006 참조). 이는 굉장히 중요한 주제이지만, 우리가 여기에서 더 깊이 논의하기는 어렵다. 논점은 이동성과 식단, 자원보호행동 그리고 적절한 자원을 판단하는 문화적 관념은 서로 연관되어 있다는 것이다. 자원보호행동(또는 그런 행동의 결여)은 수렵채집의 맥락을 벗어나서는 이해할 수 없을 것이다.[30]

결론

우리는 이 장을 과거에 수렵채집 사회를 분류하는 개념들을 논의하면서 시작하였다. 논의 과정에서 이동성이란 혼자서 혹은 집단으로, 빈번하게 혹은 그렇지 않게, 먼 거리 또는 짧은 거리를, 개인들이 움직일 수 있는 속성임을 알게 되었다. 다른 사람보다 더 많이 이동하는 개인도 있을 것이며(가령 남자 대 여자, 부모 대 부모 아닌 사람,

---

30 많은 원주민, 특히 이전에 수렵채집을 했던 사람들은 풍요로운 수렵민 모델을 따랐던 몇몇 인류학자들이 자신들을 자연보호주의자라 여겼음을 잘 알고 있으며, 자연보존 법칙이 자신들에게 적용되어서는 안 된다고 주장한다. 이로써 원주민과 보존 기구 사이에 긴장과 논쟁이 벌어진다. 하지만 수렵채집 사회의 자원보존이 의도적인 관리가 아니라 수렵채집의 효율성 때문이라 할지라도, 농경이나 산업사회에 둘러싸인 수렵민 또는 그 후손들은 식량자원을 유지관리하기 위해 식량획득 행위를 스스로 계획하지는 않는다. 상당히 많은 집단이 이를 성공적으로 해왔다.

소년층 대 장년층, 능숙한 수렵민 대 서툰 수렵민 등), 이동이 일상적이거나 계절적일 수도 있으며, 몇 년을 주기로 이루어질 수도 있다. 이동성을 집단 이동이라는 단일한 차원, 아니면 이동 대 정주라는 이분적인 개념으로 생각할 필요는 없다. 민족지 자료를 보면 본거지 이동성과 조달 이동성은 환경과 체계적으로 관련되어 있음을 알 수 있다. 수렵채집과 집단 이동 사이에는 중요한 관계가 있다.

그런 다음, 단순한 수렵채집모델을 개발하여 현재의 캠프에 머무를 것인지, 아니면 새로운 캠프를 찾아 옮길 것인지에 대한 수렵민의 결정에 미치는 여러 변수들을 고려해 보았다. 이동의 비용(여기에는 건너야 할 지형의 상태가 관련되어 있지만 거처의 성격도 포함한다), 다음 캠프까지 거리(물이나 땔감 같은 비음식 변수에 영향을 받을 수 있다), 현재의 수익률과 예상되는 수익률의 평균과 분산의 차이, 그리고 저장 등이 모두 이동을 결정하는 데 영향을 미칠 수 있다.

그 다음 살펴본 것은 정주에 대한 문제였다. 우리는 어떤 사회도 전적으로 정주적이지 않다고 했으며, 만약 수렵민이 집단으로서의 이동을 줄이고자 한다면 개인의 이동을 늘려야 할 것이라고 했다. 수렵채집모델로 돌아와, 단일한 지점에 머무를 수 있는 경우에도 최적화이론과 수렵채집모델에 따른다면 수렵민은 일상적인 수익률을 최대화하고자 거처를 이동해야 함을 지적하였다. 정주공동체의 출현에는 두 가지 주된 맥락이 있는 것 같다. 첫째, 인구성장으로 집단이 이동할 수 있으며, 이동의 비용에는 새로운 지점을 이미 차지하고 있는 사람들을 밀어내는 비용도 수반될 것이다. 둘째, 낮은 인구밀도에서도 기존 캠프에 머무를 때의 비용에 비해 이동의 비용이 높을 때 정주가 생겨난다. 북극 해안을 따라 형성된 몇몇 정주 취락이 이런 사례인 것으로 보인다(e.g., Renouf 1991 참조). 비록 정주공동체의 기원과 발달에 다른 요인들이 관련되어 있을 수 있지만, 국지적인 자원 풍부도가 수렵채집민의 정주에 필요조건이지만 충분조건은 아니라고 할 수 있다.

민족지학자는 수렵채집 사회에 이동성이 미치는 효과를 보고자 한다. 비록 효과는 다양할 테지만, 우리는 이 장에서 이동성 정신과 문화화, 자원 관리라는 세 개의 효과만을 논의하였다. 이어지는 상들에서는 인구와 토지 점유, 사회정치조직 등에 대해 논의한다. 이 장에서는 이동성과 육아 사이의 관계, 이동성과 자원 관리에 대한 짧게 논의하였으며, 이동성의 변화가 수렵채집 사회의 다른 양상에 미치는 영향에 대한 미래의 연구가 중요함을 강조하였다. 특히 세계의 얼마 남지 않은 이동하는 집단들이 정주를 강요받고 있으며 생활방식에서 극적인 변화를 겪고 있기 때문에 그런 연구가 중요하다.

5

기술

재주와 참을성, 엄청난 노동이 필요한 작업은 배와 집을 만드는 일이었다. 몇 개의 뼈와 석기만으로 사람들은 커다랗고 아주 편안한 널빤지 집과 바다를 항해할 수 있는 배를 만들어냈다.

— 북아메리카 서북부 해안의 퀴놀트(Quinault)족 (Olson 1936: 66)

못이나 볼트, 나사도 없고, 접착제로 사용할 만한 것도 거의 없이 파이우트 인디언은 자신들의 세계를 하나로 묶는다. 나무와 버드나무를 묶어 캠프로 운반하고, 작은 짐승은 허리춤에 묶으며, 큰 골풀을 엮어 보트를 만들고, 부들개지 식물을 엮어 집을 만들며, 바구니에 갓난아이를 얽어매고, 화살촉을 화살대에 묶는다. 단추나 안전핀 대신 줄을 이용해 덫을 만들고 물고기를 잡아 매달아 말린다. 부들개지 밧줄, 산쑥 껍질과 더불어 힘줄과 사람 머리카락으로도 강한 줄을 만든다.

— 토에도카도 파이우트족(Toedökadö Paiute, Wheat 1967: 55)

우리는 이 책을 시작하며 17세기 토머스 홉스의 "사회"가 등장하기 이전 인간 생활에 대한 언급을 인용하였다. 결코 아름다운 이미지는 아니지만, 조금은 덜 알려져 있는 부분을 되풀이해 인용해 보자. "산업이 설 자리도 없고, 항해도 없으며, 바다를 거쳐 들어오는 상품도 없고, 이동 수단도 없으며, 무엇을 옮기는 데도 큰 힘이 필요하며, 지표면에 대한 지식도 없고, 시간에 대한 관념도 없으며, 예술도 없고, 편지도 없고, 사회도 없다." 그는 1651년 『리바이어던(Leviathan)』을 쓸 때 "수렵채집민"의 존재도 몰랐겠지만, 이런 잊지 못할 글을 남김으로써 19세기와 20세기 초 수렵민에 대한 전형적인 인식이 자리 잡는 계기를 만들었다. 그 인식 가운데 바로 수렵채집민이 "기술"을 가지고 있지 못하다는 생각이 있다.[1]

많은 수렵채집민은 물적인 소유가 별로 없는 상태에서도 생존해 왔다. 타스마니아 원주민의 식량 획득 기술이라야 기껏 가공하지 않는 돌과 막대기를 던지는 것이나 곧고 날카로운 막대기를 창으로 사용하는 것, 밤에 나무껍질 횃불을 사용하는 일, 나무를 오르는 데 껍질로 만든 밧줄을 사용하는 것, 조개류 운반에 단순한 바구니를 쓰는 일, 새를 잡는 단순한 덫 같은 것을 들 수 있을 뿐이다. 사실 맥그루(McGrew 1987, 1992)는 타스마니아 원주민의 기술이 침팬지보다 조금 다양하고 복잡한 정도에 불과하다고 말했다! 이런 비교가 타스마니아 원주민을 비하하기 위한 것은 아니며, 오히려 몇몇 수렵채집민이 얼마나 적은 것으로도 살아나갈 수 있는지를 보여 주기 위해서였다.

1960년대까지도 학자들은 식량을 찾는 일이 가혹하리만큼 힘들다는 데서 수렵민의 기술적 희소함의 원인을 찾고자 하였다. 식량을 찾기가 너무 힘들어서 복합 도구를 만들어내는 데 필요하다고 생각되는 지성적인 발달(가령 예술이나 과학)을 도모할 시간이 없었다는 것이다. 1장에서 살펴본 바와 같이, 인류학은 "맨 더 헌터" 학회를 통해 이런 설명에서 벗어날 수 있게 되었다. 사실 수렵민은 상당한 여유 시간을 가지고 있으며, 그 시간의 상당 부분을 도구와 옷, 집을 만드는 데, 곧 살아가는 데 필요

---

1   이 장의 내용은 Kelly 2012에도 실려 있다.

한 기술에 투자한다(e.g., Marlowe 2010: 97). 마셜 살린스의 원풍요사회(최초의 풍요로운 사회)라는 개념을 다시 떠올려 보자. 만약 수렵민이 물적 재화에 무신경하다면, 이는 분명 그것을 지니고 다녀야 하는 일이 귀찮기 때문이다.

비록 살린스가 수렵민이 가진 욕망에 대해 전적으로 옳은 말을 하고 있지는 않지만—미케아족은 내가 가진 모든 것을 갖고 싶어 했다—, 수렵민이 유용한 것만을 가지고 다닌다는 점에서 기술이 가진 비용과 효과에 균형을 맞춘다는 지적은 옳다. 살린스는 다음과 같은 생산적인 질문의 길을 열었다. "기술이 획득, 제작, 유지관리, 운반에 드는 수고를 감수할 만할 때는 언제인가?"

고고학에서도 기술은 분명 큰 관심을 받고 있으며, 위 질문에 대한 대답을 찾기 위해 기술체계(organization of technology)에 대한 논의가 일어났다. 기술체계란 "특정한 문화체계 안에서 특정 시공간상 상이한 도구 제작, 그리고 사용, 재사용, 폐기 및 도구의 기능, 원재료의 형식과 분포뿐만 아니라 활동과 제작, 원재료의 지점 사이의 시공간적 관계를 매개하는 행위적 변수들과의 관계"를 말한다(Kelly 1988: 717).[2] 정의가 조금 길지만, 목적은 기술을 어떤 기능을 지닌 일련의 도구가 아니라 적응 과정의 일부로 보자는 데에 있다. 결과적으로 "기술이 수고를 감수할 만한 때는 언제인가"라는 문제에 대답하기 위해서, 디자인이론(design theory)에 초점을 맞추어 "도구가 만들어지게 된 특정한 전략이나 필요"를 이해하기 위해(Nelson 1997: 376; Bleed 1986) 유지관리성(maintainability), 다능성(versatility), 신뢰성(reliability), 사용의 효율성(use-effectiveness)에 관심을 가지게 되었다. 이 연구에서는 도구의 형식과 형태가 기능의 문제만이 아니라 다른 수렵 생활과도 관계가 있음을 지적한다. 이 장에서는 특정한 도구 디자인에 초점을 맞추기보다는 수렵민 기술이 지닌 광범위한 패턴과 기술이 어떻게 수렵 활동과 연결되어 있는지에 논의의 초점을 맞춘다.

---

2   Binford 1979; Bamforth 1991; Nelson 1991; Carr and Bradbury 2011.

기술이란 무엇인가?

이 책에서는 소프트 테크놀로지(연성 기술)와 하드 데크놀로지(견성 기술)를 구분한다. "소프트 테크놀로지"이란 수렵민이 생존하는 데 필요한 지식을 가리키며, 반면 "하드 테크놀로지"이란 수렵민이 자신들과 환경 사이에서 어떤 목적(식량 획득 또는 요리 아니면 보온을 위한 것이나 비나 눈을 피하기 위한 것이든, 사회적 접촉이든, 이웃에게 깊은 인상을 주기 위한 것이든)을 이루기 위해 투입하는 물적인 것을 가리킨다. 민족지적으로 알려진 수렵민은 자신들의 세계에 대해 놀라운 지식을 가지고 있으며, "소프트 테크놀로지"의 양과 "하드 테크놀로지"의 양이나 복합성 사이에는 아무런 관련도 없음은 두말할 나위가 없다. 예를 들어, 멕시코 서북부의 세리족은 단순한 "하드 테크놀로지"로 생존하고 있지만, 350에서 400개에 이르는 토착 식물의 이름을 알고 있으며, 식량(인간의 식량이든 동물의 먹이이든), 건축 재료, 치료, 악기, 세정제 등의 용도도 대부분 알고 있다(Felger and Moser 1985; Mason and Hather 2002; Anderson 2005도 참조). 이 장에서는 고고학자로서 나의 성향을 드러내어 "하드 테크놀로지"에 초점을 맞추고자 한다.

"하드 테크놀로지"을 살피는 데는 여러 방식이 있다. 중요한 구성 요소 가운데 하나는 단순히 "물건" 그 자체만이 아니라 그것을 만드는 데 들어간 기법(techniques) 및 생산과 유통과 관련된 사회 과정이다(Pfaffenberger 1992와 Lemonnier 1993을 참조). 기술은 물건과 상징력으로 구성되는데, 상징력을 통해 기술을 가진 사람이나 사용하는 사람에 대해 무언가를 전달한다. 상징력은 기술의 비용과 효과에 대한 지각에도 영향을 미칠 수 있다. 하지만 이 장에서는 행동생태학적 접근에 따라서 기술과 관련된 에너지 투입과 효과에 초점을 맞추어 본다.

사람만이 하드 테크놀로지를 사용하는 존재는 결코 아니다. 새도 집을 만들며 비버도 댐을 만든다. 침팬지는 돌을 써서 견과를 깨고 잔가지를 이용하여 개미를 낚는다. 심지어 문어조차도 은신처로 쓸 것을 운반하고 다닌다. 그러나 어느 존재도 사람만큼 많은 하드 테크놀로지를 사용하지 않으며, 우리처럼 기술에 의존하여 생존하지 않는다. 기술을 통해 우리는 전 지구를 점유할 수 있었다. 예를 들어, 바늘이 없었다면 시베리아와 북극에서 생존하는 데 (그리하여 신대륙으로 이주하는 데) 필요한 옷을 만들 수도 없었을 것이다. 하드 테크놀로지의 구성과 유지관리는 인간생활의 아주 중요한 양상이며, 높은 기회비용을 수반하는 일이다. 그리고 어떤 것을 만드는 데 드는 시간은 그것을 사용하는 데 드는 시간이 아니라는 점도 중요하다.

우리는 하드 테크놀로지를 여러 상이한 범주로 나눌 수 있다. 지금까지는 체계적인 인류학 분석이 주로 굴지구, 활과 화살, 덫, 그물, 배와 같은 식량 획득 기술(Oswalt 1973, 1976; 그러나 Hayden 1988 역시 참조)에 치중되어 있었다. 그러나 이와 함께 수렵채집민에게는 누추한 바람막이에서부터 커다란 삼나무 판자로 만든 집과 옷, 샤먼의 치료 주머니와 같은 의례용 물건이나 장식품 같은 위신재도 있다. 우리는 이 장에서 식량 획득 기술에 치중할 터인데, 이유는 이것이 수렵활동과 분명한 관련이 있기 때문이다. 먼저 식량 획득 기술에 주목하면서 주호안시족과 누북미우트족의 물질문화를 비교하고 수렵민 기술의 변이에 대해 살펴보자.[3]

주호안시족의 기술

과거에 이동 생활을 했던 주호안시족에 대한 짧은 글로 시작해 보자(Lee 1979). 남부 아프리카의 계절은 강우량, 곧 이용할 수 있는 지표수의 양에 따라 구분된다. 주호안시족은 식량의 85% 정도를 견과류와 구근류, 씨앗(종자)류, 과실류를 포함한 100개 정도의 식물 종에서 얻으며, 나머지는 사냥을 통해 획득한다. 춥고 건조한 겨울(5~8월)에 많으면 50명에 이르는 집단이 수원지 주변에 모여 살며, 덥고 습도가 높은

---

3 핫자족은 Marlowe 2010; 야마나족은 Orquera and Piana 1999; 추마시족은 Hudson and Blackburn 1982-87; 북아메리카 인디언의 물질문화는 Driver and Masey 1957; 틀링잇족은 Emmons 1991; 퓨젯사운드 권역은 Eells 1985; 파이우트족은 Fowler and Matley 1979; 캘리포니아 미웍족은 Barrett and Gifford; 클라마스족은 Barrett 1910; 이마존 누칵족은 Politis 2007; 서북부 해안 카누와 집은 Olson 1927 참조.

여름에는 25명 정도로 이루어진 집단으로 나뉘어 계절적인 수원지들로 옮겨다니며 산다. 여름은 덥고 겨울밤에는 영하의 추위도 있다.

만약 우리가 부시맨 캠프에 걸어 들어간다면, 처음으로 만나는 물질문화가 아마도 집일 것이다. 집은 단순하다. 주호안시족은 작은 나무를 땅에 얕게 박아 동그란 모양으로 집을 만든다. 그것을 반구형으로 가운데로 모아 나무껍질로 단단히 묶는다. 나무를 세우고 거기에 풀 다발을 묶어 비가 새지 않게 지붕을 만든다. 이런 집은 몇 시간이면 만들 수 있다.

우리는 집 주위에서 부시맨이 일상생활에서 쓰는 여러 도구를 볼 수 있다. 물론 재주와 독창성이 가미되어 만들어진 것이겠지만, 식량 획득 도구는 보잘것없다(그림 5-1). 식물을 채집하는 주 도구는 긴 굴지구로, 한쪽 끝이 날카롭다. 이런 도구는 한 시간 안에 만들 수 있으며, 6개월 정도 사용한다(표 5-1). 더 필요한 것은 카로스(kaross)라고 불리는 옷과 이불, 그리고 가죽으로 만들어진 다양한 크기의 가방이다. 타조알 껍질은 물통으로 쓰인다.

사냥 기술은 이보다 조금 더 복잡하다. 활은 길이 1미터 정도인데, 특정 종 (*Grewia flawa* 또는 *G. bicolor*)의 나무로 만든다. 화덕 밑에서 뜨거워진 모래에 되풀이 달구어 휘게 하고, 영양의 힘줄을 이용해 활시위를 만든다. 화살은 네 부분으로 이루어져 있다. 속이 빈 나무를 이용하여 화살대를 만들고 한쪽 끝의 구멍에는 짧은 뼈를 갈아 맞추며 나무 관을 이용해 뼈와 연결한 다음 (울타리 철사로 만든) 금속 화살촉을 나무 연결대의 한쪽 끝에 묶는다. 활은 약해서 9kg 정도밖에는 견디지 못한다. 그렇지만 화살에 독을 발라 사냥감에게는 치명적인데, 독은 딱정벌레 종의 번데기시기를 이용하여 만든다. 화살은 나무껍질로 만들어 양쪽에 가죽 덮개가 달린 화살통에 담아 가지고 다닌다. 던지는 막대기와 함께 금속촉을 단 창과 나무 자루에 매단 금속 자귀를 가지고 다니는 남자들도 있다. 또한 길이 4미터 정도의 갈고리 막대기를 가지고 다니기도 하는데, 어린나무 몇 개를 송진과 힘줄로 하나로 묶고 끝 부분에 휘어진 금속 갈고리를 매달았다. 굴속에 깊이 집어넣고 돌려 날토끼의 털에 걸리게 하여 사냥감을 꺼내는 장비이다. 남자는 금속제 칼과 불을 지피는 도구를 포함하여 많은 장

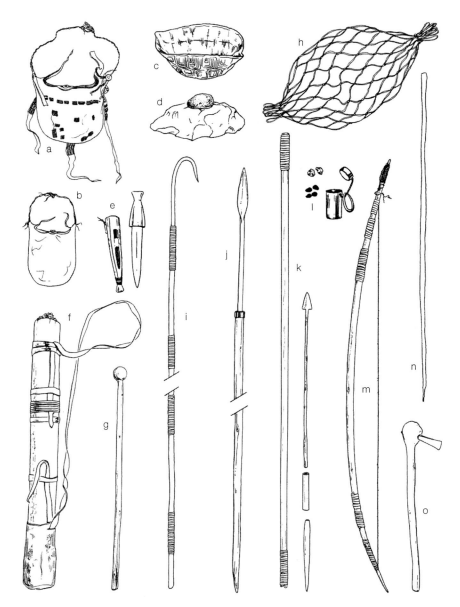

그림 5-1. 주호안시 기술의 사례. a, b: 들고 다니는 가방; c: 거북등딱지 그릇; d: 견과류를 깨는 데 쓰는 돌; e: 칼집과 칼; f: 화살통; g: 던지는 막대기; h: 남자의 운반용 그물; i: 갈고리 막대기; j: 끝에 금속이 부착된 창; k: 화살(화살대가 두 부분으로 이루어져 있고 화살촉은 금속); l: 불을 지피는 도구; m: 활; n: 굴지구; o: 금속 도끼와 나무 지루(Lee 1979: 125, 132, 140, 145, 152에서)

242

표 5-1. 주호안시족의 기술

항목[a]	제작 시간(분)	사용 시간(일)	유지보수 시간(분)	유지보수의 빈도(일)	총 유지보수(분)
멍에	15	5	0	0	0
수저통 (Stomach canteen)	60	180	0	0	0
굴지구	60	180	15	30	90
유아용 캐리어	60	365	30	30	365
스커트	140	1,825	15	30	913
불 도구	180	365	30	30	365
육포 거치대	180	60	0	0	0
옷	180	365	15	75	73
셔츠	180	365	30	60	183
바지	180	365	30	60	183
청소와 침구	180	90	1	1	90
저장 선반	225	180	15	30	90
백	240	1,825	20	30	1,217
추아나(Chuana)	240	730	15	30	365
독약 세트	300	180	30	4	1,350
몽둥이	300	1,095	60	180	365
플린트와 금속 세트	300	1,825	10	1	18,250
신탁 원반	300	5,475	0	0	0
거북딱지	300	730	15	30	365
새알껍질통	360	730	0	0	0
샌들	360	1,825	15	75	365
화살통	600	1,825	30	180	304
창	600	3,650	30	30	3,650
탐침기	600	1,825	60	30	3,650
로프 덫	600	365	60	30	730
자귀/도끼	600	1,825	10	5	3,650
갈돌과 갈판	600	1,095	30	30	1,095
양푼, 숟가락	600	1,095	15	30	548

항목[a]	제작 시간(분)	사용 시간(일)	유지보수 시간(분)	유지보수의 빈도(일)	총 유지보수(분)
외투	900	1,825	120	60	3,650
그물	900	3,650	60	180	1,217
활	900	1,825	10	5	3,650
화살	900	365	30	5	2,190
쇠솥	900	1,825	30	30	1,825
움막	900	90	5	1	450
칼	1,200	1,825	10	5	3,650

a 남자와 여자 활동의 평균, 플린트-금속 용구세트 미포함.
b 총 유지보수 시간＝(사용 시간/유지보수 빈도)×유지보수 시간
출처: Lee 1979: 표 9.10

비를 힘줄로 만든 그물 안에 넣어 운반한다.

식량은 캠프에서 견과류를 깨는 돌이나 최근에는 나무로 만들어진 절구와 공이 (그림 1-2 참조)로 가공하며, 다양한 금속제 그릇이나 거북등딱지, 사발과 숟가락을 사용한다. 또한 개인 장식품도 있는데, 대부분 염주 종류이고 교역으로 들어온 것들이다. 주호안시 가족이 가지고 있는 모든 도구는 카로스, 곧 그물 가방 안에 넣어 캠프에서 캠프로 등에 지고 다닌다. 리처드 리(Lee 1979: 277)에 따르면, 주호안시 남자는 생계를 위한 도구, 옷, 집을 만드는 데 하루 평균 한 시간 조금 넘게 일하며, 여자는 45분 정도 일한다.

누북미우트족의 기술

이와는 놀랄 만큼 다른 기술을 알래스카 북부 해안의 배로곶(Point Barrow)에 사는 누북미우트족에게서 볼 수 있다[Murdoch 1988(1892); Spencer 1984]. 이들은 주로 고래와 바다표범을 사냥하며 250~300명이 해안에 큰 주거지를 이루고 산다. 짧은 여름 동안에는 가족들이 기슭 움막 안에 살거나 더 안으로 들어가 내륙 사람들과 교역

하기도 하지만, 겨울철 주거지는 수년 동안 유지되어 다소 영구적이라고 할 수 있다.

누북미우트족의 장비의 크기와 복합성은 믿기 어려울 정도이다. 그림 5-1에 이동 부시맨이 가진 대부분의 기술이 나타나 있는 반면, 그림 5-2에는 누북미우트 물품 목록의 일부만이 나와 있을 뿐이다. 먼저 반수혈식 움집부터 시작해 보자. 집에 들어가려면 터널을 통과해야 하며, 집 문턱에 이르기 전 한쪽에 부엌 공간이 있다. 여기에 서 있다가 집으로 기어가듯 들어간다. 지붕은 기둥과 유목으로 만드는데, 잔디로 덮여 있어 상당히 무겁게 때문에 몇 개의 큰 기둥으로 받쳐야 한다. 출입구 바로 맞은편에는 침대가 놓여 있다. 벽은 흙이나 짧은 나무판자로 만든다. 마을 주변에는 나무가 없기 때문에 해안에서 건져 올린 유목을 사용하거나 산에서 얻는다. 집을 짓는 데는 상당한 시간과 에너지를 투자해야 하기 때문에 몇 년 동안 견디도록 한다.

기어 들어가 집 안 내부를 보면 물건의 크기와 다양함에 놀란다. 나무로 만든 들통과 나무를 깎아 만든 사발, 동석(凍石)으로 만든 램프, 무거운 돌 방망이, 슬레이트와 금속으로 만든 칼, 울루스(ulus)라는 여성용 칼, 자귀, 끌, 사슴 어깨뼈로 만든 톱, 양 뿔로 만든 바가지, 나무 숟가락, 뿔 국자, 여러 형태의 낚싯바늘, 그물추, 낚싯줄, 작살, 그물 등이 있다. 또한 활비비와 상아 뚜르개, 숫돌, 작살 머리와 다른 도구를 얽어매는 데 사용하는 줄이 담긴 나무 상자도 있다. 긁개는 특정한 사람의 손에 맞추어 깎은 나무 자루에 돌이나 금속 조각을 맞추어 만든다.

누북미우트족은 많은 종류의 옷을 가지고 있다. 방수되는 바다표범 가죽이나 사슴 가죽으로 만든 부츠와 레깅스를 비롯하여, 나무로 만든 눈 안경, 벨트, 후드가 달리고 가장자리에 모피가 있는 카리부 가죽 코트, 사슴가죽으로 만든 장갑도 있다. 비록 식량 획득과 직결되지는 않지만, 따뜻하고 방수되는 의복은 분명 북극지방에서 바깥 수렵 활동을 하는 데 아주 중요한 장비이다.

또한 집 안팎에는 유목으로 만든 활도 있는데, 길이는 1미터가 채 안 된다. 깃털 달린 화살은 길이 약 75cm 정도이다. 화살통에는 네 가지 종류의 화살이 있는데, 각각 특정한 사냥감, 곧 곰, 사슴, 큰 새와 작은 새를 사냥하기 위해 만들어진 것이다. 화살에는 돌촉이나 미늘 달린 뿔촉 또는 새 화살의 경우 부푼 부분이 있다. 이와 함께

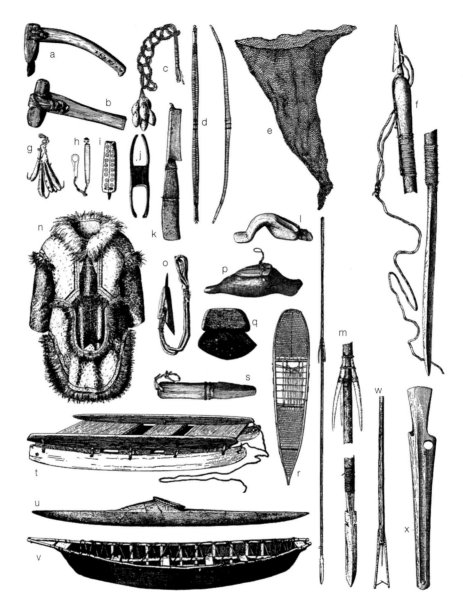

그림 5-2. 누북미우트 기술. a: 자귀; b: 망치; c: 새 올가미; d: 활; e: 물고기 그물; f: 토글머리 바다표범 작살; g: 낚시바늘; h: 바늘통; i: 금속끝 뚜르개; j: 그물 바늘; k: 그물망 측정기; l: 자루 달린 돌 긁개; m: 새 잡는 다트; n: 여성 코트; o: 바다코끼리 작살머리; p: skan 작살 머리통; q: 울루(굽은 칼); r: 눈신; s: 손잡이 칼; t: 썰매; u: 키약; v: 우미악; w: 물고기 장; x: 아틀라틀(투사기)(Murdoch 1892에서 편집)

아틀라틀을 매달아 던지는 다트가 있는데, 미늘 달린 뿔이나 상아를 장착하며 자루에 앞쪽을 향하는 미늘 세 개가 달려 있다. 상아로 만든 사냥도구와 모피 동물을 사냥할 다양한 덫 그리고 상아로 만든 고기 은닉처 표시도 있다.

또한 바다표범 작살도 있다. 겨울에는 숨구멍을 이용하여 바다표범을 사냥한다. 바다가 얼면 바다표범은 얼음을 깨서 숨구멍을 만든다. 얼음이 두꺼워지면 바다표범은 똑같은 구멍으로 돌아와 얇게 언 얼음을 뚫는다. 눈이 와서 구멍이 막히면 바다표범이 어디 있는지 찾기 힘들어진다. 이누이트는 개의 날카로운 후각을 이용하여 바다표범을 찾는다. 이 경우 바다표범이 의심을 하고 구멍을 피하기 때문에, 눈을 완전히 치우기는 힘들다. 그래서 바다표범을 찾기 위해서 사냥꾼은 작고 가벼운 T자 모양의 막대기를 눈 속에 집어넣는다. 사냥꾼은 흔히 몇 시간 동안이나 구멍 위에서 몸을 구부린 채 창을 손에 들고 기다린다. 바다표범이 와서 막대기를 들어올리면 사냥꾼은 눈 속으로 작살을 찔러넣는다(깃털이나 머리카락을 이용해 바다표범이 숨 쉬는 것을 탐색하는 이누이트도 있다).

바다표범은 창에 찔리면 물속으로 들어가려고 한다. 그러나 작살에는 자루에서 떨어져 바다표범의 가죽 아래 지방에서 회전하는 토글 머리(toggling head)가 있다. 토글은 긴 힘줄 실에 매달아 이를 쥔 사냥꾼이 바다표범의 고삐 역할을 한다. 바다표범이 지치면 토글이 잠기는데, 사냥꾼은 긴 시간 동안 도끼로 얼음을 깨 큰 구멍을 만들어 사냥감을 끌어올린다. 또한 얼음 아래에 쳐 놓은 그물로 바다표범을 끌어올리기도 한다.

날씨가 따뜻하면 바다표범이 얼음 위에서 햇볕을 쬔다. 움직이면서 발톱으로 얼음을 할퀴는데, 그 소리로 다른 바다표범을 부른다. 누북미우트족은 이 사실을 이용하여, 봄에 바다표범 발톱 소리를 낼 도구를 깎아 만들어 사냥에 사용함으로써 바다표범이 사냥꾼 쪽으로 오도록 유인한다.

바다표범 작살과 함께 바다코끼리와 고래를 잡는 작살도 있다. 바다표범 가죽을 꿰매 만든 통(한쪽은 나무로 깎아 만든 마개로 막는다)을 작살 머리에 줄로 이어 놓았다. 바다코끼리나 고래가 작살을 맞으면 물에 뜨는 가죽 통 때문에 깊이 잠수할 수 없고,

사냥꾼에게 쫓기면서 지치게 된다.

그런데 어떻게 쫓는가? 주호안시족과는 달리 누북미우트족은 운송 수단, 특히 바다 포유동물을 사냥할 수단이 필요하다. 누북미우트족은 카약과 6~10 미터 길이의 고래잡이 배 우미악을 가지고 있다. 배는 여러 종류의 나무를 고래수염으로 정확하게 결박하여 만들며, 잘 꿰맨 바다표범 가죽으로 덮는다. 육상 이동을 할 때에는 유목에 못을 박아 묶고 고래 아래턱뼈를 사용해 만든 썰매 두 종류와 눈신을 사용한다.

분명 누북미우트족의 장비는 수도 많을 뿐 아니라 (위에 언급한 것이 모두가 아니다) 대부분 복합적인 기술로 만들었다. 왜 누북미우트족의 기술은 주호안시족과 그토록 다른가?

식량획득 기술을 결정하는 요인

몇몇 수렵채집민의 식량획득 기술에 대한 민족지적인 분석은 웬들 오스왈트 (Wendell Oswalt 1973, 1976)의 자료에 토대를 두었다.[4] 오스왈트는 생계물(subsidants)을 식량을 찾는 데 쓰이는 도구라고 정의하고, 이를 다시 인공물(artifacts)과 자연물(naturefacts)로 나누었다. 자연물이란 가공되지 않은 돌이나 나무 같은 것을 말한다. 인공물은 다시 도구(implements)와 시설물(facilities)로 나뉜다. 창이나 활은 도구이며, 시설로는 덫이나 고기잡이 그물, 둑(나무로 만든 댐과 비슷하게 강을 가로질러 막은 담으로, 한쪽 구멍으로 물고기가 흘러들어오게 만든 것) 같은 것을 들 수 있다. 시설물에는 관리하는 것과 관리하지 않는 것이 있는데, 덫은 아무도 돌보지 않아도 작동될 수 있지만, 어살은 어떤 사람이 흘러들어온 물고기를 잡기 위해 있어야 한다. 도구에는 움직임이 별로 없는 식량을 얻는 데 쓰는 굴지구 같은 기구(instruments)와 창이나 활

---

4   Torrence 1983, 1989, 2001; Shott 1986; Vierra 1995; Bamforth and Bleed 1997; Osborn 1999; Collard *et al.* 2005; Read 2008

같은 무기(weapons)가 있다.

오스왈트는 기술단위(technounit)라는 개념을 사용하였는데, 시설과 도구를 "완성된 인공물의 모습에 기여하는 물리적으로 개별적이면서도 통합되어 있는 구조적 형상"이라고 하였다(Oswalt 1976: 38). 예를 들어, 주호안시의 굴지구는 막대기 자체라는 하나의 기술단위만을 가지고 있다. 반면 누북미우트의 바다코끼리 작살에는 (1) 점판암(또는 금속) 작살 촉, (2) 뼈나 상아로 만든 토글 머리, (3) 상아로 만든 전반부, (4) 전반부와 자루를 연결하는 줄, (5) 자루, (6) 토글 머리와 부유체를 연결하는 줄, (7) 부유체, (8) 창의 전반부를 제자리에 고정하여 주는 부분, (9) 창에 손가락을 대는 부분, (10) 손가락을 자루에 고정해 주는 부분 등 열 가지 기술단위가 있다.

또한 오스왈트는 단순도구와 복합도구를 구분하였다. 단순도구는 "사용 중 각각의 위치가 바뀌지 않는" 부분들(가령 한쪽에 무게가 쏠려 있는 굴지구[5])로 이루어져 있는데, 반면 복합도구의 부분들은 사용 중 위치가 변화한다(가령 위에 언급한 토글 작살의 경우, 머리가 사용 도중 자루에서 떨어진다). 오스왈트는 식량 획득 물품의 총 기술단위 수를 생계물의 총수로 나눔으로써 특정 집단 기술의 전체적인 정련도(elaborateness)를 개략적으로나마 측정하였다. 이론상 어떤 기술의 총 생계물의 수와 정련도는 서로 독립적이지만(Read 2008), 실제로는 서로 관련되어 있다. 복합도구를 가진 수렵민은 그런 종류의 도구를 많이 지니는 경향이 있다.

타스마니아 사람들 같은 수많은 수렵민들이 단순 기술로도 생존할 수 있는 데 반해, 몇몇 수렵민들은 왜 그토록 도구에 공을 들이는가? 왜 기술을 정련하는가? 이 질문에 대답하기 위하여 다음 세 가지 요인에 대해 살펴보자.

기능

첫째, 식량 가운데는 기술을 정련해야 획득할 수 있는 것이 있다. 덩이줄기를 파

---

5   굴지구에는 흔히 도넛 모양의 돌이 밑 부분에 고정되어 있어 땅을 파는 데 무게와 힘을 더해 준다. 얕은 곳에 있는 덩이줄기를 캐는 데 유용하다(Rippen 1918: 76).

는 데는 튼튼하고 날카로운 막대기만이 필요할 뿐이다. 수렵민은 이 막대기를 사용하여 부상의 위험이나 목표물을 잃을 염려 없이 식량을 획득할 수 있다. 이는 더 말할 필요도 없이 분명한 듯하다. 하지만 이를 아틀라틀이나 활과 같은 기술로만 사냥할 수 있는 대형동물의 경우와 대조할 수 있다. 이런 기술을 사용하여 사냥꾼은 동물을 사냥할 수 있을 뿐 아니라, 멀리 떨어져 있어 사냥감이 놀라 도망치지 않게 할 수도 있고 위험부담을 줄일 수도 있다(부상당한 동물은 무척 위험하다). 사냥 기술은 먼 곳에서 기능을 수행해야 하기 때문에 덩이줄기를 파는 기술보다 훨씬 복잡하다.

위험부담

두 번째 요인은 이미 지난 장에서 살펴본 바 있는 위험부담(risk)이다. 여기에서 위험부담 개념에는 다음 세 요소가 있다. 두 가지 가장 분명한 요소는 아무런 소득 없이 집으로 돌아오는 부담과 그 사실이 가진 혹독함이다. 일반적으로 채집 식량은 수렵 식량보다 첫 번째 요소에서 볼 때 위험부담이 덜하다. 하지만 두 가지 식량 모두 식단에서 차지하는 중요성에 따라 두 번째 요소의 측면에서는 위험부담이 있다고 할 수 있다. 주호안시 사냥꾼은 빈손으로 돌아와(실제로 자주 그렇다) 아내가 덩이줄기나 베리류 열매, 견과류를 채집하였음을 알 수 있다. 반대로 겨울에 바다표범을 사냥하는 데 실패한 누북미우트 사냥꾼은 가족을 심한 굶주림에 빠뜨릴 수 있다. 위험부담의 세 번째 요소는 수렵의 비용이다. 단순히 걷고 식량을 운반하는 데 드는 비용만이 아니라, 넘어지거나 독사에게 물릴 수도, 갑자기 폭풍우를 만날 수도 있는 등 수렵민에게 늘 따라다니는 위험비용을 말한다. 이 점에서 환경의 차이가 있는데, 기온(극한 추위나 뜨거운 온도)이나 일광시간, 포식자 등에 따라 위험비용이 다르다. 열대림에서 강에 빠지면 그냥 자연스런 웃음만 지을 수 있겠지만, 북극에서는 그렇게 빠지면 죽음을 뜻하는 것일 수 있다.[6]

---

6 1928년 늦가을, 윌리엄 스트롱(William Duncan Strong)은 나스카피족과 래브라도 반도에서 들꿩을 사냥하다가 얼음 속에 빠졌다. "기지에서 1마일 거리의 개울 위 개활지를 걸었는데, 만을 건너면서 나는 미숙함의 대가를 치렀다. 영하 20도 정도의 날씨에 가죽 부츠와 털옷을 걸치고 얼음 위에 난난히 서는 것은 불

이런 위험부담이야말로 수렵민의 기술을 좌우하는 중요한 요소라는 분석도 있다.[7] 일반적으로 위험부담이 높은 조건에서 기술 혁신이 이루어질 가능성이 높은데, 이는 사람들이 새로운 기술에 투여하는 노력으로 얻을 수 있는 것이 많기 때문이다 (Fitzhugh 2001). 어떤 요소든지(그러나 아마도 특히 빈손으로 돌아왔을 때의 혹독함이라는 두 번째 요소) 위험부담이 증가하면 신뢰도가 높은 기술이 더욱 필요하다. 덧붙여 만약 수렵민이 수렵의 수익률을 최대화하고자 한다면, 언제나 더 효율적인 기술을 찾아야 한다(그러나 앞으로 살펴보겠지만, 그 기술이 가진 비용과 효과에 균형을 맞추어야 한다).

이동성

세 번째 요인은, 살린스가 지적한 바와도 같이, 이동성이다. 이는 집에서 가장 잘 드러난다. 정주민은 이동민보다 집에 더 많은 시간을 투자한다(Service 1966: 11; Binford 1990; Diehl 1992; Kelly *et al.* 2005, 2006). 또한 정주 수렵민에게는 누북미우트족과 같이 수도 없이 많은 물질문화가 있다(추마시족에 대해서 Hudson and Blackburn 1982-87 참조). 그러나 이동하는 사람들이 정주민에 비해 적은 도구(그리고 가벼운 도구. 이는 흔히 단순 도구를 뜻한다)를 가지고 다닐 것으로 생각되는 데 반해, 오스왈트 자료에 대한 분석을 보면 이동성만이 이동 수렵민의 기술의 정련도를 결정하는 요인인지에 대해서는 의견이 모아지지 않고 있다(e.g., Shott 1986; Collard, Kemery and Banks 2005).

드와이트 리드(Dwight Read 2008)는 이동성과 위험부담을 하나의 측정값으로 합쳐 이 문제를 통계적으로 다룬다. 오스왈트가 제시한 자료를 토대로 성장계절의 길

가능했다. 나는 놀라서 허우적댔다. 커다란 구멍이 생겼지만, 내 손은 얼어 버렸다. 나는 얼음이 구부러졌지만 깨지지 않은 곳에 이르렀고, 거기서 조심스럽게 꿈틀대면서 단단한 얼음을 찾을 수 있었다. 캠프에서 이 소리를 듣고 소년 둘이 와서 나를 도왔다. 엽총을 잃은 것(8개월 뒤 물속 깊은 곳에서 다시 찾았다) 말고는 그리 나쁜 일은 일어나지 않았다. 하지만 이 경험을 통해 늘 그런 위험에 마주하면서도 잘 피하는 래브라도 사냥꾼을 존경하게 되었다"(Leacock and Rothschild 1994: 28; 얼음 위 사냥의 위험에 대해서는 Burch 2006: 151)

7   Torrence 1983, 2001; Bousman 1993; Bamforth and Bleed 1997; Collard *et al.* 2005; Tomka 2001b

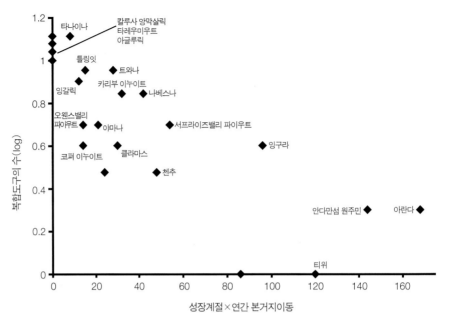

그림 5-3. 복합도구의 수와 리드(Read)의 위험부담 측정값(성장계절의 길이는 연간 본거지 이동의 수를 곱한 것) 사이의 관계. Read 2008에서 다시 그림. y축은 log화한 수치이다. 미국고고학회 허가로 *American Antiquity* 73(4), 2008에서 전재.

이와 연간 본거지 이동의 수를 곱하였다. 연간 본거지 이동의 수는 분명 이동성에 대한 측정이다. 성장계절의 길이는 위험부담에 대한 대략적인 측정이라고 할 수 있는데, 짧은 성장계절은 추운 환경임을 나타내고 수렵민이 겨울 수렵활동에서 위험에 노출될 수 있음을 의미한다. 추운 환경에 사는 수렵민은 흔히 식량을 저장하는데, 이는 곤궁한 계절이 있음을 뜻한다. 이런 곳에서는 빈손으로 돌아오는 위험부담 가능성이 커지고 결과는 더 혹독할 수 있다.

리드의 분석 결과는 그림 5-3에 나와 있다. 그림은 복합도구의 수와 위험부담의 측정값 사이에 비선형 관계가 있음을 나타낸다(n=22, r=0.78, $p \ll 0.01$). 또한 리드는 기술의 정련도와 위험부담 측정값 사이에는 선형의 상관관계가 있음도 밝혔다. 성장계절이 긴 환경에 사는 이동성이 높은 수렵민은 성장계절이 짧은 환경에 사는 정주 수렵민보다 복합 도구의 수도 적고 전반적인 기술의 정련도도 떨어진다.

정주 수렵민이 더 많은 종류의 도구와 더 복합적인 도구를 만드는 데 시간과 노력을 투여할 수도 있음은 분명해 보인다. 도구를 가지고 다녀야 하는 비용을 생각할 필요가 없기 때문이다. 누북미우트족의 사례에서 잘 드러나듯이, 물품을 쌓아 놓을 수 있기 때문에 가능한 한 복합적이고 정련된 기술을 만들어낼 수 있지만, 그렇다고 이것이 정련 기술의 "원인"은 아니다. 물건을 운반할 필요가 없는데도 여전히 만들어야 하는 이유가 있다. 기술 제작과 유지관리에는 비용이 들어가며, 정련 기술에도 많은 비용이 들어간다. 비용이 들어간다는 것은 효과가 있다는 것이다.

예를 들어, 리처드 리가 주호안시 기술에 대해 수집한 자료가 담긴 표 5-1을 보자. 표에는 다양한 물질문화 항목의 수명과 제작 및 유지관리에 들어가는 시간이 제시되어 있다. 우리의 예상대로 제작에 필요한 시간과 수명에는 상관관계가 있다(r_s=0.55, p=0.001, n=35).[8] 이와 비슷하게, 사용 시간 내내 그것을 유지보수해야 할 시간과 수명 기간 사이에도 상관관계가 있다(r_s=0.68, p≪0.001, n=35). 비록 만드는 데 시간이 오래 걸리고 유지비용이 필요한 물건은 오랫동안 사용되리라고 생각하지만, 이로부터 관련된 트레이드오프에 대한 문제가 생긴다. 사실상 많은 정련된 이누이트 도구는 오랜 시간 동안 사용되지 못하면서도 작업을 할 수 있도록 정련되고 과도하게 디자인된다(Bousman 1993). 수렵민은 이보다 덜 정련되고 덜 효율적인 기술로 더 많은 시간을 들여 식량을 얻을 수 있으며, 아니면 더 정련된 기술을 만들고 유지보수하는 데 시간을 들여 더 효율적인 기술로 짧은 시간에 식량을 획득할 수도 있다. 그렇다면 선택을 결정하는 요인은 무엇인가?

---

8   리는 인터뷰로 자료를 수집하였고, 시간은 1개월이나 1년, 5년 같은 단위로 측정하였다. 그러므로 여기서는 스피어먼(Spearman)의 서열상관검증을 사용하였다. 남녀의 시간을 평균으로 하고, 제작이나 관리에 시간을 들이지 않는 것(열매 깨는 돌 같은 도구)은 제외하였다. 리는 상점에서 사는 물건의 "비용"을 그것과 교환하는 데 쓴 타조알 구슬 제작에 필요한 시간으로 계산하였다. 상관관계는 여전히 유의한데(p=0.001), 높은 유지관리 비용이 들어가는 플린트-금속 도구를 제외해도 그러하다.

왜 기술에 공을 들이는가?

식량 선택이나 캠프 이동의 과정을 결정하는 모델을 발전시켰듯이 기술의 의사결정 모델을 세울 필요가 있다. 이를 이해하기 위해 식단폭모델(DBM)에 대해 다시 한 번 생각해 보자. 이 모델은 수렵민이 어떤 환경이 주는 가능한 모든 선택 가운데 어떤 것을 취하는지에 대한 것임을 상기하자. 이 모델에서는 다음 세 가지가 중요한 변수이다. 첫째, 어떤 자원의 대면율(encounter rate, 대개 자원의 풍부도 문제이기도 하다), 둘째, 대면한 뒤 자원을 획득하는 데 드는 비용, 셋째, 자원 자체의 가치(주로 칼로리). 자원이 가진 가치의 측면에서 획득하는 데 필요한 시간을 통해 대면후수익률을 측정할 수 있는데, 이는 어떤 식량을 획득하고 가공하는 시간당 얻는 소득을 말한다. 하위자원은 수익률이 낮은데, 대체로 대면 이후 획득과 가공비용이 높기 때문이다. 식단폭은 어떤 식량 선택이 전체 수렵활동의 수익률을 최대화하는지에 따라 좁기도 하고 넓기도 하다. 하위의 식량자원은 상위의 자원이 줄어들어 찾는 데 비용이 높아지면서 식단에 포함된다.

기술 역시 이러한 공식에 대입할 수 있다. 예를 들면, 우리는 위에서 DBM을 검증하기 위해 아체족이 엽총을 사용하는 사례를 들었다. 아체 사람이 엽총을 사용할 때 작은 원숭이와 대면한 후 비용은 감소하고, 수렵활동 동안 획득하는 자원의 폭은 좁아진다. 엽총을 활과 화살과 바꾸면 대면 후 비용이 올라가고 (몰래 접근하는 비용이 크기 때문에) 식단의 폭은 넓어진다. 그렇다면 왜 엽총을 언제나 사용하지 않는가? 아체족의 경우 대답은 명백하다. 엽총의 효과는 있지만, 선행 비용도 들고 탄값도 굉장히 비싸다. 마찬가지로 바다표범을 찾은 누북미우트 사냥꾼도 생각해 보자. 해안을 걸으면서 보이는 대로 맨손으로 잡는 식으로 바다표범을 사냥하는 것은 아마도 그리 효과적이지 않을 것이다. 하루도 지나지 않아 보트와 작살 같은 도구를 떠올릴 수 있다. "식량획득 기술은 자원의 탐색이나 획득 비용을 줄이는 데 목적이 있다."

식량자원을 찾는 데 드는 비용은 일반적으로 소프트 테크놀로지, 곧 언제 어떤 날씨에 어디에 식물이나 동물이 있는지를 앎으로써 줄일 수 있다. 동물 행동과 식물

그림 5-4. 미케아족 그릇들, 1995년. 왼쪽에는 특히 그릇처럼 자란 박이 있고, 가운데에는 나무껍질로 만든 줄로 짠 주머니, 오른쪽에는 나무를 통째로 깎아 만든 뚜껑 달린 용기가 있다. 지은이 촬영.

의 기후에 대한 반응에 대해 백과사전적인 지식을 필요로 한다.

거꾸로 식량 획득과 가공에 드는 비용은 일반적으로 하드 테크놀로지를 통해 줄일 수 있다. 예를 들어, 토기 그릇은 수렵채집 사회에서는 거의 찾아볼 수 없다. 이는 수렵민이 그릇이 가지는 이점을 몰라서가 아니다. 사실 금속 그릇(그리고 후일에는 플라스틱 용기)은 유럽 사람들이 등장하기 무섭게 인기 있는 교역품이 되었다. 수렵민이 작은 것을 운반하고 저장할 그릇이 필요하지 않아서도 아니다. 수렵채집민의 물품에는 사물을 담는 물건도 상당히 있는 것이 사실이다(그림 5-4). 그래서 "왜 토기가 없는가?" 하는 문제에 대한 대답을 하기 위해서는 토기가 지닌 비용과 효과를 고려해야 한다.

토기가 가진 첫 번째 이득은 분명 씨앗(종자)류, 일반적으로 하위의 수익률을 가진 식량을 끓이는 데 쓸 수 있다는 점이다(Eerkins 2004). 간석기와 더불어 토기는 씨앗 식량의 가치를 높이고 비가공 씨앗류보다 수익률을 향상시킨다(씨앗을 갈아서 흔히 사람이 소화할 수 없는 껍질을 벗겨내고 끓임으로써, 탄수화물을 더 쉽게 소화할 수 있는 당분으로 만든다).

그러나 토기에는 제작비용이 들어간다. 수렵민은 일반적으로 다음 두 가지 가운데 한 방법으로 토기를 만든다. 진흙 덩어리를 그냥 눌러 그릇 모양으로 만들 수도 있고, 아니면 긴 뱀처럼 만들어 그릇 모양으로 코일을 감고 손으로 벽을 문지르는 방법을 쓸 수도 있다. 그릇의 비짐(바탕흙을 강화시키기 위해 섞는 물질)은 모래나 이끼, 작은 돌 같은 것에 불과할 수 있다. 만든 뒤에는 그릇을 화덕 주위에 놓거나 햇볕에 말린다. 이렇게 만들어진 그릇의 벽은 두꺼운 경향이 있고 고르게 불을 받지 못해서 깨지기 쉽다. 열전도가 아주 잘 되지는 못하지만, 어쨌든 그릇의 기능은 하며 제작비용도 아주 적다.

공들여 만든 그릇의 경우는 다르다. 진흙부터 잘 선택하여 체질을 하고 두드려서 불순물을 제거하며 비짐으로 고운 모래를 쓴다. 그릇은 가마에서 굽는데, 땔감을 잘 선별하고 온도를 조절한다. 이렇게 주의 깊게 만든 그릇의 두께는 얇고 단단하여 쉽게 깨지지 않으며 열전도도 좋다. 이 그릇으로 요리를 효과적으로 할 수 있지만, 만드는 데 많은 시간이 걸린다.

얇은 두께에 잘 구워진 토기가 기능을 잘한다면, 왜 두껍고 잘 구워지지 않은 토기를 만들까? 이동하는 수렵민은 거의 토기를 만들지 않으며, 그 대신 무언가를 끓여야 할 경우 가죽을 단단히 꿰매고 송진을 입힌 바구니에 뜨거운 돌을 넣는다.[9] 이런 식으로 끓이는 이유는 분명하다. 캠프를 이동하는 동안 그릇이 깨질 수 있기 때문에, 이동하는 수렵민이 얇고 단단한 토기를 만드는 데 시간을 들이는 것은 바보스러운 짓이다(대신 이동 수렵민은 흔히 바구니 제작 전문가이기도 하다). 거칠게 만들어진 토기의 "유지관리" 방법은 사실 일반적으로 깨진 토기를 수리하느니 차라리 새로운 그

---

9   3장에서도 돌을 사용하여 끓이는 방법을 설명하였다. 보통 물이 새지 않는 바구니나 두터운 가죽을 댄 구덩이가 필요하다. 나스카피족은 카리부의 내장을 뺀 체강(體腔)을 용기로 쓴다(Leacock and Tothschild 1994: 103).

릇을 만드는 것이다. 수렵민이 토기를 만들 때는 단시간 사용을 의도하는데, 그래서 거칠게 만든다(e.g., Simms *et al.* 1977; Bright *et al.* 2002). 하지만 이동성이 덜한 수렵민과 그릇을 은닉할 수 있는 특정한 공간을 되풀이 사용하는 수렵민(4장에서 논의한 "매인 수렵민")의 경우 더 나은 토기를 만들 수 있다(Eerkens 2003). 토기는 세계의 많은 지역에서 늦게야 등장한다.[10] 예를 들어, 북아메리카 그레이트베이슨에서 토기는 1,000년 전까지도 나타나지 않았다. DBM에 따르면, 수렵민은 상위자원이 고갈되어 식단의 폭을 넓혀 씨앗 같은 하위자원 수익률을 높이기 위해 새로운 기술이 요구되기까지 토기제작에 노력을 쏟지 않는다. 그렇다면 이런 시각이 드와이트 리드가 발견한 패턴을 이해하는 데 어떤 도움이 될까?

이동하는 사람들은 본거지 이동이 국지적인 자원이 부족해서 생길 위험부담에 대처할 비용이 가장 적게 들기 때문에 이동한다. 수렵활동이 패치를 고갈시킴에 따라 빈손으로 돌아올 위험부담이 커지고, 그렇기에 어느 때이든 수렵민은 떠난다(지난 장에서 논의한 변수에 따라). 이는 이동성의 효과와 기술에 대한 위험부담을 쉽게 떼어 놓을 수 없음을 뜻한다(그리고 이것이 리드가 이동성과 위험부담을 단일 변수로 합치면서 상관관계를 찾았던 이유이다). 4장에서 논의한 바와 같이, 수렵민은 캠프를 이동하는 효과와 비용을 저울질한다. 비록 몇 개의 변수가 결정에 영향을 미치겠지만, "이동을 제한하는 어떤 요소도 수렵활동과 결부된 위험부담을 가중시킨다." 전반적인 수렵활동의 효용성을 낮추고(3장 참조) 이동성을 줄임으로써 식단의 폭을 넓히는 일은 수렵활동 체계를 더 불안하게 만든다. 이는 특히 위험부담이 큰 환경에서 그러하다. 위험부담이 증가하면 왜 더 복합적인 도구를 만드는가?

위험부담이 큰 환경에서는 대개 식량자원이 희소하다. 그런 환경에서 실패의 주요 원천은 기댈 것이 별로 없다는 것이다. 그렇기에 수렵민은 실패를 허용할 여지가 없다. 베네수엘라의 푸메족은 정오까지 사냥감을 마주하지 못하면 다른 하위자

---

10 그러나 중국이나 일본, 러시아 연해주 등 동아시아에서는 토기의 등장이 구석기시대 말까지 올라간다. 최근 중국에서는 약 20,000년 전으로 추정되는 토기가 발굴된 바 있다(옮긴이).

원으로 눈을 돌린다(e.g., Greaves 1997). 그러나 누북미우트족에게는 이런 여유도 없다. 겨울에 바다표범을 사냥할 때는 눈을 돌릴 다른 것이 없다. 비록 누북미우트 사냥꾼이 바다표범 숨구멍에서 몇 시간을 서 있을지라도, 기회가 겨우 한 번만 있을 수도 있다. 바다표범 사냥꾼에게 실패는 선택 사항이 아니다. 그런 상황에서 기술은 특정한 식량자원에 맞추어지거나, 누북미우트족의 경우와도 같이 특정 시기 특정 식량에 맞추어진다. 위험부담이 있는 자원을 획득하는 데 쓰이는 도구는 반드시 과디자인(overdesign)되어서 "신뢰할(reliable)" 만해야 하며, 갈아 끼울 수 있는 부분을 재빨리 수리함으로써 "유지보수할(maintainable)" 수 있어야 한다(Bleed 1986). 이런 노력을 통해 복합적이고 정련된 도구가 생산된다. 기술은 식량 획득의 공식에서 원재료 획득과 제작 및 유지관리 비용을 미리 지불하는 것이라고 할 수 있다.

수렵민의 이동성이 줄어들면 상위자원은 국지적으로 고갈된다. DBM에 따르면, 수렵민은 식단의 폭을 넓혀, 더 풍부하겠지만 수확하고 가공하는 데 비용이 더 들어가는 자원을 추가한다. 함정을 포함한 덫과 올가미 기술을 예로 들어 보자. 많은 수렵민은 덫으로 사냥감을 잡는다(Cooper 1938; Holliday 1998; Sasaki 2009). 덫으로는, 늘 그런 것은 아니지만, 주로 작은 동물을 잡는다. 수렵민은 동물이 지나갈 만한 곳에 덫을 놓는다. 예를 들면, 미케아 숲에는 작은 장벽을 넘지 않고 걸어서 돌아가는 물새 종들이 산다. 미케아족은 물새의 이런 행동을 이용하여 얕은 호수 주변(보통 30cm 높이도 되지 않는) 낮은 수풀 장벽 사이에 조그만 공간을 만든다. 이 공간을 가로질러 땅 위에서 약 15cm 정도에 막대기를 놓고선 막대기에 작은 올가미들을 매달아 새가 그 가운데 하나로 지나가게 한다. 새가 통과하면 올가미는 새의 목이나 몸을 죄고, 새가 벗어나기 위해 몸부림치면 올가미는 더욱 단단히 조여진다(Rippen 1918도 참조).

그렇다면 올가미 기술이 이동하는 수렵민보다는 정주 수렵민에게 더 광범위하다는 것은 놀라운 일이 아니다(Holliday 1998). 덫과 올가미는 사냥꾼에게 동물을 찾는 데 쓰는 비용을 줄이고 다른 자원을 이용할 수 있게 해준다. 그리고 덫과 올가미는 동물을 죽이거나 그대로 묶어 놓음으로써 가공비용도 줄여 준다. 이동하는 수렵민도 덫을 사용하지만, 홀리데이(Holliday 1998)는 사냥감의 개체수가 정주로 만들어진 싱

그림 5-5. 미케아족의 올가미. 1994년 지은이 촬영.

황, 곧 걸어서 사냥감을 찾는 데 높은 비용이 들어가고 대면 후 수익률이 낮은 상황을 모방하는 경우에 덫을 사용한다고 하였다. 덫 가운데는 아주 단순한 것도 있지만, 특히 대형동물을 잡을 때 사용하는, 상당히 복합적이고 시간을 들여 만들어야 하는 것도 있다(Cooper 1938에 있는 사례 참조).

　정주의 과정에는 두 가지 부가적인 요소가 있다. 민족지에서 알려진 정주 수렵민은 어로와 바다 포유동물에 크게 의존하는 해안의 집단들이다. 이런 상황에서 수렵민은 육지와 보트라는 매개물로부터 작업하여 바다라는 다른 매개물에 있는 동물을 잡아야 하기 때문에, 부가적인 제약이 있다고 할 수 있다. 단순한 창은 여러 가닥의 작살보다 물에서 기능이 좋지 않을 수 있는데, 이는 물이 움직임을 부분적으로 방해하기 때문이다. 수렵민은 어로를 하는 많은 상황, 즉 깊은 바다와 진흙이 뿌옇게 낀 호수나 냇물 속에서 앞이 보이지 않는 상황에서 작업해야 하기 때문에, 그물이나 고리와 줄이 필요하다. 수렵민은 큰 육상 동물을 투창으로 사냥할 수도 있고, 독이나 출혈로 지친 사냥감을 추적할 수도 있다. 그러나 바다 포유동물을 물속에서 추적할 수는 없기 때문에 잡아서 끌어올리는 기술이 필요하다(Kelly 1996). 줄과 부유체, 보트나 사냥꾼의 몸에 묶은 토글 작살 같은 것으로 동물을 잡고 묶어 두어야 한다(알래스카 배로곶 에스키모가 처음 총을 사용할 때, 총에 맞은 바다표범이 얼음 밑으로 들어가 죽을 경우 사냥감을 회수하지 못해 많은 실패를 겪었다, Sonnenfeld 1960 참조). 그래서 바다 포유동물을 사냥하기 위해서는 바다로 나갈 수 있게 해주는 배(이 자체로도 아주 복잡한 기술, Arnold 1995a, 1996a, 2007)와 함께, 육상 동물 사냥 기술에는 없는 투창 같은 부가적인 요소가 필요하다.

둘째, 정주 수렵민은 반드시 식량을 저장해야 하는데, 주로 해안에 살기 때문에 물고기를 많이 잡아 저장해야 한다. 그런데 식량자원을 획득하고 가공할 시간적인 기회는 그리 많지 않아서, 수렵민은 많은 양의 자원을 빨리 수확할 방책을 고안해야 하는 압박을 받는다. 그리하여 어살이나 그물 같은 대량 수확 기술과 건조대와 같이 잡은 물고기를 대량으로 가공할 기술이 필요하다. 요약하면, 추운 환경의 해안에 정주한 수렵민은 낮은 이동성으로 인한 위험부담을 줄이고 저장을 하기 위해 많은 양의 식량을 수확하고, 어로와 해양 포유류 사냥에 부가적으로 필요한 기술을 더욱 공들여 만들 필요가 있다.

확대된 식단에 맞추기 위해 발달한 기술은 대량획득 기술(가령 고기잡이 그물)을 통해 자원의 수확률을 높일 수 있다(Hayden and Gargett 1990). 어살이나 사냥 그물 같은 대량 포획 장치를 통해, 수렵민 집단은 적은 인원으로도 물고기와 동물을 한 번에 대량으로 잡을 수 있다(그래서 개인당 수익률이 높다). 그럼에도 이런 대량 포획 기술은 선사시대의 늦은 시기에야 등장하였다(Hayden 1981a; de Beaune 2004). 왜 더 일찍 나타나지 않았을까?

복합도구를 만들고 기술에 공을 들이는 데 드는 비용은 아주 크다. 어살과 사냥 그물을 만들기 위해서는 많은 시간이 걸리고 초기 제작비용이 들어간다(Olseon 1936; Bailey and Aunger 1989a). 예를 들면, 호주의 대규모 사냥 그물을 제작하는 데는 몇 날이 걸린다(Satterthwait 1987). 줄을 만드는 데 쓰이는 원자재를 획득하고 그것을 만드는 데 들어가는 시간을 더하면 더 많은 시간이 걸린다(Olseon 1936: 74; Sat-terthwait 1987: 615; Lindström 1996).

복합 시설과 도구는 제작한 뒤에도 지속적으로 유지관리해야 한다. 많은 사례에서 유지관리는 제작비용에 비하면, 좀 더 여유로운 시간에 할 수 있다는 점에서, 비용이 덜 들어간다. 나스카피족의 경우, "사냥을 나가거나 오두막에서 쉴 때를 제외하고 남자는 늘 그물을 만지고 있다"고 한다(Leacock and Rothschild 1994: 84). 나이든 미케아족 남자와 여자들은 저녁 때 화덕 주위에 앉아 허벅지에 나무껍질을 놓고 말아서 줄을 만든다. 그러나 유지관리에 상당한 기회비용이 따르는 기술도 있다. 가령 물고기 둑은 흔히 계절마다 다시 만들어야 한다. 이는 화덕 주위에서 놀면서 할 수 있는 일이 아니다(Olson 1936: 29).

복합기술 제작에 들어가는 시간은 그 시간을 (비록 더 단순하고 덜 효율적인 기술을 사용하더라도) 식량획득에 쓸 수 있는 수렵민에게는 커다란 기회비용일 수 있다(Elston 1990; Bright et al. 2002; Ugan, Bright and Rogers 2003). 예를 들자면, 노스(Noss 1997)와 루포, 슈미트(Lupo and Schimitt 2002)는 어떻게 아프리카의 공동 그물사냥이 개인 올가미 사냥과 같이 더 단순한 기술을 사용하는 다른 활동과 직접적으로 상충되는지를 알려 준다. 그렇다면 "값비싼" 기술이 기존의 "값싼" 기술을 대체할 때는 언제인가? 식량 획득을 하는 데 단순하고 덜 효율적인 기술을 더 이상 사용하지 않고, 그물이나 도기 그릇과 같은 복합기술에 시간을 투자하게 만드는 요인은 무엇인가?

기술투자모델

이 문제에 대답하기 위해 임계치정리로 다시 돌아가 보자(Bettinger et al. 2006; Read 2006도 참조). 이 모델이 타당성을 가지려면, 똑같은 기본 기술을 조금 개선하여 정련된 형태로 생산되는 수익률이 갈수록 증대되어야 한다. 하지만 주 기술의 종류에서의 차이(가령 단순한 고기잡이 창과 대규모 그물의 차이, 또는 손에 들고 사용하는 창과 토글 작살을 사용하는 바다표범 사냥도구의 차이)가 상당히 큼을 인지하는 것이 중요하다. 이런 사실은 그림 5-6A에 묘사되어 있다. 그림의 두 곡선은 이미 논의한 운반 및 패치선택 모델뿐 아니라 임계치정리의 곡선과 비슷한데(그림 3-5, 3-6, 4-15 참조), 이는 사실 아주 비슷한 원칙으로 작성되었기 때문이다.

그림 5-6A에서 두 곡선은 동일한 기능을 하는 데 쓰이는 두 가지 (가정적인) 기술, 곧 창을 이용한 어로와 대규모 그물을 이용한 어로를 표현한 것이다.[11] 오른쪽의 x축은 각 기술의 최초 제작, 그리고 개선하는 데 걸린 시간을 나타내며, y축은 각 기술로 얻은 순수익을 표시한 것이다. 왼쪽의 x축은 어떤 기술이 사용되는 시간의 길이이다. 부가와 치장이 도구의 기능을 더 효율적으로 만들 것이라고 생각되기 때문에, 각 곡선은 기술에 대한 투자가 증가할수록 올라간다. 예를 들어, 날카로운 막대기에 불과한 단순한 창으로 시작해 보자. 우리는 끝 부분에 미늘을 부가하여 창의 효율성을 높일 수 있다. 그 다음 창에 탈부착할 수 있는 머리를 줄을 이용해 달 수도 있다. 마찬가지로 그물코가 $400cm^2$인 그물에서 시작하여, 가운데에 줄을 부가하여 그물코 넓이를 $100cm^2$로 줄일 수 있다. 그 다음 밑 부분에 그물추를, 위에는 부유체를 매달 수도 있다.

일반적으로 도구에 치장을 더하면 효율성이 갈수록 떨어진다고 예상할 수 있다. 치장을 부가하는 데 시간이 걸리기 때문에 (제작에 걸리는 시간에 대비하여) 임계수익률이 지속적으로 떨어지리라고 예상된다(수렵민이 특정 수렵활동 패치의 식량밀도를 천천히 고갈시킴에 따라 임계수익률이 떨어지는 경우와 마찬가지다). 만약 기능적으로 별 쓸모없는 것을 기술에 부가한다면—가령 창에 공들여 페인트칠을 한다면—, 임계수익은 마이너스가 될 수도 있다. 여기에서는 임계수익률이 "제작시간과 상대적"임을 기억하는 것이 중요하다.

기술투자모델(technological investment model)은 어떤 기술이 언제 치장되는지,

<hr>

11 자망으로는 그물을 뚫고 헤엄치려 하다가 걸리는 물고기를 잡는다. 물고기가 그물코에 들어오면 이를 알아차리고 빠져나가려 하지만 아가미에 걸리고 만다. 자망으로는 특정한 크기의 물고기만을 잡는다. 작은 고기는 그물을 통과하고, 큰 고기는 그물을 벗어난다.

또는 더 중요하게는, 언제 더 정련되고 "값비싼" 기술이 다른 것을 대체하는지를 예측하는 모델이다(수학적 증명은 Bettinger *et al.* 2006 참조). 낮에만 어로를 하는 수렵민을 생각해 보자. 수렵민은 한 시간 정도 걸려 창을 만들 수 있지만, 그물을 만드는 데 며칠을 투자하지는 않을 수 있다 (이전에 살펴보았던 주호안시 기술의 제작과 사용 시간 사이의 관계를 떠올려 보자). 그물은 더 많은 수확을 올릴 수 있게 해주지만, "그물 제작 시간을 계산에 넣으면 수익률은 처음에는 낮을 것이다."

이제 수렵민이 더 많은 시간을 고기잡이에 보내야 하는 상황(아마도 상위의 자원이 고갈되었기 때문에)을 가정해 보자. 수렵민은 창을 이용해 상대적으로 쉽게 잡을 수 있는 큰 물고기를 먼저 잡고자 한다. 그러나 큰 물고기가 고갈됨에 따라 식단의 폭은 넓어져 더 작은 고기를 더 많이 이용한다. 이제 창에 새로운 부가물을 더해 치장하지만, 그 효과는 갈수록 작아진다. 결과적으로 창을 이용한 어로의 임계수익률은 제작 시간과 비례하여 하락한다. 이러한 하락하는 임계수익률 선은 C_1과 C_2로 표현되어 있다. 창을 만드는 데 더 많은 시간을 투자할 수도 있지만, 어느 시기엔가 부가적인 투자로 얻을 수 있는 임계수익률은 그물에 대한 초기 투자(C_3)와 같아질 것이고, 새로운 투자로 그물은 더 높은 수익을 낼 수 있다. 그래서 수렵민은 창을 그물로 바꾼다.

C_3 선이 왼쪽의 x축과 교차하는 점(z_3)은 수렵민이 창에서 그물로 바꾸는 지점을 나타낸다. 독자는 이 점이 수렵민이 식량자원을 야외에서 얼마나 가공해야 하는지를 파악할 때 사용한 것과 똑같음을 이미 알고 있을 것이다(3장의 중심지수렵모델 참조). 실제로 이 모든 것에 신비로운 점이라고는 전혀 없다. 사실 우리는 늘 비슷한 결정을 하고 있다(가령 어떤 컴퓨터를 살지를 결정할 때 초기 투자비용은 우리가 그 컴퓨터에 얼마나 시간을 투자할지와 부분적으로 관련되어 있다).

베틴저와 연구자들은 이 같은 기술투자모델로부터 다음 세 가지 통찰을 얻을 수 있다고 지적한다. 기술의 변화는 (a) 새로운 기술에 투자한다는 결정이 가부(可否)의 문제이기 때문에 빠르게 일어나며, (b) 새로운 기술의 효과가 분명해지고 제작사양이 잘 알려지며 집단 전체에 확산되고, (c) 새로운 기술로 가능해지는 순수익에 대한 지식이 바뀌고 유지관리와 제작이 다른 활동에 배태되거나 여유 시간에 이루어질 수

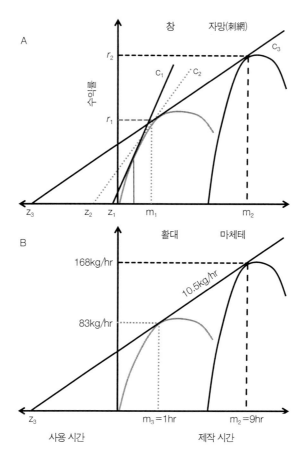

그림 5-6. A: 창과 그물을 사용한 어로 사이의 가정적인 관계를 도표로 나타낸 것(Bettinger *et al*. 2006을 토대로 그림). 두 곡선은 창과 그물을 사용한 어로에서 수익률의 변화를 각 기술 형식의 치장의 정도와 함께 표현한 것이다. 오른쪽 x축은 각 기술을 만들고 개선하는 데 들어가는 시간이다. 그물은 단순한 창보다 수익이 높지만 제작에 더 많은 시간이 걸린다(m_1 대 m_2). 왼쪽 x축은 기술의 사용 시간이 z_1에서 z_3까지 증가하는 것을 표현했다. C_1선에서 C_3까지는 제작시간을 포함한 (임계치정리가 패치 사이의 이동 시간을 포함하고 있는 것과 마찬가지로) 임계수익률이 하락함을 보여 준다. 창의 사용 시간이 증가할수록(가령 이 사례에서 물고기가 식단에서 더 중요해질 경우) 왼쪽 x축의 접점은 z1에서 z_2, 그리고 z_3로 이동하며, 창에 부가된 기술 개선의 효과는 수익률에 비해 하락한다. 이 과정에서 어떤 점에 이르면 값싼 기술과 값싼 기술의 임계치가 같아지고(C_3), 값비싼 기술은 수익률이 높기 때문에 거기에 더 많은 시간을 투자하는 것이 타당해진다.

B: 덩이줄기를 수확하는 데 활대와 마체테(machete, 날이 넓고 무거운 칼(옮긴이)) 사용의 비용과 효과를 나타낸 사례(Hurtado and Hill 1989를 바탕으로 그림). 마체테의 수익이 더 높지만, 그것을 사기 위해서는 현금 노동이 필요하다. 활대의 수익률(83kg/hr)이 높은 점과 마체테의 초기 투자비용을 생각하면 활대를 개선하여 얻는 수익률이 (제작 시간까지 고려할 때) 10.5kg/hr 밑으로 떨어질 때까지는 마체테가 활대를 대체하지 못한다.

264

있기 때문에 보통 돌이킬 수 없이 일어난다.

　또한 이 모델은 한 집단에서 두 가지가 넘는 기술 변이가 존재할 수 없으리라고 가정한다. 왜 그러한가? 우리는 C_3 선이 정의하는 수익률의 임계치에 이르면 몇몇 가족이나 집단은 다른 사람들보다 더 높은 순수익을 올리고자 할 수 있기 때문에, 창과 그물을 모두 사용할 수도 있음을 생각할 수 있다. 하지만 세 가지 이상의 기술이 존재하기 위해서는 각 기술이 모두 세 가지 기능에 접하는 단일한 수익률 임계치를 공유해야 하는데, 이는 거의 가능하지 않은 듯하다.

　이 모델은 기술 변화를 설명할 수 있다. 예를 들어, 아마존의 마치구엔가족은 보통 마니옥(manioc)을 캐고 껍질을 벗길 때, 수렵민이 흔히 야생 덩이줄기를 팔 때 쓰는 장식되지 않은 굴지구와 비슷한 부러진 야자나무 활대를 사용한다. 허타도와 힐(Hurtado and Hill 1989)은 마치구엔가족이 나무 활대 대신 금속의 마체테를 사용함으로써 효율성을 배가(83kg/kr에서 168kg/hr)할 수 있음을 지적하였다. 그러나 시간당 83kg은 분명 이미 충분히 높은 수익률이고, 마체테를 사용하여 높아질 수익은 처음에 도구를 획득하는 데 들어가는 비용을 상쇄하지 못한다(마체테를 획득하는 데 얼마만큼의 시간과 노동이 필요한지에 대한 정보는 갖고 있지 않지만, 아마도 어느 정도의 임금 노동이 필요할 것이다). 허타도와 힐(Hurtado and Hill 1989)은 마체테를 굴지구로 사용할 경우 수익률은, 덩이줄기 수확의 전체 수익률이 10.5kg/hr 밑으로 내려갈(아마도 덩이줄기가 고갈될 경우에나 있을) 때까지는 아무런 치장도 부가되지 않은 굴지구를 넘어서지 못할 것 같다고 평가하였다. 이 사례에서 마체테와 활대 사이의 가능한 관계는 그림 5-6B에 나타나 있다. 논의를 위해, 굴지구로 사용할 수 있는 활대를 만드는 데 한 시간의 "비용"이 들고 83kg/hr 수익률을 그 기술의 한계라고 생각해 보자. 여기서 z가 자원을 채집하는 데 드는 시간이고 z에 대한 해답은 자원의 야외 가공 시간을 계산할 때 이미 사용했던 공식과 같다. 수익률 임계치가 10.5kg/hr이라는 것은 마체테에 9시간의 노동 비용이 들어감을 뜻한다(1과 83 점, 10.5의 기울기로 168과 만나는 곡선에 접하는 선은 9 정도의 x값을 가진다). 이 수를 공식화하면 다음과 같다.

$$z = \frac{(83)(1) - (168)(9)}{168 - 83}$$

여기서 z=-6.81이다. 만약 마치구엔가족 여성이 덩이줄기를 아주 오래 17시간 동안 캔다고 하면, 처음 9시간은 마체테를 얻는 데 쓸 터이다. 이를 계산하면 16.81-9=7.81시간×168kg/hr=1,312kg이다. 만약 이 시간에 활대를 사용하여 작업을 했다면, 수익은 16.81×83=1,395kg으로, 위 수익과 아주 유사하다. 그리고 미래에 마체테는 캐는 데 시간을 줄이든지 아니면 더 많은 덩이줄기를 채집하게 하든지 더 높은 수익률을 낼 것이다. 그렇다면 마치구엔가족 여성은 시간을 투자해 마체테를 얻어야 하지 않을까? 그런데 25명이 하루에 먹을 충분한 식량의 덩이줄기를 한 시간 만에 활대로 얻을 수 있기 때문에, 더 많은 시간을 들여 효율적인 도구인 마체테를 획득해야 할 동기부여가 별로 없다.

또한 이 모델은, 콩고 분지에 사는 피그미족의 경우, 그물과 활과 화살 사냥에 대한 수렵채집민 인류학에서 제기되는 문제에 대해서 새로운 지식을 줄 수 있다. 이 문제에 대해서는 남성과 여성 수렵채집 활동에 대해 논의할 7장에서 더 살펴본다. 여기에서는 활과 화살에 대비하여 그물이라는 상이한 기술에 대해서만 이야기해 보자. 두 기술을 사용하면 사냥꾼들이 동물을 한 방향이나 반원형으로 몰 수 있다. 한편으로는 활과 화살을 사용하고, 다른 한편으로는 사냥꾼들이 덤불 사이로 그물을 펼치고 서 있을 것이다. 사냥감이 그물에 걸리면 사냥꾼들은 몽둥이로 내리친다.

그물은 많은 동물을 포획하는 데 쓰이는데, 바로 이점 때문에 인류학자는 더 효율적이라고 생각한다. 그러나 연구에 따르면, 그물사냥을 하는 데 많은 사람들이 필요하기 때문에 수익률은 비슷하다고도 한다(Terashima 1983; Wilke and Curran 1991; Noss 1997; Noss and Hewlett 2001; Lupo and Schmitt 2002). 사실 이야말로 정확히 우리가 예상하는 바이기도 하다. 기술투자모델은 동일한 자원을 획득하는 것을 목적으로 하는 두 개의 기술이 공존하고 있다면, 그 수익률이 비슷할 것으로 예상한다. 어망 기술은 야생 고기에 대한 요구가 높은 곳과(Wilkie and Curran 1991; 그물에 걸린 동물은 여행자나 원경민에게 팔 수도 있다) 근처 마을의 들에서 여성의 노동을 필요로 하지 않는 곳에서 존재한다(Bailey and Aunger 1989; 7장 참조). 흔히 그물사냥 집단의 반 이상은 여성이며, 경우에 따라서는 여성들만이 집단을 이루기도 한다(Noss 1997; Noss and Hewlett 2001). 아마도 남성의 경우 활사냥으로 얻는 수익률과 그물사냥으로 얻는 수익률이 똑같기 때문에, 여성이 그물사냥에 가담하는지도 모른다.

아주 복합적인 기술은 많은 부분에서 혁신이 필요하며, 다른 기술의 혁신도 있어야 한다. 추마시족의 커다란 널빤지 카누를 예로 들면, 2톤의 수용한계로 노를 저어 파도와 너울을 헤치며 40~50km를 항해하고 뒤집히지 않고 해변에 도달하는 배를 만들기 위해서 선체와 뱃전에서 상당한 정도의 실험을 되풀이했을 것이다(Arnold 2007). 또한 판자를 자르고 대패질하고 뚫는 도구만이 아니라 노와 파래박, 접착제와 직조 섬유와 같이 보조적인 기술까지도 요구된다. 이런 기술은 의심의 여지없이 추마시족 생활의 다른 영역에서도 발견된다(NASA의 우주 프로그램에서 개발한 기술이 다른 영역에도 쓰이듯이).

새로운 기술이 발달하는 이유는 부분적으로 "필요는 발명의 어머니"라는 격언에서 찾을 수 있다. 그러나 무엇을 발명하기 위해서는 아이디어가 있어야 한다. 아이디어는 사람들이 만들어내는 것이기에 서로 상호작용하는 사람이 많을수록 더 많은 아이디어가 생산된다. 인구 규모가 클수록 새로운 아이디어의 비율도 커진다(Henrich 2004; Richerson, Boyd and Bettinger 2009). 거꾸로 가령 섬이 식민화될 때 발생하듯이, 상호작용하는 인구의 크기가 작아지면 아이디어와 기술의 상실이 일어나기도 한다. 만약 새로운 기술이 순수익을 증가시키면, 그리고 그것이 인구성장으로 이어지면(7장 참조), 새로운 기술은 일련의 포지티브 피드백(positive feedback)을 일으키고, 따라서 더욱 더 급격한 기술 변화를 일으키기도 한다(Richerson *et al.* 2009). 이것이 바로 해양 자원과 순화된 식물과 동물, 장거리 무역이 인류의 식단에 중요해지면서 지난 15,000년 동안 세계가 확실히 겪었던 일이다.

기능의 수행

기술투자모델을 적용하기 위해서는 여러 도구의 제작비용과 기능 수행에 대해 파악해야 한다(Schiffer and Skibo 1987; Kelly 2000 역시 참조). 어로 창이나 그물과 같은 여러 기술의 효율성, 그리고 사실 상이한 부가 치장(가령 단순히 뾰족한 고기잡이 창과 미늘 달린 창 같은)을 한 상이한 기술의 효율성에 대한 계량 자료가 필요하다. 불행히도 현존하는 민족지 문헌에는 그런 정보가 별로 담겨 있지 않다. 폴리티스(Politis 2007)는 누칵족의 취관(吹管) 제작에 대해서 말로(Marlowe 2010)는 핫자족의 물질문화의 다양한 측면에 대해 기록하고 있다. 투창 도구나 어살, 집 건축기구나 물고기 덫, 노끈, 밧줄, 가죽 준비물 같은 것을 기술해 놓은 문헌도 있다.[12]

불행히도 이런 민족지 자료는 언제나 기술투자모델이 필요로 하는 정보를 제공할 만큼 충분히 상세하지 않다. 민족지 연구자들은 도구를 만드는 데 걸리는 시간을 논의하거나 도구의 효율성을 측정할 방법을 거의 제공하지 않는다. 이는 구체적으로 물질문화에 목적을 맞춘 실험 프로그램과 민족지 조사연구가 아주 중요함을 뜻한다. 간접 자료나 인상에 의존하면 확실히 미궁에 빠지고 만다.[13]

예를 들면, 심스와 러셀(Simms and Russell 1997)은 야생 밀을 수확하는 데 돌낫이 손으로 하는 것보다 반드시 효율성을 높이지는 않음을 보여준 바 있다. 야생 밀은

---

12   투사하는 도구에 대해서는 Allchin 1966; Chrchill 1993; Bartram 1997; Griffin 1997; Greaves 1997; Hitchcock and Bleed 1997 참조. 다른 석기는 Gallagher 1977; Hayden 1979, 1987; Miller 1979; Gould 1980; Hayden and Nelson 1981; Binford and O'connell 1984; Flenniken and White 1985; Binford 1986; Griffin 1997; Hampton 1999; Sillitoe 1982; Tindale 1985; Watson 1995; Weedman 2002 참조. 어살과 집 건축에 대해서는 Olsen 1936, Rippen 1918; 끈과 밧줄, 가죽 가공은 Turney-High 1941; Leacock and Rothschild 1994 참조.

13   가령 나를 포함하여(Kelley 1988) 많은 고고학자는 양면석기가 부정형 몸돌보다 격지를 떼어내는 데 효과적이라고 주장하였다. 그래서 이동하는 사람들이 양면석기를 더 많이 사용하며, 그렇게 지니고 다니는 돌의 무게를 줄인다고 여겼다. 매리 프라시우너스(Mary Prasciunas 2007)는 격지석기의 원천으로서 양면석기와 부정형 몸돌 사이에는 효율성에서 별다른 차이가 없다고 하였다. 연구 초창기에 필요한 기술 자료를 확보하지 못했기 때문에 예전 주장을 재고할 여지가 있다.

보통 손으로 모래땅에서 잡아채는 식이거나 마른 줄기를 툭 잘라내는 식으로 수확되기 때문이다. 그 다음에 식물을 털어 씨앗을 탈곡한다. 반면 돌낫은 녹색 밀을 수확하는 데 더 효율적인데, 녹색 밀은 뿌리를 빨리 자라게 하는 진흙이 많은 토양에서 자란다. 야생 밀이 식단에 큰 역할을 하는 곳에서 돌낫을 사용하는 수렵민은 (a) 밀이 아직 녹색일 때, 그리고 씨앗이 땅에 떨어지기 전에 수확하거나 (b) 단단한 땅에서 자라는 밀을 손으로 수확할 경우 수익률이 떨어지기 때문에 이전에는 무시될 수 있었던 밀을 수확함으로써 순수익을 높일 수 있다.

또는 위에서 언급한 피그미 족의 그물에 대해 살펴보자. 모든 재료를 모아 그다지 훌륭하지 않은 그물을 만드는 데 두 달에서 넉 달 정도가, 그리고 실제 줄을 만들고 그물을 꿰는 데 사흘에서 닷새 정도가 더 걸린다(Lupo and Schmitt 2002). 음부티 족은 평균 하루 80분 정도를 그물을 만들고 유지보수하는 데 쓴다(Bailey and Auger 1989). 피그미족이 사용하는 많은 공들인 덫은 시작에서 완성까지 세 시간이 걸리지 않지만, 단순한 덫은 10분도 걸리지 않는다. 주머니쥐를 땅굴 속에서 꺼내 잡는 막대기는 5분 이내에 작은 나무를 꺾어 그 자리에서 만들 수 있다(Lupo and Schmitt 2002). 그물 제작에 들어가는 초기 비용은 단순한 창을 만드는 비용보다 높으며, 음부티족의 자료는 이것이 옳음을 시사한다. 그러나 수렵민이 사용하는 수없이 많은 형태의 기술에 대해서는 더 많은 자료가 필요하다.

예를 들면, 추가 달린 굴지구가 그렇지 않은 것에 비해 얼마나 효율적인가? 활과 화살은 아틀라틀 투창기보다 더 정확하고 치명적인 도구인가(Raymond 1986; Churchill 1993; Shott 1993)? 줄과 갈고리낚시 대 그물의 수익률은 어떠한가(Lindström 1996)? 활 기술이 밀림 대 사막의 조건에서 얼마나 기능을 잘 수행하는가(Roscoe 1990; Bartram 1997)? 무엇이 돌살촉의 내구성을 좌우하는가(Christenson 1997; Ellis 1997; Cheshier and Kelly 2006)? 채석 활동에서 얻는 이득은 무엇인가(Jones and White 1988)? 플린트를 깨서 석기를 만들 때 열처리는 얼마나 이득을 가져다주는가(Bleed and Meier 1980; Copper 2002)? 동물을 도살할 때 격지를 손에 들고 하는 것이 효과적인가, 아니면 자루 달린 양면 칼로 손질하는 것이 효과적인가(Tomka 2001a)?

고고학자는 과거의 물적 유존물을 복원해야 할 필요가 있기 때문에 위와 비슷한 문제들을 지속적으로 제기한다. 그리고 새로운 민족지 및 특히 실험 자료에서 대답을 찾을 가능성이 있다. 예를 들어, 많은 곳에서 수렵민은 돌살촉보다는 뼈나 뿔로 만든 찌르개를 사용하며, 둘 다 쓰는 곳도 있다. 일반적으로 뿔이나 뼈로 만든 찌르개는 돌로 만드는 것보다 시간이 오래 걸리지만(Knetcht 1997), 석기 제작은 채석장까지 가야 하고 채석하는 데 집중적으로 노동해야 하기 때문에 큰 비용이 든다(e.g., Hampton 1999). 뼈나 뿔로 만든 찌르개도 석기만큼 깊이 들어가지만(Waguespack and Surovell 2009), 석기는 살갗을 파고 들어가 더 큰 출혈을 내기(사냥꾼은 출혈의 흔적을 찾아 추적하고, 사냥감은 지친다) 때문에 더 치명적일 수 있다. 하지만 돌로 만든 찌르개는 뼈나 뿔 찌르개보다 더 깨지기 쉬우며(Knecht 1997) 보통 한 번, 그리고 기껏해야 두 번 정도만 사용할 수 있을 뿐이다(Cheshier and Kelly 2006). 민족지적에서 돌로 만든 찌르개는 일반적으로 대형 육상 동물을 사냥하는 데 쓰이고, 뼈와 뿔 찌르개는 작은 동물을 사냥하는 데 쓰인다(Ellis 1997). 왜 그러한가?

찌르개 선택에서 보이는 이와 같은 패턴은 기술투자모델의 측면에서 타당하다. 돌살촉은 날이 날카로워 동물을 찌르고 피를 내기 때문에 (그리고 흔히 피부 밑에서 부러지는데, 이 또한 사냥감에게 타격이 될 수 있다) 유용하다. 이는 원시적인 형태의 투사도구, 특히 그렇게 큰 충격을 주지 않지만 출혈과 독 때문에 동물을 죽게 하는 도구에서 필수 요소이다. 그러나 작은 동물은 출혈이 아니라 충격으로도 죽일 수 있다. 투사 도구로서 소형동물 사냥에 필요한 것이라곤 충분한 충격을 주는 것뿐이다. 그러나 이것이 옳은지를 판단하기 위해서는 더 많은 실험이나 민족지 자료가 필요하다.

투사 기술 전체, 곧 아틀라틀, 활, 찌르는 창 같은 기술을 고려할 때도 비슷한 이슈가 있다(Yu 2006). 민족지적으로 아틀라틀은 수렵민에게 그렇게 널리 쓰이지 않는데, 가장 두드러진 사례는 호주와 몇몇 이누이트족(바다표범만이 아니라 새 사냥에도 흔히 쓰인다)에게서 볼 수 있다. 사냥꾼이 활과 화살을 이용할지 하는 것을 결정하는 데는 식생이나 지형, 사냥감의 크기나 동물을 추적할 필요 등 많은 변수들이 고려되어야 한다(e.g., Churchill 1993; Bartram 1997; Greaves 1997; Hitchcock and Bleed 1997).

실험에 따르면, 10~25m 범위에서는 아틀라틀과 활 모두 아주 정확하고 효과적이며, 아틀라틀(180m)을 이용하면 원시적인 활(100m)보다 훨씬 멀리까지, 그리고 더 큰 찌르개를 장착하여 투사할 수 있다(Yu 2006). 결과적으로 아틀라틀은 활과 화살보다 더 큰 힘을 투사할 수 있다.

그러나 사냥꾼이 거의 움직이지 않고서도 화살을 발사할 수 있음에 반해, 아틀라틀을 사용하면 보통 일어서야 하며(이누이트 사냥꾼은 보통 카약 안에서 사냥하고, 나도 반듯하게 누워서 다트를 던지는 열성적인 사람을 본 적이 있지만) 더 많이 움직여 팔을 회전하여 다트를 던진다.

우리는 어떤 기술이 더 큰 비용을 요구하는지에 대해 잘 알지 못한다. 구성성분이 많기 때문에 아마도 활과 화살이 더 높을 것이라고 짐작할 수 있다. 기술 전이는 식단폭의 팽창, 곧 식량자원 이용의 다양화와 관련될 수 있다. 대형동물이 희소해지면 소형동물이 식단에서 큰 부분을 차지하게 된다. 대형동물은 공동으로 추적하여야 하며, 더 큰 움직임이 필요한 곳에서는 아틀라틀 다트가 이로울 수 있다. 그러나 작은 동물이 식단에서 차지하는 비중이 높은 곳에서는 흔히 사냥꾼이 단독으로 대형동물을 사냥하는 경우가 많은데, 사냥꾼은 투사 도구를 발사한 다음 조심해서 부상당한 사냥감을 추적한다. 이 경우 사냥꾼이 열린 공간에서 많이 움직여서 아틀라틀을 사용하면 사냥감이 놀라 도망칠 위험이 있기 때문에, 활과 화살이 더 높은 성공률(그리고 전체적인 수렵활동의 더 높은 수익률)을 가져다준다. 아틀라틀 다트는 주로 충격을 주어 동물을 잡지만, 이에 반해 활과 화살은 출혈과 독에 의지한다. 만약 아틀라틀이 "값싼" 무기라면, 그리고 충격 도구가 필요하다면(가령 독을 이용할 수 없는 곳에서 토글 작살을 사냥감에게 던져 깊이 박는 것이 목적인 경우), 또한 움직임을 최소화할 필요가 별로 없다면 지속적으로 사용될 것이다. 거꾸로 활과 화살은 동물 사냥과 관련이 없을 수도 있다. 전쟁 또는 안전을 위해 발사할 수도 있는 것이다. 아틀라틀 대신 활과 화살을 사용하는 데는 분명히 몇 가지 요인이 있을 터이며, 각 기술이 가진 비용과 효과에 대해서는 이제야 알려지기 시작하였다.

기술과 젠더, 그리고 권위

지금까지 식량획득 기술만을 살펴보았으며, 주로 기능, 곧 식량획득이라는 측면에서 논의하였다. 그러나 기술, 그리고 식량 획득 기술에도 기능을 넘어서는 많은 양상이 있다. 기술은 사회망 안에 배태되어 사회 속에서 의미를 가지며, 그것이 기술적 선택에도 영향을 미친다(Pfaffenberger 1992). 예를 들어, 미케아족 남자는 가장 큰 사냥감이라고 해봐야 고슴도치에 불과한데도(그리고 창은 고슴도치 사냥에 실제로 쓰이지도 않는다) 상당히 큰 금속 끝이 붙어 있는 창을 지니고 다닌다.[14] 내가 젊은이에게 왜 창에 그렇게 큰 금속 촉이 붙어 있느냐고 물었을 때, "이것은 남자가 가지고 다니는 것"이라는 대답을 들었다. 이런 분야에 대해서는 식량 획득 기술의 기능과 적응적인 양상보다 훨씬 연구가 되어 있지 않다.

아마도 사람은 언제나 기존 기술에서 문제를 찾아 혁신을 만들어낸다고 생각할 수 있을 것이다. 그러나 새로운 기술이 과연 어떻게 퍼지게 되는지의 여부는 부분적으로 그 기술이 다른 영역의 인간 생활에 어떤 영향을 미치는지에 달려 있다. 예를 들어, 남자와 여자는 보통 서로 다른 자원을 목표로 수렵채집을 한다. 웨이그스팩(Waguespack 2005)은 사냥 식량이 식단에서 중요해지면서 여성은 생계와 직결되지 않는 활동—땔감을 모으거나 물을 길어오고 아이를 돌보거나 옷을 만드는 등—을 더 많이 한다고 했다(8장 참조). 이는 남자와 여자가 서로 다른 기술적 요구사항에 따라 작업하며 그 요구사항은 식단의 변화에 따라 변화함을 의미한다. 또한 남자와 여자는 새로운 기술에 서로 다르게 영향을 받음을 뜻하기도 한다(e.g., Hurtado and Hill 1989).

다시 활과 화살을, 그리고 대부분의 지역에서 활과 화살은 수천 년 동안 성공적으로 사용된 후에 아틀라틀로 대체된다는 사실을 생각해 보자. 활이라는 개념은 그토

---

14 숲에서 보지 못했고 캠프에서 증거도 없는데도 멧돼지에 대해 말하는 경우도 많다. 나는 커다란 창끝이 실제 창으로 쓰이는 것을 보지 못했다. 그렇게 큰 무기는 결코 필요하지 않았다. 하지만 남자가 (소켓처럼 자루에 끼워져 있는) 창끝을 떼어내어 칼처럼 사용하는 것은 흔하게 보았다.

록 어려운 것은 아니며 (비록 전체 기술을 습득하고 만들어내는 것이 얼마나 어려운지를 알 수는 없지만) 커다란 선행 기술을 요구하지도 않는다. 그렇다면 왜 그처럼 인류 사회에서 늦게야 출현했는가?

활은 더 "효율적"인 무기일 수 있다. 다만 이 점을 뒷받침하는 확실한 자료가 아직 없지만 말이다. 사실 손에 들고 사용하는 창이 더 높은 수익률을 낼 수도 있다 (Shott 1993; 비록 대형동물에 사용하기 때문일 수도 있지만). 우리는 활과 아틀라틀의 생산 비용과 효율성을 비교할 자료가 아직 필요하다.

그러나 각 기술에는 사회 맥락이라는 또 다른 요인이 있을 수 있다. 이미 위에서 아틀라틀은 사냥꾼이 사용해야 하고, 동물을 놀라게 할 수 있음을 지적하였다. 아틀라틀은 개별 사냥꾼이 사용할 수도 있지만, 공동 사냥에도 적합하다. 공동 사냥에서 사냥꾼들의 움직임은 동물을 한 쪽으로 몰기 위한 것이다. 활 역시 공동 사냥에 쓰일 수 있는데, 사냥꾼이 숨어서 거의 움직이지 않고 화살을 쏠 수 있다. 그러므로 활을 이용한 사냥은 숨어서 하는 개별 사냥에 더 유리하다고 할 수 있다(그리고 같은 이유로 전쟁에서도 더 나은 무기이다). 아마도 우리는 어떤 조건에서 집단 사냥이 아닌 개별 사냥이 선택되는지를 질문하지 않고서는 창던지기에서 활과 화살로의 전이를 이해할 수 없다.

개별 사냥은 사냥꾼을 드러내기 때문에 위험부담이 크지만, 상위의 큰 동물을 사냥함으로써 다른 사람(특히 여성)에게 자신의 가치를 보여줄 수 있다("값비싼 신호"라 불리는 행위, 다음 장에서 논의한다). 일반적으로 개별 사냥은 공동 사냥에 비해 실패율이 높다(e.g., Lupo and Schimitt 2002). 만약 활과 화살로의 전환이 대형동물의 수가 감소한 것과 관련되어 있다면, 여성은 식단에서 더 많은 것(가령 씨앗과 덩이줄기)을 직접적으로 획득할 수 있을 것이다. 그리하여 활 기술은 남자가 (고기를 공유함으로써) 여자에게 짝짓기의 상대로, 또는 다른 남자에게는 정치적인 동맹의 상대로 주의를 모으고자 하는 행동을 반영할 수도 있다. 이처럼 식단의 폭에서 나타나는 변화와 연결되어 있지만, 아마도 사회 과정과도 간접적으로 관련되어 있을 것이다.

또한 헤이든(Hayden 1998)은 물질문화를 "실용" 기술과 "위신" 기술로 나눌 수 있다고 주장한다. 지금까지 이 장에서 논의의 중심은 전자에 맞추어졌다. 후자와 관련된 물질문화에는 실용적인 작업보다는 부를 드러내는 목적이 있는, 가령 구리 도끼나 커다란 흑요석제 양면석기, 염주구슬 같은 것이 있다. 위신 기술에는 경쟁 축제에서 사용할 목적으로 개발한 식량을 대량 수확할 수 있는 기술 혁신도 포함될 수 있다. 예를 들면, 호주에서는 남자들이 그물사냥을 사회적 모임으로 이용하는데, 그물을 신성한 것이라 생각하고 고령자가 사용을 통제한다(Satterthwait 1986, 1987). 헤이든은 많은 기술이 위신 기술로 시작되어 생계의 중심이 되었다고 주장하는데, 거기에는 (축제를 위해 요리하는 데 필요한) 토기와 항해를 위한 배(Arnold 1995a, 2007; Arnold and Bernard 2005 참조), 직물이 포함된다.

독자는 어떤 기술이 언제 식량을 획득하는 기능만을 하는지, 그리고 언제 위신을 획득하는 데 쓰이는지를 어떻게 알 수 있는지 같은 질문을 할 수 있다. 대답은 생계에 대한 비경제적인 효과를 고려할 때 했던 대답과 비슷하다. 어떤 식량이 금기시되거나 먹을 것이라고 생각되지 않아서 무시되는지, 반대로 털가죽이나 깃털처럼 비음식적인 가치 때문에 사냥되는지 하는 문제와도 비슷하다. 대답은 기술투자모델이 기술 변화가 단순한 비용과 효과의 이슈에 관련될 때와 그렇지 않을 때를 인지하는 토대를 제공한다. 그렇지 않을 때 우리는 인간 행위의 다른 영역에서 대답을 찾는다.

결론

사람은 소프트 테크놀로지(soft technology)와 하드 테크놀로지를 바탕으로 환경에 적응한다. 수렵민의 하드 테크놀로지(hard technology)에 나타나는 변이의 양은 수렵민에서 가장 극적인 변이 가운데 하나이다. 하드 테크놀로지는 확실히 소프트 테크놀로지—수렵민이 생존하기 위해 사용하는 상세한 지식—보다 더 다양하다. 수렵민 가운데는 제한된 수의 단순도구만으로도 잘 생존하는 집단이 있으며, 반면 이누이드나 정주 수렵민과 같이 다양한 복합도구를 필요로 하는 경우도 있다. 이 장에서 우리는 인간행동생태학의 시각을, 그리고 구체적으로는 기술투자모델을 적용하여 식량획득 기술에서 나타나는 민족지적 패턴을 설명하고자 하였다.

　다른 영역의 기술도 걸리는 시간과 효과에서 균형을 맞춘다는 점에서 비슷한 주목을 받을 만하다. 예를 들어, 옷을 생각해 보자. 옷을 별로 입지 않는 수렵민도 있는데, 열대림의 집단은 흔히 앞치마로 음부만을 가리며, 때로 그런 것도 없는 경우도 있다(그리고 이것은 열대림의 수렵민뿐만이 아니다. 춥고 습도가 높은 티에라 델 푸에고의 야마나족은 옷을 별로 걸치지 않는다, Orquera and Piana 1999 참조). 따뜻한 환경에 사는 수렵민은 문화적으로 규정된 단정함을 넘어서 옷을 입을 필요는 없다. 반면 이누이트족은 확실히 옷을 입어야 할 필요가 있다. 비록 옷은 식량 획득과는 직결되지는 않지만, 말하자면 바다표범 사냥에 나서는 이누이트 남자가 음부만을 가린 앞치마를 걸친다는 것은 아마도 자신의 재생산적 적응도를 위험에 노출시키는 일일 것이다. 기술투자모델을 적절하게 수정하면 (왜냐하면 옷을 단순 수익률로 측정하는 일이 어렵기 때문에) 옷을 제작하는 데 들어가는 재료를 획득하고 시간을 투자하는 비용과 효과를 이해하는 데 도움이 된다.

　기술, 그리고 특히 식량획득 기술은 고고학이 복원할 수 있는 가장 중요한 인간생활의 영역이라고 할 수 있기 때문에 특히 고고학자의 관심을 끄는 주제이며, 어떤 형태이든 진화이론에 입각한 접근이 기술사적인 연구에서 중요한 부분이다(Kuhn 2004). 기술투자모델은 기술에서의 변화를 식단에서의 변화에 연결시킴으로써 기술 변화에 대한 가설을 검증할 수 있는 가능성을 준다.

　그러나 여기에는 주의해야 할 점도 있다. 수렵채집민의 고고학은 주로 석기 연구로 나타나지만, 석기는 전체 기술의 작은 부분일 뿐이다. 그림 5-1과 5-2를 다시 보자. 만약 전통적으로 돌로 만들어지는 경우를 모두 제외한다면 그림이 어떻게 보일지를 생각해 보자. 두 민족지 사례의 차이는 이처럼 극적으로 드러나지 않는다. 석기보다는 유기물에서 수렵채집민의 기술 변이가 더 크다(왜냐하면 돌을 깨는 방식은 그리 많지 않지만, 유기물을 다루는 데는 많은 방식이 있기 때문이다). 선사시대 수렵채집민은 현대의 고고학자보다 훨씬 더 석기 기술에 흥미를 느끼지 못할 것이다. 이들은 아마도 찌르개 만드는 데 쓸 적절한 석재를 획득하는 것보다 굴지구나 활대를 만들기 좋은 나무, 그리고 줄을 만드는 데 좋은 나무껍질, 바구니 만드는 데 적절한 나이의 나무를 얻는 데 더 관심을 가졌을지도 모른다. 고고학자는 이 점을 마음속에 새겨야 더 좋은 결과를 얻을 수 있다.

6

공유와 교환 그리고 영역성

우리나라는 다른 사람의 허락을 받지 않고도 창을 깎고 창투사기를 만들
수 있는 곳이다.

— 호주 서부 사막의 남자(Tindale 1974: 18)

당신은 우리가 사이사이 사람이 아니라는 것을 안다. 우리의 진정한 은
오레(n!ore)는 드위아(/dwia)에서 동쪽이며, 우리는 해마다 이맘때면
날마다 구름이나 비의 신호가 있는지 동쪽 지평선을 살핀다. 우리는 서
로에게 "은오레를 쳤는가?" "보아라, 은오레를 비쳐냈는가?"라고 말한
다. 우리는 시야에 펼쳐진 베리 열매(장과류)가 풍부한 들과 사방에 흩
어져 있는 몽공고 열매를 생각한다. 곧 나뭇가지에 두툼하게 매달릴 고
기도 생각한다. 아니다. 우리는 사이사이(/xai/xai) 사람이 아니다. 드
위아가 우리의 세상이다. 우리는 다만 우유를 마시기 위해 여기에 왔을
뿐이다.

— 주호안시 남자(Lee 1976: 94)

엘리노어 리콕(Eleanor Leacock)은 토머스라는 정보제공자와 함께 (캐나다 퀘벡의) 미스타시니 크리족을 현지조사하다가 캠프에서 멀어지면서 식량이 별로 없는 상황과 맞부딪쳤다. 그러곤 아주 배고파하며 무언가 먹을 것을 달라고 하는 사람 둘과 숲에서 마주쳤다. 토머스는 가지고 있던 마지막 제분과 고기기름 조각을 그들에게 주고 말았다.

이는 원래의 계획보다 빨리 캠프에 돌아가야 하고 모피를 얻을 가능성은 그만큼 줄어듦을 뜻했다. 나는 조금이라도 짜증이 나거나 주저했는지, 아니면 적어도 나중에라도 그들이 어떤 보답을 해주기를 기대하는지 캐물었다. 이때 그런 일이 별로 없던 토머스가 내게 참을성을 잃고, 깊이 (화를 억누르고) 짜증을 내면서 "지금 제분과 고기기름 조각을 주지 않고 (숲 속에서) 죽는 경우를 생각해 보라"고 말했다. 이 사건 자체보다 더 많은 함의를 담고 있는 것은, 그의 단호한 어조와 그런 행동에 대해 문제를 제기하는 나를 너무도 비인간적이라고 본다는 점이었다(Leacock 1969: 13-14)

이와 같은 경험은 공유가 수렵채집 문화에서 필수불가결한 것이라는 인식을 인류학자의 마음에 심어 준다(그림 6-1). 인류학자는 수렵채집 사회에서 "관대함은 거의 보편적이어서 어린이들에게도 그 가치를 심어 주고 신화와 전통으로 규제하며"(Dowling 1968: 503), 수렵민은 "물건을 내주고, 관대함을 칭송하며, 호의를 기대하고, 절도와 이기적 행동에 벌을 내린다"(Service 1966: 14)고 말한다. 살린스는 동등한 선물 보답이 보증되지 않는 비즉자적인 선물 교환으로서의 일반 호혜(generalized reciprocity)야말로 수렵채집 사회의 주된 교환 양식이라고 했다(Sahlins 1972). 1966년 "맨 더 헌터" 학회에 참여한 연구자들은 수렵채집 무리 내에서 공유의 중요성을 강조하였다. 학회 이후, 특히 고기의 공유가 호미니드 진화 연구에 중심적인 역할을 하게 된다.

물론 이런 기대를 무너뜨리는 일이 어렵기는 하다. 수렵채집 사회의 공유에는 자원이 마치 공동 재산인 양 다루는 데서부터 다양한 변이가 있다(Hayden 1981b; E.

Smith 1988: 245-46). 크리어에는 "재산"이나 "소유한다"는 뜻의 말이 없지만(Scott 1988: 37), 호주에서는 "물적이고 지적인 재산 관념이 토지와 관련하여, 그리고 노래와 신화, 그림 춤, 비전(秘傳) 지식에 잘 발달되어 있다"(Altman and Peterson 1988: 76). 사실 보이지 않는 민족지적 편견 탓에 공유의 관념이 수렵채집 사회의 주된 교환 양식으로 자리잡았을 수 있다. 일반 공유(generalized sharing)는 아래와 같이 상이한 교환의 형태가 존재하는 서북부 알래스카 에스키모 사회에서 보인다(Burch 1988).

서북부 알래스카의 자료를 보면, 전통 시기에 공유가 아주 흔했음을 알 수 있다. 오늘날 나이 많은 원주민들은 "마을에 사는 모든 사람이 공유에 익숙해 있었다"는 식으로 말한다. 그러나 대부분의 마을에서 모든 사람은 단일한 지역 가족에 속하는데, 이것이 일반 호혜(또는 분산 소유)가 일어난 정확한 맥락이다(Burch 1988: 109; Burch 2006: 276-77 역시 참조).

또한 수렵채집민은 상이한 방식으로, 그리고 다양하게 토지를 사용할 권리를 공유하고 있다. 예를 들어, 미국 그레이트베이슨 쇼쇼니족의 경우 영역 경계가 모호하며 개별적 이동성이 상당히 높다(Fowler 1982). 하지만 그레이트베이슨에는 다른 집단에 비해 계절적으로 더 영역적인 수렵채집 사회도 있는데, 이는 부분적으로 자원 밀도와 예측 가능성의 변화에 달려 있기도 하다(Thomas 1981). 주호안시족과 호주 사막의 많은 원주민 사회에서 사람들은 특정한 땅과 관련되어 있고, 다른 사람의 영역에 대한 접근을 통제하는 상당히 세련된 형태의 사회적 기제가 있다. 서북부 알래스카 에스키모에게는 집단 구성원 자격과 자원의 호혜적 접근에 대한 사회적 통제가 있다(Burch 1988, 2005, 2006). 그러나 서북부 해안의 수렵채집 사회에는 이보다 더 강한 집단 통제가 있다. 콰콰카와쿠족의 누마임(numayms, 확장 부계 가구)은 특정 사냥터와 베리류가 있는 곳을 통제하며, 틀링잇과 침샨(Tximshain)족은 모계 가구가 특정 구역의 해안과 넙치, 대구 어로구역, 베리류 서식지를 소유한다(Codere 1950; Boas 1966; Richardson 1982). 캘리포니아 북부의 유록(Yurok)이나 톨로와(Tolowa) 사람들은 각자가 특정 나무, 심지어 가지를 가지고 있기도 하다(Gould 1982; Richardson 1982). 한편 캘리포니아 남부의 추마시족은 영역을 두고 전쟁을 벌이며 침범이나 모욕에 복수를 하기도 한다(Gamble 2008: 258). 사람과 토지를 규제하는 이런 다양한 방식을 가리키는 데는 토지 보유(land tenure)라는 개념이 어울린다. 물론 "영역성 (territoriality)"이란 용어도 있지만, 이 용어는 방어하는 지역을 가리키며, 자원의 이용을 규율하는 다양한 행위 가운데 한 양상만을 가리킬 뿐이다.

선물 공여, 식량 공유, 영역성은 수렵채집 생활양식에서 통합되어 있는 부분이기에 이런 행위를 독립된 범주로 구분하는 일은 아주 어렵다. 그리고 아마도 그렇게 구분해서는 안 될 터인데, 토지 보유와 교환, 공유는 모두 허가 받는 행위로 이를 통해 수렵채집 사회가 자원에 대한 접근을 규율하기 때문이다. 이런 행위는 각각 상이한 척도에서 이루어지면서, 개인들이 때로는 스스로를 위해서, 때로는 집단을 대표하여 행동한다. 이에는 상이한 종류의 교환이 포함되어 있으나, 동일한 이론의 틀 안에서 이해해야 한다.

공유

식량과 물적 재화, 위세를 교환하는 방식은 다양하고 복잡하게 얽혀 있다. 예를 들어, 도베 주호안시 사회에서 사냥 성공의 명예는 동물을 죽인 화살을 소유한 사람에게 돌아간다. 주호안시족은 화살을 교역하기 때문에 의도적으로 다른 사람의 화살통에서 화살을 꺼내 쓸 수도 있으며, 이런 식으로 다른 사냥꾼이 고기 소유를 주장할 수 있는 기회를 주기도 한다. 호주에서 젊은 사냥꾼은 나이든 남성에게 사냥감을 주고, 나이든 사람이 고기를 분배한다(e.g., Altman 1987: 142). 이에 대한 보답으로 사냥꾼은 종교 지식을 얻고 배우자를 맞이할 수 있다. 치페와이언과 쿠테나이(Kootenai) 족 아내는 남편이 잡은 고기를 분배하며, 남성은 다른 사람의 사냥감에서 고기를 얻지 않지만, 그 대신 아내를 보내 사냥을 잘하는 남성의 아내로부터 고기를 얻어오게

그림 6-1. 1976년 4월 보츠와나 초딜로 힐스(Tsodilo Hills)의 주호안시 집단이 화덕 주변에서 쉬거나 일하며 요리하고 있다. 한 남자는 활과 화살을 만들고 있다. 항아리 안의 음식은 주변의 농경민인 음부쿠스쿠(Mbuku-sku) 집단에게서 가져왔다. 이런 장면은 공유가 수렵채집 생활방식의 본질적인 특징이라는 이미지를 만드는 역할을 했다. 로버트 히치콕 제공.

한다(Turney-High 1941: 52; Sharp 1981). 비슷하게 유카기르(Yukaghir)족 사냥꾼은 사냥한 고기를 씨족 연장자의 아내에게 주고, 이 사람이 흔히 사냥꾼의 아내의 도움을 받아 고기를 분배한다(Jochelson 1926).

음식 공유는 수렵채집 생활방식에서 본질적이고도 통합된 부분이다. 사실 하웰(Howell 2010)은 아이가 셋 이상인 주호안시 부모는 자신과 부양할 아이들에게 충분한 음식을 줄 수 없다고 한다. 하웰은 공유야말로 주호안시 아이들이 생존하는 데 필수불가결한 요소라고 결론을 내린다.

수렵채집 사회에서 아이들은 어린 시절부터 문화화를 통해 공유의 관념을 배운다. 예를 들어, 주호안시 아이들은 6개월 정도 되었을 때부터 교역에 대해 배우기 시작하고, 다섯 살이 될 때까지 선물 주는 법을 배운다. 위에서 인용한 리콕의 미스타시니 정보제공자가 증언하듯이, 선물 주기와 공유의 중요성은 생애 내내 강화되어 개인의 인성으로 깊이 자리잡는다(Myers 1988a; Bird-David 1992a, b; Bodenhorn 2000; Burch 2005). 그리하여 평등적인 사회 질서를 유지하는 데, 또는 적어도 평등하게 보이도록 만드는 데 중요한 역할을 한다(Gardner 1991; Kent 1993; 9장 참조). 많은 수렵채집 사회에서 공유하지 못했을 경우 나쁜 감정을 불러오는데, 이는 한쪽이 식량이나 선물을 얻지 못해서라기보다는 공유의 실패 자체가 소외된 사람에게 강한 메시지를 보내기 때문이다. 이처럼 공유하지 못할 경우, 배척이나 험담, 조롱 등 사회적 처벌의 대상이 될 수 있다(Wiessner 2009).

물론 수렵채집민이 다른 사회의 사람보다 더 관대한 것은 아니다. 사실 주호안시 남자의 말을 빌리면, "부시맨은 이 세상에서 가장 구두쇠로 지갑을 여는 법이 없다"(in Wiessner 2009: 137). 주호안시족에게 "공유 행위를 강화시키는 이유는 이타성이나 숭고함이 아니라 나, 나, 나(na, na, na, 좀 줘, 줘, 줘) 합창이 끊임없이 이어지기 때문"이라고 한다(Howell 2010: 43). 주호안시족은 악담과 몸짓의 명수인데, 그 대부분은 특히 고기에 대해 적절한 호혜를 의도하는 것이다(Marshall 1976).

이른바 공유 요구(demand sharing)는 수렵채집 사회에서 일반적이다(Lee 1979: 372; Altman and Peterson 1988; Peterson 1993). 부시맨 사회에서 연구하는 인류학자는 선물을 요구하는 끈질긴 행위에 지친다(Draper 1975; Tanaka 1980: 97). 미케아족을 연구할 때, 아내와 나는 그들이 끈질기게 옷을 요구하는 데 맞서 "이것이 우리가 가진 전부다"고 말하기 위해 숲에 들어가면서 여별옷을 가지고 가지 않은 적도 있다. 주호안시족은 나름대로 친구와 친척에게 줘야 할 선물 때문에 "죽겠다"는 말을 한다(Wiessner 1982b: 80; 군웡구족에 대해서는 Altman 1987: 147 참조). 그럼에도 한 번 선물을 주면 무엇인가 되받을 것을 요구할 권리가 생긴다. 주호안시족은 어느 정도 귀찮게 요구하는 일을 받아들일 수 있는 행위로 여긴다. "쿵 부시맨은 대부분 (교환) 상대가 너무 많거나 너무 적으면 문제라고 여기는데, 너무 많으면 가난해지고 너무 적으면 주고 나누는 데 다툼이 생긴다"라고 한다(Wiessner 1982a: 656). 공여와 공유가 주된 사회 상호작용 방식인 사회 체계 안에서 배고픔과 굶주림을 호소하는 일은 공유의 보증을 강제하기 때문에 먹을 것을 달라는 합당한 말이 된다. 굶주려 죽어 가는 사람에게 누가 먹을 것을 주지 않겠는가?

그러나 공유는 사람들 사이의 관계에 부담을 주기 때문에, 다른 사람들과 마찬가지로 수렵민 역시 그런 요구를 회피하고자 한다. 호주 북부의 군윙구 사람들은 때로 다른 무리의 사람들에게 사냥에 성공한 사실을 숨겨 공유에 대한 요구를 회피하기도 한다(물론 다른 무리에 있는 친척과는 식량을 공유하기도 한다, Altman and Peterson 1988: 88-89). 미케아족은 오두막 안에서 요리하는데, 그렇지 않고 구조를 갖추지 않은 수렵 캠프에 머무를 때는 화덕을 아주 넓게 배치하여 공유 요구를 누그러뜨린다. 핫자와 군윙구 사냥꾼은 이상적인 공유의 규율을 무시하고 사냥 캠프에서 사냥한 고기 일부를 먹기도 한다(e.g., Altman 1987: 131). 핀투피 남성은 누군가 공유하자는 요구를 할까봐 담배를 숨기기도 한다(Myers 1988a). 미케아족 역시 담배주머니를 숨기고는 나에게 나누어 줄 것을 요구하기도 하였다.

그렇다고 해서 수렵민이 인색하다는 것은 아니며, 다만 공유가 수렵채집민의 따뜻한 마음을 반영하는 단순한 행위가 아님을 말하고자 할 뿐이다. 공유에는 얼마나, 무엇을, 누구와 공유할 것인지에 대한 계산도 있다(Winterhalder 1996, 1997). 예를 들어, 대형동물의 고기는 거의 언제나 공유되지만, 그렇다고 해서 늘 균등 배분되는 것은 아니다. 표 6-1은 수렵채집 사회와 원경 사회에서 고기가 공유되는 방식을 정리한 것이다. 사냥한 고기는 문화적 규칙에 따라 분배되며 특정 부위는 언제나 사냥꾼 친척에게 돌아가기도 한다. 가령 북부 호주의 군윙구족 사회에서는 사냥한 캥거루와 월러비의 머리와 앞쪽 4분의 1은 사냥꾼이 갖고, 나머지 앞쪽은 사냥꾼의 동료나 형제에게 돌아간다. 엉덩이와 꼬리 부위는 사냥꾼의 어머니 형제의 아들이나 외할머니 형제의 딸의 아들이 갖는다. 뒤쪽 4분의 1은 남자 연장자가, 그리고 심장과 간, 내장, 내부 장기는 사냥꾼과 남자 연장자, 또는 사냥에 참여했던 다른 남자들에게 돌아간다(Altman and Peterson 1988; Altman 1987; 마크로포드 캥거루 고기 공유에 대해서는 Bird and Bliege Bird 2009: 35, 북극고래의 공유에 대해서는 Burch 2006: 161-64 참조). 코퍼 이누이트족에게는 파카티기잇(paqatigiit)이라는 얼룩큰점박이 바다표범과 관련하여 비슷한 관습이 있다(Damas 1975a). 남자는 고기를 나누는 상대이며, 사냥한 바다표범의 동일한 부위를 언제나 나누어 준다. 가령 남자가 탈리카토긱(taliqatogiik)이 되어 좋은 부위인 지느러미발을 언제나 다른 사람과 나눈다고 한다.

표 6-1. 수렵채집 사회의 고기 공유

사회	고기 공유
아체(Ache)	동물이 크든 작든 가족은 대략 10%의 고기를 가지며, 나머지는 가족 크기를 고려하여 다른 가족과 나눈다. 숲에 나가 있는 동안 동물 관련 규제는 없지만, 거주지에서는 규제가 유지된다. 먼 친척에 비해 가까운 친척이, 그리고 가장 가난한 가족뿐 아니라 나중에 고기로 보답할 사람이 더 많이 가져간다.
마마인데(Mamainde)	고기는 가족 크기를 조정한 다음 한 무리의 가족들에게 동등하게 분배된다.
야노마모(Yanomamo)	대형동물은 소형동물보다 더 공유된다. 사냥꾼 가족이 다른 사람보다 두 배 정도를 가져간다. 고기 분배에 친족 편향이 강하다.
요라(Yora)	사냥꾼은 가족을 위해 자기가 잡은 동물의 40% 정도를 가져간다.
히위(Hiwi)	작은 동물은 60% 정도를, 중간 크기 동물은 40% 정도, 대형동물의 경우는 20% 정도를 가족이 갖는다. 가까운 친척이 먼 친척보다 더 많이 가져간다.
군윙구(Gunwinggu)	사냥꾼이 자기 가족 몫으로 3분의 1 정도를 가진다. 마크로포드 캥거루 50% 정도를 분배함으로써 공유의 규칙이 적용된다.
핫자(Hadza)	캠프의 가족들에게 동등하게 분배되는데, 사냥꾼 가족에게 대략 두 배 정도가 돌아간다. 연장자가 특정한 내부 장기와 선호하는 부위를 먹는다.
유키(Yuqui)	사냥꾼 가족이 사냥한 고기의 70% 정도를 가져간다.

문헌: Altman and Peterson 1988; Hill and Kaplan 1993; Hames 2000; Hawkes et al. 2001a; Gurven et al. 2000a, 2001, 2002; Marlowe 2010.

이런 문화 규칙은 고깃 덩어리 하나하나에 대해 협상해야 할 필요를 덜어 주며, 그런 규칙이 없다면 "높은 거래 비용과 대응하여 협력 행위는 무너질 것이다"(Alvard 2002, 2003: 152; Alvard and Nolin 2002). 다시 말하여 사회관계에서 다툼이 만연할 것이다. 카데족 캠프에서 사냥된 동물을 도살할 경우, 연장자는 "거기에 있는 갈빗살을 좀 잘라내어 이쪽 고깃 덩어리에 더해 주어야 한다"는 식으로 지시를 할 수 있다(Tanaka 1980: 95). 그리고 문화 규칙이란 늘 변할 수 있다. 호주에서는 현장에 있는 사람의 수, 사냥꾼의 지위, 그날 사냥한 동물의 수, 사냥한 무기를 소유한 사람과 사냥꾼의 관계, 동물을 사냥한 땅 모두가 "이상적"인 공유의 규칙을 바꿀 수 있는 요인이 된다(Gould 1968; white 1985; Altman 1987: 136-37). 그리고 이 사례에서 규칙이란 캥거루와 월러비에만 적용되고, 사냥감의 50% 정도를 차지하는 다른 동물에게는 적용되지 않는다.

동물의 부위에는 지방이 고르게 분포하고 있지 않기 때문에, 공유 규칙으로 어떤 이는 다른 이보다 더 많이 가져갈 수 있다. 호주에서 고기 분배의 규칙은 가장 지방이 많은 부분을 남자가 차지한다는 것이다(Speth 1990, 2010; Hetzel 1978; White 1985; Walker and Jewlett 1990). 주호안시족과 핫자족의 남자는 흔히 캠프에 돌아오기 전 사냥한 동물에서 골수를 포함하여 지방이 많은 부위를 먹으며, 그런 다음 캠프에서 나머지 부위를 분배한다. 핫자족은 이 부위를 성인 남성을 뜻하는 에페메(epeme, 신의 고기)라고 부르며, 남자들은 이 부위를 여자와 어린이에게서 떨어져 호젓하게 먹는다. 틀링잇 사회에서 남성 연장자와 가장(모두 남자이다)은 가장 선호하는, 지방이 많은 부위를 받는다(Oberg 1973). 이 같은 상이한 공유 패턴으로 여성이 받는 지방의 양이 적어져 성에 따른 영양의 불평등이 일어날 수 있으며, 이는 여성의 생리와 영양적인 안녕에도 영향을 미칠 수 있다(Speth 2010; 단백질만을 많이 섭취하면 임신에도 좋지 않은 영향을 미칠 수 있다).

공유에도 한계가 있다. 예를 들어, 호주 아넘랜드에서는 식량을 공유하지만, "관대함의 요구에는 한계가 있으며, 그 한계는 가구의 수준에서 보인다"(Altman and Peterson 1988: 93). 대형동물은 소형동물보다 더 공유되며, 혼인하지 않은 나이 어린 남자는 가족 부양의 책임이 덜하기 때문에 혼인한 남자에게 더 많이 주어야 한다. 식량은 가능한 경우에 가족을 넘어서까지 공유되며, 사람들은 어떤 자원을 어떻게 공유해야 하는지, 그리고 요구에 따라 어떤 자원을 성공적으로 얻을 수 있는지에 대해 알고 있다. 공유가 가진 한계는 사실 맥락에 따라 달라진다. 남아메리카의 요라(Yora)족과 아체족은 중심지보다 숲에 나가 있는 동안 더 많이 공유하기도 한다(Hill and Kaplan 1993). 그런데 니케아족은 어떤 동물을 가지고 있음을 부인하는데, 다만 광범위한 공

유 요구가 있을 경우 작은 고슴도치 고기를 공유한다.[1]

공유는 과거의 관대한 행동에 진 빚을 갚는 것이지만, 이 역시 빚을 만들어내는 일이기도 하다. 단순히 식량이나 재화라기보다는 "사회적 저장"을 통해 호의와 의무를 쌓는 일이다(O'Shea 1981). 마르셀 모스[Marcel Mauss 1990(1924)]는 선물에는 받은 자가 나중에 동등한 값어치의 어떤 것을 되갚아야 한다는 권력이 포함되어 있다고 했다. 1875년에 존 심슨(John Simpson)은 알래스카 서북부의 이뉴피아크(Iñupiaq) 사회에서 "전혀 이익이 개입되지 않은 공짜 선물이란 없다고 해도 지나친 말이 아니"라고 하였다(Burch 1988: 109). 그리고 이누이트 남자는 더 퉁명스럽게 "채찍질로 개를 길들이듯이 선물은 (사람을) 노예로 만든다"라고 하였다(Freuchen 1961: 109).

공유, 특히 무조건적인 관대함은 사람들을 재산으로부터 멀어지게 하고 재산 소유로 인해 의존성이 발생할 가능성을 줄인다(Woodburn 1998). 이와 같은 관대함은 많은 수렵채집 문화의 일부이며, 평등 사회관계를 유지하는 역할을 한다(Bird-David 1992a, b; Kent 1993). 그러나 많은 수렵민은 과거에 인색한 적이 있는 사람과는 공유하지 않는다. 핫자족은 공유하지 않는 "나쁜 사람들"을 멀리한다(Marlowe 2006). 그위족은 "어떤 것을 받았으면 어떤 것을 주어야 한다"고 여긴다(Silberbauer 1981: 463). 부유한 이뉴피아크족은 "감추어 놓는 것보다 나누어 줌으로써 감사의 빚을 주는 것"이 낫기 때문에 다른 이에게 준다(Burch 2006: 316). 비축하고 싶은 욕심과 공유할 필요 사이의 지속적인 긴장 때문에 공유에 대한 근심이 생기기도 하는데, 이에 대해서는 그동안 민족지학자들이 많이 기록하였다. 예를 들면, 주호안시 남자는 교환 상대가 너무 많은 것을 요구한다고 불평하면서 다른 이에게 선물을 독촉하고 상대가 인색하다고 험담을 하기도 한다. 그렇기에 무조건적인 공유가 이상적이라고는 해도 수렵채집민은 마음속에 대차대조표를 가지고 있다(Hawkes 1992b). 다른 자원보다

---

1   미케아족에게는, 늘 그러하듯이, 집 안에서 고기를 요리할 때 밖에서 고기 냄새를 맡을 수 있더라도 눈에 보이지 않는다면 모른 척하는 것이 문화 규율이다.

더 광범위하게 공유하는 자원도 있으며, 모든 사람이 다른 사람의 자원에 똑같은 주장을 하는 것도 아니다. 이런 차이가 나타나는 조건은 무엇일까?

"맨 더 헌터" 학회 이후 인류학은 공유가 수렵채집의 위험부담을 경감하는 방식이라고 보았다. 리처드 굴드(Richard Gould 1982)는 공유가 호주 서부 사막의 응아다자라족과 같이 변화가 매우 심한 환경에서 나타난다고 보았다. 공유를 통해 필요의 시기에 호소할 수 있는 사회적 유대를 맺을 수 있기 때문이다. 굴드는 이와 반대로 더 좋은 환경에서 공유는 훨씬 작은 사회 단위에 국한되어 있다고 주장한다. 그에 따르면, 북아메리카의 톨로와족은 믿을 만하고 풍부한 자원이 있는 환경에서 살기 때문에 응아다자라족보다 덜 공유한다고 한다. 그는 "개별 가족의 이용 전략에 근거할 때, (사회 네트워크가) 더 작고 제한적이 되며, 가족의 자족 정도가 증가함에 따라 체계의 핵심에서 자원의 지위확대가 있을 것"이라고 하였다(Gould 1982: 88; 톨로와 남성은 잉여 자원을 공유하지 않고 위세 경쟁에 사용하거나 신부대로 사용하여 아내를 얻는다; 9장 참조). 그러나 공유가 빚을 만들어내고 선물이 받는 사람으로 하여금 호의에 보답하게 만든다고 하면, 톨로와족과 응아다자라족에서 보이는 차이는 공유의 필요만을 반영하는가, 아니면 능력까지를 보여 주는가? 공유에 나타나는 이 같은 변이를 설명하기 위해서는 이론틀이 필요하다.

왜 공유하는가?

1980년대에 브루스 윈터할더(Bruce Winterhalder)는 대형동물 고기가 수렵채집 사회에서 가장 폭넓게 공유되고 선호되는 음식이라는 관찰에 입각하여 연구를 시작하였다.

수렵채집 활동의 수익은 결코 일정하지 않으며, 그렇기에 늘 어떤 사람이나 가족이 하루 또는 그 이상 배고픔에 빠질 위험부담이 있다. 이런 불확실성은 식단폭을 증가시키고, 비가 많이 오는 날을 위해 잉여물을 저장하며, 잉여물을 교환하거나 공유하고 사회적 빚을 줌으로써 불확실성을 감소시킬 수 있다. 이런 전략 각각에는 나름의 비용과 효과가 있다. 3장에서 수렵민은 수렵채집 활동을 하면서 흔하지만 하위의 수익을 주는 식량자원을 무시한다고 하였다. 수렵민은 이제 하위 자원을 포함하여 광범위한 식량자원을 취함으로써 확실히 집에 어떤 것을 가지고 갈 수 있으며, 그럼으로써 배고픔에 빠질 가능성을 누그러뜨릴 수 있다. 하지만 하위의 식량자원을 취함으로써 전반적인 수렵채집의 효율성은 떨어질 수밖에 없다(3장에서 논의한 내용을 기억하자). 수렵민은 공유함으로써 다른 사람의 우연한 수익의 일부를 가질 수 있지만, 나중에 호의를 되갚아야 할 수도 있다. 반대로 성공적인 수렵민은 호혜 행위를 하지 않을 수 있는 사람과 공유할 위험부담을 지기도 한다. 수렵민은 이런 비용과 효과에서 어떻게 균형을 맞출까?[2]

　윈터할더(Winterhalder 1986a, b)는 컴퓨터 시뮬레이션을 이용하여 공유 행위와 식단폭 다양화의 비용과 효과를 비교하였다. 이 시뮬레이션에 따르면, 단일한 새로운 식량 항목을 추가하여 식단폭을 넓히는 일은 식량 섭취의 순이익 표준편차에서 8% 정도의 감소, 그러니까 배고픔에 빠질 위험부담을 단지 조금만 경감시킬 뿐이라고 한다. 또한 수렵채집 효율성에서는 6% 정도의 감소 효과가 있다. 반대로 자원을 끌어모은 동일한 식단폭을 가진 두 수렵채집민은 음식 섭취율에서의 차이를 58% 정도 경감시키면서도 높은 수렵채집 효율성을 유지할 수 있다. 음식 섭취에서의 차이를 줄이는

2　에릭 스미스는 이 문제를 게임이론으로 푼다(E. Smith 1988; Smith and Boyd 1990). 다른 수렵민은 공유하는데 몇몇만이 비축한다면, 우선 비축자가 훨씬 유리하다. 공유자에게는 계속 공유하든지(그래서 계속 착취당하든지), 아니면 비축 전략으로 바꾸든지 두 가지 선택이 있다. 단순 시뮬레이션으로는 공유가 가장 많은 사람에게 가장 큰 이익을 주지만, 결국 유리한 비축 전략이 주도할 것이다(Smith 1988: 240). 이것이 사실이라면, 모든 수렵채집 체계가 오랜 시간이 흐르면 비축자 공동체로 변화할 것이다. 그러나 이는 공유가 흔하게 나타나는 민족지 자료와 일치하지 않는다. 비축자를 억제하는 요인은 무엇인가?
　대답은 시간과 기억에 있다. 시간의 흐름 안에 시뮬레이션을 돌려 보면 사람의 빚과 책임감의 기억이 쌓이고 공유자는 곧 비축자와 공유하지 않아야 함을 알게 된다. 결국 상황은 바뀐다. 비축자는 배제되고, 이제 사회적으로 비축 전략은 공유 전략으로 대체된다. 그러므로 "공동 재화의 존재는 감시체계와 호혜에 대한 기대, 무임승차자에 대한 제재에 달려 있다"(E. Smith 1988: 240). 또한 지속적인 독촉으로 물적 재화에 대해 주저하게 되고, 심지어 소유를 혐오하는 현상도 생긴다.

것이 목적이라면, 분명히 식단폭을 넓히는 것보다 공유하는 것이 낫다. 그러나 이런 식으로 위험부담을 경감시키는 일은 단지 수렵채집 활동에 있어 개인의 평균 수익률이 변동할 때, 다시 말해 수렵민이 어떤 날에는 식량을 가득 가져오면서도 빈손으로 돌아오는 날도 있을 때에만 해당한다. 만약 수렵민의 수익률이 늘 일정하다면, 공유할 필요는 없다.

덧붙여 수렵민들의 활동 결과가 동일하지 않은 경우, 다시 말해 어떤 수렵민은 결과가 좋고 다른 이는 그렇지 않은 경우, 공유를 통해 위험부담을 경감시킬 수 있다. 만약 모든 수렵민이 식량 활동을 잘하거나 못할 경우, 어떤 수렵민이 식량을 필요로 할 때 아무도 나눌 만한 잉여물이 없기 때문에 공유할 "능력"도 없다. 큰 덩치로 획득하고 모든 수렵민이 동시에 획득할 수 없는 대형동물 같은 식량을 방어해야 하며, 다른 사람은 공유 요구를 해야 한다. 작은 덩치로 획득하고 모든 이가 대체로 동시에 얻을 수 있는 씨앗 식량이나 덩이줄기 같은 것은 공유 요구를 받지 않기 때문에 방어하지 않는다.[3]

이런 관찰을 토대로 윈터할더는 다음과 같은 네 가지 가정적 상황에서 수렵민이 어떻게 반응하는지를 고찰하였다. 네 상황은 수렵민 개인의 수익에서 변이가 높고 낮은 경우(늘 일정한 경우와 그렇지 않은 경우), 그리고 개별 수렵민들의 수익이 비슷하거나(상응이 높거나) 상이한(상응이 낮은) 경우를 조합한 것이다(그림 6-2).

- 사례 A. 일상적인 수익에서 변이가 커서, 어떤 날은 필요보다 더 많이 획득하고, 다른 날은 적게 얻는다. 이런 상황은 모든 수렵민이 날마다 똑같이 겪는다. 모두가 연어와 같은 동일한 자원에 의존할 때 수렵민의 수익률은 비슷하다. 이 경우 공유해야 할 동기는 별로 없다. 어떤 수렵민이 풍부한 식량을 가지고 있을 때 다른 사람도 마찬가지이며, 식량 이 부족할 때 다른 사람도 마찬가지

---

3   시장 가치는 공유 패턴에 혼란을 줄 수도 있다. 가령 미케아족은 고슴도치와 숲에서 채집한 꿀을 시장에 판다. 따라서 꿀은 식량 가치뿐 아니라 현금 가치도 가지고 있다고 할 수 있다.

이다. 대신 윈터할더는 가구의 수준에서 필요의 시기를 넘어서거나 부족분을 완화하기 위해 자원 저장이 예상된다고 하였다. 저장할지 아니면 떠날지 하는 결정은 식량부족이 얼마나 오래 지속될지, 그리고 새로운 수렵채집 지역으로 이동하는 비용이 얼마인지에 달려 있다(4장 참조).

- 사례 B. 수익에 많은 차이가 있을 때, 그러니까 어떤 수렵민은 성과가 좋은데 다른 이는 실패할 때 공유를 예상할 수 있다. 윈터할더는 수렵인들의 수익 사이에 상응의 정도가 감소할수록(수익 차이가 커질수록) 공유가 집단 내의 변이를 크게 낮추어 줌을 논증하였다. 이것이 왜 고기가 식물성 식량보다 더 많이 공유되는지를 설명해 준다. 사냥은 식물 채집보다 위험부담이 더 높으며, 대형동물의 경우 즉각적으로 필요한 것보다 더 많은 음식을 준다.[4]

- 사례 C. 개인의 수익에서 별다른 변이가 없으며 수렵민의 개별 수익들에서 높은 상응이 있을 때, 그리고 인구가 수렵채집 수익과 균형을 이루고 있음을 가정할 때(7장), 윈터할더는 어느 누구도 다른 사람의 식량을 필요로 하지 않기 때문에 식량을 공유할 이유나 동기가 거의 없을 것이라고 예상한다.

- 사례 D. 개인의 일별 수익과 수렵인들 수익 사이에 상응 정도가 낮을 때(수익이 서로 늘 비슷할 때), 상이한 식량자원을 전문적으로 획득하는 수렵민 사이에는 서로 다른 자원의 교환, 곧 공유가 있을 수 있다. 분업, 특히 여성이 채집한 식량과 남편이 제공하는 고기를 공유한다(7장 참조). 또한 이 경우가 가령 고기를 탄수화물과 교환하는 수렵채집민과 농경민 사이의 상보적 관계를 설명해 주기도 한다(Spielmann 1986).

여기에는 집단 크기도 변수가 된다. 집단 크기가 커지면 요구를 쉽게 충족시킬 수 없고 두 개인 사이의 일상적 일대일 상호작용의 가능성도 낮아져 무임승차자(식

---

4   그렇다고 해서 대형동물의 고기가 언제나 공유된다는 것은 아니다. 다만 모델에 따르면, 사냥꾼이 늘 성공적이라면 고기 공유가 그렇게 흔하지는 않을 것이다.

량 획득에 기여하지 않았음에도 공유의 혜택을 보는 사람)의 빈도는 늘어난다(Smith and Boyd 1990). 동시에 집단 크기가 증가하면 수렵채집의 변이는 더 이상 줄어들지 않지만, 효율적인 수렵채집 지역이 고갈되어 감에 따라 평균 수익은 지속적으로 감소한다(Winterhalder 1986a). 이는 본거지 집단 크기가 커지면 비축도 증가할 수 있어 사회적 긴장이 발생할 수 있음을 의미한다. 가령 마이어스(Fred Myers 1988a: 58-59)는 호주 핀투피족 집단의 크기가 증가하면서 공유 네트워크에 압박이 심해졌다고 한다. 다시 말해 너무 많은 사람들이 너무 많은 요구를 하는데 주변 자원은 별로 없는 상황에서 호혜에 대해 너무 큰 압력을 받는 것이다.[5]

위험부담 경감은 작은 수렵채집 집단에게는 그럴듯해 보인다. 그러나 이것이 수렵채집민의 행위를 설명해 줄까? 윈터할더가 설명 모델을 제시했을 때, 고기만이 공유되고 혜택을 받은 자는 모두 식량자원획득에 기여하는 사람들이라는 것이 일반적 통념이었다. 그럼에도 1980년대 중반 이후 이루어진 연구에 따르면, (물론 고기 공유에 치중해 있지만) 여성도 채집한 식량자원 — 윈터할더 모델에서 공유되지 않을 것이라 예상했던 자원 — 을 공유한다는 것이 드러났다. 공유 행위가 관련된 모든 사람들에게 이로운 일이라면, 왜 공유 요구를 통해 강화되어야 하는가? 몇몇 연구에 따르면, 사냥을 통해 공동체에 기여하지 못하는 사람도 여전히 공유 네트워크에 속해 있음이 알려졌다[물론 무임승차자는 결국 공유에서 배제되기는 하지만 말이다(Gurven et al. 2004b); Bird-David 1992b).[6] 미케아족은 작은 동물과 꿀을 숨기다가도 공유 요구가 있을 경우엔 내놓기도 한다(Tucker 2004). 공유 행위에 위험부담이 아닌 다른 요인이 작용하고 있지는 않은가?

공유를 위험부담 경감으로 설명하는 모델을 민족지적으로 검증하면서, 인류학

---

5   헤그먼(Hegmon 1991)이 호피 원경민에 대해 말했듯이, 윈터할더(Winterhalder 1986a) 역시 공유에도 한계가 있다고 하였다. 버치(Burch 2006: 272)에 따르면, 광범위한 배고픔과 굶주림의 시기에 분배체계가 무너져 가족은 식량을 비축하고 저장 식량을 훔치기도 하며 심지어 살인도 일어난다고 한다.

6   Hawkes 1990, 1991, 1992a, b, 1993a, b; Bliege Bird and Bird 1997; Smith and Bliege Bird 200; Hwakes et al. 2001a, b; Bliege Bird et al. 2002, 2009; Hawkes and Bliege Bird 2002; Burch 2006: 272; Bird and Blicge Bird 2009.

자들은 친족 선택(kin selection), 호혜적 이타주의(reciprocal altruism), 징발 묵인(tolerated theft), 값비싼 신호(costly signaling)와 같은 식량 공유의 네 가지 가설을 고려하게 되었다. 이런 연구를 통해 공유에는 다음과 같은 두 가지 문제가 있음이 알려졌다. 그 가운데 하나는 "게임이론"과 관련되어 있다. "최후통첩 게임(ultimatum game)"과 "독재자 게임(dictator game)" 같은 이름으로 불리는 모델은, 가장 일반적으로 말하자면, 공유의 규범을 찾기 위해 고안되었 다(e.g., Marlowe 2004c, d, 2009; Henrich *et al.* 2006; Gurven *et al.* 2008; Gurven and Winking 2008; Lamba and Mace 2011; Henrich *et al.* 2012). 예를 들면, 최후통첩 게임에서는 첫 번째 사람에게 현금을 어느 정도 준 다음 그것을 어떤 방식으로든 다른 사람과 나누기를 주문한다. 다만 다른 사람이 이를 거부하면 두 사람 모두 돈을 가질 수 없다. 자본주의 사회에서라면 첫 번째 사람에게 마주친 문제는 "다른 사람에게 얼마나 적은 돈을 주면서 나머지를 챙길 수 있을까" 하는 것이며, 두 번째 사람의 문제는 "적은 돈이나마 그냥 가져가든지, 아니면 첫 번째 사람이 인색함에 벌을 주든지" 하는 것이다.

물론 이는 게임일 뿐이고, 위스너(Wiessner 2009)가 지적한 바와 같이, "생활의 게임"은 아니다. 공유 행위는 문화 규범뿐 아니라 친족과 채무, 과거 행동 안에서 발생한다. 생활의 맥락 밖에서 벌어지는 게임이 독자가 친구와 "모노폴리"라는 보드게임을 하는 것보다 공유하는 규범에 대해 더 많은 것을 말해 줄지는 분명하지 않다. 사실 위의 게임 결과가 사람이 실생활에서 서로에게 어떻게 대하는지를 제대로 예측하지 못한다는 연구도 있다(Marlowe 2004d; Wiessner 2009). 게임은 상이한 경제의 사회들 사이나 동일한 문화를 가진 마을들 사이의 차이를 드러내 주기도 한다(e.g., 치마네족; Gurven *et al.* 2008). 다만 그런 차이의 원인은 사회 규범보다는 인구나 지역 생태와 연관된 문제일 수 있다(Lamba and Mace 2011; Henrich *et al.* 2012). 사실 핫자족은 광범위하게 공유하면서도 이런 게임에서는 아주 인색하다는 결과가 나온다. 말로(Marlowe 2004c, d)는 실생활에서 그토록 공유해야 하기 때문에, 이런 게임에는 자율성이 숨겨져 있다고 말한다. 문제는 사람이 개인적 학습과 상황(가령 부의 정도, 집단 크기)에 근거하는지, 아니면 사회 규범에 근거하여 의사결정을 하는지 하는 것이

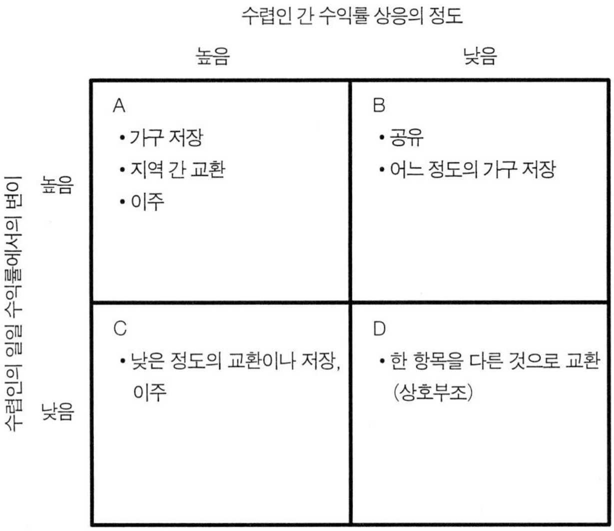

	높음	낮음
높음 (수렵민의 일일 수익률에서의 변이)	A • 가구 저장 • 지역 간 교환 • 이주	B • 공유 • 어느 정도의 가구 저장
낮음	C • 낮은 정도의 교환이나 저장, 이주	D • 한 항목을 다른 것으로 교환 (상호부조)

그림 6-2. 수렵인 간 수익에서의 상응과 수렵민의 일일 수익률에서의 변이를 조합하여 만든 네 가지 경우. Elsevier 허가로 Winterhalder 1986a에서.

며, 대답은 거의 확실히 이 두 가지를 결합한다는 것이다(Tucker 2012; Gurven and Winking 2008).

여기에서는 두 번째 문제, 곧 민족지의 맥락에서 수집된 공유 관련 자료를 계량적으로 분석하는 일에 집중해 보자. 이런 연구가 집단이 지닌 공유의 규범을 드러내지 않을지는 몰라도, 공유 행위를 고취하는 조건과 그렇지 않은 상황을 알려줄 것이다. 우리는 어느 순간에도 권력을 행사하려는 규범을 기대할 수 있지만, 그런 규범은 대체로 공유할 것인지에 대한 개인의 의사결정에 따라 집합적으로 형성될 것임도 기대할 수 있다. 내 생각으론 이런 연구는 인류학에서 가설검증이 지닌 순환론적인 성격을 보여 주는 좋은 사례인 것 같다.

아래에서 우선 공유에 대한 네 가지 주요 설명을 알아보고, 넷 중 어느 것이 가장 좋은 설명인지를 살펴보자.

네 가지 설명

친족 선택

진화이론의 시각에서 보면, 수렵채집민은 생물학적으로 가까이 관계된 사람에게 자원을 제공할 것으로 기대된다. 친족 선택(kin selection) 개념에 따르면, 친족은 비친족에 비해 더 많은 식량을 받으며, 생물학적 자손과 같이 밀접한 친족은 사촌과 같이 이보다 먼 친족에 비해 더 많이 받는다. 이 설명모델에 따르면, 수렵민은 자신의 가구에 가장 많은 식량을 가져가야 할 터인데, 실제로 이것이 사실인 것 같다(Gurven 2004a; Tucker 2004; Allen-Arave *et al.* 2008; Kaplan and Hill 1985a, b). 다시 말해 부모는 자식들과 음식을 공유한다.[7]

하지만 부모가 얼마나 오랫동안 자식에게 식량을 공급하는지 하는 데에도 변이가 있다. 예를 들면, 핫자 어린이는 5세가 되면 일상 식량의 반 정도까지를 스스로 채집한다. 그러나 주호안시 부모는 훨씬 늦게까지 아이들에게 음식을 제공한다(Blurton Jones *et al.* 1989; 7장 참조). 수렵채집의 용이함이나 수확하는 자원의 크기, 짝짓기의 형식과 육아 체계 등이 모두 부모—자식 공유의 양과 기간에 영향을 미친다.[8]

호혜적 이타주의

다른 사람에게 빌붙어 사는 데도 한계가 있지만, 식량자원획득에 더 많이 기여했음에도 그렇지 못한 사람을 원망하지 않는 사람들이 있다. 살린스(Sahlins 1972:

---

7   1990년대에 나를 포함한 인류학자들은 사냥꾼이 대부분 고기를 공유한다고 주장하였다. 이는 식량 공유에 대한 계량 자료가 처음으로 수집된 아체족 자료를 토대로 한 것이다. 아체 남자는 획득한 고기의 10%만을 가족 몫으로 가져간다. 하지만 이 자료는 아체족이 숲에서 하는 일만을 반영해 주고 있다. 아체족은 원경민 취락에서 연중 시기의 75%를 보내는데, 이때는 훨씬 적은 양만을 내놓는다(Gurven and Hill 2009; Hawkes *et al.* 2010). 취락에서도 같이 사냥을 떠나는 사람의 가족들이 공유하는 경향이 있으며, 따라서 초기 아체족 자료는 편향되어 있다고 할 수 있다(Gurven *et al.* 2004).

8   이 가설을 더욱 세련되게 변형하면, 부모는 유전자를 미래 세대에 물려줄 가능성이 가장 큰 성의 어린이와 더 많은 음식을 공유한다.

194)는 일반 호혜에 대한 초기의 논의에서 "호혜 행위의 실패(보답하지 못했다는 사실)가 제공자에게 더 이상 제공하지 않는 원인이 되지 않음"을 주목하였다. 이뉴피아크 사냥꾼은 생산적이지 않은 사람이 누구인지 알고 "식량이 풍족한 좋은 시기에, 차이를 인지하면서도 모른 체한다"(Burch 2006: 272). 왜 훌륭한 사냥꾼이 그러할까?

한 가지 대답은 훌륭한 사냥꾼에게 그 순간 식량을 내주는 것보다 나중에 받을 혜택이 더 중요하기 때문이라는 것이다. 윈터할더의 위험부담 경감 모델은 호혜적 이타주의—수익에서 잉여가 있을 때 고기를 나누어 주고 여유가 없을 때 고기를 기대하는 것—의 특정한 형태이다. 이런 설명이 지닌 문제는 무임승차자, 곧 고기를 받기만 하고 내놓지 않는 사람이 있다는 것이다. 그리하여 좋은 사냥꾼에게는 고기가 아닌 다른 형태로 혜택이 돌아오며, 바로 이 때문에 단순히 위험부담보다 더 넓은 맥락을 보는 설명이라고 할 수 있다. 혹스(Hawkes 1990, 1991, 1992b)에 따르면, 훌륭한 아체 사냥꾼이 받는 혜택이란 혼외정사의 형태, 곧 고기를 성관계와 교환하는 것이라고 한다. 또한 사냥꾼의 자식들을 더 돌보아 주기도 하며(가령 먹을 것을 주고, 다른 아이보다 상처를 입지 않게 더 가까이에서 돌보아 주는 것), 사냥꾼이 아프거나 부상당했을 때 도와주기도 한다(Gurven *et al.* 2000b; Allen-Arave *et al.* 2008). 무임승차자는 단순히 무임승차한다기보다는 차라리 훌륭한 사냥꾼의 기부 행위를 보상해 줄 다른 길을 찾는 서툰 사냥꾼으로 보인다.

징발 묵인

징발 묵인(tolerated scrounging, 또는 절도 묵인(tolerated theft))은 받는 자가 과거 자신의 관대함을 상기시키기보다 조르고 귀찮게 굴어 공유하는, 공유 요구에서 답을 찾고자 한다(Blurton Jones 1983, 1987). 음식 공유는 자원을 방어하는 비용이 그 혜택을 넘어설 때 발생한다는 것이다(그림 6-3). 예를 들어, 엘크사슴을 통째로(아마 400kg 정도의 식량을) 캠프에 가져오는 사냥꾼을 생각해 보자. 사냥꾼과 가족은 한 번만 먹을 수 있을 뿐이다. 남은 고기는 썩기 때문에 말려서 저장할 수 있다. 어느 경우에도 캠프에 사는 다른 사람은 고기를 가지고 있지 않지만, 사냥꾼에게는 분명 여분이 있고, 그래서 충돌 가능성이 높다. 사냥꾼의 시각에서 남은 고기가 가진 즉자적인 가치는 싸움을 벌일 만큼 높지 않다. 고기를 나누어 주는 것은 소유하는 사람에게 즉자적 가치가 별로 없는 자원을 두고 벌이는 싸움의 가능성을 피하는 일이다.

징발 묵인은 (대형동물과 같이) 식량이 큰 규모로, 그러니까 어떤 한 수렵민으로서는 당장의 필요보다 더 큰 양의 식량을 획득했을 때 일어나는 것으로 보인다. 그러나 식량을 저장한다 해도 수렵민으로서는 동일한 가치를 얻을 수 있다는 점도 참작해야 한다.

남자들이 사슴 고기를 두고 땅바닥에 뒹굴며 벌이는 빈번한 경쟁 때문에 징발 묵인이 있을 것이라고 생각할 수 있지만, 그런 사건은 실제 거의 일어나지 않는다. 그러나 그런 경쟁이 눈에 보이지 않는다고 해서 특정 자원의 분배에 대해 나쁜 감정이 전혀 없음을 뜻하지는 않는다(사례는 Tanaka 1980: 109와 Altman 1987: 147 참조). 가령 미케아족은 스스로 관대하며 인색한 것이 나쁘다고 생각하면서(Tucker 2004), 흔히 집 앞에서 옥수수를 요리할 때 "와서 먹어"라고 말한다. 그럼에도 의례를 위해 가축을 잡을 때를 제외하고는 고기를 별로 나누어 먹지 않는다. 한 가지 이유로, 사냥된 동물이 보통 소프트볼 크기, 또는 기껏 집고양이 크기의 고슴도치 정도로 아주 작다는 것을 들 수 있다. 미케아족은 동물을 숨기고 집 안이나 수렵 캠프의 외딴 곳에서 요리하여 먹는다. 벌꿀도 마찬가지이다(Tucker 2004). 선호하는 식량이지만 나누기에는 너무 작은 것이다.[9] 이것이야말로 수렵민이 공유 요구를 받아들이지 않을 것 같은 자원이다. 그럼에도 미케아 사회를 연구한 경험으로 볼 때, 이들은 고슴도치 고기와

---

9   공유 요구가 합당하지 않다고 해도 식량 공유를 거부하는 일은 용서받지 못한다. 사람들은 공유를 거부하는 사람과 앞으로 공유할 것인지 결정한다. 따라서 공유의 사회적 비용을 판단해야 하며, 이처럼 식량자원을 방어하는 비용은 늘 자원 자체에 내재되어 있지는 않다. 미케아족의 사례에서는, 흔히 건기에 나무공동 안에서 자고 있는 고슴도치를 채집한다. 남자는 나무를 도끼로 두드리고 귀를 기울여 깨어나는 소리를 알아채 고슴도치를 "사냥한다." 도끼로 나무를 쳐 고슴도치를 꺼내 용기 안에 담는데, 죽일 필요도 없다. 고슴도치는 다시 조용히 잠든다. 따라서 고슴도치의 가치(식량으로서, 또 시장에 내다팔 것으로서는)는 말린 고기처럼 시간이 흘러도 떨어지지 않는다. 꿀도 마찬가지다. 가족은 이 자원을 계속 보관할 수 있지만, 요구가 있으면 공유한다(Tucker 2004).

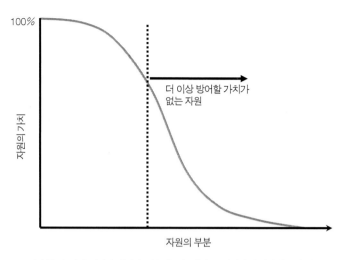

그림 6-3. 징발 묵인. 어떤 자원의 가치가 처음에는 높지만, 소비되면서 자원의 부가적인 부분의 가치가 갈수록 떨어진다. 곡선의 정확한 생김새는 가설적이다. 어떤 시점에 다다르면 자원에 물린 소비자에게 자원을 방어하는 비용은 혜택보다 적어진다. 그 시점이 되면 자원의 남은 부분을 가져가기보다는 나누어 주는 것이 낫다.

꿀을 숨기려 하면서도 현장에서 발각되었을 경우에는 공유하려 한다(Tucker 2004 역시 참조). 미케아족에게 인색하다고 낙인찍히는 일은 고슴도치나 꿀을 잃는 일보다 더 좋지 않다. 인색함에는 사회적 비용이 들고, 그 비용은 수렵채집 캠프에 가져오는 어떤 식량보다 비싸다.

수렵민은 바로 이점을 이용한다. 징발 묵인은 동물의 세계에서도 흔하게 볼 수 있다. 식량을 두고 해로운 경쟁을 야기할 가능성은 이미 오래 전 인류 진화에서 공유하는 사람에게 혜택이 돌아가는 형태로 나아갔을 것이다(Blurton Jones 1987). 사냥꾼은 공유가 주는 사회적 혜택을 얻기 위해서 전체 수렵채집 수익률이 감소함에도 특정 식량(흔히 대형동물)에 목표를 맞추어 행동할 수 있다. 바로 이점에 주의하며 공유에 대한 마지막 설명을 보자.

값비싼 신호

찰스 다윈은 성 신댁(sexual selection)이라는 개념을 사용하여 수컷 공작의 깃털

같이 (생식과 직결되지 않는) "낭비적인" 생물학적 요소의 출현을 설명하였다. 공작은 이런 낭비적이고 신진대사적으로 값비싼 부가물을 통해서 잠재적인 짝짓기 상대에게 "나는 내 꼬리 깃털에 많은 에너지를 투자하였는데도 나에게 아무런 해로움도 없다. 나는 다른 수컷보다 생리학적으로 강하다. 나를 선택하라"고 말한다. "값비싼 신호" 가설은 이런 생각을 행위의 영역에 적용시킨다.[10]

"값비싼 신호"는 자연선택으로 수컷이 지니고 있는 속성(유전적이든 다른 것이든)을 값비싼 표시를 통하여 신호로 보내는 습성을 갖게 되었다고 가정한다(Zahavi 1997). 값비싼 신호 가설이 타당하기 위해서는 행위가 개체에게 값비싼 것이어야 하며, 그렇지 않다면 개인의 능력을 제대로 신호 보내는 것이 아닐 터이다. 이는 "불리한 조건(handicap)의 원칙"이라고 알려져 있다. 또한 행위는 정직해야 하며 쉽게 거짓으로 꾸밀 수 있어도 안 된다. 표시와 그것이 광고하는 속성 사이의 연결을 통해서 정직함이 유지된다. 사냥은 많은 양의 맛있고 영양가 좋은 식량을 한 번에 가져다주고, 고기를 나눔으로써 이 원칙을 이룰 수 있다. 이를 관찰하는 사람은 혜택을 보고, 그리하여 이런 식으로 표시가 가진 의사소통적인 힘이 높아진다(Hawkes and Bliege Bird 2002: 58).

값비싼 신호는 기념물 건축과 발치(拔齒), 신체 변형(body modification, 가령 성인식에서의 방혈(放血)), 높은 비용의 대중 의식, 비효율적으로 획득하는 식량(가령 송로(松露) 버섯이나 캐비어) 같은 "낭비적" 행위, 그리고 소스타인 베블런(Thorstein Veblen 1899)이 "과시적 소비(conspicuous consumption)"라는 유명한 용어를 사용하여 불렀던 행위—저택이나 수입 의류, 값비싼 취미 등—를 설명하는 데 쓰이는 가설이다.

---

10 Smith and Bliege Bird 2000; Bliege Bird *et al.* 2002; Hawkes and Bliege Bird 2002; Smith *et al.* 2003; Bliege Bird and Smith 2005; Bliege Bird *et al.* 2009; Bird and Bliege Bird 2009. 혹스(Hawkes)는 과시가설(show-off hypothesis)을 내세워 아체족 남자들이 고기를 이용하여 혼외 애인을 만들어 포괄적응도를 향상시킨다—값비싼 신호의 한 형태—고 주장한다. 그러나 이 역시 여성은 영양이 풍부한 음식을 얻고 남자는 추가적인 혼외관계 기회를 얻는 직접적인 호혜적 이타주의의 사례로 볼 수도 있다(Smith and Bliege Bird 2000).

값비싼 신호가 공유 행위를 설명하기 위해서는 직접적이고 즉자적인 호혜를 받지 않을 수 있지만 궁극적으로는 적응도 상의 이익을 얻어야 한다. 전달되는 정보는 그것을 관찰하는 사람이 신호를 보내는 이에게 혜택을 주는 방식으로 반응할 것을 요한다. 따라서 관찰자는 반드시 스스로 유용하다고 생각하는 정보를 받아야 한다. 너그러운 사냥꾼은 사냥꾼으로서나 지도자로서 또는 제공자로서 좋은 평판을 얻기 위해 고기가 가진 영양적인 혜택을 희생하는데, 그 평판은 결국 잠재적인 아내나 남성 협력자가 제공한다. 보편적으로 훌륭한 사냥꾼인 수렵 남성은 권위를 즐긴다. 예를 들어, 훌륭하고 너그러운 호주 원주민 사냥꾼—마르투족은 미르틸랴(mirtilya)라고 부른다—은 일반 세속적 지위뿐만 아니라 종교 지식의 측면에서(아내를 얻는 데 필요하다) 동료들보다 높은 지위에 오른다(Sackett 1979; Altman 1984; Bird and Bliege Bird 2009).

앞으로 남자와 여자의 수렵채집 활동(8장), 그리고 위계의 진화(9장)를 다루는 장들에서도 "값비싼 신호"에 대해 논의할 것이다. 공유 행위에 대한 설명으로서 값비싼 신호라는 개념은 남자가 고기를 너그러이 공유함으로써 어떤 혜택을 받음을 시사하며, 이 점에서 값비싼 신호를 호혜적 이타주의의 측면으로는 해명하기 어렵다. 가장 큰 차이는 값비싼 행위로 신호를 보내는 남자가 실제로 전체 수렵활동에서는 낮은 수익률을 받아들여야 한다(따라서 식단폭모델과는 어긋난다)는 점이다. 남자는 "공공재"로 생각되는 식량을 획득하여 어떤 잠재적인 재생산적 이점(가령 더 많은 짝짓기 상대, 이른 혼인, 수렵채집을 잘하는 아내, 또는 다른 훌륭한 사냥꾼과의 동맹 등)을 얻기 위해 내놓는다.

값비싼 신호는 성공률이 낮은 활동을 설명하는 데 가장 중요한 개념일 수도 있다. 그런 활동에서 성공은 특별한 노력이나 능력을 나타내는 정직한 신호이다. 이 경우 왜 남자가 사냥에 치중하는지를 설명할 수 있다. 값비싼 신호가 반드시 위험부담이 큰 행위만을 수반하지는 않지만, 동물이 작거나 공유하기에 적절하지 않은 경우, 사냥 성공률이 높은 곳(이런 곳에서 남자는 더 크고 더 잡기 힘들며 더 위험한 수렵 활동에 나서기도 한다)에서도 일어날 수 있다(Sosis 2000; Lupo and Schimitt 2004). 예를 들어,

메리암족 남자는 묘비의 제막과 더불어 벌어지는 축제에 쓰기 위해 바다거북 사냥에 나선다. 사냥에는 보트와 연료, 다른 참가자들이 필요하고, 이 사냥을 조직하는 남자는 재능과 함께 지도력, 지식, 그리고 아마 가장 중요한 점으로 해를 입지 않고서도 비용을 감당할 수 있는 능력을 보여 주어야 한다. 이 사냥에 젊은 남자들이 참여하여 바다거북을 잡기 위해 보트에서 뛰어내림으로써 신체적으로 건강함을 과시한다.

무엇이 공유 행위를 설명하는가?

그렇다면 이 가운데 무엇이 옳은 설명인가? 대부분의 문화 행위와 마찬가지로, 공유 행위는 경제적 이유에서 인색하다고 낙인찍힘으로써 지불하는 장기간의 사회적 비용, 그리고 사회적 의사소통 등 여러 수준에서 이루어진다. 캠프에 엘크 사슴을 가져오는 사냥꾼은 (a) 자신의 가족에게는 즉자적인 가치가 별로 없는 잉여 식량을 두고 벌어질 경쟁의 가능성을 누그러뜨리기 위해(징발 묵인), (b) 과거 고기를 공유함으로써 졌던 빚을 갚거나 나중 어느 때인가 돌려받을 빚을, 명시적이진 않지만, 유익한 방식으로 주기 위해(위험부담 경감이나 더 일반적으로는 호혜적 이타주의), (c) 자신의 자식과 친족에게 음식을 제공하기 위해(친족 선택), (d) 잠재적인 짝과 다른 사냥꾼에게 자신의 능력을 보여 주기 위해(값비싼 신호) 고기의 일정 부분을 공유한다. 다시 말하여 일반 호혜(관대함)의 문화적 기준에 대해 이런 견고한 진화이론의 설명이 있다(Cashdan 1997; Wiessner 2002). 이런 규범을 내면화하고 문화 규범에 따라 적절하게 행동하는(관대함은 이동하는 수렵채집 사회에서 높은 가치를 지니고 있다) 사람들이 보답을 받는 것은 전혀 놀라운 일이 아니다. 이 기준을 위반하는 사람들은 일반적으로 그렇게 가혹하지 않은 방식(가령 따돌림)으로 벌을 받는데, 이것이 문화적 관습의 가치이다(Wiessner 2005).

수렵민의 행위 대부분은 부분적으로 공개되기 때문에, 그리고 세상의 다른 많은 사회에 사는 사람들처럼 사회관계와 자신의 안녕을 위해 문화적 관습을 수행하고자 한다. 이런 식으로 받는 자가 즉자적인 혜택을 입고 제공자에게 미래의 잠재적 혜택을 약속하는 일반 호혜는 수렵채집 사회에 널리 퍼져 있다. 대형동물과 같이 잉여물이 있고 획득하기 어려우며 영양적으로도 충분한 자원은 공유의 중심이 된다. 그럼에도 특정한 설명이 다른 경우보다 가능성이 더 높을까?

우리는 앞에서 대부분의 수렵채집 사회에서 대부분의 식량은 그것을 획득하는 가족 안에 머무를 것이라고 한 바 있다. 이는 식량의 분배에 친족 선택이 작용하고 있음을 시사한다. 사실 해밀턴(W. D. Hamilton 1964)은 오래 전, 제공자에게 식량의 가치 C가 수혜자에게 주는 혜택 B보다 (생물학적) 관련도(r)에 대한 수혜자의 부분에 비해 낮다면(다시 말해 Br〉C), 제공자로서는 식량을 가져가기보다는 내놓는 것이 더 이득이라고 하였다. 형제자매와 자식은 r=0.5이며, 생물학적 사촌은 r=0.125이다. 다른 값(B, C)은 적응도의 측면에서 셈해지며, 측정하기가 쉽지 않다. 그럼에도 친족 선택으로 공유를 설명하려면, 공유는 생물학적 관련도가 감소할수록 줄어들어야 한다. 이는 세심한 연구에서 사실로 드러나는 것 같다(Gurven et al. 2000a; 2001). 부모는 특히 자식과 공유한다. 그러나 부모가 자식에게 음식을 주는 것은 그리 놀라운 일이 아니다. 그래서 인류학자는 가구 안에서가 아니라 가구 간 공유 연구에 치중해 왔다.

성공적인 사냥꾼은 다른 가족이 받는 것보다 더 많은 고기를 자신의 집에 가져가며, 내놓는 고기 또한 자기 식구에게도 여전히 가치가 있다. 그렇다면 왜 내놓을까? 한 가지 가능성은 사냥꾼의 형제자매의 자식들에게 수혜를 주는 경우에서 찾아볼 수 있다(그리하여 사냥꾼의 포괄적응도(inclusive fitness)를 향상시킨다). 그러나 가까운 친족은 오랫동안 서로 알아온 사이이기 때문에 호혜를 주고받을 수도 있다. 따라서 친척 간 공유는 '친족 선택'이 아니라 '호혜적 이타주의'로 설명할 수 있다.

이 가설을 검증하는 것은 작은 수렵채집 공동체에서 거의 모든 사람이 어느 정도 생물학적인 친척 간이기 때문에 어렵다. 하지만 생물학적 관련도를 고려한 연구에 따르면, 아체족은 친족에게 가장 먼저 호의를 갖는다. 또한 서로 식량을 제공하는 가구는 비슷한 선물을 주고받는데, 이는 어느 정도 만일의 사태를 고려함을 시사한다. 아체족은 공유 식량의 대부분을 나중에 호혜를 베풀 사람에게 주며, 그 중에는 친척이 포함되어 있다(Gurven *et al.* 2001, 2002; Gurven 2004a, b, 2006; Allen-Arave *et al.* 2008). 핵가족을 넘어서는 친족 선택은 호혜적 이타주의에 더 좌우되는 부수현상적인 행위일 수 있다(Nolin 2010 참조).

하지만 아체족은 친족 유대와는 상관없이 가장 낮은 수익률을 가진 가구에게도 음식을 나누어 준다(Gurven 2004). 그런 가구는 앞으로도 잉여물을 가질 가능성이 별로 없기 때문에 호혜 역시 거의 가능성이 없다고 할 수 있다. 그렇기에 이는 '징발 묵인'의 증거일 수도 있다. 그러나 흔히 내놓는 식량자원은 야외에서 이미 잉여로 인지되었던 것이다. 다시 말해 훌륭한 아체 사냥꾼은 필요한 것보다 더 많은 식량을 획득하면서도 이것을 결국 내놓게 되리라는 점을 아는 것이다(Allen-Arave 2008: 315). 식량 자원을 획득할 때부터 수렵민 자신에게 이 잉여가 별 가치가 없음을 안다면, 징발 묵인이라고 하기는 어렵다. 많은 민족지 문헌들은 관대하지 않는 사람은 결국 공유의 네트워크에서 떨어져 나감을 시사하고 있다(Gurven 2004a: 551). 하지만 내 생각으로는 이는 공유할 수 없는 사람보다는 공유하기 싫은 사람에게 해당하는 설명인 듯하다. 동일한 물건으로 공유할 수 없는 사람들도 여전히 먼 미래에 되갚을 (음식이 아니라 다른 형태로도) 것이기 때문에 음식을 제공받는다. 예를 들어, 관대하고 훌륭한 아체 사냥꾼은 그렇지 않은 사람보다 부상을 당하거나 아플 때 더 많은 음식과 보살핌을 받는다(Gurven *et al.* 2000a; Hames 2000 역시 참조).

이와 함께 아체족 남자들은 평소 많은 식량을 가져오며, 생산량도 일정하다(Kaplan and Hill 1985). 호주 메리암 사회에서는 혼인을 하지 않은 젊은 남자들이 거의 거북이를 사냥한다(Amith and Bliege Bird 2000). 그래서 젊은이가 가장 많은 식량을 공유하고 실제로 보답은 가장 적게 받는다. 그렇다면 이들은 무엇을 얻는 것일까? 값비싼 신호는 이 경우 가장 좋은 설명이 될 터이다. 남자는 자신이 훌륭한 사냥꾼이고, 건강하고 강인하며, 관대할 수 있는 능력을 지녔다는 신호를 보내 잠재적인 배우자와 애인을 얻고 다른 남성 협력자의 주목을 받을 수 있다(Smith *et al.* 2003). 이로써 부양할 자식이 있는 아체 남성은 능숙한 사냥꾼과 함께 수렵채집에 나서기를 선호하며, 반대로 부양할 아이들이 없는 남자는 사냥 기술을 보여줄 수 있는 젊은 여성과 수렵채집 활동에 나서기를 선호한다는 사실을 설명할 수 있다(Wood and Hill 2000). 혹스는 이런 행위는 혼인 이후에도 혼외 애인을 얻는 길이며, 이로써 재생산 적응도를 높인다고 주장한다. 혹스에 따르면, 서툰 사냥꾼에 비해 훌륭한 사냥꾼인 아체 남성은 혼외 아이까지 합하여 생존하는 아이들이 훨씬 많다고 한다.[11] 비록 아마존 문화에서 고기는 성관계 기회를 얻기 위해 교환되는 경우가 흔하지만(Siskind 1973), 아체족을 포함한 이런 관습은 다른 민족지 사례에는 기록되어 있지 않은 듯하다.[12]

훌륭한 사냥꾼이라는 이유에서 위신을 얻는 것이다. 자신의 행위가 풍자의 대상이 되고, "사냥꾼이 결국 자기가 잡은 동물의 분배를 통제하지 못하게 되더라도 언제나 위신을 얻는다. 사람들은 누가 훌륭한 사냥꾼인지, 어느 정도나 성공적인지를 정확하게 기억하고 있다"(Altman and Peterson 1988: 80; Bird and Bliege Bird 2009). 이것이 무슨 상관이냐고 할 사람이 있을지 모르지만, 능숙한 사냥꾼을 남편으로 둔 여성에게는 어떤 상관이 있을까? 훌륭한 사냥꾼에게 생기는 사회적 주목은 어떤 상황에서 배우자에게 단순히 더 많은 식량보다 가치 있는 일일 수 있다는 점에서 적응도의 혜택을 볼 수도 있다(가령 훌륭한 사냥꾼의 아이들을 더 돌보아 주는 것). 적절한 자료

---

11   혹스(Hawkes 1990: 16)는 부계 자료를 논하며 정보제공자가 편향되어 있을 수 있다고 한다. 하지만 훌륭한 사냥꾼이 많은 아이를 갖지 않은 경우에도 아체 여성은 훌륭한 사냥꾼의 이름을 아버지로 더 자주 언급함은 주목할 만하다. 따라서 부계 자료가 생물학적으로 정확한지와는 무관하게, 아체족이나 인류학자나 모두 훌륭한 사냥꾼이 더 많은 아이를 가지고 있다고 믿는다. 흔히 공유되지 않는 식물성 식량을 채집하는 여성은 성교를 통해 원조 네트워크를 만들 수 있다. 수렵채집민에게 흔한 신부봉사 사회(8장)에서 "여성은 성교라는 수단으로 혼인의 제약을 넘어 애정의 네트워크를 만듦으로써 상당한 자유를 얻을 수 있다"(Collier and Rosaldo 1981: 317; Goodale 1971: 131 참조). 혼외정사는 남성뿐 아니라 여성의 전략이기도 하다. 다만 이 문제를 논할 만한 자료는 거의 없다.

12   혹스 등은 아체 남자는 사냥 대신 야자수 전분을 채집함으로써 칼로리를 최대화한다고 주장한 바 있다(e.g., Hawkes et al. 2001b). 그는 사냥이 가족에게 식량을 제공하는 데 목적이 있는 것이 아니라 혼외정사 기회를 얻고 재생산 적응도를 높이기 위한 것이라고 하였다(e.g., Hill et al. 1987; Hill and Kaplan 1988a, b). 그런데 야자수 전분 자료에는 오류가 있음이 드러났다. 이제 남자는 사냥을 통해 가장 높은 수익률을 올리는 것으로 보인다(Gurven and Hill 2009). 다만 혹스에 따르면, 고기가 공유되기는 하지만 야자수 전분은 가족이 모두 소비하기 때문에 고기의 역할이 상대적으로 낮다고 한다. 아체족 남성은 가족에게 식량을 제공하는 것보다는 여전히 '값비싼 신호' 전략을 신호한다(Hawkes et al. 2010).

가 있는 몇 안 되는 사례에서 능숙한 사냥꾼과 그의 아내는 서툰 사냥꾼 부부보다 재생산 성공률이 더 높다(Alvard and Gillespie 2004; Smith 2004).

공유에 대한 연구를 가로막는 한 가지 문제가 있다. 거의 모든 연구는 단기간에 이루어지지만 공유의 혜택은 긴 시간이 흘러야만 드러난다는 점이다. 훌륭한 사냥꾼은 생애 내내 어떻게 잘해야 하는가?

수렵민은 중년기에 가장 능숙하게 수렵채집 활동을 하며 나이가 들어감에 따라 능숙함은 덜하다. 예를 들어, 중년기의 아체 남자는 어린 시절이나 늙었을 때보다 수익률이 더 높다(Hill *et al.* 1987; Dwyer 1983; Ohtsuka 1989). 나이든 사람은 경험의 혜택이 있을 테지만, 눈이 잘 보이지 않거나 관절염 같은 병 때문에 사냥 능력이 줄어들 수 있다. 반대로 여성의 수렵채집 활동력은 나이가 들어감에 따라 훨씬 천천히 감소한다. 나이든 주호안시 및 핫자 할머니들은 같은 나이의 남자가 더 이상 사냥하지 않을 나이에도 여전히 채집한다. 물론 더 나이 들면 결국은 채집도 그만두지만 말이다.[13]

그렇다면 생애 동안 개별 수렵채집민(그리고 아마도 특히 남성 수렵민)의 수익률에는 높은 변이가 있을 것이다. 이 점에서 윈터할더의 모델(그림 6-2)을 사냥꾼의 생애에 적용해 보자. 사례 C와 D의 경우 어떤 한 사냥꾼의 변이는 생애 내내 언제나 높기 때문에 적용하지 않는다. 사냥꾼에게는 자신의 노년기를 위해 식량을 저장하느냐(분명 현실적이지 않다), 아니면 노년기에 되받기 위해 공유를 통해 호의를 쌓느냐 하는 선택이 남는다.

수렵채집민의 사회 안전망은 젊은 시절에 수립한 관계들이다. 민족지 사례에 기록된 상당 부분의 행위(성격상 단기간의 행위)는 충분한 시간이 흐르면 결국 일어나리라고 예상한 행위이기도 하다. 의식적이지 않을 수도 있지만, 수렵민은 청년기와 중

---

13 남성의 경우 Hart and Pilling 1960: 34; Dwyer 1983; Howell 1986b; Ohtsuka 1989 참조; 여성의 경우 Biesele and Howell 1981; Howell 1986b; Hawkes *et al.* 1989 참조. 하지만 수렵채집 사회에서 연장자의 일에는 변이가 있다. 혹스 등에 따르면, 핫자 여성은 적극적으로 식량을 적극 채집하여 손자에게 제공하지만, 주호안시 여성은 그렇지 않다. 아마도 주호안시의 칼라하리 사막이 수렵채집 활동에 더 가혹한 환경이기 때문일 것이다. 그래서 주호안시 여성은 젊은 엄마가 채집에 나가 있는 동안 더 많이 아이를 돌본다(Hawkes *et al.* 1989).

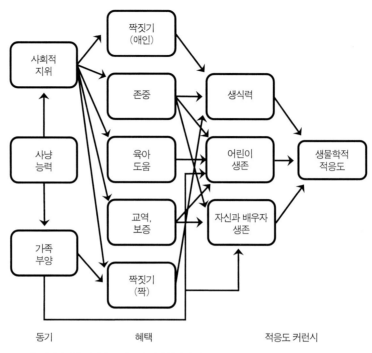

그림 6-4. 공유 의사결정과 관련된 요인들 사이의 복잡한 관계. Gurven and Hill 2009: 61에서 전재. University of Chicago, Wenner-Gren Foundation 제공.

년기에 공유함으로써 노년기를 대비한다. 예를 들어, 주호안시족의 경우 "친족에 바탕을 둔 교환망과 상호 부조의 관계를 세심히 가꾼 사람은 나이가 들고 더 이상 스스로 먹고살기 힘들어도 호의와 선물을 되받을 것임을 확실히 안다"는 것이다(Biesele and Howell 1981: 93). 드레이퍼와 뷰캐넌(Draper and Buchanan 1992)은 아이를 두 명 이상의 두는 것이 어머니가 늙어서까지 생존할 확률을 높이고, 남자는 직계 가족을 넘어서는 네트워크에 의지할 수 있다고 지적한다.

주호안시족에 대한 34년 동안의 연구를 보면, 남자는 고기 공유를 통해 나중 생애에 혜택을 볼 사회 및 정치 관계를 수립한다고 한다(Wiessner 2002a). 능숙하면서도 관대한 사냥꾼 남자는 크고 친족으로 구성된 사회적 결합 집단에서 살며, 서툰 사냥꾼은 친족의 수가 적은 작은 집단에서 산다. 그리고 관대한 사냥꾼은 자식들을 양육하는 데 더 많은 도움을 주고 토지에 대해 도전할 수 없는 주장을 행사하는 집단에서 산다. 훌륭한 주호안시 사냥꾼은 〔더 많은 흑사로(hxaro) 교환 상대를 통해〕 더 많은 물적 재화를 가지고 있다. 결과적으로 서툰 사냥꾼에 비해 훌륭한 사냥꾼은 더 많은 자녀를 어른이 되기까지 양육한다. 남자는 관대함을 통해 재생산적으로, 그리고 개인적으로 혜택을 받는다.

수렵채집 사회에서 보이는 공유의 정도와 종류에는 몇 가지 변수와 동기가 관련되어 있다. 사냥에 내재되어 있는 변이의 감소는 어느 정도의 공유를 설명해 주지만 모두를 설명하지는 못한다. 징발 묵인도 어느 정도 설명하며, 호혜적 이타주의와 값비싼 신호 역시 마찬가지이다. 모든 가설이 동시에 작용할 수도 있으며, 개인의 상황이 살아가면서 변함에 따라 연속적으로 작용할 수도 있다(그림 6-4). 그래도 한 가지는 분명하다. 관대한 사람은 인색한 사람보다 결국 더 잘해 나간다.

영역성

이 같은 공유에 대한 논의를 수렵채집민이 토지에 대한 접근을 공유하고 있다는 데, 곧 영역성(territoriality)이란 개념과 연관된 주제까지 확장할 수 있다. 먼저 오늘날 수렵채집민의 영역성과 토지 보유(land tenure)에 대한 인류학의 논의가 어디까지 진행되어 왔는지를 이해하기 위해서, 이 주제에 대한 생각의 발달에 대해 먼저 살펴보자.

1장에서 루이스 헨리 모건(Lewis Henry Morgan 1877)이 인류 문화가 몇 단계를 거쳐 "진화"하였으며, "야만(savagery)"이 가장 첫 단계라고 주장하였다고 했다. 모건은 재산의 관념이 연장과 도구의 증가, 그리고 사회조직의 변화와 더불어 진화한다고 주장하였다. (굳이 모건의 분류에 따르자면) 수렵채집 사회는 "야만"의 시기에 속한다. 모건은 토지를 포함한 재산은 어떤 부족의 모든 구성원이 공동으로 보유한다고 주장하였다.

프랭크 스펙(Frank Speck 1915)은 북아메리카 동북부의 알곤킨(Algonquian) 사회에서는 가족별로 각기 사냥 영역에 대한 배타적인 권리를 가지고 있음을 지적하면서 모건의 시각을 비판하였다. 땅에 무단으로 들어오면 죽을 수도 있는 처벌을 받는데, 다만 나중에 호의를 되갚는다는 기대가 있을 경우 외부인이 들어와 사용할 수 있게 허가하기도 한다. 영역 경계는 그렇게 유동적이거나 협상할 수 있는 것이 아니다. 미국 동북부의 페놉스콧(Penobscot) 사회에서는 경계를 따라 토템에 그림으로 표현하기도 하며, 어떤 가족의 땅 끝부분에 표시를 하여 경계를 알린다.

프랭크 스펙은 당시의 다른 인류학자들과 마찬가지로 어떤 특질이 광범위하게 분포한다는 것은 오래되었음을 가리킨다고 보았다. 심지어 유럽인들이 들어와 수세대에 걸쳐 소유하고 원주민들에게 출입이 금지된 미국 동북부의 땅도, 페놉스콧족은 사냥 영역으로 구분하였음을 주시하였다. 그리고 그 같은 집요함은 영역에 대한 관념이 아주 오래되었으며, "각 부족이 주장하는 전체 영역은 특정 가족이 기억할 수 없이 오래 전부터 소유하고 세대를 거치면서 물려받은 땅으로 구분되어 있음"을 가리킨다고 하였다.

이 가족 사냥 영역의 크기에도 차이가 있지만(가령 부족의 중심지에서 가까운 곳보다 경계 주위의 영역이 더 크다), 스펙은 그런 차이가 생긴 이유에 대해서는 고찰하지 않았다. 스펙은 영역의 가장 큰 기능이란 자원 보존을 가능하게 해주는 것이라고 주장했는데, 가족의 크기와 식량자원 사이의 관계 같은 것에 대해 주목했어야 옳았다(데이빗슨(Davidson 1928)과 할로웰(Hallowell 1949)은 후일 영역의 크기가 사냥감의 밀도에 달려 있으며, 영역이 어떤 가족에게 한 해의 식량을 제공하는 것을 넘어서 더 크지는 않다고 주장하였다).

스펙은 이것이 알곤킨 지역에 백인이 들어오기 전의 영역 체계였다고 보았다. 또한 이를 수렵채집 사회에 일반적으로 내재한 특성으로 보았다. 스펙과 다른 연구자는 세계의 다른 지역에서도 사냥 영역이 존재함을 주목하였다(Davidson 1928; Cooper 1939; Speck and Eiseley 1939).

후일의 연구에 따르면, 알곤킨 사냥 영역은 17세기 모피 교역에 따른 적응의 양상으로 알려졌지만(Bishop 1970; Leacock 1954), 수렵채집민이 영역적이라는 생각은 인류학 이론에 스며들었다.[14] 래드클리프브라운과 데이빗슨은 모두 지역의 부계 무리나 씨족이 마치 세포와 같은 영역을 배타적으로 소유한다고 보았다(Davidson 1926, 1928; Radcliffe-Brown 1930-31).[15] 마찬가지로 초기의 부계 및 부거 무리라는 개념(1장 참조)은 수렵채집민이 영역적이라는 가정에 근거하고 있다.

모든 수렵채집민이 규정된 지역 안에 살면서 외부인을 수상쩍어한다는 생각은 사람이 본래 영역적이라는 생각을 갖는 데 영향을 미쳤다. 이런 생각이 대중서에 반영되면서 인류학자들이 별로 기대하지 않았던 중요한 의미를 지니게 되었다. 곧 사람은 타고난 성격이 영역적이어서 전쟁이나 민족 간 분규는 피할 수 없는 일이라는 것이다(가장 유명한 저서로는 로버트 아드리(Robert Ardrey)가 1966년 펴낸 『세력권 의식(*The Territorial Imperative*)』이 있다).

"맨 더 헌터" 학회에 참여한 사람들은 이런 주장에 강하게 반대하였다. 학회가 끝나고서 수렵채집민은 원하는 때 원하는 곳에 가고, (그곳의) 모든 사람의 환영을 받는 듯했다. 리와 드보어(Lee and DeVore 1968: 157)는 "우리가 논의해 왔던 모든 수렵채집민은 집단에서 집단으로의 이동에서 제도화한 수단을 가지고 있다. 그렇기에 주어진 사례에서 경계를 찾는다고 해서 방어를 하거나 배타적인 영역이라고 가정하는 실수를 범해서는 안 된다"고 말하였다. 지역 집단은 크기와 구성에 변동이 있어, 개인은 친척이나 친구를 만나고 상대와 교역하거나 그저 단순히 경치를 바꾸기 위해 캠프에 드나들 수 있다. 주호안시족은 다른 가족들을 방문하는 일이 즐겁고도 필요하다고 말하며(Marshall 1976: 180-81; Sugawara 1988), 남자들은 흔히 먼 곳에서 배우자를 찾는다(Yellen and Harpending 1972). 도베 주호안시 가족은 모두 도베 권역의

---

14 모피 교역에 대한 적응으로서의 영역에 대해서는 Leacock 1954, 1980, 1982; 그리고 Knight 1965 참조; 상품 생산과 사유화에 대한 논평은 Scott 1986 참조. 캐나다 서부 내륙 집단에 대해서는 Hayden 1992 참조. 시베리아 에벤키족에 대해서는 Turov(2010: 93) 참조.

15 래드클리프브라운의 초기 저작을 보면 사람들이 무리 간 경계를 넘어 들어갈 수 있음을 알 수 있다. 하지만 더 일반적인 나중의 저술에서는 특정 개인이 특정 땅만을 이용하는 닫힌 집단으로 무리들이 기술되어 있다(Peterson and Long 1986: 16).

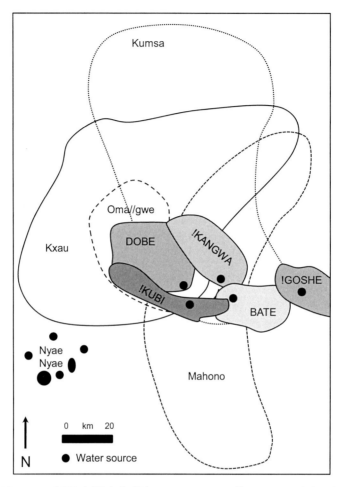

그림 6-5. 도베 주호안시족의 네 가족(Kumsa, Kxau, Oma//gwe, Mahono)이 도베 및 다른 무리의 땅(은 오레)이라 생각되는 지역에서 이동하는 범위. 도베 무리 구성원의 이동은 결코 도베 은오레에 국한되지 않는다. Yellen and Harpending(1972)에서 가족의 범위를, Yellen(1977)에서 영역을 취함. ⓒ Elsevier.

수원지 주변 땅을 자신들의 "땅(은오레(*n!ore*)라고 불리는데, 이에 대해서는 좀 더 살펴보 자)"이라 여기면서도, 가족의 연간 이동은 결코 자신들이 인지하고 있는 도베 영역에 국한되지도 다른 집단의 영역을 피하지도 않는다(그림 6-5).

땅에 대한 이와 똑같은 종류의 태도는 캐나다의 나스카피족에게서도 찾아볼 수 있다. 이들은 어떤 곳을 소유하고 있지만, 필요한 사람이 들어가지 못하지는 않는다.

배런그라운드(Barren Ground, 불모의 땅) 사람들은 … 인디언하우스 호수(Indian House Lake)에 있는 카리부 이동 지역의 소유자라고 생각되었다. 화이트웨일 강(White Whale River) 인디언은 자신들의 주장대로 조지 강(George River) 서쪽 늑대호수(Mē'hīkunnipī, Wolf Lake)를 소유하고 있었다. 화이트웨일 강 사람들은 호수를 가지고 있다고 믿었으며, 다른 인디언이 그곳에 들어오면 화를 내면서도 침입자와 싸우는 정도까지 가지는 않았다. 래브라도(Labrador) 반도의 드넓은 서북부는 작은 크기의 네 인디언 무리 사이에 개략적으로 구분되어 있었지만, … 확실히 정해진 지역이라기보다는 어떤 장소일 뿐이고, … 물어보았던 어떤 인디언도 경계 표시의 목록을 대지는 못했다. … 어로쿼은 이보다 더 세심히 감시되지만, 나의 정보제공자에 따르면, 굶주림의 시기에 몇 무리의 인디언은 식량을 얻을 수 있는 곳이면 늘 아무데나 모인다고 했다. … 그런 위기가 지나면 보통의 은신처로 돌아간다. 카리부를 사냥하기 좋은 해에 데이비스인렛(Davis Inlet) 사람들은 종종 배런그라운드 무리나 인디언하우스 호수를 방문하였다. 서북 강(Northwest River)에서 많은 사람들이 그토록 북쪽 멀리까지 오는 경우는 굶주림이 심하기 때문이며, 이들은 최근 세 차례나 데이비스인렛 사람들을 찾아왔다(Strong, in Leacock and Rothschild 1994: 88-89).

문화생태학자들은 수렵채집 사회의 느슨한 영역성이 이동을 통해 자원의 등락에 대처하게 해주기 때문에 "적응적"이라고 주장하였다. 그런 이동을 통해 맺은 사회적 유대는 안정망이 되고 사람과 자원에 대한 정보의 지속적인 흐름을 가능하게 해주어, 남획을 막고 인구집단이 지속적으로 자원을 이용할 수 있게 해준다는 것이다(Lee 1976; Wiessner 1977, 1982b). 이미 경관을 가로질러 널리 퍼져 있는 집단은 정서적으로 땅과 결부되어 있고 그런 삶의 방식을 지속하겠지만, 개인은 사회적 기제를 통해 필요한 때에 다른 영역으로 들어갈 수 있다(N. Peterson 1975, 1978; Peterson and Long 1986). 몬타네-나스카피 사냥꾼은 친척이 있기만 하다면 원하는 곳으로 여행할 수 있지만, 사회적 관습으로 볼 때 가고 싶은 곳 어디에나 친척이 있는 것 같다

(Mailhot 1986).

하지만 1960년대에도 독립된 영역이 있는 수렵채집 사회에 대한 증거가 있었다. 여기에서는 윌슨(E. O. Wilson)의 논의를 바탕으로 영역에 대해 "어떤 한 집단이 공개적인 방어나 신호를 통해 대체로 배타적으로 점유하는 지역"이라는 정의를 사용한다(in Dyson-Hudson and Smith 1978: 23). 북아메리카 서북부의 많은 마을들은 해안의 특정 지역의 자원에 대해 배타적인 권리를 가지고 있다(e.g., Drucker 1951). 캘리포니아의 마이두(Maidu) 마을 영역에서는 경계를 상징으로 표시하며, "침입을 하지 못하도록 상당히 정규적으로 순찰을 돈다. 밖에서 상처를 입었지만 공동체 영역 안에 들어와 죽은 사냥감은 공동체의 것이지 사냥꾼의 것이 아니다"(Kroeber 1925: 398).[16] 마찬가지로 인도 베다(Vedda)족은 통나무 세 개에 활 쏘는 모습을 작게 새겨 영역 경계를 표시한다. 영역 안으로 들어가려는 사람은 경계에서 그 지역 사람을 만나 호위를 받으며 통과한다(Seligman and Seligman 1911).

우리는 민족지 증거를 재고찰할 때 어떤 사회도 공간 경계에 대해 진정으로 자유방임적인 태도를 가지고 있지 않음을 알 수 있다. 오히려 모든 사회는 개인을 특정한 땅에 "분배하"고 다른 땅에 들어가게 하는 방식(때로 미묘하기도 한)을 가지고 있다. 그레이트베이슨의 비영역적인 쇼쇼니족과 파이우트족, 그리고 심지어 부시맨에게도 경계가 전혀 없는 것은 아니다(Heinz 1972; Thomas 1981; Cashdan 1983; Barnard 1992b). 많은 수렵채집민은 스스로 자신들만의 소유라 생각하는 규정된 땅에 살지는 않지만, 개인들은 집단의 구성원으로서 특정 지역에 연결시켜 주는 구체적인 사용권이나 지위를 가지고 있다. "대체로 개인의 의사결정에 따라 수렵채집 집단이 만들어지고, 실제 구성은 개인의 소속 과정을 이해함으로써만 설명할 수 있다"(Myers 1982: 183). 그러므로 영역성과 토지 보유를 이해하기 위해서는 사람들이 스스로를 다른 사람, 그리고 땅에 결부시키는 방식을 고찰해야 한다.

---

16 유러아메리칸의 취락이 들어서면서 캘리포니아 원주민이 이용할 수 있는 땅이 제한되어 영역 표시가 등장했을 수 있다. 그러나 이는 여전히 경계 표시가 등장하는 조건을 말해 준다. 비슷한 과정을 스리랑카의 베다족에게서도 볼 수 있다.

개인 간 관계를 수립하는 의사결정의 과정은 복잡하고 많은 수준에서 동시에 작용한다. 그 수준은 주로 사회적 소속을 통제하는 것이지만, 땅과 자원에 대한 물리적 접근을 통제하는 것이기도 하다. 에스키모 사회에서는 교역 상대와 배우자 교환으로 친족 관계가 아닌 개인(주로 남자들이지만, 여자도 포함된다) 사이에 유대를 만든다. 예를 들면, 넷실링미우트 남성의 사회적 유대는 어린 시절 어머니가 수립해준 고기 공유 파트너십을 통해 확장된다(Balikci 1070). 누차눌트(Nuuchahnulth)족의 포틀래치 역시 인척 간 사회적 유대를 유지관리하는 역할을 한다(Drucker 1951). 북부 파이우트 사회에서 땅 사용권은 토에도카도(Toedökadö, 부들개지 먹는 사람)나 아가도카도 (Aga'dökadö, 송어 먹는 사람)와 같이 불리는 사회 집단과 결부되어 있다. 이런 이름들은 어떤 파이우트 사람이 어디에 살고 있는지를 말해 주지는 않지만, 특정 지역을 가리키며 다른 사람이 그곳의 자원을 이용하려면 그 사람의 허가를 받아야 한다(Folwer 1982). 북아메리카 아한대림에서 역사시대 가족 사냥 영역 역시 본거지 사회 집단의 접근을 규율함으로써 땅의 사용을 규율하는 역할을 한다(Bishop 1970, 1986).

호주의 핀투피족과 도베 주호안시족의 사례는 자세하다.[17] 호주 대부분 지역에서 사람들은 특정 지점이 "나라"라고 번역할 수 있는 지역과 강하게 결부되어 있다. 사막에서 나라들은 흔히 방어할 수 있는 수원지로 정해진다. 사람들은 자신의 나라에서 전 생애를 살지 않지만, 나이 많은 남자는 종종 자신의 나라에 대해 아주 많은 감정을 표현하고 거기서 죽고 싶다고 한다(Hamilton 1982a; Myers 1982; Peterson and Long 1986).[18] 호주 서부 사막에서 핀투피 부족 구성원은 "한 나라 사람"이라는 개념을 통해 서로와 땅을 결부한다(Myers 1982, 1986, 1988a). 이는 개인 중심적인 개념이

17 율른구족에 대해서는 Williams 1982, 1986; 피찬자라족에 대해서는 Hamilton 1982a; 피찬자라와 그위족에 대해서는 Silberbauer 1994 참조.

18 호주 원주민에 한정되는 것은 아니고, 북극 집단 역시 어떤 곳에 속해 있다는 감정을 표기하기도 한다(Riches 1982: 119). 가령 보아스(Boas 1888: 58)는 "나이든 사람은 예외 없이 어린 시절의 나라로 돌아오며, 그래서 늙은 사람 대다수가 원래 지역에 사는 것이 이동하는 에스키모족의 특징이다"고 하였다. 말레이시아의 바텍족 역시 어린 시절의 고향에 대한 애정을 표현한다(Endicott and Endicott 1986: 155). 이 장을 시작하며 인용한 부시맨의 경우도 마찬가지이다.

다. 비록 두 사람이 서로를 한 나라 사람으로 생각할 수 있지만, 그렇다고 해서 모든 나라 사람을 공유하는 것은 아니다. 한 나라의 사람이란 캠프를 같이하고 자원을 공유할 수 있는 사람을 뜻한다.

다른 사람과 함께 한 나라 사람이 된다는 것은 출생지의 위치뿐 아니라 친족체계의 유대에서 기인할 수도 있다. 그러나 나라 사람의 관계는 신성한 장소, 토지의 소유로도 수립될 수 있다(1장 참조). 호주 원주민은 몽환시대(Dreamtime)라고 말하는 풍부한 신화적 역사를 가지고 있다. 이 시기에 신화적인 존재가 땅을 가로질렀으며, 그 길과 자국은 이런 모험으로 만들어진 지형지물을 통해, 그리고 풍부한 신화와 의례, 노래를 통해 원주민 자손들에게 기억된다. 오늘날 이런 많은 곳이 신성하다고 생각되며, 사람은 자신들을 연결시켜 주는 "스토리라인(story-lines)"이나 "송라인(song-lines)"을 배우리라고 여겨진다.

몽환시대는 핀투피족이 서로의 정체성을 협의하는 문화적 논리가 되기도 한다. 다음의 경우에 어떤 핀투피 사람은 지점 A와 결부되어 있는 다른 핀투피 사람과 한 나라 사람이 될 수 있다. (1) 첫 번째 남자가 거기에서 임신되었을 경우 (2) A를 창조한 꿈의 시대 존재와 똑같다고 확인된 존재가 만들어 놓은 장소에서 태어났을 경우 (3) 그 사람의 관념적 장소와 결부된 스토리라인이 A와 결부되어 있는 몽환(Dreaming)의 스토리라인과 결부될 경우 (4) 그 남자가 A에서 성인식을 했을 경우 (5) 그 사람이 A에서 태어났을 경우 (6) 위의 조건 1-5가 그의 아버지에게 적용되는 경우 (7) 어머니가 A에서 임신되었거나 위의 조건 2, 3 또는 5에 해당할 경우 (8) 그 남자의 조부모가 A에서 임신되었거나 조건 2-5에 해당할 경우 (9) 그 남자가 A 주위에서 살 경우 (10) 그 남자의 가까운 친척이 A 또는 주변에서 죽었을 경우. 이렇듯 다양한 범주가 있다는 사실은 늘 협상에서 반대 주장의 여지가 있음을 뜻한다. 또한 스스로 어떤 나라에 속한다는 주장을 할 수 있는 길이 있고, 나라에서도 이용권을 다른 곳까지 확장할 수 있는 여지가 있음을 뜻한다(Myers 1986; Blundell 1980 역시 참조).[19]

---

19 호수 원수민의 토지, 범위, 소속의 범주 사이의 관계에 대한 논의는 Barker 1976 참조.

주호안시족에게는 어떤 수렵 집단이 본거지 집단에 대한 사회적 접근을 유지관리함으로써 어떻게 실제 다른 영역에 접근하는지에 대한 또 다른 사례가 있다. 주호안시 사회에서 개인은 스스로를 관념적으로, 그리고 감정적으로 "은오레"라고 불리는 물려받은 땅과 결부된다. 은오레는 수원지에 초점이 맞추어져 있고 300~600km² 까지 크기가 다양하며 해마다 크기가 바뀔 수도 있다(Lee 1979: 334). 사람들은 핵심 개인 집단과 결부되어 있으며, 어떤 은오레 자원을 사용할 때 이 사람들에게 권리를 요청해야 한다. 은오레는 아버지, 어머니, 또는 다른 사람을 통해 동등하게 물려받을 수 있으며(Wiessner 1982b), 그렇기에 대부분 주호안시 사람들은 적어도 은오레 두 개에 대한 권리를 가지고 있다. 다른 은오레에 위치한 자원을 사용하기 위해서는 반드시 은오레 "소유자" 한 사람으로부터 허락을 받아야 한다.

자신의 소유가 아닌 다른 은오레에 대한 접근은 교역 파트너십과 가공의 친족 관계를 포함한 사회적 기제를 통해서 이루어진다. 가공의 친족은 부분적으로 개인적인 이름을 통해 만들어진다. 주호안시족은 아이의 이름을 부모가 아닌 다른 친척의 이름에서 따온다. 가령 첫 아들의 경우 흔히 할아버지의 이름을 받으며, 첫딸은 할머니의 이름을 받고, 다른 아이들은 외할아버지와 외할머니, 부모의 형제자매의 이름을 받는 식이다(Lee 1979). 이렇게 이름이 계속 순환하기 때문에, 주호안시족의 남자나 여자 이름은 비교적 적다(1964년에 남자 이름은 36개가, 여자 이름은 32개가 사용되고 있었다). 이름을 통해 먼 친척 사이에도 가까운 친족 유대가 있음을 확인할 수 있다. 예를 들어, 아들 이름이 티셰(/Tishe)인 어떤 나이든 남자가 티셰란 이름의 젊은 남자와 마주칠 경우, 나이든 남자는 젊은 남자를 "아들"이라 부를 수 있다(친족 관계가 있는지, 그리고 어떤 형식인지를 결정하는 것은 나이든 사람의 특권이다). 이렇게 친족 용어를 사용하는 일은 사회적 책무를 암시하며, 나이든 남자 친척은 이제 젊은 남자를 아들인 양 대하며 자신의 은오레에 접근하도록 한다.

교역네트워크 역시 주호안시와 다른 부시맨 사회에서 사회적 유대를 맺는 길이다. 주호안시 사람들은 갓난아이 시절부터 흑사로(hxaro)라고 불리는 교역네트워크에 참여한다(Wiessner 1977, 1982a). 흑사로는 타조알로 만든 구슬이나 이불, 항아리,

화살, 옷(음식은 없다) 같은 재화를 제공하는 것이다. 특히 40세가 넘은 어른은 보통 12개 이상의 흑사로 상대가 있으며, 아이들과 청소년은 그보다 적다. 직접적인 흑사로 상대는 보통 혈족관계의 친척이지만, 배우자가 서로 교역하기 때문에 개인의 흑사로 네트워크는 남편과 아내의 것이 서로 연결된다. 상대의 나이와 성은 교역을 할 수 있는 능력이나 의지보다 중요하지 않다. 대부분 흑사로 상대는 서로 약 40km 거리 안에 살고 있지만, 경우에 따라서는 75km에서 심지어 200km까지 멀리 떨어져 있기도 한다(Wiessner 1982b).

흑사로 상대는 적절한 시간에 선물을 호혜 교환할 것을 기대하며, 흔히 상당한 정도로 구체적인 선물에 대해 힌트를 준다. 선물은 2주에서 2년 동안 가지고 있지만, 결국 다른 상대에게 전해진다. 궁극적으로 이 교환으로 물질적으로 이득을 얻는 사람은 아무도 없다. 하지만 물건이 적절했느냐에 대한 논쟁이 일어나기도 한다. 모든 항목들에 상징적인 가치가 있어, "어울리지 않는" 항목을 주는 것은 관계를 끝내자는 신호일 수 있다.

사람들은 흑사로를 위해 의도적으로 여행을 하기도 하며, 자원의 등락 시기에 흑사로는 다른 사람을 방문하는 표면적인 동기가 된다. 예를 들어, 1974년 사이사이 지역에 폭풍우가 몰아쳐 몽공고 열매 수확이 어려워지고 사냥과 덫 설치를 하기가 힘들었다. 그리하여 식량을 획득하기가 더욱 어려워졌고 공유는 결국 깨지고 말았다. 2주 안에 인구의 반 정도가 "친척이 보고 싶고 그 사람들과 흑사로를 하고 싶다"고 하면서 친척을 찾아나섰는데(Wiessner 1982b: 77), 이로써 남아 있는 사람들이 받는 압박은 줄어들 수 있었다.[20]

우리는 핀투피족과 주호안시족의 집단 소속의 복잡함에 대해 자세히 논하며, 수렵채집민의 영역성에서 광범위한(일반적이지는 않을지라도) 패턴의 사례들을 서술하고 있다. 땅에 대한 결부는 지리적이고 엄격하다기보다는, 사회적이며 들어갈 수 있

---

20 주호안시족의 행복이 흑사로 상대의 수와 관련되어 있는지, 아니면 상대의 공간 분포와 관련되어 있는지 문제될 수 있다. 그런데 내가 아는 바로는 이에 대한 자료가 없다.

는 것이다. 핀투피와 주호안시 사례에서 땅에 대한 접근은 사회적 제재의 위협이 뒷받침된 합의된 규칙을 통해 통제된다(Williams 1982).

그렇다면 "영역성"이라고 불리는 행위 대부분의 토대는 자원 사용의 권리를 어떻게 다른 사람과 나눌 것인지에 대한 개인의 의사결정의 산물이다. 의사결정은 사람들이 정체성을 공유하게 되는 복잡한 지성적 과정에 배태되어 있다. 사람들은 친족, 교역, 신화 및 다른 문화적 기제를 통해 서로 관계하고, 그리하여 이를 땅과 결부시킨다. 이런 사회관계는 자원 사용의 허락을 요청하는 권리의 토대가 된다. 그렇다면 영역성에 대한 연구는 허가하는 행위를 좌우하는 요소들에 맞추어져야 한다. 문제는 수렵채집민이 영역적인지 아닌지 하는 것이 아니라, 집단이 어떤 방식으로 어느 정도나 땅에 대한 접근을 직접적으로 규율하는지, 또는 사회적 소속을 규율함으로써 자원에 대한 접근을 규제하는지 하는 것이다.

이 장의 나머지 부분에서는 영역성에 대한 두 가지 접근, 곧 경제적 방어 모델 및 사회경계방어 모델에 대해 살펴본다. 이런 모델을 바탕으로 다시 윈터할더의 위험부담 경감 모델로 돌아간다. 다만 이를 개인의 상호작용이 아니라 집단의 차원에 적용할 것이다.

경제적방어모델

경제적방어모델(economic defensibility model, EDM)은 자원을 방어하는 비용과 효과를 강조한다. 징발 묵인에서도 그러했듯이, 라다 다이슨허드슨(Rada Dyson-Hudson)과 에릭 스미스는 어떤 자원을 방어하는 데 드는 비용이 그로부터 오는 혜택보다 작을 때 영역성이 발생한다고 주장하였다(Dyson-Hudson and Smith 1978). 만약 어떤 자원이 밀도 있게 분포하지 않고 시간과 공간상 예측하기 힘들면, 그것을 방어하는 비용은 그것을 배타적으로 이용함으로써 얻는 것을 상쇄할 만큼 높을 수 있다. 자원의 밀도가 높고 예측 가능한 곳에서는 방어하고 배타적으로 사용하는 것이

자원의 예측 가능성

	높음	낮음
높음	A • 지리적으로 안정된 영역체계	B • 높은 이동성 • 정보 공유 • 시공간적 영역
낮음	C • 활동범위체계 (home-range system), 수동적 영역성	D • 산포와 이동성의 증가

자원의 밀도

그림 6-6. 수렵채집 무리가 마주할 수 있는 자원을 예측 가능성과 밀도에 따라 네 가지 조합으로 나눈 도표. Dyson-Hudson and Smith 1978을 바탕으로 다시 그림. *American Anthropologist* 80(1): 26, 그림 1을 미국 인류학회의 허가로 전재.

더 가치가 있다.

EDM은 자원의 밀도와 예측 가능성이라는 두 가지 기본적인 환경적 변이의 측면에서 수렵채집민의 영역적 행위를 설명하는 모델이다(그림 6-6). 더 단순한 논의를 위해, 다이슨허드슨과 스미스는 각 척도의 변이를 높고 낮은 두 가지로 나누어 다음과 같은 네 가지 범주를 제시하였다.

- 사례 A. 식량자원이 밀도 있고 예측 가능한 곳에서는 방어하는 비용이 보호한 자원으로부터 얻는 이득보다 크기 때문에 영역성이 나타난다.
- 사례 B. 식량자원이 밀도 있지만 예측 가능하지 않은 곳에서는 높은 이동성과 여러 권역에서 자원의 상태에 대한 정보 공유와 영역을 바꾸는 행위를 기대할 수 있다.
- 사례 C. 식량자원의 밀도가 낮지만 예측 가능한 곳에서는 "활동범위체게" 곧

수동적 영역성이 발달하며, 인구밀도도 낮다. 집단은 예측 가능한 자원이 있는 한 곳에 머물고 다른 지역은 이용하지 않는 경향이 있다.

- 사례 D. 식량자원의 밀도가 높지도 예측 가능하지도 않는 곳에서는 집단이 산포하며 이동성도 높다.

데이빗 토머스(David Thomas 1981)는 이 모델을 사용하여 미국 그레이트베이슨에서 민족지적으로 알려진 사회들을 분석하였다(그림 6-7). 토머스는 다이슨허드슨과 스미스의 접근을 따라 사회를 영역적인지 아닌지를 구분하지 않고, 획득하는 자원에 따라 계절적으로 더 영역적이고 덜 영역적인지를 알아보았다. 토머스에 따르면, 리스강의 쇼쇼니족은 겨울 잣나무 마을과 관련해서는 영역적이지만 여름 씨앗(종자)류 채집 지역과 관련해서는 그렇지 않다. 잣나무 열매가 더 밀도 있고 더 예측 가능한 자원임에 비해 씨앗류는 더 산포되어 있으며 공간적으로 예측 가능성도 떨어지기 때문이다.[21] 잣나무가 거의 없는 건조한 곳에 사는 캐위치밸리(Kawich Valley) 쇼쇼니족은 연중 어느 때에도 거의 영역을 갖지 않는다. 그러나 이보다 물이 많은 오웬스밸리(Owens Valley)에서는 물고기와 씨앗류, 도토리 같은 자원이 있고 식량자원의 밀도도 더 높아 대량으로 획득하고 저장할 수 있어 그레이트베이슨의 어느 지역보다도 연중 내내 더 뚜렷한 영역성이 나타난다(Thomas 1981; Steward 1933, Eerkens 2009). 이런 세 경우 모두 EDM에 입각하여 설명할 수 있다. 마찬가지로 엘리자베스 앤드루스(Elizabeth Andrews 1994)는 자원이 집중되어 있고 예측 가능한 곳에 사는 알래스카의 에스키모 사회는 영역적이라고 했다. 예를 들어, 아쿨미우트(Akulmiut)족은 흰송어와 강꼬치를 예측할 수 있으며 일 년에 두 차례 대량으로 잡을 수 있는 강의 좁은 지역을 방어한다.

EDM의 예측은 단지 자원의 특성 자체에만 근거한 것으로, 자원의 밀도가 높고

---

21 예측 가능성이 높다는 것은 자원을 획득할 시간과 장소를 미리 안다는 것을 말한다. 가령 잣나무 열매의 경우 2년 주기로 열리기 때문에 미리 예측할 수 있다.

예측 가능한 곳에서 "배타적 이용"을 예측한다. 작은 지역에 분포하는 밀도 높은 자원은 더 수월하게 낮은 비용으로 방어할 수 있다. 배타적 이용은 적절한 사회적 관습과 제재 아래에서는 그렇게 높은 비용이 필요하지 않을 수 있다. 그러나 어떤 시점에서 그런 사회적 관습은 공개적인 영역적 행위로 발달할 수 있는데, 이를 경계방어(방어선, perimeter defense, 성을 쌓거나 경계를 순찰하고, 침입자를 공격하며, 보복 또는 선공을 하기도 한다)라고 부른다. 이런 행위는 영역에 대한 수요가 증가하면서 발생한다.

오웬스밸리 파이우트족은 리스강이나 캐위치밸리 쇼쇼니족보다 더 밀도 높고 예측 가능한 자원을 가지고 있지만, 인구밀도 또한 높다. 경계방어(방어선)가 나타나기 위해서는 밀도 있고 믿을 만한 자원이 필요하지만, 그 혜택은 "얼마나 경쟁이 치열한지에 비례하는 경향이 있다"(J. Brown, in Cashdan 1983: 54). 그리고 경쟁은 일반적으로 인구압의 산물이기도 하다. 인구가 수용한계(carrying capacity)에 근접하여 증가할 때 다른 집단의 지원을 취함으로써 얻는 이득은 잠재적 비용만큼 가치 있을 수 있으며, 결과적으로 어떤 자원을 방어하는 것이 그만큼 가치 있는 일이 된다. 밀도 있고 예측 가능한 자원은 경계방어를 낳는 데 필요조건이지만 충분조건은 아니다. 경계방어에는 (방책을 갖춘 마을 같은 것에) 시간이 필요하고 기회비용이 들기 때문에, 경쟁이 있을 수 있다. 자원이 밀도 있지도 예측 가능하지도 않은데 인구가 수용한계 가까이 증가하면 어떻게 될까?

경계방어는 수렵채집 사회 민족지에서도 비교적 드물다(비록 고고학 사례에서는 더 흔하지만). 하지만 경계방어가 없는 곳에서도, 많은 민족지 기록에 따르면, 사람들은 다른 집단에게 "속하는" 땅을 이용하는 데 허락을 받아야 하며, 요청 자체가 문화적으로 합당하다면 거의 언제나 허가를 받을 수 있다. 자원을 그저 취하는 것이 아니라 요청을 해야만 하는 것이다.[22]

허가를 하는 행위는 선물을 주는 것이고, 받는 자에게 빚을 주는 것이기도 하다.

---

22 사정이 좋지 않은 시기에 어떤 일이 일어나는지에 대해서는 정보가 별로 없다. 누군가를 영역 안에 들어오게 하는 것은 수인 집단으로서는 손해를 보는 일이다. 그렇게 해서 생존하는 데 위험하다면, 선물을 줄 수 없다.

자원의 예측 가능성

	높음	낮음
높음	리스강 쇼쇼니 오언스밸리 파이우트 겨울 잣 열매 마을 **영역성**	리스강 쇼쇼니 다른 계절 야영지
낮음		겨울 마을 카위치산맥 쇼쇼니 여름 야영지

(세로축 좌측 라벨: 자원의 밀도)

그림 6-7. 그레이트베이슨 수렵채집 사회에 적용한 경제적 방어 모델. Thomas(1981)를 바탕으로 다시 그림. 미국자연사박물관 인류학부 제공.

공유와 마찬가지로 토지보유체계 역시 장기간의 생태계 조건에 대한 반응으로, 과거의 행동을 평가하고 미래에 이용을 요청하는 집단이 있을 가능성을 고려하여 발달한다. 이처럼 토지이용에 허가가 필요하다는 성격은 앞으로 살펴볼 토지보유에 대한 모델의 중심을 차지한다.

사회적경계방어(social-boundary defense)

이미 호주 원주민의 사례에서 보았듯이, 핀투피족 남자는 다른 사람과 한 나라 사람이라는 지위를 주장함으로써 한 나라 이상에 대해 권리를 주장할 수도 있다. 이로써 다른 사람의 나라에 대해 허가를 요청할 경우 정당하게 사용할 수 있는 권리를 얻는다. 한 나라 사람이라는 지위를 주장할 수 있지만, 언제나 협의의 여지는 있다. 늘 허가를 해주지만, 부정할 수 있는 가능성도 언제나 있다. 그저 원한다고 사람들이 아무 데나 갈 수 있는 것은 아니다. 경계방어를 하지 않는 수렵채집 사회에서도 사회적 기제를 이용하여 한 집단이 다른 집단의 영역에 들어가는 것을 통제한다. 서부 케이프요크(Cape York) 원주민 사회에서는 의례화한 환영의식을 통해 호스트 집단이 방문 집단과 같이 머무를지를 결정하기도 한다.

창 한 다발과 투사기, 불쏘시개를 들고 있는 세 남자가 덤불 속에서 나와 캠프 북쪽으로 간다. 캠프에서는 이 사람들이 다가오는 모습을 보면서도 흥분을 가라앉히고 이 사람들을 전혀 주목하지 않는다. 세 사람은 캠프의 북쪽 가장자리 10여 미터 안으로 천천히 다가와서 몇 피트 떨어져 무기를 앞에 두고 땅 위에 쭈그려 앉는다. … 이들은 아무 말도 없으며, 10분에서 15분 정도는 사람들이 왔다는 것도 주목하지 않는다. 마침내 캠프의 연장자가 무기를 들지 않은 채 캠프를 나서 왼쪽에 있는 남자에게로 천천히 걸어가 그 사람 가까운 곳에서, 원주민이 땅에 앉기 전에 그러하듯이, 발로 땅을 긁은 다음 방문자와 1미터 정도 떨어져 땅에 쭈그려 앉는다. … 여전히 서로 아무런 말도 하지 않는다. 서로를 쳐다보지도 않고 눈은 아래를 응시한다. 몇 분이 지나서야 캠프의 연장 남자는 낮은 소리로 몇 마디 말을 하고(몇 미터 떨어져 있는 나에게는 무슨 말인지 들리지 않았다), 다른 사람도 같이 천천히 말한다. 여전히 서로를 보지 않는다. … 한참 있다가 연장자가 밧(Bat, 불)이라는 단어를 말하자, 한 소년이 검게 그을린 조그만 나무 조각을 가져와 나이든 남자에게 준다. 연장자는 이것을 그와 방문자 사이의 땅 위에 놓는다. … 바로 그때 담뱃대에 불을 붙여 방문자에게 준다. 이제 두 번째 남자가 캠프를 떠나 천천히 걸어와 다른 쪽에서 그 남자에게 말을 하며 존재를 드러내고 화답을 받는다. 잠시 뒤 모두 캠프로 들어가고, 밤에 큰 잔치가 열린다(Thomson 1932: 163-64; 볼드윈 스펜서(Baldwin Spencer)가 1923년에 기록한 아렌테(Arrernte)족의 비슷한 만남에 대해서는 Batty *et al.* 2005: 55-56 참조).

다른 공유와 마찬가지로, 방문자와 땅의 자원을 공유하는 데는 비용과 효과가 따른다. 방문자는 한편으로 호스트 집단의 수렵채집 효율성을 떨어뜨리지만, 다른 한편으로는 미래에 있을 호혜의 가능성을 준다. 호스트 집단이 이런 비용을 받아들이면서 할 수 있는 대안은 영역의 경계를 순찰하고 물리적 보복이라는 대가를 치르며 영역 안에서 일어나는 주기적인 자원 흉작에 대응하는 방식(가령 장기간 저장과 같은)을 찾는 일이다.

엘리자베스 캐시던(Elizabeth Cashdan 1983)은 자원이 희소하고 (그래서) 영역이 커서 순찰하기 어려운 경우 방문자를 허용함으로써 얻는 이득이 비용을 상쇄하고도 남는다고 주장한다. 이런 상황에서 수렵채집민은 다른 집단의 자원 이용이 허용된 개인을 통해 그 집단과 사회적 접근을 맺음으로써 집단 간 호혜적 접근을 보증한다. 이 수렵채집민은 사회적 경계를 순찰함으로써 물리적 자원을 방어한다. 캐시던은 이것을 사회적경계방어(social-boundary defense)라고 한다. 핀투피족이 다른 사람과 한 나라 사람의 지위를 세우는 과정은 사회적 경계의 일부이다. 또한 이는 그런 (한 나라 사람이라는) 주장을 부인하는 데에도 많은 방식이 있음을 뜻하기도 한다. 수렵채집 사회에서 집단 소속은 지속적으로 협의되는 것이다.

그런데 만약 지역의 경계가 물리적으로 방어할 수 없는 것이라면, 왜 허락을 받아야 하는지를 물을 수도 있다. 그냥 들어가면 안 되는가? 다음 두 가지 이유에서 침입은 좋지 않은 행위이다. 첫째, 침입은 침입자로서는 자원을 선용할 만큼 충분한 지식을 갖고 있지 않을 수 있기 때문에 위험하다. 둘째, 침입자의 입장에서 빠른 속도로 획득할 수 있는 자원(가령 동물)이 아닌 다른 자원을 이용하고자 한다면, (가령 흔적이나 연기 같은 것으로) 발각될 수도 있고 보복의 위험이 생길 수도 있다(Tindale 1974: 24).[23] (미케아족을 연구할 때 누군가 미케아숲 25km 정도까지 아내와 나를 추적했던 적이 있었다. 그 사람은 우리 발자국을 보고는 외지인임을 알았고, 이 사람들이 누구인지 알고 싶었다고 했다) 그러나 허락 요청을 한다고 하더라도 왜 호스트 집단은 방문자가 들어오게 할까? 여기에는 공유에 대한 앞서의 논의를 되새길 필요가 있다. 첫째, 다음 해에 밥

---

23   이는 자원을 허락 없이 사용한다기보다는 나중에 되갚을 것이라는 부담 없이 자원을 이용함을 뜻한다. 다시 말해 호스트 집단은 식량 손실이 아니라 미래의 빚, 안정성을 잃은 데 대해 보복한다.

상이 바뀔 수 있고, 현재의 호스트 집단은 올해의 방문자 집단의 호의를 필요로 할 수 있다(호혜적 이타주의와 비슷하다). 둘째, 방문자를 배제하는 데 드는 비용은 자원을 배타적으로 소유함으로써 얻는 이득보다 더 클 수 있다(징발 묵인과 비슷하다).

캐시던은 경쟁이 치열하고 자원을 방어할 수 있을 때 경계방어가 나타난다고 본다(Berkes 1986). 거꾸로 경쟁이 높지만 자원의 밀도(그리고 방어성)가 낮을 때는 사회적경계방어가 있다. 캐시던은 경쟁이 낮을 경우에는 경계방어나 사회적경계방어가 아니라, 다이슨허드슨과 스미스가 말하는 활동범위(home range) 같은 것이 등장하리라고 본다.

캐시던은 이 가설을 검증하기 위해 부시맨 네 집단의 토지보유를 분석했는데, 연평균강우량으로 자원의 풍부도를 측정하고, 연간 강우량의 변이 상관계수(표준편차/평균)를 이용하여 자원예측가능성을 측정(두 변수는 보통 반비례 관계이다)하였다. 네 집단에서 영역의 크기는 자원의 밀도가 감소함에 따라 증가한다. 가장 희소한 자원은 코(!Ko)족에서 볼 수 있다. 다이슨허드슨과 스미스 모델에 따르면, 코족은 가장 작은 경계방어를 한다. 실제 코족은 물리적 경계를 하지 않으며, 네 집단 가운데 사회적경계방어에 가장 크게 의존한다.

자원의 밀도가 작아짐에 따라 경계방어의 혜택은 줄어들고, 어느 시점에 다다르면 혜택은 사회적경계방어의 비용보다도 떨어진다. 나로(Nharo), 그위, 주호안시와 같은 집단에서 사회적경계는 매우 유동적이며, 개인들은 다른 집단의 구성원과 다양한 관계를 유지관리한다. 어떤 주어진 집단과 사회적 유대를 가진 사람을 통제하려는 노력은 거의 하지 않는다.

하지만 코족의 경우 희소한 자원에 대해서는 경쟁이 치열하기 때문에 사회적 접근은 강하게 통제된다. 사회적경계방어의 비용은 아마도 그것이 주는 혜택보다 적을 것이다.[24] 그리고 침입을 통해 얻을 수 있는 혜택보다는 추방될 수 있다는 위험성이 높다(침입자는 그 지역 본거지 집단의 지식을 필요로 할 터이기에).

---

24 물론 사회적경계방어의 비용은 측정하기 어렵기 때문에, 이는 가정일 뿐이다.

물론 사회적경계, 아니면 경계방어를 분명하게 나타내는 사례는 없다. 어떤 개인은 언제라도 다양한 종류의 사회적 단체에 소속될 수 있다. 한 개인은 가족의 구성원이면서, 다른 친족 집단, 그리고 본거지 집단, 나이 집단, 정치 집단, 언어 집단의 구성원이기도 하다. 만약 이런 여러 집단에게 지리적인 상대가 있다면 땅과 자원 이용에 대한 협의는 개인에 따라 상이한 성격을 띨 수 있으며, 이는 부분적으로 이런 사회의 여러 수준에서 포괄되는 자원의 성격에 따라 달라질 것이다.

예를 들면, 코족의 경우 하인츠(Heinz 1972)가 넥서스(nexues)라 부르는 무리로 모둠이 만들어진다. 하나의 넥서스를 구성하는 무리 간에는 혼인이나 방문이 흔하지만, 상이한 넥서스 사이에서는 그렇지 않다. 사회적경계방어의 정도가 넥서스를 이루는 무리 사이에서는 낮은 반면, 각 넥서스 사이에서는 높다. 캐시던(Cashdan 1983: 55)은 어떤 한 넥서스를 구성하는 무리들은 필요한 시기에 서로에게 도움을 줄 수 있지만, 실제 한 넥서스에게 어려운 시기는 다른 넥서스에게도 마찬가지이다. 코족의 사례는 필요한 시기에 서로 도울 수 있는 집단 사이에서는 사회적경계가 유동적이지만, 그렇지 않은 집단 사이에서는 더 엄격 — 또는 경계방어로 전환 — 함을 시사한다.

최근에 벌어진 그아나족 사회의 변화 역시 사회적경계방어 모델에 숨어 있는 과정을 잘 보여 준다(Cashdan 1984). 그아나족은 보츠와나 중부의 부시맨 집단으로, 최근 수렵채집/원경 생활에서 원경생활과 임금 노동에 더 치중하는 경제로 변화하였다. 그아나족은 금속물통을 이용하면서 칼라하리사막 중부에서 희소한 자원인 물을 저장하게 되었다. 이런 변화의 결과, 그들은 농경과 식량과 물(그리고 식량을 살 수 있는 현금으로 전환할 수 있는 재화) 저장을 통해 자원의 변동을 완충할 수 있는 새로운 수단을 개발하였다. 자원이 더욱 집중되고 연간 변이가 덜할수록, 집단의 내혼이 증가하고, 땅(lefatshe, 주호안시의 은오레와 비슷한 개념)의 상속은 양변(bilateral)이라기보다는 부계적(patrilineal)이 된다. 이와 같은 사회변화와 함께 그아나족의 사회적경계방어는 증가하여 다른 집단이 그아나족의 자원을 이용하기 위한 허가를 얻는 일이 더 어려워졌다.

요약하면, 우리는 경계방어 대신에 (1) 자원의 장소와 환경에 대해 방문자보다

거주자들이 더 많은 정보를 가지고 있을 때, (2) 너무 많은 사람들이 통제받지 않고 탐색함으로써 수렵채집 활동이 비효율적이 될 때, (3) 오늘의 방문자가 내일의 호스트가 될 가능성이 높을 때, (4) 거주자가 효과적인 제재 수단으로 침입자를 막을 때 사회적경계방어가 발달함을 예상할 수 있다(E. Smith 1988: 250). 만약 호혜가, 필요한 시기에 도움을 줄 수 있는 사람들과 사회적 유대를 세우는 수단일 경우, 교환 상대를 고르는 일은 대체로 자원 변동의 시간 및 공간적 변수에 달려 있다.

> 만약 호혜가 보험의 역할을 한다면, 한 개인은 자신과 독립적인 경제적 성쇠를 가진 개인들과 호혜 네트워크를 세우는 것이 이득임을 알게 된다. 만약 지역에서 모든 사람의 경제적 이익이 동일한 자원에 묶여 있는 경우, 자신들의 제한된 자원을 보호하기 위해 사회적 유대를 닫는 사람들이 있을 것이다(Cashdan 1985: 471).

우리는 희소하면서도 예측하기 힘든 자원을 가진 지역에 사는 집단의 구성원 사이에는 어떤 종류이든 호혜적 교환의 동맹이 발달하리라고 기대할 수 있다.

마지막으로 지금까지 우리의 논의에서 수렵채집민은 생존에 필요한 것보다 더 많은 자원을 획득하지 않으며, 그 이상의 식량을 얻는 것은 경쟁을 치를 만큼 충분한 이득을 주지도 않는다고 가정하였다. 따라서 경계방어는 인구밀도가 높아져 자원에 대한 경쟁이 커질 때만 나타난다. 아마도 민족지적으로 알려진 많은 수렵채집 사회가 이 같은 사례가 될 것이다. 필요한 최소한의 양을 넘어서는 추가적인 자원을 통제하는 비용이 수렵민이 받는 이익(가령 더 높은 유아생존율, 더 많은 자손, 위세와 같이 문화적으로 규정된 목적을 성취하는 일 같은 것)보다 작은 경우, 더욱 강한 사회적경계방어, 또는 자원이 방어할 수 있는 것이라면, 인구밀도가 그렇게 높지 않아도 경계방어가 나타나리라고 예상할 수 있다.

캐시던은 궁핍한 계절을 위해 많은 식량을 저장하는 수렵민이라면 이와 같은 조건에 살 것임을 시사한다(Cashdan 1983: 55). 이런 상황에서 자원에 대한 경쟁은 인구밀도가 낮을지라도 일어날 수 있다. 9장에서 살펴보겠지만, 식량 저장은 흔히 사회적 위계와 결부되어 있다. 그리고 7장에서 논의하겠지만, 저장은 인구성장률을 높일 수 있다. 저장, 위계, 인구밀도, 영역적 경쟁은 장기간의 과정에서 모두 서로 결부되어 있다. 이런 요인들이 어떻게 서로 상호작용하는지를 다루는 것은 고고학자의 몫인지도 모른다.

윈터할더 모델 재검토

이제 다시 식량공유에 관한 윈터할더의 모델을 조금 변형해, 개인 간 행동이 아닌 집단 간 행동을 모델화해 보자.

윈터할더 모델은 개인의 자원 수익에서의 변이와 상이한 개인 간 수익률에서의 상응 정도에 초점을 맞춘 것이다. 이 모델에서 개인을 집단으로 대체함으로써 시간의 흐름에 따라 집단 구성원들의 집합적 행동의 결과에서 나타나는 변이와 상이한 집단의 수익에서의 상응의 정도를 살펴보자.

어떤 집단의 수익률에서 변이가 높다는 것은 그 집단이 어떤 해에는 다른 해보다 충분한 식량을 얻지만, 그렇지 못하고 재앙을 겪는 해도 있음을 뜻한다. 그 변이가 낮다는 것은 어떤 집단이 늘 비슷한 양의 식량을 얻는다는 것을 뜻한다. 인구밀도가 어느 정도 평균 자원의 수준에 맞추어져 있음을 가정할 때, 변이가 높은 집단의 구성원은 그렇지 않은 집단보다 이웃 집단에게 더 빈번하게 도움을 요청할 것이다.

마찬가지로 집단 간 총 수익률에서 상응이 높다는 것은 한 집단이 식량을 많이 확보했을 때 다른 집단 역시 마찬가지이고, 궁핍할 경우에도 다른 집단 역시 궁핍함을 뜻한다. 이전에 지적하였듯이, 이런 상황에서는 상호부조의 사회적 접근을 유지해야 할 필요가 없다. 어떤 시기에도 한 집단은 다른 집단의 도움을 필요로 하지도, 또는 도움을 받을 수도 없기 때문이다.

이 점을 고려하면서 윈터할더 모델을 수정해 보자(그림 6-8). 여기에서는 집단적인 반응을 개괄하지만, 이런 예측이 어떻게 개인의 의사결정의 측면에도 영향을 미치

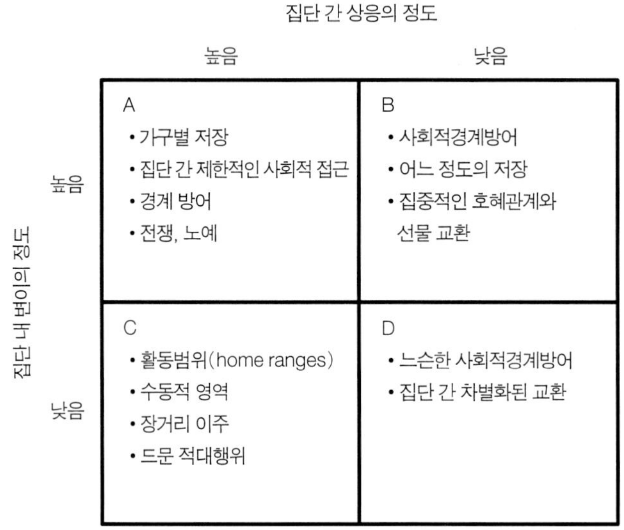

집단 간 상응의 정도

	높음	낮음
높음	A • 가구별 저장 • 집단 간 제한적인 사회적 접근 • 경계 방어 • 전쟁, 노예	B • 사회적경계방어 • 어느 정도의 저장 • 집중적인 호혜관계와 선물 교환
낮음	C • 활동범위(home ranges) • 수동적 영역 • 장거리 이주 • 드문 적대행위	D • 느슨한 사회적경계방어 • 집단 간 차별화된 교환

집단 내 변이의 정도

그림 6-8. 개인 수렵채집민 사이의 공유 관계에 대한 윈터할더 모델을 수렵채집 집단 간의 관계로 변형시킨 것.

는지 하는 점도 역시 고려해야 한다.

- 사례 A. 집단 간 높은 상응을 보이는 상황에서 집단 내 변이가 높을 때, 사회적 접근은 (아마도 몇몇 중심적인 개인에게는) 제한적이고, 경계방어와 가구별 저장이 일어난다. 이 사례는 정쟁이 일어나는 상황을 말할 수도 있다(7장 참조). 정복이나 식량 저장을 위해 싸움이 일어날 수 있고, 가구 생산을 늘리기 위해 노예를 얻을 목적에서 싸움이 일어날 수도 있다.
- 사례 B. 이는 사회적경계방어의 사례이다. 아마도 민족지적으로 알려진 대부분의 수렵채집 사회에 해당하는 것으로 보인다. 이 사례에서는 어떤 한 집단이 이웃에게 도움을 요청하는 빈도가 집단 간 상응이 낮기 때문에 높을 수도 있으며, 사회적 접근이 허락된다(이유는 앞에서 제시한 바와 같다). 자원이 풍부한 시기에 저장을 하지만, 호혜적 교환을 통한 사회적 저장에 더 많은 에너지를 투어할 수도 있다. 자원의 궁핍함이 주기적으로 반복되면 다른 사람에게

더 빈번하게 도움을 요청하기 때문에, 호혜체계의 엄격성(이에 부수하는 물적 재화가 갖고 있는 상징 가치까지 포함하여)이 커진다.

- 사례 C. 이 사례는 다이슨허드슨과 스미스가 말하는 활동범위체계(home ranges)를 보여 준다. 집단 내 변이가 낮기 때문에 이웃에게 도움을 요청하는 일은 드물다. 집단 간 상응의 정도와는 상관없이 수동적 영역성이 있으리라고 예상할 수 있다. 다시 말하면 집단은 다른 집단의 범위에 들어가지 못하기 때문이 아니라, 스스로의 영역을 떠날 필요가 없기 때문에 주어진 지역에 머무른다. 더구나 흉년이 들었을 때는 이웃 집단끼리도 수익률에서 상응의 정도가 높아 서로 도움을 줄 수 없기 때문에 장거리 이주를 예상할 수 있다. 예를 들어, 버치(Burch 1972)는 누아탁미우트(Nuataqmiut) 사회에서 카리부의 밀도가 지역적으로 아주 낮은 시기에는 이웃 집단도 서로 도움을 줄 수 없다고 하였다. 누아탁미우트족은 해안을 따라 600km를 이동하여 카리부 사냥에 의지하지 않는 사람들에게 간다. 이렇게 드물게 생겨나는 궁핍한 시기에는 다른 지역에 대한 사회적 및 물리적인 접근을 허락하는 사회적 기제(가령 교역 상대)가 없기 때문에 어느 정도의 적대 행위도 있으리라고 예상할 수 있다.

- 사례 D. 이 경우에는 이웃 집단에게 도움을 요청하는 일이 가끔 있겠지만, 여전히 느슨한 사회적경계방어의 형태를 호혜를 통해 유지관리하는 상황을 기대할 수 있다. 인구밀도가 높은 경우 범위는 더 제한되며, 서식지의 다양성 정도에 따라 이동성이 낮은 집단들 사이에 (탄수화물을 위해 고기를 바꾸는 것 같은) 차별화된 교환이 있을 것임도 예상된다(Spielmann 1986; Cashdan 1987). 덧붙여 차별화된 교환은 교역할 만한 자원을 예측할 수 있고 자원이 풍부한 곳과, "어느 정도의 전문화를 통해 탐색, 획득 및 생산비용을 줄일 수 있는 곳" (Spielmann 1986: 303)에서만 가능하다.[25]

---

25 교역이 특정한 영양을 획득(가령 단백질 대 탄수화물)하는 것과 관련될 가능성이 높다. 교역할 잉여 식량을 생산할 능력이 있음을 고려할 때 칼로리만이 제한 요인이 아니기 때문이다. 따라서 수렵인 간, 또는 수렵민과 이웃 집단의 교역을 분석하기 위해서는 에너지뿐 아니라 영양적인 상보성(相補性)도 고려해야 한다.

어떤 사례가 주어진 민족지 또는 고고학 상황에 맞을 것인지는 공간적 척도에 달려 있다. 이는 집단 간 관계가 대개 자원 변동의 공간적 척도에 달려 있기 때문이다. 그림 6-9는 이전 코족의 사례에서 논한 것과 유사한 상황을 그리고 있다. 각 쌍의 지역 집단은 자원의 변동이 상응하면서도 시간의 척도에서는 상이한 어떤 지역(A 또는 B)에 살고 있다. 따라서 집단 간 상응은 집단 1과 2, 그리고 1'와 2'에게 높지만, A지역의 집단, 그리고 B지역에 사는 어떤 집단에게도 낮다. 자원의 밀도(따라서 지역 집단의 영역 크기와 방어 가능성)에 따라서 집단 1과 2, 그리고 집단 1'과 2' 사이에는 경계방어 또는 강한 사회적경계방어가 나타난다. 그러나 지역 A와 B 안에 사는 집단들 사이에는 이보다 느슨한 형태의 사회적경계방어가 있다.

이러한 가정적인 상황은 한 집단이 한 범주에 속하는데 이웃 집단은 다른 범주에 속할 경우(가령 그림 6-8에서 사례 A와 B) 더욱 복잡해진다. 예를 들면, 어떤 콰콰카와쿠 마을은 회귀하는 연어가 그리 많지도 않고 변이도 큰 작은 강가에 자리잡지만, 다른 마을들은 많은 연어가 일정하게 올라오는 강가에 자리를 잡는 경우도 있다. 전자에 속한 마을은 종종 좋은 곳에 자리한 마을이 가진 자원을 필요로 할 수 있지만, 그 반대의 경우는 없다. 이로써 밀도 높고 방어할 수 있는 자원을 가진 집단은 반드시 방어의 비용을 중요하게 여겨야 하며, 변동이 심한 자원을 가진 집단은 강한 사회적경계방어를 뚫거나 침입하는 비용을 높게 여긴다. 이 상황은 9장에서 다시 논의한다. 여기서 논점은, 모든 사례에서 환경과 인구적 변수 사이의 관계가 집단 내 변이와 집단 간 상응이란 측면에서 어떤 역할을 하는지 파악해야 한다는 것이며, 이로부터 영역성의 구체적인 형태를 예측해야 한다(고고학 사례로는 Nolan and Cook 2010 참조).

결론

수렵채집민은 겉으로는 식량과 재화, 땅에 대한 접근을 상당히 수월하게 공유하는 듯하다. 그럼에도 민족시 사료를 잘 읽어 보면 단순한 원시공산주의 때문이거나

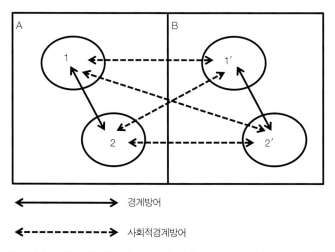

경계방어

---- ▶ 사회적경계방어

그림 6-9. 자원 변이의 상이한 공간적 척도가 영역성 또는 사회적경계방어를 가져오는지를 보여주는 그림

친절하고 관대한 습성(수렵채집민이 아무리 친절하고 관대하다 할지라도)을 타고난 때문은 아님을 알게 된다. 공유는 어떤 진화적 단계나 생계경제 양식의 산물이 아니라, 오히려 의사결정 과정의 결과물이다. 자원을 공유하는 데는 비용과 효과가 있으며, 수렵채집민은 식량을 공유하거나 외부 사람을 자신들의 영역에 들이는 의사결정을 내릴 때 그 점을 잘 알고 있다.

공유의 비용과 효과는 과거의 경험과 미래의 기대를 고려하면서 상당한 시간 동안 분석되는 것이 분명하다. 이 같은 비용과 효과는 아마도 수렵민의 활동과 그 활동으로 얻는 결과물의 일별 변이 사이에 상응의 정도라는 측면에서 분석된다. 개별 수렵채집민은 자원을 공유함으로써, 미래에 아무런 식량도 없이 살 위험부담을 줄이거나 보완적인 자원을 교환하고, 성관계를 맺거나 나이 들어서 부양받을 수 있다.

만약 남자와 여자가 상이한 자원을 획득한다고 하면, 그 자원의 성격 역시 공유하는 방식에 영향을 미칠 수 있다. 남자가 대형동물을 사냥하는 경우, 자연히 한 번에 먹을 수 있는 것보다 더 많은 고기를 취하는 것이기에 공유 요구에 직면한다. 이로써 남자는 위세를 얻을 수 있는 기회를 가지며, 지속적으로 위세를 얻을 수 있는 자원이나 행동에 더 주목할 수 있다(그리하여 사냥꾼 가운데는 에너지 필요량보다 더 많은 사냥을 하기도 한다). 만약 여자가 채집을 한다면, 실제 얼마나 채집할지를 통제할 수 있어 가족에게 필요한 양만큼만—잉여로 남지 않으면서 공유 요구로는 얻을 수 없는 양—가져올 수도 있다. 여성은 채집 활동의 결과물을 사회적 유대를 도모하는 방식으로 사용할 수 있지만, 육아를 통해 다른 사람을 도움으로써 공유할 수도 있다.

영역성(또는 토지 보유) 역시 집단 내 변이와 집단 간 상응의 정도에 초점을 맞춘 비슷한 틀로 분석할 수 있다. 사람들의 운명이 모두 동일한 자원에 달려 있는 곳에서, 또는 자원이 균등하게 분포하여 한 집단이 궁핍할 때 이웃 집단도 궁핍해지는 곳에서는 사용권에 대한 집단 간 공유의 유용성은 별로 없다. 영역성은 자원을 방어할 수 있는 조건(곧 군집되어 있고 예측 가능한 상황)에서 형성된다. 상이한 집단의 자원이 균등하게 분포하지 않고 자원의 이용 가능성에서 변이가 있는 곳에서는 사람들이 사회적 소속 과정을 통해 땅과 연결되는 영역성의 체계가 등장한다. 오늘날의 많은 수렵채집민은 후자의 조건에서 살지만, 많은 선사시대 수렵민은 민족지 사례로 포괄되는 범위를 넘어서는 조건에서 살았을 수도 있다.

영역성은 공유만큼이나 다양하다. 진화생태학은 자원이 충분히 밀도 있고 예측 가능하며, 특히 경쟁이 높은 곳에서 영역성이 나오리라고 예측한다. 그러나 수렵채집민이 생존하는 데 필요한 땅은 흔히 아주 넓어서, 인구밀도가 낮고 주위를 물리적으로 방어하는 일이 불가능하며 규제되지 않은 방문자를 받아들이는 비용은 높을 수 있다. 이런 사례에서 수렵채집민은 사회적 접근을 통해 물리적 접근을 규제하는데, 그 강도는 방문자가 자원을 사용할 권리를 거절했을 때의 대가와 방문자가 나중에 호혜를 베풀 가능성과 관련되어 있다. 이로써 영역성은 공유와 유사해지며, 자원의 밀도와 신뢰도, 그리고 수익률에 있어 집단 내 변이와 집단 간 상응의 정도에 따라 다양한 형태가 나타난다. 그러므로 식량 공유와 땅에 대한 접근에 영향을 미치는 환경적인 요인으로 시간적인 요소뿐 아니라 공간적인 요소까지 고려해야 한다.

7

집단 크기와 인구학

동물처럼 아이를 이어서 낳고 또 낳는 여자는 언제나 허리에 병을 달고 산다.

— 주호안시 속담(Lee 1980: 325)

몽환시대 사람이 죽었고 … 아무도 이유는 모른다. 그리고 딩고[호주산 들개(옮긴이)]라는 큰 집을 지고 여행하던 월라라(Wirlara)라는 달사람 (Moon-man)이 시신을 찾아 살리려고 했다. 손으로 시신을 끌었는데, 부패한 시신의 일부가 떨어져 나가기 시작했다. 그러자 똑똑한 마술사였 던 달사람은 그것을 다시 붙이려고 하였다. 사람들이 이런 행동을 보고 웃음을 터뜨리면서 냄새가 진동하는 시체를 끌고 다닌다고 비웃었다. 달 사람은 크게 화가 나고 당황해서 시신 조각을 멀리 흩어놓고선, 사람들 에게 "지금부터 너희들은 죽을 것이고 영원히 죽어 있을 것이다"라고 하 였다. 몽환시대에 이 사람들이 달사람을 비웃지 않았다면, 사람은 절대 죽지 않았을 것이다.

— 마르두(Mardu) 신화(Tonkinson 1978: 61)

1966년 "맨 더 헌터" 학회가 끝난 뒤, 수렵채집 무리는 스물다섯 명 정도로 이루어지고 환경이 수용할 수 있는 인구의 20~30% 정도의 인구밀도로 산다는 것이 관례적인 생각이 되었다. 많은 연구자들은 수렵채집민이 높은 비율의 유아살해, 특히 여아살해를 통해 의도적으로 인구를 조절하고 결과적으로 낮은 인구성장률을 보인다고 주장하였다. 인구성장률 측정값은 주호안시족 0.5%(Lee 1979; Howell 1979), 아그타족 1.1%(Early and Headland 1998), 아체족 2.5%(1.6 %에서 3.5 %(Hill and Hurtado 1996)), 핫자족 1.4%(Blurton Jones *et al.* 1992), 뉴기니의 아스맛(Asmat)족 1.5%(Van Arsdale 1978) 정도이다. 해밀턴 등(Hamilton *et al.* 2007a)은 수렵채집 집단 크기를 분석하여 평균 성장률을 1.1%로 추정한 바 있다.

그렇지만 만약 주호안시족의 0.5% 인구성장률을 선사시대 수렵채집 사회에 적용할 수 있다면, 19세기 초보다 훨씬 전에 세계인구는 10억을 넘어섰을 것이다. 선사시대 수렵채집 사회는 분명 이보다 훨씬 인구성장률이 낮았다. 페닝턴(Pennington 2001)은 유전자 자료를 토대로 10,000년 전, 곧 농경 이전 사회의 연평균 인구성장률이 불과 0.008%였다고 추산한 바 있다.

이 장에서 우리의 관심은 인구성장률의 다양성에 영향을 미치는 요인, 특히 출산율과 사망률이다. 이 과정에서 수렵채집 사회의 집단 크기를 고찰하고, 이동성과 수렵채집, 인구성장 사이의 관계를 논하고 성장률에 정주가 미치는 영향으로 눈을 돌려 끝을 맺는다.

먼저 인구 자료에 대해 주의해야 할 점부터 알아보자. 수렵채집 사회의 인구에 대해 자세히 연구한 민족지는 많지 않다(e.g., Blurton Jones *et al.* 1992; Hill and Hurtado 1996; Howell 1979, 2010; Marlowe 2010). 비록 표 7-1과 같이 긴 자료 목록을 만들어낼 수도 있지만, 정확성에는 논란의 여지가 있다. 실제 서양식 달력에 따라 시간을 셈하지 않는 문화에서 자기가 태어난 해를 모르는 사람이나 인류학자 자신이 속한 나라의 사람들과는 다르게 신체 나이를 먹는 사람의 나이를 추산하기는 어렵다.[1]

---

1   나이를 셈하는 방법은 비교적 정확한 것 같다(Blurton-Jones *et al.* 2002; Hill and Hurtado 1996: 119-

또한 인류학자는 식민주의에 뒤이어 현지에 들어갔기 때문에, 이미 질병이 휩쓸고 지난 뒤, 또는 반대로 서양의 약과 접종법이 도입된 뒤의 자료를 기록하였다. 정보제공자가 유아살해나 부성, 성적 활동, 죽음 등에 대한 질문에 대답하기를 꺼려하는 것도 이해할 만하다. 사람들이 아이를 뺏길까 두려워 숨기기도 하고, 죽은 사람에 대해 말하는 것이 문화적으로 금기인 곳도 있었기 때문에 정확한 인구를 셈하기는 어렵다(Rose 1960; Hamilton 1981; Yengoyan 1981). 작은 집단은 우연한 사건으로도 해마다 인구 변수에서 큰 변화를 겪기도 한다. 따라서 어떤 작은 인구에 대한 단일한 조사는 그 인구의 장기간 인구학을 제대로 반영하지 못할 수 있다(Weiss and Smouse 1976; Winterhalder *et al.* 1988: 320). 이를 마음속에 새기면서, 수렵채집 사회의 인구에 대한 민족지 자료를 건강한 회의론를 통해 살펴보자.

집단 크기 : 매직넘버 500, 25

"맨 더 헌터" 학회가 남긴 또 다른 유산으로 들 수 있는 것은 500명과 25명이라는 매직넘버이다. 500명이라는 것은 수렵채집 사회의 권역이나 부족집단의 크기, 25명은 국지적인 본거지 수렵채집 집단의 크기를 말하는데, 줄리언 스튜어드가 예전에 이를 각각 최대 및 최소 무리라 불렀다. "무리(band)"라는 말은 인류학에서 복잡한 역사를 가지고 있으며, 정의는 시간의 흐름에 따라 변화하였지만, 오늘날에도 널리 쓰이고 있다(Steward 1970; Binford 2006).[2] 이 글에서 500명이란 숫자는 조셉 버드셀

32; Howell 1979). 그런데 내가 미케아 남자의 나이를 물었을 때(당시 36살) 그는 입을 떡 벌리며 "불가능" 이라고 말했다. 너무 어리다는 것인지 나이가 많다는 것인지 분간할 수 없었다.

2   "무리"라는 용어는 1930년대부터 1970년대까지 인류학 문헌에 지속적으로 등장하지만, 이미 1850년부터 시작하여(e.g., Bollaert 1850) 20세기 초까지도 간간히 쓰였다. 그러다 1915년경 스펙(Frank Speck)의 알곤킨족 가족 사냥무리 연구로 인류학에서 중요한 용어가 되었다. 이 연구에서 무리는 사냥 영역을 공유하며 본거지에 같이 사는 작은 집단을 가리켰다. 그리고 1936년 스튜어드의 수렵채집 무리 연구를 통해 인류학에 확실히 자리잡았다. 스튜어드(Steard 1968, 1969b, 1970)는 "가족 수준"의 사회 단위보다 큰 사회적

표 7-1. 수렵채집민의 인구

집단	연도	M/100F	m/100f	Ch/ad	참고문헌
북극지방					
버나드항(Bernard Harbor) 20세기	20세기	109	116	–	Jenness, in Irwin 1989
내륙 파들리미우트(Interior Padlimiut)	1920	80	145	–	Birket-Smith 1929
해안 파들리미우트(Coast Padlimiut)	1920	78	119	–	Birket-Smith 1929
키발릭 이누이트(Qaernermiut)	1920	83	218	–	Birket-Smith 1929
키발릭 이누이트(Qaernermiut)	1890	76	141	–	Boas 1907
호넥토미우트(Hauneqtormiut)	1920	72	130	–	Birket-Smith 1929
하박토르미우트(Harvaqtôrmiut)	1920	81	153	–	Birket-Smith 1929
소닉투미우트(Sauniktumiut)	1890	79	123	–	Boas 1907
시나미우트(Sinamiut)	1890	100	171	–	Boas 1907
아빌릭미우트(Avilikmiut)	1890	76	178	–	Boas 1907
중부 이누이트(Central Inuit)	1890	93	105	–	Boas 1888
프린스오브웨일스 (Cape Prince of Wales, Alaska)	1920	103	108	–	Weyer 1932
케이프스미스(Cape Smith, Alaska)	1890	87	192	–	Smith, in Irwin 1989
우트큰힉할링미우트(Utknhikhalingmiut)	1920	102	212	–	Rasmussen 1931
넷실링미우트(Netsilingmiut)	1890	97	208	–	Boas 1907
넷실링미우트(Netsilingmiut)	1920	98	212	–	Rasmussen 1931
코퍼 이누이트(Copper Inuit)	1920	101	270	–	Rasmussen 1932
북 그린란드(N. Greenland)	1920	125	103	–	Birket-Smith, in Irwin 1989
동 그린란드(E. Greenland)	1920	90	100	–	Birket-Smith, in Irwin 1989
동 그린란드(E. Greenland)	1900	83	77	–	Hansen, in Irwin 1989
누나미우트(Nunamiut)	1960	140	108	–	Campbell and Wood 1988
아북극지방					
쿠친(Kutchin)	1858	67	142	0.45	Osgood 1936

집합(특히 부계무리)을 무리라고 말했다(Binford 2006 참조). 또한 땅을 소유하고 내혼을 하는 대략 250명의 집단을 무리로 여겼다. "맨 더 헌터" 학회에서 인류학자들은 "무리"를 25명 정도로 이루어진 작은 본거지 집단을 지칭하는 데 사용하였다. 이 학회를 시작으로 500명이라는 숫자가 최대 무리와 결부되기에 이른다(e.g., Hunn 1994).

집단	연도	M/100F	m/100f	Ch/ad	참고문헌
쿠친(Kutchin)	1858	111	159	0.73	Osgood 1936
쿠친(Kutchin)	1858	103	157	0.68	Osgood 1936
쿠친(Kutchin)	1858	158	–	–	Krech 1978
타나나(Tanana)	1930	120	–	0.45	McKennan 1959
타나나(Tanana)	1930	83	–	–	McKennan 1959
타나나(Tanana)	1930	90	–	–	McKennan 1959
타나나(Tanana)	1930	86	–	–	McKennan 1959
타나나(Tanana)	1930	100	–	–	McKennan 1959
북아메리카 서북부 해안(노예족 제외)					Panowski 1985
콜럼비아강(Columbia River)	1825	82	–	–	
나스강(Nass R.)	1846	124	102	0.63	
타코강(Tako R.)	1846	109	109	0.5	
퀸 샬롯(Queen Charlotte)	1846	101	96	0.92	
케이프팍스(Cape Fox)	1846	97	90	0.81	
칠캇(Chilkat)	1846	230	108	0.36	
크로스사운드(Cross Sound)	1846	110	123	0.4	
세바사스(Sebassas)	1846	117	126	0.5	
스테키니강(Stekini R.)	1846	137	125	0.45	
밀뱅크사운드(Milbank Sound)	1846	105	80	0.42	
스키나(Skeena)	1846	183	107	0.61	
후드베이(Hood's Bay)	1846	121	109	0.37	
차탬사운드(Chatham's Sound)	1846	95	104	0.61	
시트카(Sitka R.)	1846	109	109	0.57	
프린스오브웨일스(Prince of Wales)	1846	95	95	0.96	
온대 사막 파이우트/쇼쇼니 **(Paiute/Shoshone)**					Fowler and Fowler 1971
네바다 중부(Central Nevada)	19세기	103	–	0.28	
캘리포니아 동남부	19세기	108	–	0.27	
고슈테스(Gosiutes)	19세기	105	–	0.44	
훔볼트강(Humboldt River)	19세기	113	–	0.3	
유타 남부	19세기	147	–	0.26	

집단	연도	M/100F	m/100f	Ch/ad	참고문헌
애리조나 북부	19세기	117	–	0.35	
유트(Utes)	19세기	104	–	0.63	
배틀산(Battle Mt.)	19세기	97	–	0.39	
루비밸리 쇼쇼니(Ruby V. Shoshone)	19세기	172	–	0.33	
네바다 남부	19세기	115	–	0.3	
리스강(Reese River V.)	19세기	98	–	0.42	
파이(Pai)	1881	113	–	0.88	J. Martin 1994
열대/아열대 사막					
그위(G/wi)	1960	93	–	–	Silberbauer 1981a
카데 그위(=Kade G/wi)	1967	68	110	0.85	Tanaka 1980
그아나(G//ana)	1970s	–	–	0.81	Cashdan 1984
주호안시(Ju/'hoansi)	1960s	81	–	–	Harpending and Wands-nider 1982
도베 주호안시(Dobe Ju/ˈhoansi)	1964	91-93	78	0.43-0.5	Lee 1979; Howell 1979
간지 주호안시(Ghanzi Ju/ˈhoansi)	1960s	91			Harpending and Wands-nider 1982
마르두자라(Mardudjara)	1960s	82	–	0.51	Tonkinson 1974
피찬자라(Pitjandjara)	1933	116	–	0.75	Tindale 1972
피찬자라(Pitjandjara)	1970s	101	94	0.57	Yengoyan 1981
핫자(Hadza)	20세기 말	75	102	0.68	Blurton Jones et al. 1992
세리(Seri)	1930	96	–	–	Neel and Weiss 1975
안바라(Anbarra)	20세기 말	100	106	–	White, Meehan, Hiatt, and Jones 1990
안바라(Anbarra)	1958	–	124	–	Hamilton 1981
푸메(Pumé)	2005	98	101	0.66	Kramer and Greaves 2007, pers. comm.
열대림					
온지(Onge, 안다만원주민)	1980	110	60	–	Pandya, in Hewlett 1991a
카시구란 아그타(Casiguran Agta)	1977	83	145	0.53	Headland 1988; Hewlett 1991a
비르호(Birhor)	1960	121	167	0.75	B. Williams 1974
아스마트(Asmat)	1972	97	114	0.69	Van Arsdale 1978
바탁(Batak)	1970	107	107	0.65	Eder 1987

집단	연도	M/100F	m/100f	Ch/ad	참고문헌
바텍(Batek)	20세기 말	117	172	0.98	Endicott, in Hewlett 1991a
음부티(Mbuti, 그물사냥)	1960	94	120	0.66	Harako 1981
음부티(Mbuti, 활사냥)	1960	119	67	0.29	Harako 1981
서부 피그미(Western Pygmies)	1965	197	122	0.45	Cavalli-Sforza 1986
에페(Efe)	1980	109	75	0.31	R. Bailey 1988
아카(Aka)	1976	139	–	1.02	Bahuchet 1979
아체(Ache)	1970	133	153	0.81	Hurtado and Hill 1987
티위(Tiwi)	1960	88	91	0.64	Jones 1963
배서스트섬 티위(Bathurst Island (Tiwi))	20세기	91	–	–	Peterson and Long 1986
케이프요크(Cape York)	20세기	81	–	–	Peterson and Long 1986
그루트 아일랜드(Groote Eylandt)	20세기	156	128	0.59	Rose 1960
그루트 아일랜드(Groote Eylandt)	20세기	86	–	–	Peterson and Long 1986
히위(Hiwi)	1980	129	165	0.43	Hurtado and Hill1987
팔리얀(Paliyan)	1960	85	69	0.59	Hewlett 1991a
힐 판다람(Hill Pandaram)	1960	78	140	1.5	Morris 1982
힐 판다람(Hill Pandaram)	1960	64	120	0.61	Morris 1982
힐 판다람(Hill Pandaram)	1960	30	167	1.23	Morris 1982
힐 판다람(Hill Pandaram)	1960	100	500	0.5	Morris 1982
힐 판다람(Hill Pandaram)	1960	71	109	1.08	Morris 1982
힐 판다람(Hill Pandaram)	1960	62	40	0.33	Morris 1982
힐 판다람(Hill Pandaram)	1960	100	96	0.94	Morris 1982

M/100F는 성인 여성 100명당 성인 남성의 수, m/100f는 여아 100명당 남아의 수이며, Ch/Ad는 어린이와 어른의 비율이다. TFR은 총생식률(total fertility rate)이다. 가능하면 관찰 시점을 표기하였다. 괄호 안의 수는 주어진 수치의 독립 집단들의 평균을 가리킨다.

(Joseph Birdsell 1953)이 호주 원주민 자료를 바탕으로 선사시대 인구의 유전자 흐름 모델을 구축하면서 제시했던 것임을 주의하자. 버드셀은 자연 생식 인구의 크기가 일정하게 유지되어야 한다고 보았다. 호주 원주민 부족 지역과 인구밀도 사이의 관계를 고찰함으로써, 부족의 지역에는 (자원의 풍부도에 따라) 상당한 변이가 있지만 부족의 크기는 대략 500명 수준에서 일정하게 유지되었다고 한다.

표 7-2. 수렵채집 집단의 크기

사회	집단 크기	참고 문헌
이동성		
주호안시(Ju/'hoansi)	25(평균)	Marshall, in Damas 1969c
핫자(Hadza)	30	Marlowe 2010
핫자(Hadza)	18	Marlowe 2010
비르호(Birhor)	27(평균)	Williams 1974
세망(Semang)	20-30	Gardner, in Damas 1969c
안다만섬원주민	30-50	Gardner, in Damas 1969c
아타파스카(Athapaskans)	20-75	McKennan, in Damas 1969c
크리(Cree)	25-50	Rogers, in Damas 1969c
이글루링미우트(Iglulingmiut)	35(평균)	Damas, in Damas 1969c
코퍼 이누이트(Copper Inuit)	15	Damas, in Damas 1969c
케이프 요크(Cape York, 호주)	10-50	Chase and Sutton 1987
파이(Pai)	28	Martin 1973
힐 판다람(Hill Pandaram)	6-21	Morris 1982
구아야키(Guayaki)	16	Clastres 1972
응아다자라(Ngadadjara)	20	Gould 1969a,b
미스타시니(Mistassini)	15	Rogers 1972
팔리얀(Paliyan)	24	Gardner, in Hayden 1981b
티위(Tiwi)	40-50	Hart and Pilling 1960
푸메(Pumé)	61(평균)	Gragson 1989; Greaves 2006
정주성		
누트카(Nootka)	1,500	Jewitt, in Hayden 1981b
위요트(Wiyot)	33	Schalk 1981
유록(Yurok)	46	Schalk 1981
톨로와(Tolowa)	43	Schalk 1981
치눅(Lower Chinook)	50	Schalk 1981
치할리스(Chehalis)	110	Schalk 1981
퓨알럽-니스퀄리(Puyallup-Nisqually)	35	Schalk 1981
퀴놀트(Quinault)	36	Schalk 1981

사회	집단 크기	참고 문헌
마카(Makah)	164	Schalk 1981
콰콰카와쿠(S. Kwakwak'awakw)	420	Schalk 1981
벨라쿨라(Bella Coola)	58	Schalk 1981
하이슬라(Haisla)	650	Schalk 1981
침샨(Tsimshian)	389	Schalk 1981
하이다(Haida)	577	Schalk 1981
틀링잇(Tlingit)	197	Schalk 1981

불행히도 버드셀의 분석에는 몇 가지 문제가 있다(K. Kelly 1994).[3] 우선 일정한 인구 크기는 검증을 위한 것이지만(Birdsell 1953: 177, 172-73) 실제로는 그저 가정일 뿐이다. 버드셀은 500명이란 수는 "작은 일련의 부족들에 적용될 때는 맞지 않는다"고 하였으며, "맨 더 헌터" 학회에서는 "그 수가 아마도 조금 큰 경향이 있"고(Lee and DeVore 1968: 246) 선사시대 자연 생식 인구의 크기에서 변이가 상당할 것이라고 말하기도 했다(Birdsell 1968: 233).

약 20년이 흐른 뒤, 마틴 봅스트(Martin Wobst 1974)는 얼마나 작은 크기의 인구가 자연적으로 생식하며 재생산적으로 지속 가능한지를 판단하고자 시뮬레이션을 해보았다. 이를 통해 175명에서 475명까지, 출산율과 사망률, 남녀 성비, 혼인율 등에 따라 인구가 변이할 수 있다고 보았다. 봅스트는 가장 현실적으로 475명이 최소한의 자연 생식 인구 크기라고 함으로써 버드셀이 제시한 숫자에 여전히 어느 정도의 신뢰를 보였다.

최소 무리 크기에 대한 경험 자료는 이보다 더 정확한데, 평균 25명 또는 상이한

---

3 버드셀의 부족 집단은 언어적 경계로 정의되는 방언 부족에 근거했다(버드셀은 이들이 유전적으로 고립되어 있다고 보았다). 후일 연구자들에 따르면, 유전적 고립이라는 문제는 차치하고라도 호주에서 방언 부족 관련 증거는 별로 없다(Berndt 1972). 버드셀의 부족 지역과 인구 관련 자료 역시 신뢰성에 문제가 있다. 호주 원주민 부족에 대한 추정은 175명에서 1,000명까지인데, 이런 모델에 맞지 않지 않으면 (자료 자체의 질이 문제가 아니라) 예외적인 사례로 제외하였다. 버드셀의 주장에는 수학적인 오류와 순환논리의 모순이 있다(K. Kelly 1994).

환경에 따라 이보다 조금 적은 수준이다(표 7-2). 말로(Marlowe 2005a)는 자료를 검토하여 평균 크기가 대체로 30명이라고 하였다(정주 수렵채집 사회가 이동하는 사회보다 더 크며, 때로 아주 크다). 빈포드(Binford 2001) 역시 339개 수렵채집 사회를 종합하여 이보다 더 작은 본거지 집단, 곧 식물성 식량에 의존하는 이동 수렵채집민의 경우 10명에서 17명, 해양자원에 의존하는 경우 약 18명, 육지 수렵민의 경우 약 15명이라는 숫자를 제시하였다. 힐 등(Hill *et al.* 2011)은 철저한 자료 검증을 통해 가중평균 28명이라는 결론을 이끌어냈다. 비록 이동하는 수렵채집 사회는 주기적으로 더 큰 집단을 꾸릴 수 있지만, 대부분의 시기 동안은 흔히 25명보다 적은 소규모 집단을 이루고 산다.

마커스 해밀턴 등(Marcus Hamilton *et al.* 2007a)은 500명과 25명이라는 매직넘버를 지지하는 연구결과를 발표하였다. 해밀턴 등은 빈포드(Binford 2001)가 제시한 339개 수렵채집 사회에 대해 가족에서 권역 인구에 이르기까지 1,189개의 다양한 집단 크기 추정 자료를 재분석하였다. 연구에 따르면, 놀랄 만한 문화적 규칙성이 있다고 한다. 개인에서 시작하여 약 4를 곱하는 식으로 크기가 커지는데, 가족은 4~5명으로 이루어지고, 본거지 집단은 약 14~17명이며, (가령 겨울 캠프에서) 사회집합체는 50~60명으로 구성되고, 주기적인 집합체는 150~180명 정도로, 마지막으로 전체 종족 인구는 730~950명으로 이루어져 있다고 한다. 이런 규칙성은 환경이 달라도 적용된다. 왜 그럴까?

해밀턴 등에 따르면 이는 "식량과 물적 자원, 유전자 및 문화적으로 전수되는 정보라는 본질적인 상품 흐름이 최적화한 네트워크를 반영한다. 개인 수렵채집인은 자원의 흐름을 최적화하는 사회적 교환네트워크에 참여함으로써 적응도를 최대화해야 한다"(Hamilton *et al.* 2007a: 2199-200). "밀도에 의존하는 인구집단에서 개인은 자원의 이용 가능성과 다른 사람과의 경쟁 사이의 트레이드오프에 직면하며, 이로써 상호작용을 조절하기 위한 최적화 원칙과 네트워크 조직이 나타난다." 그리하여 집단의 크기는 공개적 경쟁 없이 식량과 정보, 배우자를 가장 효과적으로 교류할 수 있는 데 대한 부지불식간의 합의를 반영한다고 한다. 분명히 집단 크기를 투표로 결정하지는 않는다. 그렇다면 이런 과정이 실제로 어떻게 작동하는가?

이 과정에 대해 가장 잘 설명할 수 있는 수준은 약 25명으로 구성되는 본거지 집단이다. 집단 크기를 제한하는 한 가지 요인은 의사결정 과정이다. 우리는 집단이 크면 클수록 어떤 행동 계획에 동의를 얻기 어려움을 알 수 있다. 수렵채집 사회에 국한된 것은 아니지만, 그레고리 존슨(Gregory Johnson 1982)은 많은 민족지 자료를 검토하여 여섯 개가 넘는 사회 단위(이 경우 가족)가 협동하는 경우 새로운 수준의 위계가 등장하여 활동(여기에서는 수렵채집 활동)을 조정한다고 주장하였다. 그렇기에 집단 크기가 25명을 넘어설 경우 가족의 독자적인 수렵채집 활동을 조정할 지도자가 필요해질 수 있다. 평등한 사회 질서에 익숙해져 있는 사람들은 지도자의 등장에 분산으로 반응할 수 있으며, 따라서 집단이 25명을 넘어 성장하면 서로 갈라선다.

위에 언급한 봅스트(Wobst 1974)의 컴퓨터 시뮬레이션은 25명이야말로 단기간의 출산율과 사망률, 그리고 성비 변동을 견딜 수 있는 최소 집단 크기라고 한다. 다시 말해, 25명보다 작은 집단은 재생산적으로 성공하기 힘들다는 것이다. 봅스트는 25명이란 재생산 및 경제적 필요 사이의 절충이며, 집단이 인구적으로 생존할 만큼 충분히 크면서도, 국지적 자원의 급속한 고갈을 막을 만큼 충분히 작다(다만 경험 자료에 따르면, 수렵채집 집단은 25명보다 작기도 하며, 재생산적 생존력은 다른 집단과의 접촉으로 유지된다).

존슨과 봅스트의 설명은 집단 크기를 결정하는 데 수렵채집 활동의 중요성을 인정하며, 윈터할더(Winterhalder 1986a) 역시 이 요인을 구체적으로 검토한 바 있다. 6장에서 논의한 윈터할더의 공유 모델을 다시 생각해 보자. 윈터할더는 어떤 집단에서 공유하는 수렵채집인의 수와 공유 후 개인의 수익에서의 변이 사이의 관계에 집중하였다. 또한 윈터할더 모델에서는 수렵채집인의 수와 각 개인의 공유 후 수익률 사이의 상응관계가 변화할 때 어떠한 분산값이 나오는지를 고찰하였다. 어떤 집단에서 수렵채집 활동을 하는 사람이 두 명 이상이라면, 어떤 사람이든 식량을 가져올 확률은 그만큼 높아진다. 이는 분명해 보인다. 그러나 어떤 집단 안에 더 많은 수렵채집인이 활동할수록 먹어야 할 사람이 많아지며 지역의 식량은 더 빨리 고갈된다. 어떤 크기에 이르면 식량자원을 두고 긴장이 생기고 공유 행위에 제약이 발생하여 집단은 갈라선

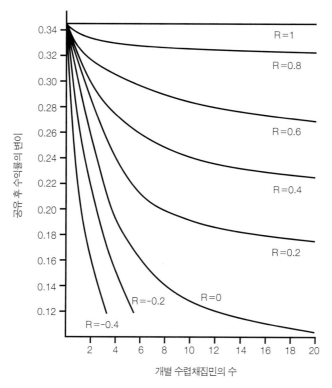

그림 7-1. 수익률에서 공유 후 분산(차이)과 공유하는 수렵채집인의 수 사이의 관계를 일상 수익률에서 수렵채집인 간 상이한 수준(R)의 상응을 통해 나타낸 그래프. R의 합당한 비율은 아마도 〉0일 것이다. 공유 후 분산값이 감소하는데, 공유하는 수렵채집인의 수가 7명 정도를 넘어서면 그리 좋아지지 않음을 주목하라(Elsevier 허가로 Winterhalder(1986a)에서 재도함).

다. 나는 재생산적 생존력과 정치적인 것이 중요해지기 전에, 집단 크기는 자원 고갈의 속도와 배고픔에 빠질 위험부담 사이에서 균형을 맞추는 것이 아닌가 생각한다.

윈터할더의 결론 가운데 하나는 본거지 집단의 크기와 관련되어 있다. 그림 7-1은 공유 후 수익률의 분산(변동계수, CV)에서 나타나는 변화를 x축의 개별 수렵채집인의 수에 비례하여 시뮬레이션한 그래프이다. 여러 곡선은 두 변수 사이의 관계가 수렵채집인의 일상 수익률(R)에 있어 상이한 정도의 상응값에서 변화하는 것을 가리킨다. 수익률에서 완벽한 상응이 있는 R이 1일 때는 모든 수렵채집인이 잘하든 못하든 다른 사람들과 똑같다. 수렵인의 수익이 전혀 상응하지 않는 R이 0일 때는 한 사람이 잘하지 못하면 다른 사람이 잘한다. 각 R값에서 공유하는 수렵채집인 수의 증가가 공유 후 수익률의 분산을 크게 낮추지 못하는 지점이 있음을 주목하자. 사실 어떤 집단에서 7~8명이 넘는 사람과 공유하는 데는 별다른 이점이 없다.[4] 수렵채집 수익률에 상응이 없는 경우에도 수렵채집인이 8명일 경우 공유 후 수익률 CV값이 0.12 정도인데, 이에 반해 20명일 경우에는 0.08 정도이다. 그럼에도 집단이 크면 지역의 자원을 더 빨리 고갈시키며, 더 자주 캠프를 이동해야 한다(Winterhalder 1986a: 382).[5]

이것이 25명 본거지 집단과 무슨 관계가 있을까? 본거지 집단의 모든 구성원이 수렵채집 활동에 참여하는 것은 아니다. 30~50%, 곧 8명에서 13명 정도는 아마도 열다섯 살 미만의 아이들일 터이고 식량 획득에 별다른 기여를 하지 못할 것이다(Hewlett 1991a). 늙고 병든 사람도 있을 터이며, 아픈 사람과 수렵채집 활동을 할 수 없는 사람이 늘 있게 마련이다. 따라서 25명으로 이루어진 집단에서 실제 활동하는 수렵채집인은 7명에서 8명 정도가 있을 뿐이다. 그리하여 해밀턴 등의 연구와도 같이, 대부분의 환경에서 25명이 넘지 않는 집단이야말로 일상의 수익률 분산을 최소화하고, 동시에 국지적인 자원의 고갈 속도도 최소화하는 크기이다.[6] 이처럼 일상의 수렵채집 활동의 현실은 본거지 집단의 크기를 좌우한다. 비슷한 과정, 아마도 정보나 재생산과 관계되는 과정은 아마도 25명보다 큰 모둠에 영향을 미치는 요인일 것이다. 이에 대해서는 더 많은 연구가 필요하다.

---

4   윈터할더는 자원 이용을 통해 변이의 감소에서 집단 크기의 효과만을 살펴본다. 정보 가공, 재생산, 방어, 거주 공간의 수(사막에서 수원지의 수 등), 협력 수렵채집 등은 모두 집단 크기에 영향을 미칠 수 있다.

5   호피 원경민에 대한 헤그먼의 분석에서도 비슷한 패턴이 나온다(Hegmon 1991). 헤그먼에 따르면, 공유의 혜택은 6개 가정을 넘어서 식량을 공유하면 증가하지 않는다고 한다.

6   이 모델의 함의 가운데 하나는, 인구가 증가하면 집단의 평균 크기가 증가하기 이전에 집단의 수가 먼저 증가한다는 점이다. 집단 크기가 커지면 지역 자원의 고갈 속도가 지속적으로 빨라짐에도 일일 수렵채집의 수익률에서 변이가 작아지지 않는다는 한계에 도달하기 때문이다. 이런 상황에서, 본문에서 언급하였듯이, 집단의 분열이야말로 가능한 첫 번째 반응이다.

공동 수렵채집과 개별 수렵채집

비록 작은 수렵채집 집단이 민족지적으로 일반적이지만, 많은 수렵채집민은 계절적이거나 주기적으로 더 큰 집단으로 뭉치기도 한다. 사실 이러한 집합들은 많은 수렵채집 사회의 삶에서 강한 요소로서, 사회조직과 의례 생활에서 중요한 역할을 하기도 한다. 예를 들어, 북미 그레이트베이슨의 쇼쇼니족은 주기적으로 큰 집단으로 뭉쳐 영양이나 멧토끼를 공동으로 몰이사냥한다. 쇼쇼니족은 이렇게 모임으로써 정보를 교환하고 혼인관계를 맺으며, 교역하고 이야기를 나누기도 한다. 이런 모임이 친구를 만나고 이야기를 나누며 혼인을 맺는 순수하게 사회적인 이유에 근거한 것인가(Steward 1941: 220-222, 272, 367; 1743: 359; Riches 1982: 51-52)? 아니면 주로 공동으로 사냥하고 새로운 짝과 친구를 만나며 정보를 교환하기 위해서인가?

2장에서 지적한 바와 같이 수렵채집 모델은 어떤 일련의 조건 아래에서 어떤 목적—수렵채집의 효율성—을 이루기 위한 행위를 예측한다. 수렵채집의 효율성을 최대화하려는 목적에서 언제 모이는지를 예측할 수 있는가?[7] 아니면 이보다 일반적으로 수렵채집 집단의 크기에서 나타나는 변이를 모델화할 수 있는가?

예전 콜린 턴불(Colin Turnbull 1961, 1965, 1968; 그림 7-2)은 콩고 이투리숲에 사는 바음부티족 가운데 활과 화살을 이용하여 개별 사냥하는 사람들도 있고 그물을 이용하여 공동 사냥을 하는 집단도 있다고 했다. 그럼으로써 논쟁이 시작되어 인류학에서 오랫동안 이어졌다(턴불에 대해서는 Grinker 2001). 그물사냥의 경우 여자와 아이

---

7   혼의 모델(Horn's model, Horn 1968)이라고 알려진 것이 이 문제의 대답이 된다. 이 모델은 원래 찌르레기의 둥지 유형을 설명하기 위해 개발되었는데, 주거의 크기와 장소가 식량자원의 분포의 변화에 따라 수렵민과 자원획득 장소 사이의 왕복거리를 최소화하기 위해 변화할 것임을 말해 준다. 혼의 모델은 수렵민이 균질 분포된 안정적인 자원에 의존하고 있을 경우 작은 집단이 넓게 산포하지만, 군집된 이동성 자원에 의존하는 경우 집단은 더 크고 중심부에 자리잡는다고 한다. 물론 사람이 찌르레기는 아니지만 원칙은 같으며, 연구자들은 이 모델을 몇몇 민족지 사례에 적용한 바 있다(Heffley 1981; Dwyer and Minnegal 1985; Vickers 1989). 다만 변수 측정이 쉽지 않기에 어느 정도 수정하여 적용하는 것이 필요하다(Cashdan 1992).

그림 7-2. 1984년에 열세 살 아카족 소년 마젬브(Madjemb)가 중앙아프리카공화국 동남부 로반지(Lobandji) 강 근처에서 공동사냥을 하기 전에 그물을 점검하고 있다(Barry Hewlett 제공).

들이 사냥감을 관목숲 사이로 몰아 그물 안에 들어가게 하면 남자들이 그물에 걸린 동물을 죽인다(아카족의 경우 역할이 반대이다). 활 쏘는 사람은 흔히 나무 위의 사냥감을 겨냥하지만, 작은 다이커 영양 같은 육지 동물도 사냥한다. 그물사냥꾼도 나무 위 사냥감을 잡을 수 있으며(Harako 1981), 활로도 공동 사냥을 할 수 있다. 그럼에도 바음부티 집단 사이에는 두 가지 서로 다른 사냥법의 빈도에서 큰 차이가 있는데, 왜 그럴까?

턴불은 이투리숲 자체가 서로 다른 사냥법을 설명해 준다고 했다. 이투리숲은 무성하고 자원이 풍부한 빽빽한 밀림이어서 집단은 그저 적절한 사냥법을 선택하면 그만이라는 것이다. 차이는 "문화적"인 것이며, 바음부티족이 개인 사냥이나 공동 사냥을 선택하는 것은 아니라고 했다.

그러나 이후 연구자들은 이 결론을 그대로 받아들이지 않았다. 그물사냥과 활사냥의 효율성에 집중한 연구자도 있었다. 하라코(Reizo Harako 1976, 1981)에 따르면, 반투족 원경민에 의해 그물이 도입되기까지는 활사냥이 바음부티족의 주된 사냥법이었다고 한다. 그 뒤 그물 기술의 수익률이 높았기 때문에 사냥의 중심이 되었다. 윌리엄 아브루지(William Abruzzi 1979)는 그물사냥이 활보다 효과적임을 받아들이면서 인구압 때문에 그물사냥이 발달하였다고 주장했다. 반투 원경민이 밀려들어오면서 바음부티족 일부는 식량자원이 고갈되어 가는 숲에서 생산량을 늘리기 위해 더 효율적인 그물사냥법에 눈을 돌릴 필요가 있었다는 것이다. 아브루지에 따르면, 활사냥꾼은 반투족의 노동자로 일했고 농산물을 보상으로 받았기 때문에 그런 압력을 느끼지 않았다고 한다. 반면 캐서린 밀턴(Katherine Milton 1985)에 따르면 그물사냥꾼은 비교적 덜 생산적인 환경에서 살았으며, 원경민과의 교역을 위해 생산량을 늘려야 했다고 한다. 아브루지와 하라코와 마찬가지로 밀턴 역시 그물사냥이 활사냥보다 더 효율적임을 인정한다. 그러나 아브루지가 그물사냥꾼과 마을사람들 사이에 별다른 접촉이 없었다고 보는 데 반해, 밀턴과 하라코는 그 반대이다. 마지막으로 폴 로스코(Paul Roscoe 1990)는 그물사냥꾼이 사는 빽빽한 관목지대에서는 활사냥의 수익률이 낮고 비실용적이어서 그물을 사용한다고 주장하였다.

하지만 베일리와 옹어(Bailey and Aunger 1989a)는 그물사냥꾼과 활사냥꾼 사이의 환경에서 식생의 밀도나 사냥 자원의 풍부도에는 사실 별다른 차이가 없다고 지적한다. 그물사냥에는 더 많은 사람이 필요하기 때문에 반드시 활사냥보다 개인당 수익률이 높다고 볼 수 없다는 것이다(Ichikawa 1982; Terashima 1983; Wilke and Curran 1991; Hewlett 1996). 그렇다면 왜 그물사냥을 하는 집단이 있을까?

베일리와 옹어(Bailey and Aunger 1989a: 273)는 "그물사냥에는 여자들도 참여하지만, 활사냥에는 거의 동행하지 않는다"는 중요한 관찰을 한다. 아마도 문제는 왜 바음부티족에는 공동사냥을 하는 집단도 있고 개인사냥을 하는 사람도 있느냐가 아니라, 여성이 사냥에 참여할지를 어떻게 결정하는지 하는 것이다.

특히 그물로 사냥하는 많은 바음부티 사람들은 반투마을 사람들과 고기와 농산물을 교역하며, 칼로리로 따지면 고기보다 서너 배의 가치를 얻는다(Bailey and Peacock 1988). 하지만 반투에서 노동자로 일하는 여성도 있어, 이들은 농산물을 대가로 받기도 한다. 베일리와 옹어는 여성이 더 높은 칼로리 수익률을 확보하기 위해 사냥하기도 하고 밭에서 일하기도 한다고 주장한다. 활사냥하는 사람들 지역에 있는 반투 밭은 큰 경향이 있어 노동자가 필요하며, 그물사냥 지역의 밭은 작은 경향이 있어 노동자를 필요로 하지 않는다. 그러므로 밭이 작은 경우 바음부티 여성은 농산물을 획득하기 위해 밭일을 할 수 없어서 사냥을 택한다. 많은 사람들이 사냥에 나서기만 한다면, 그물사냥은 활사냥보다 노동을 더 효과적으로 이용하는 방법일 것이다. 예를 들어, 아카족에서는 여성이 참여할 경우에만 그물사냥을 한다(Noss and Hewlett 2001: 1030). 그물사냥은 주변의 더 큰 취락에서 사냥 고기에 대한 요구가 높은 것에 대한 반응일 수도 있지만(Wilke and Curran 1991), 휼릿(Hewlett 1996)은 문화화 과정이 그물사냥과 활사냥의 차이를 설명한다고 본다.

공동사냥과 개별사냥의 차이를 이해하는 데 어려움을 느끼는 한 가지 이유는 단순한 이분법적인 틀로 둘 사이의 문제가 제기되었기 때문이다. 그러나 바음부티 사례에서의 문제는 수렵채집인이 개별적으로 또는 공동으로 사냥하는지가 아니라, 얼마나 많은 사람이 함께 수렵하는지 하는 것이다.

우리는 수렵인 개인의 시각에서 집단사냥 참여 문제를 고찰할 수 있다. 에릭 스미스(E. Smith 1981, 1985, 1987, 1991)는 이 문제를 허드슨만 동남부 해안의 이누주아미우트족의 사냥꾼 집단 크기에 대한 자료로 검토하였다. 스미스는 혼자서 사냥하는 것보다 같이 사냥해서 더 높은 수익률이 나올 경우 사냥 집단에 참여하리라고 보았다. 수렵단(foraging parties)의 크기는 수렵 기간 동안 수렵인 개인당 평균 순수익률을 최대화하여야 한다.

$$R = \sum_{1}^{n} \frac{(E_a - E_c)}{tn}$$

R = 평균 개인당 수익률

n = 사냥여행에 동행한 총 수렵채집인 수

E_a = 사냥여행으로 얻은 총 유용 가능한 에너지

E_c = 사냥여행에 투입된 총 에너지

t = 총 사냥여행 시간

스미스는 카리부와 들꿩, 거위, 바다표범 사냥 같은 사냥 형식 열여섯 개에 대한 558번의 사냥 여행을 분석하였다. 사냥 형식 가운데 반 정도에서 사냥꾼은 집단으로 활동하였다.

특정 사냥 형식에 대한 개인당 수익률은 집단 크기가 커지면 변화한다. 그림 7-3은 이런 일반적인 관계를 보여 준다. 그림에서 개인당 수익률은 수렵단 크기가 N수에 이르기까지 커짐에 따라 증가하며, 그 점을 넘어서면 구성원이 추가되더라도 사냥의 효율성이 증가되기보다는 오히려 개인당 수익률이 감소한다. 집단 크기 n에서 개인당 수익률은 단독 사냥하는 경우와 같아지며, 합류할 수 있는 사람은 그냥 혼자 사냥하는 것이 (또는 더 작은 다른 집단을 알아보는 것이) 낫다.[8]

R_x가 집단 크기 x에서 개인당 수익률이라고 하자. 현 집단의 구성원은 개인당 수익률이 증가한다면(곧 $R_{x+1} > R_x$) 새로운 사람의 합류를 허락할 것이다. 이것이 구성원의 법칙이다. 이와 반대로 R_{x+1}이 단독 사냥의 수익률보다 높다면($R_{x+1} > R_x$) 새로운 사람은 합류하고자 할 것이다. 이것은 참여자의 법칙이다. 수렵단의 크기가 N이 되는 순간 개인당 수익률은 최대화하고, 이제 집단 구성원과 새로운 참여자 사이에 이익

8　집단 수렵채집에만 적용되는 곡선은 아니다. 가령 집단 크기가 한 사람을 넘는 경우의 개인당 수익률의 사례일 수도 있으며, 이와 달리 곡선은 쌍봉(bimodal) 패턴을 그릴 수도 있다. 다만 이 곡선을 가장 일반적인 사례로 제시할 뿐이다.

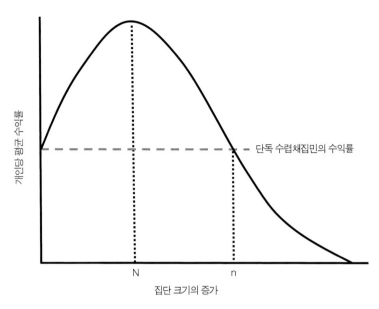

세로축: 개인당 평균 수익률

N   n

단독 수렵채집민의 수익률

집단 크기의 증가

그림 7-3. 수렵채집 집단 크기와 개인당 수익률 사이의 관계. N이 개인당 수익률이 가장 높은 최적 크기이다. 집단 크기 n에서 개인당 수익률은 단독 활동의 경우와 같아진다. E. Smith, 1991. *Inujjuamiut Foraging Strategies*(New York : Aldine de Gruyter)에서 다시 그림.

상충이 생긴다. 새로운 사람이 참여하면 현재 수렵단 구성원의 개인당 수익률이 감소하기 때문이다($R_x \rangle R_{x+1} \rangle R_1$).

스미스는 사냥 형식 가운데 반 정도에서 수렵의 효율성이 N=1일 때 가장 높다고 한다. 공동 사냥을 선호하는 경우(N 〉1) 참여자의 규칙(사례 가운데 63개)이 적용되는데, 최빈 수렵단의 크기가 N과 n 사이에 놓이기 때문이다. 왜 그럴까? 비록 수렵단 구성원은 새로운 참여자를 허락함으로써 수렵의 효율성에서 어느 정도 손실을 입겠지만, 사회적 우호관계를 맺어 나중에 수렵 집단에서 배제될 가능성을 최소화할 수 있기 때문이다. 이는 미래의 위험부담을 최소화하는 것 또는 장기간의 개인당 수익률을 최대화하는 것으로 여길 수 있는데, 이 경우 전자의 가능성이 더 높다. 마찬가지로 수렵 집단 크기는 본거지 집단의 모든 수렵단이 자원획득에 나설 경우 N보다 클 수 있다(Smith 1985). 비록 바다표범 사냥을 제외하고는 이누주아미우트의 사례와 일치하지는 않지만 말이다(Smith 1991: 336). 스미스에 따르면, 어린 사냥꾼의 훈련이나 상호 부조, 유희 등 사회적 요인도 집단 크기에 영향을 미친다고 한다. 따라서 공동 수렵이 선호되는 경우, 수렵 집단은 수렵채집의 효율성을 조금 떨어뜨리더라도 어느 정도 비생계적인 목적을 이루고자 할 수도 있다.[9]

스미스의 연구는, 공동 수렵 집단의 크기가 생계활동과 사회적 목적 모두에 연관되어 있으며, 사회적 목적을 달성하기 위해 개인당 수렵채집의 수익률에 조금 손해가 나더라도 집단의 크기를 증가시킬 것임을 시사한다. 해밀턴이 본거지 집단은 흔히 4배수로 증가한다고 했음을 생각하면, 스미스의 제안은 흥미롭다. 공동 거주하고 이동하는 최적의 수렵채집 집단의 크기는 많은 환경에서 더 작은 경향이 있지만(빈포드(Binford 2001)에 따르면 15명 정도), 장기간의 사회적 필요 때문에 흔히 집단 크기는 이보다 더 크다.

수용한계와 인구밀도

많은 인류학자들은 수렵채집 사회의 인구밀도가 낮다고 생각하지만, 그림 7-3은 인구밀도가 아주 다양함을 보여 준다. 초기의 연구에서는 주로 식량자원 풍부도의 측면에서 특정 지역의 수용한계(carrying capacity)를 확인하고자 하는 방식으로 인구밀도에 접근하였다. 수렵채집 사회의 인구밀도가 환경이 가진 식량자원의 풍부도와 관련된다는 것은 이론적으로도 그럴듯하며 경험적으로도 논증될 수 있다. 이미 오래 전

---

9 고고학자들은 공동사냥 기술이 어떻게 노동의 필요와 수렵채집의 효율성과 관련되는지에 관심을 가진다. 공동사냥에는 몰이꾼이 필요하다. 사람이 충분치 않은 경우, 기술적인 도움이 몰이꾼을 대신할 수도 있다. 가령 현대 적도지방 집단은 불을 사용하여 대형동물을 쫓는다(Mills 1986). 대평원 들소사냥꾼과 이누이트족은 전략적으로 돌무더기를 쌓고 옷을 얹어 놓아 사냥꾼처럼 보이게 한다. 카리부나 들소는 이에 혼란을 느껴 돌무더기에 반응하고, 그곳을 돌아 사냥꾼이 매복하고 있는 곳으로 간다. 또한 말을 사용하여 긴 거리를 빠르게 이동하면서 들소떼를 몰기도 한다. 돌무더기 같은 기술을 사용하면 필요한 사냥꾼의 수와 식량 공유 인원을 줄여 사냥의 효율성을 높일 수 있다.

표 7-3. 수렵채집 사회의 인구밀도

지역	집단	밀도 (명/100km^2)	참고문헌
북극			
그린란드	북극 이누이트(Polar Inuit)	0.5	Gilberg 1984
알래스카	누니박(Nunivak)	30	Kroeber 1939
북알래스카해안	타기우그미우트 (Taġiuġmiut, Tareumiut)	4	Oswalt 1967
북캐나다	맥켄지삼각주 이누이트 (Mackenzie Delta Inuit)	3.5	D. Smith 1984
시베리아	유카기르(Yukaghir)	0.5	Keeley 1988
세인트로렌스섬	시보칵메이트(Sivokakhmeit)	23	Hughes 1984
동그린란드	앙막살릭(Angmagsalik)	8	R. Petersen 1984
캐나다	퀘벡 이누이트(Quebec Inuit)	0.8	D'nglure 1984
북캐나다	코퍼 이누이트(Copper Inuit)	1.2	Damas 1984b
북캐나다	이글루링미우트(Iglulingmiut)	0.5	Kroeber 1939
북캐나다	넷실릭(Netsilik)	0.5	Boas 1888; Balikci 1984
북알래스카	누나미우트(Nunamiut)	2	Hall 1984
동캐나다	래브라도 니누이트(Labrador Inuit)	1.7-4	Kroeber 1939
캐나다	카리부 이누이트(Caribou Inuit)	0.2	Kroeber 1939
알래스카서북	코체부사운드 이누이트 (Kotzebue Sound Inuit)	4.2-19	Burch 1984
알래스카서북	13개구역평균	6.8	Burch 2006
알래스카	베링해협에스키모	3.2	Ray 1984
남알래스카	추가치 에스키모(Chugach Eskimo)	18	Birket-Smith 1953
알류샨열도	알류트(Aleut)	65	Kroeber 1939
아북극/한대림			
서캐나다	릴루엣(Lillooet)	23.5	Kroeber 1939
동캐나다	나스카피(Naskapi(Innu))	0.1-0.4	Rogers and Leacock 1981; Leacock and Rothschild 1994
남 아메리카	야마나(Yámana(Yahgan))	4.8	Steward and Faron 1959
캐나다	치페와이언(Chipewyan)	0.4	J. Smith 1981

지역	집단	밀도 (명/100km²)	참고문헌
캐나다	투초니(Tutchone)	0.6	McClellan and Denniston 1981
알래스카	아트나(Ahtna)	0.8	de Laguna and McClellan 1981
알래스카	카스카(Kaska)	1	Kroeber 1939
알래스카 동남	쿠스코콰미우트(Kuskowagamiut)	3	E. Nelson 1899
알래스카	타나이나(Tanaina〔Dena'ina〕)	4-6	Townsend 1981
동시베리아	길략(Gilyak)	19.2	L. Black 1973
캐나다	애터워피스컷 크리 (Attawapiskat Cree)	1.4	Kroeber 1939
알래스카	쿠친(Kutchin〔Gwich'n〕)	0.5-1.7	Krech 1978
캐나다	도그립(Dogrib)	0.4-0.8	Helm 1981
캐나다	해러(Hare)	0.3	Savishinsky and Hara 1981
알래스카	콜찬(Kolchan)	0.5	Hosley 1981
캐나다	슬레이브(Slave)	1.4	Kroeber 1939
캐나다	라운드호수 오지브와 (Round Lake Ojibwa)	1.7	Rogers 1969a,b
캐나다	오지브와(Ojibwa)	3-5	Kroeber 1939
알래스카	잉갈릭(Ingalik)	2.5-4	Snow 1981
알래스카	한(Han)	1.6	Crow and Obley 1981
알래스카	나베스나(Nabesna)	0.6	McKennan 1981
캐나다	셀카니(Sekani)	1	Kroeber 1939; Denniston 1981
캐나다	옐로우나이프(Yellowknife)	0.2	Kroeber 1939
캐나다	피칸기쿰(Pikangikum〔Ojibwa〕)	3.2	Rogers 1969a,b
캐나다	베런스강 오지브와 (Berens River Ojibwa)	4.8	Rogers 1969a,b
캐나다	크리(Grand L. Victoria Cree)	0.7	Rogers 1969a,b
캐나다	탈탄(Tahltan)	1.1	MacLachlan 1981
캐나다	캐리어(Carrier)	7.6	Tobey 1981
서 캐나다	칠코틴(Chilcotin)	13	Kroeber 1939
캐나다	비버(Beaver)	0.5	Ridington 1981
캐나다	와스와니피 크리(Waswanipi Cree)	0.4	Rogers 1969a,b

지역	집단	밀도 (명/100km²)	참고문헌
캐나다	솔토(Saulteaux)	0.6	Grant 1890
타스마니아	타스마니아원주민(서북)	14.5	Jones 1974
타스미니아	타스마니아원주민(서남)	9.3	Jones 1974
타스미나이	타스마니아원주민(빅강 [Big River])	4.3	Jones 1974
타스마니아	타스마니아원주민 (오이스터만 [Oyster Bay])	8	Jones 1974
동 캐나다	미크맥(Micmac)	2.3	Kroeber 1939

북아메리카 서북부 해안

지역	집단	밀도 (명/100km²)	참고문헌
	틀링잇(Tlingit)	10-40	Schalk 1981; Keeley 1988
	하이슬라(Haisla)	16	Schalk 1981
	벨라쿨라(Bella Coola)	10	Schalk 1981
	하이다(Haida)	62-96	Schalk 1981; Keeley 1988
	침샨(Tsimshian)	32-83	Mitchell and Donald 1988; Keeley 1988
	마카(Makah)	86	Schalk 1981
	퀼류트(Quileute)	64.5	Schalk 1981
	퀴놀트(Quinault)	33-59	Schalk 1981; Keeley 1988
	콰콰카와쿠 (S. Kwakwak'wakw, Ft. Rupert)	57	Mitchell and Donald 1988
	치눅(Chinook)	148.6	Schalk 1981
	트와나(Twana)	17-33	Elmendorf 1960
	퓨알럽-니스콸리(Puyallup-Nisqually)	18-195	Schalk 1981; Keeley 1988
	코위찬(Cowichan)	34	Keeley 1988; Kroeber 1939
	노트카(Nootka [Nuuchahnulth])	66-77	Mitchell and Donald 1988
	퓨알럽(Puyallup)	195	Jorgensen 1980
	앨시(Alsea)	73	Kroeber 1939

캘리포니아

지역	집단	밀도 (명/100km²)	참고문헌
	추마시(Chumash)	843-3900	Keeley 1988; Arnold 2001a
	세라노(Serrano)	39	Bean and Smith 1978
	쿠페노(Cupeno)	39	Kroeber 1953

지역	집단	밀도 (명/100km²)	참고문헌
	풋힐 요쿠츠(Foothill Yokuts)	237	Baumhoff 1963
	킬리와(Kiliwa)	33.4	Meigs 1939
	모나치(Monachi)	190	Spier 1978
	클라마스(Klamath)	25	Keeley 1988
	와쇼(Washo)	28	Downs 1966
	마톨리(Mattole)	210	Elsasser 1978
	신키오니(Sinkyone)	270	Elsasser 1978
	포모(N. Pomo, 북부)	232	Baumhoff 1981
	포모(C. Pomo, 남부)	196	Baumhoff 1981
	해안 유키(Coast Yuki)	166	Baumhoff 1981
	투바툴라발(Tubatulabal)	30	C. Smith 1978
	위요트(Wiyot)	103-3430	Schalk 1981; Keeley 1988
	포모(S.W. Pomo, 서남)	213	Baumhoff 1981
	아추마위(Achumawi)	17.5	Kroeber 1939
	유록(Yurok)	180	Schalk 1981
	톨로와(Tolowa)	138	Cook 1976
	모노(W. Mono, 서부)	40.9	Bean and Theodoratus 1978
	야나(Yana)	35	J. Johnson 1978
	윌쿳(Whilkut)	214	Wallace 1978a
	치마리코(Chimariko)	34.1	Kroeber 1939
	아추게위(Atsugewi)	45	Garth 1978
	마이두(Maidu)	103	Cook 1976
	후파(Hupa)	197	Cook 1976
	카록(Karok)	98.5	Schalk 1981
	샤스타(Shasta)	74	Cook 1976
	와일라키(Wailaki)	255	Baumhoff 1981
	라식(Lassik)	140	Elsasser 1978
	유키(Yuki)	232	Baumhoff 1981
	디에구에노(Diegueno [Tipai-Ipai])	18.1	Kroeber 1939

지역	집단	밀도 (명/100km²)	참고문헌
	윈투(Wintu)	281	LaPena 1978
	요쿠츠(Lake Yokuts)	38.1	Baumhoff 1981
	요쿠츠(S. Yokuts, 남부)	90	Baumhoff 1963
	레이크미웍(Lake Miwok)	180	Baumhoff 1981
	포모(S.E. Pomo, 동남)	431	Baumhoff 1981
	포모(E. Pomo, 동부)	196-6633	Baumhoff 1981; Keeley 1988
	와포(Wappo)	176-6350	Keeley 1988; Baumhoff 1981
	시에라 미웍(Sierra Miwok)	55	Baumhoff 1963
	파트윈(Patwin)	62.5	Kroeber 1939; P. Johnson 1978
	놈라키(Nomlaki)	71	Cook 1976
	카와이수(Kawaiisu)	11.9	Kroeber 1939
	카후일라(Cahuilla)	39-97	Kroeber 1953; Keeley 1988
	와포(Wappo)	163	Cook 1976
	루이세뇨(Luiseño)	39-257	Kroeber 1953
온대 사막			
그레이트베이슨	삼피츠 유트(Sampits Ute)	2.7-9	Callaway, Janetski, and Stewart 1986
	윈드강 쇼쇼니 (Wind River Shoshone)	1	Leland 1986
	와다디카(Wadadika, Ruby Valley)	13.4	Steward 1938
	아가이두카(Agaiduka(Lemhi))	1.5-4	Steward 1938
	고시우트(Gosiute)	1.5	Steward 1938
	팀파노고츠(Timpanogots, Utah L.)	5.7-15	Leland 1986; Callaway, Janetski, and Stewart 1986
	리스강 쇼쇼니(Reese R. Shoshone)	10	Steward 1938
	토사위히(Tosawihi, White Knife)	15	Steward 1938
	카위치 쇼쇼니(Kawich Shoshone)	1.9	Steward 1938; Thomas 1981
	쿠유이도카도 (Kuyuidökadö, Pyramid L.)	18	Stewart 1941
	파반트 유트(Pahvant Ute, Sevier L.)	6.7-14	Callaway, Janetski, and Stewart 1986

지역	집단	밀도 (명/100km²)	참고문헌
	카이밥(파이우트, Kaibab Paiute)	3-4	Leland 1986
	오웬스밸리 파이우트 (Owens V. Paiute)	19	Steward 1938; Thomas 1981
	남파이우트(S.Paiute, LasVegas)	1.3	Steward 1938
	파나민트(Panamint)	2.1	Steward 1938
	키두토카도(Kidütökadö)	1.1	Stewart 1941
온대림			
오리건	모독(Modoc)	4.8	Kroeber 1939
고원	쇼쇼니-바녹(Shoshone-Bannock)	1.31	Leland 1986
	테니노(Tenino)	18	Murdock 1958
	톰슨(Thompson)	33.2	Kroeber 1939
	슈스왑(Shuswap)	4.5-15	Keeley 1988
	쿠테나이(Kutenai)	2	Kroeber 1939
	쾨르달렌(Coeur d'Alene)	1.5	Kroeber 1939
	산포일(Sanpoil)	38	Ray 1932
	네즈 퍼스(Nez Perce)	8.9	Haines 1955
	우마틸라(Umatilla)	4.5	Kroeber 1939
남텍사스	카란카와(Karankawa)	19-42	Keeley 1988
호주동남	클레어런스강 고원 (Clarence R. tablelands)	1.8	Bellshaw 1978
	클레어런스강산자락	5.5	Bellshaw 1978
	클레어런스강연안	13.4	Bellshaw 1978
대평원			
	블랙풋(Blackfoot〔Piegan, Blood〕)	4.3	Kroeber 1939; Ewers 1955
	대평원 크리(Plains Cree)	1.9	Kroeber 1939
	아시니보인(Assiniboin)	5.8	Kroeber 1939
	크로우(Crow)	2.6	Kroeber 1939
	아라파호(Arapaho)	3	Kroeber 1939
	샤이엔(Cheyenne)	3	Kroeber 1939
	자원획득-아파치(Kiowa-Apache)	1.4	Kroeber 1939

지역	집단	밀도 (명/100km^2)	참고문헌
	코만치(Comanche)	5	Kroeber 1939
	자원획득(Kiowa)	1.4	Kroeber 1939
열대/아열대 사막			
호주	마무(Mamu)	55	Harris 1978(c. AD 1800)
	마잔지-완주루(Madjandji-Wanjuru)	49	Harris 1978(c. AD 1800)
	케라마이(Keramai)	29	Harris 1978(c. AD 1800)
	이딘지(Idindji)	38	Harris 1978(c. AD 1800)
	트자푸카이-불루와이 (Tjapukai-Buluwai)	19	Harris 1978(c. AD 1800)
	굴른가이(Gulngai)	60	Harris 1978(c. AD 1800)
	콩칸지(Kongkandji)	200	Harris 1978(c. AD 1800)
	지루발(Djirubal)	26	Harris 1978(c. AD 1800)
	은가찬(Ngatjan)	149	Harris 1978(c. AD 1800)
	지루(Djiru)	125	Harris 1978(c. AD 1800)
	원가이본(Wongaibon)	19	Yengoyan 1968
	디에리(Dieri)	1.9	Yengoyan 1968
	아란다(Aranda)	3	Yengoyan 1968
	핀투피(Pintupi)	0.5	Myers 1986; N. Peterson 1979
	카리에라(Kariera)	7.6	Radcliffe-Brown 1930
	워로라(Worora)	2	Peterson and Long 1986
	왈피리(Walpiri(Walbiri))	1	Meggitt 1962
	알랴와라(Alyawara)	2.5	O'onnell, Latz, and Barnett 1983
	마르두자라(Mardudjara)	0.6	Cane 1987; Tonkinson 1978
	안바라(Anbarra)	2	White *et al.* 1990
	욜른구(Yolngu)	0.3-.06	White *et al.* 1990
	쿠카주(Kukadju)	0.57	Cane 1990
멕시코	세리(Seri)	5	Keeley 1988
멕시코	보르헤노(Borjeno, BajaCalif.)	37.3	Aschmann 1959

지역	집단	밀도 (명/100km²)	참고문헌
아프리카	핫자(Hadza)	15-24	Woodburn 1968; Marlowe 2010; Blurton Jones et al. 1992
아프리카	도베 주호안시(Dobe Ju/ʼhoansi)	10-16	Hitchcock 1987a,b
아프리카	그위(G/wi)	8	Silberbauer 1981a
아프리카	쿠아(Kua, E.Kalahari)	2.1-3	Hitchcock 1982
아프리카	카데(≠Kade)	5	Tanaka 1980
미국	왈라파이(Walapai)	4	Kroeber 1935
미국	야바파이(N.E. Yavapai, 동북)	1.4-4	Kroeber 1939

계절성 및 열대우림

지역	집단	밀도 (명/100km²)	참고문헌
필리핀	바탁(Batak)	54	Eder 1987
호주	그루트 아일랜드(Groote Eylandt)	11.5	Peterson and Long 1986
호주	윅문칸(Wikmunkan)	18.7	Keeley 1988
호주	무린바타(Murinbata)	8	Yengoyan 1968
호주	네스빗강(Nesbitt R., Cape York)	40	Chase and Sutton 1987
호주	이르요론트(YirYoront)	16	Peterson and Long 1986; Yengoyan 1968
호주	안바라(Anbarra)	43	Meehan 1982
호주	기진갈리(Gidjingali)	77	Hiatt 1965
호주	먼진(Murngin)	5	Warner 1937
남아메리카	보토쿠도(Botocudo [Kaingang])	11	Steward and Faron 1959
남아메리카	아웨이코마(Aweikoma)	3.8	Keeley 1988
남아메리카	아체(Ache [Guayaki])	23.4	Hill and Hurtado 1996
아프리카	음부티(Mbuti)	17	Turnbull 1965
아프리카	아카(Aka)	28	Bahuchet 1988
말레이시아	세망(Semang)	5-19	Rambo 1985
말레이시아	바텍(Batek)	13	Endicott and Endicott 2008
안다만섬	안다만섬 원주민	86	Keeley 1988
인도	힐 판다람(Hill Pandaram)	69.6	Morris 1982
인도	비르호(Birhor)	22	Williams 1974
인도	팔리얀(Paliyan)	77	Gardner 1972

지역	집단	밀도 (명/100km²)	참고문헌
베네수엘라	푸메(Pumé)	49	Kramer and Greaves, pers. comm.
뉴기니	이동 집단	20-240	Roscoe 2006
뉴기니	정주 집단	100-2580	Roscoe 2006

버드셀(Birdsell 1953, 1958)은 호주 원주민의 인구밀도가 강우량의 증가와 함께 기하급수적으로 높아짐을 연구한 바 있다.

이 같은 버드셀의 연구를 이어받은 연구자들은 수렵채집 인구의 크기는 몇 가지 식량의 밀도를 측정하여 추정할 수 있다고 했다(e.g., Baumhoff 1958, 1963; Thompson 1966; Rogers 1969b; Thomas 1981; Martin and Read 1981). 예를 들면, 마틴 봄호프는 캘리포니아에서 물고기, 도토리, 사냥감이라는 세 가지 자원 범주의 풍부도를, 다양한 민족지 집단의 영역범위 내 하천의 길이와 상이한 숲 형식의 수, 자원 지수의 상관계수를 이용한 추정치를 곱하여 계산하였다. 그리고 일련의 회귀분석을 통해 어떤 변수 조합이 가장 정확한 인구 추정치를 알려 주는지 파악하였다. 봄호프는 캘리포니아 북부의 클라마스 권역에서 어류 지수 하나만으로 인구를 정확히 추정할 수 있음을 알게 되었다.

연구에는 수용한계라는 개념이 사용되었는데, 인류학자들은 대체로 (1) 이론적으로 주어진 생계 기술 아래에서 주어진 단위의 토지가 부양할 수 있는 사람의 수, (2) 밀도가 인구성장률에 주는 한계치(Dewar 1984)라는 두 방식으로 사용해 왔다. 수렵채집 사회의 인구에 대한 연구에서는 대부분 첫 번째 방법을 이용한다(e.g., Casteel 1972, 1979; Hayden 1975; Hassan 1981). 이를 위해 먹을 수 있는 자원의 풍부도와 채취 효율성을 측정해야 하는데(Dewar 1984), 이는 상당히 세밀한 작업이기도 하다. 예를 들어, 페크리 하산(Fekri Hassan 1981)은 다음과 같은 수식을 제시한다.

$$D = \frac{\sum_{i=1}^{I-n} F_i N_{ij}}{L_j}$$

F_i = i번째 식량 항목이 제곱킬로미터당 사람에게 주는 최적의 생산량을 상수 Ki
로 곱한 것. 이는 다시 네 변수의 산물이다. M은 안전한 여유 공간을 지닌 생
산량의 백분율, E는 생체 중 먹을 수 있는 고기의 백분율, W는 손상을 피할
수 있는 생산량의 백분율, S는 영역에서 이용 가능한 사냥감의 범위에서 선
택된 동물의 백분율.

N_{ij} = j번째 영양소의 칼로리에서의 영양성분 또는 i번째 식량 항목의 먹을 수 있
는 부위 의 킬로그램당 다른 단위(가령 단백질이나 미네랄)

L_j = j번째 영양소의 개인당 평균 소비 필요량

D = 밀도(명/km²)

하산은 핫자족과 카리부 이누이트족의 자료를 이용하여 이 모델을 어느 정도 성
공적으로 검증하기는 했지만, 수용한계 모델에 대해서는 반드시 주의할 점이 있다.
문화영역 연구나 문화생태학과 마찬가지로, 수용한계 모델은 사회가 특정 시점에 평
형상태에 있음을 가정한다. 인구가 과거에 성장했을 수 있지만, 수용한계 이하로 빠
르게 내려간다는 것이다. 더 나아가 수렵채집민은 수용한계의 20~50% 정도에서 인
구를 평형상태로 유지한다고 한다(Hayden 1972). 그렇다면 수렵민은 환경이 주는 수
용한계를 의식적이든 무의식적이든 인지하고, (산후 성교 금기, 유아살해, 유산, 노인살해,
수유시 무월경 등) 문화 기제를 사용하여 이를 조절하고 있는 것이다.

이런 생각에는 문화생태학의 경우와 똑같은 결함이 있다. 평형상태를 유지하는
것이 수렵채집 사회의 "목적"이라면, 그리고 수렵채집민이 인구를 수용한계 아래에
서 유지한다면, 왜 선사시대의 인구집단은 농경이나 (관개, 이모작, 계단식 논 등) 노동
집약적인 기술을 통해 환경의 생산성을 늘리려 했는가?

이러한 수용한계 모델은 실제 생계활동 행동과 그것이 인구에 미치는 영향을 제

대로 고려하지 못하고 있다. 사람은 하루에 어느 정도의 식량을 필요로 하는가? 그 식량을 얻기 위해 얼마나 열심히 일해야 하는가? 수렵채집 활동이 식량의 밀도에 미치는 효과는 어떠한가?

윈터할더는 식단폭모델을 사용하여 생계 행위와 자원의 밀도, 자원회복률, 인간 재생산 사이의 상호작용으로부터 인구성장률을 예측함으로써 문제를 풀고자 했다 (Winterhalder *et al.* 1988; Winterhalder and Goland 1993; Winterhalder 1993). 윈터할더 모델은 사람이 상위 자원의 풍부도를 감소시키면 식단폭이 넓어지리라고 가정한다. 이는 다시 생계활동의 수익률과 인구의 재생산, 궁극적으로 인구성장률에 영향을 미친다.[10]

윈터할더는 이미 알려진 크기의 인간 집단과 알려진 밀도의 식량자원과 수익률, 증가율로 시작하여 사람의 에너지 필요, 도태속도, 자원의 밀도에 따른 성장률을 합리적으로 가정한다. 모델의 중요성은, 사냥감이 인구에 영향을 미치지만 수렵채집민도 사냥감 수의 역학에 영향을 미침을 인정한다는 점이다.

일반적으로 말하면, 이 모델은 인간의 인구가 처음에 증가하여 결국 사람과 사냥감의 수가 평형상태에 다다름을 예측한다.[11] 인구성장률은 순획득률(3장)의 증가와 함께 커지고 그것이 하락하면 감소한다.

시뮬레이션은 기본 칼로리 필요, 수렵채집에 들이는 시간의 양이나 사냥감의 포획에 대한 반응 등과 같은 모델 변수에서 시간의 흐름에 따른 비교적 작은 변화가 전체 인구 크기와 인구 등락의 성격에 큰 변화를 가져옴을 잘 나타낸다. 윈터할더에 따르면, 생계 활동의 시간을 조정하여 활동하는 시간이 길어질수록 인구가 처음에는 증

---

10 고려할 수 있는 또 다른 요인으로는 식량자원에 대한 동물종 간의 경쟁을 들 수 있다. 게이지(Timothy Gage 1979)는 봄호프의 자료를 재분석하면서 사람과 사슴 사이에 도토리를 두고 벌어지는 경쟁 관계를 포함한 모델이 캘리포니아 원주민 인구를 더 정확하게 예측해 준다고 했다. 실제 식량은 봄호프가 생각한 것만큼 풍족하지 않았으며, 도토리 같은 식량은 사람 말고도 소비하는 동물이 있었다. 수렵채집 인구는 환경에서 그런 경쟁자가 없을 경우 수용한계 아래에 머무른다.

11 고고학자는 이 모델에서 식단폭의 변화가 한 식량자원 대 두 자원 사이의 급격한 변화의 전환기를 가져올 터이기에 흥미롭게 생각한다(이 전환기는 작업 시간이 증가할수록 더 짧아진다).

가하다가 한계에 이르고 결국 평형상태에 이른다. 간단히 말하자면, 열심히 일하는 수렵채집민의 경우일수록 인구성장률은 낮다. 등락의 크기, 성장률, 궁극적인 평형상태의 수준은 사냥감의 밀도, 순획득률, 사냥감의 개체수 회복률에 따라 달라진다. 자원의 밀도가 높고 회복률이 높은 곳에서 인구는 빠르게 증가한다.[12]

이 같은 모델링은 수렵채집 인구 역학 연구에 대해 유용한 접근이라고 할 수 있다. 모델에 대한 검증은 궁극적으로 고고학 자료를 통해서 할 수밖에 없는데, 고고학 자료에서 인구 역학은 오랜 시간대에 걸쳐 기록되어 있다. 더구나 행위, 식단, 생리학, 재생산 사이의 관계를 더 잘 이해하기 위해서 그 같은 모델을 더 발전시켜야 한다. 이제 이 문제에 대해 살펴보자.

재생산과 문화적인 조절

수렵채집 사회의 인구학에 대한 문헌은 의도적인 출산율 조절에 대해 많은 언급을 하고 있다. 피임과 유산, 산후 성교 금기, 유아살해 같은 경우가 주로 제시된다. 임신을 막거나 유산시키는 약초가 언급되어 있는 민족지도 있는데, 실제 효험이 있다는 증거는 없다(Marlowe 2010: 140; Howell 2010: 23). 수렵채집 사회에는, 간단히 말해,

---

[12] 벨롭스키(Belovsky 1988)는 선형프로그래밍을 이용하여 윈터할더 모델과 유사한 인구역학모델을 제시한다. 모델에서 인구와 식량 밀도의 변화는 수렵채집 시간을 변화시키고 식물성 식량 대 고기 비율의 변화를 일으킨다. 비율이 변하면 수확할 수 있는 일차생산의 양도 변화한다. 식단 구성의 변화는 다시 출산에 투여할 에너지의 양에도 변화를 가져온다. 가장 민감한 변수는 수확할 수 있는 일차생산, 집단의 영양요구량, 성장하여 수렵민이 되는 나이이다. 벨롭스키 모델은 동일 기간 동안(300년) 윈터할더 모델보다 인구밀도에서 더 큰 변동을 예상한다. 이 모델의 흥미로운 점 하나는 생산성이 200과 800g/m²일 때 인구가 크게 변동하고, 100과 400g/m²일 때 변동 폭이 작다는 것이다. 인구성장에는 한계가 있지만, 인구는 그저 성장했다가 평형상태에 도달하는 것이 아니며, 순환의 상한보다 더 큰 관심을 모으는 것은 변동의 성격이다. 생산성이 높은 상태에서 인구 변동이 더 극적으로 일어난다. 실효 식량의 밀도가 증가하면 인구는 급성장과 급감소의 순환을 겪는다. 인구 감소가 그처럼 짧은 기간에 일어나면, 사람들은 아마도 생계기술을 바꿈으로써(가령 농경) 이에 반응하며 환경의 생산성을 높인다. 그 결과 인구는 지속적으로 성장할 수 있다.

효과적인 피임이나 유산법이 없다(Handwerker 1983; Wood 1990; Ellision 2001).

수렵채집민은 산후 성교 금기를 통해 출산율을 조절할 수 있다. 이런 금기는 민족지 문헌에도 자주 등장한다. 예를 들면, 은애은애 주호안시(Nyae Nyae Ju/'hoansi) 부모는 출산 후 적어도 세 달은 엄마의 젖을 마르게 하여 갓난아이에게 해를 입힐 수 있기 때문에 성교를 피한다(Marshall 1999: 121). 그러나 이러한 금기는 아마도 자연스런 출산 후 무월경 시기(수유와 모성 영양과 일 때문에 더 길어지는 경우도 있다)를 생각할 때 그리 효과가 있다고 보이진 않는다(수렵채집 사회보다는 오히려 원경민의 경우에 더 일반적이라는 연구도 있다(Cohen 1980: 287-88)). 따라서 출산 후 금기가 있다고 해도 출산율 자체에는 별다른 효과가 없다고 할 수 있다(Hamilton 1981: 123).

그렇다면 이제 유아살해가 가장 주된 의식적인 재생산 및 인구 통제 수단이 된다. 버드셀(Birdsell 1981)은 플라이스토세에는 유아살해가 15~50% 정도 일어났다고 (다른 연구자와 마찬가지로 주로 여아살해였다고 가정하였다) 보았다. 하산(Hassan 1981)은 15~25%를 제시하며 여아살해의 최대치를 15% 정도로 추산하였다. 그러나 정보 제공자와 인터뷰를 통해 유아살해가 일어난 경우를 계산하면 흔히 이보다 아주 낮아서, 도베 주호안시에서는 1.2%(Howell 1979), 안바라족에서는 5~11% 정도이다(Hamilton 1981: 123). 연구 대상 수렵채집 집단 표본 35개 가운데 반 미만에서 유아살해가 있었다는 연구도 있다(Morales 1987; Daly and Wilson 1988; Marlowe 2010: 152 참조).[13] 반대로 몇몇 인구집단에서는 유아살해와 어린이 살해의 수치가 높기도 하다. 아체족 남아 14%, 여아 23%가 10살이 되기 전에 살해된다(Hill and Hurtado 1996). 또한 히위족 여아 40%와 남아 14%가 유아살해로 죽는다(Hill et al. 2007).

많은 민족지는 기형아와 쌍둥이 하나나 둘 모두를 태어나자마자 죽이는 문화 규범에 대해 언급하고 있는데, 사실 이런 출생은 그리 많지 않다. 수렵채집 사회의 인구

---

13   Carr-Saunders 1922; Van de Velde 1954; Balikci 1967; Birdsell 1968; Freeman 1971; Denham 1974a, b; Riches 1974; Schrire and Steiger 1974a, b, 1981; Acker and Townsend 1975; Dickemann 1975; Gowlishaw 1978; Chapman 1980; Helm 1980; Hawkes 1981; Yengoyan 1981; Remie 1985; Moales 1987; Irwin 1989

학에서 더 중요한 것은 여아우선살해와 비우선 유아살해이다. 전자에서 여아는 출생하자마자 살해되거나 태어나고서 돌봄을 받지 못해 죽는다. 후자에서는 만 1세 미만의 유아와 아이(1세에서 14세)가 성별에 관계없이 살해된다. 후자는 때로 "터울조절 유아살해(birth-spacing infantcide)"라 일컫기도 하는데, 실제로 터울을 조절하려는 의도가 원인인지는 불분명하다.

여아살해

여아살해가 인구 조절 방법이라는 생각은 특히 1920년대 덴마크 탐험가 라스무센(Rasmussen 1931)의 넷실링미우트족 방문 등 20세기 초 몇몇 북극지방 집단에 대한 인류학 문헌으로 거슬러 올라갈 수 있다.

라스무센의 자료는 여성 18명과의 인터뷰, 그리고 인구센서스에서 취한 것이다. 인터뷰에서는 67%에 이르는 여아가 출생과 함께 죽음을 맞이한다. 라스무센은 80%라고 보고하였지만, 잘못 계산하였거나 발간된 표에 오자가 있었을 것이다(Schrire and Steiger 1974a; Remie 1985). 라스무센은 센서스에서 소녀보다 소년의 수가 훨씬 많음을 알게 되어, 넷실링미우트족이 절멸로 향하고 있다고 결론을 내렸다. 이것이 옳았을까?

북극지방을 비롯한 지역에서 여아살해 증거는 대체로 성비 자료에서 기인한다(e.g., Weyer 1932; Helm 1980; Irwin 1989). 인구센서스 가운데는 넷실링미우트족 인구보다 한쪽으로 편향된 경우도 있다. 정보제공자 인터뷰는 여아살해에서 이차적인 정보원일 뿐이다. 여아살해를 기록한 인터뷰 정보와 센서스가 과연 얼마나 정확할까?

(1) 인터뷰 자료

라스무센은 여성을 인터뷰하였지만, 수렵채집 집단의 유아살해에 관한 많은 논의는 남성 정보제공자가 남성 민족지학자에게 말한 것을 근거로 했다. 이런 유아살해에 대한 남자들의 언급 또는 여성이 남성 민족지학자에게 한 언급들이 얼마나 정확할까?

어떤 경우에는 남자가 갓난아기를 살려야 할지 죽여야 할지를 결정한다. 이누이트족 가운데는 죽고 사는 문제의 결정이 언제나 엄마의 몫은 아니며, 흔히 남편이 결정하기도 하며(Balikci 1967: 619-20; 1970), 때론 조부모가 결정하기도 한다(Irwin 1989). 출생하는 광경을 많은 사람이 보았을 수 있다. 가령 호주의 티위족 여성은 출산을 앞두고 "아버지, 어머니, 인척과 형제, 자매"들로 둘러싸이는데, 여기에 아이의 아빠는 너무 놀랄 수 있기에 배제된다고 한다(Goodale 1971: 146).[14] 여기에 모인 사람 가운데 몇몇이 갓난아이를 살릴지 결정하는 데 영향을 미친다.

하지만 혼자서 아이를 낳는 사람도 있고, 여성 친척들의 도움만을 받는 경우도 있다. 유아살해가 심지어 출생 전에도 이루질 수 있다. 그렇다면 남편이 아이의 죽음을 어떻게 알게 되는가? 분명히 아내가 출산을 했다는 사실을 모르지는 않을 것이다. 그럼에도 남편과 떨어져 출산을 한다면, 엄마는 사내아이를 죽인 뒤 남편을 화나게 하지 않으려고 사산되었거나 여아였다고 말할 수 있으며, 남성 민족지학자에게도 똑같이 말할 수 있다(아니면 문화적으로 부적당하기 때문에 인터뷰에 응하지 않을 수도 있다). 폴 부고스(Paul Bugos)와 로레인 매카시(Lorraine McCarthy 1984)는 남자가 유아살해에 대해 일반적인 사항(쌍둥이나 기형아, 또는 여성이 아이를 돌볼 수 없다고 하는 경우 등) 말고는 거의 아무것도 모른다는 사실을 알게 되었다. 그리고 특정 여성의 출산 역사에 대해서도 별로 아는 것이 없었다. 그렇지만 아요레오(Ayoreo) 여성은 여성 민족지학자가 인터뷰할 때는 유아살해를 포함하여 자신의 그리고 이웃의 출산 역사에 대해 아주 정확한 정보를 주었다.[15] 따라서 유아살해에 대한 인터뷰 자료 가운데는 상당히 편향된 것도 있다(Hamilton 1981: 119).

---

14 남편과 아버지는 다를 수 있다. 티위족 여성은 처음엔 연장 남자와 혼인하고 젊은 남성과 애인 관계를 가지면서(Goodale 1971: 131) 아이의 생물학적 아버지와 남편, 사회적 아버지를 구분한다.

15 정보제공자의 설명을 다른 사람에게 검증하여 정확한지 확인할 수 있다. 부고스와 매카시(Bugos and McGarthy 1984)의 친족 도표에 근거하면 유아살해율은 대략 38%(성별을 모르는 8개 사례 제외)인데, 여아의 28%는 출산시 죽이고, 남이의 40%도 죽인다고 한다.

(2) 성비

성비는 유아살해의 또 다른 증거이다. 작은 인구에서 성비자료는 상이한 남녀 사망률이나 이주, 재앙(가령 남자로 이루어진 사냥꾼들의 전멸 등) 같은 것을 포함한 많은 요인들에 영향을 받을 수 있다. 예를 들면, 라스무센이 북극지방에 도착하기 전에 이미 3분의 1에 이르는 지역 인구가 이주해 나갔다고 했는데, 이것이 자료에 영향을 미쳤을 수 있다(Balikci 1984). 센서스 조사자가 올 때 아이를 뺏길까 두려워 숨긴 사람도 있었는데, 소년보다는 소녀를 더 많이 감추었다고 한다(Yengoyan 1981). 출생 성비 불균형 또한 변이의 원천일 수 있다. 아체족의 출생시 성비는 남녀 125:100이며 (Hill and Hurtado 1996: 440), 이에 반해 히위족은 117:100(Hurtado and Hill 1987), 주호안시족은 105:100이다(Howell 1979: 214).[16]

이런 요인들은 시간이 흐름에 따라 작은 집단의 인구를 극적으로 바꾸어 놓을 수 있다. 표 7-1에 나타나 있듯이, 타나나, 서북부 해안, 쇼쇼니/파이우트, 고지대 판다람족의 지역 집단에서 성인 성비가 다양함을 주목하자.[17] 그럼에도 복수의 센서스 자료가 있는 경우, 일관되게 여성이 적게 나타나는 경우에는 여아살해가 요인일 수 있다. 그러나 그 비율은 센서스 자료에서 단순하게 외삽하여 얻을 수 없는데, 넷실링미우트 사례를 통해 왜 그러한지를 잘 알 수 있다.

간단히 얘기하여, 라스무센과 다른 초기 북극 민족지학자들은 성인 여성의 수를 제대로 세지 못하였다(Schrire and Steiger 1974a). 북극지방(그리고 다른 지역도 마찬가

16　부고스와 매카시(Bugos and McGarthy 1984) 자료에는 아요레오족의 이차 성비가 125:100로 나와 있다. 아체족의 성비는 정착 이후 동등해졌으며, 조사자의 노력에도, 외부 세계와 접촉 이전의 성비는 여아살해에 대한 정보제공자의 가치관 탓에 편향되어 있을 수 있다. 성비는 세계적으로도 105:100 정도이며, 출산시 성비의 차이에는 B형 간염 부작용 같은 여러 요인이 개입되어 있다(Martin 1994). 또한 작은 인구집단에서는 무작위적 우연성 탓에 성비 차가 생길 수도 있다.

17　헴(Helm 1980)의 논의는 초기 허드슨만 교역자들의 기록에 나오는 증언에 따른 것이다. 기록에는 여아살해가 빈번하게 이루어졌지만, 유럽 사람들이 못하게 했다고 언급되어 있다. 유럽 사람들이 제한된 사례만을 근거로 라스무센이 하였듯이 극악무도한 행위가 있었다고 여겼을 수 있으며, 그 다음에 스스로가 사실 존재하지 않았거나 드물게 있었던 행위를 중단시켰다고 생각했을 수도 있다.

지)에서 신랑은 신부보다 나이가 많다.[18] 여자는 대략 만 열두 살에, 남자는 스무 살 정도에 혼인한다. 다른 북극지방의 탐험가와 마찬가지로(e.g., Mathiassen 1928), 라스무센은 혼인을 기준으로 성인과 아이를 나누었다. 그래서 어린 남성에 비해 여성의 수가 적었는데, 이런 식으로 성비에 불균형이 생겼을 수도 있다.

라스무센과 다른 북극의 자료에 대한 연구에 따르면, 여전히 여아살해의 증거가 있지만 아주 낮은 비율일 뿐이다. 쉬라이어와 스타이거(Schrire and Steiger 1974a)는 8%라는 값에 도달하였으며, 이보다 높은 수치라면 인구가 절멸에 이를 수 있음을 시사하였다(Acker and Townsend 1975). 그렇지만 마이클 채프맨(Michael Chapman 1980)의 모델에 따르면, 인구 집단은 33% 정도의 여아살해율로도 인구 감소와 절멸을 견딜 수 있다고 한다. 또한 인구 계산에서의 오차를 감안한다면, 몇몇 이누이트 인구에서 보이는 어린이 성비 자료는 여아살해율이 대략 37% 정도였다고 주장한다. 많은 이누이트 인구 집단은 가능한 최대의 비율(라스무센의 비율보다는 반 정도이지만)로 여아살해를 시행하고 있었다는 것이다.

에릭 스미스와 에비게일 스미스는 통찰력 있는 생존표모델을 개발하여 이누이트 사회 열 개의 성비를 분석하였다(Eric Smith and Abigail Smith 1994). 이들에 따르면, 남녀 혼인 연령의 차이와 여아살해를 포함한 경우가 생존표에 가장 부합한다고 한다. 현재 관찰되는 성비가 나오기 위해 필요했던 유아살해율은 집단마다 달라서 0에서 40%이며, 평균 21%라고 한다. 혼인 연령만으로 북극지방의 성비 자료를 설명할 수는 없지만, 여아살해율만으로도 설명할 수 없다. 여아살해를 인정하지 않은 쉬라이어와 스타이거의 경우와, 여아살해 탓에 넷실링미우트족 스스로 절멸로 향하고 있다고 한 라스무센의 두려움은 모두 근거가 없다.

북극 지방에서 벌어지는 여아살해는 인구 조절과 성인 성비 균형이라는 측면에서 설명된다. 밀턴 프리먼(Milton Freeman 1971)은 문화생태학적 시각에서 여아살해

---

18 일부다처제를 하는 티위족에서 젊은 남성은 나이든 여성과 혼인한다. 남자가 더 나이가 들면 점점 더 젊은 여성과 혼인할 수 있어, 결국 가장 어린 여성과 혼인할 만한 나이에 이른다(Hart and Pilling 1960; Goodale 1971).

가 식량 공급과 균형을 맞추어 인구를 낮게 유지하여 생태계의 안정성을 보장하는 방법이라고 했다. 또한 여아살해는 남성 중심적인 북극지방 문화의 소산이라고도 했다.

이와 달리 발릭치(Asen Balikci 1967, 1970)는 여아살해가 성인의 성비를 맞추어 여성을 두고 성인 남성끼리 벌어지는 경쟁을 막는 길이었다고 주장하였다. 유럽과 접촉하기 전의 성인 이누이트 남성은 북극지방에서 사냥이 지닌 위험성 때문에 성년 여성보다 더 빨리 죽는다고 한다(Weyer 1932; Damas 1975b). 여아의 출산을 조절함으로써 성인 성비의 균형을 맞춘다는 것이다. 이 논지가 옳다면, 이누이트 소년의 남녀 성비와 사냥의 위험도 사이에 반비례 관계가 있을 터이다. 콜린 어윈(Colin Irwin 1989)은 연평균기온을 측정하여(기온이 낮을수록 위험성은 커진다), 기온이 낮은 경우 여아 인구보다 남아 인구가 많음을 보여 주었다. 어윈은 성인 남성의 사망률이 기온과 반비례하여 기온이 낮을수록 사망률이 높다고 한다. 따라서 여아살해는 성인 성비 균형에 도움이 된다.

그런데 스미스와 스미스(Smith and Smith 1994)는 이 같은 두 가지 주장을 평가하면서 여아살해가 인구 조절 기제의 역할을 한다는 증거가 없다고 한다. 아주 혹심한 굶주림에 시달리는 시기가 올 경우 인구가 크게 감소하기 때문에, 이누이트 인구는 사실 늘 회복기에 있었다고 한다. 따라서 여아살해는 북극지방에서의 재앙이 요구하는 단기간의 인구 조절 기제로서 너무도 부적절하다. 이들에 따르면, 여아살해가 성비 균형에 미치는 영향이 사실이라면, 성인 남성 사망률이 여성보다 높은 곳에서는 여아살해가 있을 것이라 예상되지만, 실제 그런 증거는 없다고 한다. 여아살해가 성인 성비 균형에 도움을 준다는 어떤 증거도 찾지 못했던 것이다(아마도 이것이 왜 이누이트 남성은 때로 아내를 얻기 위해 다른 캠프를 습격하는지를 설명해 준다). 그러니 인구 조절이나 성인 성비 균형은 북극지방에서 나타나는 여아살해에 대해 설명하지 못한다.

세 번째 설명은 진화이론에 토대를 둔 것으로, 남아와 여아를 양육하는 데 적응도를 비교하는 방법이다. 피셔(Fisher)의 부모투자이론(Smith and Smith 1994; Smith 1995)에 따르면, 부모는 재생산 적응도를 최대화하는 자식에게 투자한다고 한다. 이는 (a) 성년까지 기르는 데 비용이 가장 적게 드는 자식에게 투자하거나 (b) 가구 경제에 더 빨리 기여하는 (나이 어린 형제의 생존을 돕는) 자식에게 투자함을 뜻한다. 많은 이누이트 사람들은 민족지학자에게 여자는 사냥을 하지 않기 때문에 남자보다 중요하지 않다고 설명하였다(e.g., Balikci 1967: 622). 북극지방에서 아들은 후일 아버지의 사냥 능력이 쇠락할 때 부모와 어린 형제를 돌보는 역할을 한다. 물론 북극지방에서 식량을 직접 획득하지는 않을지 몰라도, 여성도 옷을 만들고 식량을 가공하며 아이를 기르는 등 생활에 필수적인 역할을 한다(Schrire and Steiger 1974a; Halperin 1980: 394; Waguespack 2005). 만약 부모가 사냥꾼을 원한다면, 딸을 그렇게 키울 수 없는 것은 아니다. 그러나 대부분의 이누이트 사회는 부거제라서 여성은 다 자라면 살던 집을 떠나 남편 가족과 같이 살아야 하며, 그렇기에 여성이 생산적이라고 하더라도 자신의 형제자매나 부모를 도울 수는 없다(Riches 1974). 〔넷실링미우트 남자만 이를 중요하게 여기는 것은 아니다. 어떤 여자는 여동생에게, 갓난 딸을 기르느라 "몇 년을 헛수고하느니" 목을 조르라고 했다고 한다(Rasmussen 1931: 140).〕

한 부부에게 아들이 있다는 것은, 늙었을 때 사냥을 해주고 어린 형제자매를 돌보아 줄 사람이 있음을 뜻한다. 북극지방에서 여아살해를 설명할 가장 그럴 듯한 가설은 어린 아들이 나중에 부모와 형제자매의 적응도에 더 많은 기여를 할 것이기에 선호되었다는 것이다(Smith and Smith 1994).[19] 이누이트 공동체에 대한 현대의 연구 하나는 이런 주장을 뒷받침한다(Collings 2009).

배리 휼럿(Barry Hewlett 1991a)은 남자가 여자보다 생계에 더 직접적으로 기여하는 곳에서 소년 편중의 성비가 나타난다고 했다. 이런 사회에서 유아살해는 출생시 노골적인 살해보다는 방조를 통해 일어나는데, 이는 여아살해의 효과가 여아살해의 문화적 관념 없이도 일어날 수 있음을 뜻한다.[20] 휼럿은 전쟁이나 급습, 위험한 수렵 활동 탓에 여성보다 남성의 사망률이 높은 지역에서 여아는 방조의 희생물이 될 수

---

19 여야살해가 이런 이유였다면, 주로 출산 초기에 일어날 것이고 태어난 아들의 수에 따라 감소하여야 할 것이다. 그런데 이를 검증할 자료가 없다.

20 유아의 경우 수유를 하지 않거나 영양가 있는 음식을 주지 않아서, 아프거나 다쳤을 때 돌보지 않아서 죽을 수도 있다. 이런 식으로 특정 성의 유아사망률이 더 높은 결과가 생길 수 있다.

있다고 한다.[21]

이처럼 여아살해를 설명하는 데는 이론 및 실제상 여러 어려움이 있지만, 우리는 여아살해가 남자가 여자보다 가족의 식량 확보에 더 직접적으로 기여하는 곳, 그리고 남성의 수렵이나 다른 활동(가령 전쟁)이 위험한 곳에 한정된다고 결론을 내릴 수 있다. 이런 조건이 아닌 곳에서 여아살해는 별로 일어나지 않으며, 오래 전 알려진 것보다 그렇게 일반적이지도 않다. 갓난 딸아이가 고초를 겪는다면 엄마는 다시 임신할 수 있으며, 여아살해는 기껏해야 거의 무시할 수 있는 정도만큼만 인구성장률을 억제할 수 있다. 어쨌든 여아살해는 의도적인 인구 조절 기제는 아닌 것이다.

터울조절 유아살해

유아살해에 대한 또 다른 설명은 아이의 터울을 유지하여 엄마가 동시에 너무 많은 아이에게 젖을 먹이는 일이 없게 하기 위한 관습이라는 것이다. 우리는 이것을 터울조절 유아살해라고 부르는데, 만약 아들일지 딸일지 똑같은 확률이라면, 특정 성에 대한 편견을 낳지는 않을 것이다. 모랄레스(Tom Morales 1987)는 유아살해를 인정한 수렵채집 사회의 자료에서 유아살해의 63%는 터울 조절 때문이라고 주장하였다. 엄마가 아이를 돌볼 능력은 주로 젖을 먹일 아이가 있는지 하는 데 크게 영향을 받는다. 수렵채집 사회에서는 질병 탓에 유아의 사망률이 청소년보다 높으며, 만약 어떤 엄마가 수유 중에 아이를 낳으면 생존 가능성이 더 높은 큰 아이를 잃을 위험부담을 지기보다는 갓난아이를 그냥 방조하는 쪽을 택할 수 있다.[22]

---

21 북극지방에서 여아살해는 불공정한 젠더 인식과도 관련되어 있다. 성비 균형의 문제와 특정 성을 중시하는 것, 여성과 남성에 대한 문화 관념, 여아살해의 원인을 가려내는 일은 쉽지 않다(Irwin 1989). 덧붙여 여아살해와 전쟁은 상관관계가 약하다(Hawkes 1981; Divale and Harris 1976; 8장의 전쟁과 혼인 후 거주 논의 참조)

22 초산에는 다른 요인도 개입되어 있다. 젊은 여성의 첫아이 살해는 부분적으로 양육의 도움에 대한 기대와도 관련된다. 아직 출산할 여지가 많기 때문에 갓난아이를 죽게 할 수 있다. 다만 나이가 들어가면서 스스로 생식력을 확보하고 적절한 아이의 수가 어느 정도인지 결정할 수 있다. 가령 비선호 유아살해를 실시하는 아요레오족 여성의 경우 유아살해율은 15~19세 때에는 65%, 25~34세 때에는 22%로 떨어지며, 35~39세 때

터울조절 유아살해에서 중요한 변수는 양육에 대한 엄마의 생각이다. 엄마의 생각에 영향을 미치는 두 가지 요인은 아이가 어느 정도나 스스로 수렵채집을 할 수 있는지, 그리고 다른 사람에게 어느 정도의 육아 지원을 받을 수 있는지 하는 것이다.

(1) 어린이의 수렵채집 활동

수렵채집 사회 가운데는 어린이가 열심히 일하는 경우도 있고, 그렇지 않은 경우도 있다(Hayden 1981b). 예를 들면, 핫자 어린이는 네댓 살이 되면 스스로 생계활동을 하여, 바오밥 열매를 따고, 덩이줄기를 캐며, 베리 열매를 따서 스스로 약 50%에 이르는 식량을 해결한다(그림 7-4). 반대로 주호안시 어린이는 10대 초까지도 생계활동을 하지 않는다(Draper 1976; Blurton Jones et al. 1989, 1996; Marlowe 2005b). 이런 차이가 생기는 한 가지 이유는 핫자 어린이는 캠프에서 그리 멀리 나가지 않고도 채집활동을 할 수 있지만, 주호안시 어린이는 그렇지 않아서 멀리 나갈 경우 포식자에게 노출되거나 태양열에 지칠 수 있음을 들 수 있다. 덧붙여 주호안시 어린이는 넓디넓은 사구에서 활동을 해야 하는데, 여기에서 길을 잃을 염려도 크다. 핫자 어린이는 이보다 쉽게 기억할 수 있는 구릉과 계곡에서 생계활동을 한다(Blurton Jones et al. 1994a, b). 마찬가지로 피그미 어린이는 기운이 없거나 재능이 없어서, 그리고 숲의 위험성 때문에 혼자서 수렵채집에 나서지 않는다(Henry et al. 2005).

소년 수렵채집은 엄마의 생식력에 다음과 같이 두 방식으로 영향을 미칠 수 있

에는 31%로 증가한다(Bugos and McCarthy 1984).

첫아이 살해에 대한 다른 설명도 있다. 카울리쇼(Gillian Cowlishaw 1978)에 따르면, 호주에서 유아살해는 성을 가리지 않고 첫아이에게 이루어졌다. 이에는 여성의 일(육아를 포함한)에 대한 문화 관념과 원주민 문화의 중요 요소인 자율성 확보를 위한 여성의 심리학적 설명이 제시되었다. 여성이 스스로 생식력을 조절하여 자율성을 확보한다는 것이다. 원주민 사회에서 여성은 혼인 상대를 포함하여 자신의 삶을 거의 결정할 수 없으며, 아버지나 형제, 남편의 요구에 따라야 한다. 그리하여 생식력 조절이야말로 여성이 가진 단 하나의 힘으로, 원주민 여성은 첫아이를 죽임으로써 "형제가 조카에게, 남편이 아들에게 의례생활에서 자신을 따르게 하는 일"을 거부한다고 한다(Cowlishaw 1978: 279). 하지만 호주 원주민 사회의 젠더 관계에 대해서는 민족지학자들 사이에 논란이 있다.

그림 7-4. 8~12세의 핫자 소녀들이 에야시(Eyasi)호 동남부의 틀리카(Tli'ika) 지역에서 덩이줄기를 캐고 있다. 제임스 오코널 제공.

다. 첫째, 어린이는 여성 생계활동의 효율성을 감소시킬 수 있다. 호주 북부해안의 작은 어린이는 "엄마의 식량 획득 능력을 크게 방해한다. 기진갈리(Gidgingali)족 여성은 이 문제를 잘 알고 있어 너무 아이가 많다고 불평을 한다"(Meehan 1982: 137). 핫자 여성이 아이들을 데리고 있을 경우, 땅을 파고 돌을 헤쳐 캐는 덩이줄기보다는 아이들도 쉽게 딸 수 있는 베리 열매 같은 (일반적으로 낮은 수익률의) 식량에 치중하는 경향이 있다. 메리암 여성은 때로 아이들을 데리고 다닐 때는 수익률이 낮은 어로에 관심을 돌리기도 한다(Bliege Bird 2007). 둘째, 아이를 데리고 다니는 일은 여성에게 더 많은 일을 요구하는데, 생리학적인 상태와 임신 가능성에도 영향을 미친다(앞으로의 논의 참조). 핫자 여성은 주호안시 여성보다 아이들을 데리고 다닐 필요가 덜하다. "등짐모델(backload model)"에 따르면(2장 참조), 핫자 엄마들은 더 많은 자식을 낳을 수 있으며 실제로 그러하다(Blurton Jones *et al.* 1989, 1992). 다만 이것이 터울이 줄어서인지 아니면 재생산 가능 시기가 길어서인지는 불분명하지만, 전자일 가능성이 높다.[23] 중요한 것은 소년 수렵채집이 여성의 에너지 상태, 생계활동의 효율성, 그리고 스스로 아이 돌보는 "비용"을 어떻게 생각하는지에 영향을 미치고, 그리하여 생식력에도 영향을 준다는 사실이다.

소년 수렵채집에 대한 연구(e.g., Bock and John son 2004; Bird and Bliege Bird 2005; Bock 2005; Marlowe 2005b; Tucker and Young 2005)는 대개 다른 영장류와 비교하여 사람의 소년기가 길다(e.g., Kaplan *et al.* 2000)는 점에 치중한 이른바 생애사(life-history) 이론에 입각하여 이루어진다. 그러나 우리의 관심은 아이들의 수렵채집 활동을 결정하는 요인은 무엇인지 하는 데 있다.

아이들이 얼마나 수렵채집 활동을 할지는 위험성, 재능, 신체적 강인함 등에 달려 있다. 이런 요인 각각의 중요성에 대해서는 아직도 논쟁이 있다. 위험성의 정도는 대체로 뱀 같은 독을 지닌 동물이나 대형 고양이과 동물, 하이에나, 늑대, 딩고 같은 포식자의 존재에서 기인하고, 환경과 상호작용하는 것이 얼마나 어려운지 하는 부분도 포괄된다.

식량자원 가운데는 획득 방법을 배우는 데 수년이 걸리는 일도 있다(Blurton Jones and Marlowe 2002). 히위 여성은 30대가 되기 전까지도 덩이줄기 캐는 데 그리 능숙하지 않으며, 아체 남성은 마흔 줄이 되어서야 활사냥에 대해 깨우친다(Kaplan *et al.* 2000; Walker *et al.* 2002; Burven *et al.* 2006; Gurven and Kaplan 2006). 사실 모든 수렵채집 사회에서 어린이가 정규적으로 획득하지 않는 단 하나의 식량자원은 아마도 대형동물일 것이다. 사냥에 온전하게 참여하기 위해서는 강인함, 참을성과 함께 재능이 필요—배고픔과 갈증을 참아내고 조용히 일에만 집중하여야 하며 동물의 길과 흔적을 읽을 줄 알아야 한다—하다.

---

23 연구에 따르면, 생식력의 증가는 출산 터울이 줄어든 결과가 아니라 여성의 육아 기간의 증가, 곧 첫아이 출산 나이가 낮아진 결과(이는 혼인 연령과 초경 나이의 결과)와 마지막 출산 나이의 증가 때문이다(Roth 1981). 덧붙여 터울의 변이는 어느 정도 배란기의 변이(이에 대해서는 아직 확실히 알려지지 않았다)와도 관련되어 있다(Campbell and Wood 1988; Ellison *et al.* 1989, Ellison 1990, 1994, 2001; Wood 1994).

가령 조수간만 차가 있는 해안의 돌밭에 조개류와 돌이 많은 지형에서 덩이줄기를 캐는 일처럼 신체적으로 강인함을 요구하는 일에 아이들이라는 한계가 있을 수 있다. 호주 메리암과 마르두 어린이의 수렵채집 활동에서 나이나 재능보다는 신체 크기에서 오는 한계가 큰 것으로 보인다. 어린이는 작고 어른보다 빠르지 않기에 상위 자원을 대면할 가능성이 더 떨어진다. 식단폭모델에 따르면, 상위자원을 자주 대면하지 못하는 수렵채집인은 식단 폭을 넓혀 다양한 자원을 찾아야 한다. 이런 예측은 마르두와 메리암 어린이의 식단과 잘 맞는데(Bird and Bliege Bird 2000, 2002, 2005; Bliege Bird and Bird 2002), 이들은 더 풍부하지만 낮은 수익률의 자원을 획득한다.

마찬가지로 미케아 어린이 역시 어른과 똑같은 덩이줄기를 채집할 수 있다 (Tucker and Young 2005). 나이가 들어감에 따라 수익률은 높아지지만, 그것은 재능이라기보다는 신체 크기와 필요에 따른 것으로 보인다. 큰 덩이줄기는 깊게는 땅속 75cm 아래에서 캐는데, 보통 어른의 팔 길이 정도 된다. 모래땅이라 (끝에 금속 주걱이 달려 있는 굴지구와 나무 그릇으로) 상당히 쉽게 팔 수 있다. 그러나 어린 아이의 팔은 짧아서 큰 덩이줄기가 닿지 않기에 구덩이를 더 크게 파야 한다. 결과적으로 어린이는 얕은 땅속에 있는 더 어리고 작은, 그리고 수익률이 더 낮은 덩이줄기를 캐려 한다. 그리고 아이들은 그리 열심히 일하지도 않아서 도중에 게임을 하기도 하고 (흔히 캐낸 덩이줄기로) 장난을 치기도 한다. 이렇듯 늦은 청소년기에 와서야 수렵채집에서 최대의 효율성을 나타내는 이유는 그때 재능을 다 익혀서가 아니라, 몸이 커진데다 가족을 부양해야 하거나 신부를 찾기 위해 능력을 입증할 필요가 있기 때문이다.

이처럼 어린이는 때로 아주 어린 나이에도 가족의 도움이 없더라도 스스로 생계에 필요한 자원을 얻는다. 다만 신체적인 강인함이나 크기, 재능에 한계가 있을 수 있는데, 특히 대형동물이 주식이고 환경이 혹독한 북극지방에서 그러하다. 어린이가 수렵활동을 할 수 있는 곳에서는 신체의 크기나 강인함, 재능의 수준에 맞추어 효율적으로(다만 수렵채집의 효율성을 높여야 하는 압력을 크게 느끼지 않는 선에서) 행동하는 것으로 보인다. 비록 낮은 수준의 생계 활동이라도 엄마에게는 특히 육아의 면에서 도움이 된다.

(2) 엄마에게 도움 주기

모든 수렵채집 사회에서 자녀를 돌보는 일을 주로 하는 사람은 엄마이다(Konner 2005; Kramer 2005). 그렇지만 어린이는 엄마에게 이중적인 부담이 된다. 에너지 필요를 늘리면서 필요를 채우려는 능력은 감소시킨다. 그래서 여성 인척이나 친구, 그리고 아이 아빠의 도움이 필요하다.

자료가 있는 몇 안 되는 수렵채집 사회 가운데서 살펴보면, 아이는 20~50% 정도의 시간을 엄마가 아닌 다른 사람의 품에서 보낸다고 한다(Hewlett 1991a). 에페와 온지(Onge) 여성은 엄마 아닌 사람이 아이에게 젖을 물릴 수도 있다. 캠프에 아이가 별로 없거나 다른 일에 자유로운 믿을 만한 여성(가령 할머니나 언니; Blurton Jones *et al.* 2005a)이 있는 경우 같이 돌볼 수도 있다. 여러 사람이 돌보는 일은 원경사회나 유목사회보다 수렵채집 사회에서 더 일반적이라고 한다(Hewlett 1991a). 주거지가 작고 사회적으로 열려 있다면, 무리의 모든 구성원이 아이와 부모를 잘 알기 때문에 여러 사람이 돌보는 일이 가능하다. 그러나 여성이 캠프에서 아이들을 얼마나 쉽게 떠날 수 있는지에도 차이가 있다. 예를 들어, 호주 원주민 여성은 주호안시 여성보다 더 빈번하게 다른 아이를 돌보기 위해 떠나기도 한다(McCarthy and Mcarthur 1960; Rose 1960; Denham 1974a, b). (가령 혼인후 부거제 사회에서) 여성 친척과 떨어져 산다면 믿을 만한 여성 협력자가 없을 수도 있다. 또는 무리사회의 구성원이 유동적이기 때문에 잘 아는 협력자가 충분하지 않을 수 있다(Draper and Cashdan 1988). 이 경우 엄마가 일관되게 아이를 돌보아야 하는 육아의 문화적 이상이 만들어질 수 있다.

아빠의 역할 역시 아이의 안녕에 아주 중요하다. 아요레오 여성은 유아살해의 구실로 아빠가 떠났거나 책임을 나눌 생각이 없음을 들기도 한다(Bugos and McCarthy 1984). 따라서 사실 강한 비교문화(통문화)적 패턴이 있는 것이다(Daly and Wilson 1988). 이와 반대로 아요레오 남자는 엄마가 돌볼 수 없을 때 갓난아이를 죽인다고 말한다. 분명 남자와 여자는 육아의 비용을 상이하게 여기고 있다.[24]

---

24 주호안시 여성 니사(Nisa)의 엄마가 첫아이를 죽이려 했다는 소식에 대한 아버지의 부정적 반응(Shostak

사회적으로 인정되는 아버지가 없는 경우 아이에게 불행한 결과가 초래될 수도 있다. 페닝턴과 하펜딩(Penniington and Harpending 1988)은 이동 생활하는 주호안시족의 경우 두 번 이상 혼인한 엄마를 둔 아이는 한번 혼인한 엄마의 아이보다 두 배 정도 죽을 확률이 높다고 했다. 정주 간지(Ghanzi) 주호안시족의 경우에는 두 번 이상 혼인한 엄마의 아이들은 유아 때 사망률이 거의 세 배나 높다(재혼하는 가장 큰 이유는 남편의 죽음이다). 힐(Kim Him)과 캐플런(Hill and Kaplan 1988a), 그리고 혹스(Hawkes 1990)는 아체족에게서 비슷한 패턴을 기록하였는데, 아빠가 죽은 아이의 15세 이전 사망률은 9%인데 반해 아빠가 있는 아이는 1% 미만이었다(Hill and Hurtado 1996: 438 역시 참조). 마찬가지로 핫자족의 계부는 친자식보다는 의붓자식에게 관심을 덜 쏟는다(Marlowe 1999a, 2005b).

힐과 캐플런은 아체족이 숲에서 살 때, 남자가 고기의 형태로 칼로리의 90%를 제공하고 구성원이 모든 고기를 공유하기 때문에, 집단의 구성원은 남자의 자녀를 돌보아 줌으로써 훌륭한 사냥꾼에게 잘 보이고자 하는 압력을 느낀다고 한다. 그러나 그 남자가 죽은 뒤에는 남은 자식에게 쏟는 관심이 덜하다는 것이다. 사실상 사냥꾼의 아내가 재혼하는 경우, 새엄마가 자신의 자식만을 돌보게 하기 위해 이전 의붓자식을 죽이기까지 한다(Hill and Kaplan 1988a, b).[25]

진화이론의 시각에서 볼 때 자식을 기르는 데 투자하거나 짝짓기 기회에 투자하는 것, 두 가지의 기본적인 재생산 "전술"이 있다. 아이를 낳기까지 아홉 달을 투자한다고 할 때, 여성은 자식을 돌보고 기르는 것을 통해 적응도를 최대화한다. 이와 같은 "선불투자"가 없는 남성으로서는 양육이 아니라 짝짓기에 더 많은 시간을 투자한다. 식량이나 보호, 교육같이 추가적으로 자식 양육에 투자하는 것이 자손의 생존 확률을 증가시키지 않는 경우라면 그러하다(여기서 논의하는 것은 도덕이 아니라 진화임을 잊지 말자).

비교문화 자료에 따르면, 남자의 사냥은 가족 크기에 큰 영향을 미친다. 남자가

1981: 56), 이누이트 아버지의 초산 여아살해 결정에 대한 기록(Van de Velde 1954), 가족 크기에 대한 호주 원주민의 논쟁(Burbank and Chisholm 1992) 참조.

25   넷실링미우트 사회에서는 여성의 둘째 남편이 유아살해를 저지를 수 있다(Balikci 1967: 621).

더 많이 생계에 기여할수록 사회의 평균 생식력이 높다(Marlowe 2001). 하지만 이는 사망률이 감소한 결과가 아니라 생식력이 증가한 때문으로 보인다. 남자가 식단에 기여하는 바, 곧 고기가 아내에게 좋은 영양을 제공함으로써 생식력을 높인다는 것이다.[26] 덧붙여 흘럿(Hewlett 1991b, 1992a)은 남편과 아내가 더 많은 시간을 보낼수록 아버지가 육아에 더 직접 기여하며, 아이의 생존율을 높인다고 한다.

요약하면, 여아살해는 생계에서 남자가 여자보다 훨씬 역할이 큰 사회에서 보이는 요소인 듯하며, 아마도 북극지방에서만 나타나는 것 같다(혼인후 부거 거주율과 높은 성인 남성 사망률이 이를 더 악화시킨다). 통문화적으로 볼 때 터울조절 유아살해가 더 일반적인 듯하지만, 여전히 출산의 수에 영향을 미치지 않을 수도 있다. 그리하여 인구의 크기를 조절하기보다는 재생산적 성공률을 최대화하기 위한 것으로 보인다. 비록 인구 성장률에 어떤 영향을 미치는지는 아직 잘 알려져 있지 않지만 말이다. 터울조절 유아살해의 빈도는 여성이 얼마나 열심히 일해야 하는지에도 영향을 미칠 수 있다. 또한 어린이가 얼마나 수렵채집 활동을 하는지, 그리고 식량과 육아란 측면에서 아이의 엄마가 아빠에게 얼마나 도움을 받을 수 있는지에도 영향을 미친다.

그러나 유아살해의 "필요"는 피임하지 않는 사회에서 아이의 출생률과도 연관되어 있음이 분명하다. 그리하여 우리는 말 앞에 수레를 놓듯이 출생 후 아이에게서 어떤 일이 벌어질지를 고려하기 전에 얼마나 많은 아이가 출생하는지를 먼저 살펴야 한다. 이를 위해서는 재생산 생태학, 곧 수렵채집 환경에서 어떤 여성이 지닌 잠재적인 생산력을 조절하는 변수와 과정을 살펴보아야 한다(Voland 1998; Wood 1994; ellison 2001; Vitzthum 1994, 2008의 비평 참조).

---

26 또한 힐과 허타도(Hill and Hurtado 1996: 302)는 사냥을 잘하는 아체 남성이 그렇지 못한 사람보다 성년에 이른 아이의 수가 많다고 한다. 하지만 비교문화 자료에 따르면(Marlowe 2001), 남성은 고기와 같이 선호하는 식량을 이용하여 혼외 관계를 맺는다고 한다. 이런 "비열한" 전략이 민족지에서 보이는 유형의 원인이 되는지, 남성 역할의 증가가 생식력의 증가를 가져오는지는 불분명하다. 공유와 관련된 자료에 따르면 남자가 제공하는 식량의 일부는 성관계를 맺는 데 쓰일 수도 있지만, 대부분은 아내와 가족이 소비하는 것이다.

재생산의 생태학

수렵채집 사회는 다른 사회보다, 의도적인 문화적 조절 없이도, 생식력이 낮다고 주장하는 사람이 많다. 생식력은 인구의 총생식률(total fertility rate, TFR)로 측정된다. 한 인구의 총생식률은 여성이 재생산 기간 동안 가지는 평균 자녀 수를 말한다. 폐경 여성(보통 적어도 45세 여성)과의 인터뷰를 통해 재생산 역사에 대한 정보를 얻을 수 있다. 일반적으로 총생식률은 수렵채집 사회에서 5명에서 6명 정도로, 비교적 낮은 경향이 있다(Campbell and Wood 1988; Hewlett 1991a; Bentely *et al.* 1993). 캠프벨과 우드는 수렵채집 사회의 총생식률과 다른 사회의 총생식률 사이의 차이를 찾지 못하였다고 하지만, 벤틀리 등에 따르면 농경사회의 총생식률(평균 6.6±0.3)이 훨씬 높다고 한다. 수렵채집민은 농경민에 비해 생식력이 낮을 수 있지만, 표 7-1에 정리한 바와 같이 생식률에서의 변이도 있다. 이런 차이를 내는 요인은 무엇인가?

우선 논란이 심한 주호안시의 네 살 터울에 대해 고려해 보자. 니콜라스 블러튼 존스(Nicolas Blurton Jones)는 이런 큰 터울이 인구성장률을 낮추기 위한 의도적인 조절의 결과라기보다는 주호안시족의 재생산적 성공률을 최대화하기 위한 것이라고 했다(Blurton Jones and Sibly 1978; Blurton Jones 1986, 1987; Anderies 1996). 왜 그러한가?[27]

수렵채집 사회의 어린이는 흔히 적어도 첫 열두 달은 엄마와 신체적으로 밀접하게 지낸다(Konner 2005). 주호안시 여성은 20~25km의 먼 거리까지 생계활동에 나서는데, 아이를 데리고 장비도 가지고 가며 돌아올 때는 식량까지 짊어지고 와야 한다. 아이가 네 살 정도까지는 엄마의 등에 업히는 것을 생각하면, 두 아이 이상을 데리고 다니는 일은 뜨거운 칼라하리에서 엄마에게, 그리고 결과적으로 아이에게도 큰

---

[27] 생식력에 대한 논의에서는 거의 전적으로 여성과 관련된 요인들만을 거론하였다. 남성과 관련된 사항은 별다른 주목을 받지 않았다. 하지만 여성에 대해 고려한 요인들, 식단과 활동은 남성의 생식력에도 영향을 미친다(Campbell and Leslie 1995). 이 문제는 앞으로 연구되어야 하겠지만, 인구 수준에서 가장 중요한 요인은 여성에게 영향을 미치는 것이다.

표 7-4. 평균 초혼 나이

집단	남성	여성	참고문헌
은애은애 주호안시	22–25	14–15	Lee 1982
도베 주호안시	23–30	16–17	Lee 1982
도베 주호안시	26.7	16.9	Howell 2010
카데	25	17–18	Tanaka 1980
아카	18–21	16–17	Hewlett 1991b
틀링잇	16	12–14	Emmons 1991
핫자	20	17	Marlowe 2005b, 2010
푸메	–	15	Kramer 2008
아그타	–	18.7	Early and Headland 1998

짐이 된다.

블러튼 존스는 등짐모델 시뮬레이션을 통해 주호안시 여성이 수렵채집 활동에서 운반해야 하는 짐의 무게는 아이의 터울을 4년까지 늘릴 경우 크게 감소함을 보여 주었다. 4년이 넘는 터울이라면, 엄마는 늘 한 아이만을 데리고 다닐 터이기 때문에 총 무게가 별달리 줄지 않는다. 따라서 4년 터울로 낳는 4~5명이 엄마가 지치지 않고 낳을 수 있는 아이의 최대 수이다. 반대로 4년보다 터울이 작다면, 거의 죽을 때까지 일하게 되어(이 장 첫 쪽에서 주호안시 남자가 한 말을 생각해 보자) 실제 아이들에게 엄마가 제공할 수 있는 능력을 감소시킴으로써 아이의 생존 가능성을 오히려 떨어뜨릴 수 있다.

이런 패턴이 적응에 유리하다면 블러튼 존스는 4년 이하의 터울을 가진 여성에게 실제 4년 터울 여성보다 성인에 도달하는 아이의 수가 적음을 보여 주어야 한다. 블러튼 존스는 낸시 하우웰(Nancy Howell)의 자료를 이용하여 사실이 그러함을 밝혔다. 도베 주호안시족에게 4년 터울은 재생산적 성공을 최대화하는 것으로 보인다.

하지만 페닝턴과 하펜딩(Pennington and Harpending 1988; Pennington 2001)은 (하우웰의 자료 일부를 포함하여) 주호안시족 자료를 폭넓게 분석하여 4년보다 터울이 작다고 해서 아이의 생존율이 떨어지지 않는다고 주장하였다. 블러튼 존스 모델과는 반대로 페닝턴과 하펜딩은 여성이 기르는 아이가 많을수록 성인으로 성장하는 아이의 수도 많다고 하였다. 페닝턴(Pennington 2001)은 아프리카에서는 성병에 영향을 받은 불임률이 높다고 하였다(그런데 Howell 1979: 135 논의 참조).

블러튼 존스는 최적의 터울은 실제 최대의 자식 수와 직결되지 않는다고 예상하였다. 페닝턴과 하펜딩은 이 터울을 재생산 역사를 통해 추정했는데, 높은 생식력은 여성의 재생산 가능 기간이 길어서이지 반드시 짧은 터울 때문은 아니라고 하였다. 그렇다면 이는 블러튼 존스의 결론과 모순되지 않는다(Burgerhoff Mulder 1992: 349). 동시에 블러튼 존스의 터울과 관련된 유아 사망률의 측정은 터울이 짧은 경우의 사망률의 수준을 과대평가한 것일 수도 있다(Pennington 2001). 페닝턴은 "터울의 길이, 특히 짧은 터울은 아이의 생존과 연관되어 있지만, 최적의 길이는 미확인된 상태"라고 결론을 내렸다(Pennington 2001: 188; Ellison 2001: 94-97도 참조).

이 논쟁이 어떻게 해결되든지, 모든 수렵채집 사회가 4년 터울로 아이를 낳지는 않는다. 통문화적인 평균에 따르면, 사실 3.3년이다(Marlowe 2005a, 2010). 그리고 논의에 따르면, 문화적인 조절이 아닌 다른 요인이 생식력을 낮추어 더 긴 터울을 낳는다는 점도 분명하다. 그 요인은 무엇인가?

케네스 캠프벨(Kenneth Campbell)과 제임스 우드(James Wood)는 생식력에 영향을 미치는 요인을 가시(exposure) 및 내재(susceptibility) 요인으로 나눈다(1988). 가시 요인이란 성교의 빈도와 그 성교가 임신으로 이어질 가능성을 말한다. 캠프벨과 우드는 혼인 적령기가 전세계적으로 총생식률(TFR)에 어느 정도 영향을 미친다고 한다. 만약 혼인 전까지 성관계를 하지 않고 초경 이후에 혼인이 이루어진다면, 혼인 나이가 전체 총생식률에 영향을 미칠 수 있다. 우리의 자료는 제한적이지만, 수렵채집 여성은 흔히 초경 전후에 혼인하는 것 같다(표 7-4와 7-5 참조). 예를 들면, 주호안시 여성은 16~17세에 초경을 하며, 이때가 혼인할 시기이기도 하다. 많은 민족지는 혼인 전, 초경 전의 소년소녀 사이에 성관계가 많음을 암시하고 있지만, 초경 뒤 2~3년 동안은, 특히나 소녀의 식단이 그리 좋지 않은 상태에서는, 대부분 월경이 무배란

표 7-5. 출산 간격과 평균 초경 나이, 첫 출산, 마지막 출산, 총생식률(별지)

집단	출산 터울 (BL, 월)	평균초경나이 (MAM)	평균 첫 출산 나이(MAFB)	평균 마지막 출산 나이(MALB)	총생식률 (TFR)	참고문헌
음부티 피그미 (Mbuti Pygmies)	4.2	–	–	–	5	Cavalli-Sforza 1986
도베 주호안시 (Dobe Ju/'hoansi)	3.7	16.6	18.8	34.4	4.1-4.7	Lee 1979; Howell 1979
도베 주호안시 (Dobe Ju/'hoansi)	2.9	17.1	20.9	37	–	Campbell and Wood 1988
도베 주호안시 (Dobe Ju/hoansi)	–	16.6	21.4	34.3	4.6	Howell 2010
카데(≠Kade)	–	12	–	–	–	Tanaka 1980; Harpending and Wandsnider 1982
아그타(Agta)	2.8	17.1	19	39	7	Early and Headland 1998
아그타(Agta)	–	–	–	–	6.5	Goodman, Griffin, Estioko-Griffin, and Grove 1985
바탁(Batak)	2.3	15.1	18	26.3	3.9	Eder 1987
아카(Aka)	3.5-3.7	–	–	–	6.2	Hewlett 1988, 1991b
에페(Efe)	–	–	–	–	2.6	Bailey and Aunger 1995
쿠친 (Kutchin, 1900년 이전)	3.3	–	22.8	35	4.4	Roth 1981
쿠친 (Kutchin,1900년 이후)	3.2	–	19.8	39	6.4	Roth 1981
제임스만 크리 (James Bay Cree)	2.7	–	21.9	39	–	Romaniuk 1974
아넘랜드(Arnhem-Land)일부일처제	3.3	–	19.3	34.1	–	Chisholm and Burbank 1991
아넘랜드일부다처제	5.4	–	19.2	34.3	–	Chisholm and Burbank 1991
피찬자라(Pitjandjara)	–	–	–	35	4.1	Yengoyan 1972
안바라(Anbarra)	–	–	15.9	35	6.4	Hamilton 1981

집단	출산 터울 (BL, 월)	평균초경나이 (MAM)	평균 첫 출산 나이(MAFB)	평균 마지막 출산 나이(MALB)	총생식률 (TFR)	참고문헌
푸메 (Savanna Pumé)	3.1	12.9	15.3	–	7.4	Kramer 2008, Kramer and Greaves 2007
푸메(River Pumé)	2.9	12.9	15.3	–	7.8	Kramer 2008, Kramer and Greaves 2007
핫자(Hadza)	3.3	–	16.5	–	6.2-6.4	Blurton Jones et al. 1992, 2002
비르호(Birhor)	–	–	–	–	5.5	Williams 1974
첸추(Chenchu)	–	–	–	–	5.8	Sirajuddin 1984
아스맛(Asmat)	–	–	–	–	6.9	Van Arsdale 1978
티위(Tiwi)	–	–	–	–	4.6	Jones 1963
누나미우트 (Nunamiut)	–	–	–	–	6.4	Binford and Chasko 1976
아체(Ache, 숲)	37.6	–	20	42	8	Hill and Hurtado 1996
히위(Hiwi)	–	–	–	–	5.1	Hurtado and Hill 1987
푸메(Pumé)	–	–	–	–	7.4a	Kramer and Greaves 2007
누나미우트(Nunamiut)	–	–	–	–	6.9	Campbell and Wood 1988
쿠스코와가이우트 (Kuskowagamiut)	–	–	–	–	6.2	Driver 1961
코냑스(Konyags)	–	–	–	–	8.4	K. Taylor 1966
북극 이누이트 (Polar Inuit)	–	–	–	–	4.6	Malaurie 1956
코퍼 이누이트 (Copper Inuit)(20세기)	–	–	–	–	4-5	Jenness 1922
그린란드 이누이트 (Greenland Inuit)	–	–	–	–	3.5	Campbell and Wood 1988
서부알래스카에스키모	–	–	–	–	6	Brainard and Overfield 1986
음부티 (Mbuti, 그물사냥)	–	–	–	–	5.5	Harako 1981

집단	출산 터울 (BL, 월)	평균초경나이 (MAM)	평균 첫 출산 나이(MAFB)	평균 마지막 출산 나이(MALB)	총생식률 (TFR)	참고문헌
에페(Efe)	–	–	–	–	2.6	R. Bailey 1988
아카(Aka)	–	–	–	–	6.2	Bahuchet 1979
아체(Ache)	–	–	–	–	7.8	Hurtado and Hill 1987
티위(Tiwi)	–	–	–	–	5.7	Jones 1963
아넘랜드원주민 (일부일처제)	–	–	–	–	6	Chisholm and Burbank 1991
아넘랜드원주민 (일부다처제)	–	–	–	–	4.6	Chisholm and Burbank 1991
파히라(Pahira)	1960	–	–	–	6.3	Basu 1969
세망(Semang)	1978	–	–	–	4.5	Gomes 1990
세망(Semang)	1988	–	–	–	5.2	Gomes 1990
간지 주(Ghanzi Ju)	–	–	–	–	4	Harpending and Wandsnider 1982
세리(Seri)	–	–	–	–	6.8	Neel and Weiss 1975
온지(Onge)	–	–	–	–	2.6	Pandya, in Hewlett 1991a
카시구란 아그타 (Casiguran Agta)	–	–	–	–	6.3	Headland 1988
팔라난 아그타 (Palanan Agta)	–	–	–	–	5.9	Headland 1988
아스맛(Asmat)	–	–	–	–	6.9	Van Arsdale 1978
바탁(Batak)	–	–	–	–	3.7	Eder 1987
넷실링미우트 (Netsilingmiut)	–	–	–	–	6.4	Schrire and Steiger 1974a
쿠친(Kutchin)	–	–	–	–	5.4	Osgood 1936
바탁(Batek)	–	–	–	–	5.2	Endicott, in Hewlett 1991a
세마이(Semai)	–	–	–	–	5.7	Williams 1974
야마나(Yámana)	–	–	–	–	7-10	Stuart 1980

주기에 해당하기 때문에 이는 별로 중요하지 않다. 어쨌든 피임하지 않는 사회에서 혼인은 흔히 임신으로 연결되는데, 정의상 임신한 여성은 혼인한 여성이다(Wilmsen 1986: 62; howell 1979: 232). 그러므로 혼인 연령은 수렵채집 사회에서 그리 중요한 변수는 아닐 수 있다.

다음으로 내재 요인을 살펴보자. 어떤 수렵채집 여성이 출산 이후에 얼마나 빨리 다시 임신하는지에는 수유와 산모의 영양상태라는 서로 관련된 요인이 있다.

수유

이 책의 초판에서 나는 "수유는 아마도 수렵채집 사회의 생식력과 인구성장을 좌우하는 가장 중요한 요인일 것이다"라고 결론을 내렸다. 이제 이렇게 말할 수는 없다.

나는 수유가 다음 두 가지 이유 때문에 중요하다고 보았다. 첫째, 많은 수렵채집민은 오랫동안—보통 2~3년 또는 그 이상도 드물지 않다— 수유한다(표 7-6). 주호안시 아이들은 심지어 6세까지도, 그러니까 이유식을 시작하고 나서 한참 뒤에도 젖을 먹는다(Shostak 1981; 3세 이후에는 남아가 여아보다 젖을 계속 먹을 확률이 높다, Konner and Shostak 1987). 현지조사 자료에도 몇몇 수렵채집 사회에서 수유가 늘 요구되는 상황이 기록되어 있는데, 빈번하면서도 짧지만, 집중적인 수유를 한다고 한다. 예를 들어, 주호안시 아이는 한 시간에 네 번에 걸쳐 2분 정도 젖을 먹는다(Konner and Worthman 190; Shostak 1981). 그리고 아이는 엄마 곁에 자면서 밤새 젖을 먹기도 한다. 이런 요구만 있으면 언제든 하는 수유는 프로락틴 분비를 촉진시키고 난소에서 에스트로겐과 프로제스테론의 분비를 억제하여 무배란성주기를 길게 하고 황체기(黃體期: 자궁이 생산성 있는 난자를 받는 기간)를 짧게 하는 효과를 낸다. 요약하면, 언제든 수유하는 것은 배란의 확률을 낮추고 배란이 있다 해도 수정 확률을 낮추는 역할을 한다고 생각된다.

수유기와 총생식률 사이의 강한 상관관계를 말해 주는 경험적 연구는 많다(e.g., Bongaarts and Potter 1983; Campbell and Wood 1988; 또한 Romaniuk 1974 같은 사례연구). 하지만 새로운 의학 연구에 따르면, 수유와 배란 사이의 생리학적인 연결은 불

표 7-6. 수렵채집민의 이유기

집단	젖 떼는 시기(개월)	참고문헌
와쇼(Washo)	12–24	Barry and Paxson 1971
음부티(Mbuti, 그물사냥)	12–36	Harako 1981
몬타네(Montagnais)	12–60	Barry and Paxson 1971
포모(Pomo)	15?	Barry and Paxson 1971
미크맥(Micmac)	24–36	Barry and Paxson 1971
슬레이브(Slave)	24–36	Barry and Paxson 1971
벨라쿨라(Bella Coola)	24–36	Barry and Paxson 1971
카스카(Kaska)	24–36	Barry and Paxson 1971
클라마스(Klamath)	24–36	Barry and Paxson 1971
세망(Semang)	24–36	Barry and Paxson 1971
에약(Eyak)	24–36	Barry and Paxson 1971
유록(Yurok)	24–36	Barry and Paxson 1971
요쿠츠(Yokuts)	36+	Barry and Paxson 1971
안다만섬 원주민(Andamanese)	36–48	N. Peterson 1976; Jones 1963
티위(Tiwi)	36–48	Barry and Paxson 1971
시리오노(Siriono)	36–48	Barry and Paxson 1971
도베 주호안시(Dobe Ju/'hoansi)	36–72	Campbell and Wood 1988
아이누(Ainu)	48–60	Barry and Paxson 1971
핫자(Hadza)	30	Marlowe 2010
알류트(Aleut)	12	Barry and Paxson 1971
야마나(Yámana)	24	Stuart 1980
길랴(Gilyak)	24	Barry and Paxson 1971
하이다(Haida)	24	Barry and Paxson 1971
그로 반드(Gros Ventre)	24	Barry and Paxson 1971
쿠테나이(Kutenai)	24	Barry and Paxson 1971
베다(Vedda)	24	Barry and Paxson 1971
파이우트(Paiute)	24	Fowler and Fowler 1971
아란다(Aranda)	36	Barry and Paxson 1971
유카기르(Yukaghir)	48	Barry and Paxson 1971
먼진(Murngin)	48	Barry and Paxson 1971
푸메(Pumé)	30–36	Kramer and Greaves 2007
아체(Ache, 마을주민)	24	Barry and Paxson 1971

분명하여 수유 그 자체만으로 자연적인 피임 효과를 내는지는 불확실하다(e.g., Hill and Hurtado 1996: 311; Ellion 2001; Vitzthum 1994 역시 참조). 오히려 수유에 대해서는 생식력에 영향을 주는 여성의 영양과 활동과 관련지어 살펴보아야 한다.

산모의 영양상태

1970년대에 생물학자들은 마라톤 같은 인내 스포츠를 하는 여성 운동인의 배란이 부정기적이라고 생각하였다. 로스 프리쉬(Rose Frisch 1978)는 이것이 체지방과 관련 있다는 가설을 세웠다. 요약하면, 초경 이후 일상적인 재생산 기능을 유지하기 위해서는 여성 체중의 대략 22%가 지방이어야 한다는 것이다. 비록 구체적인 수치에는 문제가 있다고 하지만(Scott and Johnson 1982), 프리쉬의 연구는 에너지 저장과 지출의 중요성을 부각시켰다. 연구자들은 수렵채집 여성의 경우 일상적인 지방을 고갈시키는 높은 강도의 수렵채집 활동과 낮은 영양상태가 결합되어 생식력이 떨어질 수 있다고 하였다(그림 7-5). 계절에 따라 영양 공급이 달라져 몸무게가 변화하는 집단에게, 출산은 식량이 가장 풍부하여 산모의 영양이 가장 좋은 상태에 있는 계절에서 아홉 달 뒤에 몰려 있는 경향이 있다는 증거가 이런 생각을 뒷받침한다. 이는 주호안시, 아체, 히위 수렵채집민에서도, 투르카나 호수의 유목민과 레세 원경민에서도 마찬가지이다.[28]

경험 연구에 따르면, 영양, 활동 수준, 수유는 모두 여성의 에너지 저장, 균형, 유동에 영향을 미치고, 이는 다시 생식력에 영향을 준다고 한다. 에너지 저장이란 여성

28 　주호안시족은 Wilmsen 1978, 1986; Van der Walt *et al.* 1978; 투르카나 유목민은 Leslie and Fry 1989; 아체족은 Hill and Kaplan 1988a, b, 1993; 레세 원경민은 Ellison *et al.* 1989; 히위족은 Hurtado and Hill 1989 참조. 출산계절성 연구는 성교의 비율이 연중 일정함을 논증하지 못하면 자료화하기 어렵다. 가령 콘든과 스카글리언(Condon and Scaglion 1982)은 뉴기니의 사무쿤디 아벨람(Samukundi Abelam)족과 1970년 이후 코퍼 에스키모족의 출산계절성이 성교의 비율에 직접 영향을 주는 노동과 거주의 계절성의 결과, 곧 산아제한의 확률성의 결과라고 주장한다. 브레이너드와 오버필드(Brainard and Overfield 1986)는 1955년 이전 서부 알래스카 에스키모(코퍼 에스키모와는 반대의 계절적 유형을 보여 준다)에 대해서 유사한 주장을 한 바 있다. 하지만 산아제한은 주호안시, 아체, 투르카나, 레세의 사례에는 적용되지 않는다.

그림 7-5. 아트나족 여성들이 캠프의 장비를 등짐으로 지고 있다. 여성의 일은 육아에서 얼마나 도움을 받을지에 대한 결정뿐만 아니라 생식력에도 영향을 미친다. 1902년 마일스 형제 사진. 국립인류학기록물 제공, 스미스소니 언연구소, No. 03459000.

이 주어진 순간 얼마나 많은 에너지를 지방의 형태로 몸에 비축하는지를 말한다. 에너지균형(energy balance)이란 어떤 여성이 먹는 양보다 에너지를 어느 정도 지출하는지를 가리킨다. 네거티브 에너지균형이란 에너지를 더 많이 쓰는 것이고, 포지티브 에너지균형이란 에너지를 덜 쓰는 것이다. 에너지유동(energy flux)이란 에너지가 들어오고 나가는 비율을 말한다. 이런 세 가지 차원과 복잡한 호르몬 연쇄를 통해, 어떤 여성의 몸이 임신할 수 있는 상태인지 아닌지를 "안다"고 말할 수 있다(van der Walt *et al.* 1978; Hausman and Wilmsen 1985; Ellison 2001).

만약 어떤 여성이 몸에 충분한 에너지가 비축되어 있지 않다면, 자신과 태아를 위한 예비적인 에너지가 없을 것이다. 만약 최소한의 비축 에너지만을 가지고 있으나 몸무게가 줄어들고 있다면(곧 네거티브 에너지균형이라면), 여성의 몸은 배란하지 않을 것임을 "안다." 예를 들어, 레세족의 경우 계절적으로 배란 빈도가 달라지는 현상은 계절적인 몸무게 변화와 낮은 프로게스테론 수치와 관련되어 있다(Ellison *et al.* 1989; Ellison 1990). 네거티브 에너지균형은 단순히 좋지 않은 계절과 높은 수준의 일, 그리고 젖을 먹여야 할 아이 탓일 수 있다. 칼로리가 낮은 식단을 먹는 여성이 도전적인 환경에서 일상 수렵채집 활동을 하고 아이에게 젖을 먹인다면—주호안시 여성이 늘 하는 일이다— 빈번한 배란을 기대할 수 없다. 여성의 몸은 이 세 가지(엄마, 태아, 수유)를 모두 할 수 없음을 안다.

많은 칼로리를 얻지만 노동 강도가 높아서 다시 많은 칼로리를 잃는 여성 역시 생식력 감소를 보인다. 충분한 에너지를 비축하고 영양 높은 식단을 먹는 여성 운동인조차도 높은 에너지 유동 때문에 배란 감소를 겪을 수 있다(Ellison 2001). 몸은 높은 에너지유동이 실수의 여지를 별로 남기지 않음을 안다. 영양상의 아주 약간의 손실이나 작업량의 약간의 증가도 네거티브 에너지균형을 일으킬 수 있는데, 이때 몸은 재생산체계를 닫으면서 이런 만일의 사태에 대비한다.

이런 상이한 변수들의 효과를 하나하나 분리하는 일은 쉽지 않다. 예를 들어, 주호안시족이 가장 많은 식량을 얻는 계절은 여성의 노동이 가장 적게 요구되는 철이기도 하다(Bentley 1985). 그렇다면 에너지 저장, 균형, 유동이 일어나고 있는가? 일은 몸무게 감량, 네거티브 에너지균형과 결합될 때 생식력을 가장 밑으로 떨어뜨린다(Ellison 1990, 1994). 여기에서는 엄청난 몸무게 감소를 말하는 것이 아니다. 레세족은 몸무게가 2kg 정도만 줄어들어도 프로게스테론 수치와 배란을 충분히 낮춘다고 한다(Ellison 2001: 189).

그런데 허타도와 힐(Hurtado and Hill 1990)에 따르면, 계절적 생식력은 히위 여성의 몸무게와 노동량, 칼로리 소비량과 상응하지 않는다고 한다. 어떤 계절과 그 전 계절이 몸무게와 노동량에서의 차이와도 상응하지 않는다. 오히려 어떤 계절과 그 전 계절 사이에 나타난 순칼로리섭취량—총칼로리섭취량과 노동량의 산물—에서의 차이가 생식력과 관계가 있다고 한다. 그리하여 에너지 저장과 균형, 유동은 상호 관련되면서 이루어져, 수유나 영양 또는 활동 어느 한 가지만이 어떤 여성이 얼마나 빨리 임신할 수 있는지를 결정하지는 않는다.

사망률

생식력은 인구라는 동전의 한 면일 뿐이다. 사망의 패턴을 이해하지 않고서 수렵채집 사회의 인구학을 말할 수는 없다. 인구성장률 역시 생식력보다는 사망률과 관련되어 있다(Handwerker 1983).

유아 및 청소년 사망률

우리는 재생산 연령 이전의 사망, 곧 유아와 청소년 사망에 대해 특히 관심을 가지고 있다(대부분의 인구학 연구는 14세에서 15세 이상을 재생산 가능 연령으로 본다). 수렵채집 인구에서는 청소년 사망률이 높다. 다만 휼럿은 수렵채집 사회와 원경 및 농경 사회의 사망률에 별 차이가 없다고 하기도 한다(Hewlett 1991a). 50~60%의 어린이만이 15세까지 생존하며, 그 가운데 60~70%만이 45세까지 산다(Gurven and Kaplan 2007; 표 7-7). 표 7-7에 나와 있듯이, 낮은 기대수명은 대체로 높은 유아 및 소년기(5세 이전) 사망률 때문이다.

어린 시절의 죽음 가운데 유아살해에 대해서는 이미 논의한 바 있다. 다른 두 가지는 사고와 질병이다. 적도에서 멀어질수록 사고사가 사망률에 더 크게 기여하는 것 같다. 추운 환경에서는 계절성이 적도 가까운 기후에서보다 더 혹심한 선택의 힘으로 작용하는데, 이는 추운 계절의 사고가 더 위험하기 때문이다. 사고사에 대한 자료는 그리 많지 않다. 아체 유아(0~3세)에게 사고사는 2%에 불과하지만, 0에서 14세까지의 죽음에서 23%를 차지한다(Hill and Hurtado 1996: 표 5.1, 대부분의 사고는 3세에서 14세 사이에 일어난다). 히위족에서 사고는 유아사망의 6%, 어린이(1~9세) 사망의 5~14%를 차지한다(Hill et al. 2007: 표 4, 유럽인과 접촉 이전). 어린이 사망률이 높아지

표 7-7. 수렵채집민의 유아사망률

집단	사망률(%)			참고문헌
	<1년	<15년	e0	
주호안시(Ju/hoansi, 이동성)	8	12	42	Harpending and Wandsnider 1982
주호안시(Ju/hoansi, 정주민)	–	6	17	Harpending and Wandsnider 1982
도베 주호안시(Dobe Ju/hoansi)	20	44	30	Lee 1979; Howell 1979
카데(≠Kade)	–	28[a]	40	Tanaka 1980
그위(G/wi)	–	7	–	Silberbauer 1981a
에페(Efe)	14	22	–	Bailey 1988
아스맛(Asmat)	30	25	25	Van Arsdale 1978
야마나(Yámana)	–	29	–	Stuart 1980
은가밀란드 주호안시 (Ngamiland Ju/hoansi)	–	34	–	Harpending and Wandsnider 1982
아체(Ache, 숲)	12	34	37	Hill and Hurtado 1996
동 카가얀 아그타 (E. Cagayan Agta)	–	35	–	Headland 1988; Goodman *et al.* 1985
팔라난 아그타(Palanan Agta)	–	43	–	Headland 1988
카시구란 아그타 (Casiguran Agta)	34	49	21	Headland 1988; Hewlett 1991a
산 일데폰소 아그타 (San Ildefonso Agta)	37[c]	50[a]	24	Early and Headland 1998
그린란드 이누이트 (Greenland Inuit)	20	45	–	Hewlett 1991a
쿠친(Kutchin, 1900년 이전)	17	35	–	Roth 1981
쿠친(Kutchin, 1900년 이후)	9	17	–	Roth 1981
아카(Aka)	20	45	–	Bahuchet 1979
히위(Hiwi)	–	–	48	Hurtado and Hill 1987, 1990
음부티(Mbuti, 그물사냥)	33	56	–	Harako 1981
세리(Seri)	–	61	–	Neel and Weiss 1975
바탁(Batak)	29	52	22	Eder 1987
첸추(Chenchu)	–	49	–	Hewlett 1991a
피찬자라(Pitjandjara)	19	–	–	Hewlett 1991a
티위(Tiwi)	10	–	–	Jones 1963; Hewlett 1991a

집단	사망률(%)			참고문헌
	<1년	<15년	e0	
안바라(Anbarra)	–	38[b]	–	Hamilton 1981
푸메(Savanna Pumé)	–	34	–	Kramer and Greaves 2007
푸메(River Pumé)	–	13	–	Kramer and Greaves 2007
핫자(Hadza)	21	46	33	Blurton Jones *et al.* 1992; Marlowe 2010
히위(Hiwi)	–	43	27[d]	Hill *et al.* 2007

주호안시족의 남아는 여아보다 생존율이 낮아 44%가 15세 이전에 죽는데, 여아의 30%와 비교된다. 아체족은 반대여서 여아 47%, 남아 37%이며, 히위족도 여아 55%, 남아 49%가 15세 이전에 죽는다.
a 10세까지.
b 5세까지(전체 남아의 39%와 여아 37%).
c 수렵채집 시기. 여기에는 측정 오차가 있을 수 있다. 기억을 토대로 한 자료이며, 아이 가운데는 둘째 또는 셋째 해에 죽었을 수도 있다(Early and Headland 1998: 113).
d 유럽과 접촉 이전 시기. 대부분의 죽음은 0~5세.

는 것은 높은 이동성 탓에 (부모는 다 알겠지만) 스스로 사고에 이르는 경우가 많아서이다.

많은 수렵채집 사회에서 어린이 사망의 주요 원인은 호흡기 결핵과 인플루엔자, 폐렴, 기관지염, 탈수를 일으키는 설사와 같은 전염병과 기생충 감염이다. 무엇이 먼저인지를 알기는 어렵다. 도베 주호안시 어린이 사망의 85%는 특히 결핵과 말라리아 같은 병 때문이다. 퇴행성 질환(심혈관 질병 등)은 겨우 4%만을, 폭력은 8% 정도를 차지할 뿐이다(Howell 1979). 아그타족 유아와 청소년에게 일어나는 대부분의 죽음, 곧 85~95%가 전염병 때문이며(Headland 1989; Early and Headland 1998), 겨우 2%만이 사고이고, 3%는 살해 때문이다.[29] 아카 피크미족의 주된 사망 원인은 홍역, 그 다음은 설사, 경련이며, 뒤의 두 병은 어린이 사망의 26%를 차지한다(Hewlett *et al.* 1986). 산 일데폰소 아그타(San Ildefonso Agta)족이 이동 수렵채집민이었을 때의 유아 사망은 주로 기생충, 특히 회충 감염 탓이다(Early and Headland 1998: 114). 유럽과 접촉

---

29 카시구란 아그타(Casiguran Agta)족은 만성적인 영양 부족과 알콜 중독이 유아사망률을 높인 불행한 사례이다.

하기 이전의 히위족에게 전염병은 유아사망의 27%를 차지하며, 어린이(0~9세) 사망의 66%가 전염병 때문이었다(소녀가 소년보다 더 높다, Hill *et al.* 2007). 질병은 아체 어린이(0~3세) 사망의 27%를 차지한다(4~14세는 15%).

설사가 동반된 질병은 박테리아와 기생충 성장에 별로 좋은 환경이 아닌 건조하거나 추운 환경보다는 열대지방의 수렵채집 사회에서 더 만연되어 있다. 던(Dunn 1968)에 따르면, 다섯 인구집단 표본을 바탕으로 조사한 결과, 열대 사막보다는 열대림에서 두 배에서 일곱 배 많은 기생충 감염이 있다고 한다. 전염병은 아마도 집단의 크기가 작고 이동하는 사람들에게는 그렇게 중요하지 않을 텐데, 인구가 너무 작아서 그런 감염 생명체가 확산되기 어렵기 때문이다(F. Black 1975). 이 때문에 이동성이 인구집단의 건강을 보호해 준다고 보는 사람도 있다(Cohen 1989). 하지만 이동성은 또 다른 종류의 질병을 유발하기도 한다.

유아사망률은 이동하는 부시맨에 비해 정주 부시맨 사회에서 더 높은 것 같지만 (Hitchcock 1982), 주호안시족의 유아사망률은 정주하는 간지 주호안시족보다 두 배나 높다(각각 12% 대 6%, Harpending and Wandsnider 1982). 정주 취락에서 의료시설을 더 쉽게 이용할 수 있고 우유 공급이 있다는 것이 차이의 원인으로 보인다. 하지만 차이는 이동 주호안시족의 "여행자 설사"에서 기인하는 것으로 보인다. 다양한 지역에는 여러 기생충이 있기에, 이동성은 연약한 아이들이 새로운 기생충에 감염되게 해, 경우에 따라 설사와 탈수를 동반하는 대가를 치르게 한다.

정주 집단의 어린이는 지역의 기생충에 저항력을 기를 수 있어, 설사와 탈수에 덜 걸릴 수 있다.[30] 정주 마을에서 이유식을 이용할 수 있는 것 역시 어린이 사망률을 낮출 수 있다(Pennington 2001). 하지만 주의해야 한다. 웨이그스팩(Waguespack 2002)은 본거지 이동과 어린이 사망률 사이의 연관 관계를 찾지 못하였으나, 모라비아(Morabia 2008)는 환경을 조절할 경우 반비례 관계(그다지 유의하지 않은)가 있다고

---

30   정주 마을에서 어린이는 죽음에 이르는 치명적이고도 혹심한 질병을 피할 수 있어도, 불량한 위생상태로 만성적인 건강 문제를 지니고 있는 경우가 많다(Kent and Lee 1992). 이동하는 아체족 어린이의 1%만이 호흡기 질환을 앓지만, 오늘날 보호구역에서는 27%가 질병을 가지고 있다(Hill and Hurtado 1996).

하였다. 그렇기에 어린이 사망률에 영향을 미치는 요인들에 대한 더 많은 연구가 분명히 필요하다.

페닝턴은 성적인 감염만 없다면, 수렵채집 사회의 총생식률은 6~8%에 이를 것이라고 했다. 그는 고고 자료에 드러나는 극히 낮은 인구성장률에 맞추기 위해, 사망률이 "현존 수렵채집 사회에서 관찰되는 어떤 수치보다 훨씬 높아야 한다"고 한다(Pennington 2001: 197). 힐과 동료들은 사망의 원인으로 살해와 유아살해, 전쟁, 내부 분쟁 같은 것도 있다고 했다(Hill *et al.* 2007).

치명적인 폭력

1장에서 "맨 더 헌터" 학회 이전에는 수렵채집민이 일반적으로 홉스가 말하는 만인에 대한 만인의 투쟁 상태에 살고 있다고 생각하였음을 기억할 것이다. 그러나 학회 이후 인류학자들과 일반 대중은 엘리자베스 토머스(Elizabeth Thomas)가 1959년 부시맨에 대해 펴낸 『해를 끼치지 않는 사람들(*The Harmless People*)』이라는 책의 제목이 시사하듯이, 수렵채집민이 더 없이 평화로운 삶을 누리고 있다고 생각하였다.

독자는 나의 입장을 짐작할 것이다. 수렵채집 사회에서 삶이 언제나 다정다감하고 경쾌한 것은 아니겠지만, 홉스식의 지옥도 아니다. 폭력이란 것을 거의 모르는 수렵채집 사회가 있지만(e.g., 말레이시아의 바텍과 인도의 팔리얀(Paliyan), Gardner 2000; Endicott and Endicott 2008), 대부분 사회에 폭력이 있는 것도 사실이다(표 7-8). 비록 수렵채집 사회는 비폭력 정신을 표현하고 분쟁을 해결하는 기제도 가지고 있지만(Fry 2006, 2011), 민족지 (그리고 고고학) 자료는 많은 수렵사회에서 높은 수준의 살인과 전쟁이 있음을 나타낸다(Ember 1978; Keeley 1996; Wrangham *et al.* 2006; Gurven and Kaplan 2007). 가령 랭엄 등은 수렵채집 사회의 살인율의 중간값을 164/100,000로 계산하였는데(Wrangham *et al.* 2006), 이를 1990년대 말 미국의 살인율 5.5/100,000과 비교하여 보자.[31]

---

31 리(Lee 1979)에 따르면, 공평하게 비교하기 위해서는 전쟁에서 죽는 사람도 포함시켜야 한다고 주장한다.

표 7-8. 수렵채집 사회의 살인율

집단	NAGP[a]	비율[b]	인구밀도 (명/100km²)	인구압[c]	살인율[d]	문헌
핫자(Hadza)	1,246	3.8	24	5.28	6.6	Marlowe 2010: 141
안다만섬 원주민 (Andamanese)	4,400	0.5	86	3.24	20	Keeley 1996: table 6.1
주호안시(Ju/'hoansi)[e]	570	3.8	6.6	5.79	42	Lee 1979
산일데폰소 아그타 (San Ildefonso Agta)	3,856	0.4	38	3.7	129	Early and Headland 1998: 103
기진갈리(Gidjingali)	1,904	0.4	72.7	2.35	148	Hiatt 1965
티위(Tiwi)[f]	2,273	0.4	37.5	3.19	160	Keeley 1996: table 6.1
야흐간(Yahgan)	484	0.2	4.8	3	169	Cooper 1917, in Wrangham *et al.* 2005
유록(Yurok)	685	0.8	131	1.43	240	Keeley 1996: table 6.1
카시구란 아그타 (Casiguran Agta)	4,512	0.4	87	3.03	326	Headland 1989
먼진(Murngin)	1,969	0.4	11.7	4.21	330	Keeley 1996: table 6.1
모독(Modoc)	195	0.8	22.9	1.92	450	Keeley 1996: table 6.1
아체(Ache)	2,480	0.4	14	4.26	500	Hill *et al.* 2007
히위(Hiwi)	2,895	0.3	4.3	5.31	1,018	Hill *et al.* 2007
피에간(Piegan)	348	0.2	4.3	2.78	1,000	Keeley 1996: table 6.1
바텍(Batek)[g]	3,315	0.4	13	4.62	1	Endicott and Endicott 2008

a Binford(2001)에서
b Keeley(1988)를 따라서, NAGP는 사람과 대형동물이 먹을 수 있는 NAGP의 부분을 반영하도록 분수(Kelly 1983, 표 3, 5번째 칸)를 곱한
 다. 히위족에서 사용된 값은 히위족 영역의 넓은 부분에 사실 식량자원이 거의 없음을 설명해 준다(Kim Hill과 개인 대화, 2011)
c 인구압은 (NAGP*비율) / 인구밀도
d 많은 사람이 전쟁 사망자만으로 되어 있다(특히 Keeley 1996에서; 피에간족의 경우 전쟁 사망자뿐이다). 사회 내부의 사망자를 고려하는 연
 구자에게 비율은 더 올라간다. 그러나 수치 가운데는(가령 히위, 아체) 자살과 유아살해, 외부인의 살인도 포함되어 있다. 본문 참조.
e 리(Lee 1979)에 따르면, 주호안시의 살인율은 1920년에서 1970년 사이 50년 동안 22차례 살인으로 29/100,000이다. 그러나 리에 따르
 면, 대략 1955년부터 외부 경찰의 개입으로 살인이 없어졌으며, 그 전 35년만을 계산하면 42/100,000이 된다.
f 1893~1903년 기간의 자료; 이는 "일반" 살인율을 계산하기에는 너무 짧은 기간이다.
g 문헌에는 살인율이 0/100,000이라고 명기되어 있지 않다. 하지만 폭력의 사례를 추적했는데, 아주 소수, 그리고 살인 가능성이 있는 경우는
 하나(아마도 유아살해)만을 찾았다. 그리하여 여기서는 계량화와 표의 다른 자료와의 비교를 위해 최소한의 살인율 1/100,000을 표시했다.

베트남 전쟁 시기 미국의 사망률은 100/100,000이며, 재빠른 치료로 치명적인 상태에서 생존한 경우까지
합하면 더욱 높아진다.

그러나 먼저 살인율 통계의 성격을 먼저 생각해 보자. 실제 살인의 수가 낮음도 주목하자. 산 일데폰소 아그타족의 살인율 129/100,000은 43년 동안 겨우 11개 살인(그러니까 4년에 살인 한 번꼴)을 표본으로 계산한 것인데, 그 가운데 적어도 두 사례는 외부인의 소행이었다. 만약 독자가 아그타족이나 주호안시족, 핫자족을 방문한다면 "해를 끼치지 않는 사람들"이라고 생각할 것이다.

이런 자료의 경우, 작은 인구집단에서 수치가 오르내릴 수 있다. 관례적으로 살인율은 100,000명당 연간 살인의 수로 표현되지만, 수렵채집민의 집단 크기는 너무 작다. 예를 들어, "평화로운" 세마이(Semai)족은 22년 동안 살인을 두 번밖에 저지르지 않았다(Dentan 1968). 그러나 그런 작은 집단에서 이는 30/100,000의 살인율로 계산되는 것이다(Knauft 1987: 458). 그렇다면 적절한 인구는 얼마인가? 로버트 덴턴(Robert Dentan 1988)은 기본 인구가 이런 집단보다 크다면 살인율은 결과적으로 1/100,000에 근접할 것이라고 했다.[32] 그러니 작은 집단에서는 사건 몇 개도 비율을 크게 바꿀 수 있다. 핫자족의 살인율은 6.6/100,000인데, 이웃하는 다토가(Datoga)족에 의한 살인 세 개를 포함하면 40/100,000으로 늘어난다(Blurton Jones et al. 2002; Marlowe 2010: 141). 그리고 참작해야 할 다른 사유는 어떻게 설명할 수 있을까? 예를 들어, 산 일데폰소족의 살인에서는 알콜이 중요한 요인이었다(e.g., Marlowe 2002). 술이 없었으면 살인율이 낮았을까? 이 문제에 대한 해결책은 장기간에 걸쳐 자료를 모으는 것이다. 그러나 민족지학자가 수십 년 동안 관찰할 수도 없고 정보제공자의 기억에 의존할 수밖에 없는데(e.g., Lee 1979; 표 13.2), 기억은 늘 정확하지 않다.

아체족과 히위족의 살인율은 각각 500/100,000과 1,018/100,000로서 표에서 눈에 띈다. 하지만 이 숫자도 다른 숫자와 직접 비교할 수는 없다. 히위족의 (유럽 접촉 이전의) 살인율은 히위족에 의한 살인과 베네수엘라인의 살인, 자살, 유아살해까지 모든 폭력에 의한 죽음을 포함한 다. 이 자료를 나누어(Hill et al. 2007, 표 4) 히위족에

---

32 내 생각으론 세마이족 자료는 살인율을 추산할 만큼 정확하지 않은 것 같다. 물론 나는 노프트보다는 덴턴의 주정치에 가깝다고 보기는 한다.

의한 살인율만 보면, 모든 죽음의 겨우 7%만을 차지한다. 아체족의 유아(0~3세) 사망률 39%는 유아살해나 어린이 살인(가령 죽은 부모와 함께 묻히는 것)에서 기인하며, 모든 청소년(4~14세) 죽음의 17%도 마찬가지이다. 성인 죽음의 9% 정도는 살인이나 술집 싸움에서 비롯된다(Hill and Hurtado 1996: 표 5.1). 이런 낮은 비율은 아그타, 주호안시, 핫자족과도 비슷한데, 이들의 경우 유아살해와 자살, 외부인에 의한 살인을 제외한 폭력이 죽음의 3~7% 정도를 차지한다.

수렵채집 사회에서 폭력에 의한 사망에도 집단 내 살인, 전쟁이나 침입, 유아살해 또는 소년 살인을 말하는지에 따라 차이가 있다. 힐 등은 낮은 살인율이 식민주의적 간섭의 산물이며 선사시대 수렵채집 사회에서는 더 높았을 것이라고 한다(Hill *et al.* 2007). 집단 내의 아주 권위 있는 사람에게 개인이 하소연하여 폭력을 제한할 수도 있는데(Knauft 1987: 476), 주호안시, 아체, 이누이트, 아그타 사회를 보면 그런 권위자가 확실히(정확히 어느 정도인지는 잘 모르지만) 폭력을 막고 있다(Lee 1979, Hill and Hurtado 1996; Burch 2007b; Early and Headland 1998). 이와 반대로 블러튼 존스 등은 핫자 사회의 살인율을 막는 데 외부인의 역할이 별로 없다고 한다(Blurton Jones *et al.* 2002). 그리고 민족지 연구의 시기보다 과거에 더 폭력적이었는지 하는 문제는 고고학이 판단해야 한다(Kelly 2013).

수렵채집민에게는 치명적이지 않은 공격의 빈도도 낮은 편이다(e.g., Wrangham *et al.* 2006). 그러나 이는 다툼이 없어서가 아니라 작은 평등 공동체에서 공격을 문화적으로 억누르기 때문이다. 예를 들어, 턴불은 음부티 사회에서 사흘에서 나흘 간격으로 눈에 띄는 분쟁이 일어나는 것을 기록하기도 했다(Turnbull 1965; Ness *et al.* 2010 역시 참조). 이런 분쟁은 (흔히 여성의) 질투나 어떤 멸시 같은 것에 기인한다. 진 브릭스(Jean Briggs)가 이누이트 가족에 대한 책 제목을 『결코 화내지 않는다(*Never in Anger*)』라고 했지만, 그렇다고 해서 이누이트 사람들이 화내는 일이 없다고 한 것은 아니다. 수렵채집 공동체에서 발생하는 폭력에는 화를 표현하는 것 말고 특정한 목적이 없는 경우가 많으며, 화는 때로 치명적이기도 해서 급습이나 피를 부르는 형

태를 띠기도 한다.[33]

폭력은 여러 형태를 띨 수 있으며 원인이 다양하기 때문에, 나누어 살펴보는 것이 중요하다. 예를 들어, 킬리는 호주 원주민사회를 전쟁을 좋아하는 평등 수렵채집민이라고 분류하였지만(Keeley 1996), 프라이는 싸움은 드물고 전쟁이라기보다는 불화나 복수에서 기인한 살인의 범주에 속함을 논증하였다(Fry 2006). 이전의 전쟁 또는 "집단 간 공격"에 대한 통문화적 연구(e.g., Ember 1978; Keeley 1996)는 개인 간 살인을 전쟁이나 침입에서 기인하는 죽음과 구분하지 않았다.[34] 표준 비교문화 표본(Murdock and White 1969)에는 이동하는 수렵채집 사회에서 살인의 범주로 복수, 여성을 두고 벌어지는 분쟁(간통을 포함한다, e.g., Lee 1979; Marlowe 2010), 범죄, 처형 등이 제시되어 있다(Fry 2011 참조).

어쨌든 누군가(주로 남자) 다치는 것은 공통된 사실이지만, 단일한 측면으로 상이한 행위를 환원시키면 잃는 것이 생기게 마련이다. 사실 위에 인용한 살인율 가운데는 전쟁이나 침입으로 인한 죽음까지 포함된 것이 있다(가령 Hiwi, Piegan). 여러 형태의 폭력을 구분하는 것이 합당하겠지만, 불행히도 현재의 자료로는 어려운 일이다. 아래에서는 수렵채집민 간 전쟁이라는 폭력의 한 형태에 대해 살펴보고자 하며, 그럼으로써 일반적인 살인율 통계에 대해 새로운 시각을 얻게 되기를 기대한다.

전쟁

간단히 말하자면, 전쟁은 "공동체 간 비교적 비개인적인 죽음을 동반하는 공격"이라고 할 수 있다(Fry 2006: 91). 비개인적이라 하더라도 전사들이 격정적이지 않다는 말은 아니다. 사실 지도자는 자신을 따르는 사람들에게 격정을 불어넣어야지만 싸움에 나서 다른 이를 죽일 수 있다. 이를 켈리(R. C. Kelly 2000)는 "사회적 대용가능

---

33   이런 분열적인 폭력이 일시적인 두뇌 이상을 반영한다는 주장도 있지만(Knauft 1991: 400), 이 점이 수렵채집민에게만 해당하는 것은 아니다.

34   가령 랭엄(Wrangham 2006)은 주호안시의 살인을 집단 간 공격에 포함시킨 반면, 리(Lee 1979)는 죽음이 여성이나 모욕을 두고 벌어지는 개인 간 분쟁에서 비롯된다고 했다.

성(social substitutibility)이라고 부르는데, 문제되는 구성원을 가진 다른 집단의 사람을 죽임으로써 잘못을 바로잡을 수 있다는 생각을 말한다. 전쟁은 흔히 모욕에 대한 복수나 보복을 위한 싸움이지만, 나는 어떤 집단이 보복을 결심하려면 단순히 피해자이기보다는 노예나 여자, 식량, 영역 또는 선공을 통한 안전성의 확보 등 어떤 이점을 얻을 수 있어야 한다고 본다.

전쟁을 다른 형태의 폭력과 구분하는 것은 중요한데, 이는 이득을 위한 싸움과 분노가 표출된 싸움은 서로 다르기 때문이다. 어떤 남자가 아내의 정부를 살해하거나 형제의 죽음에 복수할 때 위험부담을 바로 계산하는 일은 드물다. 하지만 전쟁에서는 그런 계산이 필요하다. 전쟁에 질 수도 있고 생명을 잃을 수도 있기에, 어떤 이점을 얻을 수 있는지를 판단해야 한다. 이러한 비용과 효과의 판단은 전쟁, 아마도 일반적으로는 폭력을 진화적인 시각에서 이해할 수 있음을 뜻한다. 하지만 공동체가 싸우는 이유가 일반 대중이 전쟁을 치르는 이유는 아니기 때문에, 복잡하게 얽혀 있다. 전쟁을 이해하기 위해서는 관여된 공동체 사이의 관계를 알아야 하지만, 공동체 안에서의 지도자와 일반민 사이의 관계도 알아야 한다(9장 참조).

표 7-9는 평등 및 불평등 수렵채집 사회에서 벌어지는 전쟁에 대한 비교문화 자료를 모은 것이다(Fry 2006: 106). 전쟁은 불평등 수렵채집 사회에서 더 흔하다. 평등 사회에서는 사람들이 야심 있고 잠재적으로 폭력적일 수 있는 사람을 놀리고 비웃는 방식으로 억누를 수 있으며, 아니면 문제 있는 사람 곁을 그냥 떠날 수도 있다. 분쟁을 조정하고 잘못한 사람을 벌주는 (그리하여 개인 간 폭력을 막는) 주요 기제가 없는 만큼, 싸움이 벌어질 만한 기제도 없다. 수렵채집민을 "폭력적"이라고 하는 사람도 있지만(Ember 1978; Keeley 1996), 이동하는 평등 수렵채집 사회는 정주하는 불평등 수렵채집 사회만큼 전쟁에 휘말리지 않는다. 전쟁은 평등 수렵채집 사회에서는 비교적 드문 일이다(Knauft 1991; R. C. Kelly 2000).[35] 그러나 불평등 수렵채집 사회에서

---

[35] 이전의 비교문화 분석에서는 상이한 결론이 나오기도 했다. 엠버(Ember 1978)는 수렵채집 사회 가운데 10%만이 "평화롭다"고 하였지만, 보복 살인을 전쟁 같은 사례를 정의하는 데 포함했다. 엠버의 자료의 거의 반 정도는 불평등사회와 기승사회에서 가져온 것이지만, 이를 제외하고서도 전쟁은 19%의 사례에서 드

표 7-9. 수렵채집 사회의 형식과 전쟁

수렵채집 사회의 형태	전쟁 없음	전쟁 있음
평등	주호안시, 핫자, 아란다, 코퍼 이누이트, 음부티, 안다만선 원주민, 세망, 솔토, 베다, 파이우트, 티위, 야마나, 슬레이브	몬타테, 길략, 잉갈릭, 미크맥, 보토쿠도, 카스카, 아웨이코마(Aweikoma), 유카기르
불평등	–	벨라쿨라, 하이다, 그로 반트,* 유록, 코만치,* 유쿠츠, 치리카후아,* 쿠테나이,* 테후엘치,* 트와나, 클라마스, 에약, 동 포모, 알류트

폭력은 문화적으로 제재가 가해지고 어떤 사람의 지위를 높이는 수단이 되기도 한다 (Knauft 1987). 불평등 수렵채집 사회는 보편적으로 정주하는 사람들이다. 4장에서 주장한 바와 같이, 정주 수렵채집민은 식량자원이 풍부해서가 아니라 서식지에서 다른 집단의 영역을 범하지 않고 본거지 이동을 할 수 없을 만큼 인구밀도가 높아지는 것에서 기인한다. 전쟁 역시 더 이상 이동을 선택할 수 없을 때 일어난다.

또한 불평등사회에서 전쟁은 부분적으로, 켈리(R. C. Kelly 2000)의 용어대로 "분절사회(segmentary societies)"의 성격에서도 기인한다. 분절사회란 집단의 개념이 잘 발달해 있어 "집단 책임(group liability)"이란 개념도 가지고 있는 사회를 말한다 (Roscoe 2009의 모듈식조직(modular organization) 논의 역시 참조). 분절들은 가족이나 마을, 권역 집단 같은 위계로 조직될 수 있다. 분절사회에서 특정 가족은 계보를 구성하고, 계보는 다시 씨족을 만든다(R. C. Kelly 2000: 45). 이런 친족 단위는 정연하게 규정되며 협상될 수 있는 여지가 별로 없다. 반대로 비분절사회는 유동적이어서 가족과 개인은 같이 사는 집단 안에서 움직이면서 사람 사이의 유대로 협상된다. 분절 조직에서 이동하는 사람의 수는 전쟁의 비용을 감소시켜 더 빈번한 싸움을 유발할 수 있다(9장에서 그런 분절사회를 만드는 요인이 무엇인지를 살핀다). 그러나 전쟁의 근본 원인이란 문제는 여전히 남아 있다.

물었다. 킬리(Keeley 1996)는 수렵민이 "맨 더 헌터" 학회가 그렸던 식으로는 전혀 평화롭지 않다고 했다. 이 점은 인정되지만, ˹ 역시 불화, 보복 살인을 포함했다.

전쟁의 근접 원인은 다양한데, 심지어 단순한 멸시나 마법의 혐의 같은 것도 있다. 이런 원인은 어처구니없는 듯하지만, 마음속으로 느끼기에는 그렇지 않다. 예를 들어, 에임스와 매쉬너(Ames and Mashner 1999: 195)는 야쿠탓 틀링잇(Yakutat Tlingit)족은 시트카(Sitka) 틀링잇족이 두 해 연속 더 노래를 잘 불렀다고 해서 먼저 공격하였다고 했다. 그런 일로 싸우는 것은 바보스럽게 보일 수도 있지만, 노래는 아주 중요한 사실에 대한 표현 양식이다. 야쿠탓족은 처음에는 당혹스러워하다가 복수하기 위해 이웃 집단에게서 노래를 배웠지만, 시트카족 또한 알류트족으로부터 배워 더 많은 노래를 불렀다. 문제는 노래 자체였다기보다는 노래가 다른 사람들과 친밀히 연결되는 증거였다는 점이다. 시트카족이 더 많은 노래를 안다는 것은 야쿠탓족보다 더 강력하다는 뜻이었다. 야쿠탓족은 자신들이 더 약하다고 생각되어 공격당하기 전에 선공하였다. 야쿠탓족의 목적은 권력관계를 유지하는 것이었다.

다른 행동의 선택과 마찬가지로, 전쟁에도 역시 비용과 효과가 있다. 참여자의 시각에서 가장 심각한 타격은 전사들이 죽을 수 있다는 점이다. 효과 또한 분명하여, 자원이나 영역, 공급, 여자 등을 얻을 수 있다. 효과가 잠재적인 비용을 넘어서는 지점은 언제일까? 논리적으로 추론할 수 있는 조건으로는 전쟁을 하지 않을 때 굶주려 죽는 경우를 들 수 있다. 이 경우 싸워서 치러야 할 대가, 곧 죽음은 싸우지 않을 경우의 대가와 똑같다. 그리하여 전쟁의 궁극적인 원인은 인구 집단의 자원에 대한 요구와 관련되어 있다고 생각하는 것이 논리적이다(Durham 1976).

전쟁의 요구는 인구밀도로 측정할 수도 있는데, 인구밀도가 늘어나면 전쟁의 가능성도 높아진다. 그러나 킬리는 수렵채집 사회와 비수렵채집 사회를 분석하여 그런 관계가 없다고 하였다(Keeley 1996: 표 8.3). 킬리는 사회가 더 커질수록 전쟁과 심각하고 치명적인 폭력의 잠재성이 더욱 커진다고 주장한다. 이런 조건에서 사회는 축제나 다른 유화 의례를 통해 공격을 줄일 수 있는 길을 찾아 전쟁의 가능성을 누그러뜨린다.

하지만 인구밀도는 식량의 토대가 있다면 적절한 압력 수단이라고 할 수 없다(Keeley 1996). 높은 인구밀도는 주변 환경에 식량이 많다는 점을 반영하여 더 많은 사람이 산다는 점을 가리킬 수 있다. 중요한 변수는 오히려 인구압이다. 인구압은 개인당 얼마나 많은 식량을 이용할 수 있는지를 대략적으로 측정한다. 킬리(Keeley 1988)의 접근법을 이용하여, 집단 환경의 순지상생산성(net above ground productivity, NAGP)을 인구밀도로 나누어 인구압을 측정해 보자. 이 경우 나는 킬리의 예를 따라서 먼저 사람과 대형동물이 먹을 수 있는 순지상생산성을 찾기 위해 분수(Kelly 1983, 표 3)를 곱하였는데, 값이 클수록 개인당 이용 가능한 식량이 많으며 인구압은 더 낮다. 그렇다면 인구압이 전쟁과 상응하는가?

표 7-10은 자료가 적절하다고 판단되는 19개 사회에 대해 정리한 것이다. 전쟁이란 "동일한 사회의 공동체 간 충돌"이다.[36] 충돌은 1에서 4까지의 척도로 나뉘는데, 1=1년에 한 번, 2=5년에 한 번, 3=한 세대에 한 번, 4=거의 없거나 결코 없는 경우를 나타낸다. 내부 전쟁과 인구밀도 사이에 유의한 상관관계는 없었다(rs=-0.28, n=19, t=-1.20, p=0.35).

하지만 전쟁과 인구압을 이런 식으로 측정하면 상관관계가 생긴다(rs=0.59, t=3.0, n=19, p=0.0009; 그림 7-6A; R. C. Kelly 2000 참조). 인구압이 증가할수록 공동체의 싸움도 더 잦아진다. 코만치족은 사납고 잔인한 전사라는 평판에도, 그림 7-6A 나온 다른 수렵채집민보다 더 "평화"로운 듯하다. 그러나 머독의 표준 비교문화 자료(SCCS)에서는 외부 전쟁의 측면에서 위치가 높다(변수 774, 일 년에 한 번 정도). 여기에서 사용된 인구압 자료는 유러아메리칸 사회가 코만치족에게 미친 압력을 고려하지 않았다. 만약 포함한다면 코만치족의 사례는 분명 그래프에서 훨씬 왼쪽으로 치우쳐 있을 것이다.

이 표본에서 전쟁을 가장 자주하는 집단은 클라마스족이다. 클라마스족은 서로,

---

36 표준 비교문화 표본은 표본의 36개 수렵채집 사회 모두에서 전쟁에 대한 자료를 포함하지 않고 있다. 덧붙여 자료가 전적으로 비교할 만하지도 않다. 표준 비교문화 표본은 "갤튼의 문제"를 회피하기 위해 제시되었으며, 다시 말해 문화 또는 역사적으로 연관되지 않은(그리하여 표본이 어느 특정한 지리 권역이나 문화를 과도하게 대표하지 않도록) 민족지 사례를 종합한 것이다. 그러나 표본에는 다양한 민족지 자료가 포함되어 있다. 가령 주호안시 자료는 "현존" 수렵채집 사회를 목도한 민족지학자가 수집한 것이지만, 그로반트(Gros Ventres)족 자료는 주로 정보제공자의 기억에 의존한 크로버(Kroeber 1908)의 민족지에서 온 것이다.

표 7-10. 수렵채집 사회의 전쟁과 인구압

집단	NAGP[a]	비율[b]	인구밀도 (명/100km²)	인구압[c]	살인율[d]
주호안시(Ju/hoansi)	570	3.8	6.6	8.28	4
음부티(Mbuti)	2,242	0.4	17	6.45	4
세망(Semang)	3,315	0.4	17.57	6.81	4
안다만섬 원주민(Andamanese)	4,400	0.5	86	3.24	2
티위(Tiwi)	2,273	0.4	37.5	3.19	2
길략(Gilyak)	417	0.2	19.31	3.07	2
인갈릭(Ingalik)	416	0.7	2.71	5.78	3
코퍼 에스키모(Copper Eskimo)	42	0.7	0.43	4.22	2
솔토(Saulteaux)	411	0.2	1.2	5.84	3
슬레이브(Slave)	172	0.2	1	4.64	2
에약(Eyak)	573	0.2	5.86	4.36	3
벨라쿨라(Bellacoola)	769	0.2	13	4.08	2
유록(Yurok)	685	0.8	131	1.43	2
요쿠츠(Yokuts, 호수)	115	0.5	38.1	2.9	3
클라마스(Klamath)	286	0.8	25	3.82	1
그로 반트(Gros Ventre)	391	0.35	3.37	5.31	4
코만치(Comanche)	696	4.3	2.33	9.46	3
치리카후아(Chiricahua)	485	0.7	1.16	7.98	4
야마나(Yámana〔Yahgan〕)	484	0.2	4.8	3	3

그리고 이웃을 습격하여 노예를 얻으려고 하며, 노예를 팔아 말과 총을 사고, 북쪽의 족속들과 남쪽의 집단들 사이의 무역을 조절하고자 한다(Murdock 1980). 이렇게 말과 총을 갈구하는 것이 유러아메리카인의 침략 때문인지, 식량자원에 대한 압력이 커진 때문인지는 불분명하다. 그러나 충돌의 수준이 높다는 사실은 인구압을 고려할 때 예상하지 못한 결과이다. 높은 인구압의 다른 사회도 전쟁의 문제를 "해결"한 듯한데, 이전에 논의하였듯이 요쿠트(Yokuts)족의 애도의식과 같은 사회적 기제가 그런 역할을 했다(Wallace 1978b).

이 표본 연구는 엠버와 엠버(Ember and Ember 1992)의 비교문화 분석 결과와도 일치한다. 비교문화 분석에서는 전쟁이 주기적인 자연 재앙의 영향을 받는 사회, 그리고 이보다 덜하지만 자연과 다른 족속에 대한 불신이 있는 사회와 결부되어 있음이 드러났다. 그러나 엠버와 엠버는 전쟁이 자연 재앙의 결과가 아니라 그에 대한 대비책으로 일어났다고 했다. 자료가 어떻게 수집되었는지를 고려할 때(Ember and Ember 1992: 256), 나는 자연 재앙의 위협을 느끼는 사람들에게 실제 그런 재앙이 충분히 빈번하게 발생하여, 재앙의 두려움에서 비롯된 전쟁과 실제 재앙으로 일어난 전쟁을 구분하기 힘들지 않았을까 생각한다. 사실 재앙의 두려움을 측정할 변수는 전쟁과 더불어 실제 재앙의 발발을 측정하는 것이기도 하다.

살인

일반 살인율에도 똑같은 접근을 할 수 있다. 개인 간 폭력을 불러오는 긴장은 전체 사회의 긴장과 연결되어 있고, 이는 다시 인구압과 연관되어 있기 때문이다. 이런 측정값 가운데는 전쟁에서 죽는 사람도 포함됨을 상기하자.

그림 7-6B는 살인율(표 7-8)과 인구압 사이의 관계를 나타낸 것이다. 관계는 통계적으로 유의하지 않다($n=15$, $p=0.17$, $r=0.37$). 그러나 히위족과 아체족의 살인율은 너무 높아서(이전 논의 참조), 아웃라이어(outlier, 히위족)를 제외하면 관계는 유의해진다($n=14$, $p=0.04$, $r=0.54$). 인구압이 높을수록 살인율도 높다. 그림 7-6B를 보면, 그 경향은 1,000/100,000 지점에서 수평을 이루는 것처럼 보인다. 이 점이 아마도 살인율/전쟁 사망률의 상한일 것이다. 전쟁에서 이처럼 높은 사망률은 드물며(Pinker 2011), 피간(Piegan)족과 히위족 중 어느 집단도 살인율/전쟁 사망률을 누대에 걸쳐 1,000/100,000로 유지하지는 않는다. 이런 높은 비율에서는 집단의 거의 모든 사람이 죽음에 영향을 받으며, 지도자는 더 이상 피를 흘리지 않고 협상해야 할 압력을 느낀다.

요약하면, 수렵채집 사회에는 언제나 다른 사람을 건드리지 않을 수 없는 작은 집단의 사람들 사이에 쌓인 분노에서 오는 최소 수준의 폭력이 있다. 사람들은 어느 정도 수준의 압력을 받으면 폭력이 지닌 잠재적인 내가보내는 효과를 우선시하게 된

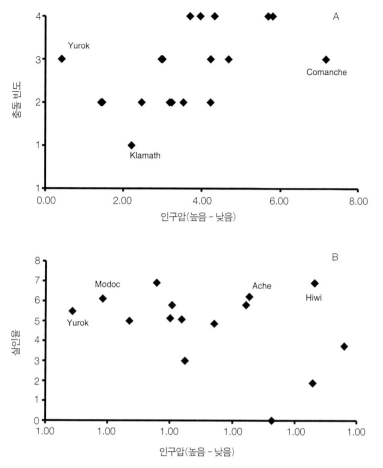

그림 7-6. A: 인구압과 전쟁의 관계(SCCS 변수 768, 공동체 간 충돌. 1: 해마다, 2: 5년에 한 번, 3: 세대에 한 번, 4: 거의 또는 한 번도 없음). B: 수렵채집 사회 표본에서 인구압과 살인율의 관계(표 7-8 참조).

다. 집단이 분절적이고, 사회적 대응성을 허용하는 형태를 띠며, 그리하여 전쟁이 허용되는 것은 바로 이런 상황에서이다. 하지만 전쟁의 잠재성과 사회의 호전성이 증가할수록 피 흘리는 전쟁보다는, 포틀래치 ― 콰콰카와쿠(콰키우틀)족이 말하듯이 재물에 대한 전쟁 ― 와 같은 평화를 유지하려는 관습이 증가한다는 킬리(Keeley 1996)의 생각이 옳을지도 모른다.

이동성과 인구 증가

위에서 전쟁은 불평등 수렵채집 사회에서 더 흔하고 이 사회는 거의 정주 마을을 이루고 살며 인구밀도도 높다고 했다. 그렇다면 전쟁은 정주 수렵채집민의 인구 변동과도 연결되어 있다. 이동성과 인구 증가의 관계는 어떠한가?

이동 집단이 정주하면 총생식률(TFR)은 증가한다(e.g., Binford and Chasko 1976; Hitchcock 1982; Roth and Ray 1985; Gomes 1982, 1990; Ellanna 1990). 오늘날의 정주화 과정은 다분히 서구 의약품의 이용 가능성과 결부되어 있기 때문에, 인구 증가와 정주 사이의 관계는 사실 산업화 이후의 현상일 수 있다(물론 이동 사회와 비슷한 사망률은 산업화 이후의 정주사회에서도 볼 수도 있다; Early and Headland 1998: 116-17). 페닝튼(Pennington 2001)은 사실 이동하는 사회에서 인구 증가의 가장 큰 요인은 항생제를 이용함으로써 성관계를 통해 전달되는 질병으로 인한 불임이 감소한 것이라고 지적한다. 성관계로 전달되는 질병에 의해 영향을 받는 인구는 주로 40% 이상의 불임률을 보인다. 수렵채집 사회에서는 8%[주호안시족(Ngamiland), Harpending and Wandsnider 1982]에서 28%(에페족, Bailey and Aunger 1995)까지 다양하다. 주호안시족의 낮은 총생식률은 사실 성관계로 확산된 질병 탓에 마지막 출산 평균 연령이 34세로 감소된 때문으로 보인다(Pennington 2001).

현대의 의약품을 이용하게 되면서 이동성과 인구에 대한 고고학 연구는 더욱 중요해졌다. 비록 인구 증가는 세계의 많은 지역에서 정주 마을의 출현 이전에 등장하지만, 극적인 인구 성장은 마을의 출현 이후에 벌어진다. 행위와 생물학, 생식력, 사망률 간의 관계에 대해 아직도 모르는 것이 많이 있음에도, 지금까지 논의한 요인들을 이동성과 관련시키는 모델을 세울 수 있다(그림 7-7).

4장에서 정주란 본거지 이동성과 높은 획득 및 가공비용을 수반하는 자원의 이용 사이의 트레이드오프라고 하였다. 이로부터 우리는 남녀 모두 이동 캠프보다는 정주 마을에서 더 고된 노동을 함을 알 수 있다. 특히 여성의 노동에서 일어나는 변화가 중요하며, 다음 두 방식으로 생식력에 영향을 미칠 수 있다. 첫째, 여성 노동량 증가는

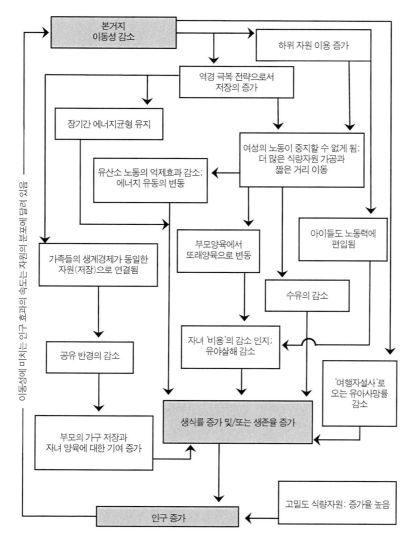

그림 7-7. 정주가 인구증가율의 상승을 일으킬 수 있는 요인들의 잠재적인 관계

아마도 이유식의 사용을 통한 수유의 감소 또는 빠른 젖떼기를 불러올 수 있다(Nerlove 1974). 어떤 경우라도 여성 몸에 대한 에너지 필요량을 감소시켜 정규적인 배란으로 돌아가는 데 도움을 준다. 비교문화 연구에 따르면, 태어난 지 한달 이전에 아이

의 식단에 젖 이외의 것이 보충된다면, 그렇지 않은 여성보다 더 많은 생계활동을 수행한다고 한다(Nerlove 1974). 드레이퍼와 캐쉬던(Draper and Cashdan 1988: 343)은 정주 주호안시 캠프에서 성인은 이동 집단의 성인보다 집에 머물 때 더 바쁘다는 것에 주목한다(물론 우리는 아직 이것이 주호안시족의 정주 그 자체와 관련되어 있는지, 아니면 특정 정주화의 조건과 연결된 것이지를 잘 알지 못한다). 마지막으로 나타(Nata) 강에 정주해 사는 부시맨은 이동하는 쿠아족보다 아이의 젖을 더 빨리 뗀다고 한다. 아마도 나타 강 집단은 이동하는 쿠아족보다 높은 생식력을 가진 듯하다(Hitchcock 1982).

우리는 수유가 식단과 활동과 함께 에너지 저장과 균형, 유동을 통해 생식력에 영향을 미침을 알고 있다. 여성에게 본거지 이동성이 감소하면 수렵채집 활동이나 캠프 이동에 걷는 시간을 덜 쓰고 자원의 가공에 더 많은 시간을 쓰기 때문에, 여성의 일이 지닌 유산소 운동의 질도 감소시킨다(Surovell 2000). 나의 생각으로는 이는 최근에 정주한 수렵채집 집단의 사례로 생각되지만, 여성 노동의 유산소 운동의 경우 이동하는 사회와 정주 사회 사이에 차이가 있다는 직접적인 증거는 아직 없다.

또한 4장에서 이동성이 감소할수록 식량 저장을 통해 곤궁한 시기를 대처함을 지적하였다. 몇몇 연구자에 따르면, 최근 정주한 수렵채집민의 식단은 이동하는 집단의 식단보다 더 좋지 않다고 한다(Hitchcock 1982). 그러나 이는 일반적으로 정주 집단의 식단이 고기는 적고 탄수화물과 당의 비율이 높은 단조로움을 뜻한다. 정주 집단의 식단이 같은 권역에 있는 이동하는 집단보다 만성적으로 더 곤궁하거나 단조롭다고 하더라도, 식량 저장으로 식단에서 등락이 감소하고 이로써 장기간의 에너지 균형을 도모하며 생식력의 계절적인 등락을 줄일 수 있다. 수유 및 유산소 활동의 감소와 함께 일관된 장기간의 에너지 균형은 생식력을 높일 수 있다. 예를 들어, 정주 취락에 사는 주호안시 여성은 칼로리가 높고 연중 더 일정한 식단을 가지고 있다. 또한 이동하는 주호안시족보다 생식력도 더 높고 출산 터울도 더 일정하다(Hausman and Wilmsen 1985). 마찬가지로 강에 사는 푸메족은 사바나에 사는 푸메족보다 식단이 더 일관되고 연간 및 계절적 등락도 덜하며, 사망률이 낮고 생식력도 높다고 한다(Kramer and Greaves 2007).

이미 지적하였듯이 정주 마을에 사는 어린이는 쇠약성 위장 장애에 더 강하며, 더 많은 자식들이 더 높은 비율로 생존할 수 있다. 그러나 어린이 사망률과 이동성의 변화가 어떻게 연결되어 있는지를 알기 위해서는 더 많은 경험 연구가 필요하다.

어떤 집단이 정주하면서 또 다른 두 가지 과정이 유아살해로 말미암은 유아 사망률을 낮출 수 있다. 하위 자원의 이용과 함께 여성의 노동량이 증가함에 따라 어린이는 노동력에 편입될 수도 있다. 드레이퍼와 캐쉬던(Draper and Cashdan 1988; Draper 1975)은 이동 및 정주 부시맨 사이에 어린이 활동에서 차이가 있음을 밝혔다. 정주 부시맨 마을에서 어린이는 가축을 돌보거나 농산물의 수확과 가공을 돕고, 어린 아이를 돌보거나 물을 길어오는 일을 하는 등 이동하는 캠프의 어린이보다 훨씬 일을 많이 한다. 덧붙여 4장에서 논의하였듯이, 여성의 노동이 증가할수록 더 나이 많은 어린이가 유아나 걸음마 배우는 아기를 돌볼 수도 있다. 어린이가 이처럼 아이들에 의해 길러지고 어른의 일을 하는 경우 아이 양육의 비용은 떨어지며, 여성은 아이를 더 낳아 기르고 싶어할 수 있다(Draper and Harpending 1987). 출산을 자주 하더라도, 주호안시족이 말하듯이, "평생 허리가 아프지"는 않을 터이기 때문이다. 그러므로 육아에 드는 비용이 낮아지면 유아살해의 발생도 줄어든다.

더구나 4장에서 말한 바와 같이, 어떤 수렵채집 집단이 정주하면 생계는 그 지역의 자원에 묶이게 된다(특히 어떤 환경에서 저장할 수 있을 만큼 충분한 양으로 존재하는 자원은 대체로 하나나 둘 정도이기에 저장할 자원에 얽매인다). 5장에서의 논의를 뒤이어, 동일한 자원과 결부된 수렵채집민은 공유하기보다는 가족을 늘리거나 가구 저장을 늘리고자 할 수 있다. 이 경우 아버지는 가구 저장에 더 많은 역할을 하며, 그럼으로써 자식에게도 더 이바지한다. 부모가 자식에게 하는 일이 늘어남에 따라 유아살해나 방기를 통한 유아 사망률은 더 줄어든다.

요약하면, 정주는 서로 관련된 생물학적이고 행위적이며 심리적인 많은 변화들을 추동하여 생식력의 증가와 유아 사망률의 감소, 그리고 인구성장을 이끌 수 있다. 물론 장기적으로는 노동의 양이 증가할 수도 있지만 말이다. 하지만 여기에서 개괄한 시나리오는 다분히 사변적인 것이며, 고고학 자료를 통해 검증되어야 한다.

결론

우리는 수렵채집 집단의 크기—최대 무리와 최소 무리—와 수렵채집 활동 집단의 크기를 개괄하면서 이 장을 시작하였다. 대략 25명이라는 본거지 수렵채집 집단을 뒷받침하는 몇 가지 증거가 있으며, 그보다 큰 집단은 4배수로 커져 상호작용하는 최대 권역의 인구는 대략 800명에 이른다는 점도 알게 되었다. 이 같은 본거지 집단 크기의 구조화는 수렵채집 활동에 대한 고려 때문인 듯하다.

그 다음 공동 사냥과 개별 사냥에 대한 주장은 최적 수렵채집 집단 크기의 문제임을 살펴보았다. 에릭 스미스는 집단의 결과와는 상관없이 개인이 자신의 수익률을 최대화하고자 한다는 전제 아래 수렵채집 집단 크기에 관한 모델을 정립하였다. 이 모델에 대한 검증을 통해, 본거지 집단 크기와 마찬가지로 수렵채집 활동 효율성 토대 위의 사회적 필요와 현실이 집단크기를 결정함을 알게 되었다.

그런 다음 수렵채집 사회 인구역학을 살피면서 단순한 수용한계 접근은 포식자와 사냥감 사이의 역동적인 관계를 설명하지 못한다고 했다. 이론적인 모델에 따르면, 수렵채집민의 인구역학은 많은 수용한계 모델에서 보이는 표준증가 곡선보다 더 복잡하다. 획득할 수 있는 일차생산의 양과 노동 시간의 길이, 자원 수익률, 이용 이후 자원이 회복하는 속도는 모두 컴퓨터 시뮬레이션에서 인구 증가율에 영향을 미친다.

우리는 생식력에 대한 문화적 조절의 증거를 고찰하여 어느 것도 크게 중요하지는 않음을 알았다. 여아 우선 살해는 아마도 과거의 많은 수렵채집 사회에서 그다지 많지는 않았을 것이다. 북극지방에서 존재하였을 수 있지만, 다른 수렵채집 사회에서 그것이 갖는 중요성은 지금까지 과포장되었다. 남녀를 가리지 않는 유아살해는 주로 터울조절기제이고, 어떤 엄마가 아이를 기르는 데 얼마나 도움을 받을 것인지를 반영하는 것인지도 모른다.[37] 생각할 수 있는 도움에는 어린이가 수렵채집 활동에 얼마나

---

37 수렵채집민(그리고 다른 원주민 사회)이 현대의 현금경제 속에 포괄되면서 남자는 집을 떠나 공장이나 광산, 군대 같은 데서 일하는 경우가 많아졌다. 이는 아이의 문화화뿐 아니라 인구성장에도 영향을 미친다.

참여할 수 있는지, 엄마가 생계활동하는 동안 아이를 캠프에 놓아둘 수 있는지, 엄마가 아이의 아빠로부터 얼마나 도움을 기대할 수 있는지 등이 포함된다.

생식력과 인구증가에서 중요한 것은 생물학적인 기제인데, 특히 수유의 강도와 식단, 식단의 계절적 변이, 여성의 활동 등이 중요하다. 빈번하고 높은 강도의 수유, 식단의 높은 계절적 변이, 영양가 낮은 식단, 여성의 집중적이고도 빈번한 외부 활동은 모두 생식력을 감소시킨다. 어떻게 여성의 활동과 식단이 다양한 상황에 영향을 받는지 하는 것을 통해 상이한 환경이 어떻게 수렵채집 사회의 다양한 인구성장률을 가져오는지를 이해할 수 있다. 유아 및 어린이 사망률은 대부분 수렵채집 사회에서 높으며, 환경의 혹심함(사고의 가능성이 높다)과 존재하는 질병(특히 습도 높고 따뜻한 환경에서 많고 춥고 건조한 환경에서는 적다)의 양과 관련되어 있다. 이동성은 설사와 탈수를 일으킬 수 있는 새로운 기생충에 어린이를 늘 노출시킴으로써 어린이 사망률을 높일 수 있다. 고고학 증거에서 볼 수 있듯이, 수렵채집 인구집단에서 장기간의 인구성장률이 낮은 것은 수렵채집 활동이 재생산의 생리학에 미친 영향 때문이리라고 생각된다. 살인과 특히 전쟁은 인구압의 조건에서 나타나기도 한다.

마지막으로 이동성과 인구성장이 복잡한 사회, 생리학 및 생물학 기제들을 통해 서로 연관되어 있다는 시나리오를 개괄하였다. 이런 기제들이 작용하여 포지티브 피드백(positive feedback)을 일으켜 근본적인 변화가 일어날 수 있는데, 체계가 한 번 저장과 정주를 향해 움직이기 시작하면, 장기간의 인구성장률과 인구밀도를 끌어올려 본거지 이동성의 비용은 더 커진다(4장 참조). 이로써 본거지 이동성은 더욱 낮아지고, 저장과 인구성장률은 더 높아진다. 이런 모델의 경우 고고학적인 검증이 필요하지만, 만약 옳다면, 수렵채집 사회는 한 번 정주하면 인구밀도의 증가라는 위쪽으로 향하는 나선을 타게 됨을 시사한다.

8

남성과 여성의 수렵채집

여자는 뿌리를 캐고 남자는 그것을 먹는다.… 남자들은 토끼를 사냥하고
는 그냥 앉아 있다.

— 파이우트 여성(I. Kelly 1964: 132)

남자에 관한 꿈은 좋은 꿈이다. … 나는 그런 꿈을 늘 좋아한다. 신이 꿈
으로 나를 못살게 군다(웃음)! 그러나 내가 꿈을 꿀 때 누군가 나와 성
관계를 나누면, 나는 행복해진다. 나에게 애인이 있다는 것이며, 나는
이것이 좋다. … 언젠가 보(Bo)가 우리(니사와 애인)를 찾았다. 데베
(Debe)와 나는 다른 사람들과 같이 며칠 몽공고 숲에 나가서 살았다.
마을에 돌아왔을 때 사람들이 우리를 보며, "아, 너는 이제 죽었다! 니
사, 너와 네 친구는 이제 끝났어. 네 남편이 널 죽일 것이다"고 했다. 내
친구도 거기에서 애인과 같이 있었기 때문이다. 나는 마음이 피로웠다.
나는 "그런 일이 일어난다면, 남편이 올 때 여기에 앉아서 그냥 나를 죽
이라고 할 것이다"고 말했다.

— 니사(Nisa), 주호안시족 여성(Shostak 1981: 329, 331-32)

남편은 니사를 죽이지 않았으니 독자는 안심하기 바란다. 위에 인용한 1970년대 마저리 쇼스탁(Marjorie Shostak)이 니사와 나눈 대화 기록이야말로 수렵채집 사회 조직의 새로운 모델을 만들어낸 토대가 되었다. 새 모델에는 양변(bilateral, 또는 때로는 부계) 친족체계, 혼인 후 양거(bilocal) 거주, 성에 따른 분업, 평등 정치조직, 남성-여성의 평등 등이 포함되어 있다. 1장에서 논의한 바와 같이, 초기 수렵채집 사회는 출계와 거주율이라는 사회적 측면에서 정의되었다. 비록 전형은 부계에서 양변 출계로, 부거에서 양거 거주로, 남성 지배에서 남성-여성 평등으로 변하였지만, 다양성은 무시되었다. 이 장에서는 분업과 혼인후거주율, 출계, 혼인에서 보이는 다양성에 대해 살펴본다. 우리의 초점은 사회조직과 이에 수반되는 남성과 여성 사이의 관계이다.

분업

"맨 더 헌터" 학회에서 밝혀진 가장 중요한 연구 가운데 하나는 수렵채집민이 베리류와 종자류, 구근류, 견과류 등 상당한 양의 식물성 식량을 먹는다는 것이었다. 이런 식량자원은 주로 여성이 채집하기 때문에, 학회는 여성이 수렵채집민의 식단에 기여하는 역할을 강조하였다. 그러면서 남성(man)과 사냥꾼(hunter)이라는 두 가지 중요한 요소가 폐기되었다. 이제 수렵채집 사회는 성적으로 평등한 사회로 여겨져, 남성과 여성이 동등하다고 생각되었다.[1] 남성 사냥의 중요성을 덜 강조하였고, 여성이 생계에 기여하는 바는 이제 무시되지 않았다(Brown 1970; B. Hiatt 1978; Barry and Schlegel 1982). 그러나 수렵채집 사회에서 여성과 남성이 식량에 동등하게 기여한다는 것이 사실인가? 둘 모두 같은 양의 일을 하는가? 남성은 늘 사냥하고 여성은 언제나 채집하는가? 만약 그렇다면, 분업에 어떠한 함의가 있는 것일까?

---

1   리콕(Leacock 1983)은 이 점을 더 강하게 주장하면서 남자와 여자 사이의 어떤 불평등 관계도 식민 강대 국과의 접촉의 산물임을 암시한다. 이는 과장된 것이지만, 1980년대 초 남성과 여성의 노동 및 지위 사이의 차이를 결정하는 데 유전자의 근본적인 역할이라는 단순한 생각은 이미 폐기되었다.

첫 번째 문제에 대답하기 위해, 캐럴 엠버(Carole Ember 1975)는 민족지 지도에서 비교문화 자료를 사용한다. 하지만 엠버의 자료는 북극지방과 고위도 사례에 편중되어 있었다. 이 지역에서 식량 대부분은 대형동물과 해양 포유동물 사냥으로 얻어지는데(Hunn 1981), 이는, 앞으로 살펴보겠지만, 주로 남자의 일이다. 덧붙여 유진 헌(Eugene Hunn 1981)은 미국 서북부 콜롬비아 평원의 민족지 자료를 바탕으로, 북극지방 이외의 자료에서 남성의 역할이 과장되어 있어 "맨 더 헌터" 학회 이전에 사냥을 선호하던 생각을 부지불식간에 반영한다고 했다.

베티 미헌(Betty Meehan)은 이와 다른 식으로 접근하였다(B. Hiatt 1978). 미헌은 사냥, 채집, 어로로 얻은 식량에 대한 의존도를 각 범주에서 남성과 여성의 역할 정도와 함께 측정하여 남성과 여성이 식단에 기여하는 정도를 파악하였다(표 8-1). 이 자료를 실효온도(ET)에 따라 도표화하면, 생계에서의 남성의 역할은 ET와 반비례 관계임을 알 수 있다(그림 8-1A; $r=0.605$, $n=70$, $p \langle 0.01$). 곧 추운 환경일수록 남자가 더 많은 식량을 획득한다.

그림 8-1A는 비록 남자만이 거의 모든 식량을 획득하는 경우(북극지방)도 있지만, 그 반대 경우는 없음을 보여 준다. 여성에게는 육아와 수유의 책임이 있음을 고려할 때, 남성이 얼마나 일을 안 할 수 있는지에도 한계가 있음이 분명하다. 아마도 직접적인 식량 획득에서 25% 정도가 하한일 것이다. 열대지방 수렵채집 사회에서는 상대적으로 분업이 분명하지 않을 수 있다(Marlowe 2007). 예를 들어, 마다가스카르 서남부에서는 건기에 미케아 남성과 여성 모두 덩이줄기를 채집한다(그림 8-2). 그러나 그림 8-1A에서 볼 수 있듯이, 남자가 기대보다 더 많이 생계에 기여하는 열대지방의 집단[세망족, 먼진(Murngin)족, 안다만 원주민, 음부티족, 티위족]도 있다. 추운 환경에 사는 야마나족의 경우, 남성의 역할이 기대보다 덜하다. 세망족의 경우 단지 35%만을 고기에 의존한다고 하는데, "남성의 기여" 정도가 부정확하게 기록되어 있을 수도 있다. 열대지방의 다른 사례들은 남성이 교역을 위해 숲에서 사냥하거나 해양 어로를 하는 경우이다. 반대로 야마나족처럼 남자가 직접 식량획득에 비교적 낮은 기여를 하

표 8-1. 실효 온도와 수렵채집 사회의 분업

지역	집단	실효온도(ET)	남성의 식량획득 비율(%)	주로 여성이 수행하는 활동(%)
시베리아	유카기르(Siberia Yukaghir)	8.9	90	75
그린란드 동부	앙막살릭(Angmagsalik)	9	100	-
남아메리카	오나(Ona (Selk'nam))	9	75	-
북캐나다	코퍼 이누이트(Copper Inuit)	9.1	90	-
북알래스카	누나미우트(Nunamiut)	9.8	85	-
남아메리카	야마나(Yámana)	9.9	50	-
서북부 해안	틀링잇(N. Tlingit)	10	90	-
캐나다	치페와이언(Chipewyan)	10.3	100	-
시베리아 동부	길랴크(Gilyak)	10.4	70	33
서북부 해안	하이다(Haida)	-	-	67
알래스카	카스카(Kaska)	10.4	65	67
캘리포니아	클라마스(Klamath)	-	-	67
알래스카 남부	추가치 에스키모(Chugach Eskimo)	10.5	85	-
캐나다	카리부에스키모	-	-	50
서북부 해안	해안 벨라쿨라(Bella Coola)	10.5	80	33
알래스카	에약(Eyak)	10.5	80	-
알래스카	잉갈릭(Ingalik)	10.8	80	60
캐나다	오지브와(Pikangikum, (Ojibwa))	11	90	-
캐나다	세카니(Sekani)	11.1	95	-
서북부 해안	침샨(Tsimshian)	11.1	70	-
캐나다 서부	칠코틴(Chilcotin)	11.2	65	-
서북부 해안	퀼류트(Quileute)	11.3	70	-
캐나다	비버(Beaver)	11.3	68	-
알류샨 열도	알류트(Aleut)	11.6	90	-
동캐나다	몬타녜(Montagnais)	11.6	70	-
캐나다	솔토(Saulteaux)	11.7	70	67
일본	아이누(Ainu)	12	50	-
플라토	플랫헤드(Flathead)	12.1	60	-

지역	집단	실효온도(ET)	남성의 식량획득 비율(%)	주로 여성이 수행하는 활동(%)
서북부 해안	클랄럼(Klallam)	12.3	75	–
캘리포니아	와쇼(Washo)	12.3	55	–
플라토	그로 반트(Gros Ventre)	12.4	80	80
서북부 해안	스콰미시(Squamish)	12.6	90	–
서북부 해안	누트카(Nootka (Nuuchahnulth))	12.6	65	–
서북부 해안	코위찬(Cowichan)	12.6	60	–
동캐나다	미크맥(Micmac)	12.7	85	86
플라토	쾨르 달렌(Coeur d'Alene)	12.7	70	–
플라토	쿠테나이(Kutenai)	12.7	70	67
플라토	산포일(Sanpoil)	12.7	58	–
남아메리카	테후엘치(Tehuelche)	12.8	85	57
캘리포니아	투바투라발(Tubatulabal)	12.9	58	–
대평원	크로우(Crow)	13	80	–
그레이트 베이슨	토사위히(Tosawihi (White Knife))	13	50	–
대평원	아라파호(Arapaho)	13.2	80	–
플라토	우마틸라(Umatilla)	13.3	70	–
캘리포니아	아추마위(Achumawi)	13.3	60	–
캘리포니아	유록(Yurok)	13.3	58	33
플라토	테니노(Tenino)	13.3	50	–
캘리포니아	치마리코(Chimariko)	13.5	80	–
캘리포니아	마이두(Maidu)	13.5	58	–
그레이트 베이슨	칼리밥(Kaibab (S.Paiute))	14	48	–
대평원	코만치(Comanche)	14.4	63	100
서남부	치리카와(Chiricahua)	–	–	86
남아메리카	보토쿠도(Botocudo (Kaingang))	14.4	50	50
캘리포니아	윈투(Wintu)	14.6	78	–
캘리포니아	디에구에노(Diegueno (Tipai-Ipai))	14.6	50	–
캘리포니아	요쿠츠(S. Yokuts)	14.7	73	–
캘리포니아	포모(E. Pomo)	14.7	63	40

지역	집단	실효온도(ET)	남성의 식량획득 비율(%)	주로 여성이 수행하는 활동(%)
캘리포니아	와포(Wappo)	14.7	63	–
그레이트 베이슨	파나민트(Panamint)	15	40	–
그레이트 베이슨	시브위츠(Shivwits (S. Paiute))	15.1	48	–
호주	아란다(Aranda)	15.9	30	67
호주	디에리(Dieri)	15.9	30	–
미국 서남부	야바파이(N.E. Yavapai)	16	55	–
남아메리카	아웨이코마(Aweikoma)	16.5	70	67
아프리카	핫자(Hadza)	17.7	20	–
호주	알피리(Walpiri (Walbiri))	18.4	30	–
아프리카	주호안시(Ju/'hoansi, Dobe)	18.8	40	50
아프리카	그위(G/wi)	19.3	30	–
호주	윅문칸(Wikmunkan)	19.6	35	–
호주	티위(Tiwi)	22.6	38	67
남아메리카	야마나(Yámana)	–	–	80
호주	먼진(Murngin)	23.5	53	–
말레이시아	세망(Semang)	23.7	80	67
아프리카	음부티(Mbuti)	23.7	40	–
안다만섬	안다만섬 원주민	24.4	50	–
베네수엘라	푸메(Pumé)	24.5	25	–

자료: B. Hiatt(1978); 민족지 또는 저자의 추정; 푸메족 자료는 K. Kramer and R. Greaves 제공; 주로 여성이 수행하는 작업의 비율은 Waguespack 2005에 근거함.

는 것은 여성이 하는 조개류 채집의 중요성을 반영하기도 한다.[2]

    이런 자료는 직접적인 식량 획득에 들어가는 노동만을 고려한 것이고, 남성과 여성이 각각 가족의 식량에 기여하는 칼로리의 정도를 대용지표로 삼았을 뿐이다. 또

---

2   미케아족과 같이 작은 동물만을 잡을 수 있는 곳에서 수렵채집 활동이 공유나 노동 분업에 미치는 영향에 대해서는 별로 아는 것이 없다. 대부분 민족지적으로 알려진 수렵민은 적어도 어느 정도는 흔히 남자들의 일인 대형동물 사냥을 한다.

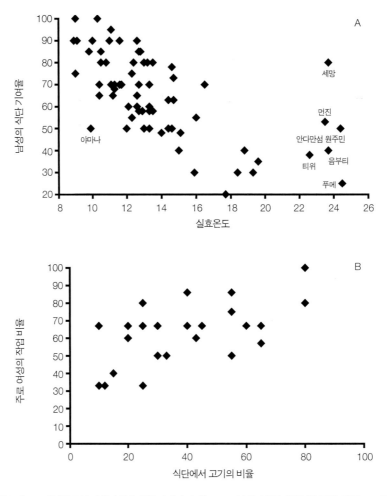

그림 8-1. A: 실효온도와 남성의 생계 역할 사이의 관계(100 = 남성이 식량의 전부를 직접 획득). B: 식단에서 고기의 양과 여성에 의해 이루어지는 사냥인 아닌 작업 비율 사이의 관계(Waguespack 2005에서). 미국인류학회의 허가로 *American Anthropologist*, 107(4), 그림 3, p. 672(2005년 12월) 전재.

한 수렵채집 사회에서 남성과 여성이 일하는 전체 시간을 측정하기도 한다. 북극지방의 사회에서 남성은 90~100%의 식량을 가져올 수 있지만, 지난 장에서 지적한 바와 같이, 북극지방의 여성 역시 상당한 정도의 다른 일을 한다.

바다표범 사냥을 많이 할 때 여성은 아주 바쁘고 일에 압박을 느끼기도 하는데, 바다표범 지방층을 하루나 이틀 안에 제거하지 않으면 가죽을 망칠 수 있기 때문이다. 여성은 또한 어떤 남자가 새 부츠나 털옷을 필요로 하는 경우 긴 시간 일하기도 한다. 이런 점에서 여성의 작업 리듬은 남성의 일에 달려 있다고도 할 수 있다. 그러나 남성 또한 여성의 작업 속도에 의존하기도 한다. 털옷이 마무리되지 않으면 사냥에 나갈 수 없는 남자도 있으며, 아내가 텐트를 완성할 때까지는 봄 캠프에 가족을 이동시킬 수도 없다(Jean Briggs, in Halperin 1980: 394).

니콜 웨이그스팩(Nicole Waguespack 2005)은 식단에서 고기의 중요성이 커질수록 여성이 식량 획득에 들이는 시간이 감소함을 논증하고 있다. 하지만 웨이그스팩 역시 식단에서 고기의 양이 줄어들수록 여성이 하는 식량 획득 이외의 작업 비율이 40%에서 거의 100%까지 증가한다고 한다(그림 8-1B). 여성이 식량 획득에 덜 참여할수록 직물이나 바구니 짜기, 토기나 밧줄 제작, 집 만들기, 땔감 수집, 물 운반, 가죽 작업, 캠프 이동 등에서 더 많은 일을 한다(특히 옷을 만드는 데 시간이 많이 드는데, 추운 환경에서는 분명히 중요하다). 그렇다면 여성은 왜 사냥에 참여하지 않는가?

왜 남성이 사냥하는가(왜 여성은 그렇지 않은가)?

수렵채집 사회에서는 여성이 소형동물을 사냥하는 경우가 흔하고, 가끔은 대형동물도 사냥한다. 여성은 때로 의도적으로 소형동물을 사냥하기 위해 떠나기도 한다. 가령 호주 서부의 마르투족 여성은 큰도마뱀(goannas)과 도마뱀(skinks)을 빈번하게 사냥한다(Bliege Bird and Bird 2008).[3] 다른 많은 수렵채집 사회에서 여성은 식물성

---

3   블리지 버드와 버드는 마르투 여성이 잡는 큰도마뱀은 채집이라기보다는 사냥이라고 주장한다. 용어에 대해 논쟁하기는 싫지만, 도마뱀 "사냥"은 들소나 기린, 고래는 차치하고 캥거루 사냥과도 다르다. 탐색하는 시간도 짧고 돌아오는 이익도 작지만, 발견 빈도는 높고 큰 기회비용 없이 도중에 다른 일을 할 수도 있다. 그래서 그것이 고기인지 식물인지가 아니라 육아와 병행할 수 있다는 점이 중요하다.

그림 8-2. 1993년 7월, 미케아족 남자가 뿌리를 캐고 있다. 미케아 사회에서 남성과 여성은 모두 건기에 구근을 캔다. 남성이 배타적으로 하는 대부분의 사냥은 우기에 이루어진다. 지은이 촬영.

식량을 채집하러 떠나면서 소형동물을 만나면 계획을 바꾸는 식으로 임기응변적으로 사냥한다. 대형동물 사냥은 보통 남성의 일이며, 이것이 우리 논의의 초점이다.

사실 여성 사냥꾼의 사례도 꽤 있으며, 북극지방에도 있다(Landes 1938: 137; Watanabe 1968. 74; Romanoff 1983). 여성은 몰이사냥에도 참여하고(Turnbull 1965;

Bailey and Aunger 1989b), 숲에 대한 광범위한 지식을 이용해 남편의 사냥을 돕기도 한다(Biesele and Barclay 2001). 사실 개인이나 작은 집단 사냥은 강인함을 넘어 참을 성과 재능을 요하며, 특히 덩이줄기 캐기 같은 식물 채집은 신체적으로 힘든 일일 수도 있다(아이를 업고 있다면 더욱 고될 것이다). 그래서 강인함과 참을성 같은 것 때문에 여성이 대체로 대형동물을 사냥하지 않는다는 설명은 타당하지 않다.

놀라운 예외로 생각되는 여성 사냥꾼의 사례 하나는 필리핀 아그타족에게서 볼 수 있다(그림 8-3; Estioko-Griffin and Griffin 1981, 1985; Goodman *et al.* 1985). 아그타 여성은 훌륭한 사냥꾼으로서 31% 정도 사냥에 성공하는데, 반면 남자는 평균 17% 정도에 불과하다. 남녀 혼성 집단 사냥꾼은 이보다 더 성공적이어서 비율이 41%에 이른다(다만 이는 여성 6명만을 대상으로 한 자료임을 주의하자). 여성 사냥의 높은 성공률은 남성보다 사냥을 잘해서가 아니라 남성은 더 큰 동물, 곧 더 사냥하기 어려운 동물을 목표로 하기 때문이다(결과적으로 남성은 여성보다 두 배 정도의 고기를 더 획득한다). 남성과 여성은 모두 멧돼지와 사슴을 사냥하지만, 아그타 여성은 보통 몰이사냥에 참여하고 개를 이용한다.

그런데 모든 아그타 남성은 사냥하지만, 아그타 여성 가운데 사냥하는 사람은 드물고, 사냥의 변이가 남성보다 여성 사이에서 더 크다(Estioko-Griffin and Griffin 1985). 사냥하는 여성과 그렇지 않은 여성이 서로 다른 신체 능력을 가졌다고 생각할 수도 있겠지만, 실제 아그타 여성 사냥꾼은 키나 몸집이 크지도 않고 나이가 많은 것도 아니다. 사냥하는 아그타 여성과 사냥하지 않는 여성 사이에 초경, 초임 나이, 아이의 수에 차이가 없다. 생리를 하는 동안에도 사냥을 하며,[4] 아이에게 젖을 먹이고 있다면 엄마는 아이를 어깨에 메고 데리고 가기도 한다. 젖을 뗀 아이는 남겨 두어 여성

---

4 임신, 월경, 수유와 관련된 여성의 냄새는 사냥감이 도망치게 할 수 있어 여성이 사냥에 나서지 못하게 한다. 그런데 많은 월경 관련 금기들은 사실 남성 지배를 반영한다(Dobkin de Rios and Hayden 1985). 페기 샌데이(Peggy Sanday 1981)는 수렵 및 비수렵 사회의 표본을 이용하여 남성 지배와 월경 금기 사이에는 별 관계가 없다고 했다. 사실 상당수 금기는 사냥 이후와 관련된 것이고, 왜 남성의 냄새는 여성과는 같은 효과를 내지 않는지도 불분명하다(Kelly 1986).

그림 8-3. 1982년, 아그타 여성이 필리핀 북부 말리부 강 근처에서 활과 화살을 들고 사냥에 나섰다가 나무에서 떨어진 열매를 먹고 있는 멧돼지를 발견했다고 동료 여성에게 신호를 보내고 있다. Bion Griffin 제공.

의 친척들이 돌보도록 한다.

하지만 아그타족은 그저 규칙(남성 사냥, 여성 채집)을 증명하는 유명한 예외일 수도 있다. 실제 아그타 여성 가운데 사냥하는 사람은 아주 드물다(전체 9,000명 인구 가운데 100명 미만; Gurven and Hill 2009). 그리고 수유 중이거나 임신 중에는 거의 사냥하지 않으며, 아이를 가진 여성도 그렇지 않은 여성에 비해 사냥을 덜 한다. 또한 여성은 아이를 돌보기 위해 빨리 돌아올 수 있도록 캠프로부터 20~30분 거리에서 사냥한다(이와 비슷하게 말레이시아의 바텍 여성 역시 캠프에서 멀지 않은 곳에서 작은 새나 다람쥐를 사냥하지만 아그타 여성만큼 잘하지는 못한다; Endicott and Endicott 2008: 76). 아그타 여성의 경우 아이를 다른 사람에게 맡길 수 있고 캠프에서 가까운 곳에서 사냥할 수 있기 때문에 사냥이 가능하다. "이보다 혹심한 환경이나 개별적인 육아를 하는 곳에서는 여성이 그처럼 사냥하기 어렵다"(Goodman *et al.* 1985: 1208).

분업에 대한 설명 가운데는 임신과 수유, 양육이 대형동물 사냥과 어울리지 않음을 강조하기도 한다(Brown 1970; Burton *et al.* 1977: 250). 유아의 주식은 엄마젖이기 때문에, 그리고 7장에서 살펴본 바와 같이, 아이들은 몇 년 동안이나 젖을 먹기도 하기 때문에, 육아를 해야 하는 나이의 여성은 채집 활동에 자주 아이를 데리고 다닌다. 어른에게 사냥이 채집보다 신체적으로 반드시 더 힘들다고 할 수는 없지만, 아이들에게는 그러하다. 덧붙여 사냥감이 무엇인지가 중요함을 생각할 때, 사냥꾼은 아이들이 필요로 한다고 해서 사냥감 추적을 멈추기는 어렵다. 채집은 중도에 멈출 수 있는 활동이지만, 사냥은 그렇지 않다. 식물성 식물 채집을 하는 경우 필요한 때 캠프로 돌아올 수 있지만, 사냥의 경우 밤을 지샌 다음 아침 일찍 계속 사냥감을 추적해야 할 수도 있다.[5] 미케아족 남자는 내가 지치거나 배고파하고 불평하거나 소음을 내고 캠프로 돌아가자고 조를지 모르기 때문에 사냥에 데려가고 싶지 않다고 했다. 다시 말해, 내가 어린애처럼 굴까봐 두려워했다. 바텍족 역시 똑같은 이유에서 아이들을 사냥에 데려가고 싶어 하지 않는다(Endicott and Endicott 2008: 107). 결국 채집활동이 대형동물 사냥보다 수유나 양육에 더 용이하다.

아이를 돌보는 일은 덩이줄기를 캐지 않거나 산딸기를 따지 않음을 뜻하는 것이어서(특히 수유하는 경우), 아이를 데려가는 아체, 히위, 핫자 여성은 그렇지 않은 사람에 비해 채집의 효율이 떨어진다(Hurtado *et al.* 1985, 1992; Marlowe 2010: 214). 만약 여성이 아이를 등에 업고 있거나 데리고 다니며 대형동물을 사냥한다면, 그 여성의 수익률은 다른 채집 활동에서 얻는 수익률보다 떨어질 것이다. 식단폭모델에 따르면, 대형동물을 그냥 지나치고 다른 선택을 해야 한다.

---

5   5장에서 지적한 바대로, 수렵채집민이 육상 동물 사냥에 사용하는 전통 무기는 보통 충격으로 사냥감을 죽이지 않는다. 출혈을 통해 죽음에 이르게 하거나, 독을 사용하는 경우 점점 약하게 해서 쉽게 잡을 수 있도록 한다. 이는 사냥감을 때론 먼 거리에서 쫓아야 하며 사냥꾼은 필요하면 날을 새더라도 사냥감이 가는 곳이면 어디든 따라가야 함을 뜻한다.

바로 이 때문에 아그타 여성 가운데 본격적으로 사냥을 하는 사람은 아이들이 캠프에서 스스로 지낼 만큼 충분히 커서 육아가 끝났거나 아이가 없는 경우이다. 유아나 아이 몇을 돌보는 여성은 기회가 오면 가끔 사냥하기도 하지만, 의도적으로 사냥에 나서는 것은 주로 나이든 여성이다(P. Bion Griffin과 대화에서, 1990). 이와 반대로 아카족 여성의 경우는 집단이 아이들을 돌봐 주기 때문에(강간이나 불륜 혐의로부터 보호받기도 한다, Noss and Hewlett 2001) (흔히 여성만이 하는) 그물사냥에 나설 수 있다. 이 그물사냥은 상당히 빠르게 하루에도 몇 번씩이나 한다. 따라서 여성으로서는 한두 번 사냥에 참여한 뒤 캠프로 돌아와 아이를 돌볼 수 있다. 아이들은 캠프에서 다른 사람이 돌보기도 하지만(가령 핫자족의 경우 3분의 1 정도는 엄마 아닌 사람이 아이를 안고 있다), 그렇다고 엄마가 아이와 보내는 시간이 줄어드는 것 같지는 않다(Marlowe 2005b; Meehan 2005; Crittenden and Marlowe 2008). 다시 말해, 수렵채집 활동을 하는 여성은 도움을 받더라도 육아로부터 완전히 자유로울 수 없다. 아이를 데리고 사냥할 수 있을 때는 공동 그물사냥의 경우이거나 작고 움직임이 빠르지 않는 사냥감일 경우가 많다. 여성은 다른 수렵채집 활동보다 더 높은 수익이 생길 경우 자녀를 동반한 사냥에 나설 수 있다(Bliege Bird 2007 참조).

양육이 젊은 여성의 사냥을 방해한다면, 나중에 효율적인 사냥꾼이 되는 경험을 쌓는 데도 방해가 된다. 사냥을 잘하려면 많은 시간, 10년에서 20년이란 세월이 필요하다(Gurven *et al.* 2006; Gurven and Kaplan 2006; Marlowe 2010). 여성이 육아를 끝낸 뒤 사냥을 배우기 시작할 만한 가치는 없다. 특히 나이 들어서 아이 없이 일할 수 있다면 채집의 생산이 크게 증가할 터이기에 더욱 그렇다(e.g., Howell 2010: 114). 오히려 핫자 사회와 같이 딸을 대신하여 채집하거나 주호안시 사회처럼 아이를 돌볼 것이다(Hawkes *et al.* 1989; Marlowe 2010).[6]

이러한 남성과 여성의 수렵채집 활동의 차이는 중요하다. 이는 여성은 하위의

---

6   혹스 등(Hawkes *et al.* 1989)에 따르면, 이로써 손자를 돌보는 일이 할머니의 적응도(fitness)를 증가시킨다고 한다.

자원이지만 더 확실한 식량을 목표로 삼으며, 반면 남성은 변동이 심하지만 상위의 식량자원에 치중함을 뜻한다. 대형동물 사냥은, 심지어 아주 낮은 성공률을 보이는 경우에도, 수렵채집 사회에서 아주 높은 가치를 지닌 활동이다. 이유는 대형동물의 고기는 늘 공유되기 때문이며, 고기기름이 아주 선호되는 음식이고 큰 덩어리의 음식을 주기 때문이기도 하다. 모든 이가 혜택을 보고 사냥꾼은 베풂으로써 위신을 얻는다. 따라서 가장 평등적으로 보이는 수렵채집 사회일지라도 아이를 낳거나 젖을 먹일 수 없는 남성이 여성보다 선호되는 음식을 가져오고 위신을 얻을 가능성이 높기 때문에 진정한 평등사회라고 하기 어렵다.[7] 이처럼 수렵채집 사회에서 남성과 여성의 지위의 불평등성(9장 참조)은 분업에 뿌리를 내리고 있다(Collier and Rosaldo 1981: 282; Bliege Bird *et al.* 2009).

이는 식량자원의 양이 아니라—실제 엄마의 채집 활동이 없다면 가족은 배고픈 나날을 보낼 것이다—가족을 넘어서 식량자원이 공유될 가능성과 관련된 문제이다.[8] 남자는 폭넓게 공유해 위신을 얻을 수 있고 변동이 많은 (대형동물 같은) 상위의 자원을 목표로 하는 대 반해, 여자는 대체로 가구에서 소비되는 더 확실한 하위의 자원을 목표로 삼는다. 이 사실은 특정한 형태의 수렵채집 활동과 "남성의" 사냥에 여성이 참여하는 것을 막는 필요한 기술의 통제에 대한 "문화" 규칙으로 작용할 수도 있다(Noss and Hewlett 2001; Brightman 1996). 간단히 말해서, 대형동물 사냥이 양육과 같이하기 어렵다는 점은 수렵채집 활동의 선택에서 남편과 아내가 협력의 단위보다는 경쟁하는 단위가 될 가능성을 의미할 수도 있다(Bliege Bird and Bird 2008; Bliege Bird *et al.* 2009; Codding *et al.* 2011). 정말 그러한가?

---

7 사냥과 채집 같은 특정 행위가 남성이나 여성과 문화적으로 결부되어 있기 때문에, 이에는 더 많은 의미가 내포되어 있다. 만약 남자가 사냥에 대한 접근을 통제한다면(가령 여성이 관련 도구와 지식을 얻지 못하게 한다면), 가장이 되고 싶어서가 아니라 위신 경쟁 체계에 참여함으로써 적절한 "남성의" 역할을 하고 싶기 때문일 것이다.

8 샌데이(Sanday 1981)는 남성 지배는 남성이 주로 대형동물을 사냥하고, 따라서 위신 경쟁의 자원을 가진 사회에서 더 강함을 지적한다.

값비싼 신호인가, 공여인가?

남자가 성공률이 낮은 활동에 더 치중하는 이유는 무엇인가? 가능한 대답은 이전 장에서 논의한 진화적 전략, 곧 짝짓기 기회에 대한 투자와 육아에 대한 투자 사이의 대안 전략에서 찾을 수 있다(Bliege Bird 1999; Bliege Bird, Smith and Bird 2001). 우리는 여성이 육아에 투자하는 반면 남성은 더 많은 성관계 기회를 선호하여 엄마에게 양육을 맡긴다고 주장하였다. 대형동물 사냥은 (대부분의 고기를 가족이 가질 경우) 가족에 제공하는 것일 수도, 고기 섭취량에서 오는 변이를 줄이는 것(공유를 통해서)일 수도, 혼외 관계를 얻는 방식(아체족의 경우 교환을 통해)일 수도, 정치적 동맹을 맺는 길(다른 남자가 가족에게 제공하게 함으로써)일 수도, 그리고 이 네 가지 이유 모두일 수도 있다.

이전 장에서 논의한 바 있는 "값비싼 신호(costly signaling)"는 남자가 자신이 지닌 장점을 표현하여 짝짓기 기회나 정치적 동맹을 얻는 것을 말한다. 사냥은 정직한 신호이고(들소를 거짓으로 사냥할 수는 없다) 널리 선전할 수 있기에(사냥으로 집단의 모든 이가 먹을 것이 생긴다) 이 개념에 부합한다. 이 가설은 남자가 자신이 지닌 장점을 선전한다는 것을 가정한다. 장점이란 유전적인 것일 수도—강인함이나 체력, 시력, 손과 눈의 동작, 끈기 같은 것—있지만, 개발한 것이나 문화적인 것—가령 재능이나 너그러움 등—일 수도 있다. 장점은 여성이 남편에게서 원하는 것이기도 하다. 핫자족 여성은 남편을 "훌륭한 사냥꾼" 남자 가운데서 찾으며, 가능하다면 (바람을 피우지 않을) "좋은 성격"을 가진 "매력적인" 사람을 원한다[Marlowe 2004b, 2010; 주호안시족 여성 역시 똑같다(Howell 2010: 114)].

아체, 주호안시, 라마렐라(Lamalera), 메리암, 치마네족 관련 자료에 따르면, 능숙한 사냥꾼은 모두 서툰 사냥꾼에 비해 더 높은 재생산적 성공을 누린다(Smith 2004; Gurven *et al.* 2009).[9] 좋은 사냥꾼은 더 많은 짝짓기 기회를 가지기 때문인가, 아니면

---

9   단기간의 민족지 자료로 어떤 남자가 "훌륭한 사냥꾼"인지를 판단하기는 어렵다(Hill and Kintigh 2009;

가족에게 더 많이 투자하기 때문인가? 자료는 그리 분명하지 않지만, 나는 이것이 다음 네 가지 이유 때문에 후자이지 않을까 생각한다. 첫째, 이전에 논의한 사례에서 아체족 자료에만 "훌륭한" 사냥꾼의 혼외 자식이 포함되어 있다. 다른 사례에서는 합법적인 자손을 통해 높은 재생산적 적응도를 갖는다. 남자에게 혼외정사는 잃을 것이 많고, 그런 식으로 자식을 얻는 일은 이혼을 야기해 엄마로부터 낳은 자식까지도 잃을 수 있다(그리고 지난 장에서 살펴보았듯이, 이혼하고 새로이 아내를 얻어도, 이전 아내의 장래 남편 때문에 자식까지도 위험에 처하게 할 수 있다). 때문에 훌륭한 사냥꾼은 혼외정사 대신에, 라마렐라 고래사냥꾼의 사례에서와 같이, 더 일찍 혼인하여 자식을 가질 수 있다.

둘째, 훌륭한 사냥꾼의 가족은 다른 가족에 비해 더 많은 고기를 취함이 분명해 보인다(Gurven 2004a). 핫자족 남자의 경우 사냥한 고기의 가장 큰 부위를 가족에게 주는데, 특히 어린 아이들을 거느렸을 경우 그러하다(Marlowe 2010).[10] 훌륭한 사냥꾼의 아이들은 아마도 더 잘 먹을 수 있을 터이며, 그래서 생존 가능성이 더 높을 것이다. 비교문화 자료에서도 남자가 더 많은 식량(대체로 고기)을 제공하는 경우, 여자의 출산율 또한 높다고 한다(Marlowe 2001). 이는 아내가 양질의 식량을 제공받아 생식력을 높일 수 있기 때문이다(핫자족 여성은 덩이줄기가 아니라 고기가 주식일 경우 더 높은 체질량지수를 보인다, Marlowe and Berbesque 20009). 인터뷰에 따르더라도, 더 높은 짝짓기 기회보다는 더 많은 고기를 가져다 줄 훌륭한 사냥꾼과 같은 집단에 속하기를 선호한다고 한다(B. Wood 2006).

셋째, 많은 수렵채집 사회에서 "훌륭한 사냥꾼"은 "훌륭한 수렵채집인" 또는 심지어 "전반적으로 훌륭한 사람"을 표현하는 완곡 어구이기도 하다. 말로(Marlowe

---

Koster 2010). 수익률 자료는 단기간 자료에서 정확하지 않으며, 남자는 나이가 들어감에 따라 재능을 개발하기도 한다. 집단 구성원들은 사냥 능력에 따라 남자의 서열을 정하기도 한다.

10 클래스터스(Clastres 1972: 169)는 심지어 아체(Guayaki) 남자가 자신이 죽인 고기를 먹지 않는 금기가 있다고 주장하기도 한다. 하지만 아체족의 극단적인 고기 공유는 다른 수렵민에게서는 잘 보이지 않으며, 아마존 유역의 유형일 가능성이 있다.

2010)는 핫자 사회에서 훌륭한 사냥꾼 남성이 전반적으로 훌륭한 수렵채집인이기도 함을 보여 준다. 대형동물 사냥의 성공률이 낮음에도 훌륭한 사냥꾼 남성은 아마도 빈손으로 돌아오지는 않을 것이다. 예를 들어, 주호안시족 남자는 동물 사냥에 실패하더라도 "마을에 돌아오기 전 어느 정도 식물 식량이나 땔감이라도 한 꾸러미 가져 온다"(Howell 2010: 115).

넷째, 청년 남성은 흔히 채집활동을 잘하는 여성을 두고 경쟁한다(거꾸로 여성이 경쟁하기도 한다). 핫자족 남자와 여자는 모두 열심히 일하는 배우자를 원하는데 (Marlowe 2004b, 2010), 주호안시족(Howell 2010: 210)이나 배우자 사이에 일하는 노력에서 상관관계가 있는 치마네 족에서도 마찬가지로 열심히 일하는 여자가 일 잘하는 남자와 혼인한다(Gurven *et al.* 2009). 훌륭한 사냥꾼이 높은 재생산적 성공을 나타내는 것은 아내의 노력 때문일 수도 있으며, 메리암 족의 경우 이는 사실인 듯하다 (Smith *et al.* 2003).

남자는 대체로 가족에게 식량을 제공하는 것을 목표로 한다. 그럼에도 남자는 위험부담이 따르는 수렵 활동을 맡는다. 위험한 활동일 수는 있지만, 여기서 "위험부담"이라는 말은 불확실성, 곧 "성공률이 낮다"는 뜻이다. 수렵채집하는 남성은 이런 행동을 자주 하는데, 이에는 설명이 필요하다. 값비싼 신호가 바로 그 설명이 되는지도 모른다. 상위의 식량자원임에도 위험부담이 따르지 않는 경우라면 아마도 남녀 모두가 가족을 부양하기 위해 수렵활동에 나설 것이다. 그러나 흔히 그러하듯이 상위자원의 획득에 위험부담이 따를 때, 그리고 아내의 채집활동으로 가족이 그럭저럭 살아갈 수 있는 경우, 남자는 공유되고 사냥꾼의(그리고 가족의) 정치적 자산을 축적할 수 있는 자원을 획득하는 데 시간을 투자할 수 있다.

예를 들어, 메리암족 남성은 차라리 여성이 하는 어로 활동의 일부를 포기하고자 한다(Bliege Bird 2007). 블리지 버드(Bliege Bird 2007)는 메리암 여성의 선택이 육아와의 양립가능성에 제약을 받지 않는다고 주장한다(비록 관련 자료가 있는 경우, 아이들 때문에 여성이 하는 다섯 가지 어로 활동 가운데 세 가지에서 여성의 수익률이 낮아지지만). 남자는 스스로 재능을 보여줄 수 있는, 이렇게 획득할 수 있는 식량자원에 치중한다. 남자나 여자 어느 누구도 상위의 수익률을 내는 활동—해안 가까이에서 그물로 정어리 잡기—에 많은 시간을 쏟지 않는다(물론 남자는 여자보다 두 배의 시간을 투자한다). 블리지 버드는 이것이 아주 빠르게 가족에게 필요한 만큼 충분한 식량을 획득하기(그리고 그물 어로에서 얻는 것은 대부분 가족이 소비하기) 때문이라고 본다. 다시 말해서 이런 특정한 형태의 어로는 식물성 식량 채집과 아주 유사하다. 열심히 일하면 수익을 공유할 것을 요구하는 다른 이가 혜택을 받는 결과가 나온다. 또한 메리암 남성은 바다거북 사냥을 통해 축제 음식을 준비하는데, 이는 여성이 결코 하지 않는 일이다(Smith and Bliege Bird 2000; Bliege Bird, Bird, Smith and Kushnick 2002; Smith *et al.* 2003). 이런 활동은 몇 가지 수준의 기술을 요구하며 실패하면 대중에게 곤란함을 겪을 수 있다는 위험부담이 있다. 메리암 여성은 대체로 변이가 낮은 식량 획득에 치중하는데, 그 양은 어떤 여성이 얼마나 열심히 일하는지에 대한 정직한 신호이다. 메리암 남성은 변이가 많은 어로 활동에 시간을 투여하며, (깊은 바다에 사는 물고기 같은) 선호되고 공유할 수 있는 자원을 얻거나 재능을 나타내는 활동(가령 암초 주변에 사는 작은 물고기를 작살로 잡는 일)을 하고자 한다. 그럼에도 메리암 남성은 가족이 필요한 식량의 60%를 가져온다(Bliege Bird 2007).

마찬가지로 블리지 버드와 버드(Bliege Bird and Bird 2008; Bliege Bird *et al.* 2009; Codding *et al.* 2011)에 따르면, 호주 서부 사막의 마르투 남성은 캥거루와 느시 사냥을 포기하고 여성이 작지만 더 확실하게 획득할 수 있는 큰도마뱀을 잡게 하는 것이 장기적으로는 더 나을 수 있다(그림 8-4). 이 경우 남자는 고령자에게 고기를 제공함으로써 (몽환시대에 대한) 종교적 지식을 얻거나 "법"을 존중한다는 것을 보여줘 아내를 얻을 수 있다. 남자는 환경에서 더 획득하기 어려운 대형동물을 목표로 함으로써, 직접적으로 미래의 아내는 아니지만 혼인을 주선할 고령자에게 자신의 장점을 신호로 보낸다. 그동안 여자는 도마뱀을 서로 공유함으로써 협동의 유대를 만들고 유지한다(메리암 여성이 보통 남성이 공유하는 물고기를 취할 경우 그것도 역시 공유한다(Bliege Bird 2007)). 젠더가 아니라 자원이 공유 행위를 결정하는 것이다. 그러나 남자는 여자보다 위험부담이 크고 "공유할 수 있는" 것을 더 목표로 삼는 경향이 있다.

그림 8-4. 마르투족 여성과 어린이가 도마뱀 사냥에서 돌아오고 있다. 왼쪽의 여인 세실리아는 딸 셰일린을 안고 다른 두 딸 로숀과 브리아나와 어머니 놀라와 함께 2004년 3월 최근 불에 탄 지역에서 왕도마뱀과 다른 작은 동물을 사냥하였다. 로숀은 한 손에 청설 도마뱀을, 다른 한 손에 큰도마뱀을 들고 있다. 사냥 도구는 폐기된 풍차 화살 대로 만든 긴 금속 지렛대이다. 리베카 블리지 버드(Rebecca Bliege Bird) 제공.

    말로(Marlowe 2007)에 따르면, 만약 여성이 확실한 식량을 일상에서 확보한다면, 남편은 가족의 정치적 혜택과 호혜를 위해 위험부담이 크지만 선호되고 널리 공유할 수 있는 식량에 치중할 수 있다. 가족이 생존하고 번창하기 위해 모두 필요한 것들이다. 만약 여성이 아이들을 돌봐야 함에도 남성이 수렵채집하는 것을 똑같이 획득할 수 있다면, 또는 여성이 가족의 일상 식량의 대부분을 확보할 수 있다면, 남성은 공유할 수 있고 정치적 자산을 축적할 수 있지만 변수가 많은 식량을 찾아나설 수 있다. 달리 말하면, 변수가 큰(그리고 아마도 위험하기조차 한) 사냥에 나설 기회가 있고, 일상의 식단에 남성이 기여하는 바가 그리 크지 않거나 쉽게 충족되는 경우, "값비싼 신호"는 남성의 수렵활동 선택에 대한 가능한 설명이 된다. 이런 행위는 남성의 유전적인 장점을 표현하거나 더 많은 짝짓기 기회를 갖기 위해서만은 아니다. 오히려 잠재적인 동맹과 재능과 능력, 너그러움, 열심히 일하는 습성을 경쟁자와 함께 소통한다. 이런 식으로 너그러움은 동맹을 얻거나 경쟁자를 물리치는 데 도움이 된다.

요약하면, 어린 아이가 대형동물 사냥을 하기는 힘들고 수유의 필요 때문에 엄마가 돌봐야 한다는 사실에서 분업의 뿌리를 찾을 수 있다. 그리하여 여성은 별로 사냥에 나서지 않는다. 그러나 이 사실은 남성에게 정치적 목적에서 사용할 수 있는 크고 "위험부담이 있는" 사냥감을 추구하도록 한다. 그런 행동은 결과적으로 아내에게도 도움이 될 수 있어, 여성은 남성에게 위험부담이 큰 행위를 하도록 부추길 수 있다. 이런 면에서 남편과 아내는 협력한다. 비록 남자는 (아내의 의견에 따르면) 권위를 찾는 일에만 너무 많은 시간을 쏟는다고 생각할 수도 있지만 말이다.

이런 논의에서 여성이 식량 채집과 땔감 확보 등과 육아라는 상충되는 요구를 어떻게 해결하는지 하는 이슈가 생긴다. 도움을 받는 한 가지 방법은 바로 "혼인후거주율" 관습인데, 이 사실이 관습에 영향을 주기도 하고 또 받기도 한다. 이런 가능성을 고려하기 위해 수렵채집 사회의 혼인후거주율에 대한 인류학 연구를 살펴보자.

혼인후거주율

1장에서 살펴보았듯이, 줄리언 스튜어드는 수렵채집 사회로 대표되는 무리사회가 주로 부계의 출계율과 부거의 혼인후거주율(postmarital residence)을 보인다고 했다. 엘먼 서비스는 부계 출계가 부거 거주를 따르기 때문에, 부거가 주된 특징이라고 주장하였다(Murdock 1949 역시 참조). 서비스와 스튜어드는 모두 부거 거주율이 자연스런 남성의 지배에서, 그리고 "사냥과 사냥감의 공유, 특히 공격-방어에서의 연대의 중요성"에서 비롯되었다고 생각하였다(Service 1962: 67).[11] 서비스는 그토록 많은 환

---

11 남자는 대형동물 사냥으로 가족을 벗어난 범위에서 공유할 기회를 가짐으로써 위신을 얻고 빚을 줌으로써 가족외 관계를 만든다. 초기 민족지에서는 자문화중심적인 편향과 함께 자연스럽게 남자가 더 지배적이라는 가정(부거 무리 모델의 중요한 요소)이 보이기도 하였다.

경의 수렵채집 사회에서 부거 거주가 만연되어 있다는 것은 지역 서식 환경의 차이가 혼인후거주율, 그리고 그 확장으로서 사회조직에 별 영향을 미치지 않았음을 가리킨다고 주장하였다. 서비스는 유럽인이 들여온 질병으로 일어난 인구 급감의 원인을 부거 모델(가령 양거 또는 신거(新居, neolocal) 거주율을 가진 복합 무리)에서 찾기도 하였다.[12]

1966년 "맨 더 헌터" 학회는 이런 시각을 크게 바꾸어 놓았다. 학회에 참여한 연구자들은 많은 민족지 사례가, 급격한 인구 변화를 겪은 것 같지 않은데도, 부계/부거 모델에 적합하지 않음을 주목했다. 가령 준 헴(June Helm 1965)는 캐나다 아타파스카의 복합부리가 혈연관계가 아닌 가족들로 이루어지지는 않았다고 했다. 학회는 양변 출계와 양거(또는 다거의) 거주를 강조함으로써, 부부는 먼저 신부의 식구와, 그 다음 신랑의 식구와 같이 살고, 부부만 살기도 한다는 새로운 모델을 개발했다("맨 더 헌터" 학회 훨씬 이전에 머독(Murdock 1949: 204)은 양거 거주율이 불안정한 무리에서 만연되어 있으리라고 보았다). 학회 이후 인류학자들은 수렵채집 사회조직을 부거/부계 모델의 시각보다 더 유동적이며 다변적이라고 보게 되었다. 집단 크기를 자원 풍부도의 변화와 인구의 불균형(가령 성별 비율)에 맞추고 분쟁을 해결하기 위해 집단의 분리를 허용함으로써, 양변의 출계가 단일한 거소의 출계율보다 더 적응적이라고 생각하였다. 유동적인 양변, 양거의 무리사회라는 수렵채집 사회 모델은 곧 부계/부거 모델을 대체하였다.

하지만 학회 10여 년 뒤 엠버(Ember 1978)는 대부분의 수렵채집민이 양거 거주율을 가진다는 생각을 검증하였다. 그리고 179개 사례를 검토한 결과, 부거 거주가 혼인후거주의 가장 일반적인 형태(62%, 기승 집단 제외하면 64%, 기승 및 집약 어로 집단을 제외하면 56%)임을 밝혔다. 케이 마틴(Kay Martin)과 바버라 부리스(Barbara Voorhies)가 조사한 90개 수렵채집 사회 역시 비슷한 결론이었다(58%가 부거사회,

---

12   부거/모거는 부부가 아버지 또는 어머니가 소속된 공동체에서 거주하는지를, 남거(virilocal)/여거(uxori-local)는 남편이나 아내의 부모가 사는 가구나 공동체에 사는 것을 말한다. 다만 수렵채집 사회에서는 비슷한 형태를 띠는 경우가 많기 때문에 각각을 합하여 사용한다.

표 8-2. 수렵채집 출계와 혼인후거주율

출계	부거 (patrilocal)	모거 (matrilocal)	양거 (bilocal)	외숙거 (avunculocal)	상반된 기록	계
부계	24	0	0	0	2	26
모계	3	9	0	6	4	22
양계	69	19	18	0	30	136
상반된 기록	3	0	0	0	6	9
계	99	28	18	6	42	193

주의: 남편/부거, 아내/모거, 신거/양거를 각각 합침. 양변 출계(bilateral descent)에 몇몇 중복 출계의 사례도 포함됨. 상반된 기록이라는 범주는 민족지 자료에서 상반된 기록이 있는 경우임.

이 표는 무작위 표본이 아니라 필자가 검토한 모든 사례를 요약한 것이다. 다만 북아메리카 집단이 많이 포함되었다는 점에서 편향이 있다. 아래 제시한 비교문화적 조사 문헌에는 모두 위도에 따른 편향이 있어, 대평원과 캘리포니아 같은 특정한 지역을 제외하면 온대지방의 자료가 거의 없다. 따라서 위도, 특히 이 표본에서는 문화영역에 따른 편향도 있을 수 있다.

문헌: 대부분 자료는 Driver(1961), Driver and Coffin(1975), Murdock(1967)에서 취함.

Martin and Voorhies 1975: 185). 193개 사례를 조사한 똑같은 결과가 표 8-2에 제시되어 있다(모순된 기록이 있는 경우를 제외하면 99개 집단, 곧 65%). 출계에 대해서 마틴과 부리스는 표본의 62%가 양변 출계로 이루어진 집단이며, 표 8-2의 37%만이 양변 출계를 가지고 있다(상반된 기록이 있는 9개 사례 제외)고 했다.

표 8-2에서 가장 일반적인 유형은 부거의 거주율을 지닌 양변 출계로 보인다(전체 자료의 47%). 하지만 우리가 가진 비교문화 표본이 문화적으로 연관된 집단에 대해 편향되어 있을 가능성을 배제할 수 없다. 표본은 미국 동부나 유럽, 아시아 대부분 지역의 수렵채집 사회의 사례가 없이, 북아메리카 서부와 북극, 열대지방(특히 아프리카)에 집중되어 있다. 표준비교문화자료(SCCS, Murdock and White 1969)는 문화적으로 연관되지 않은 사회들을 포함시킴으로써 이런 문제를 최소화하고자 했다. 36개 수렵채집 사회 표본 가운데 75%는 양변(bilateral), 선계(ambilineal), 또는 중복 출계(double descent)이며, 11%는 모계, 13%는 부계 출계율이다. 동일 표본에서 49%의 사회는 혼인 후에 다거(multilocal) 거주하며, 34%는 부거, 17%는 모거 거주였다(Knauft 1991; Marlowe 2004a; Fry 2006). 이 표본에서 주도적인 유형(44%)은 다거 거주하는 양변 출계였으며, 엄격한 부거 거주율은 드물었다. 부계 및 부거의 경향을 보이는 농

경사회와는 아주 다른 유형이다(Marlowe 2004a).

조사에서는 단지 출계와 거주율만을 다루었다. 엠버(Ember 1975: 199)의 지적과도 같이, "최근 들어 일반적인 상이한 거주율이 상이한 인과적 조건에서 기인한다는 생각은 단지 그런 인과 조건이 최근에 확산되어 일어난 일일 수 있다." 다시 말하여 비교문화 연구는 유용한 연구의 출발점이겠지만, 이제 우리는 혼인후거주를 결정하는 요인이 무엇인지 하는 질문을 던져야 한다.

인류학자들은 수렵채집 사회의 상이한 혼인후거주 형태를 설명하고자 했다(표 8-3). 여기에서 우리는 모거, 양거, 부거 거주라는 가장 일반적인 유형만을 살펴보자.

스튜어드와 서비스는 수렵민이 부거하는데, 이는 부분적으로 사냥의 성공을 위해 남성이 영역을 잘 알아야 할 필요가 있기 때문이라고 주장하였다. 1장에서 이미 살펴본 것처럼, 스튜어드와 서비스는 모두 사냥이 수렵채집 사회에서 가장 중요하다고 생각했으며, 그래서 수렵채집 생활방식을 부거 거주와 결부시켰다. 이런 가설에서 온 설명이, 만약 사냥이 중요하지 않다면, 여성이 지역에 대해 잘 파악하는 것이 가장 중요하기에 거주율은 모거여야 한다는 것이다. 남자가 사냥과 어로를 맡고 여자는 대부분 채집을 담당한다는 가정 아래 사냥이나 어로에 의존하는 사회는 부거 거주율을 가지며, 반면 채집에 의존하는 집단은 모거사회이리라고 했다. 엠버(Ember 1975)는 50개 사회를 표본으로 거주율과 분업의 관계를 살핌으로써 이런 가설을 검증하였다.

엠버는 채집에 의존하는 사회는 모거의 경향이 강하고, 어로에 의존하는 사회에서는 부거성이 강함을 알게 되었다. 하지만 엠버는 부계/부거 모델과는 반대로 높은 사냥 의존도와 부거 사이에 상관관계를 찾지는 못하였다(Ember and Ember 1971; Ember 1975). 가령 몇몇 북아메리카의 아한대림 집단에서는 모거 거주 형태가 나타나면서도 카리부와 무스 같은 대형동물에 대한 의존도가 높다. 실제 말로(Marlowe 2004a) 역시 집단이 사냥에 의존할수록 부거 거주율 가능성은 더 낮아진다고 말한다. 남자가 성공적인 사냥꾼이 되기 위해서 남자 친척들 곁에 머물러야 할 이유는 없는 것 같다. 베일리와 옹어(Bailey and Aunger 1989b)에 따르면, 부거율을 가진 에페 피그미 사회에서 사냥의 효율성이나 성공률은 사냥꾼들이 친척지간이라거나 그 비율

표 8-3. 혼인후거주율에 대한 설명

거주 유형	연구자	설명
부거	스튜어드, 서비스	남자는 사냥의 성공을 위해 지역을 잘 파악해야 함. 공격과 방어에 강점. "자연스런" 남성 지배의 결과.
모거	엠버, 페리	장거리 전쟁이나 사냥 때문에 여성이 주된 식량 및 육아를 담당함.
양거	엠버, 서비스 등	환경 변동에 대한 반응. 작은 집단 인구의 성별 편향을 완화시킴. 이전 부거율의 형성과 와해.

과 관련되어 있지 않다고 한다. 다만 이와 반대로, 휼럿(Hewlett 1988)은 형제들이 있는 아카족 남성은 그렇지 않은 남자들보다 더 신뢰할 만한 경제 단위에 살 가능성이 높다고 했다.

엠버(Ember 1975: 212)는 사냥감을 예측할 수 없는 곳에서는 남자가 성장한 곳에 머물러서 얻는 이득이 없다고 했는데, 이 설명에는 어느 정도 장점이 있다. 수렵채집민은 다음과 같은 두 가지 기본적인 식량획득 전략을 다양한 정도로 혼합한다. 첫째로, 식량자원을 얻기 위해 그 지역의 지리에 대해 잘 알아야 한다. 이 사례로 알래스카 내륙 숲에 사는 쿠친족을 들 수 있다. 쿠친족은 쉼터나 땔감, 원재료뿐 아니라 샘물과 동물이 다니는 길, 불탄 곳, 좋은 사냥터 등 지역 지리에 대해 매우 잘 알고 있다. 중요한 수렵채집 도구 가운데 하나는 바로 머릿속의 자원 지도이다.

또 다른 전략은 수렵민이 선호하는 식량자원의 여러 특징을 파악하는 것이다. 가령 연중 특정 시기 또는 상이한 날씨 조건 아래 어디에서 식량을 구할 수 있는지를 아는 것이다(R. Nelson 1986: 275-76; N. Peterson 1975). 알래스카 북부 해안의 이누이트족은 이런 전략의 사례이다. 이누이트족은 겨울철 언 바다 표면에서 사는 동안 얼음이 변화함에 따라 날마다 변하는 경관을 마주한다. 이누이트족은 동물행동에 대해 면밀히 배우고 그 지식을 이용하여 그날 얼음과 물, 날씨의 형상에 따라 바다표범이나 물고기가 어디에 있는지 예측한다.

수렵민은 이런 두 전략을 모두 사용하지만, 식량자원의 성격이나 지리에 따라 특정 전략이 강조되기도 한다. 더 적은 자원이 이용되거나 단조로운 환경에서는 특정 전략이 주도할 가능성이 높아진다. 이런 전략의 중요성은 계절에 따라 다를 수도 있고 장기간 변할 수도 있다. 예를 들어, 개인은 될 수 있는 한 큰 지역의 지리를 파악하여 필요한 시기에 이용할 수도 있고, 단기간으로는 동물행동 패턴에 대한 지식을 이용할 수도 있다.

대형동물 자원의 장단기간 예측 가능성에서의 차이는 사냥에 크게 의존하는 사회에서 혼인후거주율에서 나타나는 다양성을 어느 정도 설명할 수 있다(Marlowe 2004a 참조). 수렵채집민이 사냥에 의존할수록 연중 수렵 범위와 장기간 범위는 커질 수밖에 없다(4장 참조). 자원의 토대에 대한 예측 가능성이 떨어질수록, 수렵민에게는 넓은 지역에 대한 정보가 더 중요해진다. 이런 요인들은 모두 모거 거주(적어도 혼인의 초기 관습에서)의 요인이 된다. 이는 사냥꾼이 이미 자신이 성장한 지역에 대해 알고 있다고 할 때, 모거가 아내의 지역에 대해 아는 방법이 되기 때문이다. 이 사례에서 혼인후거주율은 수익에서 장기간의 변동과 위험부담을 감소시키고자 애쓰는 사냥꾼의 전략을 반영한다.

또한 엠버는 전쟁의 영향도 고려하였다. 엠버의 표본에서 모거성은 상이한 사회집단 간 외부 전쟁, 장기간 싸움과 관련되어 있다(D. Jones 2011 역시 참조). 그는 전쟁으로 식량의 주 획득자가 여성이 되는 경우 외부 전쟁과 모거 거주가 결부되어 있다고 했다(Ember and Ember 2071).

엠버는 양거 거주에 대한 가설을 검증하기도 했다. 가설 하나는 양거 거주가 환경 변동에 대한 반응이라는 것이다. 불확실한 환경에서는 자원의 변화에 반응하기 위해서 집단이 빠르게 확산되어야 하기 때문에 캠프의 구성원 자격이 유동적이라고 한다. 양거 거주를 통해 가족은 부부의 부모가 사는 곳을 오갈 수 있다. 그는 연간 강우량 변이를 통해 양거 거주와 환경 변동의 관계를 측정함으로써 이 가설을 검증하고자 했다. 그는 양거 집단은 강우량이 다변적인 환경에서 가장 빈번하게 나타나며, 부거나 모거 집단은 기후적으로 안정된 환경과 결부되어 있다고 했다.

또 하나의 가설은 양거 거주를 통해 작은 집단이 성비의 차이에 균형을 맞춘다는 것이다. 7장에서 논의한 바와 같이, 작은 집단은 무작위적이면서도 흔히 극적인 성비 변동을 겪을 수 있다. 그러므로 작은 집단은 부부의 이동을 용인함으로써 식량 획득에 영향을 미칠 수 있는 성비 불균형을 해소하기 위해 거주율의 다양성을 도모한다. 엠버는 집단 크기와 거주율 사이에 상당한 상관관계가 있어, 양거 거주가 작은 수렵채집민 집단에서 나타난다고 지적했다(Marlowe 2004a). 하지만 그는 집단 크기와 강수량의 변이가 상응한다고 했다. 높은 강수량 변이가 작은 집단 크기와 관련된다는 것이다. 따라서 그는 인구적 요인으로부터 환경 요인을 분리할 수 없다고 본다.

엠버의 분석은 양거 수렵채집민이 유럽인과의 접촉으로 일어난 일종의 파편화 효과라는 서비스의 가설을 지지하는 것이기도 하다. 엠버의 표본에서 양거 집단은 최근 인구 감소의 증거를 보여 주는 사례였다. 인구 감소의 증거는 강수량 변이나 집단 크기와 결부되어 있지는 않았다. 하지만 세 가지 사례 모두에 동일한 과정이 작용했는지도 모른다. 강수량 변이가 높은 곳, 변이가 작은 곳, 인구 감소를 겪은 지역에서, 수렵민은 사회적으로 접근할 수 있는 사회집단과 가족의 수를 최대화함으로써 식량 공급에서의 변이를 감소시키려 할 수 있다. 6장에서 살펴보았듯이, 수렵채집민은 이에 여러 방식으로 대처할 수 있는데, 양거 거주도 그 가운데 하나로서 개인이 친척과의 관계를 공고히 할 수 있게 해준다.

혼인후거주율을 이해하기 어려운 이유는 일부 행위와 관련된 혼란스러운 사회 규율 때문이다. 나는 민족지 자료를 조사하면서 상반된 기록이 있는 사례들을 배제하지 않고, "상반(모순)"이라는 다른 범주 안에 포함시켰다. 표 8-2와도 같이, 표본의 5% 만이 상반된 출계율을 나타내지만, 22% 정도는 상반된 거주율을 나타낸다.

몇몇 상반된 기록은 분명 민족지 조사자의 실수에서 비롯되었을 터이며, 어떤 민족지학자는 행위 규칙을 기록하였고 다른 민족지학자는 실제 행위를 기록하였다는 사실에 기인하기도 한다. 또한 어느 정도의 차이는 시간의 흐름에 따른 변화에서 온 것일 수 있다. 리콕(Leacock 1955, 1982)과 더닝(Dunning 1959)은 유럽인과의 접촉 이후 많은 캐나다 알곤킨 사회가 모거에서 부거로 변화하였음을 주목하였다. 또한 더닝은 거주율 자료를 여름에 수집한 것인지, 아니면 겨울에 수집한 것인지에 따라서도 달라질 수 있음을 보여 주기도 했다. 그리고 어떤 주어진 시기에도 규범적인 거주율에 천착하는 집단은 별로 없다. 말로(Marlowe 2010: 49)의 핫자족 조사에 따르면, 캠프에서 32%는 아내의 어머니와 같이 살고 있고, 18%는 남편의 어머니와, 6%는 남편과 아내의 어머니 모두와 살았으며, 44%는 남편이나 아내의 어머니 누구와도 같이 살지 않았다. 이 자료에 근거한다면 핫자족을 어느 혼인후거주율 유형으로 분류할 수 있을까?

거주율과 실제

호주에서 거주율과 실제 사이의 미묘한 관계에 대해서는 니콜라스 피터슨(Nicholas Peterson 1978)이 잘 기술한 바 있다. 많은 호주 원주민 사회에서 젊은 남자들은 부거, 곧 아버지의 대지 안에서 살면서 다양한 의례 및 관리의 책무를 물려받고 싶어 한다(6장 참조). 이는 이상적인 상황일 뿐이다. 남자는 아내보다 나이가 훨씬 많은 경향이 있고(Peterson and Long 1986: 154; Chisholm and Burbank 1991), 결과적으로 남자의 부모는 혼인할 때 이미 사망한 경우가 흔하다. 반대로 아내의 부모는 살아 있어 부부의 도움을 필요로 하고 부부에게 다양한 종류의 도움(육아나 다른 땅에 대한 사회적 접근, 지식 등)을 줄 수 있다. 그래서 부부는 혼인 초기에 모거하는 경향이 있다. 남편은 나이가 들어감에 따라 결국 자신의 가족과 함께 원 대지에 돌아와 문화적인 욕망을 충족시킨다. 이를 인류학자들은 부거의 거주"율"이라 표현하지만 어떤 시점의 지역 집단은 부거하는 나이든 남자와 모거하는 젊은 남자로 이루어진다. 거주 이데올로기나 실제 어느 것도 호주 원주민의 체계 전체를 설명해 주지 못한다.

주호안시족 역시 비슷한 유형을 나타내는데, 다만 이유는 다르다. 양거/다거 거주율이라는 유형에 속하는 다른 많은 수렵채집 사회와 마찬가지로, 주호안시 신혼부부는 처음에는 신부 부모와 같이 산다(핫자족도 이를 이상적으로 생각한다, Marlowe 2010: 49; Wood and Marlowe 2011). 이는 호주 원주민 사회에서처럼 신랑의 부모가 사망해서가 아니다. 주호안시족은 신부가 부모를 떠나기에는 너무 어리기 때문이며, 덧붙여 모거함으로써 신부 부모에게 훌륭한 사냥꾼으로서의 남편을 알릴 수 있기 때문이라고 말한다. 주호안시 여성은 부모 곁에 살면서 그들이 자신의 첫 출산에 도움을 주기를 바라기도 한다(Howell 2010: 23). 이런 이유 때문에 윔센(Wilmsen 1989b)은 아이들이 출생지에서 자신의 주 은오레(N!ore)를 획득하고, 부모의 은오레에서도 권리를 얻으며, 아이가 태어날 때까지 신부의 가족과 함께 지냄으로써 토지에 바탕을 둔 친족 네트워크를 연결시킨다고 하였다. 신부의 가족은 아이들이 자신들의 은오레에서 태어나게 할 책임을 지면서 손자도 거기에서 태어나도록 한다. 나중에 부부와 아이들이 나이가 들면(그리고 아내의 부모가 사망하면) 남편 형제들 곁에 살거나 새로운 곳으로 옮길 수도 있다.

1960년대와 1970년대 인류학자들은 부거 무리가 언제나 수렵채집민의 구성원 자격의 근본 단위라고 보았다. 치페와이언족에게 이는 사냥의 단위이며, 무리는 임시적이고 이득을 주는 경우에만 형성되는 집단이었다(Sharp 1977: 378). 덧붙이자면, 가족을 넘어서는 근본 공동 집단이 무엇이든, 인류학자는 그것이 단순하게 만들어지지 않음을 알게 되었다. 집단의 구성원 자격과 혼인후거주율을 지시해 주는 규율이 있지만, 규율은 다층적이어서 위반되기도 한다. 정보 제공자는 그런 위반이 잘못이라고 여기지 않는다. 이제 여성의 입장에서 육아를 목적으로 친족 소속과 거주를 결정하는지 하는 문제를 살펴보자.

사회 전략으로서 거주율

혼인후거주율이 그처럼 흔하게 "위반"되는 이유는 그것이 규율이 아니라 남성과 여성이 스스로를 상이한 조건에서 상이한 사람들과 관련시킨 결과이기 때문이다. "부거/부계" 무리 개념이 대세였던 시절, 인류학자는 수렵채집 거주 집단이 외부인을 혐오할 정도로 남성 가계를 중심으로 단단하게 짜여 있다고 보았다. 그러나 이는 사실이 아니었다. 이제는 여러 상이한 환경의 "평균" 수렵채집 집단은 혼인으로 연결된 서로 무관한 사람들과 형제자매, 양변 친족으로 이루어져 있다고 생각된다(Hill *et al.* 2011). 이러한 본거지 집단은 여러 개인이 집단 참여를 결정한(또는 다른 사람의 참여를 허락한) 결과가 집합되어 나온 것이다. 이러한 의사결정은 7장에서 논의한 수렵채집의 최대화 과정에 뿌리내리고 있을 수 있지만(스미스의 구성원 자격과 참여자 규율에 대한 논의 참조), 친족 용어로 기록되어 있다. 예를 들어, 헨리 샤프(Henry Sharp)는 치페와이언족 사냥 단위의 크기와 구성에서의 변동을 "고도로 구조화한 가능성들의 조합 안에서 최대치를 찾는 조직화된 탐색"의 결과라고 했다(1977: 385). 치페와이언 남자는 부거 거주하면서 사냥 단위의 다른 구성원과 전통적인 지형을 파악하고 싶어 하는 경향이 있으며, 타고난 사냥 단위 내에서 위신을 얻을 가능성이 더 크다. 이와 반대로 모거 거주를 선호하는 남성에게도 이유가 있다. 이런 사회에서 친족 관계가 가지는 성격 때문에 어린 형제는 아버지와 형을 위해 일하고 그들에게 복종할 의무가 있다. 하지만 처남매부 사이의 관계는 이보다 더 신중하고 어렵다. 모거하는 남자는 자신의 노동을 스스로 조절하여 더 많은 수익을 도모할 수 있다. 도그립(Dogrib)족 남성은 준 헴(June Helm)에게 다음과 같이 설명하였다.

> 아버지와 같이 있으면 일만 하다가 죽을 것이다. 손위 형과 같이 가는 것도 마찬가지다. 형은 열심히 일하지 않고서는 대부분의 일을 동생이 할 것이라 여긴다. 따라서 형제가 일의 파트너가 되는 일은 그리 자주 있지 않다. 대부분 시간을 처남과 같이 일한다. 처남매부 사이에는 일을 똑같이 나눈다(Helm 1972: 73; Sharp 1977: 383).

그러므로 나이 어린 동생으로서는 부거를 하고 싶어도 모거 거주를 하는 것이 더 이득이다.[13] 이처럼 남자들이 똑같은 목적을 가지고 있을지라도, 친족과 나이로 구조화한 관계들 때문에 상이한 형태의 혼인후거주를 선택할 수 있다.

이와 반대로 남자와 여자는 집단의 구성원이 되는 데에도 상이한 목적(가령 사냥 수익의 최대화 대 육아에서 도움 확보)을 가질 수 있다. 치페와이언 사회에서 여성은 자

---

13 이는 특정 사례와 지역 집단의 역사에 의존한 민족지 조사자의 설명에 불일치할 수 있다. 예를 들어, 페리(Perry 1989)는 비버족을 모거로 분류했지만, 리딩튼(Ridington 1981)은 연장자가 딸과 아들의 배우자를 포함하여 최대한 많은 젊은이를 끌어들이는 과정에서 양변적으로 확장된 가구가 만들어진다고 지적한다. 딸만 있는 부부는 사위와 같이 살 수 있는데, 이로써 집단이 모거 거주율을 가진 듯이 보일 수 있다.

신이 태어난 사냥 단위에서 지내기를 선호하는데(Sharp 1977: 383), 이는 아마도 자매와 어머니로부터 육아에 도움을 받을 수 있기 때문일 것이다. 도움은 특히 남자가 장거리 사냥 여행(또는 이전에 살펴보았듯이 장거리 습격)을 떠나 없을 때 중요하다. 수렵채집민에게 모거 거주는 사냥에 의존하는 집단과 결부되는 경우가 많으며, 이런 장거리 사냥은 캐나다 북부의 수렵채집 사회(Dogrib, Han, Sarsi, Sekani)에서 볼 수 있다. 장거리 사냥은 전쟁과 같은 효과를 낼 수도 있는데, 이로써 남자들이 본거지를 떠나 위험한 상황에 놓일 수도 있어 육아에서 역할을 기대하기 어렵다(Perry 1989). 이 경우 서로 관계된 여성이 연대하여 상호 지원 네트워크를 형성하기도 한다. 유아 생존에 아버지의 돌봄이 가지는 중요성을 고려할 때(7장 참조), 남자가 장기간 가족과 떨어져 있거나 위험에 노출되는 생계전략은 여성의 재생산전략의 일환으로 모거 거주를 초래할 수 있다.[14]

흔히 부모의 역할을 대신하며 아이 양육을 돕는 사람이 있기 때문에, 인간을 "협력적 증식자(cooperative breeders)"라고 일컫는다. 사실 이는 인간이 생물 종의 하나로서 그토록 성공적이었던 이유 가운데 하나이다. 많은 농경 사회에서 첫아이는 육아 제공자만큼 중요하지만, 이동 수렵채집 사회에서는 어느 정도 성장한 아이들이 그리 많지 않다는 단순한 이유 때문에 성인이 더 중요할 수 있다(Hames and Draper 2004). 예를 들어, 아카족 여성은 남편이 떠나 있을 때 모거하면서 시부모의 요구를 피하고 (C. Meehan 2005) 친정어머니와 자매로부터 육아에 도움을 얻는다. 마찬가지로 마르투족은 부계 상속을 하고 부거 거주하지만, 여성은 본거지 집단에서 남성보다 더 많은 동성 친족이 있다. 특히 친정어머니와 자매들과 연관되어 있다(Scelza and Bliege Bird 2008). 모거하는 푸메족은 남편과 아내가 각자 떨어져 자신들이 성장한 곳에 살면서 아이는 엄마와 지내는 아주 드문 경우에 해당한다. 이로써 다거나 양거 거주와 같은 결과가 생기며, 양변의 친족 유대를 쌓기도 하지만(Kramer and Greaves 2010),

---

14 반대로 존스(Jones 2011)는 모거가 전쟁의 산물이라고 주장한다. 모거는 남자에게 친족을 넘어서 동맹을 맺게 해주며, 부계 마을에서도 사회적 연대를 맺을 수 있기 때문이다. 존스는 주로 비수렵채집 사회를 대상으로, 특히 상당히 다른 "종족" 집단을 이웃으로 한 사례를 연구하였다.

여성이 도움을 받을 수 있는 자매가 있는 곳에 머물 수 있게 해준다. 남편이나 아내의 가족이 장기간 도움을 줄 수 없는 상황에서 부부는 양거 거주함으로써 모든 선택을 열어 놓고자 할 수 있다. 핫자족은 어머니의 친족으로부터 첫아이에 관해 도움을 얻음으로써 재생산 적응도를 최대화할 수 있으며, 나중에 가족이 늘어나면 남편은 자신의 친족에게 관심을 돌림으로써 더 높은 재생산 적응도를 얻는다(Wood and Marlwe 2011). 여성의 어머니나 자매는 수렵채집 캠프에서 부모의 역할을 할 수 있지만, 다른 사람들도 (아마도 양육을 배우거나 호혜를 기대하고) 그런 행동을 할 수 있다(Blurton Jones et al. 2005a, b; Crittenden and Marlowe 2008).

그렇다면 거주 유형이란 수렵채집 사회의 남성과 여성이 본거지 집단에 참여하거나 다른 사람이 참여하도록 용인함으로써 비용과 효과에 균형을 맞추는 하나의 전략이라고도 말할 수 있다. 이들이 내리는 의사결정은 남성과 여성의 활동에 영향을 받는다. 경우에 따라 이런 규율은 여성이 부모와 같은 역할을 할 필요가 있음을 반영하기도 하고, 폭넓은 사회 네트워크를 유지관리할 필요가 있음을 나타내기도 한다. 그러나 남성의 수렵 활동이 중요한 곳에서도 장기간의 방문과 같은 관습으로 규율이 흐트러지기도 하며, 여성이 친정어머니와 자매들과 지속적으로 결부되게 만들기도 한다(e.g., Scelza 2011).

출계

많은 인류학자는 출계와 혼인후거주율이 서로 연결되어 있다고 본다(Murdock 1949; Martin and Voorhies 1975: 184). 부계는 부거와 모계는 모거와, 양변은 신거 또는 양거와 연결되어 있다고 생각되지만, 완벽하게 결부되는 것은 아니다. 표준비교문화자료의 양변 친족체계(부모 양계와 중복 출계 포함)의 60%는 다거(multilocal)이며, 28%는 부거, 나머지 12%는 모거이다. 모계 출계율을 가진 집단은 다거와 모거 거주로 나뉘며, 부계집단은 다거, 부거, 보서 거주가 비슷한 비율이다(다만 모계 및 부계사회의 표본이 작음을 유의해야 한다).

마틴과 부리스 역시 서비스와 같이 양변 출계가 오늘날 단계(unilineal)보다 더 널리 보인다고 했다. 이는 친족 모델을 포함하여 유럽 문화가 침투했기 때문이다. 이 것은 많은 사례에서 사실인 듯하다. 하지만 유럽인과의 접촉이 반대 결과를 나타낸 사례도 있는데, 오히려 양변에서 단계출계로 변모하기도 했다. 예를 들어, 칼라하리 사막 중부의 그아나족은 양변에서 부거 상속으로 바뀌었으며(Cashdan 1984), 인도의 팔리얀족도 마찬가지였다. 말레이시아의 바텍족 같은 집단은 단계출계 사회들에 둘 러싸여 있음에도 여전히 양변 친족체계를 유지하고 있다(Endicott 1981; Endicott and Endicott 1986). 혼인후거주율에 대한 논의에서도 지적하였듯이, 외부 세계와 접촉함 으로써 양변 친족체계로 변모하였다는 것은 실제 원인이라기보다는 일련의 조건 가 운데 하나일 뿐이다. "맨 더 헌터" 학회에서는 양변 친족체계가 불확실한 환경에 대 한 적응이라고 했다. 이는 양거 거주와 마찬가지로, 친족의 수를 늘리고 지리 분포를 확대함으로써 시공간적으로 다변적인 자원을 가진 환경에 사는 데서 오는 위험부담 을 경감한다.[15]

그러나 우리는 출계와 친족이란 개념을 너무 단순하게 사용하지 않도록 조심해 야 한다. 가령 흔히 양변 친족체계로 인용되곤 하는 주호안시족에 대해 살펴보자. 주 호안시족의 양변체계는 아주 유동적이다. 어떤 사람의 이름과 나이를 이용하여 (더

---

[15] 마틴과 스튜어트(Martin and Stewart 1982)는 단선 집단이 이동함으로써 환경 변동에 반응함을 지적하 며, 부계 출계는 작은 인구가 일부다처제와 결합해서 생긴 것이라고 주장한다. 일부다처가 허용된다면, 여러 아내가 있는 남자의 아들 역시 복수의 아내를 얻을 터인데, 이는 문화화 때문이기도 하고 (교환하여 아내를 얻을) 자매가 많기 때문이기도 하다. 어떤 집단 안에서 아내가 부족해지면, 다른 곳에서 찾아야 하는 남자도 생긴다. 권역 인구가 작은 집단들로 이루어져 있다면, 무작위 변이로 집단의 성비에 차이가 생기기도 하며, 몇 무리에서 남자 사냥꾼이 부족해질 수도 있다. 이런 상황에서 어떤 집단은 젊은 남자를 사냥꾼으로 끌어 들이고자 모거한다는 조건으로 아내를 제공할 수도 있다. 마틴과 스튜어트는 아내가 여럿인 남자는 아버지 의 영역 안에 머무르면서 형제, 부계 평행사촌, 아들들로 이루어진 부계/부거의 출계 집단을 구성한다고 했 다. 그렇다면 작은 집단의 일부다처 사회에는 부계 무리가 형성되고 인구가 안정적으로 성장하면서 부거를 선호할 것이다. 이 모델이 가진 문제는 수렵채집 사회에서 일부다처가 일반적이지는 않다는 점이다. 그래서 일부다처가 부계 무리를 형성할 만큼 충분한 힘을 가진 것 같지는 않다.

나이 많은) 다른 비친족 사람을 친족의 범위에 포함시킬 수도 있는데(6장의 논의 참조), 친족용어 변경을 통해 인척이 되기도 한다(Lee 1979). 윔센(Wilmsen 1989a, b)은 주호안시 친족체계와 혼인, 거주율은 책임의 위치와 대지 사용과 관련된 특권으로 이루어진 사회네트워크와 연결되어 있다고 주장한다. 그렇다면 어떤 면에서 주호안시족 같은 양변 출계집단이 양변 친족체계의 범주에 속하는 다른 집단과 같다고 할까?

이보다 더 상세한 사례는 호주에서 찾을 수 있다. 이곳의 많은 집단은, 비교문화 조사에 따르면, 부계에 속한다. 그런데 이 집단들이 동일한 사회조직에 속할까? 이 집단들을 부계라고 분류하는 것이 출계 체계와 그 기능을 충분히 파악하는 것일까?

예를 들면, 호주 피찬자라 사람들, 특히 남자는 영적으로 중요한 의미를 가지는 의식이 거행되는 곳을 포함한 대지를 공유하는 집단으로 서로 모인다(Hamilton 1982a). 가장 중요한 것은 출계집단이 아니라 이 땅 안의 특정한 지점을 식별하는 것이다.[16] 피찬자라 소년은, 언제나 그런 것은 아니지만, 보통 아버지의 토템 의식(혼인을 할 경우 남편과 아내가 동일한 토템 소속을 선호하기 때문에, 경우에 따라 어머니의 토템 의식일 수도 있다)을 공유한다. 남자는 아이를 자신의 나라 안, 토템 상과 결부된 수원지 근처에서 낳기를 선호하지만, 서부 사막 생활의 긴박함을 고려할 때 늘 그렇게 할 수 있는 것은 아니다. 6장에서 지적하였듯이, 원주민의 사고에서 지리적 지점은 몽환시대의 길과 연결될 수 있다. 피찬자라 소년이 아버지의 토템 나라에서 멀지만 아버지 나라를 가로지르는 길에 있는 지점 가까이에서 태어난다면, 아버지의 토템 공간에서도 권리를 가진다. 그러나 아버지 나라에서 멀리, 그리고 그것을 포함한 몽환시대의 길에서 멀리 태어난다면, 태어난 나라의 토템 의식을 취한다. 아버지의 토템 의식에 참여하는 일은 이런 식으로 한계가 있다.

따라서 해밀턴(Annette Hamilton 1982a: 101)은 "특정한 아버지에게서가 아니라

---

16 제르미 키넌(Jeremy Keenan 1977)은 무리 구성원이 유동적인 곳에서도 사회관계의 토대는 안정되어야만 함을 지적한다. 특정 무리에 속하는 사람들이 언제나 같이 살지 않을 수도 있고, 구성원이 늘 같이 있어야 히는 것도 아니다. 대신 특정 무리에 속한다는 것은 (주어진 성별, 나이, 무리 소속 등에 따라) 개인에게 기대할 수 있는 어떤 종류의 호혜적 책무를 규정하는 것이라고 할 수 있다.

특정한 곳에서 태어났다는 사실에 권리가 귀속되기 때문에, 어떤 면에서 피찬자라가 부계적이라고 할 수 있는지"를 질문한다.[17] 덧붙여 피찬자라족에게는 죽은 사람의 이름을 사용하지 않는 금기가 있는데, 오래 전 죽은 사람을 잊는 경향은 부계의 출계 집단의 형성과 반대로 작용한다고 할 수 있다. 해밀턴은 이런 상황을, 정돈된 매장 의례를 통해 죽은 자를 기억하고 특정 부계 출계집단이 서로 협력하는 아넘랜드 집단과 대조한다. 이런 사회를 부계로 범주화시키면, 그 집단의 사회조직, 더 나아가 수렵채집 사회집단의 형성에 대해서 제대로 알 수 없다.

호주 서부 사막의 마르투족은 분족체계(section systems)라는 개념을 가진 또 다른 사례이다(Tonkinson 1978, 1991). 친족 범주와 더불어 많은 호주 원주민 사회는 두 개, 네 개, 여섯 개, 여덟 개의 사회 집단으로 나뉘어 있다. 두 개로 나뉘었을 때는 반족(moieties)이라 불리며, 네 개일 때는 분족(sections), 그리고 그것을 넘는 경우도 있다. 반족은 범주로 생각되지 않을 수 있지만, 분족과 그 이상의 부분은 범주로 불린다(Berndt and Berndt 1964; Tonkinson 1978, 1991). 사람들 사이의 일상 행위 대부분이 친족률에 따르지만, 분족 사이에는 유형화한 관계가 있기도 하다.

마르두자라(Mardudjara)족은 분족체계를 가지고 있는데, 사람들은 가리마라(Garimara), 바나가(Banaga), 부룬구(Burungu), 밀랑가(Milangga)에 속한다. 이 네 분족의 구성원은 태생적인 것으로, 변할 수 없다. 그림 8-5를 인용하면서 로버트 톤킨슨(Robert Tonkinson)은 마르두자라 분족체계가 어떻게 작동되는지를 다음과 같이 설명한다.

예를 들어, 가리마라 여성을 자아, 곧 시작점으로 생각할 때, 이 여성은 바나가 분족의 남자와 혼인하며 "배우자"라는 용어로 불린다. 다만 아무 바나가 남자와 혼인할 수는 없다. 왜냐하면, 남자의 분족에는 "형제들"이라 여길 여성의 어머니의 아버지의 아들의 아들과 교차사촌이 포함되어 있는데, 이들은 모두 혼인할 수 없는 친척이

17 　피찬자라족의 출계는 최근 들어 공간기반에서 부계 소속으로 변화를 겪고 있다.

바나가 ═ 그리마라

부룬구 ═ 밀랑가

═ 혼인 짝

➜ 여성의 자식들이 속하는 분족

그림 8-5. 마르두자라 분족체계. 톤킨슨의 『마루두 원주민(*The Mardu Aborigines*)』(2판, 1991)을 바탕으로 재도. www.cengage.com/permissions.www.cengage.com/permissions 허가로 전재.

기 때문이다. … 이 가리마라 여성의 아들과 딸은 밀랑가 분족에 속하며, 궁극적으로는 부룬구 배우자와 혼인한다. 이 여성의 딸의 아이들은 자신들의 분족인 가리마라에 속하지만, 아들의 아이들은 바나가 분족으로 태어났기 때문에 궁극적으로 가리마라에서 배우자를 얻는다(Tonkinson 1978: 55-56).

따라서 분족은 이런 식의 외혼을 통해, 혼인에서 역할을 한다. 다만 혼인 상대가 친족체계로 구체화한다는 점 때문에 그리 간단하지 않다(Meggitt 1968; Yengoyan 1968; Tonkinson 1978: 54). 덧붙여, 아이의 분족은 어머니의 분족에 달려 있으면서도 똑같지는 않기 때문에, 분족체계는 출계체계와 비슷하지 않다. 오히려 분족은 독자적인 구분으로서 친족이나 대지 소유권에 바탕을 둔 다른 구분에 영향을 미친다고 할 수 있다.

분족체계가 함의하는 것은 중복된 구분에 세 가지 가능성이 있다는 것이다. 가리마라와 밀랑가 분족은 한편으로 결합할 수 있고(왜냐하면 가리마라의 여성이 밀랑가에 속하는 딸을 낳을 수도 있고, 그 반대의 경우도 있기 때문에), 이와 유사하게 바나가와 부룬구 역시 다른 한편으로 모반족(matrimoieties)을 구성할 수도 있다. 마찬가지로 바나가와 밀랑가 분족의 사람들과 가리마라와 부룬가 분족의 사람들은 부반족(patrimoieties)을 구성할 수 있다 (마르투족의 경우 이는 사회적으로 명명된 구분이 아니라 자신들 스스로 그렇게 여기는 것이다). 마지막으로 마르투 사회에서 바나가-가리마라와 부룬구–밀랑가는 결합하여 병합교차세대상대(merged alternate generation pairs)가 되기도 한다. 여기에 제시된 바와 같이(또는 Tonkinson 1978의 그림 3-2 참조) 혼인과 출계 사이의 분족의 관계를 간단한 친족 도표로 그림으로써, 자아의 세대(형제자매와 사촌)는 분족의 상호혼인 상대 가운데 한 사람일 것이다. +1세대(부모세대)나 –1세대(자식/조카)는 다른 상호혼인 상대에 속하고, 반면 +2세대(조부모)나 –2세대(손자)는 자아 세대와 똑같은 상대자에게서 온다. 부반족과 병합교차세대는 마르투족 사회에서 보이지만, 모반족에게는 그렇지 않다(물론 서부 사막은 아니지만, 호주 원주민 사회에서 볼 수 있다). 마르투족 사회적 분할, 특히 병합교차세대는 의례를 수행하고 선물 제공 역할을 한다.

그럼에도 여전히 혼란스럽다. 다만 중요한 것은 마르투 사람과 관련된 특정한 친척은 언제나 특정한 분족에 속한다는 점이다(Tonkinson 1978: 57). 이는 두 가지 점을 시사한다. 첫째, 분족의 틀 속에 일련의 친족 용어들이 통합됨으로써 사람들은 행동 지침을 얻을 수 있다. 어떤 사람의 성과 나이, 분족을 알면 (낯선 사람일지라도) 가능한 친족 관계를 헤아릴 수 있기 때문에 어떻게 행동해야 하는지 어느 정도 짐작할 수 있다(다만 특정한 친족 관계가 수립되기 전에는 흔히 상호작용이 이루어지지 않는다). 사실 마르투 사회에서 분족 용어는 보통 사람을 지칭하며, 개인의 이름 대신에 쓰인다. 이름은 평상시에 결코 쓰이지 않는다(Tonkinson 1978: 55). 둘째, 자아의 입장에서 이와 같은 병합교차세대는 친족의 대부분을 포함하고 있어 상호작용의 규제가 훨씬 적다. 자아는 자신의 "편"에 있는 사람과 농담을 주고받을 수 있으나, "다른 편"의 사람에게는 존중과 차이로 대해야 한다. 마지막으로 자아의 세대 구분과 가까운 혈연(형제, 자매, 교차사촌) 사이에도 또 다른 구분이 있다. 이 구분은 남자의 성인식과 매장의식에서 중요하다.

머빈 메깃(Mervin Meggitt 1987: 132)은 이와 유사한 왈비리(Walbiri) 분족체계를 논의하면서 "친족 연구만으로는 충분하지 않아 친족체계 자체를 이해하기도 어렵다"고 하며 논점을 요약한 바 있다. 앞에서 이미 혼인후거주 "율"이 생존 전략을 반영한다고 했다. 친족 역시 마찬가지인데, 왜냐하면 사람들을 특정한 권리와 책임이 수반되는 범주에 놓음으로써 주변 사람을 구조화시키는 방법이기 때문이다. 서구사회는 친족을 생물학적 사실로 범주화하지만, 모든 인류학자는 그것이 그저 시작일 뿐이며 오히려 우리를 혼란에 빠뜨리기도 함을 잘 알고 있다. 인류학은 사람들에게 부계, 모계, 양변 친족이라는 범주뿐만 아니라 바로 이 친족이란 개념 역시 도입하였다 (Schneider 1984).

사회전략으로서 친족

우리는 출계와 거주율의 범주를 한 사회에서 개인 관계를 이해하는 시작점으로 삼을 수 있다. 특정한 형태의 출계와 거주율 사이의 상관관계는 출계 역시 집단 형성에 대한 결정과 관련되어 있음을 시사한다. 이런 결정은 수렵채집 활동의 비용과 효과, 그리고 부모로서의 투자에 바탕을 두고 있으며, 상이한 종류의 친족 형성에 대한 관념에 영향을 받을 수 있다.

예를 들어, 샤프(Sharp 1977: 385)는 치페와이언 사냥 단위가 크면 클수록 정치적으로 강력해지기 때문에 더욱 커졌다고 했다. 하지만 여기에도 트레이드오프가 있다. 왜냐하면 사냥 단위가 클수록 사냥 영역의 자원이 더 빠르게 고갈될 것이며, 구성원은 포획지점에 이르기까지(사냥 지역까지 가는 시간은 사냥꾼이 어떤 집단에 머무를지를 결정하는 중요한 변수이다) 먼 여행을 해야 하기 때문이다. 이는 사냥 단위의 크기에도 한계가 있음을 뜻한다. 또한 집단이라 일컬어지는 이 단위가 세 세대를 넘어서까지 지속되는 경우는 드물다. 이유로는 여러 요인들이 있지만, 샤프에 따르면 족보에 대한 무관심(이는 부분적으로 죽은 자의 이름을 사용하는 것을 금기시하는 데에서 비롯된다)과 형의 동생에 대한 제한적인(동생이 떠날 수 있기 때문에) 간섭이 주원인이라고 한다. 자원 형상(또는 동생의 생각)이 바뀌어 더 큰 단위가 가능해진다면, 단선적 편중(그리고 아마도 더 일관된 혼인후거주유형)을 가진 협력 집단으로 변모할 수 있고, 개인들은 그 집단에 들어오기 위해 서로 협상할 수 있다. 논점은 수렵채집 사회의 친족에 대해 진화이론의 시각에서 연구할 여지가 있다는 것이다. 내가 아는 한 이는 그동안 연구가 거의 이루어지지 않은 분야이다.

혼인

호주 원주민 분족체계에 대한 논의를 바탕으로 수렵채집민의 혼인에 대해 일반적인 논의를 해보자. 우리는 민족지 지도에서 수렵채집민의 혼인 방식에 대해 어느 정도의 지식을 얻을 수 있다(Murdock 1967). 표 8-4가 말해주듯이, 상당한 선물교환 없이 이루어지는 혼인이 가장 큰 범주를 차지하는데, 다만 이 역시 전체 113개 사례 가운데 3분의 1 정도일 뿐이다. 상당한 신부대가 동반된 혼인이 그 다음으로 많은 범주이지만, 여전히 표본의 20% 정도에 불과하다. 신혼부부의 부모 사이의 선물교환과 신부봉사(brideservice)가 세 번째와 네 번째를 차지한다. 표준비교문화자료를 통해 볼 때, 수렵채집민의 36%에는 신부봉사가 있고, 33%에는 그런 구체적인 노동 습관이나 선물교환이 없으며, 14%에는 신부대가 있으며, 나머지에는 여성 친족교환과 작은 선물교환, 형식적인 신부대, 지참금이 있다.

서비스는 부거 무리 가운데 가장 일반적인 혼인 형태는 교차사촌 혼인으로, 이는 부모(또는 다른 직계)의 이성 형제자매의 자식과 혼인하는 것이라고 했다. "맨 더 헌터" 학회의 조사에 따르면, 81개 수렵채집 사회 가운데 59%에서 교차사촌 혼인이 허용되는데, 33%는 모계, 26%는 부계사회였다(Lee and DeVore 1968: 338). 서비스와 같이 부거사회를 가정할 때, 교차사촌 혼인은 외혼을 강제하여 무리 사이의 동맹을 낳는다. 모든 잠재적인 짝(고모나 외삼촌의 자식)은 자아의 무리에서 멀리 떨어져 살기 때문이다. 그리고 서비스는 전쟁이 수렵채집 사회에 고질적이라고 생각하였는데, 혼인을 통해 동맹을 얻어야 하며 이것이 주된 평화 제스처라고 보았다(Service 1962: 75). 그러나 서비스 스스로도 지적하였듯이, 부거 무리에서는 어떤 형식으로든 교차사촌인 사람을 언제나 찾을 수 있다. 그러므로 수렵채집민이 교차사촌 혼인을 한다는 것은 혼인이 가지는 다양성을 간과하는 것이다. 수렵채집 사회의 여러 교차사촌 혼인 방식은 표 8-5에 요약되어 있다. 가장 큰 범주는 사촌이나 육촌 간 혼인을 금지하는 것이지만, 이 범주 역시 표본의 반 정도만을 차지할 뿐이다.

표 8-4. 수렵채집 사회의 혼인 방식

혼인 방식	수(%)
신부대	23(20.4)
지참금	2(1.8)
선물교환(신부와 신랑의 부모 사이)	20(17.6)
상당한 교환 없음	38(33.6)
신부봉사	18(15.9)
형식적 신부대	7(6.2)
자매나 여성 친척의 교환	5(4.5)
계	113(100.0)

출처: Murdock 1967

표 8-5. 수렵채집 사회의 사촌 간 혼인

형태	수(%)
쌍변(duolateral) 교차사촌(부모의 동성 형제자매의 자식 간 혼인은 금지)	15(14.0)
쌍변 교차사촌(외삼촌의 자식만)	1(1.0)
외가 교차사촌	5(4.6)
비방계(nonlateral, 사촌과 육촌 간 금지)	51(47.6)
비방계(nonlateral, 사촌 간 금지에 대한 정보만 확인됨)	14(13.0)
Patrilateral cross-cousin	2(2.0)
사변(quadrilateral, 사촌 간만 혼인)	7(6.5)
비방계(모든 사촌과 몇몇 육촌 간 금지)	3(2.8)
비방계(사촌은 금지, 계보의 구성원이 아닌 육촌 간엔 어느 정도 허용)	8(7.4)
삼변(trilateral, 계보 구성원을 제외한 사촌 간 혼인)	1(1.0)
계	107(99.9)

출처: Murdock 1967

출계나 거주율과 마찬가지로 혼인율이 실제 무엇을 의미하는지를 판단하기는 어렵다. 서비스(Service 1962: 67)는 이 점을 인지하고, "이런 (교차사촌) 혼인 형태는 수렵채집 사회의 구성원늘 스스로 개념화한 것이 아니라 인류학자들이 구성한 것이기 때문에 진정한 규율이라는 데는 의문이 있다"고 했다. 참으로 맞는 말이다. 비록 메깃(Meggitt 1987)이 왈비리족 혼인의 92%는 말하는 규범에 맞는다고 했지만(마르투족에 대해서는 Tonkinson 1991참조), 하이엇(L. Hiatt 1968)은 호주 북부 기진갈리의 안바라 공동체에서는 17%만이 규범을 따른다고 하였다. 여성에게 적당한 혼인 상대가 없는 경우(하이엇에 따르면 작은 공동체에서는 인구적인 요인에 따라 그럴 수 있다), 여성의 어머니와 외삼촌이 남편을 선택한다. 이와 유사하게 피찬자라 사회에서 이상과 거리가 있는 혼인은 족보에서 개인의 지위를 재범주화함으로써 이상적인 것으로 생각되게 만들기도 한다(Yengoyan 1979: 404).

우리는 "규율을 피할 수 있는 규율"을 분석함으로써 규율이나 행위만을 연구하는 것보다 사회조직에 대해 더 많은 이해를 할 수 있다. 예를 들어, 그위족의 규율로는 교차사촌 혼인을 해야 한다. 하지만 실버바우어(Silbervauer 1981a: 149-50)에 따르면, 73개 혼인 가운데 11%만이 생물학적으로 교차사촌 혼인이었다고 한다. 그위 사회에서 교차사촌이라는 것은 혼인의 이상적인 조건을 표현하는 관용구로 사용될 뿐이다. 잠재적인 배우자는 농담 상대여야 하며, 부모가 친한 사이여야 하고, 신부나 신랑 부모의 상대 부모는 신뢰할 만하고 성품이 차분해야 한다고 생각한다. 그들은 서로 이런 정보를 알 수 있고 친한 친구들도 알 것이다. 친척이 아니면서도 같이 자라 잘 아는 그위족은 서로를 형제나 자매 같은 용어로 부를 수 있고, 따라서 그 아이들도 서로 사촌이라 불린다. 그위족의 교차사촌 혼인율은 이상적인 부부관계를 잘 보여 준다. 양가 부모 사이의 관계가 미래의 배우자들 사이만큼이나 중요하다(이 점은 아이가 태어나기도 전에 혼인 상대가 약속되어 있기도 하는 호주 원주민과 이누이트 등 다른 많은 사회에서도 마찬가지이다).

오늘날 혼인관습에 대한 일반적인 설명은 교환을 통해 집단 간 동맹을 구축하는 제도라는 오래 전 레비스트로스(Levi-Strauss 1949)의 관찰에 토대를 두고 있다〔실제 레비스트로스는 (혼인으로) 친족 구분이 생긴다고 주장했다〕. 서비스는 전쟁에서의 공격과 방어의 목적에 따른 동맹을 강조하였다. 이는 분명 외혼의 가능한 원인일 수 있다. 하지만 많은 수렵채집 사회에서 전쟁이 없음을 생각할 때, 인척은 필요한 시기에

서로에게 (사회적 접근이라는 수단으로) 상대 집단의 자원에 접근할 수 있게 해줄 수 있다. 그리하여 많은 수렵채집 사회의 혼인체계에서 남편과 아내가 상이한 지역 출신인 것도 이상하지 않다(e.g., Lee 1979). 예를 들어, 피찬자라 사회에서 남자의 아내는 남자와 같은 토템 소속이지만, 남자가 생각하기로는 자신의 나라 밖(아주 멀지는 않지만) 지역 출신이다(Hamilton 1982a).

엔고연(Yengoyan 1968)은 호주 원주민의 분족체계가 혼인 상대를 먼 곳에서 찾게 만드는 역할을 함으로써 필요한 시기에 자원에 대한 접근을 가능하게 한다고 주장하였다. 따라서 엔고연은 부족의 지역이 더 커지고 (식량 풍부도의 감소 때문에) 인구밀도가 감소함에 따라 분족체계는 더욱 세련되어야 한다는 가설을 세웠다. 그에 따르면, 분족체계는 인구밀도가 높고 부족의 지역이 작으며 식량의 밀도도 큰 지역에서 볼 수 있으며, 팔분체계는 인구밀도가 낮고 부족의 지역이 넓으며 식량의 밀도도 낮은 곳에서 볼 수 있다고 했다. 하지만 자료에서는 이러한 예측을 벗어난다(McKnight 1981). 분족체계는 오히려 자원이 풍부한 해안 집단이나 중부 사막의 몇몇 반족 집단들에서 나타난다. 사실 분족체계는 지리적 근거에 차별을 두지 않기 때문에 상대를 먼 곳에서 찾도록 강제하지 않는다(톤킨슨과의 개인 대화, 1992, Berndt and Berndt 1964: 59 역시 참조).

혼인을 통해 사회 유대를 도모하고, 자원이 궁핍한 시기에 도움을 요청할 가까운 인척을 만들 수 있다. 하지만 특정한 혼인 관습은 동맹이나 자원 안전장치의 필요만으로는 설명할 수 없다. 사람들이 국지적 자원 형상에 적응하는 동맹을 만들어내기 위해 의도적으로 혼인체계를 만들어냈다고 볼 수는 없다. 친족체계에 대한 이해와 마찬가지로, 혼인에 대한 이해는 개인 간 관계와 집단 소속이 어떻게 시간의 흐름에 따라 구성되고 협의되며 조절되는지를 이해함을 뜻한다. 가령 욜른구(Yolngu)족 같은 북부 호주 원주민 사회에서는 친족 용어를 통해 문화적으로 적절한 나이 차이가 나는 아내의 수를 늘리는 일부다처제를 권장하기도 한다(Keen 988, 2006; 그렇다고 욜른구 남자에게 아내가 많이 있지는 않다. 동생보다는 형이 더 많은 아내를 취한다). 이 점이 욜른구 사회에서 강력한 (일부다처의) 남자뿐 아니라 크고 강한 부계 혈연을 낳고 관리하는 이유이다. 남자와 여자는 혼인에 상이한 목적을 가질 수 있으며, 따라서 혼인 선택에서 상이한 비용과 효과를 볼 수 있다. 이로써 사회 불평등성의 진화에서 혼인이 중요한 역할을 할 잠재성뿐 아니라, 남성과 여성 사이, 그리고 남자들 사이에 경쟁의 가능성이 있게 된다.

젠더, 혼인, 사회 불평등

제인 콜리어(Jane Collier 1988)는 계급사회에서 나타나는 신부봉사(brideservice), 평등 신부대, 불평등 신부대라는 세 가지 혼인 체계를 흥미롭게 분석함으로써 젠더, 혼인, 사회 불평등 사이의 관계에 대해 귀중한 통찰을 했다(Collier and Rosaldo 1981). 세 체계는 각각 대평원의 코만치, 샤이엔, 카이오와 수렵채집 사회에서 전형적이다. 콜리어는 이 세 형식의 사회에서 혼인의 불안정성 — 신부의 가족 또는 자신보다 연장자들을 위해 일하는 신랑과 관련된 불안정성 — 의 상이한 가능성이 무계급사회의 혼인 구조를 결정한다고 주장한다.

콜리어는 불평등에 대한 기능주의적 시각, 곧 사회에서 가장 중요한 일을 수행하는 개인들이 가장 높은 위신을 얻는다는 주장에 대해 고찰하면서 논의를 시작한다. 예를 들어, 19세기 북아메리카 대평원에서 남자가 서열과 위신을 얻는 방법은 전쟁이나 습격으로 말을 훔치는 것이었다. 말은 남자의 사냥 능력과 더 많은 습격, 그리고 표면상으로 방어에 아주 중요하였다. 그러나 콜리어는 습격에 나설 시간을 가지고 위신을 얻을 수 있는 활동에 참여할 만한 사람은 이미 높은 서열에 있는 남자뿐임을 지적한다. 분명히 권력 불평등은 위세 가치체계의 형성에 선행한다. 습격과 말을 훔치는 일은 단순히 필요해서거나 보호가 필요하기 때문에서가 아니라, 위세 있는 남자가 그런 일을 하기 때문에 위신이 있는 것이다. 그렇다면 남자는 어떻게 위신을 지니게 되었을까?

아놀드(Arnold 1992, 2001b)가 지적한 바와 같이, 이는 노동의 통제와 관련되어 있다. 대평원에서 서열이 높은 남자는 아내들과 자신을 위해 일하고 습격과 다른 활동을 할 수 있는 자유 시간을 줄 사위와 처남을 데리고 있기 때문에 지위를 얻는다. 콜리어의 분석은 이런 관찰에 토대를 두고 사회 불평등을 인척 관계의 성격과 연결시켰다. 하지만 콜리어가 제시한 세 가지 상이한 혼인체계는 상이한 종류와 정도의 불평등을 낳기도 한다.

신부봉사

(표준비교문화자료에서 가장 많은 집단이 해당하는) 신부봉사 사회에서 남자는 혼인 이후 처부모를 위해 일한다. 콜리어에 따르면, 남자는 스스로 찾아나서 자신의 행동으로 아내를 얻는다. 아내의 가족은 아내를 주지도 데려가지도 않는데, 친정 부모는 딸의 행위를 통제할 권리를 갖고 있지 않다(물론 아내가 스스로 떠날 수 있고, 이때 부모의 도움을 받을 수도 있다). 코만치 사회에서 남자는 아내를 얻기 위해 단독으로 말을 구한다. 남자가 일년 정도 신부 가족을 위해 사냥을 하는 수렵채집 사회도 있지만, 궁극적으로는 아내를 자신의 부모가 사는 곳으로 데려가거나 새로운 거주지를 찾는다. 코만치족 신랑은 아내를 얻는 데 손윗사람의 도움을 받지 않는다. 아내가 애인을 사귀는 일이 생기면, 남편이 의지할 수 있는 것이라곤 더 많은 관심을 가지거나 애인이 무슨 행동을 해도 무시하거나, 아니면 아내를 떠나거나 하는 것밖에는 없다.

평등 신부대

평등 신부대 사회에서 남자는 다소 표준화한 선물을 줌으로써 하나 또는 그 이상의 아내를 얻는다. 선물은 흔히 신랑의 손윗사람, 곧 아버지나 삼촌, 형이 가진 것을 획득해서(신랑의 누나나 여동생을 신부로 내놓기도 한다) 얻는다. 신부대 사회에서 신랑의 손윗사람은 신부의 손위 사람들과 혼인을 주선한다. 따라서 신랑은 윗사람에게 신세를 지게 되고, (호주에서 자주 보이는 바와 같은) 일종의 장로사회가 형성되어 젊은 남자는 혼인을 주선받기 위해 나이든 사람들에게 더 잘하기 위해 애써야 한다. 하지만 남자가 더 많은 일을 할수록 혼인의 불안정성은 더 커지는데, 이는 신랑이 반드시 손윗사람들(결국은 아내가 아니라)에게 시간과 에너지를 바쳐야 하기 때문이다. 그리하여 신부는 애인에게 관심을 돌리거나 친정으로 돌아가기도 하면서 신랑과 신부 가족 간에 분쟁이 벌어지기도 한다. 이 같은 혼인의 불안정성의 가능성으로 신부 가족에게 힘이 실리며, 신랑은 아내가 떠나기라도 하면 다시 윗사람에게 도움을 청해야 하기에 연장자에게 진 빚은 더욱 커진다.

불평등 신부대

불평등 신부대 사회에서는 선물이 표준화되어 있지 않고 혼인에 따라 다양하며 혼인 내내 신랑으로부터 요청을 받을 수도 있다. 아내 측은 언제든 데려갈 수 있다고 위협함으로써 남편(과 그의 가족)의 노동을 착취할 수도 있다. 이런 혼인체계는 사회 서열과 결부되어 있는데, 다만 그 과정이 어떻게 시작되는지를 말하는 것은 어렵다(9장 참조). 위신에서 나타나는 차별화를 고려할 때 서열이 높은 남자는 큰 신부대가 보증될 때까지, 또는 지속적으로 신부대를 주지 않을 수 없는 남편감을 찾을 때까지 딸을 내놓지 않을 수 있다. 아내를 그처럼 행운이 있는(또는 불행한) 남자에게 줌으로써 신부의 아버지는 남편에게 "동족 여인을 데려갈 권리는 행사하지 않겠다는 근거"를 대며 지속적으로 선물과 노동을 요구할 수 있다(Collier 1988: 233). 서열이 높은 남자는 아내의 형제들이 쉽게 인척 관계를 깨지 않을 터이기에 아내를 그냥 데리고 있을 수 있다(서열이 높은 남자는 아내 형제들에게 위신 활동에 참여할 기회를 줄 수도 있다). 반대로 서열이 낮은 남자는 아내의 남자 친척들이 원하는 것을 들어 주어야지만 아내를 유지할 수 있다. 서열이 낮은 남자는 아내의 친척들을 위해 일하는 데 시간을 보내기 때문에, 실제 가내에서는 별다른 지원을 하지 못하여 아내를 만족시키지 못할 수 있다.

이런 관계에 대해 아내가 발언을 하는가? 나중에 자신을 지원할 남자 친척들을 얻고자 한다면 그렇지 않을 것이다. 서열이 높은 남자가 서열이 낮은 사위의 노동력을 착취할 수 있듯이, 남자는 자매나 딸이 (아내의 형제나 아버지에게 노동력을 제공하는) 남편 곁에 머물게 함으로써 협조를 얻을 수 있다. 여성이 혼인을 통해 자율성을 잃는다고 하면, 남편 역시 마찬가지이다. 다른 연구자들도 지적하였듯이, 사회 불평등은 성별 불평등과 나란히 움직인다(Bern 1979; Collier and Rosaldo 1981; Strathern 1987; 9장 참조).

일부다처

콜리어는 일부다처제를 논의하고 있지 않지만, 이는 혼인과 젠더, 불평등성에 의미가 있기 때문에 살펴보자. 일부다처제는 민족지적으로 알려진 수렵채집 사회에서 흔하지 않으며, 이것이 있는 사회에서도 남자가 아내 몇 명을 두는 경우는 드물다. 경우에 따라서는 나이 많은 아내가 남편에게 다른 여자와 혼인하기를 권하여 가내 일이나 육아에 도움을 받으려 하기도 한다. 캘리포니아의 톨로와 사회에서 아내를 얻는 것은 가내 식량저장을 늘리는 방법이기도 하다. 마찬가지로 북아메리카 대평원 부족의 경우, 여성은 모피교역에서 가죽을 가공하는 일을 담당함으로써 남자가 서열을 높일 수 있는 말과 총, 그리고 다른 재화를 추구할 수 있게 해준다. 그러므로 일부다처제는 남자로 하여금 부를 늘리고 다른 남자들과 경쟁하도록 한다(Keen 2006의 사례 참조).[18] 그렇다면 일부다처제에서 벗어나기 위해 여성은 무엇을 하는가?

보저호프 멀더(Monique Bogerhoff Mulder 1992)는 남자가 모든 자원을 통제하는 곳에서는 얼마나 많은 자원을 가져올 수 있는지(남자가 이미 혼인을 했는지 안 했는지에 상관없이)를 바탕으로 여성이 남자를 선택할 수 있다고 했다. 예를 들어, 남자가 사냥과 어로 지점을 통제하는 곳에서 일부다처제의 빈도가 높은 경향이 있다(Sellen and Hruschka 2004). 하지만 언제나 여성의 선택이 작용하는지, 아니면 여성의 남성 친족의 선택인지는 분명하지 않다. 남성 친족의 경우 딸이나 여동생의 배우자로 자원을 줄 수 있는 사람을 찾을 수 있다. 콜리어의 분석에서도 드러나듯이, 적당한 배우자

---

18 그러나 일부다처제의 여성은 적응도에서 대가로 치러야 한다. 치스홈과 버뱅크(Chisholm and Burbank 1991)는 아넘랜드의 호주 원주민 공동체에서 일부일처제(연속 일부일처 포함)의 여성은 일부다처제 여성보다 5세까지 성장하는 자식 수가 더 많다. 다른 요인이 같다면, 그리고 재생산 적응도라는 가장 단순한 측면만을 고려한다면, 여성은 일부일처를 선호해야 한다.

를 선택하지 못함으로써 오는 대가로는 동족의 지원을 받지 못하거나 아마도 그 결과로 적응도 역시 떨어질 수 있음을 들 수 있다(일부다처제를 선호하는 조건에 대한 논의는 Bogerhoff Mulder 1992 참조).

일부다처제와 혼인체계에 대한 논의를 통해 혼인과 불평등성의 연관에 대해서도 말할 수 있다. 사실 콜리어의 세 가지 혼인체계가 가진 이데올로기는 서로 다르고 사회 불평등의 발달과 유지에 나름의 역할을 하고 있다. "신부봉사 사회에서 사람들은 남자(와 여자)가 스스로 삶을 개척해 나간다고 믿는다. 평등 신부대 사회에서는 스스로를 연장자와 영적인 존재의 혜택을 받는다고 여긴다. 불평등 신부대 사회에서는 상속되는 서열이 개인의 운명을 결정하는 데 가장 중요하다고 생각한다"(Collier 1988: 232). 결과적으로 불평등 신부대 사회에서 사람들은 차별화한 서열과 권력을 자연스런 것으로 받아들인다. 이로써 서열은 사회관계를 결정하는 주된 요인이 되며, 착취를 감추고 가능하게 한다(Coller 1988: 242). 콜리어는 신부대 사회에서 아내 측이 혼인 관계에서 힘을 얻음을 구체적으로 분석했다. 다음 장에서 살펴보듯이, 불평등 사회에서 혼인은 동맹을 수립하는 것이기는 하지만 노동을 통해 권력을 얻는 것이기도 하다.

결론

이 장에서는 수렵채집 사회의 분업과 혼인후거주, 출계, 혼인에 대해 살펴보았다. 상이한 환경 조건에서 분업은 다른 집단과의 협력에 영향을 미치기 때문에 서로 관련된 주제들이다. 남자와 여자는 상이한 일을 하기에 집단 구성원에 대해 서로 다른 선호 방식을 가질 수 있다. 집단의 구성원 자격은 친족이나 개인과 거주, 혼인에 수반하는 구조화한 관계를 통해 협의된다.

분업은 사냥과 채집 사이의 문제라기보다는 변이가 크고 작은(불확실성이 크거나 그렇지 않은) 수렵채집 활동 사이의 문제이다. 대형동물 사냥이 일반적으로 상위의 수익률을 주지만 대부분(전부는 아니라 해도) 환경에서 높은 변이(불확실성)를 가지기 때문에 그러하다. 육아와 사냥을 같이 할 수 있는(가령 공동 사냥이나 캠프 아주 가까운 곳에서의 사냥, 작고 움직임이 별로 없는 동물 사냥 등) 곳에서는 다른 수렵채집 활동의 선택보다 더 높은 수익을 준다면 여성도 사냥에 참여한다. 그러나 여성은 대형동물 사냥을 남성보다 적극적으로 하지 않는다. 그 이유는 아이를 업고 대형동물 사냥에서 얻을 수 있는 수익률이 다른 수렵채집 활동, 특히 채집을 선택하는 것보다 낮기 때문이다. 여성은 육아가 끝난 뒤 더 자유로워지겠지만, (예외적인 사례를 제외하고) 사냥 경험도 없고 경우에 따라 문화적으로도 금기시되어 대형동물 사냥에 참여하기 어렵다.

대형동물의 고기는 아주 높은 정도로 공유되는 음식인데, 이는 분업을 통해 (심지어 남성과 여성의 지위가 거의 평등한 곳에서도) 남자가 여자보다 더 높은 위신을 얻음을 뜻한다. 여성에게는 위신을 얻을 수 있는 기회가 별로 없다. 이처럼 분업은 인지하는 지위에서 남성과 여성의 불평등의 토대를 낳기도 한다.

혼인후거주율과 출계에 대한 논의를 통해, 수렵채집 사회에 존재하는 변이의 정도뿐 아니라 거주율과 친족의 형태와 같은 우리가 사용하는 용어가 변이의 범위를 제대로 포괄하고 있지 않음을 알 수 있었다. 거주율은 다양한 변수와 연결되어 있지만, 모두 개인이 한 집단이나 다른 집단에 참여하는 방식과 관련되어 있다. 남자의 경우 주된 요인은 수렵과 전쟁일 수 있지만, 여성의 경우에는 육아에서의 도움이다. 거주율이 집단 구성원 자격을 협의하는 과정의 일부라고 했지만, 7장에서 논의한 에릭 스미스의 집단크기모델을 수정한 방식으로 분석할 수도 있다.

출계에 대한 연구는 어떤 친족 범주가 사용되고 사람들이 어떻게 자신과 다른 사람을 그런 범주에 놓는지 하는 것을 이해하는 데 초점을 맞추고 있다. 한 가지 형태의 출계를 가졌다고 분류된 사회도 비슷하게 분류된 다른 사회와 사람들이 상이한 친족이나 다른 범주로 묶이는 방식에서는 아주 다를 수 있다. 혼인후거주와 마찬가지로, 출계와 친족관계의 규범이 존재하는 협력 집단으로부터 기인하면서도 협력 집단의 종류와 변화의 가능성, 변화의 방향을 조절한다고 볼 수 있다. 출계율이 수렵채집의 수익에 영향을 주는 집단의 구성원 자격의 협의를 반영하는 한, 친족체계와 그 엄밀성을 진화이론에 입각한 분석으로 접근할 수 있다.

　　마지막으로, 우리는 혼인관계에서의 변이를 살펴보면서 인류학의 혼인율이 흔히 결속과 집단 형성의 과정을 제대로 파악하지 못하고 있음을 다시 한 번 알았다. 결론은 콜리어의 세 가지 체계의 혼인 분석에 대한 논의로 맺었다. 이 분석에서는 혼인이 집단 소속 과정의 일부로 생각되어, 동맹을 맺는 방법으로만 여긴다면 이 과정의 상당 부분을 이해하지 못할 것이라고 보았다. 신부대 사회에서 아내 측은 신랑 측과는 다른 이유에서 혼인에 참여하며, 아내 측은 노동을 얻고 아내를 얻는 쪽은 위신을 획득한다. 이런 상이한 현안 때문에 남자들 사이, 그리고 남자와 여자 간 상이한 자율권 제한이 가해짐으로써 불평등성이 생긴다. 콜리어의 분석은 불평등 체계 내에서 이루어지는 혼인의 성격을 탐문하고 있지만, 어떤 조건에서 불평등 체계가 등장하는지를 설명하고자 의도하고 있지는 않다. 이제 9장에서 이 문제에 대해 살펴보자.

9

불평등 수렵채집 사회

어떤 젊은 남자가 고기를 많이 가져올 경우, 스스로 추장이나 윗사람이라 여겨 다른 사람을 종이나 하급자로 생각하게 된다. 우리는 이를 받아들일 수 없다. 우리는 자랑하는 사람을 거부한다. 이 사람은 언젠가 자부심에 넘쳐 누군가를 죽일 것이기 때문이다. 그래서 우리는 늘 사냥한 고기가 쓸모없는 것이라고 말한다. 이런 식으로 사냥꾼의 흥분을 가라앉혀 순하게 만든다.

— 주호안시 남자(Lee 1979: 246)

부족들이 우리 마을에 올 때마다 우리는 늘 그 사람들이 가진 것보다 이불을 네댓 장 더 버린다. 그러므로 젊은 추장아! 잘 지내라. 잘못하면 높고 귀한 이름을 잃을 것이다. 우리의 할아버지들은 결코 피의 전쟁에서, 그리고 부(富)의 전쟁에서도 진 적이 없다. 따라서 모든 부족들은 우리 콰키우틀보다 서열이 낮다.

— 콰콰카와쿠 남자(Codere 1950: 120)

만약 수렵채집 집단의 이미지를 말해 달라고 한다면, 평균적인 인류학도는 주호안시족을 먼저 떠올릴 것이다. 작고 평화로우며 이동하고 가진 것도 별로 없어 부와 기회, 지위가 동등한 남자와 여자들로 이루어진 무리를 생각한다. 그럼에도 인류학개론 강좌에서 포틀래치(potlatch)를 중요하게 다루기 때문에 이 이미지는 쉽게 바뀔 수 있다. 크고 정주하며 전쟁하면서 잔뜩 소유하는 북아메리카 서북부 해안의 사회에서, 남자는 착취와 지위, 권력을 자랑한다.

인류학자들은 단순(simple)과 복합(complex), 또는 비풍요(nonaffluent)와 풍요(affluent)라는 용어를 사용하여 위와 같은 수렵채집 사회를 두 형식으로 나눈다(표 9-1; Price and Brown 1985b; Grier *et al.* 2006). 단순 비풍요 수렵채집 사회에는 호주의 핀투피족이나 마르투족 같은 무리 또는 가족 수준의 집단이, 풍요 수렵채집 사회에는 서북부 해안의 콰콰카와쿠(콰키우틀)족이나 틀링잇족이 포함된다. 복합 수렵채집 사회는 불평등 사회로서 엘리트는 노예를 소유하고 전쟁하면서 공개적으로 권위를 추구한다. 비록 인류학자들은 오랫동안 복합 수렵채집 사회를 자원이 풍부한 환경의 산물로서 예외적인 것으로 생각해 왔지만, 고고학자들은 지속적으로 다양한 환경에서도 불평등 수렵채집 사회가 존재한 증거를 찾았으며, 이로써 복합 수렵채집민에 대한 새로운 관심이(특히 고고학자들 사이에서) 생겨났다.[1]

하지만 이 용어는 사실 유감스러운 것이다. 호주 원주민 사회조직에 대해(지난 장에서 살펴보았듯이) 조금이라도 살펴보면 머리가 복잡해진다. 어떤 인류학자도 평등 부시맨, 핀투피족, 쇼쇼니족이 "복합" 수렵채집민보다 더 이해하기 쉽다고 생각하지 않는다. "복합"이라는 용어를 사용함으로써, 단순하다고 분류되는 사회는 수동적이며 평등주의는 단순히 위계의 결여를 가리키는 것처럼 보일 수 있다(Flanagan 1989;

---

1 선사시대 불평등 수렵채집민에 대한 증거는 흔히 상이한 매장 관습과 대중, 기념물 건축에 근거한다. 미국 중동부의 우드랜드 전기와 중기 사회 가운데 아데나(Adena), 호프웰(Hopewell) 복합체는 매장 관습에 가장 공을 들인 사례이다. 생계 자료에 따르면, 식단의 대부분은 사냥이나 채집된 음식이었다. "복합" 수렵민에 관한 더 일반적인 논의는 Price and Brown 1985a; Arnold 1993, 1995a, b, 1996a, b, 2001a, b, 2004, 2007, 2009; Ames 1994; Hayden 1994, 1995, 1998, 2001; Roscoe 2006, 2009 참조.

표 9-1. 단순 수렵채집 사회와 복합 수렵채집 사회

	단순	복합
환경	예측 불가능, 가변적임	높은 예측 가능성, 변동이 적음
식단	육상 동물 또는 동식물 자원 혼합	해양 또는 식물성 식량
주거의 크기	작음	큼
본거지 이동성	높거나 중간 정도	낮거나 정주함
인구	식량공급에 비해 낮은 인구밀도	식량공급에 비해 높은 인구밀도
식량 저장	거의 없거나 중요하지 않음	대체로 또는 아주 중요함
사회조직	협업 집단 없음	협업하는 출계 집단(가령 계보)
정치조직	평등	위계, 부, 출계에 따른 계급
특별 거주지	노년층에만 있음	일반적임
영역성	사회적 경계 방어	경계방어
전쟁	드묾	흔함
노예	없음	빈번함
종족 경쟁	용인되지 않음	권장함
자원 소유	분산됨	확실하게 통제됨
교환	일반 호혜	부유물, 경쟁 축제

출처: 부분적으로 Keeley 1988에서

Wiessner 2002b; Kim and Grier 2006). "복합"이란 말은 작업과 기능의 전문화에 치중한 것이며, "풍요"라는 말은 자원의 풍부성에 치중한 것이다. 이 용어들은 사회 불평등에는 별로 주목하지 않는데, 이 불평등의 기원은 풀기 어려우면서도, 내 생각에는 중요한 문제이다. 따라서 이 책에서는 단순—복합 또는 비풍요—풍요와 같은 이분법적 구분을 피하고 사회 불평등의 기원과 진화에 접근하고자 한다.

불평등 수렵채집 사회에 대한 민족지 정보는 평등 수렵채집 사회보다 부족하다. 자료에는 미국 플로리다의 칼루사(Calusa)족(Widmer 1988; Marquardt 2001; 박이나 고추 같은 일부 작물을 재배하였던 것 같다), 캘리포니아의 여러 수렵채집 사회(이 가운데 남부의 추마시족에 대한 연구가 가장 많다, e.g., Bean 1978; Arnold 2001a, b, 2004; Kennett 2005; Gamble 2008), 북미 서북부 해안(Ames 1995; Ames and Maschner 1999;

그림 9-1. 벤쿠버섬 누차눌트족 집의 내부. 천정에는 말려 저장한 식량이 매달려 있고, 선반에는 의례용 삼나무 상자가, 왼쪽 긴 의자에는 고래 등지느러미 장식이 있다. 오른쪽에는 낮은 널빤지로 집 안의 가족 단위를 나누었다. 가운데 여성은 물고기를 굽고 불에 구워진 돌을 이용하여 물을 끓이고 있다. 1778년 존 웨버(John Webber)의 펜과 잉크 드로잉(Hillel Burger 사진). 하버드대학 피바디 고고민족학박물관 제공.

Grier 2006), 미국 서북부 대평원(Hayden 1992; Prentiss and Kuijt 2004), 뉴기니 원주민(Roscoe 2006), 일본 아이누족(Watanabe 1968, 1972a, b) 등이 포함되어 있다. 과거 많은 연구자들이 그러했듯이, 불평등 수렵채집 사회는 단순히 "풍부한 자원" 뿐만 아니라 토대 자원, 지리적 한정성, 저장, 인구압, 집단 형성, 문화화 과정 등이 모두 요인이 된다. 그러므로 이 장에서는 이전에 논의한 수렵채집 활동과 이동성, 영역성, 교환, 인구, 사회조직, 혼인 등을 모두 다룰 것이다.

평등주의

먼저 평등주의에 대해 생각해 보자. 제임스 우드번(James Woodburn)은 평등사회를 "즉자회수(immediate return)" 사회, 곧 (저장 없이) 식량의 획득과 소비 사이에 짧은 시간만이 있는 사회라고 했다. 평등사회에서는 개인들이 자원과 기술에 동등한 접근을 할 수 있으며, 사람들은 이동성을 분쟁을 해결하는 방책으로 이용한다(그림 9-2).

> (평등)사회는 이동하는데, 이는 긍정적인 가치를 지닌 이동이다. 소유물을 축적하지 않고 소비하며 던지고 탕진하고 내다버린다. 물론 식량저장에 대한 지식을 갖고 있지만, 나중에 쓰기 위해서보다는 음식이 썩지 않게 하기 위해 가끔만 사용한다. 운반 가능하고 유용하며 쉽게 얻을 수 있고 대체할 수 있는 유물—만드는 데 재주가 필요하지만 오랜 노동이 필요하지는 않은—을 사용하는 경향이 있다. 한 곳에 고정되어 있거나 무겁고 너무 많은 장식이 들어가거나 긴 시간을 들여 만들어야 하며 정기적으로 보수해야 하고 몇 사람이 함께 작업해야 하는 물건은 피한다. 가볍고 어떤 소유나 의무 같은 것에서 홀가분하다고 생각되는 것을 선호하는 체계이다(Woodburn 1980: 99).

"평등"이란 용어는 모든 구성원이 재화나 식량, 위신과 권위 같은 모든 것에서 똑같음을 뜻하는 것은 아니다. 평등사회에서 모든 사람이 평등하다고 할 수는 없지만, 식량과 자원을 얻는 데 필요한 기술, 지위와 위신에 이르는 길에 동등하게 "접근" 할 수 있다(또는 그렇다고 주장된다, Woodburn 1979, 1980, 1982). 심지어 이 사회에서도 몇몇 개인은 물적 부(특히 생산성 높은 토지)와 사회관계상의 부(정치적 관계)를 물려받아 더 유리한 삶을 누릴 수 있다(Smith *et al.* 2011). 이 때문에 평등주의의 가장 중요한 특성은 물적인 평등(그것이 결과일 수는 있지만)이 아니라 개인의 자율성에 관한 정신과 실천이다(Gardner 1991).

많은 수렵채집민은 일상생활에서 자율성을 강조한다(e.g., Myers 1986; Fortier 2009a). 자신의 사회를 개인이 각자 "스스로에게 추장"인 사회라고 말하기도 한다 (Lee 1979: 348; Bird and Bliege Bird 2009: 26). 평등사회는 각자가 모두 위신을 얻을 잠재성을 가지고 있으며, 어떤 사람이 그 위신을 통해 다른 사람 위에 권력을 잡는 것을 막는 문화 규범을 가지고 있다.

그러나 평등주의가 그저 단순히 위계가 없다는 것은 아니다. 평등주의는 인간 본성이 아니며 그 자체로 적응의 산물이다. 크리스토퍼 보엠(Christopher Boehm 1999)은 인간의 평등주의는 사실 먼 과거의, 오늘날 수많은 비인간 영장류에게서도 관찰되는 사회 위계로부터 기인한다고 주장한다. 수렵채집민은 때로 아주 "맹렬히 평등"을 추구한다고 말하는데(Lee 1979: 24), 이는 생활양식을 지키기 위해 나서 싸우기 때문이 아니라(물론 기꺼이 그럴 수 있는 사람들이 있겠지만) 오히려 평등사회를 유지하는 데 노력이 필요하기 때문이다. 평등 관계는 그리 쉽게 이루어지지 않으며, 위계가 없다는 것도 자연세계에서 거의 없는 일이기에 그리 자연스럽다고는 할 수 없다.

어떤 사회이든지 다른 사람 위에 군림하고자 하는 사람이 있게 마련이지만, 평등 문화에는 개인을 누르는 방식, 또는 주호안시족이 말하듯이, "마음을 가라앉히는" 방식이 있다. 웃음을 통해 능숙하지만 너무 뽐을 내는 주호안시 사냥꾼을 하찮게 만들기도 하며, 만약 이런 행동이 실패하면 하찮거나 인색하다는 뜻인 "!xka ≠xan"이라 부르며 놀린다(Lee 1988: 267). 마르투족 역시 그런 사람을 정 없는 "돌 같다"고 하면서 경고한다(Bird and Bliege Bird 2009: 44). 아내는 성적인 농담을 통해 남편이 흐트러지지 않게 하며, 노름을 한다거나 인색하다는 평, 공유를 요구해 재화가 지속적으로 순환하게 함으로써 축재를 방지한다.[2] 많은 수렵채집 사회는 긴장을 누그러뜨리고 불화를 끝낼 의례적 수단을 가지고 있기도 하다(가령 호주 원주민의 음경 감싸기 의식(Berndt and Berndt 1945: 263), 이누이트의 노래 결투(Balicki 1970), 셀크남족의 레슬링 경기(Gusinde 1934)). 그리고 이동 사회에서 어떤 가족은 적대적인 개인이 있으면 그냥 짐을 싸 떠나 버리기도 한다(Marlowe 2010: 44). 사실 이동성은 자율성을 주기 때문에 흔히 수렵채집민이 평등주의 정신과 그에 대한 실천을 유지하는 방법이기도 하다.

6장에서 주목한 바와 같이, 공유는 수렵채집 활동의 수익에 내재된 차이를 없애는 데 도움을 준다(특히 대형동물을 사냥할 경우). 공유를 좋은 일이라 생각할 수 있고, 실제 그러하다. 그러나 공유는 빚을 주고받고 능력에 차이가 있음을 분명히 나타내기

---

2   Woodburn 1980; Myers 1986, 1988a, b; Altman and Peterson 1988; Lee 1988; Bird-David 1992b; Peterson 1993

때문에 긴장을 유발할 수도 있어, 자기를 내세우지 않는 행위가 공유를 더 수월하게 한다(Cashdan 1980; Fry 2011의 논평 참조). 자신의 아내가 살찐 영양의 고기를 나누어줄 때 사냥꾼은 스스로 별것 아니라고 치부함으로써 공유의 긴장을 누그러뜨릴 수 있다. 사냥꾼은 "내가 능숙한 사냥꾼임을 안다. 여러분이 내게 빚을 진 것도 안다. 하지만 그렇다고 여러분에게 대가를 바라지 않는다"고 말한다. 이런 행위야말로 평등주의 문화를 만들며, 또는 평등 문화에서 그런 행위가 나오며, 재화를 축재하거나 다른 사람에게 자신의 의지를 강요하는 사람은 문화 규범에 따라 이상한 사람이 된다.

그럼에도 능력에는 차이가 있고 보상을 받는 사람도 있다. 평등주의는 위계를 감추고 있다. 호주 원주민 남성은 재산과 고기를 내놓음으로써 종교 행사에서 권위와 힘을 얻는다. 그러나 이는 스스로 재산이라고 주장할 경우에만 해당하는 일이다(Bird and Bliege Bird 2009). 평등사회에서 어떤 사람이 자율성과 평등을 요구한다는 것은 실제 어떤 구성원이 다른 사람보다 더 높은 지위에 있고 자원에 더 수월하게 접근할 수 있는 현실과는 모순된다. 이미 지적한 바와 같이, 사람들은 훌륭한 사냥꾼에게 더 큰 위신을 주고 자율성도 내줄 수 있다는 점을 잘 알고 있다. 자율성에서의 차이는 특히 남자와 여자 사이에 표출된다. 이전 장에서 지적한 바와 같이, 사회 불평등은 성적인 불평등과 떼어 놓을 수 없다. 그러므로 불평등 사회정치조직을 살펴보기 전에 먼저 양성 평등에 대해 알아보자.

남성과 여성의 평등

"맨 더 헌터" 학회 이전에 수렵채집 사회의 여성은 흔히 부속물이나 노예 정도로 생각되어 생계와 혼인, 종교, 그리고 성 문제에서 남자의 권위에 지배를 받는다고 여겨졌다. 그렇지만 학회 이후 인류학자는 오히려 수렵채집 사회를 성적 평등을 위해 서구 사회가 추구해야 할 좋은 역할 모델로 그리게 되었다(Martin and Voorhies 1975). 수렵채집 사회에서 여자는 남자 못지않게 많은 식량을 제공하며, 따라서 남자

그림 9-2. 평등한 수렵채집민의 이미지에 맞는 페낭 가족이 캠프를 세우고 있다. 1986년. 리심(Lisim)이라는 앞의 여성은 아들 바니(Barney, 헬리콥터 파일럿의 이름을 따서 지었다)를 업고 야자나무 잎으로 지붕을 만들고 있다. 이 집단은 연간 다섯에서 일곱 달을 중심 거주지에서 살면서 야생벼와 카사바(cassava)를 가꾼다. 숲으로 이동하는 동안 남성이 멧돼지를 사냥한 뒤 이곳에서 하루를 묵으려 하고 있다. 피터 브로시어스(Peter Brosius) 사진 제공.

와 동등한 지위를 가지고 있다고 주장되기도 했다(Barnard 1980; Endicott 1981). 하지만 이 주장이 어떻게 사실과 다른지는 이미 이전 장에서 성에 따른 노동의 분업을 논의할 때 지적한 바와 같다. 가령 북극지방과 같이 여성이 직접적으로 식량 획득 활동을 하지 않는 사회에서도 식량자원을 가공할 때 여성의 노동이 여전히 중요하다(Halperin 1980).

　　그러나 이 같은 성적인 평등은 논증되었다기보다는 그저 주장이었을 뿐이다. 여성의 지위와 여성의 경제적 기여 사이에 별다른 관계가 없다는 비교문화 연구도 있다(Hayden et al. 1986). 페기 샌데이(Peggy Sanday 1981)에 따르면, 오히려 남자와 여자가 서로 따로 시간을 보낼 때 남자는 여자가 자신들에게 종속적이라 생각하는 경향이 있다고 한다. 그렇기 때문에 남자가 아내와 자매, 딸을 통제하는 것이 더 수월해진다는 것이다. 그러나 샌데이는 떠나 있는 시간이(가령 남자가 대형동물을 사냥하며 배우자로부터 오랫동안 떠나 있을 때) 많은 경우뿐만 아니라 환경이 혹독한 경우에도 남성의 지배가 강함을 알게 되었다. 샌데이에 따르면, 월경의 피나 성교의 위험성에 대한 인식이 높은 것도 바로 이런 경우라고 한다. 따라서 획득한 식량의 양과 함께 수렵채집 활동의 성격이 중요한 변수가 된다.

8장에서 논의한 바와 같이, 콜리어(Collier 1988)에 따르면, 남자들 사이, 그리고 남자와 여자 사이의 불평등 관계(마치 계급처럼 보이기도 한다)는 실제 평등적이라고 한다. 고전적인 평등사회라고 하는 주호안시족의 경우, 여성은 요구할 경우 자율성을 가질 수도 있고 통제를 받을 수도 있다. 니사라는 소녀는 첫 남편을 선택할 때 거의 아무런 목소리도 내지 못하였으며 계속 발을 굴리며 반대를 표시할 수 있었을 뿐이다(Shostak 1981). 주호안시 대중 집회에서는 남성이 3분의 2 정도 시간 동안 말하며, 여성보다 집단적으로 더 빈번하게 말한다(Lee 1982). 가정 내에서도 남성보다는 여성이 피해자가 되는 경우가 많은데, 이는 호주 원주민 여성에게도 마찬가지이다. 물론 이 사회에서 살인은 남녀 사이가 아니라 대개 남성들 사이에서 일어난다. 그렇지만 남성에 비해 여성의 권위가 낮다고 해도 여전히 문화적인 지각을 이용하여 힘을 행사할 수 있다. 예를 들어, 그로반트족의 경우 "여자가 남자를 애인으로 원하지 않을 경우 어떤 용기 있는 행동을 요구할 수 있다. 가령 전쟁에 이기고 돌아옴으로써 그 행위를 성공적으로 이루어낸다면 받아들여진다. 이런 관습은 많은 젊은 남성을 죽음에 이르게 하기도 한다"(Kroeber 1908: 180). 아카족의 경우, 남성은 신체 폭력을 더 많이 사용하는 반면, 여성은 간접적 공격으로 화를 표현한다(Hess *et al.* 2010).

그럼에도 권위에서 남녀의 차이는 삶의 질에도 큰 영향을 줄 수 있다. 수렵채집 활동을 하는 여성은 남성보다 고기를 덜 먹는다는 연구도 있다(6장; Spielmann 1989; Speth 1990, 2010). 워커와 휼럿(Walker and Hewlett 1990)에 따르면, 아카 여성은 남성보다 훨씬 충치가 많은데, 이는 남자보다 탄수화물을 많이 먹고 고기는 적게 먹음을 가리킨다고 한다.[3] 그리고 많은 사회에서 임신과 수유 기간에는 여성이 기름진 음식을 먹지 못하게 하며, 여분의 칼로리를 섭취할 수 있을 때는 지용성 비타민이나 지방산을 먹는다고 한다(Spielmann 1989).

그런데 민족지에 보고되어 있는 성적 불평등의 의미를 해석하는 일은 쉽지 않다. 평등성은 주관적인 범주이기 때문에, 해석에도 역시 편견이 개입될 수 있다. 탐험가들이나 인류학 훈련을 받지 못한 사람의 기록에는 그런 오해의 사례가 많다. 남성 민족지학자마저도 자신의 문화적인 기준을 적용하여 성별 차이를 오해할 수 있다(Leacock 1978, 1980). 더구나 식민지 정부는 유럽적인 젠더 이데올로기를 원주민에게 주입해 기존의 성별 관계를 왜곡시키기도 했다. 예를 들어, 프랑스 예수회는 17세기 몬타녜 나스카피족에게 유럽의 가부장제를 확산시켰다(Leacock 1978, 1983). 또한 유럽인이 호주 원주민에게 유럽의 기준을 주입시켰을 때 남성과 여성 사이의 긴장이 더 커져, 남성은 여성에게 불만을 표하며 화를 내고 여성은 사랑과 영속성을 강조하는 유럽의 결혼 관념을 따르려 했다(Bell 1980; Kent 1995 역시 참조). 샌데이(Sanday 1981) 역시 식민주의가 원주민 사회에서 남성 지배를 더 키웠다고 했다. 물론 이는 단순히 유럽문화를 주입시킨 결과라기보다는 자원의 이용 가능성에서의 변화, 그리고 (전쟁과 반란 같은) 남녀의 작업에서의 변화에 기인한 것이지만 말이다.

덧붙여 지위에 대한 개념 자체도 모호하며 비교문화적으로 측정하기 어렵다. 남자와 여자가 서로 다른 일을 한다면, 이것이 불평등함을 뜻하는가? 평등에 대한 서구적인 기준, 또는 정보제공자의 감성에 의존하고 있는 것은 아닌가? 후자라고 한다면, 정보제공자는 현실을 말하고 있는가, 아니면 그 사회의 이데올로기를 말하는 것인가? 이런 문제에 대해 베글러(Elsie Begler 1978)는 지위라는 개념을 피해 권위(authority)라는 말을 사용하기를 권한다. 권위라는 말에는 어떤 사람의 활동을 통제하는 사람이 누구인지가 포함되어 있다. 지위라는 말보다 더 분명한 듯하지만, 호주 원주민

---

3   워커와 휼렛(Walker and Hewlett 1990)은 높은 지위의 남자는 다른 남자에 비해 충치가 적다고 하는데, 이는 아카족 사회에서 또 하나의 불평등의 수준을 보여 준다. 어떤 사람은 다른 사람보다 고기를 덜 먹을 수 있겠지만, 이것이 의미 있는 영양적인 영향을 미치는지는 불분명하다.

의 사례에서 보듯이, 민족지 기록에서 권위에 대한 정보를 찾아내는 일 역시 어렵다.

우드번(Woodburn 1980)은 호주 원주민 사회에서 나이 많은 남성이 젊고 성인식을 치르지 않은 남자와 소녀, 또는 아직 태어나지 않은 여아 사이의 혼인을 맺어 주기 때문에 불평등이 존재한다고 주장한다. 이로써 나이 많은 남자와 젊은 남자 사이에 불평등 관계가 만들어지지만, 더 중요한 것은 여성이 늘 남편과 형제, 아버지, 삼촌 또는 외삼촌의 권위 아래 있음을 뜻한다는 점이다. 우드번과 카울리쇼(Cowlishaw 1981), 베글러(Begler 1978)에 따르면, 호주에서의 이런 관습은 유럽인과 접촉하기 이전부터의 상황이라고 한다. 가령 남자는 다른 남자를 도와 잃어버린 아내를 되찾기도 하지만, 여자는 폭력적인 남편으로부터 자신을 보호하기 위한 도움을 받기 어렵다. 여성에게 가해지는 남성의 폭력은 묵과된다. 베글러에 따르면, 이는 문화적으로 남성의 권위가 여성보다 더 높다고 여겨지기 때문이다. 존 번(John Bern 1979)은 이 같은 남성과 여성 사이의 불평등이 원주민 종교 안에 자리잡고 있다고 말한다. 다만 원주민 종교가 남성의 의례(땅의 생산성을 증대시키려 하는 사람)를 더 중시한다는 것은 사실이지만, 의례가 실생활에서 여성의 일상을 억압하는 쪽으로 이어지지는 않는다고 주장하는 사람들도 있다(Hamilton 1980; Merlan 1988; Tonkinson 1988). 화이트(Isobel White 1978)는 남성이 여성의 생산 및 재생산 능력에 샘을 내 종교 행사를 주도하고자 한다고 주장했다. 여성은 거꾸로 출산으로부터 심리적인 만족을 얻기 때문에 종교 행사에서 이차적인 지위를 받아들인다는 것이다.

톤킨슨(Tonkinson 1988)에 따르면, 친족체계에는 남녀 범주 사이의 불균형적인 권력 관계가 포함되어 있지만, 궁극적으로 균형을 맞춤으로써 어떤 사람도 다른 사람에 대해 완전히 불평등하지는 않게 된다고 한다. 나아가 화이트(White 1978), 번트(Catherine Berndt 1978, 1981), 벨(Dianes Bell 1980)은 특히 가내에서는 (민족지 자료가 수집되기 시작한) 유럽인과의 접촉 이후보다 그 이전에 더 평등적이었다고 주장한다. 또한 화이트는 흔히 첫 혼인에서 나이 차가 많이 나기 때문에 여성, 배우자가 어리다고 생각된다고도 했다. 여성의 첫 남편은 15세에서 20세 정도 많으며, 이런 나이 차는 여성이 나이가 들어 (남편이 죽은 다음) 비슷한 나이의 남자와 혼인하면서 줄어든다고 한다. 벨에 따르면, 여성은 두 번째와 세 번째 혼인을 스스로 결정하며, 여성의 어머니 역시 첫 번째 남편을 선택하는 데 역할을 한다. 여성이 남성에 대해 신체적으로 공격적인 사례도 있는데, 친족 관계에서 권위를 인정받는 경우 남편을 때리기도 한다. 남성 또한 친족으로서 특정한 의무를 가지고 있는 여성을 도우려 할 수도 있다 (e.g., Tindale 1974: 124-25).

이 점에서 야랄디(Yaraldi)족은 좋은 사례이다(Berndt and Berndt 1993). 야랄디 여성은 일상생활에서 상당 부분 스스로 결정하고 활동하며 상당한 식량자원을 획득한다. 종교 행사에서도 남성과 여성은 평등하며, (많은 호주 원주민 사회에서 흔한) 비밀스럽고 신성한 남성 의례 활동도 없다. 남성과 여성은 모두 공식적인 성인식을 치른다. 야랄디 소녀들은 "*kuruwolin*", 곧 "애인 찾기"를 통해 혼인 배우자를 선택하는 데 적극적인 역할을 한다. 소녀는 엄마의 허락을 받아 혼인하지만, 아빠가 소녀를 신랑에게 인도하지는 않는다.

그러나 다른 면에서 야랄디 여성은 남성의 권위 아래에 있기도 하다. 여성은 남편으로부터 지위를 얻는다. 성인식을 치르고 있는 소년과 성관계를 맺으려 하는 소녀는 처벌을 받지만, 성인식 과정에서 소녀를 찾은 소년은 벌을 받지 않는다. 남성은 둘 이상의 아내를 둘 수도 있고 바람을 피울 수도 있지만, 여성이 그랬다간 벌을 받는다. 성인식을 같이 치른 남자들은 서로의 아내와 성관계를 맺을 수 있지만, 그 반대는 허용되지 않는다.

이전의 해석이 잘못되었다는 것이 아니다(물론 잘못이 있을 수는 있다). 호주 원주민 사회에서, 한편으로 일상생활에서 여성의 자율성이 높은 수준으로 허용되는 평등주의 정신을 강조하면서도, 다른 한편으로 특히 가내의 다툼과 혼인, 의례 행사에서 남성이 우선시되는 구조적 불평등도 있다는 근본적인 패러독스를 말하고자 함이다 (Tonkinson 1988, 1991).

따라서 우리는 더 이상 남성이 여성보다 더 높은 지위에 있는지 하는 문제에 매달리거나 수렵채집 사회에서의 남녀평등에 대한 일반화를 찾을 것이 아니라, 누가 어떤 조건에서 권위를 가지고 있으며 누가 권력을 지니고 있는지를 제약 없이 더 개방적으로 질문해야 한다. 그러면서 반드시 의례와 혼인 관습과 같은 제도적 구조와 그것이 남녀 사이의 관계에 미치는 영향 사이의 연관성을 살펴야 한다(Marlan 1988).

브라이언 헤이든 등(Brian Hayden *et al.* 1986)은 서른세 개 사회에 대한 민족지에서 사냥에 의존하는 정도나 환경적 특징뿐 아니라 가내, 의례, 정치 행사에서 여성의 지위에 관한 자료를 정리하여 비교문화적 개괄을 함으로써 그런 연관성을 찾고자 했다. 연구에 따르면, 여성의 지위는 자원에 대한 스트레스가 높았을 때 가장 낮다고 한다(자원의 스트레스는 주관적이지만 식량 부족의 주기성과 혹심함의 정도로 측정하였다). 헤이든 등은 이를 설명하기 위하여 자원 스트레스를 겪는 사회에서는 인구를 조절하여 인구와 자원의 균형을 꾀한다고 주장하였다. "아이를 가질 나이의 여성을 사회적으로 무시받을 수 있는 위치에 둠으로써 재생산 활동을 조절해야 한다는 공동체의 압력을 느끼게 한다"는 것이다(Hayden *et al.* 1986: 460). 따라서 여성을 남성보다 열등하게, 심지어 위험하고 오염된 것으로 봄으로써, 남성은 이데올로기적으로 여성의 재생산을 조절하고 그것이 집단의 선을 위한 것이라고 정당화한다.

그런데 이런 입장은 북극지방의 여아 살해에 대한 설명에서 우리가 적절하지 않다고 했던 주장과도 비슷하다. 논리적 문제는 만약 출산율을 조절하는 것이 집단 전체에게 이득이 된다면 왜 여성을 그처럼 공격적으로 통제할 필요가 있을까 하는 것이다. 여기에는 여성이 스스로 재생산 활동을 제어하지 못하며 남성이 이를 대신한다는 가정이 있는 것 같다. 그러나 경험적으로 이런 가정은 통용되지 않는다. 예를 들어, 뉴기니의 많은 원주민 집단은 유럽과 접촉하기 이전에 인구밀도가 높았을 뿐 아니라 남성과 여성의 힘과 권위에 대해 극명한 차이가 있었음에도, 남성이 가지고 있던 여성이 오염되었다는 관념은 인구밀도를 조절하는 데 아무런 영향도 미치지 않았던 것으로 보인다(Gelber 1986).

그럼에도 헤이든 등이 제시한 관계 역시 고려할 여지가 있기는 하다. 샌데이(Sanday 1981)는 성적 오염에 대한 믿음은 식량 공급이 원활하지 못한 사회에서 훨씬 높음을 지적하였다. 이 패턴에 대한 다른 해석은 해마다 자원의 변이가 큰 상황에서 남성이 (여성이 아닌) 남성에게 이익이 되는 방식으로 여성의 생산 활동을 통제한다는 것이다. 콜리어는 혼인 관습이 어떻게 남녀 간 불평등 관계를 만들고 유지하는 데 쓰이는지를 보여준 바 있다. 마치 남자들 사이의 불평등한 관계를 만들어내고 유지하는 것과 마찬가지라는 것이다(8장 참조). 앞으로 불평등 수렵채집 사회의 성격에 대해 살펴보면서, 사회 불평등성은 남녀 불평등과 연관됨을 명심하자.

불평등 수렵채집 사회

민족지적으로 불평등 수렵채집 사회는 높은 인구밀도, 정주 또는 아주 낮은 본거지 이동성, 직업적인 전문화, 경계 방어와 자원 소유, 특정 자원에 대한 집중적인 이용(보통 어로 자원), 대규모 본거지 집단, 지위의 세습, 경쟁 축제, 표준화된 귀중품, 위신재나 통화, 식량 자정, 전쟁 등과 같은 특징을 가지고 있다(Testart 1982; Watanabe 1983; Keeley 1988; Fry 2006; Eerkens 2009). 우드번(Woodburn 1980, 1982)은 불평등 사회를 "지연회수(delayed return)"이라고 부르며 자원의 저장—식량의 획득과 소비 사이의 지연 관계—을 강조하였다.[4] 하지만 지연회수 사회는 선물이나 신부의 회수에서도 지연성을 나타낸다.

고고학 연구에 힘입어, 불평등 사회는 평등 사회에 뒤이어 발달했다고 생각하는 것이 합리적이다. 가령 북아메리카 서북부 해안에서 노예는 기원전 1,500년 쯤, 전쟁은 기원후 1,000년, 불평등사회는 적어도 기원후 200년이 되면 등장한다(Donald 1997; Ames and Maschner 1999; Ames 2001; Grier 2006; 전 세계 선사시대에 대해서는 R. C. Kelly 2000과 Keeley 1996를, 캘리포니아 채널 제도의 사례에 대해서는 Kennett 2005 참조). 평등 행위와 평등 정신은 불평등 행위와 불평등 정신이 발달하기 전 인류역사에서 긴 시간 동안 적응의 양상이었다(Cohen 1985).

---

4   플로리다 남부의 칼루사족은 상당한 식량 저장을 하지 않는다(Widmer 1988). 하지만 이들은 계절성이 덜한 환경에 살기 때문에 저장이 그리 필요하지 않다.

만약 불평등사회가 평등사회로부터 기원한 것이라면, "지독하게 평등적인" 수렵채집민이 어떻게 자율성을 포기하게 되었을까? 공유에 대한 요구, 경시 행위, 질책 행위 같은 것이 평등 유지의 기제로 더 이상 효과적이지 않게 되었을까? 공개적으로 자신의 성취와 서열을 뽐내는 지도자에 대해 마음을 진정시킨 구성원이 모인 집단을 변화시킨 것은 무엇인가? 캐나다 서해안의 침산 사회에서 "진정한 사람"과 "다른 사람"을 말하는 사회적 범주, 또는 캘리포니아 추마시족의 대추장과 샤먼-성직자와 같은 개념이 어떻게 평등사회에서 발달하였을까?

풍부한 자원을 강조하는 주장은 세계의 호의적인 지역에는 식량자원이 풍부하여 집중적으로 이용함에도 장기간 생산성이 떨어지지 않음을 강조한다.[5] 이런 풍부함 때문에 사람들이 정착하고 (그물 같은) 대량 수확 기술로 여유분 식량을 저장할 수 있었다고 생각된다. 헤이든(Hayden 1994: 226-27)은 이런 조건에서 "풍부한 자원을 아주 선호되고 드문 재화나 봉사로 바꾸어 주는 방법이 있다면 경쟁이 일어날 것이다"라고 주장한다. 그리하여 몇몇 개인은 경쟁 축제에 참여하게 되는데, 이를 리처드 굴드(Richard Gould 1982)와 브라이언 헤이든(Brian Hayden 1981a, 1994, 1995, 2001)은 "지위확대 행위(aggrandizing behavior)"라고 부른다. 이를 통해 개인은 위신뿐만 아니라 삶의 중요한 자원을 획득하는 데 이점을 얻는다고 한다. 이 주장은 식량 공급이 조작(manipulation)의 내재된 잠재성을 지니고 있으며(Testart 1982, 1988; Woodburn 1982: 431), 위계는 집약적 생산의 필연적인 결과라고 본다.[6]

헤이든의 모델에서 자원의 저장이나 인구압이 경쟁의 필요조건은 아니다. 집단 사이의 불평등은 중요한 개인, 곧 "축적자(accumulator)"나 "확대자(aggrandizer)"가 경쟁 축제를 조작하고 자신이나 가족을 위해 자원을 편취한 활동의 결과이다. 다른 사람도 축제에 기여함으로써 지위확대자를 후원하기도 한다. 이는 지위확대자가 주인이 아니라 손님으로써 궁극적으로 받게 되는 위신재의 일부를 나누어 줄 터이기

---

5 따라서 헤이든(Hayden 1990)은 r-선택 종이 집약의 초기 대상이 된다고 하였다.

6 마르크스주의 성향의 사람에게 집약은 단지 불평등 사회로 나아가는 사회경제 변화의 필연적인 과정을 가속할 뿐이다(Lourandos 1985: 412, 1988; Bender 1985 역시 참조).

때문이다.

이런 주장을 통해 볼 때, 정주는 이동 생활양식에서 오는 제약을 걷어냄으로써 인간성을 해방시켰다고 생각된다. 헤이든은 이 과정이 군림하려는 성품을 가진 지위 확대자에게 위신과 경제적 경쟁을 위해 필요한 재화와 식량을 축적하게 해주기 때문에 피할 수 없다고 설명한다(Hayden 1981a: 527).[7]

두 번째 주장은 정보 처리를 강조하는 것이다. 위계를 통해 분란을 해결하고, 특히 스트레스가 있는 조건에서 변화하는 자원의 이용 가능성에 대한 효율적인 정보 흐름을 유지하며, 따라서 자원을 재분배하기 때문에 위계가 등장한다고 본다(Ames 1985; 그러나 Ames 1994, 1995 역시 참조). 이 주장에서 위계는 높은 인구밀도, 시공간 상 적합하지 않는 자원과 본거지 이동성의 감소 등에서 기인한 생계적 토대의 스트레스로부터 발생한다고 생각된다. "조직 단위"(개인이나 가족 단위)의 수가 증가할수록 분란의 수는 기하급수적으로 증가하며(Johnson 1982; Kent 1989a; Hamilton et al. 2007a 역시 참조), 의사결정의 효율성은 감소한다는 7장의 논의를 생각해 보자. 이는 스칼라 스트레스(scalar stress)라고 불리며, 다음과 같이 세 가지 가능한 반응을 기대할 수 있다.

1. 집단이 분열한다—이동하는 수렵채집 사회에서 표준적인 반응이다.
2. 이것이 가능하지 않은 경우, "순차 위계(sequential hierarchies)"는 (가령 핵가족 같은) 작고 독립적인 집단들을 (친족에 토대를 두면서 의례나 종교적 의무를 통해 하나로 합쳐진) 더 큰 단위로 통합함으로써 조직 단위의 수를 줄이고 스칼라 스트레스를 누그러뜨린다.
3. 이런 집단이 충분히 긴 시간 동안 존속할 경우 "수직 위계(vertical hierar-

---

7   서비스의 부거 무리에 대한 설명과 같이, 불평등의 진화에 대해서는 남자가 원래 경쟁과 지배적인 경향이 있으며, 여성은 그렇지 않다는 식의 주장도 있다. 이런 성향은 인류 진화에서의 선택적 압력에 뿌리를 두고 있다고 생각된다. 더 상세하게 살펴보지는 않겠지만, 남자가 더 경쟁적이고 군림하고자 하는 성향이 있다고 해도, 그것이 구석기시대의 선택압 때문임을 논증할 수는 없다.

chies)"가 생겨 집단은 지도자를 갖게 되고 집단들의 집단도 정보를 처리하는 지도자를 갖는다.[8]

이 두 주장은 각각 단점을 지니고 있다. 첫 번째, 자원의 풍부성을 강조하는 주장은 몇몇 자원이 위신 경쟁에서 지위확대자의 적응도에 얼마나 기여하는지를 설명하지 못한다. 사실 식량이나 재화를 내놓는 것은 적응도를 감소시키는 행위라고 할 수 있다. 또한 지위확대자를 지지하는 사람들이 어떻게 경쟁에 참여하게 되는지를 설명하지도 못한다. 가끔 벌어지는 큰 축제에서 받는 혜택은 분명할 수 있지만, 비용은 또 어떻게 하겠는가? "그저 위신을 취하는 것이 아니라 다른 사람들이 제공하는 것"(Riches 1984)이라는 말을 명심해야 한다.[9] 그리고 보통 사람들은 어떤 비용을 지불하면서 위신을 제공한다. 그렇다면 사람들은 어떻게 집단의 어떤 구성원을 더 높은 지위로 올리는 것이 다른 선택(가령 떠나는 일)을 실행에 옮기는 것보다 낫다고 결정하게 되었는가?

두 번째, 정보 처리를 강조하는 주장은 집단의 수준에서 위계의 혜택이 있음을 가정하면서도 불평등의 문제를 회피하고 있다. 훌륭한 사냥꾼은 집단에게 봉사함으로써 (자신이 나중에 받을) 혜택을 축적할 수 있지만, 평등사회에서 다른 사람 위에 군림한다는 것은 그 혜택에 포함되어 있지 않다. 그렇다면 왜 "정보처리"가 그 같은 결과를 낸다는 것일까? (또한 내 생각으로는, 서북부 해안과 같은 곳에서 높은 지위의 개인이 정보 처리의 책임을 맡고 있는지는 분명하지 않다. 사람들은 어떤 가구에서 다른 가구로 이동할 수 있는데, 이때는 반드시 다른 마을에 있는 상이한 가구의 생산력이나 방어력에 대한 정보를 가지고 있어야 한다. 이 정보는 현재의 지도자가 아닌 다른 경로를 통해 들어올 수도 있다)

마지막으로, 식량이 풍부한 곳에서 집약이나 저장이 경쟁과 불평등을 이끌었다

8   7장에서 주목한 바와 같이 존슨(Johnson 1982)은 특정한 지도자를 필요로 하는 조직 단위의 수를 6개라고 했지만, 해밀턴 등(Hamilton *et al.* 2007a)의 연구에 따르면 그 수는 4에 가깝다고 한다.

9   이와 유사하게 분(Boone 2000: 87)은 "사회적 지위는 특정 개인이 가질 수 있는 것이 아니라 다른 사람이 그 개인이 가지고 있다고 지각하는 것"이라고 지적한다.

는 설명 역시 다음과 같은 사항을 설명하지 못한다. (1) 왜 자원이 풍부한 곳에서 경쟁이 존재하는가? (2) 왜 자원이 풍부한 곳에서 집약이 있었는가, 그리고 똑같이 풍부한 환경에서, 또한 그 이전의 고고학 연쇄의 시기에 집약이 없기도 하는가? (3) 왜 공동체 구성원들이 스스로 지위확대를 하고자 하는 개인, 특히 다른 사람의 노동력을 사용하여 집약 생산을 하고자 하는 사람을 억누르는 기제를 더 이상 실행해 옮기지 않아야 하는가? 집약과 식량 저장은 불평등과 연결되어 있지만, 반드시 불평등을 일으키는 원인이라고 볼 수는 없다(Ingold 1983).

문제의 일부는 불평등 수렵채집민이 살고 있는 지역은 식량이 풍부한 곳으로 보인다는 점에 있다. 왜 그럴까? 첫째, 우리는 흔히 이동하는 수렵채집 사회의 제한적인 물질문화를 궁핍과 혹심한 생활을 가리키는 것으로 생각하며, 정주 수렵채집 사회의 세련된 물질문화를 풍요(풍부한 식량)의 표시로 생각한다(1장). 그러나 이는 물적 재화에 대한 우리의 해석일 뿐이다. 물적 재화의 부족이 반드시 궁핍을 의미하지는 않는다. 마찬가지로 풍부한 물적 재화가 수월하게 획득할 수 있는 식량이 풍부함을 가리키지도 않는다. 장례 기둥을 깎고 집을 칠하고 바다를 항해할 카누를 만들고 의례용 모자와 축제를 위한 망토를 짜는 일에는 시간(수렵채집하는 데 쓸 수도 있는 시간)이 들어간다. 세련된 물질문화가 풍요의 신호인가, 아니면 이런 물질문화가 나타내 주는 사회관계에 투입된 시간이 수렵채집에 들이는 시간보다 더 중요하게 되었는가?

둘째, 풍부하다는 말은 식량을 찾고 가공하는 비용—3장에서 살펴보았듯이 아주 중요하다—에 대해 별다른 생각 없이 쓰이고 있다. 예를 들어, 북아메리카 서북부 해안은 늘 식량이 풍부한 곳으로 인용되곤 한다. 하지만 이곳에서 풍부함이란 아주 특정한 종류만을 뜻한다. 연어 수백만 마리가 해마다 강을 한달 동안 수차례 거슬러 온다. 그러나 연어떼가 헤엄쳐 오는 것은 2주에서 3주 정도만 지속되는데, 사람들은 특정 시기에 병목 또는 급류지점, 폭포 같은 곳에 투창대를 세우거나 고기그물을 쳐 많은 고기를 잡을 수 있다. 덧붙여 해마다 연어떼의 수는 수심과 기온, 퇴적물에 따라 많기도 하고 적기도 하다(Romanoff 1985; Kew 1992; Grier 2006). 따라서 이곳의 식량 자원 역시 늘 풍부하지 않으며 매년 등락하고 시공간적인 제약이 따른다(Ames 1994

의 개괄 참조).

　더구나 충분한 고기를 저장하지 않을 경우 봄은 식량이 부족한 시기일 수 있는데, 이는 서북부 해안에서 드문 일이 아니다. 많은 연어떼가 올라오는 길목에 접근하지 못했던 불행한 사람들은 다른 사람들로부터 식량을 얻으려 한다(아래의 서북부 해안에 대한 논의 참조). 따라서 서북부 해안에서 식량을 얻는 데는 부가적인 비용이 들 뿐만 아니라 저장하는 데도 부가적인 비용이 필요하다(6장의 징발 묵인 참조). 요약하면, 비록 서북부 해안에 식량자원이 풍부하다는 말이 틀린 것은 아니라 하더라도, 이런 단순한 표현은 반드시 특정 시간, 특정 장소에서 특정한 비용과 어떤 실패 확률까지 포괄해서 수정되어야 한다(Suttles 1968; Schnirelman 1994).[10]

　식량 공급은 실제로 불평등 수렵채집민에게 부족한 듯하다. 킬리(Keeley 1988)는 32개의 수렵채집 사회를 분석하여 정주(한 마을에서 다섯 달 이상 머무르는 것으로 정의함), 식량 저장, 인구압은 모두 불평등 조직과 상관관계가 있다고 했다. 킬리는 인구압이 "수렵채집 사회의 복합성에 대한 필요충분한 조건으로 잘 들어맞는다"고 결론을 내렸다(1988: 404). 정주하고 식량을 저장하며 불평등한 사회정치조직을 가진 수렵채집민에게는 높은 인구압이 있다고 한다. 그렇다면 이 인구압이 어떻게 불평등 조직을 만들어낼까?

　비록 이전의 설명들에는 나름의 단점이 있지만, 이 문제의 대답에 필요한 다음과 같은 요인을 파악하는 데 도움을 준다. (1) 수렵채집의 비용과 효과, (2) 집단 형성의 과정, (3) 정주, (4) 인구증가, (5) 노동의 통제, (6) 중요 자원 지점에 대한 방어. 남녀의 수렵채집 활동의 효과, 문화화 과정, 부의 세습, 값비싼 기술의 통제 역시 역할을 한다. 아래에서 불평등의 기원 모델을 개괄한다(그림 9-3). 이 모델은 로버트 카네이로

10　따라서 혹심하고 풍요롭지 않은 환경에 사는 투초니(Tutchone)족 사회의 경우, 사회경제적 불평등에 대한 레그로스(Legros 1985)의 논증은 요점을 벗어난다. 또한 헤이든(Hayden 1981a) 역시 복합 수렵채집민은 자원 신뢰성의 증가, 자원 변동의 감소와 결부되어 있다고 주장하기도 했다. 그렇지만 캐나다 서부 내륙의 릴루엣(Lillooet) 인디언 사회에는 연어 자원에서의 상당한 변이와 굶주림의 시기가 존재한다는 사실을 바탕으로, 이 같은 입장을 바꾸었다(Hayden 1992: 538).

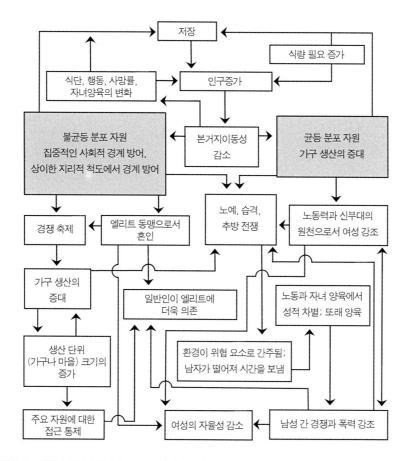

그림 9-3. 자원의 등락이 공간적으로 고르지 않는 곳과 고르게 일어나는 곳에서 불평등이 발달하는 조건을 개괄적으로 나타낸 도표

(Robert Carneiro 1970)가 말한 국가형성의 한정이론(circumscription theory)에서 이미 제기되었으며, 후견-피후견 모델(patron-client model, Smith and Choi 2007)이라 부르는 것에 바탕을 둔다. 논점은 풍부한 자원을 가진 정주 수렵채집 사회가 이동하는 생활양식이 지닌 제약에서 벗어났다기보다는, 어떤 하나를 위해 다른 하나를 트레이드한 결과라는 것이다. 만약 정주 수렵채집민이 식량이나 문화적으로 규정된 위신재를 교역이나 축제, 전쟁을 통해 축적한다면, 이는 단순히 자원의 토대가 그런 축적

을 할 수 있을 만큼 풍부해서가 아니라 장기간 정주의 결과가 그것을 필요로 했기 때문이다(Bishop 1987: 81). 어떤 맥락에서는 자연선택이 평등주의가 아니라 불평등한 행위를 선호한다.

후견-피후견 모델

정주와 인구증가

인구밀도 증가에 따른 본거지 이동성의 감소, 그리고 궁극적으로 정주는 사회정치적 변화를 만들어내는 동력이다. 4장에서 논의한 바와 같이, 정주는 식량자원의 분포와 인구밀도 간 상호작용의 결과이다. 이 과정은 환경에서 자원이 얼마나 군집되어 분포하는지(곧 자원의 "패치성"), 그리고 수렵채집 수익률에 대비한 본거지 이동의 비용에 따라 빠르게 일어날 수 있다. 자원이 국지적으로 분포하고 방어할 수 있으며 이동이 쉽지 않은 곳에서 인구의 증가로 본거지 이동성은 빠르게 감소할 수 있다.

수렵채집민이 많은 식량을 저장할 수 있으며 해양 자원과 같이 빠르게 회복되는 식량자원에 의존하는 곳에서는 인구가 빠르게 늘어나 수용한계에 이를 정도가 될 수 있다(Winterhalder and Goland 1993). 비록 표준적인 생태학 이론에 따르면 수렵채집민 인구는 수용한계에 이르면서 느리게 증가하겠지만, 식단폭모델에 따르면 인구가 늘어난 수렵채집민은 가공비용이 높은 하위의 자원을 (아마도 도토리 침출이나 그물, 배 같은 기술 혁신을 통해서) 이용한다. 결과적으로 수렵채집민은 이전 낮은 인구밀도에서 얻었던 것과 동일한 수렵채집 수익률을 달성하기 위해 더 긴 시간을 일해야 한다(3장 참조). 이런 일은 주로 더 신뢰할 수 있는 하위의 식량자원을 획득하는 여성의 몫이 된다. 더 많이 일함으로써 수유 역시 줄어들겠지만(e.g., Hirasawa 2005), 수렵채집 활동에 들이는 시간을 식량 가공에 쏟는 시간과 바꿈으로써 외부 활동도 감소시킨다. 동시에 저장 식량을 이용함으로써 장기간 에너지 균형도 추구할 수 있다. 이런 모든 것은 한꺼번에 여성의 에너지 유동을 감소시키고 생식력을 높이는 역할을 한다.

인구의 다른 측면을 보자. 정주와 저장은 어린이 사망률을 감소시키기도 하며 정주 공동체에서 노동에 대한 필요를 늘이고 또래양육을 통해 육아의 비용을 감소시키며(e.g., Hirasawa 2005) 출산터울 조절을 위한 유아살해의 빈도도 낮추어 준다. 이처럼 인구의 크기, 식량 저장, 본거지 이동성의 감소는 자기강화의 순환 안에 서로 연결되어 있다.

정주 수렵채집민은 어디에 사는가? 지리적 경관 면에서 가장 좋은 곳, 곧 가장 높은 자원 수익률을 가져다주고 가장 믿을 만한 식량자원이 있으며 자원획득 장소를 방어할 수 있고 가장 살 만한 물리적 공간을 먼저 점유한다. 인구가 증가하면 처음 서식한 곳의 상태가 점점 나빠지고, 몇몇 개인은 더 낮은 질의 서식 환경—낮은 자원 수익률과 신뢰도 낮은 식량자원, 방어하기 어려운 식량 획득 장소, 불안정한 서식 공간—으로 이동한다. 생태학에서는 이 과정을 이상자유분포(ideal-free distribution)라고 한다(Boone 1992; Kennett 2005). 그림 9-4에서는 초기 개인당 총수익률이 서로 다른 서식지 세 개(A, B, C)를 비교하고 있다. 각 서식지에서 인구밀도가 증가하면 개인당 수익률은 감소한다. 더 좋은 서식지 A의 수익률이 감소해 서식지 B의 최대치에 이르면(점 a), 서식지 A에 남는 것보다 떠나서 더 잘살 수 있는 서식지 B로 이동하는 사람도 있을 것이다(이는 7장에서 어느 정도 논의하였던 집단 크기의 주장과는 반대의 과정이다). 동일 과정이 반복되어 서식지 B에 충분한 사람들이 이동하여 이제 개인당 총수익률이 서식지 C의 최대점(점 b)까지 떨어진다. 의자 먼저 앉기 게임과 같이 어떤 사람들이 먼저 정주하고 나머지는 가능한 점유 장소에서 배제되면서 환경은 실제로 더 패치화하고, 따라서 남아 있는 이동 집단의 정주화를 가속시킨다(Rosenberg 1998). 이 의자 앉기 게임에서 어떤 의자는 다른 것보다 더 좋기도 하다. 이런 과정과 잘 들어맞는 고고학 사례가 적어도 하나는 있다(Kennett et al. 2009).

식량 저장

이동성의 감소와 식량 저장의 증가에는 부가적인 효과가 있다. 저장 경제가 작동하기 위해서는 반드시 상위의 수익률을 가진 충분한 양의 자원이 연중 적절한 시

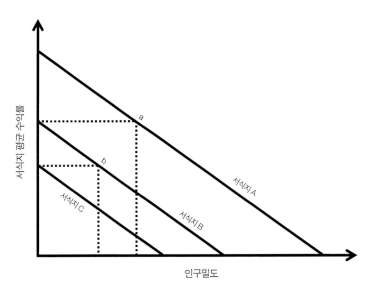

그림 9-4. 이상자유분포. 제시된 세 개 서식지(A, B, C)는 초기 개인당 수익률이 서로 다르다. 점유자의 수가 늘어나면 자원고갈과 식단폭의 팽창에 따라 각 수익률은 줄어든다(3장). 가장 좋은 서식지 A의 수익률이 서식지 B의 최대값(점 a)까지 떨어지면, A를 버리고 아무도 살지 않는 B로 옮기는 사람이 있다. 마찬가지로 서식지 B에 사람들이 많아져 개인당 수익률이 점 b까지 떨어지면 서식지 C로 이동하는 사람들이 생긴다.

간에 일정하게 이용 가능해야 한다. 그러나 어떤 지점도 완벽하게 안정적이라고 할 수는 없으며, 가뭄이나 곤충 피해, 봄 홍수, 이른 서리로 인한 냉해나 혹심한 겨울은 늘 있다. 이런 자원 변동에 대한 반응의 하나는 다른 곳으로 떠나는 것이다. 하지만 인구가 증가한 상태라면, 이동하는 것은 "어떤 이를 의자에서 밀어내는 일"이 된다. 이처럼 이동성이란 선택은 (밀려나는 사람뿐만 아니라 밀어내는 사람들에게도) 비용이 많이 드는 요소이다. 그러므로 서식할 수 있는 모든 패치가 점유되는 시점에 이르면 집단이 한정되면서(Hamilton *et al.* 2007b), 경계방어나 전쟁에 시간을 쏟는 일도 벌어질 수 있다. 왜냐하면 그로부터 얻는 잠재적인 혜택(가지고 있는 것을 지키는 것)이 잠재적 비용(수렵채집이나 다른 활동에 들이는 시간의 손실)보다 가치 있기 때문이다.[11]

---

11   하지만 켈리(R. C. Kelly 2000)는 이농성과 전쟁 사이에 아무런 관계도 없다고 한다. 다만 통계적으로 분석

이 같은 정주와 자원 부족 사이의 관계는 권역의 척도에서 저장 경제를 고찰할 때 아주 중요하다. 우리는 6장에서 수렵채집민 사이의 수익률에 비상관 변수가 없는 한, 그리고 비축자에 대한 보복이 가능하지 않는 한, 공유가 아니라 비축 전략이 자리 잡을 것임을 예측하였다. 만약 어떤 수렵 집단이 권역 안의 다른 자원에 비해 매년 등락이 별로 없는 생산적인 자원이 있는 곳에 자리잡았다면, 다른 사람들과 공유하여 얻는 이득은—도움을 기대할 수 없기 때문에—없을 것이다. 행운을 잡은 수렵채집민은 자신들의 식량을 가능하면 최대한 지키려 하고, 더 좋지 않은 조건에 자리잡은 수렵민은 가끔(아마도 흉년에) 그 식량을 얻고자 할 것이다. 그저 비축의 관습 자체가 아니라 권역의 맥락에서 보았을 때, 저장은 충돌의 씨앗을 지니고 있다고 할 수 있다. 저장 자원이 방어성이 아주 높다면(다시 말해 강의 길목과도 같이 특정 장소에 집중되어 있다면), 우리는 불평등사회의 발달 초기(곧 고고학에서 다루는 시기)에 전쟁이 있었음을 예상할 수도 있다.

식량자원을 연중 짧은 어느 시기에만 대량으로 획득할 수 있다면, 저장은 또 다른 문제를 일으킬 수 있다. 이는 회유성 어류나 이동하는 동물 같은 식량의 사례에 해당한다. 문제는 대량으로 식량을 획득하려면 상당한 노동력이 필요할 수 있다는 점이다. 가령 어살을 만들고 사용하려면 작살과 그물질을 빠르게 해야 하기 때문에 노동력을 조직해야 한다. 특히 고래와 같은 바다 포유동물 사냥은 사냥꾼 십여 명이 배를 타고 나가야 하는 노력이 필요하다(물론 누군가는 보트를 만들어야 한다). 마찬가지로 들소떼 사냥 역시 많은 사람의 노역이 필요하다. 저장 경제가 작동하기 위해서는 누군가 수렵채집민의 일을 조직하고 통제해야 할 수 있다. 가령 헤이든은 서북부 해안의 한정 요인이 "연어가 아니라 연어를 획득하고 가공하여 건조하고 저장하는 데 필요

되지 않았고, 수렵민은 경쟁 축제 말고도 문제를 풀 길을 찾는다. 따라서 이동성과 전쟁 사이에 단순 관계가 없을 수 있다. 덧붙여 켈리 자료에는 내부 및 외부 전쟁이 포함되어 있다. 외부 전쟁은 흔히 유럽과 교역을 확보하기 위한 것으로, 외부 세계와의 접촉으로 이전보다 더 전쟁의 형태를 띠게 되었을 가능성이 있다. 아파치족과 몇몇 대평원 집단(가령 코만치족)은 분명 유럽 정착민에게 영역적인 압력을 받았으며 유럽인과의 교역을 두고 서로 싸웠다. 이 밖에도 전쟁은 자연 재앙과 연결되어 있다는 엠버와 엠버(Ember and Ember 1992)의 관찰도 참고할 만하다.

한 노동력"이라고 주장한다(Hayden 1994: 234). 여기에 바로 노예의 비용을 지불하여—다른 마을을 습격하여 스스로 목숨을 잃을 위험부담—효과를 볼 시점이 온다(내가 노예 문제의 도덕성을 무시하는 것은 아니다. 그저 진화적인 시각에서 어떤 행위의 비용과 효과에 집중하자는 말이다). 이때가 바로 남자들이 아들 또는 처남들의 노동력을 통제하고자 하는 때이다.

마지막으로, 식량의 부가적인 증분—초과분은 즉각 저장 경제에 필요하다—이 지닌 가치를 다시 고려해 보자. 수렵채집민은 다가올 흉작기를 위해 식량을 저장하지만, 얼마나 크게 흉작이 될지를 예측하기는 어렵다. 가령 혹심한 겨울이 와서 사냥이 어려울 수도 있고, 저장된 식량이 소모되는 속도도 빨라질 수 있으며, 봄이 오기 전 식량 공급이 고갈될 수도 있다. 그러므로 필요한 것보다 더 많은 식량을 획득하는 것이 수렵민에게는 이득이며, 필요한 양을 넘어서는 증분은 헤이든이 말하듯이 경쟁 축제에 투입될 수 있으나, 부가적인 증분은 만일의 사태에 대비하는 것이 된다(이것이 엠버와 엠버(Ember and Ember 1992)가 전쟁과 예상되는 자연 재앙 사이에 상응관계가 있다고 한 이유이다). 저장이 필요한 곳에서 최소한으로 필요한 것을 넘어서는 부가적 증분의 식량은 선택적 이점을 준다. 커다란 엘크를 저녁 식사에 가져오는 수렵민과는 달리, 저장된 식량의 유용성에는 (먹을 수만 있다면) 징발 묵인으로 인한 감소같은 것은 없다.

집단의 형성과 지도자

이 같은 논의는 불평등의 과정이 노동력을 조직하는 지도자의 능력에 따른 것임을 시사한다. 아놀드(Jeane Arnold: 1996a: 78)는 "비친족 노동력을 지속적 또는 요구에 부응하여 통제할 필요"를 불평등 사회의 본질적 요소라고 보았다. 이런 일이 어떻게 벌어질까?

한 가지 방식은 수렵민이 자율성의 일부를 지도자에게 넘김으로써 얻는 혜택에 주목하는 것이다. 협동 집단의 한 가지 문제는 아무런 기여도 하지 않고서 집단의 노력에서 얻기만 하는 무임승차자가 있다는 점이다. 그런 집단에서 일하는 사람은 누구나 이에 불만을 품을 수 있다. 후퍼 등(Hooper *et al.* 2010)과 스미스와 최정규(Smith and Choi 2007)는 척도의 경제에서 집단 크기가 클수록 개인당 수익률이 커질 때 지도자가 등장할 수 있음을 보여 준다(전문화의 혜택에 대해서는 Henrich and Boyd 2008 참조). 사례는 이누이트의 고래 사냥꾼이나 북아메리카 서북부 해안에서 볼 수 있다. 사냥꾼 단독으로 개인용 카약을 타고 고래를 잡는 일은 아주 힘들다. 그래서 사냥꾼은 커다란 우미악이나 항해용 카누에 선원이 8에서 12명 정도가 탔을 때 자신의 수익률이 증가함을 안다(Alvard and Nolin 2002). 이런 상황에서 왜 지도자가 필요한가?

수익의 몫을 위해 지도자는 각 고래 사냥꾼이 자기 몫의 노동을 하게 하고 중복과 비효율을 피하여 작업을 조직해야 한다. 또한 지도자는 구성원이나 다른 사람의 행위를 감시하는 "집행자" 역할을 함으로써 비용을 최대한 절감할 것을 주문한다.[12] 따라서 지도자는 협동 집단이 클수록 더욱 중요하다. 그 이유는 지도자가 (1) 아무도 감시하지 않을 경우 끼어들 수 있는 무임승차자를 몰아내는 역할(비용)을 담당하며, (2) 집단이 커서 생기는 잠재적인 비효율성을 줄여 주기 때문이다(그리고 전쟁의 경우 특히 중요하다). 지도자의 역할은 단독 수렵과 집단의 일원으로 참여하는 것 사이의 차이가 클수록, 그리고 최적 집단 크기가 커질수록 중요해진다(Hamilton 2000). 이 과정은 생활의 다른 영역에서 크지는 않지만 어느 정도 입지를 가지고 있는 지도자의 사례〔가령 오웬스밸리 파이우트족의 마을 촌장과 같이(Eerkens 2009)〕와 부합한다.

자원획득 장소가 방어 가능한 경우에도 지도자가 등장할 수 있다. 가령 폭풍우를 피할 수 있는 해변이나 연어를 잡을 수 있는 좋은 어살 장소를 어떤 수렵 집단이 통제한다고 생각해 보자. 이 경우 지도자는 자원에 대한 접근을 통제하여 무임승차자를 배제하고 노동을 조직함으로써 집단 구성원의 결속을 높일 수 있다. 열심히 일하

---

12 일차, 이차 무임승차자 문제가 있다. 일차 무임승차자란 다른 사람의 노동에서 이익을 취하는 게으름뱅이를 말하며, 이차 무임승차자란 다른 사람에게 게으름뱅이를 처벌하는 비용을 지우는 구성원을 일컫는다. 말로(Marlowe 2009)에 따르면, 핫자족은 무임승차자에게 (협력하지 않음으로써) 벌을 주지만, 다른 사람의 노동에 무임승차하는 사람들을 벌주지는 않는다. 말로는 그런 벌을 주는 것은 개인으로서는 어려운 일이며, 공동으로 지지하는 특별한 노동(가령 경찰)이 필요한 일이라고 한다.

는 집단 구성원에게는 노력의 결과가 게으름뱅이에게 돌아가지 않기 때문에 이익이며, 인색함의 사회적 비용을 지불하지 않아도 된다(Smith and Choi 2007; Hooper *et al.* 2010). 그렇다면 규모의 경제를 생각할 때 수렵채집민의 입장에서는 지도자에게 자율권 일부를 내놓는 것이 이익이다.

이로써 지도자가 왜 등장하는지를 설명할 수는 있겠지만, 사실 불평등을 설명하지는 못한다. 가령 지도자는 고래나 연어 고기에서 더 큰 몫을 받을 수도 있다. 집단의 지도자는 평등 사회에서도 흔하지만—가령 쇼쇼니족이 말하는 "토끼 두목"—, 그저 임시적이며 특정한 작업에 재능을 발휘했기 때문에 합당한 대가를 받는다. 평등 사회에서 지도력은 생활의 많은 영역에까지 미치지 못하며 영속되지도 않는다. 하지만 위에 논의한 집단 형성의 과정은 지도자 등장 과정이 불평등으로 이어질 수도 있음을 시사한다.

7장에서 우리는 구성원이 집단 크기가 N이라고 할 때, 자신이 집단에 들어가 크기가 N+1이 되는 집단에서 수렵채집하는 수익률이 단독으로 활동하는 수익률보다 높기만 하다면 집단에 참여한다고 하였다(그림 7-3 참조). 마찬가지로 어떤 집단의 기존 구성원은 개인당 수익률이 감소하지만 않는다면 다른 사람을 기꺼이 받아들인다. 사실 기존 구성원은 다른 사람의 참여가 모든 이에게 이익이 되기 때문에 참여하기를 권한다. 이것이 바로 우리가 "일손이 많으면 일이 가벼워진다"고 말하는 단계에 이른 것이다.

하지만 이 시점에서 집단의 크기는 최대에 이를 수 있고, 추가적인 구성원은 이제 개인당 수익을 낮추게 되기에 이른다. 이때가 되면 기존 구성원은 다른 사람을 배제하려 할 것이다. 이제 "사공이 많으면 배가 산으로 올라간다"의 단계이다. 그러나 인구압이 높고, 개인이나 집단이 할 수 있는 수렵채집 공간이 없으며, 개인은 이미 최적의 크기에 도달한 집단에 참여할 수밖에 없는 상황이라면 어떻게 하겠는가?

이런 상황에서 집단 구성원과 새로 들어온 사람 간에 이익 충돌이 발생한다. 그리고 신입 구성원이 다른 선택 사항이 없어 어쩔 수 없이 집단에 들어와야 한다면, 집단 구성원이 되는 비용이 높아도 여전히 가치 있는 일일 수 있다. 그 사람의 개인당 수익이 단독으로 활동하는 것보다 높기만 하다면 말이다. 집단의 현재 구성원은 다른 구성원을 받아들이는 데 드는 비용(그리고 개인당 수익이 낮아지는 것)과 받아들이지 않는 데 드는 비용(신체적인 보복까지도 포함하여) 사이에서 선택해야 한다.

제임스 분(James Boone 1992, 2000)은 이런 상황에서 벌어질 수 있는 과정을 모델화한다. 모델은 아마도 스칼라 스트레스의 해결 및 조직의 필요를 위해 집단 지도자 한 사람이 있음을 가정한다.[13] 또한 지도자는 집단 내부의 혜택을 재분배하여 자신의 몫을 가져가는 선택을 할 수밖에 없으며, 집단의 다른 구성원은 불평등한 분배를 받아들이거나 아니면 떠나는 수밖에 없음도 가정한다. 분에 따르면, 개인당 평균 유용성 곡선의 생김새와 집단 지도자의 유용성 곡선은 그림 7-3과 비슷하지만, 개인당 평균 유용성 곡선보다는 지도자의 유용성 곡선에서 집단 크기가 조금 더 클 것이라고 예측된다. 지도자를 위한 최적 집단 크기는 지도자 없는 집단보다 조금 큰데, 집단의 지도자가 중요한 자원을 경제적으로 방어할 수 있음을 가정하고 있다. 집단 지도자에게는 다른 구성원이 최대의 혜택을 보지 못할 때에도 구성원을 집단에 소속시키는 것이 유리하다. 이 장을 시작하며 제시한 콰콰카와쿠 연설가는 담요를 내어놓을 사람이 네댓 명이나 있다는 사실을 자랑스러워했다. 또한 이전 장에서 개괄한 치페와이언족 사냥 단위를 상기할 때, 어떤 사냥 단위의 지도자는, 이동 시간이 늘고 기존 구성원의 수익 감소가 있더라도, 될 수 있는 한 큰 단위를 만들고자 한다.

지도자는 이런 행동을 기존 집단 구성원에게 어떻게든 인정받아야 한다. 그리하여 누군가 집단에 참여하는 것을 허락할 수 있지만, 구성원에게 두 번째 위계의 지위를 줄 수도 있으며, 자율성의 일부, 가령 어디에서 누구와 함께 수렵 활동을 하여 얼마나 많은 식량자원을 가질 수 있는지에 대한 선택권을 내어놓도록 강요할 수도 있다. 이런 일이 일어날 때, 불평등사회가 형성된다. 그리고 이런 일은 인구압이 높은 경우, 그리고 자원에 대한 접근이 제한된 수의 사람들에 의해 통제될 수 있는 경우에 일어난다.

---

13 스칼라란 방향은 없고 크기만 있는 물리량을 뜻한다(옮긴이). 여기에서 개괄한 진화이론의 시각이 마르크스주의 시각과 크게 다르지 않음도 지적하고 싶다. 하지만 마르크스주의 시각과는 달리 진화이론의 시각에서는 집약과 경쟁, 착취, 불평등, 이데올로기가 발생하는 조건이 더 분명하다.

공유

6장에서 이동 수렵채집 사회는 다른 권역에 들어갈 때 사회적 접근을 통해 그곳의 자원을 이용할 권리를 가진 집단에게 허락을 얻는다고 했다. 이런 사회적 접근은 다른 집단을 들어오게 했을 때 발생하는 비용과 효과에 달려 있다. 들어오는 집단은 자원의 일부를 취하겠지만, 기존 집단은 들어오는 집단이 화답할 것임을 알고 있다. 이처럼 다른 집단이 들어오도록 용인하는 일은 구성원들이 미래에 방문 집단의 자원을 필요로 하는지의 여부, 그리고 접근을 막았을 때 일어날 수 있는 폭력의 가능성, 공유할 수 있는 식량자원의 양 같은 것에 달려 있다.

이동하는 집단보다 식량을 저장하는 정주 집단은 자원 방어와 권리의 정도가 더 강해, 다른 집단의 자원에 자신들의 권리를 주장하고 자기 집단의 자원은 다른 집단에게 허용하지 않으려 한다. 풍부하고 믿을 만한 자원을 가진 좋은 곳에 자리잡은 집단은 그렇지 못한 곳의 사람들의 좌절감을 누그러뜨려 전쟁 같은 충돌의 가능성을 낮추려 한다. 좋지 않은 곳에 자리잡은 집단은 좋은 지역의 자원을 최소 비용으로 얻으려 하며, 경우에 따라 위신 제공의 비용은 필요 자원을 얻는 혜택을 생각할 때 감수할 만한 일일 수 있다.

만약 자원이 아주 국지적으로 분포한 상황에서 (인구패킹의 효과 때문에) 인구압도 높다면, 어떤 다른 집단에게도 사회적 문호를 개방하려 하지 않을 것이다. 이런 조건에서 집단은 다른 집단의 자원에 접근하고자 할 수 있지만, 거꾸로 다른 집단을 자신들의 식량 저장소에 들어오게 할 위험도 가지고 있다.

그리하여 본거지 이동성이 감소하면서 또 다른 성격의 사회적 경계 방어가 나올 수 있다는 패러독스가 생긴다. 이동하는 수렵채집 사회에서 개인은 교역이나 공유, 친족, 혼인 등을 통해 다른 사람과 관계를 유지하며 사회네트워크와 연결된다. 내 생각에 정주사회에서는 한 명이나 적은 사람들만이 다른 집단과 연결을 맺고, 다른 구성원들은 이 사람들을 통해 간접적인 연결만을 갖는 것으로 보인다. 이처럼 몇몇 개인이 문지기가 되는데, 바로 이 사실 속에 조작과 은폐의 가능성이 있다.

전쟁

이미 저장은 잠재적으로 전쟁이나 습격의 위험성을 내포하고 있다고 하였다. 저장고가 비었고 이웃이 도와주지 않는다면, 할 수 있는 선택은 이웃의 저장고를 무력으로 차지하는 일이기 때문이다. 그러나 전쟁은 집단 구성원 자격의 측면에서 또 다른 문제를 일으킨다. 만약 급습이나 방어에 불충분한 수의 사람이 참여한다면 집단 전체가 고생할 수 있다. 따라서 이 경우 기존 구성원으로서는 다른 사람들을 집단에 참여시키고자 하는 강한 동력을 가진다. 전쟁이 빈번한 곳에서는 본거지 집단이나 협력 공동체의 크기가 식량자원 풍부도만으로 기대할 수 있는 것보다 큰 경우가 흔하다(Alexander 1987; Roscoe 2009). 거꾸로 전쟁의 대가는 혹심하여 부상이나 죽음을 불러온다. 충분히 큰 집단이라면 전쟁에 직접 참여하는 사람은 전체 인구에서 낮은 비율일 터이며, 많은 사람들이 직접적인 비용을 피해 다른 사람들의 행동에 묻어 갈 수 있다. 이로써 그 집단에 더 많은 개인이 참여하기를 원할 수 있는데, 이는 자원의 방어로 얻을 수 있는 혜택을 여전히 누리면서도 전쟁의 비용을 서로 나누든지 피할 수 있기 때문이다.

값비싼 과시

이미 최적의 크기에 이른 집단에 새로운 구성원이 참여하면, 누구에게나 개인당 수익은 떨어진다. 이 문제에 대한 대답 중 하나는 그 사람들을 개인이나 가족의 서열을 정하는 위신 행위에 참여시키는 것이다(Roscoe 2009). 이런 행동은 값비싼 신호 또는 값비싼 과시(costly displays)이며, 보통 축제나 예술적 기교, 공공 작업에서 폴로스코(Paul Roscoe 2009: 95)가 말하는 "현저한(conspicuous) 분배, 현저한 실행, 현저한 건축"의 형태로 나타난다. 이런 활동은 많은 인구의 강점과 그 강점을 결집시키는 지도자의 능력을 전달하기 위한 것이다. 이 과정에서 교역의 재화도 역할을 한다. 부시맨 사회에서 흑사로(hxaro)라 불리는 원거리 무역의 재화는 즉자적인 집단을 넘어서는 사회적 연결을 나타내는 증거이다. 그러나 불평등 사회의 맥락에서 공들여 만든 비기능적인 재화나 비전(秘傳) 지식, 그리고 춤이나 노래 같은 무형의 재화는 엘리트가 다른 엘리트와 연결되어 있음과 입지가 도전받을 때 동원할 수 있는 힘을 표현하여 전달하는 역할을 한다.

이런 활동은 정보의 측면에서 하는 의사소통이지만, 예술과 감정적인 측면에서도 벌어진다. 사회적으로는 "충격과 공포"의 전술로, 집단의 구성원과 잠재적인 경쟁자에게 보내는 메시지이다(Roscoe 2009). 이로써 어떤 개인이 지닌 사회 권력의 정보를 전달하는데, 이 정보는 서열, 특히 전쟁이 흔한 경우 줄을 서는 데 아주 유용하다(Boone 2000). 북아메리카 서북부 해안의 추장이 포틀래치 축제를 열면서, 손님과 자신의 주민들에게 "나는 이처럼 강하며 많은 사람들이 나를 떠받들고 있고 내가 동원할 수 있는 노동력이 이렇게 많기 때문에, 나를 넘어서려는 것은 바보 같은 짓이다"고 말하는 것과 같다. 마찬가지로 어떤 손님이 축제에 참여하기를 거부한다면, 주민에게 자신의 권력을 보여 주고자 했던 지도자로서는 반드시 보복해야 할 치욕으로 느낄 수 있다(추마시 사회에서 그런 사건에 대해서는 Gamble 2008: 258 참조). 이런 축제와 공공 작업은 추가적인 집단 구성원이 기존의 구성원이 가진 것과 동일한 권리를 부여받지 못할 때 발생하는 필연적인 이익 충돌을 해결하는 데 도움이 된다(Roscoe 2009).

이 점에서 마르크스주의 시각은 중요한 시사점을 준다. 불평등 사회에서 지도력은 왜 집단의 몇 사람이 다른 사람들보다 더 많은 것을 가지는지, 왜 그 사람들이 더 큰 집에 살면서 많은 식량을 저장하고 노동력을 통솔하는지 ─ 그리고 왜 다른 사람들은 엘리트의 전술을 취할 수가 없는지 ─ 를 설명해야 한다. 이런 설명은 언제나 변함없이 (가령 나의 선조가 이 마을을 세웠으니 당신이 이곳에 사는 것은 내 가족의 선의 때문이라는 식) 이데올로기의 문제이다. 축제와 같은 값비싼 과시를 통해 이런 주장이 "진솔함"을 눈앞에서 보여 준다. 그리고 전쟁은 아마도 가능한 과시 가운데 가장 최종적이면서도 가장 값비싼 것이다.

후견-피후견 관계
우리는 불평등 사회에서 지도자가 중요한 자원획득 지점에 들어가지 못하게 하든지, 아니면 필요한 기술[가령 추마시족의 토몰(tomol)이라 불리는 큰 널빤지로 만든 카누(Arnold 2007, 2009)]을 조절함으로써 자원에 대한 접근을 통제한다고 하였다. 그렇게 하여 다른 사람의 노동력을 교환할 수 있으며, 이런 식으로 노동력을 통제한다. 8장에서 콜리어가 지적한 바와 같이, 이 노동력은 다시 위신 활동을 수행하는데, 곧 엘리트가 왜 권력을 가지고 있으며 이데올로기의 신화를 영속시키는지를 나타내는 데 쓰일 수 있다.

이는 마치 징발 묵인과 유사한 과정으로 이루어지는데, 부의 추가적인 증분은 전체 부의 증가에 비해 가치가 떨어진다고 할 수 있다(Boone 1992: 321 참조). 그림 9-5는 자원의 유용성과 그 자원의 양 사이의 관계를 보여 준다. 적은 양(x축에서 A의 왼쪽)을 가진 사람에게 유용성은 자원 단위의 수가 증가함에 비례하여 증가한다. 이보다 더 많은 부를 가진(x축의 A와 B 사이) 사람에게 유용성은 자원의 양과 비례하여 더 빠르게 증가하며, 이 사람들은 추가적 증분을 얻기 위해 더 열띠게 경쟁한다(아마도 더 적게 가진 사람들의 자원을 취할 터인데, 이들에게 추가적 증분은 그렇게 가치 있는 것이 아니다). 가장 많은 부를 가지고 있고 자원획득 지점을 통제하고 있는(x축에서 B의 오른쪽) 개인에게 각각의 추가적인 단위는 유용성의 측면에서 별로 가치가 있는 것은 아니어서, 이것을 더 쉽게, 아마도 경쟁 축제나 다른 값비싼 과시를 통해 내어놓을 것이다. 높은 수준의 부에서 관대함의 사회적 혜택은 자원 그 자체보다 더 가치 있다.[14]

곡선의 중간 부분에 있는 개인들은 지위가 상향될 가능성이 있기 때문에 자원을 놓고 열띤 경쟁을 하며, 바닥에 가까이 있는 사람들은 그렇게 다투지 않는다. 가장 위에 있는 사람들은 늘 바로 밑에 있는 사람들이 무너뜨릴 수 있는 위험에 처해 있다. 그러나 지도자는 곡선의 아래에 있는 사람들을 징발하고 자원을 분배함으로써 이런 문제를 막는다. 가장 바닥에 있는 사람들은, 실제 취할 수 있는 선택이란 다른 집단으로 가는 것(이는 사실 상황이 더 나아지리란 법이 없기에 이동이 가능하지 않을 수 있다)뿐

---

14   이를 더 단순하게 말하기 위해 현금경제에서 자선 행위를 생각해보자. 빌 게이츠에게 만 달러는 작은 돈이기 때문에 쉽게 기부하고 그만한 위신을 얻을 수 있다. 하지만 가령 평균적인 대학교수에게 만 달러는 상당히 큰 금액이라 아마 내놓기 힘들 것이다.

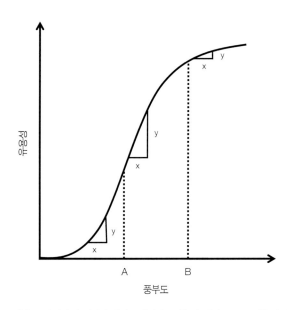

그림 9-5. 자원의 유용성과 그 자원의 양 사이의 관계를 나타내는 가능한 변화 도표. A 왼쪽에 있는 개인은 가난하고 B 오른쪽에 있는 사람들은 부유하다. 추가적인 자원의 양(x)는 상이한 수준의 개인에게 서로 다른 유용성을 가진다. Boone 1992를 바탕으로 다시 그림. E. Smith and B. Winterhalder(편), *Evolutionary Ecology and Human Behavior*(New York : Aldine de Gruyter), 1992.

이기 때문에, 사회 운동의 가능성이 별로 없으며, 지도자에게 봉사하여 하사품을 받으며 살아간다.[15] 만약 지도자가 자원을 통제할 수 없거나 (현 집단의 크기에 비하여) 불만을 가진 구성원들을 포용할 만큼 자원이 풍족하지 않다면, 그리고 받아줄 다른 집단이 있다면, 집단 구성원은 떠날 수도 있다. 6장에서 논의한 치페와이언족의 사냥 단위의 사례를 생각해 보자. 여기에서 지도자는 자원에 대한 접근을 완전하게 통제하지 못하며, 수렵민은 언제나 단독으로 사냥할 수도, 다른 집단에 들어갈 수도 있으며, 집단 크기의 증가는 각 개인의 수렵 수익률의 감소를 불러온다. 집단 크기가 임계점에 이른 뒤에도 여전히 개인은 이동할 수 있는 선택을 가지고 있기 때문에 사냥 집단은

---

15 이는 모두 니콜로 마키아벨리의 《군주론》(1532)에서는 뻔뻔스런 솔직함으로 설명된다.

흩어진다.

지금까지 우리는 지도자와 다른 집단 구성원 사이의 관계를 고찰하였다. 집단 간 관계를 이해하기 위해서는 공간적인 자원의 불균등한 분포라는 변수가 어떻게 사회관계에 영향을 미치는지를 고려해야 할 필요가 있다. 아래에서 윈터할더의 공유 모델(6장 참조)을 따라 후견-피후견 관계에 영향을 미치는 두 가지 가설적인 상황을 살펴보자. 하나는 식량자원이 시간의 흐름에 따라 균등하지 않은 경우이고, 다른 하나는 균등한 경우이다(그림 9-3 참조).

불균등 분포 자원

불평등사회는 높은 인구압의 조건에서 집단들이 각각의 자원획득 지점을 방어할 수 있는 곳에서 형성될 수 있다. 권역별 인구 집중은 기근이 올 경우 혹심한 병목 현상을 유발하기도 한다. 자원이 불균등하게 분포되어 있는 경우—어떤 서식지가 다른 서식지에 비해 월등히 좋은 조건일 때—좋지 않은 서식지에 사는 사람들은 주기적으로 좋은 서식지에 접근하려 한다. 적응도를 떨어뜨리는 값비싼 과시가 실제로 장기적으로는 적응도를 높일 수 있게 되는 것은 바로 이런 인구적 병목의 시기이다. 과시 행위를 통해 가장 좋은 자원획득 지점에 대한 접근을 통제할 수 있다면 말이다(Boone 2000). 과시 행위의 유용성은 굶주림의 시기가 빈번하고 혹심할수록 커지고, 과시 행위의 빈번함과 격렬함은 인구가 증가하면서 더 커질 수 있다.

6장에서 위험부담을 경감하는 한 가지 길은 교역을 통해 사회적 동맹을 맺음으로써 좋지 않은 시기에 도움을 받는 것이라고 했다. 이는 (1) 네트워크에 참여하는 사람들의 생계적 토대가 똑같은 식량자원에 의존하고 있지 않아서 한 집단의 상황이 어려운 반면 이웃 집단의 상황은 좋을 경우, (2) 한 집단이 이웃을 포용하는 경우, (3) 미래에 상황이 뒤바뀔 수 있는 경우에만 그러하다. 자원의 변이가 고르지 않을 때 사회관계는 위험부담 경감 전략에 따라 유용해지며, 사회적 경계의 유지와 협상의 상징적인 지시자로서 재화와 식량의 교역을 볼 수 있다.

그러나 인구가 증가하면 방문자 허용의 비용도 증가한다.[16] 인구압이 높은 호스트 집단은 많은 사람을 수용할 수 없으며, (혼인이나 다른 사회적 관습을 통한) 구성원 자격의 비용 또한 증가한다. 그림 9-5를 보면, 확립된 지도자는 자원을 이용하여(가령 축제, 염주구슬이나 구리도끼, 직물과 토기같이 공들여 만든 교역품을 통해서) 다른 집단과 연대를 도모할 수 있다. 집단의 다른 구성원은 지도자의 힘에 힘입어 다른 사회적 연결망으로부터 재화의 일부를 받을 수도 있다. 그리하여 위신 경쟁에서도 지도자의 이익에 봉사하려 한다. 요약하면, 불평등과 "값비싼 신호"는 자원의 풍부성이 시간의 흐름에 따라 변화할 때 더 증가한다.

후견인은 식량의 안정성과 같은 측면에서 가장 요구가 적은 피후견인을 두고 서로 경쟁하며, 피후견인은 가장 높은 식량의 안정성을 주거나 경쟁 집단의 약탈로부터 보호해줄 수 있는 힘이 가장 큰 후견인을 위해 경쟁하며 봉사한다. 각자가 장기간 얼마나 제공할 것인지는 직접적으로 또는 즉자적으로 알 수 없기 때문에, 바로 이런 맥락에서 뒷받침하고 있는 능력을 보여 주는 진솔한 신호가 등장하리라고 기대할 수 있다(Boone 2000: 99).

다른 집단에 대한 사회적 접근을 획득한 사람들은 매개자가 되어 한 집단의 몇몇 또는 모든 구성원이 다른 집단의 자원에 접근할 수 있게 해준다. 이 사람들이 중개자가 되어 사회망의 중요한 교차로를 통제하는 것이다(Rodman and Counts 1983). 이 사람들은 언제나 권위와 권력을 유지하면서도 관대하고 이타적인 이미지를 관리해야 하는 외줄타기를 해야 한다. 한편으로 자신의 집단에게는 다른 집단의 자원에 접근할 수 있음을 보여 주어야 하며, 다른 한편으로 다른 집단에게는 자신의 집단을 통

---

16 인구밀도와는 독립적인 자원 변동의 강도 역시 이 관계에 영향을 미칠 수 있다. 더구나 사회관계가 있는 단체의 수 역시 부분적으로 자원의 지역 집중현상 때문인데, 자원이 지역적으로 집중될수록 그것을 원하는 집단의 수도 커진다.

제함으로써 보유 자원에 대한 접근을 보증할 수 있어야 한다. 지도자는 공들인 축제를 벌여 다른 사람들이 자신의 권력을 입증하도록 하면서도 그들에게는 관대하게 행동해야만 한다. 이것이 불평등 사회에서 지도자가 왜 관대함을 자랑하는지에 대한 이유이다. 이는 가령 주호안시족 같은 집단에서는 상상도 할 수 없는 일이다(Ingold 1983).

후견-피후견 관계에서 후견인은 반드시 자신의 권력을 현시해야 한다. 이 때문에 축제와 같은 위신 활동을 갈수록 지향해 사회위계가 점점 자리를 잡아간다(Hayden 1990). 지도자는 표면상 위신을 얻기 위해 그런 일을 하지만, 결과적으로 낮은 서열의 사람들을 묶어 두고 그 노동력을 통제하게 된다.

어떤 집단에서 한 명 또는 소수가 평등의 이미지를 조성하면서도 실제 권위의 입지를 관리하는 것이 자신들의 안녕에 필수적임을 인정하고 받아들인 다음에는, 집단 구성원 대부분과는 다른 목적을 추구한다. 결과적으로 이제는 평등 수렵채집 사회의 특징이라고 할 수 있는 합의를 바탕으로 의사결정이 이루어질 수는 없다. 합의에 기반한 정치는 "게임의 규칙에 대해 일반적인 의견일치가 있는 경우에만 의사결정의 방식으로 작동할 수 있다"(Silberbauer 1982: 32). 한 개인이 다른 집단으로의 접근이나 자원을 통제하는 순간 집단의 다른 구성원과는 다른 목적을 가지게 되고, 지도자는 접근하는 단일한 통로가 된다. 그러므로 집단 내 다른 구성원들의 사회활동이나 생산 활동을 통제해야 한다. 이는 개인의 자율성을 제한하는 것이기에 불평등하다(Leacock 1978; Gardner 1991).

후견-피후견 전략은 각 집단이 사회적 접근을 제한하려 하는 경우, 그리고 외부 집단의 구성원들이 다른 집단의 자원에 접근하고자 하는 경우에만 통용된다.[17] 잉여는 위신 경쟁에서 필요하지만, 그것만으로는 불평등의 원인이 아니다. 중요한 문제는 누군가가 통제하는 것은(Josephides 1985: 219; Arnold 1993; Hayden 1994), 그리고

---

17 고고학과 관련되어 이 제안이 가진 함의는, 정주마을 같은 불평등사회는 고립이 아니라 군집되어 형성된다는 점이다. 또한 킬리의 민족지 표본 안에는 평등에서 불평등사회로의 점진적인 변화는 없다(Keeley 1988). 대신 두 범주 사이에는 단절이 있는데, 이는 진화적인 전이가 빠르게 일어나서 확산되었음을 시사한다.

후견인이 통제하는 것은 바로 접근이라는 점이다. 위신은 취하는 것이 아니라 주어지는 것이기 때문에, 문제는 어느 시점에 무엇을 대가로 위신—다른 사람을 위해 일하는 것이나 축제를 위한 재화와 식량을 제공하는 행위를 포괄할 수 있다—을 제공할 만한 가치가 있는가이다.

우드번은 핫자 사람 가운데는 외부인과 접촉으로 얻을 수 있는 것—귀중한 재화에 접근하고 겁나는 유럽인과 어울릴 수 있는 것—을 통해 다른 사람을 통제하려는 사람이 있다고 했다. 우드번에 따르면, "어떤 종류든지 권위 있는 인물이라고 말해지는 모든 사례에서 … 그 사람은 외부인과 접촉하고 이 접촉을 이용하여 다른 사람 위에 군림하는 권력을 얻었다"고 한다(Woodburn 1979: 262).

그렇지만 이 사람들이 위세를 얻은 것은 아니다. 그 대신 다른 핫자 사람들로부터 "포식성의 사업가"에 불과한 취급을 받는다(Woodburn 1979: 263). 그렇다면 왜 (핫자 사회에서는) 이와 같은 태도와 행위가 불평등 공동체의 형성을 막고 있는가?

위세는 제공하는 비용보다 받는 혜택이 클 때 형성된다. 이는 유럽 교역자가 북아메리카 서북부해안 사람들과 접촉할 때 일어났던 과정을 설명해 준다. 고고 자료에 따르면, 접촉 시기에 서북부해안 부족들은 큰 정주 마을을 이루며 살고 있었으며, 엘리트의 존재도 확고해서 먼 거리 무역에 종사하였고 서로 싸우기도 하였으며 일정 정도 노예를 거느리기도 했다. 몇몇 지역에서는 엘리트 위계가 잘 발달되어 있었다.[18]

유럽과 접촉한 뒤 해안에 있는 마을들이 교역품을 놓고 싸우면서 전쟁이 증가했다(Ferguson 1983, 1984). 교역품에는 경쟁 축제에서 사용될 물품들이 많이 포함되어 있었으며, 싸움에 쓰일 수 있는 무기와 수렵활동의 효율성을 높일 수 있는 도구도 있었다. 무력 충돌을 거쳐 몇 집단이 시장을 지배했고, 해안 집단들은 특히 투초니(Tutchone)와 캐리어(Carrier)와 같은 내륙 집단과의 교역 활동을 통제했다. 부유하다고 생각되는 투초니와 캐리어족은 가장 좋은 어로 지점뿐만 아니라 가장 좋은 해안

---

18 서북부 해안 원주민과 유럽 사회의 만남의 성격은 원주민 사회가 더 평등적이었다면 달랐을 것이다. 평등사회의 경우 외부에서 침투하기가 더 쉬웠을 터인데, 이는 평등사회의 구성원은 서로를 통제하려는 압박을 받지 않기 때문이다(Brunton 1989).

교역 상대와의 접근도 통제하였던 집단이다(Legros 1985; Bishop 1983, 1987). 유럽의 재화에 접근하고자 하는 누구라도 무역 시장을 장악한 집단에게 위신을 제공하고 자율권의 일부를 양도해야 했다.[19] 우리는 유럽과의 접촉 시기에 서양 물품을 획득하는 데 드는 비용(무역 활동의 경로를 장악하고 있는 마을에 굴종해야 함을 의미한다)이 혜택보다 낮았을 것이라는 가설을 세운다.

비슷한 종류의 집단 간 사회적 접근은 아마도 친족 집단 간 혼인을 통해 이루어질 수도 있다. 8장에서 언급한 콜리어의 혼인 분석을 상기해보면, 혼인은 동맹을 맺는 전략이기도 하다. 이런 혼인의 경우 이혼이나 상대 부적합에 드는 비용이 너무 크다. 아내를 제공한 측은 받은 측의 노동력을 활용하기 때문에 위신을 얻는다. 거꾸로 아내를 얻은 쪽은 혼인이 다른 집단의 사회적 경계로 가는 문을 제공하기 때문에 각각의 공동체에서 위신을 얻는다. 만약 여성이 남자 친척으로부터 어떤 지원을 받고자 한다면, 남편을 받아들일 것이다. 그리하여 여자는 혼인의 정치학에 개입된다. 위신 있는 여성의 지위와 권위는 이런 상황에서 높을 수 있지만, 자율권과 권력은 똑같이 낮다.

균등 분포 자원

자원이 균등하게 분포된 환경에서는 그렇지 않은 곳보다 더 단순하다. 자원의 변동이 주변 경관에서 일정하게 나타나는 경우, 사회관계를 맺어 위험부담을 경감시키는 전략의 유용성은 덜하다. 방문자나 호스트나 늘 비슷한 조건에 있기 때문에 굳이 방문자를 받아들이는 것은 혜택에 비해 비용만 높은 일이다. 6장에서 주목한 바와 같이, 그런 상황에서 할 수 있는 하나의 전략은 각 가족이 자신들의 공유 반경을 제한하여 개인용 식량 저장소를 만드는 것이다. 이 경우 가구의 생산성을 증가시키는 방

---

19   이와 유사하게 유럽의 교역자들도 사냥과 덫치기로 빚을 갚을 것 같은 사람들에게 보트를 주기도 했다. 결국 특별한 생산력이 아니라 유럽 교역자와 중요한 시설들을 교섭하는 능력에 바탕을 둔 리더십 관념이 생기게 되었다(Riches 1982).

법과 더불어 개인의 자원 소유가 등장할 수도 있다(가구의 수준에서 경계 방어). 이전의 상황에서와 같이, 지도자는 사람들을 자신의 가구 안에 소속시키거나 통제 아래 두면서 수익률의 감소를 받아들이는 길을 찾을 수 있다. 이는 지도자가 자원, 특히 저장 식량에 대한 접근을 통제할 수 있는 경우, 잠재적인 참여자에게 대안이 없는 경우, 그리고 인구압이 높은 경우에 일어난다.

나는 이런 사회에서 여성은 혼인을 바탕으로 하는 사회적 동맹에서 역할을 하기보다는 노동과 신부대금에서 더 귀중하게 여겨지지 않을까 생각한다. 이런 상황 아래에서 노예뿐 아니라 일부다처는 가구가 생산성을 증가시키고자 하면서 더 일반적이 될 수 있다.[20] 그러므로 여성의 지위는 가구의 저장이 증가함에 따라 감소한다(Sacks 1974 참조).

사례 : 북아메리카 서북부 해안

이와 같은 제안들은 북아메리카 서북부해안의 문화적 다양성을 검토함으로써 밝힐 수 있다. 이곳에서 수렵채집민은 큰 정주 마을에 살면서 노예를 거느리고, 전리품과 저장된 식량, 노예, 땅을 차지하고자 전쟁을 일으키며, 어떤 사회에서는 개인과 친족 단위, 마을에서 서열이 있기도 하다.[21] 노예뿐 아니라 다양한 식품과 플린트, 구

---

20 킨(Keen 2006)은 호주의 경우 일부다처제가 자원이 풍부하고 인구밀도가 높은 조건에서 더 일반적이라고 한다. 일부다처제는 더 많은 노동력을 모을 수 있는 방법이기도 한데, 물론 8장에서 주목하였듯이, 낮은 서열의 남자들이 높은 서열의 사람에게 스스로를 연결짓는 방식이기도 하다. 아내들 역시 가구 생산성을 증대시키고자 한다. 일부다처제가 나타나는 곳에서, 첫째 아내는 자신의 부담을 완화하고자 남편에게 다른 아내를 들이게 할 수 있다. 둘째 아내가 첫째 아내의 통제 아래 놓이면서 남편과 아내 사이의 관계가 이제는 아내들 사이의 관계로 전환된다.

21 가령 Schalk 1981; Richardson 1982; Ames 1985; Kelly 1991 참조. 노예 소유에 대해서는 Donald 1983, 1985; Mitchell 1983, 1984, 1985; Mitchell and Donald 1985, 1988 참조. 전쟁에 대해서는 Ferguson 1983, 1984, 1997 참조. 유진 루일(Eugene Ruyle 1973)은 서북부해안사회는, 완전한 발달은 아닐지라도, 초창기 사회위계가 발달되어 있다고 했다.

리, 율라칸 기름, 카누, 모피, 무스, 카리부 가죽, 담배, 바구니, 모자, 돗자리 등 물적 재화를 활발히 교역하기도 한다(Mitchell and Donald 1988).

우리는 캘리포니아 북부에서 알래스카에 이르기까지 자원의 등락은 공간적으로 균형적인 것에서 그렇지 않은 상황으로 변화한다고 말할 수 있다. 해안의 남쪽에서 북쪽으로 가면서 물고기, 특히 연어의 이용이 증가한다(Schalk 1981). 연어는 강에서 잡히기 때문에, 이런 식량자원은 북쪽으로 가면서 국지화하는 경향이 있다(Richard-son 1982). 한 마을의 식량자원의 토대가 다른 마을의 자원과는 다를 가능성이 있는 것이다.[22] 따라서 북쪽으로 갈수록 자원획득 영역을 소유하는 사회 집단의 크기가 커지고, 여성은 생산자가 아닌 동맹 관계 수립에 역할을 하는 경향이 높으며, 위계가 증가하고, 확고하게 구축된 사회적 동맹도 증가하며, "과시" 활동을 통해 더 강하게 집단 구성원을 통제하는 것도 증가한다.

해안의 남쪽에서 북쪽으로 갈수록 자원이 더 국지화함에 따라 방어 가능성이 높아지기도 한다. 좋은 어로 지점에 대한 접근은 서북부 해안의 중부와 북부에서 아주 중요하다. 이와 동시에 남부 해안보다 중부와 북부 해안에서 살 수 있는 공간 역시 더 한정되어 있다. 예를 들면, 태평양 해안의 밴쿠버섬에 대해 드러커는 다음과 같이 말한다.

해협 사이에 낮은 곳들이 펼쳐져 있고, 길고 쭉 뻗은 해변에는 파도 소리가 쉴 새 없다. 옛날에는 이 "바깥" 해안에 몇 개 집단이 연중 거주하였다고 한다. 사람들은 카누가 떠내려갈 만큼 거친 파도와 혹심한 겨울 폭풍에 고생해야 했다. 결국 해협에 사는 집단은 서로 동맹을 맺고 봄과 여름 야영지를 제외하고는 외부 해안을 떠나야 했다.

더구나 빽빽한 온대우림 식생뿐 아니라 중부와 북부 해안을 나누는 가파르게 솟은 산간 지형 때문에 걷기 힘들고, 4장에서 논의한 바와 같이, 본거지 이동성이 떨어

---

22   롤리콘위와 즈벨레빌(Rowley-Conwy and Zvelebil 1989: 43)은 영국 서해안의 선사시대 자원의 배경을 재구성하면서, 여러 냇물에서 연어의 회귀는 균등하지 않으며 지리적 척도가 감소하고 변이의 정도가 증가하면 (곧 더 국지적인 수준에서는) 연간 변이가 더 커짐을 주목하였다.

졌을 것이다. 해안의 모든 지역에서 남쪽의 도토리나 북쪽의 연어와 같이 대단히 중요한 자원의 저장을 준비하는 것은 노동 집약적이다(Donald 1985; Basgall 1987). 어살과 어로대가 만들어진 곳이나 큰 배에 사람이 타서 고래나 바다 포유동물을 잡아야 하는 곳에서는 노동력을 얻어야 하고 조정해야 한다. 이동성이 자원의 부족에 대처하는 선택사항으로 적합하지 않게 되면서, 해안을 따라 불어나는 인구는 갈수록 제약요인이 되어 결국 전쟁 비용이 낮아지는 결과를 낳는다. 그러므로 식량 수확이나 가공을 위한 노동뿐 아니라 마을 방어와 다른 집단 습격을 위해서도 노동력이 필요하다.

남부 해안

캘리포니아 서북부의 톨로와나 유록 같은 북아메리카 남부 해안 집단은 잘 규정된 위세적 지위도, 씨족 같은 큰 사회 단위도 없다(Kroeber 1925: 8). 그 대신 가족은 노동과 사치품의 통제와 관련된 가구 생산에 치중한다. 혼인은 이런 일을 수행하는 데 중요한 역할을 한다.

혼인에는 신부대로 붉은머리딱따구리 머리가죽이나 뿔조개, 흑요석제 양면석기와 같은 사치품이 필요하다. 혼인은 (흔히 부유한) 중매자가 주선하며, 별다른 의식 없이 이루어진다. 혼인에서 가장 중요한 요소는 신부 지참금의 일정이다. 캘리포니아 사례를 극단적으로 살펴본다면, 유록 남성은 아이들을 다른 부유한 가족과 혼인시키며, 여성의 가치, 그리고 그 아이의 지위는 신부대로 판단된다(Kroeber 1925: 29; Bean 1979: 677).

톨로와 남성은 아내를 선택하기 위해 여성의 손을 살펴 긁혔거나 닳았는지, 얼마나 고되게 일하는지를 확인한다(DuBois 1932). 남자가 신부지참금을 낼 수 있는 경우 일부다처제가 허용된다. 남성은 자신의 딸을 약혼시키거나, 교역, 직접 획득 또는 어떤 잘못된 행위에 대한 지불(사실 "모든 부상과 공격은 정확한 재산의 가치를 지니고 있다"고 한다(Kroeber 1925: 20))[23]로서 신부대 물품을 얻는다. 비록 혼인에도 중요하지

23　가령, 일반민을 살해했을 경우 뿔조개 열 꾸러미(한 꾸러미에는 조개 12개), 붉은머리 딱따구리 두피 20개,

만, 사치품은 필요의 측면에서 식량과 교환할 수 있기 때문에 가구의 생산을 늘리는 역할도 한다(Gould 1978: 132; 특히 부유한 친척이 있는 남성에게 더 중요하다). 그리고 생산을 늘리는 다른 방식도 있다. 하나는 반(半)혼인인데, 가난한 남자가 신부대 일부를 지불한 다음 천천히 나머지를 갚는 경우를 말한다. 그동안 남자와 아내는 아내의 가족과 함께 지낸다. 그러므로 신부의 부모는 당분간, 때로는 오랫동안 아내와 남편의 노동을 보유하며, 같이 살면서 생산한 딸의 신부값 역시 여전히 보유한다. 마찬가지로 살인이나 다른 범법행위(여기에는 죽은 자의 이름을 발설하는 것도 포함된다)로 생긴 빚을 갚기 위해 노예 생활을 하기도 한다. 노예를 거느림에 따라 가구 생산은 증가한다. 이혼을 할 수 있지만, 신부대를 지불해야 가능하다.

부유한 개인이 작은 마을을 장악할 수 있지만 영구적인 부족장이나 여러 마을을 통괄하는 지도자는 없으며, "재산과 권리는 개인의 영역에 속한다"고 한다(Kroeber 1925: 3). 참나무나 연어를 잡는 개울 같은 내륙의 자원은 개인이나 가족이 소유한다(Gould 1978, 1982; Pilling 1978: 표 2). 크로버는 "고기 잡는 장소를 새로이 개발하거나 이미 알려진 곳 아래에서 고기를 잡는 행위는 금지된다"(1925: 34)고 했는데, 이는 개인과 가족이 강의 잠재적인 모든 장소로의 접근을 통제함을 뜻한다.

톨로와나 유록족은 북부의 집단만큼 조직적인 전쟁을 하지 않는다. 대부분의 폭력은 마을 간 보복 살해의 형태를 띠고 있다(그러나 연어의 회귀를 막았다고 하는 마법과 관련된 톨로와-유록 족의 반목에 대해서는 Kroeber 1925: 126 참조). 이런 행위는 때로 중개자가 나서 사치품을 지불하는 것으로 마무리되곤 한다(Gould 1978).

중부 해안

이보다 더 북쪽 와카시 및 살리시어족의 권역에서 본거지 집단들은 더 정주적이어서 남쪽의 사람들보다 겨울철에 마을에서 보내는 시간이 더 많다. 톨로와족과 유록

그리고 보트 한 대가 필요할 수 있다. 죽은 사람의 지위에 따라서는 뿔조개 15 꾸러미, 붉은 흑요석 양면석기, 딱따구리 두피 머리띠와 다른 물품, 그리고 딸을 내놓아야 할 수도 있다(Kroeber 1925: 28).

족과는 달리 이들의 개인과 가계에는 모두 서열이 있다. 추장이 마을을 관장하며, 추장 가구가 재산의 대부분이나 자원획득 장소를 소유하고 있다. 그 장소에서 자원을 획득하는 낮은 서열의 사람들은 식량의 일부를 추장에게 주어야 하고, 추장은 그것을 축제에 사용하기도 한다. 해안에 밀려오는 고래는 사냥꾼이나 발견한 사람의 것이 아니라 그 해안에 권리를 가진 추장에게 속한다.

또한 부와 지위 상속의 중요성, 그리고 엄격하게 규정된 소유 단위도 증가한다 (Drucker 1939, 1951). 콰콰카와쿠족의 경우 소유 단위는 누마임이라고 불리는, 부계 편향의 양변으로 확장된 가구이다. 콰콰카와쿠 마을은 하나에서 일곱 개 누마임으로 구성되어 (19세기 중반 인구 급감을 겪기 전) 각각 약 75명에서 100명으로 이루어져 있었다. 누마임은 직함이나 가문의 상징, 포틀래치 지위(경쟁 축제에서의 자리)뿐 아니라 특정한 집이나 자원 지점에 대해서도 주장을 할 수 있다. 콰콰카와쿠와 누차눌트 사회에서 누마임은 베리 열매류가 나는 들과 사냥터를 소유할 수도 있다. 물론 자원에 대한 개인의 소유가 인정되기도 하지만 말이다(Drucker 1939, 1951: 247, 251-52; Boas 1966: 35-36). 누차눌트 추장은 권위와 권력의 지위를 유지하여야 하는데, 그렇지 않으면 마을 주민들은 친족 관계를 이용하여 다른 마을로 이동할 수 있기 때문에 마을의 지지를 잃을 위험부담을 안는다. 심지어 주민은 추장을 타도할 수도 있다 (Arima and Dewhurst 1990).

누차눌트족의 전쟁은 주로 경제적인 이유에서 벌어진다. 유럽과의 접촉 이전 시기에 어떤 집단이 "이웃의 영역과 어로 장소를 원하는 경우, 그리고 올바르게 공유할 수 없는 경우, 전투분대를 보내 희생자를 도륙내고 재산을 차지하고자 한다"(Drucker 1951: 333). 어떤 누차눌트족은 원래 부족의 하나였던 클레이오쿼엇(Clayoquot)족이 이웃을 쫓아버리고 영역을 차지했다는 기억을 가지고 있으며, 내륙 운하와 연어가 회귀하는 강에 살며 어로 지역을 통제하는 사람들과 싸웠던 이야기를 기억하기도 한다 (Drucker 1951: 37; Ferguson 1984: 291). 최남부의 콰콰카와쿠족은 결국 해안 살리시 (Coast Salish)족을 마을에서 몰아내고 그 땅과 연어가 있는 강을 차지했고, 살리시족 역시 이웃에게 똑같은 일을 했다(Fergusion 1984: 297-98). 비록 콰콰가와쿠족은 복수와 슬픔, 수치나 위신을 위해 싸운다고 하지만(e.g., Coere 1950), 퍼거슨(Ferguson 1984)에 따르면, 유럽인과의 접촉 이전 및 접촉 초기의 전쟁은 대부분 경제적인 이유, 사냥이나 어로 지점에 대한 충돌, 그리고 굶주림의 시기에는 저장 식량을 얻으려는 습격에서 시작되었다. 물론 두 요인 모두 역할을 하였다. 소유의 전쟁은 보통 명예, 위세, 영광이란 측면에서 자리잡아 전사들에게 열정을 불러넣는다. 분명히 그런 열정은 그 자체로 의미가 있고 희생을 치를 수 있다.

콰콰카와쿠족의 경우 서열이 높은 사람은 캘리포니아 북부지방보다 혼인 의례에 더 공을 들인다. 누마임은 외혼을 하며, 마을의 내혼과 외혼의 비중이 동등한 것으로 보이지만(Rosman and Rubel 1971), 사회 지위가 가장 높은 사람들은 다른 마을의 비슷한 지위의 여성과 혼인할 것이라 기대한다(Ruyle 1973: 611-12). 해안 살리시족의 경우 서열은 마을 간 연결과 관련되어 있고, 보통 혼인을 통해 만들어진다(Suttles 1960; Elmerdorf 1971). 마을 간 혼인 의례는 긴장과 불안의 원인이 되기도 하며, 두 가족 사이의 불 싸움과 의식 경쟁, 각 가족의 권력과 영향력을 과시하는 경쟁 의례를 동반하기도 한다(Boas 1966: 57-68). 누차눌트족의 신랑은 나흘 정도까지 신부 집 바깥에서 지속적으로 신부대를 지불할 것이라고 말하면서 기다린 뒤, 기름을 바른 밧줄을 타고 오르거나 횃불을 들고 뛰고 강한 남자들의 대열을 뚫으며 자신의 가치를 증명한다. 신부대는 중요하지만, 관심의 초점은 캘리포니아 서북부에서처럼 사치품이 아니라 장인과 사위라는 명칭과 특권의 이전이다(Boas 1966: 55).

동맹은 가까운 부족 간에 구축되고, 전쟁이나 폭력의 대부분은 외부의 다른 부족군에 속하는 부족에 대한 것이다(물론 가까운 이웃들 사이에도 가끔씩 폭력이 발생한다(Codere 1990)). 누차눌트 남자는 유럽인과의 교역을 통제하기 위해서, 그리고 아마도 전쟁에서 동맹관계를 수립하고자 군사적으로 덜 강한 부족에게서 아내를 얻는다(Fergusion 1984: 288). 누차눌트족은 혼인과 교역을 통해 영역을 확장하여 연어 자원을 늘리고 냇물에 따라 다른 자원의 변이를 줄인다. 진화이론이 예측하듯이, 큰 마을군에 참여하는 누차눌트 집단은 연어 회귀에서 더 불리한 장소에 자리잡고 있다고 한다(Donald and Mitchell 1994).

콰콰카와쿠 마을에는 서열이 있다. 서열은 연어가 회귀하는 강의 규모와 상응하며, 정도는 덜하지만 (상당한 수의 연어를 잡을 수 있는 마을에서) 연간 연어 회귀의 변이와 관련되어 있다(Donald and Mitchell 1975, 1994, 가령 와카시 마을의 10% 정도는 연어가 올라오는 냇물에 접근할 수도 없다고 한다(Mitchell and Donald 1988)). 기대하는 바와 같이, 연어 회귀 양이 적은 마을은 일관되게 많은 연어가 올라오는 강에 자리잡은 마을에 권위를 내어 주는데, 이는 동맹을 통해 얻는 이익이 비용을 넘어서기 때문이다(습격해서 그 자리를 차지하는 비용보다 훨씬 적다).

거꾸로 연어가 많이 올라오는 길목에 자리잡은 마을은 자원을 저장할 수도 있는데, 이는 부분적으로 식량 저장 장소를 방어할 수 있기 때문이며, 또한 다른 마을과 식량을 공유함으로써 얻는 이득이 별로 없기 때문이기도 하다. 호의가 필요하지는 않으며, 오히려 번창한 마을의 자원을 간절히 요구하는 사람들의 습격을 포함하여 공유를 요구하는 목소리를 줄일 필요가 있다. 강이 흐르지 않는 곳에 자리잡은 부족은 더 좋은 곳에 있는 부족을 몰아내고 공격할 수도 있으며, 하류에 자리잡은 집단 때문에 연어 공급에 지장을 받는 상류의 부족은 직접적으로 공격하기도 한다(Ferguson 1984: 310, 312). 포틀래치라는 경쟁 축제는 호스트 마을에 사회적인 접근을 할 수 있도록 하고, 호스트 마을 주민은 스스로를 방어하고 공격에 보복해야 할 비용을 덜어주는 길을 제공한다.

북부 해안

이보다 더 북쪽으로 올라가서 틀링잇, 침샨, 하이다 사회에서는 "분명하게 분절된 사회 단위를 가진 마을 조직의 발달"을 볼 수 있다(Suttles 1968: 64; Rubel and Rosman 1983). 침샨 마을은 스물다섯에서 마흔 명이 2,500m² 에 이르는 집에 사는 확장 또는 세 세대의 모계 가족으로 구성되어 있다(Coupland 1994). 해안을 따라 큰 마을들이 자리잡고 있는데(Schalk 1981: 표 2), "북으로 갈수록 사회 단위의 구조가 엄밀해지고 더 커져"(Suttles 1968: 64; Richardson 1982: 97), 북쪽 해안에는 반족(moieties)이 있고, "집"(때로 셋에서 다섯에 이르는 가구)이 주된 자원 통제 집단이며 집의 관리자가 지도자로 모든 재산을 위탁해 가지고 있다(Donald 1985; Coupland 1994). 몇몇 침샨 추장은 가구뿐 아니라 자원획득 지역을 개인적으로 가지고 있을 수도 있다. 틀링 잇과 침샨 사회에서 추장은 일하지 않는 남자인데, 하찮은 일을 한다면 추장의 지위 는 위협받을 수 있다(Oberg 1973: 87; de Laguna 1983). 기특산(Gitksan)족 추장은 가 구 크기를 증가시키기 위해 노력하는데, 최적의 가구 크기는 참여하고자 하는 사람들 보다 조금 크다(Adams 1973; Lillooet에 대해서는 Hayden 1992 참조).

여기에서는 노예가 추장이 믿고 통제할 수 있는 노동력이 되기 때문에 중요한 역 할을 했다. 노예는 서북부해안을 따라 존재하였으며, 습격과 전쟁의 주된 목적이기도 했다. 비록 노예의 수를 추정하기는 어렵지만, 25%에 이르는 공동체도 있었고, 대체로 7~15%가 더 일반적이었다고 한다. 서북부해안의 최북단에서 노예는 가죽을 가공하 고 땔감과 물을 확보하며 식물 식량을 채집하고 사냥 도구를 제작하는 일을 함으로써 가구 생산에 기여하였다(Mitchell 1984; Mitchell and Donald 1985; Ames 2008).

어떤 집단의 최적의 크기는 일반 구성원보다 추장의 입장에서 더 클 것으로 생 각되기 때문에, 추장은 경우에 따라 사람들을 강제하여 노예로 복속시키려 할 수도 있다. 생산이 필요를 충족시키지 못하는 경우 부유물품을 얻기 위해 노예를 교역할 수도 있다(또는 저장 식량이 충분치 않을 경우 노예를 죽이기도 한다). 미첼(Mitchell 1984) 는 북부 해안의 여러 사회에서 노예가 어느 정도 가치인지를 목록화한 바 있다(가령 틀링잇족에게 노예 1명은 엘크 15마리 가죽, 하이다족에게는 담요 100~200장에 맞먹는다고 한다). 하지만 노예는 가구 생산을 증대시킬 필요가 더 강렬했던 해안 남쪽에서 더 일 반적이었을 수도 있다(Donald 1985). 콜롬비아 강 하구에서 노예는 생산의 20% 정도 를 담당하였는데, 북쪽의 공동체보다 더 높은 비중이었다(Donald 1984, 1997).

유럽인이 등장하기 전 북부 해안에서 전쟁은 노예뿐 아니라 땅과 식량을 획득하 는 목적을 가지고 있었다. 틀링잇과 침샨족은 스키나(Skeena), 나스(Nass) 강 어귀를 두고 싸움을 벌였으며, 하이다족은 프린스웨일스군도(Prince of Wales Archipelago) 의 일부에서 틀링잇족을 몰아내려 했다(Ferguson 1984: 274). 침샨족은 전쟁으로 영 역을 넓혔고, 침샨족과 하이다족 모두 식량을 위해 이웃을 습격하기도 했다. 벨라 쿨라(Bella Coola) 하류의 마을들에는 방책(防柵)이 세워져 있고, 콰콰카와쿠족과 침샨족은 정기적으로 노예 확보를 위해 서로를 습격하였다. 전쟁에는 늘 비싼 대가가 따르는데, 유럽 교역자들이 등장하자마자 영역 확보를 위한 전쟁은 멈추었으며, 충돌은 교역로와 새로운 후견인이 된 교역자에 대한 접근을 두고 벌어졌다.[24]

북부 해안의 사회는 위계적인 사회정치구조를 가지고 있는데, 이 구조는 포틀래치를 통해 공개적으로 강화되고 유지된다〔포샤틀(potshatl)이란 치눅족의 용어는 "내버리다"는 뜻이다〕. 원래는 다양한 축제 의식이었지만, (특히 콰콰카와쿠족의 경우) 유럽인과의 접촉 이후 아마도 질병으로 인한 인구 감소와 교역자들로부터 얻은 물적 재화의 증가로 더욱 강조되었다. 포틀래치에 대한 예전의 생태학적인 설명은 재분배 역할을 한다는 데 맞추어져 있었다(Piddocke 1965). 하지만 비판적인 연구자들은 이것이 포틀래치의 기능이 아님을 논증하였다(Drucker and Heizer 1967; Adams 1973; Coupland 1985; Kan 1986). 그 대신 포틀래치는 권력과 위세를 확립하는 상징적인 방식이라는 것이다. 추장은 큰 축제를 벌여 많은 양의 식량과 재화, 그리고 가끔은 노예와 구리 같은 위세품(때로 구리판에 양각되어 있기도 하다)까지도 다른 마을의 경쟁자에게 내버리거나 파괴한다. 그러면서 초대받은 사람은 호스트의 직명과 지위, 특권을 인정한다. 이런 축제에서 내버린 재화는 마을 사람들이 빚을 주는 방식의 축제를 통해 얻는데, 이처럼 마을의 모든 사람은 지위가 높은 사람의 프틀래치에 엮이게 되며 위세를 위해 비용을 지불한다.

해안 지역에서 벌어지는 이런 식의 선물 주고받기는, 흔히 수혜자의 입장에서는, 결국 선물을 받은 뒤에 빚이 따르기 때문에 더 큰 선물로 되갚을 때까지 후회로 남게 된다. 콰콰카와쿠족의 경우 포틀래치는 수많은 다양한 수준에서 벌어진다. "위대한 일을 수행한다"고 말해지는 가장 큰 포틀래치는 마을 사이에서 벌어진다. 포틀래치

---

24 매쉬너(Maschner 1991)는 사회 불평등성에 대한 증거가 어로와 방어에서 좋은 자리에 잡은 큰 마을들이 북부 해안을 따라 군집되어 있는 상태에서 등장하였다고 한다. 이와 동시에 활과 화살이 사용되었는데, 아마도 전쟁에 쓰였던 것으로 보인다. 이런 문화 변화는 자원 변동의 정도와 빈도를 증가시킬 수 있는 기후 불안정성의 시기에 일어난다.

가 열리는 이유는 많다. 남자가 새로운 장인에게 선물을 주는 경우도 포함되어 있는데, 이는 결국 신부를 통해 갚아야 한다(Codere 1950, 불평등 신부대 혼인에 대한 콜리어의 분석과도 같이, 신부 가족에게는 혼인을 끝내는 의례화된 기제도 있다). 모든 지역에서 포틀래치는 다른 마을이나 친족 집단과 비교하여 집단에서의 개인의 권위를 평가할 수 있게 해준다(Adams 1973). 포틀래치는 중부와 북부 해안에서만 볼 수 있는데, 이곳에서는 남쪽보다 큰 사회 단위(부를 과시하는 데 노동력을 동원할 수 있는 단위) 사이의 사회적 경계가 더 엄밀하게 통제되어 있다. 남부 해안에서는 포틀래치가 그리 눈에 띄지 않는 후견-피후견 관계를 확립하는 기제이다. 갈수록 늘어나는 빚도 만들어내지만, 포틀래치에서 선물을 줌으로써 생기는 빚은 자원의 압박 시기에 채권자를 도움으로써 갚을 수 있다(Hayden and Gargett 1990).[25] 하지만 퍼거슨(Ferguson 1984: 30)에 따르면, 북부 콰콰가와쿠족인 벨라벨라 헤일축(Bella Bella Heiltsuk) 부족은 포틀래치 빚을 갚지 못한 리버스 인렛(Rivers Inlet) 콰콰카와쿠족을 유린하기도 했다고 한다.

진화이론에 따르면, 높은 지위의 개인은 위세 경쟁에 참여하여 실제 내놓는 것보다 사회관계에서 더 높은 유용성과 위신을 획득함으로써 적응도를 높이고자 한다(Boone 2000). 이에 반해 일반민은 높은 지위의 개인을 도움으로써 더 많은 것을 얻는다. 일반민이 얻는 것 가운데 하나는 손님으로 오는 사람들과 전쟁의 가능성이 줄어든다는 것이다. 기특산족 가운데는 포틀래치 이후 자신들의 지도자가 다른 사람보다 힘이 약하다고 느끼면서 다른 가구 집단으로 들어가기도 했다(Adams 1973: 99-106, 물론 인구 감소 역시 어떤 역할을 했을 것이다). 따라서 서북부 해안의 추장은 한편으로 일반민의 지지를 유지하여야 하며, 이와 동시에 노동력을 확보해야 하는데, 이는 마치 아슬아슬한 곡예를 하는 것과 같다.

---

25 헤이든과 가겟(Hayden and Gargett 1990)은 관련 자료가 없음을 주목하고 빅맨이 압박의 시기에 사람들의 필요를 채워주었기 때문에 지위를 유지한다는 제안을 검증하고자 하였다. 특히 멕시코 남부의 현대 마야 화물체계에서 높은 서열 사람들의 역할을 고찰하면서 이를 검증하였다. 결론적으로 높은 서열의 사람들이 다른 이들에게 제공한다는 증거는 없었고, 높은 서열 개인은 다른 사람을 착취함으로써 가뭄과 굶주림의 시기에도 더 나은 생활을 하였다고 한다.

문화화와 불평등

불평등 관계로 향하는 변화는 사회 규범에서의 극적인 변화를 수반한다. 관대함과 겸손함을 강조하던 것에서 저장과 허풍을 강조하는 것으로, 폭력을 용인하지 않는 데서 폭력을 사용하는 것으로 변화하는 것이다. 가치 체계는 또 어떻게 변화하는가? 비록 이 문제는 이 책에서 논의하기 어렵지만, 우리는 정주와 인구 증가의 상황이 문화화에 미치는 영향을 고려함으로써 짐작해볼 수 있다(4장 참조).

우리는 불평등 수렵채집민이 정주적임을 알고 있다. 4장에서 살펴보았듯이, 정주로의 변화는 수렵채집 활동 구조에서의 변화를 일으킬 수 있으며, 부모양육에서 또래양육으로, 그리고 일반 인성(modal personality)에서 변화를 몰고 올 수 있다. 또한 사람들이 개인의 자율성과 젠더 관계를 지각하는 방식에서 변화가 수반되기도 한다. 또래양육된 어린이는 더 큰 젠더적 차이를 보여 주며, 기술보다는 사회관계를 통해 세계를 다루는 경향이 있다. 샌데이(Sanday 1981)의 비교문화 연구는 대형동물 사냥과 환경이 적대적이라는 관념, 노동과 육아에서 성에 따른 역할의 분리가 경쟁을 문화적으로 부추기며 남자가 여자를 잠재적으로 위험하게 보는 성향이 결부되어 있음을 주목하였다. 지금까지 보았듯이 정주는 구조적으로 마을에 남자들이 없는 상황(장거리 사냥이나 어로 때문에)을 만든다. 궁극적으로 인구가 증가하면 남자 중에는 (부유물품의 교역과 전쟁을 포함하여) 위세를 추구하는 행동에 시간을 들이는 사람이 생기고, 이 경우 아내와 아이들로부터 멀어지게 된다.

그러므로 정주와 함께 문화화 과정의 성격이 변화함에 따라, 몇 세대가 흐른 뒤 인구 집단의 일반 인성은 사회적 조작, 곧 다른 사람의 노동력을 통제하는 일과 경쟁을 목적 달성의 주된 수단으로 보는 방향으로 변화한다. 페기 샌데이(Peggy Sanday 1981)는 특히 남성에게 이런 성향의 변화가 두드러지며, 따라서 남성이 여성을 조종하는 단계로 나아가는 토대가 된다고 했다.

어떤 공동체 안에서 문화화의 다양성도 불평등을 부추길 수 있다. 높은 지위에 있는 가성의 어린이는 낮은 시위의 사람들과는 상이한 가지와 기대를 배운다. 만약 높은 지위의 남성이 위세를 추구하는 활동에 시간을 투자해서 아내를 많이 두고 노예를 거느려 아이들을 돌보게 한다면, 실제 그 남성은 아이들과 보내는 시간이 별로 없을 것이다. 결과적으로 높은 지위 가정의 어린이들은 정주사회와 결부된 일반 문화화 과정의 영향을 깊이 받는다. 또한 아들의 경쟁과 사회적 조종을 성공의 열쇠로 여기는데, 상속을 받기 때문에 그럴 수 있는 능력도 가지고 있다. 낮은 지위의 남성은 자원획득 가능성이 제한적이기 때문에 육아에 들이는 시간이 많을 수 있으며, 경쟁의 성향이 덜한 아이들을 키운다. 이로써 낮은 지위 가정의 아이들은 경쟁적 태도에 노출되고 높은 지위 가정의 어린이의 더 나은 자원에 착취당할 가능성이 높다. 만약 이것이 맞다면, 불평등 신부대의 사회에서 사람들은 삶의 행운이 출생에서 결정된다고 볼 것이다.

결론

우리는 수렵채집 사회를 통해 평등에서 불평등으로, 남성과 여성이 비교적 평등한 사회에서 불평등한 사회로 나가는 사회정치 조직에서의 변화와 범위를 연구할 수 있다. 아직도 이해하지 못하는 것이 많지만, 평등주의와 사회 위계 가운데 어느 것도 인간의 "자연적인" 조건이 아님은 분명하다. 진화이론의 시각에서는 불평등과 평등을 인간의 타고난 성격이 꽂핀 것이 아니라 적응도를 최대화하려는 과정에서 발생한 것으로 본다. 불평등은 단순히 집약이나 저장, 부의 축적이 가능한 곳이 아니라, 경쟁과 한정적인 상황, 곧 주요 자원의 획득지점에 대한 접근을 통제해야 하는 곳에서 등장한다.

우리는 평등에 대한 논의에서 시작하여, 개인의 자율성과 함께 합의를 토대로 움직이는 집단의 능력을 중요한 성격으로 주목하였다. 평등사회에서 다른 사람을 지배하고자 하는 개인은 빠르게 조롱당하거나 배척된다. 그런데 평등사회에서도 불평등이 없는 것은 아니며, 특히 남자와 여자 사이에 그렇다. 어떤 여성이 가족의 부엌에 직접적으로 가져오는 식량의 양은 그가 가진 자율성이나 지위, 권위의 일부만을 설명할 뿐이다. 오히려 불평등은 혼인으로 아내를 취하는 측과 제공하는 측 사이의 관계, 남성과 여성 활동의 성격, 특히 남성이 아내, 아이들과 보내는 시간의 양에 영향을 받는다. 혼인이란 가족 사이의 동맹을 만드는 것이며, 동맹은 집중도와 빈도, 자원 등락의 정도에 따라 중요해진다. 그렇기 때문에 혼인의 성격, 그리고 결과적으로 남성-여성 관계의 성격은 위험부담의 감소와 상이한 종류의 환경에 있는 사회 집단의 형성에 초점을 맞추는 진화이론의 틀에서 잘 연구할 수 있다.

우리는 정주와 높은 인구밀도, 자원의 방어, 그리고 저장을 사회적 위계와 결부시켜 보았다. 우리의 논의에서 불평등 수렵채집 사회의 범주 안에 존재하는 다양성은 상이한 자원의 형상과 관계된다는 점을 분명히 해야 한다. 불평등의 진화적 궤적을 이해하고자 한다면 반드시 다양성을 인지하고 분석해야 한다.[26]

그리고 위계구조의 기능적인 혜택이 아니라, 위계와 불평등이 어떻게 적응도를 최대화하려는 개인의 노력으로부터 기인하는지에 초점을 맞추어 불평등 사회의 발달에 대한 시각을 제시하였다. 이 시각에서 공동 노동을 조정하고 무임승차자에 대한 집단 구성원이 받는 스트레스를 경감시킬 필요의 산물로서 지도자가 등장한다. 그리고 이미 최적의 크기에 이른 집단에 더 많은 개인이 참여하면서 모든 구성원의 개인당 수익률이 감소하며, 그리하여 구성원과 잠재적인 참여자 사이, 그리고 후견인과 피후견인 사이에는 늘 긴장이 생기게 된다. 자원을 방어할 수 있는 곳에서 집단에 참여하는 사람은 자기 노동력의 결과를 후견인이 지켜볼 수 있게 해야 할 수도 있다. 이로써 수익이 전체 집단에서 평균으로 셈해지는 경우 그 사람은 실제 획득한 것보다 수익률이 더 낮다. 역시 중요한 것은, 다른 집단 구성원보다 지도자의 입장에서 최적의 집단 크기가 더 큰 것이 유리하며, 이로써 지도자와 집단 구성원 사이에 경쟁과 긴장이 생길 수 있다는 점이다.

---

26 일반적으로 고고학자는 (무덤 등에서) 외래 물품의 존재를 집단 간 사회적 동맹의 신호라고 한다. 하지만 그것은 선물공여, 경쟁축제, 신부대, 습격 같은 다양한 사회관계를 표현하는 것일 수도 있다.

지리적으로 자원이 크게 등락하고 방어할 수 있을 경우에는 중재자를 부추기고 가구 생산을 증대해 불평등 관계의 형태에도 강한 영향을 줄 수 있다. 이런 요인들은 모두 불평등 사회에서 역할을 하지만, 자원의 형상에 따라 특정한 요인이 더 큰 영향을 미칠 수도 있으며, 각각 상이한 사회적 수준에서 작용할 수도 있다. 어느 경우에도 남성이 혼인을 통해 사회 동맹을 세우고 위험부담을 줄이고자 하거나 여성의 노동력으로 가구 생산을 증대시키는 방식을 이용하는 경우, 여성의 지위는 축소된다. 고고학자는 기후변동으로 인한 환경변화가 자원의 형상을 바꾸어 놓아 이른바 이상자유분포라 표현되는 "의자 앉기 게임"을, 그리고 결과적으로 불평등사회의 형성을 가속시킬 것임을 명심해야 한다(추마시족의 사례를 보라; e.g, Kennett 2005; Arnold 2009).

비록 자원의 구조와 인구밀도에 뿌리박고 있지만, 그로 말미암은 위계는 제어할 수 없는 진화 과정의 일부이며 결과일 수 있다(Boyd and Richerson 1985). 다시 말해 다른 개인들이(아마도 그림 9-5의 유용성 곡선에서 중간 부분에 있는 사람들) 위세를 가진 개인의 행동을 흉내 내고 공개적인 위세 추구 행동이 더욱 빈번해지는 방향으로 문화적 가치가 바뀔 것이다. 남성과 여성의 노동력으로 구조화된 문화화 과정은 경쟁을 부추기고 착취와 불평등이 허용되는 가치가 발달하는 데 중요한 역할을 한다.

따라서 이동하는 사회에서 정주 사회로의 변화는 행위적이고 심리적이며 문화적인 변수들을 포함한 복잡한 사건들의 연쇄를 움직이게 한다. 이 시나리오를 사변적이라고도 할 수 있지만, 적어도 사회적 수준의 현상은 지역 자원의 형상과 인구 분포, 문화화 과정의 복합과 함께 개인의 의사결정의 산물임을 파악하고 있다. 위계와 불평등 발달의 진화적 과정을 이해하는 일은 수렵채집 사회를 연구하는 사람이 직면한 큰 도전 가운데 하나이다.[27]

---

27 고고학에서는 캘리포니아 남부 추마시족(e.g., Arnold 2001, 2004, 2009; Kennett 2005), 서북부해안 (Coupland and Banning 1996; Ames and Maschner 1999), 미국 평원(Prentiss and Kuijt 2004), 알래스카 남부(Fitzhugh 2003a, b), 플로리다(MacMahon and Marquardt 2004), 일본(Habu 2004) 등에서 주목할 만한 시도를 했다. 연구 가운데는 생산성과 자원에 대한 접근을 감소시키고 인구압을 증가시키며 자원획득 지점을 방어하게 하는 환경 변화에 초점을 맞추는 경우도 있다(e.g., Fitzuhugh 2003a, b; Kennett 2005; Noland and Cook 2010).

10

수렵채집 사회와 선사시대

나는 제대로 된 것, 곧 예전 일만을 얘기하고 싶다.
— 아타파스카인 애니 네드(Annie Ned)(Cruikshank 1990: 323)

"맨 더 헌터" 학회에서 제기되었던 마지막 문제 가운데 하나는 "수렵채집 사회는 문화 형식인가?" 하는 것이었다(Lee and DeVore 1968: 335). 이제 반세기가 지났지만, 우리는 여전히 이 문제에 대해 질문한다.[1] 하비 파잇(Harvy Feit 1994: 422)는 이 질문에 '아니오'라고 대답하면서 "사회적으로 구별되는 수렵채집 사회라는 보편적인 개념은 신뢰할 만한 인류학 범주가 아닐 수 있다"고 말한다(Burch 1994a: 452 역시 참조). 왜 우리는 인간의 다양성에 부여된 범주가 서로 분명히 경계가 나뉠 것이라고 기대하는가?

물론 수렵채집 사회라는 범주는 여전히 인류학자들에게 특별한 의미를 지니고 있다. 이유는 우리의 지성적 선조와 마찬가지로 우리도 "수렵채집민은 이른바 원시 사회 가운데 가장 오래된 것으로 보인다는 사실, 곧 가장 오래된 인간의 생활방식, 전체 구석기시대의 특징을 보존하고 있다는 인상"에 압도되기 때문이다(Testart 1988: 1). 이런 인상 때문에 수렵채집 사회의 다양성을 잘 알고 있는 많은 인류학자들조차도 현재에서 과거의 모습을 어렴풋이나마 보고자 한다. 리콕과 리(Leacock and Lee 1982b: 1)는 "사람들이 직접적으로 땅에서 나는 열매를 먹고 살았을 때 인류의 사회 생활은 어떠했을까?" 하는 문제에 답을 얻기 위해 수렵채집민을 연구한다고 했다. 테스타트(Alain Testart)는 "호주에서 보이는 것과 유사한 구조와 사회 형태가 아마도 구석기시대 사회에도 존재했을 것이다"라고 하였다. 테스타트는 다음과 같이 말한다.

> 만약 우리가 과거에 대해 알고자 한다면(이는 사회인류학이 아닌 학문에서는 결코 불명예스러운 것으로 여겨지지 않는 분야이다), 출발점은 양호한 환경에 사는, 원래는 그렇지 않았을 수 있지만, 제한적인 사회 형태(아마도 먼 과거로부터 물려받은 영광스러운 유산일 수도 있는)를 유지한다는 이유로 그렇게 머물러 있는 수렵채집민이어야 한다(Testart 1988: 12-13).

---

1 가령 Martin 1974; Hamilton 1982b: 236; Barnard 1983; Schrire 1984b; Arcand 1988; Myers 1988b; Testart 1988.

데이빗 리치스(David Riches 1982: 208)는 북부 수렵채집 사회에 대한 자신의 연구가 "인류사회 제도의 근간에 대해 시사점"을 줄 수 있다고 했다. 다나카는 더 분명히 카데족이 "여전히 거의 10,000년 전의 인류사회와 동일한 방식으로 살고 있다"는 점은 "경이로운 일"이라고 했다(Tanaka 1980: xii). 앨런 존슨(Allen Johnson)과 티모시 얼(Timothy Earle)은 주호안시족과 그레이트베이슨 쇼쇼니족을 전기 및 중기 구석기시대 호미닌 생활에 대한 상사(相似)로 사용하기도 했다(Johnson and Earle 1987: 55). 말로(Marlowe 2010: 259)는 핫자 민족지를 쓰면서 독자에게 직설적으로 "나는 더 먼 과거(적어도 동아프리카에서 현생인류의 기원까지 올라가는)를 추정하는 일에 관심이 있다"고 했다. 다른 많은 사람들도 현존하는 수렵채집민을 연구함으로써 "인류 사회조직의 진화 및 생태적 토대"(Kaplan *et al.* 2009: 3289)를 이해하고자 했다.

그런데 어떤 연구자도 현존 수렵채집민이 시간의 흐름에 영향을 받지 않은 잔류 집단이라고 주장하지는 않는다. 예를 들어, 말로(Marlowe 2010: 281)는 핫자족이 초기 호미닌과의 상사로 볼 수 없다고 분명히 말한다. 핫자족에게는 미묘하지만 중요한 차이가 있다고 하는데, 그럼에도 (수렵과 채집에만 의존하는 작은 이동 집단의) 현존 수렵채집민의 생활 조건이 과거의 조건과 같고 현존 수렵민의 생활방식은 대체로 그런 조건으로 구조화된다고 주장한다. 그러므로 현재의 수렵채집 생활방식의 성격이 생활 조건의 산물이라고 한다면, 그리고 그런 조건이 과거와 같은 것이라면, 현존 수렵민은 대체로 선사시대 수렵민과 유사할 것이다.

나 역시 이런 접근을 이해는 한다. 민족지, 특히 진화이론의 정보에 입각한 자료는 초기 인류의 행위와 선택압력에 대한 가설을 도출하는 논리적 근거가 된다. 그러나 고대 사회와 민족지에서 도출된 진화적 변화에 대한 생각은 반드시 가장 직접적인 증거, 곧 고고학 및 고인류학 자료를 통해 검증되어야 한다. 결국 우리의 과거 조상이 남긴 것이라곤 석기와 뼈들이 전부이다(Kelly 2005). 우리는 과거에 대한 지식을 얻기 위해 핫자족이나 주호안시족, 마르투족에서부터 시작할 수는 있겠지만, 민족지 자료에서 멈추어서는 안 된다.

고고학과 고인류학은 과거에 대한 지식을 추구하는 어려운 길이다. 고고학자로서 나 역시 고고학과 고인류학 자료가 얼마나 빈약한지를 잘 안다. 인간행위의 어떤 영역도 직접적으로 고고 유존물에 반영되어 있지 않다. 어떤 하찮은 고고 유적일지라도 수백 년, 심지어 수천 년의 (인간과 비인간의) 행위와 자연 과정이 그 형성에 개입되어 있다는 사실 때문에 해석은 더욱 어려워진다. 학생들에게 늘 말하고 있지만, 고고학은 대단한 능력이 요구되는 학문이 아니다. 다만 매우 어렵다. 그렇다면 아마도 우리는 고고학을 우회하여 모두 민족지 자료에 의지하는 사람을 용서해야 하는가? 오늘날 몇몇 학문 분야는 진화적 분석과 수렵채집을 했던 우리의 과거에 대한 복원에 토대를 두고 있는데, 사실 과거를 말하는 일은 수월하지 않고 수렵채집 행위를 이론적으로 이해하는 일이 중요함을 깨달아야 한다.

나는 특히 진화심리학이라는 분야를 염두에 두고 말하고 싶다. 진화심리학은 "인간의 마음이 진화된 구조는 플라이스토세 수렵채집민의 생활방식에 적응한 것"이라고 가정한다(Cosmides *et al.* 1992: 5; Tooby and Cosmides 1992). 그리하여 진화심리학은 오늘날 인간의 심리학적 기조와 행위의 토대가 어떻게 형성되었는지, 다시 말해 모든 인간이 수렵채집하며 살았을 때 있었던 자연선택에 관심을 가진다. 진화심리학은 행위를 지배하는 복수의, 아마도 수백 개의 심리 "모듈"이 있다고 주장할 것이다. 진화심리학은 마음을 일반 의사결정 장치(generalized decision-making device)로 보기보다는 특정한 심리학적 일을 하도록 디자인된 스위스 군용칼과 같은 다목적 도구—모듈이라 불린다—로 본다. 이른바 진화적 적응성(adaptedness)의 환경을 거치며 선택을 통해 이런 모듈이 형성되었다는 것이다. 진화심리학의 창안자라 할 수 있는 존 투비(John Tooby)와 레다 코스미즈(Leda Cosmides)의 말에 따르면, 현재 우리의 두뇌는 석기시대의 마음을 담고 있다고 한다.

이런 관찰은 우울증과 같은 심리학적 혼란을 설명하고자 한다는 점에서 의의를 지닐 수 있다. 진화심리학의 주장에 따르면, 우리의 마음은 수백만 명이 사는 대도시가 아닌 작은 집단과 더불어 사는 방식으로 선택되었다고 한다. 지난 수백 년 동안 산업사회가 너무도 빠르게 발달하여 사람은 그만큼 충분히 빠르게 대도시의 삶에 적응할 수 있는 마음을 진화시킬 수 없었다고 한다.[2] 충동구매나 아름다움에 대한 인식, 자살, 나이든 남자가 이혼한 뒤 나이 어린 아내를 찾는 일, 남자가 길을 묻지 않는 이유, 난혼, 부정행위를 알아내는 방법과 같은 것을 설명하는 데 진화심리학을 이용하는 연구자도 있다.[3]

그런데 진화심리학이나 비슷한 접근이 옳은지를 판단하기 위해서는 고고학 및 고인류학 자료로 검증해야만 한다. 이는 쉽지 않은 일이다. 문제는 진화심리학이 일반적으로 현존하는 수렵채집민을 우리의 과거 조상을 대표하는 사람들로 여긴다는 점이다. 과연 그럴 수 있을까? 첫째, 먼저 시간 틀을 분명히 해보자. 진화심리학은 우리의 마음이 "진화적 적응성의 환경" 동안 자연선택으로 형성되었다고 주장한다. 우리는 우리의 조상이 어떤 수많은 상이한 종류의 환경에서 살았는지를 질문할 수 있다. 그러나 진화심리학의 개척자들은 이 문제가 부적절하다고 주장한다. "진화적 적응성의 환경"이란 어떤 시간이나 공간이 아니라 모든 지역 모든 시간대의 호미닌이 마주쳤던 일련의 재생산적인 문제라고 한다. 진화심리학에서 "환경"이라는 것은 아주 포괄적인 개념이다. 환경이란 그저 200~250만 년 전 호모 계보가 시작된 뒤 호미닌이 살았던 모든 공간을 말한다. 그렇다면 문제는 현존 수렵채집민에게서 얻은 지식이 그 시간대에 적절한지가 될 터이다. 인간은 약 700만 년 동안 여타 영장류와는 다른 진화적 길을 걸어왔다고 한다.[4] 따라서 처음 500만 년 정도를 제쳐놓는 일이 진화

2 　가령 로빈 던바(Robin Dunbar 1998)는 영장류의 신피질과 집단 크기 사이의 선형 관계를 바탕으로, 인간은 집단이 150명을 넘어서는 경우 어려움을 느낀다고 주장한다.

3 　이는 모두 현재 유행하고 있는 진화심리학의 일부이다. 인터넷에서 "수렵채집민의 마음", 수렵채집민의 우울증 치료, 수렵채집민처럼 먹고 잠자기, 수렵채집민의 쇼핑이론, 어떻게 수렵채집이 남자와 여자의 공간 지각의 차이를 설명하는지, 수렵채집 마음이 어떻게 동물의 마음(심지어 식물이나 경관과도)과 혼동되도록 디자인되었는지 등을 검색해 보라. 또한 "부족적 적응도(tribal fitness)"에 대해서도 알게 될 터이며, 수렵채집민이 마음만이 아니라 몸도 가지고 있다는 사실, 왜 여자들이 분홍색을 "선호하고" 남자들은 파랑을 좋아하는지 같은 설명도 나와 있다. "구석기 식단"이란 유행도 알게 될 터인데, 이는 사실 생리학에 대한 훌륭한 이해를 근거로 한 것이지만(Cordain *et al.* 2005), 진화의 짐 보따리로 포장되어 있다. 그러나 이는 대부분 수렵채집민에 대해 잘못되었거나 제한된 지식에만 근거한 것이다. 가령 모든 수렵채집민이 크고 건강하며 오래 산다고 하거나 폭력 없이 하루 서너 시간만을 일하고 공동으로 잠자리에 드는 것처럼 묘사되어 있다. 현대생활의 유해성을 바로잡고자 하는 필사적인 노력이 반영되어 있다는 점을 제외하고는 그저 웃음거리에 불과한 말들이다.

4 　유전 시계가 정확하다면, 약 700만 년 전의 종분지로 인간의 계보는 다른 영장류와 갈리선다.

심리학에는 분명 중요하지 않은 듯하지만, 플라이오세 후반과 플라이스토세 초 아프리카에 살았던 호미닌이 현재의 수렵채집민과 같았을까?

로버트 폴리(Robert Foley 1988)는 고고학 및 고생물학 자료를 사용하여 호모 사피엔스 이전의 호미닌과 현생인류가 생물학적이고 행위적인 속성에서 크게 차이가 있었음을 밝혔다. 초기 호미닌의 경우 어린이 발육과 성장은 더 빨랐으며 활동범위도 더 작았고 고기도 사냥이 아니라 주로 약취(scavenging)를 통해 얻었다. 홈 베이스(home bases), 곧 공유 행위가 존재했음을 알려주는 좋은 증거도 없다. 수백만 년 동안 올도완(Oldowan) 및 아슐리안(Acheulian) 석기 기술이 유럽, 아시아, 아프리카에서 놀랄 만큼 단일성을 보였던 것은 호모 사피엔스 이전 호미닌이 우리와는 상당히 다른 정신 능력과 행위적 속성을 지녔음을 말해 준다(Kuhn and Stiner 2001). 폴리(Foley 1988: 215, 220)는 초기 호미닌이 "우리와 똑같은 사람도 아니었고 수렵채집민도 아니었다"고 하면서 "현존 수렵채집민이 반드시 "맨 더 헌터" 학회에서 제시된 호미니드의 근본적인 생활양식을 대표하지는 않는다"고 결론을 내렸다. 오스트랄로피테쿠스와 초기 호모 속(genus Homo)은 우리가 이해하거나 "문화적"이라는 용어를 사용하기 어렵다. 그렇다면 인간은 언제 수렵채집민이 되었을까?

논쟁의 여지가 있지만, 대부분의 증거에 따르면 생물학적 현생인류는 아프리카에서 약 200,000년 전에 출현했다. 그러나 생물학적 현생인류의 등장이 행위적 현생인류의 출현을 가리키지 않을 수 있다. 공들여 만든 무덤이나 예술, 복합도구와 같은 어떤 한 가지 고고학적 특징과 행위적 현생인류를 직결하기는 쉽지 않다(Kusimba 2005의 비평 참조). 하지만 "행위적 현생(behavioral modernity)"이라는 용어는 상징을 사용하는 능력을 지닌 호미닌을 가리킨다. 이 정의에 따르면, 행위적 현생인류는 지난 100,000년 전 이후(확실히는 약 40,000년 전)에야 등장한 듯하다. 행위적 현생인류는 아프리카에서 등장하여 이미 180만 년 전 정도부터 아프리카에서 확산하여 이주한 선주 호미닌 집단을 대체하면서 결국 유럽과 아시아의 대부분 지역에 자리를 잡았다.[5] 그렇

---

5   신대륙에 사람이 40,000년 전에 들어왔을 수도 있다. 하지만 15,000년 전 이전의 유적에 대한 증거는 거의 없다.

기 때문에 우리가 민족지 자료를 통해 알고 있는 바와 같은 방식의 수렵채집민의 행위가 등장한 것은 채 100,000년이 되지 않는다.

로버트 폴리는 현생인류의 출현 이후 벌어진 진화적 변화에 대해서도 고찰하였다. 예를 들어, 후기 구석기시대(40,000~10,000년 전)의 사람은 후빙기 사람보다 컸고 남성과 여성의 몸집 차이도 더 컸다고 한다. 폴리는 이런 생물학적 차이를 남성의 재생산 전략과 분업에 적용하면서 "현존 수렵채집 방식은 사실 후빙기의 현상이며, 식량 생산 이전에 일어났던 적응이라기보다는 식량 생산과 평행하게 발달한 것"이라고까지 말하였다(Foley 1988: 219). 폴리의 논지대로라면 현존하는 수렵채집민에서 말미암은 상사는 구석기시대까지 거슬러 올라갈 수 없는 것이 된다. 이 책의 각 장에서는 민족지적으로 알려진 수렵채집 사회에서 나타나는 변이를 논하고 있으며, 그 변이는 대체로 환경과 인구와 관련지을 수 있고, 진화적인 틀로 이해할 수 있다고 하였다. 만약 사람이 과거 다양한 환경에서 살았다면, 다양한 종류의 수렵채집 사회에 살았을 것이라고 기대할 수 있다.

그러므로 진화심리학이나 어느 진화적 접근도 플라이스토세 호미닌의 선택 과정을 연구하고자 한다면, 현존하는 수렵채집민 자료를 직접 적용할 수는 없다. 현생 수렵민은 100,000년 이전에는 존재하지 않았고, 그 이후에도 상이한 선택압력으로 상이한 환경에 적응하면서 큰 변화를 겪었기 때문이다. 애덤 쿠퍼(Adam Kuper 1988: 7)는 다음과 같이 지적한다.

오래 전 과거의 사회 질서를 재구성할 수 있다고 해도, 그것을 일반화할 수는 없다. 진화이론을 사회사에 적용하는 것이 유용하다고 해도, 반드시 모든 지역 상황의 적응에서 나타나는 변이, 곧 다양화(diversification)에 주목해야 한다. 현재 살아남은 수렵채집 사회를 확실히 단일한 구조적 형식으로 묶을 수는 없다. 생태적 변이가 사회구조의 제약 조건이며, 특히 기술이 단순한 곳에서는 초기의 인류사회에서도 사회구조상 차이가 상당했음이 분명하다.

진화심리학에 대해 말하였지만, 내가 말하고자 하는 논점은 더 일반적이다. 인류학 이전의 계몽사상가들과 마찬가지로, 인류학자도 인간성, 모든 인류의 근간이 되는 특질을 찾고자 했다. 물론 이는 참으로 가치 있는 작업으로서 인류학의 핵심으로 자리잡는다. 그러나 우리가 이미 19세기 문화진화론을 거부하였음에도, 많은 인류학자들은 여전히 "인류의 조건을 더 분명하게 도출할 수 있을 것이라는 느낌에 이끌려 수렵 사회에서 살면서 연구하"고자 한다(Lee and DeVore 1968: ix). 오늘날 어느 사회과학자나 진화심리학자도 산업사회의 구성원이 현존 수렵민보다 더 진화하였다고 말하지는 않을 것이다. 그러나 홉스와 루소의 유령이 아직도 우리 주위를 맴돌고 있다. 우리는 여전히 수렵채집민이 진화의 과정이라는 규제를 받지 않은 상태의 인간성을 그대로 보여줄 것이라고 여긴다. 여기에는 수렵채집민은 진화, 그리고 역사를 겪지 않고 그대로 머물러 있다는 함의가 있다. 분명 우리는 이제 이것이 사실이 아님을 알 것이다.

수렵채집민은 다른 사회의 사람들과 마찬가지로 구체적인 환경 및 사회적 조건 아래에서, 그리고 특정한 역사적 궤적에서 살았고, 지금도 살고 있다. 현존 및 과거 수렵채집 사회의 폭넓은 변이를 볼 때, 수렵채집 사회가 인간 사회를 대표한다고 할 수는 없다. 관대함 아니면 탐욕스러움, 폭력 아니면 평화, 일부일처 또는 일부다처, 자녀를 잘 돌보는지 아니면 냉담한지 등 독자가 생각하는 어떤 이미지도 적절하다고 할 수 없다. 그렇다고 해서 수렵민 연구가 인간성에 대해 전혀 아무것도 알려 주지 않는다는 것은 아니며, 다만 변이를 이해하지 않고서 인간의 공통성을 찾을 수는 없다는 말이다. 그렇지 않고 초기 단선진화론자들처럼 도식화하면 우리가 보고자 하는 것만 볼 것이다.

사회문화인류학자보다 고고학자가 수렵채집민에 대한 전형을 만들어내기가 더 쉬운 것 같다. 이는 고고학자의 첫째 작업이 과거를 복원하는 것이기 때문이다. 그런데 흔히 수렵채집 사회, 특히 플라이스토세 수렵민 관련 고고 유존물이 많지 않음을 생각할 때, 진화심리학자와 마찬가지로 과거를 복원하는 데 다른 방법을 찾고자 하는 것도 이해할 수 있는 바이다. 우리는 일반적으로 고고 자료에 대한 분석을 통해 특질의 존재를 추론하지 않고, 민족지 상사(유추)에 의지하거나 그 특질이 얼마나 민족지적으로 일반적인지를 고려함으로써 선사시대 수렵채집 사회 복원을 정당화하고자 한다.[6] 특히 흔히 고고학자가 선사시대 집단과 유사할 것이라고 이미 가정한 주호안시족이나 다른 오늘날의 집단(아체, 메리암, 마르투, 핫자)에서 특질의 발견 빈도에 의지하는 것은 더 큰 문제이다. 우리는 초기 인류사회에 대해 놀랄 만큼 상세한 그림을 그려 왔다. 다시 말해 식량을 공유하는 스물다섯 명으로 이루어진, 부거 또는 모거하면서 양변의 친족 관계를 가지고 있으며, 여성은 식물성 식량을 채집하고 남자는 사냥하는, 광범위한 식량자원을 이용하고 일부일처제를 통해 동맹을 맺고 환경 악화를 막기 위해 인구를 조절한다는 구체적인 그림을 그렸다.

그러나 이런 상세한 그림은 고고 증거가 아니라 민족지 상사(유추)에 바탕을 둔 것이다. 그리고 이렇게 현존 수렵채집민 연구를 잘못 사용하여 단일한 원시 인류사회의 수렵채집 단계를 획일적으로 가정하는 것을 그럴싸하게 포장하고 있다.

고고학자는 민족지 자료를 사용하지 말아야 하는가? 물론 그렇지는 않다. 다만 민족지에서 고고학으로의 정보 전환은 그리 단순하지 않다. 지금으로부터 30여 년 전 마틴 봅스트(Martin Wobst 1978)는 고고학으로는 복원할 수 없는 상세한 정보를 담고 있는 민족지 자료가 어떻게 고고학자가 발굴하기도 전에 과거를 머릿속에 그리게 만듦으로써 독재자처럼 고고학자를 억누르는지 경고한 바 있다. 민족지 자료는 수렵채집 활동과 결부되는 알려지지 않은 선사시대의 사회 형태를 인지하는 고고학자의 능력을 제한할 수 있다. 현존하는 수렵채집민은 다국적기업이나 식민지 정부와도 상호작용하고 있을 뿐 아니라, 다양한 이유(가령 환경 변화나 사회 내부의 역학 같은)로 변화해왔다는 점 때문에 선사시대 사람들과는 다르다. 심지어 원시적이고 고립되어 외부와 접촉하지 않은 수렵채집민이 알려진다 해도 선사시대를 복원하는 상사로서 이용될 수는 없다. 살린스의 말대로, 수렵채집민이 수렵민의 세계에 살고 있었던 기

---

6   교과서에는 구석기시대 최말기 막달레니안(Magdalenian), 케바란(Kebaran) 또는 북아메리카의 아케익 (Archaic) 시대 사회가 어떠했는지에 대한 민족지적인 스냅사진을 제공하기 위한 사례들로 가득하다.

원전 15,000년 전 유럽이나 동아프리카로 타임머신을 타고 가 민족지를 기록한다고 해도, 그것을 다시 기원전 25,000년 호주나 기원전 8,000년 북아메리카에 대입할 수는 없다.

그렇다면 민족지라는 행위 자료와 고고학 조사의 물질 자료 사이에는 어떤 관계가 있을까? 이에 대해서는 두 가지 대답이 있다. 하지만 대답으로 바로 넘어가기 전에 먼저 고고학이 연구하는 현상에 대해 고려해 보아야 한다. 고고학은 주로 긴 시간과 광범위한 공간에 걸쳐 나타나는 문화 행위를 설명하고자 한다. 사회과학에서 그 정도의 시공간을 다루는 학문은 고고학밖에 없다. 선사고고학은 현생인류 이전부터 현재까지, 그린란드에서 티에라델푸에고까지 광범위한 시공간을 포괄한다. 이것이 고고학의 강점이다. 약점으로는 고고 자료는 개별 사건을 기록하기에는 너무 개략적이라는 점을 들 수 있다. 우리는 경우에 따라서는 천 년이나 만 년 단위로, 최근 시기를 다루는 역사고고학의 경우 25년이나 100년 단위로 과거를 본다. 이런 시간 척도는 민족지와는 전혀 다르다. 민족지는 개인의 행위를 기록할 수 있는데, 이는 오늘날 (그리고 가까운 미래에도) 고고학의 기법으로는 할 수 없는 일이다. 마이클 조킴(Michael Jochim 1991: 315)의 지적과도 같이, "민족지는 우리에게 개별 스냅사진을 주는 데 반해, 고고 자료는 전체 가족 앨범의 일부라고 할 수 있다." 이렇듯 시간 척도가 근본적으로 다르기 때문에, 민족지에서 고고학으로 수월하게 전환할 수는 없다.

하지만 고고학은, 개별 수렵민의 물질적 효과나 문화적 상상을 볼 수 없을지 몰라도, 수렵채집 전략에서의 변화—고기를 쫓다가 식물성 식량에 의존하는 것 또는 수렵채집에서 농경으로의 변화—를 이해하기 위해서 수렵민 개인이 어떻게 의사결정을 내리는지를 이해해야 한다. 고고 자료는 개략적으로 보일지라도 개인 행위의 산물이다. 인류의 문화진화는 식량, 짝짓기, 친족, 비친족, 땅, 위세, 평판, 정신, 우주와 같은 것을 포괄하는 수백만 가지 의사결정의 산물이다. 고고학은 민족지 조사연구를 통해 고고 자료의 궁극적인 원천이라 할 일상의 현장에서 벌어지는 의사결정 과정을 이해할 수 있다. 우리의 작업은 생태, 사회, 생물, 문화적인 변수들이 의사결정에 어떠한 역할을 하는지를 묻는 것이다. 수렵채집민은 어떻게 칼로리와 단백질 또는 다른 어떤 것의 측면에서 식량의 우선순위를 정하는가? 수렵민은 어떻게 다른 사람과 공유하고, 영역으로 들어오게 하며, 이동하고, 갓난아이를 기를지를 결정하는가? 수렵민은 어떻게 다른 사람의 위세 획득 축제에 참여하기를 결정하는가?[7]

이것이야말로 민족지 자료가 고고학에 유용한 측면이다. 만약 환경과의 상호작용이 수렵민의 생활에 어떻게든 영향을 미친다면, 현존하는 사람들이 어떻게 환경과 관련하여 의사결정을 내리는지는 과거 사람들의 의사결정 방식과 유사할 것이다. 이것은 지질학에서 말하는 동일과정의 원칙(uniformitarianism) 그 이상도 아니다. 다시 말해 현존 수렵채집민은 과거 사람들과 동일하지는 않지만, 동일한 원칙에 입각하여 행동한다. 물론 기술과 역사적 상황, 문화 환경에 따라 상이한 조건과 제약이 있을 수는 있다.

현존 또는 최근의 수렵채집 사회는 부분적으로, 아마도 대체로, 비수렵채집 사회와의 상호작용을 통해 구조되었음에는 의심의 여지가 없다. 따라서 이런 사회에 전적으로 의지하여 모델을 세워 선사시대에 적용하는 일은 잘못이다. 그러나 고고학자가 외부 세계와 접촉하였다는 이유 때문에 이런 사회를 무시하는 일 또한 어리석다. 현존 수렵채집민은 농경 및 산업사회와 더불어 (경우에 따라서는 수백 년 동안) 살고 있지만, 여전히 어디에 살지, 언제 떠날지, 임금 노동을 해야 할지, 식량을 저장할지, 내놓아야 할지 아니면 비축할지, 혼인을 어떻게 주선할지, 무엇을 먹어야 할지, 식량을 살지 아니면 수렵채집으로 얻어야 할지, 마을 근처에 머물지 아니면 멀리 있을지, 아이를 가질지, 위세를 위해 경쟁할지에 대한 의사결정을 내린다. 그런 의사결정을 내릴 때마다 생각할 수 있는 유용한 자료를 고고학에 제공한다. 민족학은 고고학이 과거에 대해 더 정확한 모델을 세울 수 있게 도움을 주지만, 그 모델의 성패는 모호하거나 부적절한 가정에 달려 있지 않다. 그래서 선사시대에 대해 더 정확한 검증이 된다. 레비스트로스의 말을 빌리면, 민족학 자료는 "생각하는 데 좋은" 자료이다.

---

7   에이전트 모델(e.g., Kohler and van der Leeuw 2007)은 인간행동생태학의 통찰을 사용하여 개인의 의사결정을 고고학이 복원할 수 있는 대규모의 장기간 자료에 투영하는 법을 제시한다.

그러나 민족학 자료는 이보다 더 많은 정보를 줄 수 있다. 이제 민족지 자료를 이용하는 첫 번째 방법을 논해 보자. 지금까지 인간의 수렵채집 적응의 몇몇 근본적인 양상을 모델화하는 훌륭하고 정치한 민족지 자료 분석이 있었다(e.g., Binford 2001; Hamilton *et al.* 2007a; Hill *et al.* 2011; Marlowe 2010). 모든 모델에는 가정이 필요하며, 이는 피할 수 없는 일이다. 그러나 이런 가정은 그저 경험적 유형에 근거한, 우리가 바라는 것이 아님을 확인해야 한다. 오히려 그런 가정을 이론적으로 정당화해야 한다. 이는 상사(유추)와는 다른 것이며, 적어도 더 강력한 상사라 할 수 있다.

예를 들면, 이 책의 초판이 발간되고 나서 어떤 동료가 나에게 선사시대로 투영할 수 있다고 생각되는, 과거에 대한 모델로 삼을 수 있는 민족지 자료가 있는지를 질문하였다. 그때도, 지금도, 나는 다음 두 가지만이 있다고 생각한다. 바로 이동하는 수렵채집민은 18명에서 30명 정도가 무리지어 본거지 집단을 이루며, 남자는 사냥하고 여자는 채집한다는 점이다. 내가 이런 생각을 하는 이유는 그것이 단지 경험적으로 일반적이기 때문이 아니라, 이 책에서 해왔듯이, 각각에 대해 이론적인 정당성을 제시할 수 있기 때문이다. 다양한 환경에서 표준적인 집단의 크기는 수렵채집 반경 내 자원 고갈의 최소화와 식량 섭취에서의 일별 변이를 줄이고자 하는 욕구 사이에 균형을 맞추는 데에 바탕을 두고 있다. 그리고 분업은 남자와 여자의 근본적인 생물학적 차이와 양육과 사냥을 동시에 하기 힘들다는 조건에 뿌리내리고 있다. 만약 우리가 이런 행위의 인과적 조건을 올바르게 결정한다면, 그리고 그런 조건이 과거에도 적용된다고 말할 수 있다면, 가정은 잠정적으로 유효하다.

잠정적이라는 말에 주목하면서, 민족지 자료를 사용하는 두 번째 방법에 대해 살펴보자. 비록 수렵채집민 고고학이 이 책의 범위를 넘어서는 것이긴 하지만, 우리는 민족지 자료에 나타나 있는 다양성을 원천으로 과거를 복원하는 데 더욱 엄밀한 방법을 개발할 수 있다. 고고학자는 지속적으로 그런 방법을 찾아 왔는데, 흔히 특정 물적 유존물을 인간 행위와 연결시켜 주는 것을 일컬어 중범위이론(middle-range theory)이라고 부르기도 한다. 이런 식으로 고고학자는 특정한 행위의 지표를 찾는다. 예를 들어, 고고학자는 유물 조각이나 노지의 공간 분포를 이용하여 집단의 크기나 유적 점유 시간을 추정한다(e.g., Kelly *et al.* 2005, 2006). 마찬가지로 현존 수렵민이 동물 유체를 다루는 방법을 검토하여, 사냥과 약취, 비인간 포식자들의 활동을 구분하는 방법을 개발하고 고기를 공유하고 도살하며 저장한 흔적을 인지한다. 수렵채집 행위가 다양하기에 고고 흔적 역시 다양할 터이다. 단순하게 행위와 물적 자료를 연결시킬 수 없음도 잘 알고 있다. 사냥으로 남은 고고 증거는 집단이 고기를 칼로리 혹은 단백질의 원천으로 생각하는지, 식량을 저장하는지의 여부, 또는 고기가 어떻게 공유되는지의 여부(동물 자체의 차이, 곧 이동성, 크기, 살찐 정도 등에 따른 차이도 포함하여)에 따라 다양하다.

　　루이스 빈포드는 수렵채집민 행위에서의 다양성을 이해하는 일과 유리된 채 고고 흔적을 해석해서는 안 된다고 주장하였다(O'Connell 1995 역시 참조). 가령 고고학적으로 유적을 인지하는 범주—어떤 형식의 주거지인지뿐 아니라 남아 있는 유물 조각의 양과 종류까지 포함하여—가 수렵민이 본거지 이동을 하는지 아니면 조달 이동을 하는지에 따라 다르다고 했다(Binford 1980, 1990). 4장에서 살펴본 바와 같이, 집단의 조직과 이동은 생태 및 인구적인 변수에 달려 있다. 따라서 고고 증거에서 추론을 위한 방법을 만들어내는 일은 행위에서의 다양성을 이해하는 일과 복잡하게 얽혀 있다. 인간 행위를 설명하는 일을 제쳐 두고 과거를 복원할 수는 없다.

　　그렇기에 이론적 입장을 분명히 하는 것이 좋다. 우리는 지금까지 해왔듯이, 일반 대 특수, 단순 대 복합, 저장 대 비저장, 즉자회수 대 지연회수와 같은 일련의 넓은 유형적 범주가 아닌 다른 측면에서 수렵채집민의 선사시대를 연구할 필요가 있다. 민족지 자료가 분명 선사시대 수렵민의 모든 생활 방식을 전해 주지는 않기 때문에, 우리의 접근은 반드시 인간 행위의 다양성에 대한 지식을 지속적으로 확장하는 방식으로 이루어져야 한다. 우리는 어떤 고고 유적이나 시간대를 특정 유형적 칸막이 안에 배열하려는 목적으로 접근해서는 안 되며, 우리가 할 수 있는 한 식단이나 이동성, 인구, 영역성, 사회조직 같은 상이한 문화 요소를 재구성하고 퍼즐을 맞추듯이 종합해야 한다.

　　이는 어려운 일이 되겠지만, 이로써 더 이싱 무비판적인 상사(유추)의 잘못과 상상이라는 인류사회의 렌즈를 통해 먼 과거의 수렵채집 사회를 재구성하는 잘못을 저지르지 않을 수 있다. 그리고 진화이론의 접근을 통해 선사시대의 수렵채집 활동과 결부된 조직의 형태를 찾을 수 있는데, 그 형태는 지금은 존재하지 않는 과거 생태적 조건, 사라진 사회와의 상호작용, 또는 현생인류 이전의 경우 오늘날 인간과는 다른 인지 능력과 연관되어 있다. 우리는 현존 및 선사시대 수렵채집민을 진화이론의 틀로 연구함으로써, 인간의 발달과 다양성에 대한 우리의 지식과 이해를 지속적으로 증진시킬 수 있다. 그리고 결국 이것이 바로 우리가 인류학을 하는 이유이다.

참고문헌

Abrams, H., Jr. 1987 The Preference for Animal Protein and Fat: A Cross-Cultural Survey. In *Food and Evolution*, edited by M. Harris and E. Ross, pp. 207-23. Philadelphia: Temple University Press.

Abruzzi, W. 1979 Population Pressure and Subsistence Strategies Among the Mbuti Pygmies. *Human Ecology* 7:183-89.

_____. 1980 Flux Among the Mbuti Pygmies of the Ituri Forest: An Ecological Interpretation. In *Beyond the Myths of Culture*, edited by E. Ross, pp. 3-31. New York: Academic Press.

Acker, C. L. and P. K. Townsend 1975 Demographic Models and Female Infanticide. *Man* 10:469-70.

Adams, J. 1973 *The Gitksan Potlatch: Population Flux, Resource Ownership, and Reciprocity*. Toronto: Holt, Rinehart & Winston.

Allchin, B. 1966 *The Stone-Tipped Arrow*. London: (Phoenix House.)

Allen-Arave, W., M. Gurven and K. Hill 2008 Reciprocal Altruism, Rather than Kin Selection Maintains Nepotistic Food Transfer on an Ache Reservation. *Evolution and Human Behavior* 29:305-318.

Alexander, R. D. 1987 *Darwinism and Human Affairs*. Seattle: University of Washington Press.

Altman, J. C. 1984 Hunter-Gatherer Subsistence Production in Arnhem Land: The Original Affluence Hypothesis Re-Examined. *Mankind* 14:179-90.

_____. 1987 *Hunter-Gatherers Today*. Canberra: Australian Institute of Aboriginal Studies.

Altman, J. C., ed. 1989 *Emergent Inequalities in Aboriginal Australia*. Oceania Monograph 38.

Sydney: University of Sydney.

Altman, J. and N. Peterson 1988 Rights to Game and Rights to Cash Among Contemporary Australian Hunter-Gatherers. *In Hunters and Gatherers, Vol 2: Property, Power, and Ideology*, edited by T. Ingold, D. Riches and J. Woodburn, pp. 75-94. Oxford: Berg.

Alvard, M. S. 1993 Testing the "Ecologically Noble Savage" Hypothesis: Interspecific Prey Choice by Piro Hunters of Amazonian Peru. *Human Ecology* 21:355-87.

_____. 1995 Intraspecific Prey Choice by Amazonian Hunters. *Current Anthropology* 336:789-818.

_____. 2002 Carcass Ownership and Meat Distribution by Big-Game Cooperative Hunters. *Research in Economic Anthropology* 21:99-131.

_____. 2003 Kinship, Lineage, and an Evolutionary Perspective on Cooperative Hunting Groups in Indonesia. *Human Nature* 14:129-63.

Alvard, M. S. and D. Nolin 2002 Rousseau's Whale Hunt? Coordination among Big Game Hunters. *Current Anthropology* 43:533-59.

Alvard, M. S. and A. Gillespie 2004 Good Lamalera Whale Hunters Accrue Reproductive Benefits. *Research in Economic Anthropology* 23:223-45.

Ames, K. 1985 Hierarchies, Stress, and Logistical Strategies Among Hunter-Gatherers in Northwestern North America. In *Prehistoric Hunter-Gatherers: The Emergence of Cultural Complexity*, edited by T. D. Price and J. A. Brown, pp. 155-80. Orlando, Fla.: Academic Press.

_____. 1991 Sedentism: A Temporal Shift or a Transitional Change in Hunter-GathererMobility Patterns? In *Between Bands and States*, edited by S. Gregg, Center for Archaeological Investigations Occasional Paper No. 9, pp. 108-34. Carbondale, Ill.: Southern Illinois University Press.

_____. 1994 The Northwest Coast: Complex Hunter-Gatherers, Ecology, and Social Evolution. *Annual Review of Anthropology* 23:209-29.

_____. 1995 Chiefly Power and Household Production on the Northwest Coast. In *Foundations of Social Inequality*, edited by T. D. Price and G. M. Feinman, pp. 155-87. New York: Plenum Press.

_____. 2001 Slaves, Chiefs and Labour on the Northern Northwest Coast. *World Archaeology* 33:1-17.

_____. 2002 Going by Boat: The Forager-Collector Continuum at Sea. *In Beyond Foraging and Collecting: Evolutionary Change in Hunter-Gatherer Settlement* Systems, edited by B.

Fitzhugh and J. Habu, pp. 17-50. New York: Kluwer/Plenum Press.

_____. 2008 Slavery, Household Production and Demography on the Southern Northwest Coast: Cables, Tacking and Ropemaking. In *Invisible Citizens: Captives and Their Consequences*, edited by C. M. Cameron, pp. 138-58. Salt Lake City: University of Utah Press.

Ames, K. and H. D. G. Maschner 1999 *Peoples of the Northwest Coast: Their Archaeology and Prehistory*. London: Thames & Hudson.

Amsden, C. 1977 A Quantitative Analysis of Nunamiut Eskimo Settlement Dynamics. Unpublished Ph.D. dissertation, Department of Anthropology, University of New Mexico.

Anderies, J. M. 1996 An Adaptive Model for Predicting !Kung Reproductive Performance: A Stochastic Dynamic Programming Approach. *Ethology and Sociobiology* 17:221-45.

Anderson, M. K. 2005 *Tending the Wild: Native American Knowledge and the Management of California's Natural Resources*. Berkeley: University of California Press.

Andrews, E. 1994 Territoriality and Land Use Among the Akulmiut of Western Alaska. In *Key Issues in Hunter-Gatherer Research*, edited by E. S. Burch, Jr. and L. J. Ellanna, pp. 65-93. Oxford: Berg.

Arcand, B. 1988 Il n'y a jamais eu de Société de Chasseurs-Cueilleurs. *Anthropologie et Sociétés* 12:39-58.

Ardrey, R. 1966 *The Territorial Imperative*. New York: Dell.

Arima, E. and J. Dewhirst 1990 Nootkans of Vancouver Island. In *Handbook of North American Indians, Vol. 7: Northwest Coast*, edited by W. Suttles, pp. 391-411. Washington, D.C.: Smithsonian Institution Press.

Arnold, J. E. 1993 Labor and the Rise of Complex Hunter-Gatherers. *Journal of Anthropological Archaeology* 12:75-119.

_____. 1995a Transportation Innovation and Social Complexity among Maritime Hunter-Gatherer Societies. *American Anthropologist* 97:733-47.

_____. 1995b Social Inequality, Marginalization, and Economic Process. In *Foundations of Social Inequality*, edited by T. D. Price and G. M. Feinman, pp. 87-103. New York: Plenum Press.

_____. 1996a The Archaeology of Complex Hunter-Gatherers. *Journal of Archaeological Method and Theory* 3:77-125.

_____. 1996b Organizational Transformations: Power and Labor among Complex Hunter-Gatherers and other Intermediate Societies. In *Emergent Complexity: The Evolution of Intermediate Societies*, edited by J. E. Arnold, pp. 59-73. Ann Arbor, Mich.: International

Monographs in Prehistory.

_____. 2001a The Chumash in World and Regional Perspectives. In *The Origins of a Pacific Coast Chiefdom: The Chumash of the Channel Islands*, edited by J. E. Arnold, pp. 1-20. Salt Lake City: University of Utah Press.

_____. 2001b Social Evolution and Political Economy in the Northern Channel Islands. In *The Origins of a Pacific Coast Chiefdom: The Chumash of the Channel Islands*, edited by J. E. Arnold, pp. 287-96. Salt Lake City: University of Utah Press.

_____. 2007 Credit Where Credit Is Due: The History of the Chumash Ocean-going Plank Canoe. *American Antiquity* 72:196-209.

_____. 2009 The Role of Politically Charged Property in the Appearance of Institutionalized Leadership. In *The Evolution of Leadership*, edited by K. Vaughn, J. Eerkens and J. Kantner, pp. 121-46. Santa Fe: School of Advanced Research Press.

Arnold, J. E., ed. 2001 *The Origins of a Pacific Coast Chiefdom: The Chumash of the Channel Islands*. Salt Lake City: University of Utah Press.

_____. 2004 *Foundations of Chumash Complexity*. Los Angeles: Cotsen Institute of Archaeology.

Arnold, J. E. and J. Bernard 2005 Negotiating the Coasts: Status and the Evolution of Boat Technology in California. *World Archaeology* 37:109-31.

Asch, M. 1982 Dene Self-Determination and the Study of Hunter-Gatherers in the Modern World. In *Politics and History in Band Societies*, edited by R. B. Lee and E. Leacock, pp. 347-72. Cambridge:Cambridge University Press.

Aschmann, H. 1959 *The Central Desert of Baja California*. Ibero-Americana 42. Berkeley: University of California Press.

Bahuchet, S. 1979 Utilisation de L'Espace Forestier par les Pygmées Aka, Chasseurs-Cueilleurs D'Afrique Centrale. *Social Science Information* 18:99-119.

_____. 1988 Food Supply Uncertainty Among the Aka Pygmies (Lobaye, Central African Republic). In *Coping with Uncertainty in Food Supply*, edited by I. de Garine and G. Harrison, pp. 118-49. Oxford: Oxford University Press.

_____. 1992 Spatial Mobility and Access to Resources Among the African Pygmies. In *Mobility and Territoriality: Social and Spatial Boundaries among Foragers, Fishers, Pastoralists, and Peripatetics*, edited by M. J. Casimir and A. Rao, pp. 205-58. Oxford: Berg.

Bahuchet, S. and H. Guillaume 1982 Aka-Farmer Relations in the Northwest Congo Basin. In *Politics and History in Band Societies*, edited by E. Leacock and R. B. Lee, pp. 189-211.

Cambridge: Cambridge University Press.

Bailey, H. 1960 A Method of Determining Warmth and Temperateness of Climate. *Geografiska Annaler* 43:1-16.

Bailey, R. 1988 The Significance of Hypergyny for Understanding Subsistence Behavior Among Contemporary Hunters and Gatherers. In *Diet and Subsistence: Current Archaeological Perspectives*, edited by B. Kennedy and G. LeMoine, pp. 57-65. Calgary: University of Calgary Press.

_____. 1991 *The Behavioral Ecology of Efe Pygmy Men in the Ituri Forest, Zaire*. University of Michigan Museum of Anthropology Anthropological Papers 86. Ann Arbor, Mich.

Bailey, R. and R. J. Aunger 1989a Net Hunters Vs. Archers: Variation in Women's Subsistence Strategies in the Ituri Forest. *Human Ecology* 17:273-97.

_____. 1989b Significance of the Social Relationships of Efe Pygmy Men in the Ituri Forest, Zaire. *American Journal of Physical Anthropology* 78:495-507.

_____. 1995 Sexuality, Infertility and Sexually Transmitted Disease among Farmers and Foragers in Central Africa. In *Sexual Nature, Sexual Culture*, edited by S. D. Pinkerton, pp. 195-222. Chicago: University of Chicago Press.

Bailey, R. and N. Peacock 1988 Efe Pygmies of Northeast Zaire: Subsistence Strategies in the Ituri Forest. In *Coping with Uncertainty in Food Supply*, edited by I. de Garine and G. Harrison, pp. 88-117. Oxford: Oxford University Press.

Bailey, R., G. Head, M. Jenike, B. Owen, R. Rechtman and E. Zechenter 1989 Hunting and Gathering in Tropical Rain Forest: Is It Possible? *American Anthropologist* 91:59-82.

Balikci, A. 1967 Female Infanticide on the Arctic Coast. Man 2:615-25.

_____. 1970 *The Netsilik Eskimo*. New York: Natural History Press.

_____. 1984 Netsilik. In *Handbook of North American Indians, Vol. 5: Arctic*, edited by D. Damas, pp. 415-30. Washington, D.C.: Smithsonian Institution Press.

Bamforth, D. B. 1991 Technological Organization and Hunter-Gatherer Land Use. *American Antiquity* 56:216-34.

Bamforth, D. B. and Peter Bleed 1997 Technology, Flaked Stone Technology, and Risk. In *Rediscovering Darwin: Evolutionary Theory and Archaeological Explanation*, edited by C. Michael Barton and Geoffrey A. Clark, pp. 109-40. Archaeological Papers of the American Anthropological Association No. 7. Arlington: American Anthropological Association.

Barker, G. 1976 The Ritual Estate and Aboriginal Polity. *Mankind* 10:225-39.

Barlow, K. R. and M. Heck 2002 More on Acorn Eating during the Natufian: Expected Patterning in Diet and the Archaeological Record of Subsistence. In *Hunter-Gatherer Ethnobotany*, edited by L. R. Mason and J. G. Hather, pp. 128-45. London: University College Institute of Archaeology.

Barlow, K. R. and D.Metcalfe 1996 Plant Utility Indices: Two Great Basin Examples. *Journal of Archaeological Science* 23:351-71.

Barnard, A. 1980 Sex Roles Among the Nharo Bushmen of Botswana. *Africa* 50:115-24.

_____. 1983 Contemporary Hunter-Gatherers: Current Theoretical Issues in Ecology and Social Organization. *Annual Review of Anthropology* 12:193-214.

_____. 1992a *Hunters and Herders of Southern Africa: A Comparative Ethnography of the Khoisan Peoples*. Cambridge: Cambridge University Press.

_____. 1992b Social and Spatial Boundary Maintenance among Southern African Hunter-Gatherers. In *Mobility and Territoriality: Social and Spatial Boundaries among Foragers, Fishers, Pastoralists, and Peripatetics*, edited by M. J. Casimir and A. Rao, pp. 137-53. Oxford: Berg.

_____. 2004 Hunting-and-Gathering Society: An Eighteenth-Century Scottish Invention, in *Hunter-Gatherers in History, Archaeology and Anthropology*, edited by A. Barnard, pp. 31-43. Oxford: Berg.

Barrett, S. A. 1910 *The Material Culture of the Klamath Lake and Modoc Indians of Northeastern California and Southern Oregon*. University of California Publications in Archaeology and Ethnology 5:239-92. Berkeley.

Barrett, S. A. and E.W. Gifford 1933 Miwok Material Culture. *Bulletin of the Milwaukee Public Museum* 2(4).

Barry, H. and A. Schlegel 1982 Cross-Cultural Codes on Contributions by Women to Subsistence. *Ethnology* 21:165-88.

Barry, H., I. Child and M. Bacon 1959 The Relation of Child Training to Subsistence Economy. *American Anthropologist* 61:51-63.

Barry, H. and L. M. Paxson 1971 Infancy and Early Childhood: Cross-Cultural Codes 2. *Ethnology* 10:466-508.

Bartram, L. E., Jr. 1997 A comparison of Kua (Botswana) and Hadza (Tanzania) bow and arrow hunting. In *Projectile Technology*, edited by H. Knecht, pp. 321-44. New York: Plenum.

Basgall, M. 1987 Resource Intensification Among Hunter-Gatherers: Acorn Economies in Prehistoric California. *Research in Economic Anthropology* 9:21-52.

Basu, A. 1969 The Pahira: A Population Genetical Study. *American Journal of Physical Anthropology* 31:399-416.

Batty, P., L. Allen and J. Morton, eds. 2005 *The Photographs of Baldwin Spencer*. Victoria: The Miegunyah Press.

Baumhoff, M. A. 1958 *Ecological Determinants of Population*. University of California Archaeological Survey Reports 48:32-65. Berkeley.

_____. 1963 *Ecological Determinants of Aboriginal California Populations*. University of California Publications in American Archaeology and Ethnology 49:155-236. Berkeley.

_____. 1981 The Carrying Capacity of Hunter-Gatherers. In *Affluent Foragers*, edited by S. Koyama and D. H. Thomas, pp. 77-90. Senri Ethnological Studies 9. Osaka, Japan: NationalMuseum of Ethnology.

Beals, R. 1933 *Ethnology of the Maidu*. University of California Publications in American Archaeology and Ethnology 31:335-410. Berkeley.

Bean, L. J. 1978 Social Organization. In *Handbook of North American Indians, Vol. 8: California*, edited by R. Heizer, pp. 673-82. Washington, D.C.: Smithsonian Institution Press.

Bean, L. J. and C. Smith 1978 Serrano. In *Handbook of North American Indians, Vol. 8: California*, edited by R. Heizer, pp. 570-74. Washington, D.C.: Smithsonian Institution Press.

Bean, L. J. and D. Theodoratus 1978 Western Pomo and Northeastern Pomo. In *Handbook of North American Indians, Vol. 8: California*, edited by R. Heizer, pp. 289-305. Washington, D.C.: Smithsonian Institution Press.

Beardsley, R., P. Holder, A. Krieger, M. Meggers, J. Rinaldo and P. Kutsche 1956 Functional and Evolutionary Implications of Community Patterning. In *Seminars in Archaeology, 1955*. Society for American Archaeology Memoir 11, pp. 129-57. Society for American Archaeology.

Beckett, J. 1965 Kinship, Mobility and Community Among Part-Aborigines in Rural Australia. In *Kinship and Geographical Mobility*, edited by R. Piddington, pp. 2-23. Leiden: E. J. Brill.

Begler, E. 1978 Sex, Status, and Authority in Egalitarian Society. *American Anthropologist* 80:571-88.

Bell, D. 1980 Desert Politics: Choices in the "Marriage Market." In *Women and Colonization: Anthropological Perspectives*, edited by M. Etienne and E. Leacock, pp. 239-69. New York: Praeger.

Bellshaw, J. 1978 Population Distribution and the Pattern of Seasonal Movement in Northern

New South Wales. In *Records of Time Past: Ethnohistorical Essays on the Culture and Society of the New England Tribes*, edited by I. McBryde, pp. 65-81. Canberra: Australian Institute of Aboriginal Studies.

Belovsky, G. 1987 Hunter-Gatherer Foraging: A Linear Programming Approach. *Journal of Anthropological Archaeology* 6:29-76.

_____. 1988 An Optimal Foraging-Based Model of Hunter-Gatherer Population Dynamics. *Journal of Anthropological Archaeology* 7:329-72.

Bender, B. 1985 Prehistoric Developments in the American Midcontinent and in Brittany, Northwest France. In *Prehistoric Hunter-Gatherers: The Emergence of Cultural Complexity*, edited by T. D. Price and J. A. Brown, pp. 21-57. Orlando, Fla.: Academic Press.

Bender, B. and B. Morris 1988 Twenty Years of History, Evolution, and Social Change in Gatherer-Hunter Studies. In *Hunters and Gatherers, Vol. 1: History, Evolution and Social Change*, edited by T. Ingold, D. Riches and J. Woodburn, pp. 4-14. Oxford: Berg.

Bentley, G. 1985 Hunter-Gatherer Energetics and Fertility: A Reassessment of the !Kung San. *Human Ecology* 13:79-109.

Bentley, G., G. Jasienska and T. Goldberg 1993 Is the Fertility of Agriculturalists Higher Than That of Nonagriculturalists? *Current Anthropology* 34:778-85.

Berkes, F. 1986 Common Property Resources and Hunting Territories. *Anthropologica* 28:144-62.

Bern, J. 1979 Ideology and Domination: Toward a Reconstruction of Australian Aboriginal Social Formation. *Oceania* 50:118-32.

Berndt, C. 1978 Digging Sticks and Spears, Or, the Two-Sex Model. In *Women's Role in Aboriginal Society*, edited by F. Gale, pp. 64-80. Canberra: Australian Institute of Aboriginal Studies.

_____. 1981 Interpretations and "Facts" in Aboriginal Australia. In *Woman the Gatherer*, edited by F. Dahlberg, pp. 153-203. New Haven, Conn.: Yale University Press.

Berndt, R. 1972 The Walmadjeri and Gugadja. In *Hunters and Gatherers Today*, edited by M. G. Bicchieri, pp. 177-216. New York: Holt, Rinehart and Winston.

Berndt, R. and C. Berndt 1945 A Preliminary Report on Field Work in the Ooldea Region, Western South Australia. *Oceania* 15:239-66.

_____. 1964 *World of the First Australians*. Chicago: University of Chicago Press.

_____. 1993 *A World That Was: The Yaraldi*. Melbourne: University of Melbourne Press.

Bernhard, J. and K. Glantz 1992 *Staying Human in the Organization: Our Biological Heritage and the Workplace*. Westport, Conn.: Praeger.

Bettinger, R. 1977 Aboriginal Human Ecology in Owens Valley: Prehistoric Change in the Great Basin. *American Antiquity* 42:3-17.

_____. 1991 *Hunter-Gatherers: Archaeological and Evolutionary Theory*. New York: Plenum.

_____. 2009 *Hunter-Gatherer Foraging: Five Simple Models*. Clinton Corners, N.Y.: Percheron Press.

Bettinger, R. and M. Baumhoff 1982 The Numic Spread: Great Basin Cultures in Competition. *American Antiquity* 47:485-503.

Bettinger, R., R. Malhi and H. McCarthy 1997 Central Place Models of Acorn and Mussel Processing. *Journal of Archaeological Science* 24:887-99.

Bettinger, R. L., B. Winterhalder and R. McElreath 2006 A Simple Model of Technological Intensification. *Journal of Archaeological Science* 33:538-45.

Bicchieri, M. 1969a A Cultural Ecological Comparative Study of Three African Foraging Societies. In *Contributions to Anthropology: Band Societies*, edited by D. Damas, pp. 172-79. National Museum of Canada Bulletin 228. Ottawa.

_____. 1969b The Differential Use of Identical Features of Physical Habitat in Connection with Exploitative, Settlement, and Community Patterns: The BaMbuti Case Study. In *Contributions to Anthropology: Ecological Essays*, edited by D. Damas, pp. 65-72. National Museum of Canada Bulletin 230. Ottawa.

Bicchieri, M., ed. 1972 *Hunters and Gatherers Today*. New York: Holt, Rinehart and Winston.

Biesele, M. and S. Barclay 2001 Ju/'hoan Women's Tracking Knowledge and its Contribution to their Husbands' Hunting Success. *African Study Monographs*, Suppl.26:67-84.

Biesele, M. and N. Howell 1981 "The Old People Give You Life": Aging Among !Kung Hunter-Gatherers. In *Other Ways of Growing Old*, edited by P. T. Awass and S. Harrell, pp. 77-98. Stanford, Calif.: Stanford University Press.

Biesele, M. and R. K. Hitchcock 2011 *The Ju/'hoan San of Nyae Nyae and Namibian Independence*. New York: Berghahn Books.

Binford, L. 1968 Post-Pleistocene Adaptations. In *New Perspectives in Archaeology*, edited by S. R. Binford and L. R. Binford, pp. 313-41. Chicago: Aldine.

_____. 1978 *Nunamiut Ethnoarchaeology*. New York: Academic Press.

_____. 1979 Organization and Formation Processes: Looking at Curated Technologies. *Journal of Anthropological Research* 35:255-72.

_____. 1980 Willow Smoke and Dogs' Tails: Hunter-Gatherer Settlement Systems and Archaeological Site Formation. *American Antiquity* 45:4-20.

_____. 1982 The Archaeology of Place. *Journal of Anthropological Archaeology* 1:5-31.

_____. 1983 *In Pursuit of the Past*. London: Thames and Hudson.

_____. 1986 An Alyawara day: Making Men's Knives and Beyond. *American Antiquity* 51:547-62.

_____. 1990 Mobility, Housing, and Environment: A Comparative Study. *Journal of Anthropological Research* 46:119-52.

_____. 2001 *Constructing Frames of Reference*. Berkeley: University of California Press.

_____. 2006 Bands as Characteristic of "Mobile Hunter-Gatherers" May Exist Only in the History of Anthropology. In *Archaeology and Ethnoarchaeology of Mobility*, edited by F. R. Sellet, R. Greaves and P. L. Yu, pp. 3-22. Gainesville: University Press of Florida.

Binford, L. R. and W. J. Chasko 1976 Nunamiut Demographic History: A Provocative Case. In *Demographic Anthropology*, edited by E. B. W. Zubrow, pp. 63-143. Albuquerque: University of New Mexico Press.

Binford, L. R. and J. F. O'Connell 1984 An Alyawara Day: The Stone Quarry. Journal of *Anthropological Research* 40:406-32.

Bird, D. W. and R. Bliege Bird 1997 Contemporary Shellfish Gathering Strategies among the Meriam of the Torres Strait Islands, Australia: Testing Predictions of a Central Place Foraging Model. *Journal of Archaeological Science* 24:39-63.

_____. 2000 The Ethnoarchaeology of Juvenile Foragers: Shellfishing Strategies Among Meriam Children. *Journal of Anthropological Archaeology* 19:461-76.

_____. 2002 Children on the Reef: Slow Learning or Strategic Foraging? *Human Nature* 13:269-97.

_____. 2005 Martu Children's Hunting Strategies in the Western Desert, Australia. In *Hunter-Gatherer Childhoods*, edited by B. Hewlett and M. Lamb, pp. 129-46. New York: Aldine de Gruyter.

_____. 2009 Competing to be Leaderless: Food Sharing and Magnanimity among the Martu Aborigines. In *The Evolution of Leadership*, edited by K. Vaughn, J. Eerkens and J. Kantner, pp. 21-49. Santa Fe: School of Advanced Research Press.

Bird, D. W., R. Bliege Bird and B. F. Codding 2009 In Pursuit of Mobile Prey: Martu Hunting Strategies and Archaeofaunal Interpretations. *American Antiquity* 74:3-30.

Bird, D. W., R. Bliege Bird and C. H. Parker 2005 Aboriginal Burning Regimes and Hunting Strategies in Australia's Western Desert. *Human Ecology* 33:443-64.

Bird, D. W., B. F. Codding, R. Bliege Bird and D. W. Zeanah 2012 Risky Pursuits: Martu Hunting and the Effects of Prey Mobility: Reply to Ugan and Simms. *American Antiquity* 77:186-94.

Bird, D. and J. F. O'Connell 2006 Behavioral Ecology and Archaeology. *Journal of Archaeological Research* 14:143-88.

Bird, D. W., J. L. Richardson, P. M. Veth and A. J. Barham 2002 Explaining Shellfish Variability in Middens on the Meriam Islands, Torres Strait, Australia. *Journal of Archaeological Science* 29:457-69.

Bird-David, N. 1988 Hunter-Gatherers and Other People: A Reexamination. In *Hunters and Gatherers, Vol. 1: History, Evolution and Social Change*, edited by T. Ingold, D. Riches and J. Woodburn, pp. 17-64. Oxford: Berg.

_____, 1990 The Giving Environment: Another Perspective on the Economic System of Gatherer-Hunters. *Current Anthropology* 31:183-96.

_____, 1992a Beyond "The Hunting and Gathering Mode of Subsistence": Culture-Sensitive Observations on the Nayaka and Other Modern Hunter-Gatherers. *Man* 27:19-44.

_____, 1992b Beyond "The Original Affluent Society": A Culturalist Reformulation. *Current Anthropology* 33:25-48.

Birdsell, J. 1953 Some Environmental and Cultural Factors Influencing the Structuring of Australian Aboriginal Populations. *American Naturalist* 87:171-207.

_____, 1958 On Population Structure in Generalized Hunting and Collecting Populations. *Evolution* 12:189-205.

_____, 1968 Some Predictions for the Pleistocene Based on Equilibrium Systems for Recent Hunter-Gatherers. In *Man the Hunter*, edited by R. B. Lee and I. DeVore, pp. 229-40. Chicago: Aldine.

_____, 1970 Local Group Composition Among the Australian Aborigines: A Critique of the Evidence from Fieldwork Conducted Since 1930. *Current Anthropology* 11:115-42.

Birket-Smith, K. 1929 *The Caribou Eskimo. Report of the Fifth Thule Expedition 5*. Copenhagen: Nordisk Forlag.

_____, 1953 *The Chugach Eskimo*. Nationalmuseets Skrifter, Etnografisk Raekke 6. Copenhagen.

Bishop, C. 1970 The Emergence of Hunting Territories Among the Northern Ojibwa. *Ethnology* 9:1-15.

_____. 1983 Limiting Access to Limited Goods: The Origins of Stratification in Interior British Columbia. In *The Development of Political Organization in Native North America*, edited by E. Tooker, pp. 148-61. Washington, D.C.: American Ethnological Society.

_____. 1986 Territoriality Among Northeastern Algonquians. *Anthropologica* 28:37-63.

_____. 1987 Coast-Interior Exchange: The Origins of Stratification in Northwestern North America. *Arctic Anthropology* 24:72-83.

Black, F. 1975 Infectious Diseases in Primitive Societies. *Science* 187:515-18.

Black, L. 1973 The Nivkh (Gilyak) of Sakhalin and the Lower Amur. *Arctic Anthropology* 10:1-106.

Bleed, P. 1986 The Optimal Design of Hunting Weapons: Maintainability or Reliability. *American Antiquity* 51:737-47.

Bleed, P. and M. Meier 1980 An Objective Test of the Effects of Heat Treatment on Flakeable Stone. *American Antiquity* 45:502-07.

Bliege Bird, R. 1999 Cooperation and Conflict: The Behavioral Ecology of the Sexual Division of Labor. *Evolutionary Anthropology* 8:65-75.

_____. 2007 Fishing and the Sexual Division of Labor among the Meriam. *American Anthropologist* 109:442-51.

Bliege Bird, R. and D. W. Bird 1997 Delayed Reciprocity and Tolerated Theft: The Behavioral Ecology of Food-Sharing Strategies. *Current Anthropology* 38:49-78.

_____. 2002 Constraints of Knowing or Constraints of Growing? Fishing and Collecting among the Children of Mer. *Human Nature* 13:239-68.

_____. 2008 Why Women Hunt: Risk and Contemporary Foraging in a Western Desert Aboriginal Community. *Current Anthropology* 49:655-93.

Bliege Bird, R., D. W. Bird, E. A. Smith and G. C. Kushnick 2002 Risk and Reciprocity in Meriam Food Sharing. *Evolution and Human Behavior* 23:297-321.

Bliege Bird, R., B. F. Codding and D. W. Bird 2009 What Explains Differences in Men's and Women's Production? Determinants of Gendered Foraging Inequalities among Martu. *Human Nature* 20:105-29.

Bliege Bird, R. and E. A. Smith 2005 Signaling Theory, Strategic Interaction, and Symbolic Capital. *Current Anthropology* 46:221-48.

Bliege Bird, R., E. A. Smith and D. W. Bird 2001 The Hunting Handicap: Costly Signaling in Male Foraging Strategies. *Behavioral Ecology and Sociobiology* 50:9-19.

Blundell, V. 1980 Hunter-Gatherer Territoriality: Ideology and Behavior in Northwest Australia. *Ethnohistory* 27:103-17.

Blurton Jones, N. 1983 A Selfish Origin for Human Food Sharing: Tolerated Theft. *Ethology and Sociobiology* 4:145-47.

_____. 1986 Bushman Birth Spacing: A Test for Optimal Interbirth Intervals. *Ethology and Sociobiology* 7:91-105.

_____. 1987 Bushman Birth Spacing: Direct Tests of Some Simple Predictions. *Ethology and Sociobiology* 8:183-203.

_____. 1989 The Costs of Children and the Adaptive Scheduling of Births: Towards a Sociobiological Perspective on Demography. In *The Sociobiology of Sexual and Reproductive Strategies*, edited by A. Rasa, C. Vogel and E. Voland, pp. 265-82. London: Chapman and Hall.

Blurton Jones, N., K. Hawkes and P. Draper 1994a Differences Between Hadza and !Kung Children'sWork: Original Affluence or Practical Reason? In *Key Issues in Hunter-Gatherer Research*, edited by E. S. Burch, Jr. and L. J. Ellanna, pp. 189-215. Oxford: Berg.

_____. 1994b Foraging Returns of !Kung Adults and Children: Why Didn't !Kung Children Forage? *Journal of Anthropological Research* 50:217-48.

Blurton Jones, N., K. Hawkes and J. O'Connell 1989 Modeling and Measuring Costs of Children in Two Foraging Societies. In *Comparative Socioecology: The Behavioural Ecology of Humans and Other Mammals*, edited by V. Standen and R. Foley, pp. 367-90. Oxford: Blackwell Scientific.

_____. 1996 The Global Process and Local Ecology: How Should We Explain the Differences Between the Hadza and !Kung? In *Cultural Diversity among Twentieth-Century Foragers: An African Perspective*, edited by S. Kent, pp. 159-87. Cambridge: Cambridge University Press.

_____. 2002 Antiquity of Postreproductive Life: Are There Modern Impacts on Hunter-Gatherer Postreproductive Life Spans? *American Journal of Human Biology* 14:184-205.

_____. 2005a Older Hadza Men and Women as Helpers. In *Hunter-Gatherer Childhoods*, edited by B. Hewlett and M. Lamb, pp. 214-36. New York: Aldine de Gruyter.

_____. 2005b Hadza Grandmothers as Helpers: Residence Data. In *Grandmotherhood: The Evolutionary Significance of the Second Half of Female Life*, edited by E. Voland, A. Chasiotis and W. Schiefenhoevel, pp. 160-76. Piscataway, N.J.: Rutgers University Press.

Blurton Jones, N. and M. Konner 1976 !Kung Knowledge of Animal Behavior. In *Kalahari Hunt-*

er-Gatherers, edited by R. B. Lee and I. DeVore, pp. 325-48. Cambridge: Harvard University Press.

Blurton Jones, N. and F. Marlowe 2002 Selection for Delayed Maturity: Does It Take 20 Years to Learn to Hunt and Gather? *Human Nature* 13:199-238.

Blurton Jones, N. and R. M. Sibly 1978 Testing Adaptiveness of Culturally Determined Behavior: Do Bushmen Women Maximize Their Reproductive Success by Spacing Births Widely and Foraging Seldom? In *Human Behavior and Adaptations*, edited by N. Blurton Jones and V. Reynolds, pp. 135-57. London: Taylor & Francis.

Blurton Jones, N., L. Smith, J.O'Connell, K. Hawkes and C. Kamuzora 1992 Demography of the-Hadza, An Increasing and High Density Population of Savanna Foragers. *American Journal of Physical Anthropology* 89:159-81.

Boas, F. 1888 *The Central Eskimo*. Bureau of American Ethnology Annual Report 6. Washington, D.C.

_____. 1907 *Second Report on the Eskimo of Baffin Land and Hudson Bay*. Anthropological Papers of the American Museum of Natural History 15:371-509. New York.

_____. 1966 Kwakiutl Ethnography. Edited by H. Codere. Chicago: University of Chicago Press.

Bock, J. 2005 What Makes a Competent Adult Forager? In *Hunter-Gatherer Childhoods*, edited by B. Hewlett and M. Lamb, pp. 109-28. New York: Aldine de Gruyter.

Bock, J. and S. E. Johnson 2004 Subsistence Ecology and Play among the Okavango Delta Peoples of Botswana. *Human Nature* 15:63-81.

Bock, K. 1956 *The Acceptance of Histories: Towards a Perspective for Social Science*. University of California Publications in Sociology and Social Institutions 3. Berkeley.

Bodenhorn, B. 2000 It's Good to Know Who Your Relatives Are But We Were Taught to Share with Everybody: Shares and Sharing among Inupiaq Households. In *The Social Economy of Sharing: Resource Allocation andModern Hunter-Gatherers*, edited by G.W.Wenzel, G. Hovelsrud-Broda and N. Kishigami, pp. 27-60. Senri Ethnological Studies 53. Osaka, Japan: National Museum of Ethnology.

Boehm, C. 1999 *Hierarchy in the Forest: The Evolution of Egalitarian Behavior*. Cambridge: Harvard University Press.

Bollaert, W. 1850 Observations on the Indian Tribes in Texas. *Royal Anthropological Institute of Great Britain and Ireland* 2:262-83.

Bongaarts, J. and R. Potter 1983 *Fertility, Biology, and Behavior: An Analysis of the Proximate*

Determinants of Fertility. New York: Academic Press.

Boone, J. 1992 Competition, Conflict, and Development of Social Hierarchies. In *Evolutionary Ecology and Human Behavior*, edited by E. Smith and B. Winterhalder, pp. 301-37. New York: Aldine de Gruyter.

———. 2000 Status Signaling, Social Power, and Lineage Survival. In *Hierarchies in Action: Cui Bono?* edited by M. W. Diehl, pp. 84-110. Center for Archaeological Investigations Occasional Paper 27. Carbondale: Southern Illinois University.

Borgerhoff Mulder, M. 1992 Reproductive Decisions. *In Evolutionary Ecology and Human Behavior*, edited by E. Smith and B. Winterhalder, pp. 339-74. New York: Aldine de Gruyter.

Bose, S. 1964 Economy of the Onge of Little Andaman. Man in India 44:298-310.

Boserup, E. 1965 *The Conditions of Agricultural Growth: The Economics of Agrarian Change under Population Pressure*. Chicago: Aldine.

Bousman, C. B. 1993 Hunter-Gatherer Adaptations, Economic Risk and Tool Design. *Lithic Technology* 18:59-86.

Boyd, R. and P. Richerson 1985 *Culture and the Evolutionary Process*. Chicago: University of Chicago Press.

Brainard, J. and T. Overfield 1986 Transformation in the Natural Fertility Regime of Western Alaskan Eskimo. In *Culture and Reproduction: An Anthropological Critique of Demographic Transition Theory*, edited by W. Handwerker, pp. 112-24. Boulder, Colo.: Westview.

Briggs, J. 1970 *Never in Anger: Portrait of an Eskimo Family*. Cambridge: Harvard University Press.

Bright, J., A. Ugan and L. Hunsaker 2002 The Effect of Handling Time on Subsistence Technology. *World Archaeology* 34:164-81.

Brightman, R. 1987 Conservation and Resource Depletion: The Case of the Boreal Forest Algonquians. In *The Question of the Commons*, edited by B. McCoy and J. Acheson, pp. 121-41. Tucson: University of Arizona Press.

———. 1996 The Sexual Division of Foraging Labor: Biology, Taboo, and Gender Politics. *Comparative Studies in Society and History* 38:687-729.

Brody, H. 1987 *Living Arctic: Hunters of the Canadian North*. Seattle: University of Washington Press.

Brosius, J. P. 1991 Foraging in Tropical Rain Forests: The Case of the Penan of Sarawak, East Malaysia (Borneo). *Human Ecology* 19:123-50.

Broughton, J. 1999 *Resource Depression and Intensification During the Late Holocene, San Francisco Bay: Evidence from the Emeryville Shellmound Vertebrate Fauna.* Berkeley: University of California Press.

Broughton, J., M. D. Cannon, F. E. Bayham and D. A. Byers 2011 Prey Body Size and Ranking in Zooarchaeology: Theory, Empirical Evidence, and Applications from the Northern Great Basin. *American Antiquity* 76:403-28.

Brown, C. T., L. S. Liebovitch and R. Glendon. 2007 Lévy Flights in Dobe Ju/'hoansi Foraging Patterns. *Human Ecology* 35:129-38.

Brown, J. 1970 A Note on the Division of Labor. *American Anthropologist* 72:1073-78.

Brunton, R. 1989 The Cultural Instability of Egalitarian Societies. *Man* 24:673-81.

Bugos, P. and L. McCarthy 1984 Ayoreo Infanticide: A Case Study. In *Infanticide: Comparative and Evolutionary Perspectives*, edited by G. Hausfater and S. Hrdy, pp. 503-20. New York: Aldine.

Burbank, V. 1988 *Aboriginal Adolescence: Maidenhood in an Australian Community.* New Brunswick, N.J.: Rutgers University Press.

Burbank, V. and J. Chisholm 1992 Gender Differences in the Perception of Ideal Family Size in an Australian Aboriginal Community. In *Father-Child Relations: Cultural and Biosocial Contexts*, edited by B. Hewlett, pp. 177-90. New York: Aldine de Gruyter.

Burch, E. S., Jr. 1972 The Caribou/Wild Reindeer as a Human Resource. *American Antiquity* 37:339-68.

_____. 1984 Kotzebue Sound Eskimo. In *Handbook of North American Indians, Vol. 5: Arctic*, edited by D. Damas, pp. 303-19. Washington, D.C.: Smithsonian Institution Press.

_____. 1988 Models of Exchange in North-West Alaska. In Hunters and Gatherers, Vol. 2: *Property, Power and Ideology*, edited by T. Ingold, D. Riches and J. Woodburn, pp. 95-109. Oxford: Berg.

_____. 1994a The Future of Hunter-Gatherer Research. In *Key Issues in Hunter-Gatherer Research*, edited by E. S. Burch, Jr. and L. J. Ellanna, pp. 441-55. Oxford: Berg.

_____. 1994b Rationality and Resource Use among Hunters. In *Circumpolar Religion and Ecology: An Anthropology of the North*, edited by T. Irimoto and Y. Yamoda, pp. 163-85. Tokyo: University of Tokyo Press.

_____. 2005 *Alliance and Conflict: The World System of the Iñupiaq Eskimos.* Lincoln: University of Nebraska Press.

_____. 2006 *Social Life in Northwest Alaska: The Structure of Iñupiaq Eskimo Nations*. Fairbanks: University of Alaska Press.

_____. 2007a Rationality and Resource Use Among Hunters: Some Eskimo Examples. In *Native Americans and the Environment: Perspectives on the Ecological Indian*, edited by M. E. Harkin and D. R. Lewis, pp. 123-52. Lincoln: University of Nebraska Press.

_____. 2007b Traditional Native Warfare in Western Alaska. In *North American Indigenous Warfare and Ritual Violence*, edited by R. Chacon and R. Mendoza, pp. 11-29. Tucson: University of Arizona Press.

Burton, M., L. Brudner and D. White 1977 A Model of the Sexual Division of Labor. *American Ethnologist* 4:227-51.

Callaway, D., J. Janetski and O. Stewart 1986 Ute. In *Handbook of North American Indians, Vol. 11: Great Basin*, edited by W. D'Azevedo, pp. 336-67. Washington, D.C.: Smithsonian Institution Press.

Campbell, B. C. and P. W. Leslie 1995 Reproductive Ecology of Human Males. *Yearbook of Physical Anthropology* 38:1-26.

Campbell, K. and J. Wood 1988 Fertility in Traditional Societies. In *Natural and Human Fertility: Social and Biological Determinants*, edited by P. Diggory, M. Potts and S. Teper, pp. 39-69. London: Macmillan.

Cane, S. 1987 Australian Aboriginal Subsistence in the Western Desert. *Human Ecology* 15: 391-434.

_____. 1990 Desert Demography: A Case Study of Pre-Contact Aboriginal Densities in the Western Desert of Australia. In *Hunter-Gatherer Demography Past and Present*, edited by B. Meehan and N. White, pp. 149-59. Oceania Monograph 19. Sydney: University of Sydney.

Cannon, M. 2003 A Model of Central Place Forager Prey Choice and an Application to Faunal Remains from the Mimbres Valley, New Mexico. *Journal of Anthropological Archaeology* 22:1-25.

Carneiro, R. 1970 A Theory of the Origin of the State. *Science* 169:733-38.

Carpenter, E. S. 1955 Eskimo Space Concepts. *Explorations* 5:131-45.

Carr, P. J. and A. P. Bradbury 2011 Learning from Lithics: A Perspective on the Foundation and Future of the Organization of Technology. *Paleoanthropology* 2011:305-19.

Carr-Saunders, A. 1922 *The Population Problem: A Study in Human Evolution*. Oxford: Clarendon.

Cartmill, M. 1993 *A View to a Death in the Morning: Hunting and Nature through History.* Cambridge: Harvard University Press.

Cashdan, E. 1980 Egalitarianism Among Hunters and Gatherers. *American Anthropologist* 82:116-29.

_____. 1983 Territoriality Among Human Foragers: Ecological Models and an Application to Four Bushman Groups. *Current Anthropology* 24:47-66.

_____. 1984 G//ana Territorial Organization. *Human Ecology* 12:443-63.

_____. 1985 Coping with Risk: Reciprocity Among the Basarwa of Northern Botswana. *Man* 20:454-74.

_____. 1987 Trade and Its Origins on the Botletli River, Botswana. *Journal of Anthropological Research* 43:121-38.

Cashdan, E., ed. 1990 *Risk and Uncertainty in Tribal and Peasant Economies.* Boulder, Colo.: Westview.

_____. 1992 Spatial Organization and Habitat Use. In *Evolutionary Ecology and Human Behavior*, edited by E. Smith and B. Winterhalder, pp. 237-66. New York: Aldine de Gruyter.

Casteel, R. 1972 Two Static Maximum Population Density Models for Hunter-Gatherers. *World Archaeology* 4:20-40.

_____. 1979 Human Population Estimates for Hunting and Gathering Groups Based Upon Net Primary Productivity Data: Examples from the Central Desert of Baja California. *Journal of Anthropological Research* 35:85-92.

Cavalli-Sforza, L., ed. 1986 *African Pygmies.* New York: Academic Press.

Cavalli-Sforza, L. and K. Feldman 1981 *Cultural Transmission and Evolution: A Quantitative Approach.* Princeton, N.J.: Princeton University Press.

Chapman, M. 1980 Infanticide and Fertility Among Eskimos: A Computer Simulation. *American Journal of Physical Anthropology* 53:317-27.

Charnov, E. L. 1976 Optimal Foraging, theMarginal Value Theorem. *Theoretical Population Biology* 9:129-36.

Chase, A. and P. Sutton 1987 Australian Aborigines in a Rich Environment. In *Traditional Aboriginal Society*, edited by W. H. Edwards, pp. 68-95. Melbourne: The Macmillan Company of Australia.

Cheshier, J. and R. L. Kelly 2006 Projectile Point Shape and Durability: The Effects of Thickness: Length. *American Antiquity* 71:353-63.

Chindina, L. A. 2000 Warfare Among the Hunters and Fisherman of Western Siberia, in *Hunters and Gatherers in the Modern World*, edited by P. P. Schweitzer, M. Biesele and R. K. Hitchcock, pp. 77-93. New York: Berghahn Books.

Chisholm, J. and V. Burbank 1991 Monogamy and Polygyny in Southeast Arnhem Land: Male Coercion and Female Choice. *Ethnology and Sociobiology* 12:291-313.

Christenson, A. L. 1997 Side-Notched and Unnotched Arrowpoints: Assessing Functional Differences. In *Projectile Technology*, edited by H. Knecht, pp. 121-42. New York: Plenum.

Churchill, Steven E. 1993 Weapon Technology, Prey Size Selection, and Hunting Methods in Modern Hunter-Gatherers: Implications for Hunting in the Palaeolithic and Mesolithic. In *Hunting and Animal Exploitation in the Later Palaeolithic and Mesolithic of Eurasia*, edited by G. L. Peterkin, H. M. Bricker and P. Mellars, pp. 11-24. Archaeological Papers of the American Anthropological Association No. 4. Arlington: American Anthropological Association.

Clastres, P. 1972 The Guayaki. In *Hunters and Gatherers Today*, edited by M. G. Bicchieri, pp. 138-74. New York: Holt, Rinehart and Winston.

Clemmer, R. O. 2009 Pristine Aborigines or Victims of Progress? The Western Shoshones in the Anthropological Imagination. *Current Anthropology* 50:849-81.

Codding, B. F., R. Bliege Bird and D. W. Bird 2011 Provisioning Offspring and Others: Risk-Energy Trade-offs and Gender Differences in Hunter-Gatherer Foraging Strategies. *Proceedings of the Royal Society B* 278:2502-09.

Codere, H. 1950 *Fighting with Property: A Study of Kwakiutl Potlatching and Warfare, 1792-1930*. American Ethnological Society Monograph 18. Seattle: University of Washington Press.

_____. 1990 Kwakiutl: Traditional Culture. In *Handbook of North American Indians, Vol. 7: Northwest Coast*, edited by W. Suttles, pp. 359-77. Washington, D.C.: Smithsonian Institution Press.

Cohen, M. N. 1977 *The Food Crisis in Prehistory: Overpopulation and the Origins of Agriculture*. New Haven, Conn.: Yale University Press.

_____. 1980 Speculations on the Evolution of Density Measurement and Population Regulation in Homo Sapiens. In *Biosocial Mechanisms of Population Regulation*, edited by M. Cohen, R. Mapass and H. Klein, pp. 275-303. New Haven, Conn.: Yale University Press.

_____. 1985 Prehistoric Hunter-Gatherers: The Meaning of Social Complexity. In *Prehistoric*

Hunter-Gatherers: The Emergence of Cultural Complexity, edited by T. D. Price and J. A. Brown, pp. 99-119. Orlando, Fla.: Academic Press.

_____. 1989 *Health and the Rise of Civilization*. New Haven, Conn.: Yale University Press.

Collier, J. 1988 *Marriage and Inequality in Three Classless Societies*. Stanford, Calif.: Stanford University Press.

Collier, J. and M. Rosaldo 1981 Politics and Gender in Simple Societies. In *Sexual Meanings: The Cultural Construction of Gender and Sexuality*, edited by S. Ortner and H. Whitehead, pp. 275-329. Cambridge: Cambridge University Press.

Collings, P. 2009 Birth Order, Age, and Hunting Success in the Canadian Arctic. *Human Nature* 20:354-74.

Collard, M., M. Kemery and S. Banks 2005 Causes of Toolkit Variation Among Hunter-Gatherers: A Test of Four Competing Hypotheses. *Canadian Journal of Archaeology* 29:1-19.

Condon, R. 1987 *Inuit Youth: Growth and Change in the Canadian Arctic*. New Brunswick, N.J.: Rutgers University Press.

Condon, R. and R. Scaglion 1982 The Ecology of Human Birth Seasonality. *Human Ecology* 10:495-511.

Cook, S. 1976 *The Conflict Between the California Indians and White Civilization*. Berkeley: University of California Press.

Cooper, C. 2002 A Study of the Morphological Changes in Tiger Chert Resulting from Heat Treatment. *Lithic Technology* 27:153-60.

Cooper, J. 1938 *Snares, Deadfalls, and Other Traps of the Northern Algonquians and Northern Athapaskans*. Catholic University of America Anthropological Series No. 5. Washington, D.C.: Catholic University.

_____. 1939 Is the Algonkian Family Hunting Ground System PreColumbian? *American Anthropologist* 41:66-90.

_____. 1946 The Culture of the Northeastern Indian Hunters: A Reconstructive Interpretation. In *Man in Northeastern North America, Papers of the Robert Peabody Foundation for Archaeology*, edited by F. Johnson, pp. 272-305. Andover, Mass.: Peabody Museum.

Cooper, Z. 1990 The End of "Bibipoiye" (Dog Not) Days in the Andamans. In *Hunter-Gatherer Demography Past and Present*, edited by B. Meehan and N. White, pp. 117-25. Oceania Monograph 19. Sydney: University of Sydney.

Cordain, L., S. B. Eaton, A. Sebastian, N. Munn, S. Lindeberg, B. A. Watkins, J. H. O'Keefe and J.

Brand-Miller 2005 Origins and Evolution of the Western Diet: Health Implications for the 21st Century. *American Journal of Clinical Nutrition* 81:341-54.

Cordain, L., J. B. Miller, S. B. Eaton, N. Mann, S. H. A. Holt and J. D. Speth 2000 Plant-Animal Subsistence Ratios and Macronutrient Energy Estimations in Worldwide Hunter-Gatherer Diets. *American Journal of Clinical Nutrition* 71:682-92.

Cosmides, L., J. Tooby and J. H. Barkow 1992 Introduction: Evolutionary Psychology and Conceptual Integration. In *The Adapted Mind: Evolutionary Psychology and the Generation of Culture*, edited by J. H. Barkow, L. Cosmides and J. Tooby, pp. 3-15. Oxford: Oxford University Press.

Coupland, G. 1985 Restricted Access, Resource Control and the Evolution of Status Inequality Among Hunter-Gatherers. In *Status, Structure and Stratification: Current Archaeological Reconstructions*, edited by M. Thompson, M. Garcia and F. Kense, pp. 217-26. Calgary: Archaeological Association of the University of Calgary.

_____. 1994 This Old House: Cultural Complexity and Household Stability on the Northern Northwest Coast of North America. In *Emergent Complexity: The Evolution of Intermediate Societies*, edited by J. E. Arnold, pp. 74-90. Ann Arbor, Mich.: International Monographs in Prehistory.

Coupland, G. and E. B. Banning, eds. 1996 *People Who Lived in Big Houses: Archaeological Perspectives on Large Domestic Structures*. Madison, Wis.: Prehistory Press.

Couture, M. D., M. F. Ricks and L. Housley 1986 Foraging Behavior of a Contemporary Northern Great Basin Population. *Journal of California and Great Basin Anthropology* 8:150-60.

Cowlishaw, G. 1978 Infanticide in Aboriginal Australia. *Oceania* 48:262-83.

_____. 1981 The Determinants of Fertility Among Australian Aborigines. *Mankind* 13:37-55.

Cox, B., ed. 1973 *Cultural Ecology*. Toronto: McLelland and Stewart.

Coxe, W. 1804 [1787] *Account of the Russian Discoveries Between Asia and America*. New York: A. M. Kelley.

Craig, N. and N. A. Chagnon 2006 Locational Analysis of Yanomamö Gardens and Villages Observed in Satellite Imagery. In *Archaeology and Ethnoarchaeology of Mobility*, edited by F. R. Sellet, R. Greaves and P. L. Yu, pp. 44-74. Gainesville: University Press of Florida.

Cribb, R. 1991 *Nomads in Archaeology*. Cambridge: Cambridge University Press.

Crittenden, A. N. and F.W.Marlowe 2008 Allomaternal Care among the Hadza of Tanzania. *Human Nature* 19:249-62.

Cronk, L. 1991 Human Behavioral Ecology. *Annual Review of Anthropology* 20:25-53.

Crow, J. and P. Obley 1981 Han. In *Handbook of North American Indians, Vol. 6: Subarctic*, edited by J. Helm, pp. 506-13. Washington, D.C.: Smithsonian Institution Press.

Cruikshank, J. 1990 *Life Lived Like a Story: Women's Lives in Athapaskan Narrative*. Lincoln: University of Nebraska Press.

Curr, E. 1886-87 *Australian Race*. Melbourne. 4 vols.

Dahlberg, F., ed. 1981 *Woman the Gatherer*. New Haven, Conn.: Yale University Press.

Daly, M. and M. Wilson 1988 *Homicide*. New York: Aldine.

Damas, D. 1968 The Diversity of Eskimo Societies. In *Man the Hunter*, edited by R. B. Lee and I. DeVore, pp. 112-17. Chicago: Aldine.

_____. 1969a Characteristics of Central Eskimo Band Structure. In *Contributions to Anthropology: Band Societies,* edited by D. Damas, pp. 116-38. National Museum of Canada Bulletin 228. Ottawa.

_____. 1969b Environment,History, and Central Eskimo Society. In *Contributions to Anthropology: Ecological Essays*, edited by D. Damas, pp. 40-64. National Museum of Canada Bulletin 230. Ottawa.

_____., ed. 1969c *Contributions to Anthropology: Band Societies*. National Museum of Canada Bulletin 228. Ottawa.

_____., ed. 1969d *Contributions to Anthropology: Ecological Essays*. National Museum of Canada Bulletin 230. Ottawa.

_____. 1972 The Copper Eskimo. In *Hunters and Gatherers Today*, edited by M. G. Bicchieri, pp. 3-50. New York: Holt, Rinehart and Winston.

_____. 1975a Central Eskimo Systems of Food Sharing. *Ethnology* 11:220-39.

_____. 1975b Demographic Aspects of Central Eskimo Marriage Practices. *American Ethnologist* 2:409-18.

_____. 1984a Introduction. In *Handbook of North American Indians, Vol. 5: Arctic*, edited by D. Damas, pp. 1-7. Washington, D.C.: Smithsonian Institution Press.

_____. 1984b Copper Eskimo. In *Handbook of North American Indians, Vol. 5: Arctic*, edited by D. Damas, pp. 397-414. Washington, D.C.: Smithsonian Institution Press.

_____. 2002 The Distribution and Habits of the Ringed Seal and Central Eskimo Settlement Patterns. In *Anthropology, History, and American Indians: Essays in Honor of William Curtis Sturtevant*. Smithsonian Contributions to Anthropology 44, edited by W. L. Merrill and I.

Goddard, pp. 325-32. Washington, D.C.: Smithsonian Institution Press.

Davenport, D., J. R. Johnson and J. Timbrook 1993 The Chumash and the Swordfish. *Antiquity* 67:257-72.

D'Anglure, B. 1984 Inuit of Quebec. In *Handbook of North American Indians, Vol. 5: Arctic*, edited by D. Damas, pp. 476-507. Washington, D.C.: Smithsonian Institution Press.

Davidson, D. 1926 The Basis of Social Organization in Australia. *American Anthropologist* 61:557-72.

_____. 1928 The Family Hunting Territory in Australia. *American Anthropologist* 30:614-31.

de Beaune, Sophie A. 2004 The Invention of Technology: Prehistory and Cognition. *Current Anthropology* 45:139-62.

de Garine, I. and G. Harrison, eds. 1988 *Coping with Uncertainty in Food Supply*. Oxford: Oxford University Press.

de Laguna, F. 1983 Aboriginal Tlingit Sociopolitical Organization. In *The Development of Political Organization in Native North America*, edited by E. Tooker, pp. 71-85. Washington, D.C.: American Ethnological Society.

de Laguna, F. and C. McClellan 1981 Ahtna. In *Handbook of North American Indians, Vol. 6: Subarctic*, edited by J. Helm, pp. 641-63. Washington, D.C.: Smithsonian Institution Press.

Denbow, J. 1984 Prehistoric Herders and Foragers of the Kalahari: The Evidence for 1500 Years of Interaction. In *Past and Present in Hunter-Gatherer Studies*, edited by C. Schrire, pp. 175-74. Orlando, Fla.: Academic Press.

Denham, W. W. 1974a Infant Transport Among the Alyawara Tribe, Central Australia. *Oceania* 44:253-77.

_____. 1974b Population Structure, Infant Transport, and Infanticide Among Pleistocene and Modern Hunter-Gatherers. *Journal of Anthropological Research* 30:191-98.

Denniston, G. 1981 Sekani. In *Handbook of North American Indians, Vol. 6: Subarctic*, edited by J. Helm, pp. 433-41. Washington, D.C.: Smithsonian Institution Press.

Dentan, R. 1968 *The Semai: A Nonviolent People of Malaysia*. New York: Holt, Rinehart and Winston.

_____. 1988 Reply to Knauft. *Current Anthropology* 29:625-729.

Denys, P. 1908 *Description and Natural History of the Coasts of North America*. Toronto: The Champlain Society.

Dewar, R. 1984 Environmental Productivity, Population Regulation, and Carrying Capacity.

American Anthropologist 86:601-14.

Dickemann, M. 1975 Demographic Consequences of Infanticide in Man. *Annual Review of Anthropology* 6:107-37.

Diehl, M. 1992 Architecture as a Material Correlate of Mobility Strategies: Some Implications for Archaeological Interpretation. *Behavior Science Research* 26:1-35.

Divale, W. and M. Harris 1976 Population, Warfare, and the Male Supremacist Complex. *American Anthropologist* 78:521-38.

Dixon, R. 1905 The Northern Maidu. *Bulletin of the American Museum of Natural History* 17(3):119-346. New York.

_____. 1907 The Shasta. *Bulletin of the American Museum of Natural History* 17(5):381-498. New York.

Dobkin de Rios, M. and B. Hayden 1985 Odorous Differentiation and Variability in the Sexual Division of Labor Among Hunter/Gatherers. *Journal of Human Evolution* 14:219-28.

Donald, L. 1983 Was Nuu-chah-nulth-aht (Nootka) Society Based on Slave Labor? In *The Development of Political Organization in Native North America*, edited by E. Tooker, pp. 108-19. Washington, D.C.: American Ethnological Society.

_____. 1984 The Slave Trade on the Northwest Coast of North America. *Research in Economic Anthropology* 6:121-58.

_____. 1985 On the Possibility of Social Class in Societies Based on Extractive Subsistence. In Status, *Structure and Stratification: Current Archaeological Reconstructions*, edited by M. Thompson, M. T. Garcia and F. J. Kense, pp. 237-43. Calgary: Archaeological Association of the University of Calgary.

_____. 1997 *Aboriginal Slavery on the Northwest Coast of North America*. Berkeley: University of California Press.

_____. 2000 Patterns of War and Peace among Complex Hunter-Gatherers: The Case of the Northwest Coast of North America, in *Hunters and Gatherers in the Modern World*, edited by P. P. Schweitzer, M. Biesele and R. K. Hitchcock, pp. 164-79. New York: Berghahn Books.

Donald, L. and D. Mitchell 1975 Some Correlates of Local Group Rank Among the Southern Kwakiutl. *Ethnology* 14:325-46.

_____. 1994 Nature and Culture on the Northwest Coast of North America: The Case of Wakashan Salmon Resources. In *Key Issues in Hunter-Gatherer Research*, edited by E. S.

Burch, Jr. and L. Ellanna, pp. 95-117. Oxford: Berg.

Dowling, J. 1968 Individual Ownership and the Sharing of Game in Hunting Societies. *American Anthropologist* 70:502-7.

Downs, J. F. 1966 *The Two Worlds of the Washo*. New York: Holt, Rinehart and Winston.

Draper, P. 1975 !Kung Women: Contrasts in Sexual Egalitarianism in Foraging and Sedentary Contexts. In *Toward an Anthropology of Women*, edited by R. Reiter, pp. 77-109. New York: Monthly Review Press.

_____. 1976 Social and Economic Constraints on Child Life Among the !Kung. In *Kalahari Hunter-Gatherers*, edited by R. B. Lee and I. DeVore, pp. 200-17. Cambridge: Harvard University Press.

_____. 1985 Two Views of Sex Differences in Socialization. In *Male-Female Differences: A Bio-Cultural Perspective*, edited by R. Hall, pp. 5-25. New York: Praeger.

Draper, P. and A. Buchanan 1992 If You Have a Child You Have a Life: Demographic and Cultural Perspectives on Fathering in Old Age in !Kung Society. In *Father-Child Relations: Cultural and Biosocial Contexts*, edited by B. Hewlett, pp. 131-52. New York: Aldine de Gruyter.

Draper, P. and E. Cashdan 1988 Technological Change and Child Behavior Among the !Kung. *Ethnology* 27:339-65.

Draper, P. and H. Harpending 1982 Father Absence and Reproductive Strategy: An Evolutionary Perspective. *Journal of Anthropological Research* 38:255-73.

_____. 1987 Parent Investment and the Child's Environment. In *Parenting Across the Lifespan: Biosocial Dimensions*, edited by J. Lancaster, A. Rossi, J. Altmann and L. Sherod, pp. 207-35. New York: Aldine de Gruyter.

Driver, H. 1961 *Indians of North America*. Chicago: University of Chicago Press.

Driver, H. and J. Coffin 1975 Classification and Development of North American Indian Cultures: Statistical Analysis of the Driver-Massey Sample. *Transactions of the American Philosophical Society* 65(3):1-120.

Driver, H. and W. Massey 1957 Comparative Studies of North American Indians. *Transactions of the American Philosophical Society* 47 (part 2).

Drucker, P. 1939 Rank, Wealth, and Kinship in Northwest Coast Society. *American Anthropologist* 41:55-64.

_____. 1951 *The Northern and Central Nootkan Tribes*. Bureau of American Ethnology Bulletin

144. Washington, D.C.

Drucker, P. and R. Heizer 1967 *To Make My Name Good: A Reexamination of the Southern Kwakiutl Potlatch*. Berkeley: University of California Press.

DuBois, C. 1932 Tolowa Notes. *American Anthropologist* 34:248-62.

Dunbar, R. 1988 DarwinizingMan: A Commentary. In *Human Reproductive Behavior: A Darwinian Approach*, edited by L. Betzig, M. Mulder and P. Turke, pp. 161-69. Cambridge: Cambridge University Press.

_____. 1998 Grooming, *Gossip, and the Evolution of Language*. Cambridge, Mass.: Harvard University Press.

Dunn, F. 1968 Epidemiological Factors: Health and Disease in Hunter-Gatherers. In *Man the Hunter*, edited by R. B. Lee and I. DeVore, pp. 221-27. Chicago: Aldine.

Dunning, R. 1959 Rules of Residence and Ecology Among the Northern Ojibwa. *Southwestern Journal of Anthropology* 15:806-16.

Durham,W. 1976 Resource Competition and Human Aggression, Part 1: A Review of Primitive-War. *The Quarterly Review of Biology* 51:385-415.

_____. 1991 *Coevolution: Genes, Culture, and Human Diversity*. Stanford, Calif.: Stanford University Press.

Dwyer, P. 1974 The Price of Protein: Five Hundred Hours of Hunting in the New Guinea Highlands. *Oceania* 44:278-93.

_____. 1983 Etolo Hunting Performance and Energetics. 0 11:145-74.

_____. 1985a A Hunt in New Guinea: Some Difficulties for Optimal Foraging Theory. *Man* 20:243-53.

_____. 1985b Choice and Constraint in a Papua New Guinea Food Quest. *Human Ecology* 13:49-70.

Dwyer, P. and M. Minnegal 1985 Andaman Islanders, Pygmies and an Extension of Horn's Model. *Human Ecology* 13:111-20.

Dyson-Hudson, R. and E. A. Smith 1978 Human Territoriality: An Ecological Reassessment. *American Anthropologist* 80:21-41.

Early, J. D. and T. N. Headland 1998 *Population Dynamics of a Philippine Rain Forest People*. Gainesville: University of Florida Press.

Eder, J. 1978 The Caloric Returns to Food Collecting: Disruption and Change Among the Batak of the Philippine Tropical Forest. *Human Ecology* 6:55-69.

_____, 1984 The Impact of Subsistence Change on Mobility and Settlement Pattern in a Tropical Forest Foraging Economy: Some Implications for Archaeology. *American Anthropologist* 86:837-53.

_____, 1987 *On the Road to Tribal Extinction: Depopulation, Deculturation and Adaptive Well-Being Among the Batak of the Philippines.* Berkeley: University of California Press.

Eells, M. 1985 *The Indians of Puget Sound: The Notebooks of Myron Eells.* Edited and with an introduction by G. P. Castile. Seattle: University of Washington Press.

Eerkens, J. W. 2003 Residential Mobility and Pottery Use in the Western Great Basin. *Current Anthropology* 44:728-38.

_____, 2004 Privatization, Small-Seed Intensification, and the Origins of Pottery in the Western Great Basin. *American Antiquity* 69:653-70.

_____, 2009 Privatization of Resources and the Evolution of Prehistoric Leadership Strategies. In *The Evolution of Leadership*, edited by K. Vaughn, J. Eerkens and J. Kantner, pp. 73-94. Santa Fe: School of Advanced Research Press.

Elkin, A.P. 1953 Murngin Kinship Re-Examined, and Remarks on Some Generalizations. *American Anthropologist* 55:412-19.

Ellanna, L. 1990 Demographic Change, Sedentism, and Western Contact: An Inland Dena'ina Athabaskan Case Study. In *Hunter-Gatherer Demography Past and Present*, edited by B. Meehan and N. White, pp. 101-16. Oceania Monograph 19. Sydney: University of Sydney.

Ellen, R. 1982 *Environment, Subsistence and System: The Ecology of Small Scale Social Formations.* Cambridge: Cambridge University Press.

Ellis, C. 1997 Factors Influencing the Use of Stone Projectile Tips: An Ethnographic Perspective. In *Projectile Technology*, edited by H. Knecht, pp. 37-78. New York: Plenum

Ellison, P. 1990 Human Ovarian Function and Reproductive Ecology: New Hypotheses. *American Anthropologist* 92:933-52.

_____, 1994 Human Reproductive Ecology. *Annual Review of Anthropology* 23:255-75.

_____, 2001 *On Fertile Ground: A Natural History of Human Reproduction.* Cambridge: Harvard University Press.

Ellison, P., N. Peacock and C. Lager 1989 Ecology and Ovarian Function Among Lese Women of the Ituri Forest, Zaire. *American Journal of Physical Anthropology* 78:519-26.

Elmendorf,W. 1960 *Structure of Twana Culture.*Washington State University, Research Studies,Monographic Supplement No. 2:1-576. Pullman: Washington State University Press.

_____. 1971 Coast Salish Status Ranking and Intergroup Ties. *Southwestern Journal of Anthropology* 27:353-80.

Elsasser, A. 1978 Mattole, Nongatl, Sinkyone, Lassik and Wailaki. In *Handbook of North American Indians, Vol. 11: California*, edited by R. Heizer, pp. 190-204. Washington, D.C.: Smithsonian Institution Press.

Elston, R. G. 1990 A Cost-Benefit Model of Lithic Assemblage Variability. In *The Archaeology of James Creek Shelter*, edited by R. G. Elston and E. F. Budy, pp. 153-63. University of Utah Anthropological Papers 115. Salt Lake City.

Ember, C. 1975 Residential Variation Among Hunter-Gatherers. *Behavior Science Research* 3:199-227.

_____. 1978 Myths About Hunter-Gatherers. *Ethnology* 17:439-48.

Ember, C. and M. Ember 1992 Resource Unpredictability, Mistrust, and War: A Cross-Cultural Study. *Journal of Conflict Resolution* 36:242-62.

Ember, M. and C. Ember 1971 The Conditions Favoring Matrilocal versus Patrilocal Residence. *American Anthropologist* 73:571-94.

Emlen, J. 1966 The Role of Time and Energy in Food Preference. *American Naturalist* 100:611-17.

Emmons, G. T. 1991 *The Tlingit Indians. Edited and with Additions by F. de Laguna.* Anthropological Papers of the American Museum of Natural History 70. New York.

Endicott, K. 1981 The Conditions of EgalitarianMale-Female Relationships in Foraging Societies. *Canberra Anthropology* 14:1-10.

Endicott, K. and K. L. Endicott 1986 The Question of Hunter-Gatherer Territoriality: The Case of the Batek inMalaysia. In *The Past and Future of !Kung Ethnography: Critical Reflections and Symbolic Perspectives, Essays in Honour of Lorna Marshall*, edited by M. Biesele, R. Gordon and R. B. Lee. Hamburg: Helmut Buske Verlag.

_____. 2008 *The Headman Was a Woman. The Gender Egalitarian Batek of Malaysia.* Long Grove, Ill.: Waveland Press.

Estioko-Griffin, A. and P. Griffin 1981 Woman the Hunter: The Agta. In *Woman the Gatherer*, edited by F. Dahlberg, pp. 121-51. New Haven, Conn.: Yale University Press.

_____. 1985 Women Hunters: The Implications for Pleistocene Prehistory and Contemporary Ethnography. In *Women in Asia and the Pacific. Towards an East-West Dialogue*, edited by M. Goodman, pp. 61-81. Honolulu: University of Hawaii Press.

Ewers, J. 1955 *TheH orse in Blackfoot Indian Culture*. Bureau of American Ethnology Bulletin 159.Washington, D.C.

Eyre, E. 1845 *Journals of Expeditions of Discovery into Central Australia and Overland from Adelaide to King George's Sound, in the Years 1840-1*. London: T. and W. Boone.

Feit, H. A. 1973 The Ethno-Ecology of theWaswanipi Cree; or How Hunters Can Handle Their Resources. In *Cultural Ecology*, edited by B. Cox, pp. 115-25. Toronto: McLelland & Stewart.

———. 1982 The Future of Hunters Within Nation States: Anthropology and the James Bay Cree. In *Politics and History in Band Societies*, edited by E. Leacock and R. B. Lee, pp. 373-411. Cambridge: Cambridge University Press.

———. 1994 The Enduring Pursuit: Land, Time, and Social Relationships in Anthropological Models of Hunter-Gatherers and in Subarctic Hunters' Images. In *Key Issues in Hunter-Gatherer Research*, edited by E. S. Burch, Jr. and L. J. Ellanna, pp. 421-39. Oxford: Berg.

Felger, R. S. and M. B. Moser 1985 *People of the Desert and Sea: Ethnobotany of the Seri Indians*. Tucson: University of Arizona Press.

Ferguson, B. 1983 Warfare and Redistributive Exchange on the Northwest Coast. In *The Development of Political Organization in Native North America*, edited by E. Tooker, pp. 133-47. Washington, D.C.: American Ethnological Society.

———. 1984 A Reexamination of the Causes of Northwest Coast Warfare. In *Warfare, Culture, and Environment*, edited by R. Ferguson, pp. 267-328. New York: Academic Press.

———. 1997 Violence and War in Prehistory. In *Troubled Times: Violence and Warfare in the Past*, edited by D. L. Martin and D. W. Frayer, pp. 321-55. Amsterdam: Gordon and Breach Publishers.

Fitzhugh, B. 2001 Risk and Invention in Human Technological Evolution. *Journal of Anthropological Archaeology* 20:125-67.

———. 2003a The Evolution of Complex Hunter-Gatherers on the Kodiak Archipelago. In *Hunter-Gatherers of the North Pacific Rim*, edited by J. Habu, J. M. Savelle, S. Koyama and H. Hongo, pp. 13-48. Senri Ethnological Studies 63. Osaka, Japan: Senri Ethnological Museum.

———. 2003b *The Evolution of Complex Hunter-Gatherers: Archaeological Evidence from the North Pacific*. New York: Kluwer/Plenum.

Flanagan, J. 1989 Hierarchy in Simple "Egalitarian" Societies. *Annual Review of Anthropology* 18:245-66.

Flenniken, J. J. and J. P. White 1985 Australian Flaked Stone Tools: A Technological Perspective. *Records of the Australian Museum* 36:131-51.

Flood, J. 1980 *The Moth Hunters: Aboriginal Prehistory of the Australian Alps*. Canberra: Australian Institute of Aboriginal Studies.

Foley, R. 1985 Optimality Theory in Anthropology. *Man* 20:222-42.

_____. 1988 Hominids, Humans, and Hunter-Gatherers: An Evolutionary Perspective. In *Hunters and Gatherers, Vol. 1: History, Evolution, and Social Change*, edited by T. Ingold, D. Riches and J.Woodburn, pp. 207-21. Oxford: Berg.

Fortier, J. 2001 Sharing, Hoarding, and Theft: Exchange and Resistance in Forager-Farmer Relations. *Ethnology* 40:193-211.

_____. 2009a The Ethnography of South Asian Foragers. *Annual Review of Anthropology* 38:99-114.

_____. 2009b *Kings of the Forest: The Cultural Resilience of Himalayan Hunter Gatherers*. Honolulu: University of Hawai'i Press.

Fowler, C. 1982 Food-Named Groups Among Northern Paiute in North America's Great Basin: An Ecological Interpretation. In *Resource Managers: North American and Australian Hunter-Gatherers*, edited by E. Hunn and N. Williams, pp. 113-30. Boulder, Colo.: Westview Press.

_____. 2000 "We Live By Them" Native Knowledge of Biodiversity in the Great Basin of Western North America. In *Biodiversity and Native America*, edited by P. E. Minnis and W. J. Elisens, pp. 99-132. Norman: University of Oklahoma Press.

Fowler, C. and N. Walter 1985 Harvesting Pandora Moth Larvae with the Owens Valley Paiute. *Journal of California and Great Basin Anthropology* 7:155-65.

Fowler, D. and C. Fowler 1971 *Anthropology of the Numa: JohnWesley Powell's Manuscripts of the Numic Peoples of Western North America*. Smithsonian Contributions to Anthropology No. 14. Washington, D.C.

Fowler, D. and J. F. Matley 1979 *Material Culture of the Numa: The John Wesley Powell Collection 1867-1880*. Smithsonian Contributions to Anthropology 26. Washington, D.C.

Fox, R. 1969 Professional Primitives: Hunters and Gatherers of Nuclear South Asia. *Man in India* 49:139-60.

Freeman, M. 1971 A Social and Ecologic Analysis of Systematic Female Infanticide Among the Netsilik Eskimo. *American Anthropologist* 73:1011-18.

Freuchen, P. 1961 *Book of the Eskimos*. Edited by D. Freuchen. New York: Fawcett.

Frisch, R. 1978 Nutrition, Fatness, and Fertility: The Effect of Food Intake on Reproductive Ability. In *Nutrition and Reproduction*, edited by W. W. Mosley, pp. 99-122. New York: Plenum Press.

Fry, D. P. 2006 *The Human Potential for Peace*. Oxford: Oxford University Press.

_____. 2011 Human Nature: The Nomadic Forager Model. In *Origins of Altruism and Cooperation*, edited by R. W. Sussman and C. R. Cloninger, pp. 227-47. New York: Springer.

Furer-Haimendorf, C. von 1943 *The Chenchus*. London: Macmillan.

Gage, T. B. 1979 The Competitive Interactions of Man and Deer in Prehistoric California. *Human Ecology* 7:253-68.

Gallagher, J. P. 1977 Contemporary Stone Tools in Ethiopia: Implications for Archaeology. *Journal of Field Archaeology* 4:407-14.

Gamble, L. H. 2008 *The Chumash World at European Contact: Power, Trade, and Feasting among Complex Hunter-Gatherers*. Berkeley: University of California Press.

Gardner, P. 1972 The Paliyans. In *Hunters and Gatherers Today*, edited by M. G. Bicchieri, pp. 404-47. New York: Holt, Rinehart and Winston.

_____. 1988 Pressures for Tamil Property in Paliyan Social Organization. In Hunters and Gatherers, *Vol. 1: History, Evolution, and Social Change*, edited by T. Ingold, D. Riches and J. Woodburn, pp. 91-106. Oxford: Berg.

_____. 1991 Foragers' Pursuit of Individual Autonomy. *Current Anthropology* 32:543-72.

_____. 1993 Dimensions of Subsistence Foraging in South India. *Ethnology* 32:109-44.

_____. 2000 Respect and Nonviolence among Recently Sedentary Paliyan Foragers. *Journal of the Royal Anthropological Institute* 6:215-36.

Gardner, P. S. 1997 The Ecological Structure and Behavioral Implications of Mast Exploitation Strategies. In *People, Plants, and Landscapes: Studies in Paleoethnobotany*, edited by K. J. Gremillion, pp. 161-78. Tuscaloosa: University of Alabama Press.

Garth, T. 1978 Atsugewi. In *Handbook of North American Indians, Vol. 11: California*, edited by R. Heizer, pp. 236-43. Washington, D.C.: Smithsonian Institution Press.

Gatschet, A. 1890 *The Klamath Indians of Southwestern Oregon*.Washington, D.C.: U.S. Government Printing Office.

Geertz, C. 1973 *The Interpretation of Cultures*. New York: Basic Books.

Gelber, M. G. 1986 *Gender and Society in the New Guinea Highlands*. Boulder, Colo.: Westview

Press.

Gilberg, R. 1984 Polar Eskimo. In *Handbook of North American Indians, Vol. 5: Arctic*, edited by D. Damas, pp. 577-94. Washington, D.C.: Smithsonian Institution Press.

Goddard, P. 1917 *The Beaver Indians*. Anthropological Papers of the American Museum of Natural History 10 (part 5):295-397.

Godelier, M. 1977 *Perspectives in Marxist Anthropology*. Cambridge: Cambridge University Press.

Goldschmidt, W. 1974 Subsistence Activities Among the Hupa. In *Indian Land Use and Occupancy in California, Volume 1*, edited by R. Beals and J. Hester, Jr., pp. 52-5. New York: Garland.

Gomes, A. 1982 *Ecological Adaptation and Population Change: Semang Foragers and Temuan Horticulturalists in West Malaysia. East-West Environment and Policy Institute Research Report No. 12*. Honolulu: East-West Center.

_____. 1990 Demographic Implications of Villagisation Among the Semang ofMalaysia. In *Hunter-Gatherer Demography Past and Present*, edited by B. Meehan and N.White, pp. 126-48. Oceania Monograph 19. Sydney: University of Sydney.

Gonzales, E. 1982 An Ethnohistoric Analysis of Micmac Male and Female Roles. *Ethnohistory* 29:117-29.

Goodale, J. 1971 *Tiwi Wives: A Study of the Women of Melville Island, North Australia*. Seattle: University of Washington Press.

Goodman, M., P. Griffin, A. Estioko-Griffin and J. Grove 1985 The Compatibility of Hunting and Mothering Among the Agta Hunter-Gatherers of the Philippines. *Sex Roles* 12:1199-209.

Gordon, R. 1984 The !Kung in the Kalahari Exchange: An Ethnohistorical Perspective. In *Past and Present in Hunter Gatherer Studies*, edited by C. Schrire, pp. 195-224. Orlando, Fla.: Academic Press.

_____. 1992 *The Bushman Myth: The Making of a Namibian Underclass*. Boulder, Colo.: Westview Press.

Goto, A. 1996 Lagoon Life among the Langalanga, Malaita Island, Solomon Islands. Coastal Foragers in Transition. *Senri Ethnological Studies* 42:11-53.

Gould, R. 1968 Living Archaeology: The Ngatatjara of Western Australia. *Southwestern Journal of Anthropology* 24:101-22.

_____. 1969a Subsistence Behavior Among theWestern Desert Aborigines of Australia. *Oceania* 39:253-74.

_____. 1969b *Yiwara: Foragers of the Australian Desert*. New York: Scribners.

_____. 1978 Tolowa. In *Handbook of North American Indians, Vol. 8: California*, edited by R. Heizer, pp. 128-36. Washington, D.C.: Smithsonian Institution Press.

_____. 1980 *Living Archaeology*. Cambridge: Cambridge University Press.

_____. 1982 To Have and Have Not: The Ecology of Sharing Among Hunter-Gatherers. In *Resource Managers: North American and Australian Hunter-Gatherers*, edited by E. Hunn and N. Williams, pp. 69-92. Boulder, Colo.: Westview Press.

_____. 1991 Arid-Land Foraging as Seen from Australia: Adaptive Models and Behavioral Realities. *Oceania* 62:12-33.

Gould, R., D. Fowler and C. Fowler 1972 Diggers and Doggers: Parallel Failures in Economic Acculturation. *Southwestern Journal of Anthropology* 28:265-81.

Gowdy, J. 1998 *Limited Wants, Unlimited Means: A Reader on Hunter-Gatherer Economics*. Washington, D.C.: Island Press.

Gragson, T. 1989 Allocation of Time to Subsistence and Settlement in a Ciri Khonome Pume Village of the Llanos of Apure, Venezuela. Unpublished Ph.D. dissertation, Department of Anthropology, Pennsylvania State University.

_____. 1993 Human Foraging in Lowland South America: Pattern and Process of Resource Procurement. *Research in Economic Anthropology* 14:107-38.

Grant, P. 1890 "The Sauteux Indians," Vers 1804. In *Les Bourgeois de la Compagnie Du Nordouest: Récits de Voyages, Lettres et Rapports Inédits Relatifs Au Nord-ouest Canadien*, Vol. 2, edited by L. Masson, pp. 306-66. Quebec: A. Coté.

Greaves, R. D. 1997 Hunting and Multifunctional Use of Bows and Arrows: Ethnoarchaeology of Technological Organization among Pumé Hunters of Venezuela. In *Projectile Technology*, edited by H. Knecht, pp. 287-320. New York: Plenum Press.

_____. 2006 Forager Landscape Use and Residential Organization. In *Archaeology and Ethnoarchaeology of Mobility*, edited by F. R. Sellet, R. Greaves and P. L. Yu, pp. 127-52. Gainesville: University Press of Florida.

Gremillion, K. R. 2002 Foraging Theory and Hypothesis Testing in Archaeology: An Exploration of Methodology, Problems, and Solutions. *Journal of Anthropological Archaeology* 21:142-64.

_____. 2004 Seed Processing and the Origin of Food Production in Eastern North America. *American Antiquity* 69:215-34.

Grey, G. 1841 *Journals of Two Expeditions of Discovery in Northwest and Western Australia During the Years 1837, 38, and 39. 2 vols.* London: T. and W. Boone.

Grier, C. 2006 Affluence on the Prehistoric Northwest Coast of North America. In *Beyond Affluent Foragers: Rethinking Hunter-Gatherer Complexity*, edited by C. Grier, J. Kim and J. Uchiyama, pp. 126-35. Oxford: Oxbow Books.

Grier, C., J. Kim and J. Uchiyama (eds) 2006 *Beyond Affluent Foragers: Rethinking Hunter-Gatherer Complexity.* Oxford: Oxbow Books.

Griffin, M. B. 2000 Homicide and Aggression among the Agta of Eastern Luzon, the Philippines, 1919-1985. In *Hunters and Gatherers in the Modern World*, edited by P. P. Schweitzer, M. Biesele and R. K. Hitchcock, pp. 94-109. New York: Berghahn Books.

Griffin, P. B. 1984 Forager Resource and Land Use in the Humid Tropics: The Agta of Northeastern Luzon, the Philippines. In *Past and Present in Hunter Gatherer Studies*, edited by C. Schrire, pp. 95-121. Orlando, Fla.: Academic Press.

_____. 1989 Hunting, Farming, and Sedentism in a Rain Forest Foraging Society. In *Farmers as Hunters: The Implications of Sedentism*, edited by S. Kent, pp. 60-70. Cambridge: Cambridge University Press.

_____. 1997 Technology and Variation in Arrow Design among the Agta of Northeastern Luzon. In *Projectile Technology*, edited by H. Knecht, pp. 267-86. New York: Plenum Press.

Griffin, P. B. and M. B. Griffin 2000 Agta Hunting and Sustainability of Resource Use in Northeastern Luzon, Philippines. In *Hunting for Sustainability in Tropical Forests*, edited by J. G. Robinson and E. L. Bennett, pp. 325-35. New York: Columbia University Press.

Grimstead, D. 2010 Ethnographic and Modeled Costs of Long-Distance, Big-Game Hunting. *American Antiquity* 75:61-80.

Grinker, R. 1990 Images of Denigration: Structuring Inequality Between Foragers and Farmers in the Ituri Forest. *American Ethnologist* 17:111-30.

_____. 1994 *Houses in the Rainforest: Ethnicity and Inequality Among Farmers and Foragers in Central Africa.* Berkeley: University of California Press.

_____. 2000 *In The Arms of Africa: The Life of Colin M. Turnbull.* New York: St. Martin's Press.

Grove, M. 2009 Hunter-Gatherer Movement Patterns: Causes and Constraints. Journal of Anthropological Archaeology 28:222-33.

_____. 2010 Logistical Mobility Reduces Risk in Hunting Economies. *Journal of Archaeological Science* 37:1913-21.

Gurven, M. 2004a To Give and to Give Not: The Behavioral Ecology of Human Food Transfers. *Behavioral and Brain Sciences* 27:543-83.

———. 2004b Reciprocal Altruism and Food Sharing Decisions among Hiwi and Ache Hunter-Gatherers. *Behavioral Ecology and Sociobiology* 56:366-80.

———. 2006 The Evolution of Contingent Cooperation. *Current Anthropology* 47:185-92.

Gurven, M., W. Allen-Arave, K. Hill and M. Hurtado 2000b "It's a Wonderful Life": Signaling Generosity among the Ache of Paraguay. *Evolution and Human Behavior* 21:263-82.

———. 2001 Reservation Food Sharing among the Ache of Paraguay. *Human Nature* 12:273-98.

Gurven, M. and K. Hill 2009 Why Do Men Hunt? A Reevaluation of "Man the Hunter" and the Sexual Division of Labor. *Current Anthropology* 50:51-74.

Gurven, M., K. Hill and F. Jakugi 2004 Why Do Foragers Share and Sharers Forage? Explorations of Social Dimensions of Sharing. *Research in Economic Anthropology* 23:19-43.

Gurven, M., K. Hill and H. Kaplan 2002 From Forest to Reservation: Transitions in Food Sharing Behavior among the Ache of Paraguay. *Journal of Anthropological Research* 58:93-120.

Gurven, M., K. Hill, H. Kaplan, M. Hurtado and B. Lyles 2000a Food Transfers among Hiwi Foragers of Venezuela: Tests of Reciprocity. *Human Ecology* 28:171-218.

Gurven, M. and H. Kaplan 2006 Determinants of Time Allocation across the Lifespan: A Theoretical Model and an Application to the Machiguenga and Piro of Peru. *Human Nature* 17:1-49.

———. 2007 Longevity among Hunter-Gatherers: A Cross-Cultural Review. *Population and Development Review* 33:321-65.

Gurven, M., H. Kaplan and M. Gutierrez 2006 How Long Does It Take to Become a Proficient Hunter? Implications for the Evolution of Extended Development and Long Life Span. *Journal of Human Evolution* 51:454-70.

Gurven, M. and C. von Rueden 2006 Hunting, Social Status and Biological Fitness. *Social Biology* 53:81-99.

Gurven, M. and J. Winking 2008 Collective Action in Action: Prosocial Behavior in and out of the Laboratory. *American Anthropologist* 110:179-90.

Gurven, M., J. Winking, H. Kaplan, C. von Rueden and L. McAllister 2009 A Bioeconomic Approach to Marriage and the Sexual Division of Labor. *Human Nature* 29:151-83.

Gurven, M., A. Zanolini and E. Schniter 2008 Culture Sometimes Matters: Intra-Cultural Variation in Pro-Social Behavior among Tsimane Amerindians. *Journal of Economic Behavior and*

Organization 67:587-607.

Gusinde, M. 1934 *The Selk'nam: On the Life and Thought of a Hunting People on the Great Islands of Tierra del Fuego.* Trans. by F. Schultze. New Haven, Conn.: Human Relations Area Files.

Gussow, Z. 1954 Cheyenne and Arapaho: Aboriginal Occupations. In *American Indian Ethnohistory: Plains Indians*, edited by D. Horr, pp. 27-96. New York: Garland Publishing.

Habu, J. 2004 *Ancient Jomon of Japan.* Cambridge: Cambridge University Press.

Haines, F. 1955 *The Nez Percés.* Norman: University of Oklahoma Press.

Hall, E. 1984 *Interior North Alaskan Eskimo.* In *Handbook of North American Indians, Vol. 5: Arctic*, edited by D. Damas, pp. 338-46. Washington, D.C.: Smithsonian Institution Press.

Hallowell, I. 1949 The Size of Algonkian Hunting Territories: A Function of Ecological Adjustment. *American Anthropologist* 51:35-45.

Halperin, R. 1980 Ecology and Mode of Production: Seasonal Variation and the Division of Labor by Sex Among Hunter-Gatherers. *Journal of Anthropological Research* 36:379-99.

Hames, R. 1987 Game Conservation or Efficient Hunting? In *The Question of the Commons*, edited by B. McCoy and J. Acheson, pp. 92-107. Tucson: University of Arizona Press.

_____. 1988 The Allocation of Parental Care Among the Ye'kwana. In *Human Reproductive Behavior: A Darwinian Approach*, edited by L. Betzig, M. Mulder and P. Turke, pp. 237-52. Cambridge: Cambridge University Press.

_____. 2000 Reciprocal Altruism in Yanomamö Food Exchange. In *Adaptation and Human Behavior*, edited by L. Cronk, N. Chagnon and W. Irons, pp. 397-416. Hawthorne, N.Y.: Aldine.

_____. 2007 The Ecologically Noble Savage Debate. *Annual Review of Anthropology* 36:177-90.

Hames, R. and P. Draper 2004 Women's Work, Child Care, and Helpers-at-the-Nest in a Hunter-Gatherer Society. *Human Nature* 15:319-41.

Hames, R. and W. Vickers 1982 Optimal Diet Breadth Theory as a Model to Explain Variability in Amazonian Hunting. *American Ethnologist* 9:358-78.

_____, eds. 1983 *Adaptive Responses of Native Amazonians.* New York: Academic Press.

Hamilton, A. 1980 Dual Social Systems: Technology, Labour and Women's Secret Rites in the Eastern Western Desert of Australia. *Oceania* 51:4-19.

_____. 1981 *Nature and Nurture: Aboriginal Child-Rearing in North Central Arnhem Land.* Canberra: Australian Institute of Aboriginal Studies.

_____. 1982a Descended from Father, Belonging to Country: Rights to Land in the Australian Western Desert. In *Politics and History in Band Societies*, edited by E. Leacock and R. B. Lee, pp. 85-108. Cambridge: Cambridge University Press.

_____. 1982b The Unity of Hunting-Gathering Societies: Reflections on Economic Forms and Resource Management. In *Resource Managers: North American and Australian Hunter-Gatherers*, edited by E. Hunn and N. Williams, pp. 229-47. Boulder, Colo.: Westview.

Hamilton, I. M. 2000 Recruiters and Joiners: Using Optimal Skew Theory to Predict Group Size and the Division of Resources within Groups of Social Foragers. *American Naturalist* 155:684-95.

Hamilton, M. J., B. T. Milne, R. S. Walker and J. H. Brown 2007b Nonlinear Scaling of Space Use in Human Hunter-Gatherers. *Proceedings of the National Academy of Sciences* 104:4765-9.

Hamilton,M. J., B. T. Milne, R. S. Walker, O. Burger and J. H. Brown 2007a The Complex Structure of Hunter-Gatherer Social Networks. *Proceedings of the Royal Society* B 274:2195-202.

Hamilton, W. D. 1964 The Genetical Evolution of Social Behavior. *Journal of Theoretical Biology* 7:1-52.

Hampton, O. W. 1999 *Culture of Stone: Sacred and Profane Uses of Stone among the Dani*. College Station: Texas A&M Press.

Handwerker, W. 1983 The First Demographic Transition: An Analysis of Subsistence Choices and Reproductive Consequences. *American Anthropologist* 85:5-27.

Hantzsch, B. 1977 *My Life Among the Eskimos: Baffinland Journeys in the Years 1909 to 1911*, edited and translated by L. Neatby. Saskatoon: University of Saskatchewan Press.

Harako, R. 1976 The Mbuti as Hunters. *Kyoto University African Studies* 10:37-99.

_____. 1981 The Cultural Ecology of Hunting Behavior Among Mbuti Pygmies in the Ituri Forest, Zaire. In 0, edited by R. Harding and G. Teleki, pp. 499-555. New York: Columbia University Press.

Hard, R. and W. Merrill 1992 Mobile Agriculturalists and the Emergence of Sedentism: Perspectives from Northern Mexico. *American Anthropologist* 94:601-20.

Harpending, H. 1991 Review of Wilmsen 1989. *Anthropos* 86:313-15.

Harpending, H. and L. Wandsnider 1982 Population Structure of Ghanzi and Ngamiland !Kung. *Current Developments in Anthropological Genetics* 2:29-50.

Harris, D. R. 1978 Settling Down: An Evolutionary Model for the Transformation of Mobile Bands into Sedentary Communities. In *The Evolution of Social Systems*, edited by J. Friedrich and M. S. Rowlands, pp. 401-17. London: Duckworth.

Harris, M. 1968 *The Rise of Anthropological Theory*. New York: Thomas Y. Crowell.

_____. 1979 *Cultural Materialism*. New York: Random House.

Harrison, T. 1949 Notes on Some Nomadic Punans. *Sarawak Museum Journal* 5:130-46.

Hart, C. and A. Pilling 1960 *The Tiwi of North Australia*. New York: Holt, Rinehart and Winston.

Hart, J. 1978 From Subsistence to Market: A Case Study of the Mbuti Net Hunters. *Human Ecology* 6:325-53.

Hart, T. and J. Hart 1986 The Ecological Basis of Hunter-Gatherer Subsistence in African Rain Forests: The Mbuti of Eastern Zaire. *Human Ecology* 14:29-55.

Hassan, F. 1981 *Demographic Archaeology*. New York: Academic Press.

Hausman, A. J. and E. N. Wilmsen 1985 Economic Change and Secular Trends in the Growth of San Children. *Human Biology* 57:563-71.

Hawkes, K. 1981 A Third Explanation for Female Infanticide. *Human Ecology* 9:79-107.

_____. 1990 Why Do Men Hunt? Benefits for Risky Choices. In *Risk and Uncertainty in Tribal and Peasant Economies*, edited by E. Cashdan, pp. 145-66. Boulder, Colo.: Westview.

_____. 1991 Showing Off: Tests of an Hypothesis About Men's Foraging Goals. *Ethology and Sociobiology* 12:29-54.

_____. 1992a On Sharing and Work. *Current Anthropology* 33:404-07.

_____. 1992b Sharing and Collective Action. In *Evolutionary Ecology and Human Behavior*, edited by E. Smith and B. Winterhalder, pp. 269-300. New York: Aldine de Gruyter.

_____. 1993a Reply to Kaplan and Hill. *Current Anthropology* 34:706-9.

_____. 1993b Why Hunter-Gatherers Work: An Ancient Version of the Problem with Public Goods. *Current Anthropology* 34:341-62.

_____. 1996 Foraging Differences between Men and Women: Behavioral Ecology of the Sexual Division of Labor. In *Power, Sex, and Tradition: The Archaeology of Human Ancestry*, edited by S. Shennan and J. Steele, pp. 283-305. London: Routledge.

Hawkes, K. and R. Bliege Bird 2002 Showing Off, Handicap Signaling and the Evolution of Men's Work. *Evolutionary Anthropology* 11:58-67.

Hawkes, K., K. Hill and J. O'Connell 1982 Why Hunters Gather: Optimal Foraging and the Ache of Eastern Paraguay. *American Ethnologist* 9:379-98.

Hawkes, K., H. Kaplan, K. Hill and A. M. Hurtado 1987 Ache at the Settlement: Contrasts Between Farming and Foraging. *Human Ecology* 15:133-61.

Hawkes, K. and J. O'Connell 1981 Affluent Hunters? Some Comments in Light of the Alyawara Case. *American Anthropologist* 83:622-26.

_____. 1985 Optimal Foraging Models and the Case of the !Kung. *American Anthropologist* 87:401-5.

Hawkes, K., J. F. O'Connell and N. Blurton Jones 1989 Hardworking Hadza Grandmothers. In *Comparative Socioecology: The Behavioural Ecology of Humans and Other Mammals*, edited by V. Standen and R. Foley, pp. 341-66. Oxford: Blackwell Scientific.

_____. 1991 Hunting Income Patterns Among the Hadza: Big Game, Common Goods, Foraging Goals and the Evolution of the Human Diet. In *Foraging Strategies and Natural Diet of Monkeys, Apes and Humans*, edited by A. Whiten and E. Widdowson, pp. 243-51. Proceedings of the Royal Society of London 334. Oxford: Clarendon Press.

_____. 1995 Hadza Children's Foraging: Juvenile Dependency, Social Arrangements, and Mobility among Hunter-Gatherers. *Current Anthropology* 36:688-700.

_____. 2001a Hadza Meat Sharing. *Evolution and Human Behavior* 22:113-42.

_____. 2001b Hunting and Nuclear Families: Some Lessons from the Hadza about Men's Work. *Current Anthropology* 42:681-709.

Hawkes, K., J. F. O'Connell and J. E. Coxworth 2010 Family Provisioning Is Not the Only Reason Men Hunt: A Comment on Gurven and Hill. *Current Anthropology* 51:259-64.

Hawkes, K., J. F. O'Connell, K. Hill and E. L. Charnov 1985 How Much is Enough? Hunters and Limited Needs. *Ethology and Sociobiology* 6:3-15.

Hayden, B. 1972 Population Control Among Hunter/Gatherers. *World Archaeology* 4:205-21.

_____. 1975 The Carrying Capacity Dilemma: An Alternative Approach. *American Antiquity* 40:11-21.

_____. 1979 *Paleolithic Reflections: Lithic Technology of the Australian Western Desert*. Canberra: Australian Institute of Aboriginal Studies.

_____. 1981a Research and Development in the Stone Age: Technological Transitions Among Hunter-Gatherers. *Current Anthropology* 22:519-28.

_____. 1981b Subsistence and Ecological Adaptations of Modern Hunter-Gatherers. In *Omnivorous Primates: Hunting and Gathering in Human Evolution*, edited by G. Teleki and R. Harding, pp. 344-422. New York: Columbia University Press.

_____., ed. 1987 *Lithic Studies Among the Contemporary Highland Maya*. Tucson: University of Arizona Press.

_____. 1990 Nimrods, Piscators, Pluckers, and Planters: The Emergence of Food Production. *Journal of Anthropological Archaeology* 9:31-69.

_____, ed. 1992 *A Complex Culture of the British Columbia Plateau: Traditional Stl'atl'imx Resource Use*. Vancouver: University of British Columbia Press.

_____. 1994 Competition, Labor, and Complex Hunter-Gatherers. In *Key Issues in Hunter-Gatherer Research*, edited by E. S. Burch, Jr. and L. J. Ellanna, pp. 223-39. Oxford: Berg.

_____. 1995 Pathways to Power: Principles for Creating Socioeconomic Inequalities. In *Foundations of Social Inequality*, edited by T. D. Price and G. M. Feinman, pp. 15-86. New York: Plenum Press.

_____. 1998 Practical and Prestige Technologies: The Evolution of Material Systems. *Journal of Archaeological Method and Theory* 5:1-55.

_____. 2001 Rich Man, Poor Man, Beggarman, Chief: The Dynamics of Social Inequality. In *Archaeology at the Millennium: A Sourcebook*, edited by G. M. Feinman and T. D. Price, pp. 231-72. New York: Kluwer Academic/Plenum.

Hayden, B., M. Deal, A. Cannon and J. Casey 1986 Ecological Determinants of Women's Status Among Hunter/Gatherers. *Human Evolution* 1:449-74.

Hayden, B. and R. Gargett 1990 BigMan, Big Heart? A Mesoamerican View of the Emergence of Complex Society. *Ancient Mesoamerica* 1:3-20.

Hayden, B. and M. Nelson 1981 The Use of Chipped Lithic Material in the Contemporary Maya Highlands. *American Antiquity* 46:885-98.

Headland, T. N. 1988 Ecosystemic Change in a Philippine Tropical Rainforest and Its Effect on a Negrito Foraging Society. *Tropical Ecology* 29:121-35.

_____. 1989 Population Decline in a Philippine Negrito Hunter-Gatherer Society. *American Journal of Human Biology* 1:59-72.

_____, ed. 1992 *The Tasaday Controversy: Assessing the Evidence*. Special Publication No. 28. Washington, D.C.: American Anthropological Association.

Headland, T. N. and R. Bailey, eds. 1991 Human Ecology Special Issue: Human Foragers in Tropical Rain Forests. *Human Ecology* 19(2).

Headland, T. N. and D. E. Blood, eds. 2002 *What Place for Hunter-Gatherers in Millennium Three?* Summer Institute of Linguistics InternationalMuseum of Cultures Publications in Ethnography 38. Dallas, Tex.: Summer Institute of Linguistics.

Headland, T. N. and L. A. Reid 1989 Hunter-Gatherers and Their Neighbors from Prehistory to the Present. *Current Anthropology* 30:43-66.

Heffley, S. 1981 Northern Athabaskan Settlement Patterns and Resource Distributions: An Application of Horn's Model. In *Hunter-Gatherer Foraging Strategies*, edited by B. Winterhalder and E. A. Smith, pp. 126-47. Chicago: University of Chicago Press.

Hegmon, M. 1991 The Risks of Sharing and Sharing as Risk Reduction: Interhousehold Food Sharing in Egalitarian Societies. In *Between Bands and States*, edited by S. Gregg, pp. 309-29. Center for Archaeological Investigations Occasional Paper No. 9. Carbondale, Ill.: Southern Illinois University Press.

Heinz, H. 1972 Territoriality Among the Bushmen in General and the !Ko in Particular. *Anthropos* 67:405-16.

Heizer, R. 1950 Kutsavi, A Great Basin Indian Food. *Kroeber Anthropological Society Papers* 2:35-41.

Helm, J. 1965 Bilaterality in the Socio-Territorial Organization of the Arctic Drainage Dene. *Ethnology* 4:361-85.

_____. 1968 The Nature of Dogrib Socioterritorial Groups. In *Man the Hunter*, edited by R. B. Lee and I. DeVore, pp. 118-25. Chicago: Aldine.

_____. 1972 The Dogrib Indians. In *Hunters and Gatherers Today*, edited by M. G. Bicchieri, pp. 51-89. New York: Holt, Rinehart and Winston.

_____. 1980 Female Infanticide, European Diseases, and Population Levels Among the Mackenzie Dene. *American Ethnologist* 7:259-85.

_____. 1981 Dogrib. In *Handbook of North American Indians, Vol. 6: Subarctic*, edited by J. Helm, pp. 291-309. Washington, D.C.: Smithsonian Institution Press.

Hemley, R. 2003 *Invented Eden: The Elusive, Disputed History of the Tasaday*. New York: Farrar, Straus and Giroux.

Henrich, J. 2004 Demography and Cultural Evolution: How Adaptive Cultural Processes Can Produce Maladaptive Losses-the Tasmanian Case. *American Antiquity* 69:197-214.

Henrich, J. and R. Boyd 2008 Division of Labor, Economic Specialization, and the Evolution of Social Stratification. *Current Anthropology* 49:715-24.

Henrich, J., R. Boyd, R. McElreath, M. Gurven, P. J. Richerson, J. Ensminger, et al. 2012 Culture Does Account for Variation in Game Behavior. *Proceedings of the National Academy of Sciences* 109: E32-E33.

Henrich, J., R. McElreath, A. Barr, J. Ensminger, C. Barrett, A. Bolyanatz, et al. 2006 Costly Punishment across Human Societies. *Science* 312:1767-70.

Henry, J. 1941 *The Jungle People*. New York: Vintage.

Henry, P. I., G. A. Morelli and E. Z. Tronick 2005 Child Caretakers among Efe Foragers of the Ituri Forest. In *Hunter-Gatherer Childhoods: Evolutionary, Developmental and Cultural Perspectives*, edited by B. S. Hewlett and M. E. Lamb, pp. 191-213. New York: Aldine de Gruyter.

Hess, N., C. Helfrecht, E. Hagen, A. Sell and B. Hewlett 2010 Interpersonal Aggression among Aka Hunter-Gatherers of the Central African Republic Assessing the Effects of Sex, Strength, and Anger. *Human Nature* 21:330-54.

Hetzel, B. 1978 The Changing Nutrition of Aborigines in the Ecosystem of Central Australia. In *The Nutrition of Aborigines in Relation to the Ecosystem of Central Australia*, edited by B. Hetzel and H. Frith, pp. 39-47. Melbourne: CSIRO.

Hewlett, B. 1988 Sexual Selection and Paternal Investment Among Aka Pygmies. In *Human Reproductive Behavior: A Darwinian Perspective*, edited by L. Betzig, M. Mulder and P. Turke, pp. 263-76. NewYork: Cambridge University Press.

_____. 1991a Demography and Childcare in Preindustrial Societies. *Journal of Anthropological Research* 47:1-37.

_____. 1991b *Intimate Fathers: The Nature and Context of Aka Pygmy Paternal Infant Care*. Ann Arbor: University of Michigan Press.

_____. 1992a Husband-Wife Reciprocity and the *Father-Infant Relationship Among Aka Pygmies*. In Father-Child Relations: Cultural and Biosocial Contexts, edited by B. Hewlett, pp. 153-76. New York: Aldine de Gruyter.

_____, ed. 1992b *Father-Child Relations: Cultural and Biosocial Contexts*. New York: Aldine de Gruyter.

_____. 1996 Cultural Diversity among African pygmies. In *Cultural Diversity Among Twentieth-Century Foragers: An African Perspective*, edited by S. Kent, pp. 215-44. Cambridge: Cambridge University Press.

Hewlett, B. and L. Cavalli-Sforza 1986 Cultural Transmission Among the Aka Pygmies. *American Anthropologist* 88:15-32.

Hewlett, B. and M. Lamb, eds. 2005 *Hunter-Gatherer Childhoods*. New York: Aldine de Gruyter.

Hewlett, B., J. van de Koppel and M. van de Koppel 1986 Causes of Death Among Aka Pygmies of the Central African Republic. In *African Pygmies*, edited by L. Cavalli-Sforza, pp. 45-63.

New York: Academic Press.

Hiatt (Meehan), B. 1967 The Food Quest and Economy of the Tasmanian Aborigines. *Oceania* 38:99-133.

_____. 1968 The Food Quest and Economy of the Tasmanian Aborigines. *Oceania* 38:190-219.

_____. 1978 Woman the Gatherer. In *Woman's Role in Aboriginal Society*, edited by F. Gale, pp. 4-15. Canberra: Australian Institute of Aboriginal Studies.

Hiatt, L. 1962 Local Organization Among the Australian Aborigines. *Oceania* 32:267-86.

_____. 1965 *Kinship and Conflict: A Study of an Aboriginal Community in Northern Arnhem Land*. Canberra: Australian National University Press.

_____. 1966 The Lost Horde. *Oceania* 37:81-92.

_____. 1968 Gidjingali Marriage Arrangements. In *Man the Hunter*, edited by R. B. Lee and I. DeVore, pp. 165-75. Chicago: Aldine.

Hill, K. 1988 Macronutrient Modifications of Optimal Foraging Theory: An Approach Using Indifference Curves Applied to Some Modern Foragers. *Human Ecology* 16:157-97.

_____. 2001 Altruistic Cooperation During Foraging by the Ache, and the Evolved Human Predisposition to Cooperate. *Human Nature* 13:105-28.

Hill, K. and K. Hawkes 1983 Neotropical Hunting Among the Ache of Eastern Paraguay. In *Adaptive Responses of Native Amazonians*, edited by R. Hames and W. Vickers, pp. 139-88. New York: Academic Press.

Hill, K., K. Hawkes, M. Hurtado and H. Kaplan 1984 Seasonal Variance in the Diet of Ache Hunter-Gatherers in Eastern Paraguay. *Human Ecology* 12:101-35.

Hill, K. and M. Hurtado 1996 *Ache Life History. The Ecology and Demography of a Foraging People*. New York: Aldine de Gruyter.

Hill K., Hurtado A. M. and Walker R. S. 2007 High Adult Mortality among Hiwi Hunter-Gatherers: Implications for Human Evolution. *Journal of Human Evolution* 52:443-54.

Hill, K. and H. Kaplan 1988a Tradeoffs in Male and Female Reproductive Strategies Among the Ache: Part 1. In *Human Reproductive Behavior: A Darwinian Perspective*, edited by L. Betzig, M. Mulder and P. Turke, pp. 277-89. New York: Cambridge University Press.

_____. 1988b Tradeoffs in Male and Female Reproductive Strategies Among the Ache: Part 2. In *Human Reproductive Behavior: A Darwinian Perspective*, edited by L. Betzig, M. Mulder and P. Turke, pp. 291-305. New York: Cambridge University Press.

_____. 1993 On Why Male Foragers Hunt and Share Food. *Current Anthropology* 34:701-6.

Hill, K., H. Kaplan, K. Hawkes and A. Hurtado 1985 Men's Time Allocation to Subsistence Work Among the Ache of Eastern Paraguay. *Human Ecology* 13:29-47.

Hill, K., K. Kaplan, K. Hawkes and M. Hurtado 1987 Foraging Decisions among Ache Hunter-Gatherers: New Data and Implications for Optimal Foraging Models. *Ethology and Sociobiology* 8:1-36.

Hill, K. and K.W. Kintigh 2009 Can Anthropologists Distinguish Good and Poor Hunters? Implications for Hunting Hypotheses, Sharing Conventions, and Cultural Transmission. *Current Anthropology* 50:369-78.

Hill, K. R., R. S. Walker, M. Božičević, J. Eder, T. Headland, B. Hewlett, A. M. Hurtado, *et al.* 2011 Co-Residence Patterns in Hunter-Gatherer Societies Show Unique Human Social Structure. *Science* 331:1286-889.

Hirasawa, A. 2005 Infant Care among the Sedentary Baka Hunter-Gatherers in Southeastern Cameroon. In *Hunter-Gatherer Childhoods*, edited by B. Hewlett and M. Lamb, pp. 365-584. New York: Aldine de Gruyter.

Hitchcock, R. 1982 Patterns of Sedentism Among the Basarwa of Eastern Botswana. In *Politics and History in Band Society*, edited by E. Leacock and R. B. Lee, pp. 223-367. New York: Cambridge University Press.

_____. 1987a Sedentism and Site Structure: Organizational Change in Kalahari Basarwa Residential Locations. In *Method and Theory for Activity Area Research*, edited by S. Kent, pp. 374-4423. New York: Columbia University Press.

_____. 1987b Socioeconomic Change Among the Basarwa in Botswana: An Ethnohistorical Analysis. *Ethnohistory* 34:219-955.

_____. 1989 Harmless Hunters, Fierce Fighters or Persistent Pastoralists: The Policy Implications of Academic Stereotypes. Paper Presented at the 89th Annual Meeting of the American Anthropological Association, Washington, D.C.

Hitchcock, R. and P. Bleed 1997 Each According to Need and Fashion: Spear and Arrow Use Among San Hunters of the Kalahari. In *Projectile Technology*, edited by H. Knecht, pp. 345-570. New York: Plenum.

Hitchcock, R. and J. Ebert 1984 Foraging and Food Production Among Kalahari Hunter/Gatherers. In *From Hunters to Farmers: The Causes and Consequences of Food Production in Africa*, edited by J. Clark and S. Brandt, pp. 328-848. Berkeley: University of California Press.

_____. 1989 Modeling Kalahari Hunter-Gatherer Subsistence and Settlement Systems. *Anthropos*

84:47-62.

Hobbes, T. 1968 [1651] *Leviathan*, edited with an introduction by C. A. MacPherson. Baltimore: Penguin.

Hoffman, C. 1984 Punan Foragers in the Trading Networks of Southeast Asia. In Past and *Present in Hunter Gatherer Studies*, edited by C. Schrire, pp. 123-349. Orlando, Fla.: Academic Press.

Holliday, T. W. 1998 The Ecological Context of Trapping Among Recent Hunter-Gatherers: Implications for Subsistence in Terminal Pleistocene Europe. *Current Anthropology* 39:711-120.

Holmberg, A. 1950 *Nomads of the Long Bow: The Siriono of Eastern Bolivia*. Washington, D.C.: Smithsonian Institution Press.

Honigmann, J. 1949 *Culture and Ethos of Kaska Society*. Yale University Publications in Anthropology 40. New Haven, Conn.: Yale University Press.

Hooper, P., H. S. Kaplan and J. L. Boone 2010 A Theory of Leadership in Human Cooperative Groups. *Journal of Theoretical Biology* 265:633-346.

Horn, H. 1968 The Adaptive Significance of Colonial Nesting in the Brewers Blackbird (*Euphagus cyanocephalus*). Ecology 49:282-294.

Horne, G. and G. Aiston 1924 *Savage Life in Central Australia*. London: Macmillan.

Hosley, E. 1981 Environment and Culture in the Alaskan Plateau. In *Handbook of North American Indians, Vol. 6: Subarctic*, edited by J. Helm, pp. 533-345. Washington, D.C.: Smithsonian Institution Press.

Howell, N. 1979 *Demography of the Dobe !Kung*. New York: Academic Press.

_____. 1986a Demographic Anthropology. *Annual Review of Anthropology* 15:219-946.

_____. 1986b Feedbacks and Buffers in Relation to Scarcity and Abundance: Studies of Hunter-Gatherer Populations. In *The State of Population Theory*, edited by D. Coleman and R. Schofield, pp. 156-687. Oxford: Basil Blackwell.

_____. 2010 *Life Histories of the Dobe !Kung: Food, Fatness, and Well-Being Over the Life-Span*. Berkeley: University of California Press.

Hudson, T. and T. C. Blackburn 1982-887 *The Material Culture of the Chumash Interaction Sphere Volumes 1-*. Ballena Press Anthropological Papers 25. Los Altos/Santa Barbara, Calif.: Ballena Press/Santa Barbara Museum of Natural History.

Hughes, C. C. 1984 Saint Lawrence Island Eskimo. In *Handbook of North American Indians, Vol. 5:*

Arctic, edited by D. Damas, pp. 262-277. Washington, D.C.: Smithsonian Institution Press.

Hunn, E. S. 1981 On the Relative Contribution of Men and Women to Subsistence Among Hunter-Gatherers of the Columbia Plateau: A Comparison with Ethnographic Atlas Summaries. *Journal of Ethnobiology* 1:124-434.

_____. 1982 Mobility as a Factor Limiting Resource Use in the Columbia Plateau Basin of North America. In *Resource Managers: North American and Australian Hunter-Gatherers*, edited by E. Hunn and N. Williams, pp. 17-43. Boulder, Colo.: Westview.

_____. 1994 Place-Names, Population Density, and the Magic Number 500. Current Anthropology 35:81-5.

Huntingsford, G. 1929 Modern Hunters: Some Accounts of the Kamelilo-Kapchepkendi Dorobo (Okiek)

of Kenya Colony. *Journal of the Royal Anthropological Institute of Great Britain and Ireland* 69:333-378.

Hurtado, A., K. Hawkes, K. Hill and H. Kaplan 1985 Female Subsistence Strategies Among Ache Hunter-Gatherers of Eastern Paraguay. *Human Ecology* 13:1-47.

Hurtado, A. and K. Hill 1987 Early Dry Season Subsistence Ecology of Cuiva (Hiwi) Foragers of Venezuela. *Human Ecology* 15:163-387.

_____. 1989 Experimental Studies of Tool Efficiency Among Machiguenga Women and Implications for Root-Digging Foragers. *Journal of Anthropological Research* 45:207-717.

_____. 1990 Seasonality in a Foraging Society: Variation in Diet,Work Effort, Fertility and Sexual Division of Labor Among the Hiwi of Venezuela. *Journal of Anthropological Research* 46:293-3346.

_____. 1992 Paternal Effect on Offspring Survivorship Among Ache and Hiwi Hunter-Gatherers: Implications for Modeling Pair-Bond Stability. In *Father-Child Relations: Cultural and Biosocial Contexts*, edited by B. Hewlett, pp. 31-55. New York: Aldine de Gruyter.

Hurtado, A. M. and K. Hill 1989 Experimental Studies of Tool Efficiency Among Machiguenga Women and Implications for Root-Digging Foragers. *Journal of Anthropological Research* 45:207-717.

Hurtado, A. M., K. Hill, H. Kaplan, and I. Hurtado 1992 Trade-Offs Between Female Food Acquisition and Child Care among Hiwi and Ache Foragers. *Human Nature*. 3:185-5216.

Huss-Ashmore, R., J. Curry and R. Hitchcock (eds.) 1988 *Coping with Seasonal Constraints*. MASCA Research Papers in Science and Archaeology 5. Philadelphia: The University Museum, University of Pennsylvania.

Hutchinson, G. E. 1965 *The Ecological Theater and the Evolutionary Play*. New Haven, Conn.: Yale University Press.

Ichikawa, M. 1983 An Examination of the Hunting-Dependent Life of the Mbuti Pygmies, Eastern Zaire. *African Study Monographs* 4:55-76.

Ikeya, K., H. Ogawa and P. Mitchell (eds.) 2009 *Interactions Between Hunter-Gatherers and Farmers: From Prehistory to Present*. Senri Ethnological Studies 73. Osaka, Japan: National Museum of Ethnology.

Ingold, T. 1983 The Significance of Storage in Hunting Societies. *Man* 18:553-371.

_____. 1986 *Evolution and Social Life*. Cambridge: Cambridge University Press.

_____. 1987 *The Appropriation of Nature: Essays on Human Ecology and Social Relations*. Manchester: Manchester University Press.

_____. 1988 Notes on the Foraging Mode of Production. In *Hunters and Gatherers, Vol. 1: History, Evolution and Social Change*, edited by T. Ingold, D. Riches and J. Woodburn, pp. 269-986. Oxford: Berg.

Irimoto, T. 1981 *Chipewyan Ecology: Group Structure and Caribou Hunting System*. Senri Ethnological Studies 8. Osaka, Japan: National Museum of Ethnology.

Irwin, C. 1989 The Sociocultural Biology of Netsilingmiut Female Infanticide. In *The Sociobiology of Sexual and Reproductive Strategies*, edited by A. Rasa, C. Vogel and E. Voland, pp. 234-464. London: Chapman and Hall.

Isaac, B. 1977 The Siriono of Eastern Bolivia: A Reexamination. *Human Ecology* 5:137-754.

_____. 1990 Economy, Ecology and Analogy: The !Kung San and the Generalized Foraging Model. In *Early Paleoindian Economies of Eastern North America*, edited by B. Isaac and K. Tankersley, pp. 323-335. Research in Economic Anthropology Supplement 5. Greenwich, Conn.: JAI Press.

Jenness, D. 1922 *The Life of the Copper Eskimos. Report of the Canadian Arctic Expedition, 1913-918*, Vol. 12. Ottawa: F. A. Acland, Kings Printer.

Jochelson, W. 1926 *The Yukaghir and the Yukaghirized Tungus*. Memoir of the American Museum of Natural History 13 (pt. 1-3). New York.

Jochim, M. A. 1981 *Strategies for Survival: Cultural Behavior in an Ecological Context*. New York: Academic Press.

_____. 1988 Optimal Foraging and the Division of Labor. *American Anthropologist* 90:130-036.

_____. 1991 Archaeology as Long-Term Ethnography. *American Anthropologist* 93:308-821.

Jones, R. and N.White 1988 Point Blank: Stone Tool Manufacture at the Ngilipitji Quarry, Arnhem Land, 1981. In *Archaeology with Ethnography: An Australian Perspective*, edited by B. Meehan and R. Jones, pp. 51-87. Australian National University, Canberra.

Johnson, A. 1975 Time Allocation in a Machiguenga Community. *Ethnology* 14:301-110.

Johnson, A. and T. Earle 1987 *The Evolution of Human Societies: From Foraging Group to Agrarian State*. Stanford, Calif.: Stanford University Press.

Johnson, G. 1982 Organizational Structure and Scalar Stress. In *Theory and Explanation in Archaeology*, edited by C. Renfrew, M. Rowlands and B. Segraves, pp. 389-9421. New York: Academic Press.

Johnson, J. 1978 Yana. In *Handbook of North American Indians, Vol. 11: California*, edited by R. Heizer, pp. 361-169. Washington, D.C.: Smithsonian Institution Press.

Johnson, P. 1978 Patwin. In *Handbook of North American Indians, Vol. 11: California*, edited by R. Heizer, pp. 350-060. Washington, D.C.: Smithsonian Institution Press.

Jones, D. 2011 The Matrilocal Tribe: An Organization of Demic Expansion. *Human Nature* 22:177-7200.

Jones, F. L. 1963 A *Demographic Survey of the Aboriginal Population of the Northern Territory, with Special Reference to Bathurst Island Mission*. Occasional Papers in Aboriginal Studies No. 1, Social Anthropology Series No. 1. Canberra: Australian Institute of Aboriginal Studies.

Jones, K. and D. Madsen 1989 Calculating the Cost of Resource Transportation: A Great Basin Example. *Current Anthropology* 30:529-934.

_____. 1991 Further Experiments in Native Food Procurement. *Utah Archaeology* 4:68-77.

Jones, R. 1969 Fire-Stick Farming. *Australian Natural History* 16:224-428.

_____. 1974 Tasmanian Tribes. In *Aboriginal Tribes of Australia*, edited by N. Tindale, pp. 317-754. Berkeley: University of California Press.

_____. 1978 Why Did the Tasmanians Stop Eating Fish? In *Explorations in Ethnoarchaeology*, edited by R. Gould, pp. 11-47. Albuquerque: University of New Mexico Press.

_____. 1980 Hunters in the Australian Coastal Savanna. In *Human Ecology in Savanna Environments*, edited by D. Harris, pp. 107-746. London: Academic Press.

Jorgensen, J. 1980 *Western Indians*. San Francisco: Freeman.

Josephides, L. 1985 *The Production of Inequality: Gender and Exchange Among the Kewa*. London: Tavistock.

Kan, S. 1986 The 19th-Century Tlingit Potlatch: A New Perspective. *American Ethnologist* 13:191-1212.

Kaplan, D. 2000 The Darker Side of the "riginal Affluent Society." *Journal of Anthropological Research* 56:301-124.

Kaplan, H. and K. Hill 1985a Food Sharing Among Ache Foragers: Tests of Explanatory Hypotheses. *Current Anthropology* 26:223-346.

_____. 1985b Hunting Ability and Reproductive Success Among Male Ache Foragers: Preliminary Results. *Current Anthropology* 26:131-133.

_____. 1992 The Evolutionary Ecology of Food Acquisition. In *Evolutionary Ecology and Human Behavior*, edited by E. Smith and B. Winterhalder, pp. 167-7202. New York: Aldine de Gruyter.

Kaplan, H., K. Hill, J. Lancaster and M. Hurtado 2000 A Theory of Human Life History Evolution: Diet, Intelligence and Longevity. *Evolutionary Anthropology* 9:149-986.

Kaplan, H., P. L. Hooper and M. Gurven 2009 The Evolutionary and Ecological Roots of Human Social Organization. *Philosophical Transactions of the Royal Society* 364:3289-899.

Keegan, W. 1986 The Optimal Foraging Analysis of Horticultural Production. *American Anthropologist* 88:92-107.

Keeley, L. 1988 Hunter-Gatherer Economic Complexity and "opulation Pressure" A Cross-Cultural Analysis. *Journal of Anthropological Archaeology* 7:373-3411.

_____. 1992 The Use of Plant Foods Among Hunter-Gatherers: A Cross-Cultural Survey. In *Prehistoire de l'griculture: Nouvelles Approches et Ethnographiques*, edited by P. C. Anderson, pp. 29-38. Paris: National Center for Scientific Research.

_____. 1995 Protoagricultural Practices among Hunter-Gatherers: A Cross-Cultural Survey. In *Last Hunters First Farmers: New Perspectives on the Prehistoric Transition to Agriculture*, edited by T. Douglas Price and Anne B. Gerbauer, pp. 243-372. Santa Fe: School of American Research Press.

_____. 1996 *War Before Civilization*. Oxford: Oxford University Press.

Keen, I. 1988 Twenty-Five Years of Aboriginal Kinship Studies. In *Social Anthropology and Australian Aboriginal Studies: A Contemporary Overview*, edited by R. Berndt and R. Tonkinson, pp. 79-123. Canberra: Aboriginal Studies Press.

_____. 2006 Constraints on the Development of Enduring Inequalities in Late Holocene Australia. *Current Anthropology* 47:7-38.

Keenan, J. 1977 The Concept of the Mode of Production in Hunter-Gatherer Societies. *African Studies* 36:57-69.

Keene, A. 1979 Economic Optimization Models and the Study of Hunter-Gatherer Subsistence Settlement Systems. In *Transformations: Mathematical Approaches to Culture Change*, edited by C. Renfrew and K. Cooke, pp. 369-9404. New York: Academic Press.

_____. 1981 *Prehistoric Foraging in a Temperate Forest: A Linear Programming Model*. New York: Academic Press.

Keith, K. 2005 Childhood Learning and the Distribution of Knowledge in Foraging Societies. In *Children in Action: Perspectives on the Archaeology of Childhood*, edited by J. E. Baxter, pp. 27-40. Archaeological Papers of the American Anthropological Association 15. Washington, D.C.: American Anthropological Association.

Kelly, I. 1932 *Ethnography of the Surprise Valley Paiute*. University of California Publications in American Archaeology and Ethnology 31:67-210. Berkeley.

_____. 1964 *Southern Paiute Ethnography*. University of Utah Anthropological Papers 69. Salt Lake City.

Kelly, K. 1994 On the Magic Number 500: An Expostulation. *Current Anthropology* 35:435-538.

Kelly, R. C. 2000 *Warless Societies and the Origin of War*. Ann Arbor: University of Michigan Press.

Kelly, R. L. 1983 Hunter-Gatherer Mobility Strategies. *Journal of Anthropological Research* 39:277-7306.

_____. 1986 Hunting and Menstrual Taboos: A Reply to Dobkin de Rios and Hayden. *Human Evolution* 1:475-578.

_____. 1988 The Three Sides of a Biface. *American Antiquity* 53:717-734.

_____. 1990 Marshes and Mobility in the Western Great Basin. In *Wetlands Adaptations in the Great Basin*, edited by J. Janetski and D. B. Madsen, pp. 259-976. Brigham Young University, Museum of Peoples and Cultures Occasional Paper No. 1. Provo.

_____. 1991 Sedentism, Sociopolitical Inequality, and Resource Fluctuations. In *Between Bands and States*, edited by S. Gregg, pp. 135-558. Center for Archaeological Investigations Occasional Paper No. 9. Carbondale: Southern Illinois University Press.

_____.1992 Mobility/Sedentism: Concepts, Archaeological Measures, and Effects. *Annual Review of Anthropology* 21:43-66.

_____. 1995 *The Foraging Spectrum: Diversity in Hunter-Gatherer Lifeways*. Washington, D.C.: Smithsonian Institution Press.

_____. 1996 Foraging and Fishing. In *Prehistoric Hunter-Gatherer Fishing Strategies*, edited by Mark G. Plew, pp. 208-814. Boise, Id.: Boise State University Department of Anthropology.

_____. 2000 Elements of a Behavioral Ecological Paradigm for the Study of Prehistoric Hunter-Gatherers. In *Social Theory in Archaeology*, edited by M. B. Schiffer, pp. 63-78. Salt Lake City: University of Utah Press.

_____. 2001 *Prehistory of the Carson Desert and Stillwater Mountains: Environment, Mobility, and Subsistence in a Great Basin Wetland*. University of Utah Anthropological Papers 123. Salt Lake City.

_____. 2003 Colonization of New Lands by Hunter-Gatherers: Expectations and Implications Based on Ethnographic Data. In *Colonization of Unfamiliar Landscapes: The Archaeology of Adaptation*, edited by M. Rockman and J. Steele, pp. 44-58. London: Routledge.

_____. 2005 Hunter-Gatherers, Archaeology, and the Role of Selection in the Evolution of the Human Mind. In *A Catalyst for Ideas: Anthropological Archaeology and the Legacy of Douglas W. Schwartz*, pp. 19-39, edited by Vernon Scarborough and Richard Leventhal. Santa Fe, N.M.: School of American Research Press.

_____. 2012 Technology. In *Oxford Handbook of Hunter-Gatherer Archaeology and Anthropology*, edited by V. Cummings, P. Jordan and M. Zvelebil. Oxford: Oxford University Press.

_____. 2013 From the Peaceful to the Warlike: Ethnographic and Archaeological Insights into Hunter-Gatherer Warfare and Homicide. In *War, Peace, and Human Nature: The Convergence of Evolutionary and Cultural Views*, edited by D. Fry, in press. Oxford: Oxford University Press.

Kelly, R. L., L. Poyer and B. Tucker. 2005 An Ethnoarchaeological Study of Mobility, Architectural Investment, and Food Sharing among Madagascar' Mikea. *American Anthropologist* 107:403-316.

_____. 2006 Mobility and Houses in Southwestern Madagascar: Ethnoarchaeology Among the Mikea and Their Neighbors. In *Archaeology and Ethnoarchaeology of Mobility*, edited by F. R. Sellet, R. Greaves and P. L. Yu, pp. 75-107. Gainesville: University Press of Florida, Gainesville.

Kennett, D. 2005 *The Island Chumash: Behavioral Ecology of a Maritime Society*. Berkeley: University of California Press.

Kennett, D., B. Winterhalder, J. Bartruff and J. Erlandson 2009 An Ecological Model for the Emergence of Institutionalized Social Hierarchies on California' Northern Channel Islands. In *Pattern and Process in Cultural Evolution*, edited by S. Shennan, pp. 297-7314. Berkeley: University of California Press.

Kent, S. 1989a And Justice for All: The Development of Political Centralization Among Newly Sedentary Foragers. *American Anthropologist* 91:703-311.

_____. 1989b Cross-Cultural Perceptions of Farmers as Hunters and the Value of Meat. In *Farmers as Hunters*, edited by S. Kent, pp. 1-17. Cambridge: Cambridge University Press.

_____., ed. 1989c *Farmers as Hunters*. Cambridge: Cambridge University Press.

_____. 1990 Kalahari Violence in Perspective. *American Anthropologist* 92:1015-117.

_____. 1992 The Current Forager Controversy: Real Versus Ideal Views of Hunter-Gatherers. *Man* 27:40-65.

_____. 1993 Sharing in an Egalitarian Kalahari Community. *Man* 28:479-9514.

_____. 1995 Does Sedentarization Promote Gender Inequality? A Case Study from the Kalahari. *Journal of the Royal Anthropological Institute* 1:513-336.

_____., ed. 1996a *Cultural Diversity Among Twentieth-Century Foragers: An African Perspective*. Cambridge: Cambridge University Press.

_____. 1996b Hunting Variability at a Recently Settled Kalahari Village. In *Cultural Diversity among Twentieth-Century Foragers: An African Perspective*, edited by S. Kent, pp. 125-556. Cambridge: Cambridge University Press.

Kent, S. and R. B. Lee 1992 A Hematological Study of !Kung Kalahari Foragers: An Eighteen-Year Comparison. In *Diet, Demography, and Disease: Changing Perspectives on Anemia*, edited by P. Stuart-Macadam and S. Kent, pp. 173-3200. New York: Aldine de Gruyter.

Kent, S. and H. Vierich 1989 The Myth of Ecological Determinism-nticipated Mobility and Site Spatial Organization. In *Farmers as Hunters: The Implications of Sedentism*, edited by S. Kent, pp. 96-130. Cambridge: Cambridge University Press.

Kew, M. 1992 Salmon Availability, Technology, and Cultural Adaptation in the Fraser River Watershed. In *A Complex Culture of the British Columbia Plateau: Traditional Stl'tl'mx Resource Use*, edited by B. Hayden, pp. 177-7221. Vancouver: University of British Columbia Press.

Kim, J. and C. Grier 2006 *Beyond Affluent Foragers. In Beyond Affluent Foragers: Rethinking Hunter-Gatherer Complexity*, edited by C. Grier, J. Kim and J. Uchiyama, pp. 192-2200. Oxford: Oxbow Books.

Klein, R. G., G. Avery, K. Cruz-Uribe, D. Halkett, J. E. Parkington, T. Steele, T. P. Volman and R. Yates 2004 The Ysterfontein 1 Middle Stone Age Site, South Africa, and Early Human Exploitation of Coastal Resources. *Proceedings of the National Academy of Sciences* 101:5708-015.

Knauft, B. 1987 Reconsidering Violence in Simple Human Societies: Homicide Among the Gebusi of New Guinea. *Current Anthropology* 28:457-7500.

_____. 1991 Violence and Sociality in Human Evolution. *Current Anthropology* 32:391-1428.

Knecht, H. 1997 Projectile Points of Bone, Antler and Stone: Experimental Explorations of Manufacture and Use. In *Projectile Technology*, edited by H. Knecht, pp. 191-1212. New York: Plenum Press.

Knight, R. 1965 A Re-Examination of Hunting, Trapping, and Territoriality Among the Northeastern Algonkian Indians. In *Man, Culture, and Animals: The Role of Animals in Human Ecological Adjustments*, edited by A. Leeds and A. P. Vayda, pp. 27-42. American Association for the Advancement of Science Publication 78. Washington, D.C.: AAAS.

Kohler, T. and S. van der Leeuw, eds. 2007 *The Model-Based Archaeology of Socionatural Systems*. Santa Fe, N.M.: School of Advanced Research Press.

Konner, M. 2005 Hunter-Gatherer Infancy and Childhood: The !Kung and Others. In *Hunter-Gatherer Childhoods*, edited by B. S. Hewlett and M. E. Lamb, pp. 19-64. New York: Aldine de Gruyter.

Konner, M. and M. Shostak 1987 Timing and Management of Birth Among the !Kung: Biocultural Interaction in Reproductive Adaptation. *Cultural Anthropology* 2:11-28.

Konner, M. and C. Worthman 1980 Nursing Frequency, Gonadal Function, and Birth Spacing Among !Kung Hunter-Gatherers. *Science* 207:788-891.

Koster, J. 2008 Hunting with Dogs in Nicaragua: An Optimal Foraging Approach. *Current Anthropology* 49:935-544.

_____. 2010 Informant Rankings via Consensus Analysis. *Current Anthropology* 51:257-78.

Koster, J., J. Hodgen, M. Venegas and T. Copeland 2010 Is Meat Flavor a Factor in Hunters' Prey Choice Decisions? *Human Nature* 21:219-942.

Kouravelos, T. 2009 *Sharing Societies: Modern Simple Hunter-Gatherers*. Athens: Politeiakes Ekdoseis.

Koyama, S. and D. H. Thomas, eds. 1981b *Affluent Foragers*. Senri Ethnological Studies 9. Osaka, Japan: National Museum of Ethnology.

Kozak, V., A. Baxter, A. Williamson and R. Carneiro 1979 *The Heta Indians: Fish in a Dry Pond.* Anthropological Papers of the American Museum of Natural History 55 (pt. 1):351-1434. New York.

Kramer, K. L. 2005 *Maya Children: Helpers at the Farm.* Cambridge: Harvard University Press.

_____. 2008 Early Sexual Maturity Among Pumé Foragers of Venezuela: Fitness Implications of Teen Motherhood. *American Journal of Physical Anthropology* 136:338-850.

Kramer, K. L. and R. D. Greaves 2007 Changing Patterns of Infant Mortality and Fertility among Pumé Foragers and Horticulturalists. *American Anthropologist* 109:713-326.

_____. 2010 Postmarital Residence and Bilateral Kin Associations among Hunter-Gatherers: Pumé Foragers Living in the Best of Both Worlds. *Human Nature* 22:41-63.

Krebs, J. R. and N. B. Davies 1978 *Behavioral Ecology: An Evolutionary Approach.* Oxford: Blackwell.

Krech, S. 1978 On the Aboriginal Population of the Kutchin. *Arctic Anthropology* 15:89-104.

_____. 1983 The Influence of Disease and the Fur Trade on Arctic Drainage Lowlands Dene, 1800-01850. *Journal of Anthropological Research* 39:123-346.

_____. 1999 *The Ecological Indian: Myth and History.* New York: Norton.

Kroeber, A. 1908 *Ethnology of the Gros Ventre.* Anthropological Papers of the American Museum of Natural History 1:141-1281. New York.

_____. 1925 *Handbook of the Indians of California.* Bureau of American Ethnology Bulletin 78.Washington, D.C.

_____. 1935 *Walapai Ethnography.* Memoirs of the American Anthropological Association 42. Washington, D.C.

_____. 1939 *Cultural and Natural Areas of Native North America.* University of California Publications in American Archaeology and Ethnology 38. Berkeley.

Krupnik, I. 1993 *Arctic Adaptations: Native Whalers and Reindeer Herds of Northern Eurasia,* translated and edited by M. Levenson. Hanover: University Press of New England.

Kuchikura, Y. 1987 *Subsistence Ecology Among Semaq-Beri Hunter-Gatherers of Peninsular Malaysia.* Hokkaido Behavioral Science Report, Series E, No. 1. Sapporo: Department of Behavioral Science, Hokkaido University.

_____. 1988 Efficiency and Focus of Blowpipe Hunting Among Semaq-Beri Hunter-Gatherers of Peninsular Malaysia. *Human Ecology* 16:271-1305.

_____. 1996 Fishing in the Tropical Rain Forest: Utilization of Aquatic Resources Among the Semaq-Beri Hunter-Gatherers of Peninsular Malaysia, in *Coastal Foragers in Transition*, edited by T. Akimichi, pp. 147-774. Senri Ethnological Studies 42. Osaka, Japan: Senri Ethnological Museum.

Kuhn, S. L. 2004 Evolutionary Perspectives on Technology and Technological Change. *World Archaeology* 36:561-170.

Kuhn, S. L. and M. C. Stiner 2001 The Antiquity of Hunter-Gatherers. In *Hunter-Gatherers: An Interdisciplinary Perspective*, edited by Catherine Panter-Brick, R. H. Layton and P. Rowley-Conwy, pp. 99-129. Cambridge: Cambridge University Press.

Kuper, A. 1988 *The Invention of Primitive Society: Transformations of an Illusion*. London: Routledge.

Kusimba, S. B. 2005 What Is a Hunter-Gatherer? Variation in the Archaeological Record of Eastern and Southern Africa. *Journal of Archaeological Research* 13:337-766.

Lamba, S. and R. Mace 2011 Demography and Ecology Drive Variation in Cooperation Across Human Populations. *Proceedings of the National Academy of Sciences* 108:14426-430.

Landes, R. 1938 *The Ojibwa Woman*. New York: Norton.

Langdon, S. 1979 Comparative Tlingit and Haida Adaptation to the West Coast of the Prince of Wales Archipelago. *Ethnology* 18:101-119.

LaPena, F. 1978 Wintu. In *Handbook of North American Indians, Vol. 11: California*, edited by R. Heizer, pp. 324-440. Washington, D.C.: Smithsonian Institution Press.

Larson, C. S. and R. L. Kelly (eds.) 1995 *Bioarchaeology of the Stillwater Marsh: Prehistoric Human Adaptation in the Western Great Basin*. Anthropological Papers of the American Museum of Natural History 77. New York.

Laughlin, W. S. 1980 *Aleuts: Survivors of the Bering Land Bridge*. New York: Holt, Rinehart and Winston.

Lawton, H., P. Wilke, M. Decker and W. Mason 1976 Agriculture Among the Paiute of Owens Valley. *Journal of California Anthropology* 3:13-50.

Layton, R. 1986 Political and Territorial Structures Among Hunter-Gatherers. *Man* 21:18-33.

Leacock, E. 1954 *The Montagnais Hunting Territory and the Fur Trade*. American Anthropological Association Memoir 78. Washington, D.C.: American Anthropological Association.

_____. 1955 Matrilineality in a Simple Hunting Society (Montagnais-Naskapi). *Southwestern Journal of Anthropology* 11:31-47.

_____. 1969 The Montagnais-Naskapi Band. In *Contributions to Anthropology: Band Societies*, edited by D. Damas, pp. 1-17. National Museum of Canada Bulletin 228. Ottawa.

_____. 1978 Women' Status in Egalitarian Society: Implications for Social Evolution. *Current Anthropology* 19:247-775.

_____. 1980 Montagnais Women and the Jesuit Program for Colonization. In *Women and Colonization: Anthropological Perspectives*, edited by M. Etienne and E. Leacock, pp. 25-42. New York: Praeger.

_____. 1982 Relations of Production in Band Society. In *Politics and History in Band Societies*, edited by E. Leacock and R. B. Lee, pp. 159-970. Cambridge: Cambridge University Press.

_____. 1983 Interpreting the Origins of Gender Inequality: Conceptual and Historical Problems. *Dialectical Anthropology* 7:263-384.

Leacock, E. and R. B. Lee 1982a Introduction. In *Politics and History in Band Societies*, edited by E. Leacock and R. B. Lee, pp. 1-19. Cambridge: Cambridge University Press.

_____., eds. 1982b *Politics and History in Band Societies*. Cambridge: Cambridge University Press.

Leacock, E. and N. Rothschild 1994 *Labrador Winter: The Ethnographic Journals of William Duncan Strong, 1927-928*. Washington, D.C.: Smithsonian Institution Press.

LeClerq, C. 1910 *New Relations of Gaspesia*, edited by W. Ganong. Toronto: The Champlain Society.

Lee, R. B. 1968 What Hunters Do for a Living, Or, How to Make Out on Scarce Resources. In *Man the Hunter*, edited by R. B. Lee and I. DeVore, pp. 30-48. Chicago: Aldine.

_____. 1969 !Kung Bushman Subsistence: An Input/Output Analysis. In *Contributions to Anthropology: Ecological Essays*, edited by D. Damas, pp. 73-94. National Museum of Canada Bulletin 230. Ottawa.

_____. 1974 Male-Female Residence Arrangements and Political Power in Human Hunter-Gatherers. *Archives of Sexual Behavior* 3:167-773.

_____. 1976 !Kung Spatial Organization: An Ecological and Historical Perspective. In *Kalahari Hunter-Gatherers*, edited by R. B. Lee and I. DeVore, pp. 73-97. Cambridge: Harvard University Press.

_____. 1979 *The !Kung San: Men, Women and Work in a Foraging Society*. Cambridge: Cambridge University Press.

_____. 1980 Lactation, Ovulation, Infanticide, and Women' Work: A Study of Hunter-Gatherer

Population. In *Biosocial Mechanisms of Population Regulation*, edited by M. Cohen, R. Malpass and H. Klein, pp. 321-148. New Haven, Conn.: Yale University Press.

_____. 1982 Politics, Sexual and Non-Sexual, in an Egalitarian Society. In *Politics and History in Band Societies*, edited by E. Leacock and R. B. Lee, pp. 37-59. Cambridge: Cambridge University Press.

_____. 1984 *The Dobe !Kung*. New York: Holt, Rinehart and Winston.

_____. 1985 Work, Sexuality, and Aging Among !Kung Women. In *In Her Prime: A New View of Middle-Aged Women*, edited by J. Brown and V. Kerns, pp. 23-35. South Hadley, Mass.: Bergin and Garvey.

_____. 1988 Reflections on Primitive Communism. In *Hunters and Gatherers, Vol. 1: History, Evolution, and Social Change*, edited by T. Ingold, D. Riches and J. Woodburn, pp. 252-268. Oxford: Berg.

_____. 1992 Art, Science, or Politics? The Crisis in Hunter-Gatherer Studies. *American Anthropologist* 94:31-54.

_____. 2002 Solitude or Servitude? Ju/'oansi Images of the Colonial Encounter. In *Ethnicity, Hunter-Gatherers, and the "ther" Association or Assimilation in Africa*, edited by S. Kent, pp. 184-4205. Washington, D.C.: Smithsonian Institution Press.

Lee, R. B. and I. DeVore, eds. 1968 *Man the Hunter*. Chicago: Aldine.

_____., eds. 1976 *Kalahari Hunter-Gatherers: Regional Studies of the !Kung San and Their Neighbors*. Cambridge: Harvard University Press.

Lee, R. B. and M. Guenther 1991 Oxen or Onions? The Search for Trade (and Truth) in the Kalahari. *Current Anthropology* 32:592-2601.

_____. 1993 Problems in Kalahari Historical Ethnography and the Tolerance of Error. *History in Africa* 20:185-5235.

Legros, D. 1985 Wealth, Poverty, and Slavery Among 19th-Century Tutchone Athapaskans. *Research in Economic Anthropology* 7:37-64.

Leland, J. 1986 Population. In *Handbook of North American Indians, Vol. 11: Great Basin*, edited by W. D'zevedo, pp. 608-819. Washington, D.C.: Smithsonian Institution Press.

Lemonnier, P. 1993 *Elements for an Anthropology of Technology*. University of Michigan Museum of Anthropology Anthropological Papers 88. Ann Arbor.

Leslie, P. and P. Fry 1989 Extreme Seasonality of Births Among Nomadic Turkana Pastoralists. *American Journal of Physical Anthropology* 79:103-315.

Lévi-Strauss, C. 1949 *Les Structures élémentaires de la parent.* Paris: Presses Universitaires de France.

Lewis, H. 1989 Ecological and Technological Knowledge of Fire: Aborigines Versus Park Rangers in North Australia. *American Anthropologist* 91:940-061.

_____. 1991 Technological Complexity, Ecological Diversity, and Fire Regimes in Northern Australia. In *Profiles in Cultural Evolution*, edited by A. Rambo and K. Gillogly, pp. 261-188. University of Michigan Museum of Anthropology Anthropological Papers 85. Ann Arbor.

Lewis, H. and T. Ferguson 1988 Yards, Corridors, and Mosaics: How to Burn a Boreal Forest. *Human Ecology* 16:57-77.

Liebenberg, L. 2006 Persistence Hunting by Modern Hunter-Gatherers. *Current Anthropology* 47:1017-125.

Lindström, S. 1996 Great Basin Fisherfolk: Optimal Diet Breadth Modeling the Truckee Fishery. In *Prehistoric Hunter-Gatherer Fishing Strategies*, edited by M. Plew, pp. 114-479. Boise, Id.: Boise State University Press.

Long, J. 1971 Arid Region Aborigines: The Pintupi. In *Aboriginal Man and Environment in Australia*, edited by D. Mulvaney and J. Golson, pp. 262-270. Canberra: Australian National University Press.

Lourandos, H. 1985 Intensification and Australian Prehistory. In *Prehistoric Hunter-Gatherers: The Emergence of Cultural Complexity*, edited by T. D. Price and J. A. Brown, pp. 385-5423. Orlando, Fla.: Academic Press.

_____. 1988 Palaeopolitics: Resource Intensification in Aboriginal Australia and Papua New Guinea. In *Hunters and Gatherers, Vol. 1: History, Evolution, and Social Change*, edited by T. Ingold, D. Riches and J. Woodburn, pp. 148-860. Oxford: Berg.

Lovis, W. A. and R. E. Donahue 2011 Space, Information and Knowledge: Ethnocartography and North American Boreal Forest Hunter-Gatherers. In *Information and its Role in Hunter-Gatherer Bands*, edited by R. Whallon, W. A. Lovis and R. K. Hitchcock, pp. 59-88. Cotsen Institute of Archaeology, Ideas, Debates, and Perspectives 5. Los Angeles: Cotsen Institute of Archaeology Press.

Lubbock, Sir J. 1865 *Pre-Historic Times, as Illustrated by Ancient Remains and the Manners and Customs of Modern Savages.* London: Williams and Norgate.

_____. 1900 *Pre-Historic Times, as Illustrated by Ancient Remains and the Manners and Customs of Modern Savages.* Sixth ed. New York: D. Appleton and Co.

Lupo, K. D. 2011 A Dog Is for Hunting. In *Ethnozooarchaeology*, edited by U. Albarella and A. Trentacoste, pp. 4-12. Oxford: Oxbow Press.

Lupo, K. D. and D. Schmitt 2002 Upper Paleolithic Net Hunting, Small Prey Exploitation, and Women' Work Effort: A View from the Ethnographic and Ethnoarchaeological Record of the Congo Basin. *Journal of Archaeological Method and Theory* 9:147-779.

———, 2004 Meat Sharing and the Archaeological Record: A Test of the Show-Off Hypothesis among Central African Bofi Foragers. In *Hunters and Gatherers in Theory and Archaeology*, edited by G. M. Crothers, pp. 241-160. Southern Illinois University Center for Archaeological Investigations Occasional paper No. 31. Carbondale: Southern Illinois University Press.

———, 2005 Small Prey Hunting Technology and Zooarchaeological Measures of Taxonomic Diversity and Abundance: Ethnoarchaeological Evidence from Central African Forest Foragers. *Journal of Anthropological Archaeology* 24:335-553.

MacArthur, R. H. 1972 *Geographical Ecology: Patterns in the Distribution of Species*. New York: Harper and Row.

MacArthur, R. and E. Pianka 1966 On Optimal Use of a Patchy Environment. *The American Naturalist* 100:603-39.

MacLachlan, B. 1981 Tahltan. In *Handbook of North American Indians, Vol. 6: Subarctic*, edited by J. Helm, pp. 458-868. Washington, D.C.: Smithsonian Institution Press.

MacLeish, K. and J. Launois 1972 Stone Age Men of the Philippines. *National Geographic* 142:219-950.

MacMahon, D. A. and W. H. Marquardt 2004 *The Calusa and Their Legacy: South Florida People and Their Environments*. Tallahassee: Florida State University Press.

Madsen, D. and D. Schmitt 1998 Mass Collecting and the Diet Breadth Model: A Great Basin Example. *Journal of Archaeological Science* 25:445-557.

Madsen, D. B., L. Eschler and T. Eschler 1997 Winter Cattail Collecting Experiments. *Utah Archaeology* 10:1-19.

Madsen, D. B. and J. Kirkman 1988 Hunting Hoppers. *American Antiquity* 53:593-3604.

Mailhot, J. 1986 TerritorialMobility Among theMontagnais-Naskapi of Labrador. *Anthropologica* 28:92-107.

Maine, H. 1861 0. London: J. Murray.

Malaurie, J. 1956 *The Last Kings of Thule: A Year Among the Polar Eskimos of Greenland*. London: Allen and Unwin.

Marean C. W., M. Bar-Matthews, J. Bernatchez, E. Fisher, P. Goldberg, A. I. R. Herries, et al. 2007 Early Human Use of Marine Resources and Pigment in South Africa during the Middle Pleistocene. *Nature* 449:905-58.

Marlowe, F. 1999a Male Care and Mating Effort among Hadza Foragers. *Behavioral Ecology and Sociobiology* 46:57-64.

_____. 1999b Showoffs or Providers? The Parenting Effort of Hadza Men. *Evolution and Human Behavior* 20:391-1404.

_____. 2001 Male Contribution to Diet and Female Reproductive Success among Foragers. *Current Anthropology* 42:755-560.

_____. 2002 Why the Hadza Are Still Hunter-Gatherers. In *Ethnicity, Hunter-Gatherers, and the "ther" Association or Assimilation in Africa*, edited by S. Kent, pp. 247-775. Washington, D.C.: Smithsonian Institution Press.

_____. 2004a Marital Residence among Foragers. *Current Anthropology* 45:277-784.

_____. 2004b Mate Preference among Hadza Hunter-Gatherers. *Human Nature* 15:365-576.

_____. 2004c What Explains Hadza Food Sharing? *Research in Economic Anthropology* 23:69-88.

_____. 2004d Dictators and Ultimatums in an Egalitarian Society of Hunter-Gatherers: The Hadza of Tanzania. In *Foundations of Human Sociality: Economic Experiments and Ethnographic Evidence from Fifteen Small-Scale Societies*, edited by J. Henrich, R. Boyd, S. Bowles, H. Gintis, C. Camerer and E. Fehr, pp. 168-893. Oxford: Oxford University Press.

_____. 2005a Hunter-Gatherers and Human Evolution. *Evolutionary Anthropology* 14:54-67.

_____. 2005b Who Tends Hadza Children? In *Hunter-Gatherer Childhoods*, edited by B. Hewlett and M. Lamb, pp. 177-790. New York: Aldine de Gruyter.

_____. 2006 Central Place Foraging: The Hadza as an Example. In *Feeding Ecology in Apes and Other Primates: Ecological, Physical and Behavioral Aspects*, edited by G. Hohmann, M. M. Robbins and C. Boesch, pp. 359-977. Cambridge: Cambridge University Press.

_____. 2007 Hunting and Gathering: The Human Sexual Division of Foraging Labor. *Cross Cultural Research* 41:170-095.

_____. 2009 Hadza Cooperation Second-Party Punishment, Yes; Third-Party Punishment, No. *Human Nature* 20:417-730.

_____. 2010 *The Hadza: Hunter-Gatherers of Tanzania*. Berkeley: University of California Press.

Marlowe, F. and J. C. Berbesque 2009 Tubers as Fallback Foods and Their Impact on Hadza Hunter-Gatherers. *American Journal of Physical Anthropology* 140:751-158.

Marks, S. 1976 *Large Mammals and a Brave People: Subsistence Hunters in Zambia*. Seattle: University of Washington Press.

Marquardt, W. 2001 The Emergence and Demise of the Calusa. In *Societies in Eclipse: Archaeology of the Eastern Woodland Indians, A.D. 1400-700*, edited by D. S. Brose, C. W. Cowan and R. C. Mainfort, pp. 157-771. Washington, D.C.: Smithsonian Institution Press.

Marshall, L. 1976 *The !Kung of Nyae Nyae*. Cambridge, MA: Harvard University Press.

_____. 1999 *Nyae Nyae !Kung Beliefs and Rites*. Peabody Museum Monographs 8. Cambridge, MA: Peabody Museum of Archaeology and Ethnology.

Martin, C. and D. Read 1981 The Relation of Mean Annual Rainfall to Population Density for Some African Hunters and Gatherers. *Anthropology UCLA* 7:151-160.

Martin, J. F. 1973 On the Estimation of Sizes of Local Groups in a Hunting-Gathering Environment. *American Anthropologist* 75:1448-468.

_____. 1994 Changing Sex Ratios: The History of Havasupai Fertility and Its Implications for Human Sex Ratio Variation. *Current Anthropology* 35:255-580.

Martin, J. F. and D. Stewart 1982 A Demographic Basis for Patrilineal Hordes. *American Anthropologist* 84:79-96.

Martin, M. K. 1974 *The Foraging Adaptation-niformity or Diversity? Addison-Wesley Module in Anthropology No. 56*. Reading, Mass.: Addison-Wesley Publishing Company.

Martin, M. K. and B. Voorhies 1975 *Female of the Species*. New York: Columbia University Press.

Maschner, H. D. G. 1991 The Emergence of Cultural Complexity on the Northern Northwest Coast. *Antiquity* 65:924-434.

Mason, L. R. and J. G. Hather (eds) 2002 *Hunter-Gatherer Ethnobotany*. London: University College Institute of Archaeology.

Mason, O. T. 1894 Technogeography, or the Relation of the Earth to the Industries of Mankind. *American Anthropologist* 7:137-761.

Mathiassen, T. 1928 *Material Culture of the Iglulik Eskimos*. Report of the Fifth Thule Expedition, pp. 1921-224, Vol. 7(1). Copenhagen: Gyldendalske Boghandel, Nordisk Forlag.

Mauss, M. 1990 [1924] *The Gift*, translated by W. D. Halls. New York: Norton.

_____. 1904-05 Essai sur les variations saisonniéres des sociétés Eskimos. *L'nnée Sociologique* 9 (1904-1905):39-132.

McCarthy, F., and M. McArthur 1960 The Food Quest and the Time Factor in Aboriginal Economic Life. In *Records of the American-Australian Scientific Expedition to Arnhem Land, Vol. 2: Anthropology and Nutrition*, edited by C. Mountford, pp. 145-594. Parkville, Victoria: Melbourne University Press.

McClellan, C. 1975 *My Old People Say: An Ethnographic Survey of Southern Yukon Territory.* NationalMuseum of Man Publications in Ethnology 6. Ottawa.

McClellan, C., and G. Denniston 1981 Environment and Culture in the Cordillera. In *Handbook of North American Indians, Vol. 6: Subarctic*, edited by J. Helm, pp. 372-286. Washington, D.C.: Smithsonian Institution Press.

McCloskey, D. 1976 English Open Fields and Behavior Toward Risk. *Research in Economic History* 1:144-470.

McGee, W. 1898 *The Seri Indians*. Seventeenth Annual Report of the Bureau of American Ethnology, pp. 1-344. Washington, D.C.

McGrew, W. C. 1987 Tools to Get Food: The Subsistants of Tasmanian Aborigines and Tanzanian Chimpanzees Compared. *Journal of Anthropological Research* 43:247-758.

_____. 1992 *Chimpanzee Material Culture: Implications for Human Evolution*. Cambridge: Cambridge University Press.

McKenna, R. 1959 *The Upper Tanana Indians*. Yale University Publications in Anthropology 55.New Haven, Conn.

_____. 1981 Tanana. In *Handbook of North American Indians, Vol. 6: Subarctic*, edited by J. Helm, pp. 562-276. Washington, D.C.: Smithsonian Institution Press.

McKnight, D. 1981 Distribution of Australian Aboriginal Marriage Classes: Environmental and Demographic Influences. *Man* 16:75-89.

Meehan (Hiatt), B. 1977a Hunters by the Seashore. *Journal of Human Evolution* 6:363-370.

_____. 1977b Man Does Not Live by Calories Alone: The Role of Shellfish in a Coastal Cuisine. In *Sunda and Sahul*, edited by J. Allen, J. Golson and R. Jones, pp. 493-3531. London: Academic Press.

_____. 1982 *Shell Bed to Shell Midden*. Canberra: Australian Institute of Aboriginal Studies.

_____. 1983 A Matter of Choice? Some Thoughts on Shell-Gathering Strategies in Northern Australia. In *Animals and Archaeology: Two Shell Middens, Fishes and Birds*, edited by C. Grigson and J. Clutton-Brock. British Archaeological Reports, International Series 381, pp. 3-17. Oxford.

Meehan, C. L. 2005 The Effects of Residential Locality on Parental and Alloparental Care among the Aka Foragers of the Central African Republic. *Human Nature* 16:58-80.

Meggitt, M. 1962 *The Desert People*. Sydney: Augus and Robertson.

_____. 1968 "Marriage Classes" and Demography in Central Australia. In *Man the Hunter*, edited by R. B. Lee and I. DeVore, pp. 176-684. Chicago: Aldine.

_____. 1987 Understanding Australian Aboriginal Society: Kinship Systems or Cultural Categories? In *Traditional Aboriginal Society*, edited by W. H. Edwards, pp. 113-337. Melbourne: The Macmillan Company of Australia.

Meigs, P. 1939 *The Kiliwa Indians of Lower California*. Berkeley: University of California Press.

Meillassoux, C. 1973 On the Mode of Production of the Hunting Band. In *French Perspectives in African Studies*, edited by P. Alexandre, pp. 187-7203. London: Oxford University Press.

Merlan, F. 1988 Gender in Aboriginal Social Life: A Review. In *Social Anthropology and Australian Aboriginal Studies: A Contemporary Overview*, edited by R. Berndt and R. Tonkinson, pp. 17-76. Canberra: Aboriginal Studies Press.

Metcalfe, D. and K. R. Barlow 1992 A Model for Exploring the Optimal Trade-Off Between Field Processing and Transport. *American Anthropologist* 94:340-056.

Miller, T. O., Jr. 1979 Stonework of the Xeta Indians of Brazil. In *Lithic Use-Wear Analysis*, edited by B. Hayden, pp. 401-17. New York: Academic Press.

Mills, B. 1986 Prescribed Burning and Hunter-Gatherer Subsistence Systems. *Haliksa': University of New Mexico Contributions to Anthropology* 5:2-26.

Milton, K. 1985 Ecological Foundations for Subsistence Strategies Among the Mbuti Pygmies. *Human Ecology* 13:71-78.

Minc, L. 1986 Scarcity and Survival: The Role of Oral Tradition in Mediating Subsistence Crises. *Journal of Anthropological Archaeology* 5:39-113.

Minc, L. and K. Smith 1989 The Spirit of Survival: Cultural Responses to Resource Variability in North Alaska. In *Bad Year Economics*, edited by P. Halstad and J. O'hea, pp. 8-38. Cambridge: Cambridge University Press.

Mitchell, D. 1983 Seasonal Settlements, Village Aggregations, and Political Autonomy on the Central Northwest Coast. In *The Development of Political Organization in Native North America*, edited by E. Tooker, pp. 97-107. Washington, D.C.: American Ethnological Society.

_____. 1984 Predatory Warfare, Social Status, and the North Pacific Slave Trade. *Ethnology*

23:39-48.

_____. 1985 A Demographic Profile of Northwest Coast Slavery. In *Status, Structure and Stratification: Current Archaeological Reconstructions*, edited by M. Thompson, M. Garcia and F. Kense, pp. 227-736. Calgary: Archaeological Association of the University of Calgary.

Mitchell, D. and L. Donald 1985 Some Economic Aspects of Tlingit, Haida, and Tsimshian Slavery. *Research in Economic Anthropology* 7:19-35.

_____. 1988 Archaeology and the Study of Northwest Coast Economics. *Research in Economic Anthropology Supplement* 3:293-3351.

Mithen, S. J. 1989 Modeling Hunter-Gatherer Decision Making: Complementing Optimal Foraging Theory. *Human Ecology* 17:59-83.

_____. 1990 *Thoughtful Foragers*. Cambridge: Cambridge University Press.

Moore, O. 1965 Divination- New Perspective. *American Anthropologist* 59:69-74.

Morabia, A. 2008 The Relation of Childhood Mortality to Mobility in Contemporary Foragers. *Human Ecology* 36:931-132.

Morales, T. 1987 An Examination of Infanticide Practices Among Mobile and "edentary"Hunter-Gatherers. *Haliksa': University of New Mexico Contributions to Anthropology* 6:1-19.

Morgan, L. H. 1877. *Ancient Society*. New York: Henry Holt.

Morren, G. B., Jr. 1986 *The Miyanmin: Human Ecology of a Papua New Guinea Society*. Studies in Cultural Anthropology No. 9. Ann Arbor, Mich.: UMI Research Press.

Morris, B. 1982 The Family, Group Structuring and Trade Among South Indian Hunter-Gatherers. In *Politics and History in Band Societies*, edited by E. Leacock and R. B. Lee, pp. 171-187. Cambridge: Cambridge University Press.

Morrison, K. D. and L. L. Junker, eds. 2002 *Forager-Traders in South and Southeast Asia*. Cambridge: Cambridge University Press.

Mosko, M. 1987 The Symbols of "Forest" A Structural Analysis of Mbuti Culture and Social Organization. *American Anthropologist* 89:896-6913.

Murdoch, J. 1988[1892] *Ethnological Results of the Point Barrow Expedition. Ninth Annual Report of the Bureau of Ethnology, 1887-8*. Washington, D.C.: Smithsonian Institution Press.

Murdock, G. P. 1949 *Social Structure*. New York: Macmillan.

_____. 1958 Social Organization of the Tenino. *Miscellanea Paul Rivet* 1:299-9312.

_____. 1967 The Ethnographic Atlas: A Summary. *Ethnology* 6(2).

_____. 1980 The Tenino Indians. *Ethnology* 19:129-949.

Murdock, G. P. and D. R. White. 1969 Standard Cross-Cultural Sample. *Ethnology* 9:329-969.

Murphy, R. and J. Steward 1955 Tappers and Trappers: Parallel Processes in Acculturation. *Economic Development and Cultural Change* 4:335-555.

Myers, F. 1982 Always Ask: Resource Use and Land Ownership Among Pintupi Aborigines of the Australian Western Desert. In *Resource Managers:North American and Australian Hunter-Gatherers*, edited by E. Hunn and N. Williams, pp. 173-396. Boulder, Colo.: Westview.

_____. 1986 *Pintupi Country, Pintupi Self*. Washington, D.C.: Smithsonian Institution Press.

_____. 1988a Burning the Truck and Holding the Country: Property, Time and the Negotiation of Identity Among Pintupi. In *Hunters and Gatherers, Vol. 2: Property, Power, and Ideology*, edited by T. Ingold, D. Riches and J. Woodburn, pp. 52-74. Oxford: Berg.

_____. 1988b Critical Trends in the Study of Hunter-Gatherers. *Annual Review of Anthropology* 17:261-182.

Nabokov, P. 1967 *Two Leggings: The Making of a Crow Warrior*. New York: Crowell.

Neel, J. and K. Weiss 1975 The Genetic Structure of a Tribal Population, the Yanomama Indians. XII. Biodemographic Studies. *American Journal of Physical Anthropology* 42:25-51.

Nelson, E. 1899 *The Eskimo About Bering Strait*. Bureau of American Ethnology Annual Report for 1896-1897, Vol. 18, No. 1. Washington, D.C.

Nelson, M. 1991 The Study of Technological Organization. In *Archaeological Method and Theory vol. 3*, edited by M. B. Schiffer, pp. 57-100. Tucson: University of Arizona.

_____. 1997 Projectile Points: Form, Function and Design. In *Projectile Technology*, edited by H. Knecht, pp. 371-182. New York: Plenum Press.

Nelson, R. 1986 *Hunters of the Northern Forest*. Second edition. Chicago: University of Chicago Press.

Nerlove, S. B. 1974 Women' Workload and Infant Feeding Practices: A Relationship with Demographic Implications. *Ethnology* 13:207-714.

Ness, N., C. Helfrecht, E. Hagen, A. Sell and B. Hewlett 2010 Interpersonal Aggression among Aka Hunter-Gatherers of the Central African Republic. Assessing the Effects of Sex, Strength, and Anger. *Human Nature* 21:330-054.

Nolan, K. C. and R. A. Cook 2010 An Evolutionary Model of Social Change in the Middle Ohio Valley: Was Social Complexity Impossible during the Late Woodland but Mandatory during the Late Prehistoric? *Journal of Anthropological Archaeology* 29:62-79.

Noli, D. and G. Avery 1988 Protein Poisoning and Coastal Subsistence. *Journal of Archaeologi-*

cal Science 15:395-5401.

Nolin, D. 2010 Food-Sharing Networks in Lamalera, Indonesia Reciprocity, Kinship, and Distance. *Human Nature* 21:243-368.

Noss, A. J. 1997 The Economic Importance of Communal Net Hunting Among the BaAka of the Central African Republic. *Human Ecology* 25:71-89.

Noss, A. J. and B. S.Hewlett 2001 The Contexts of Female Hunting inCentral Africa. *American Anthropologist* 103:1024-240.

Nurse, G. and T. Jenkins 1977 *Health and the Hunter-Gatherer: Biomedical Studies on the Hunting and Gathering Populations of Southern Africa.* Monographs in Human Genetics 8. Basel: Karger.

Oberg, K. 1973 *The Social Economy of the Tlingit Indians.* Seattle: University of Washington Press.

O'onnell, J. F. 1995 Ethnoarchaeology Needs a General Theory of Behavior. *Journal of Archaeological Research* 3:205-555.

O'onnell, J. F. and K. Hawkes 1981 Alyawara Plant Use and Optimal Foraging Theory. In *Hunter-Gatherer Foraging Strategies*, edited by B. Winterhalder and E. A. Smith, pp. 99-125. Chicago: University of Chicago Press.

_____. 1984 Food Choice and Foraging Sites Among the Alyawara. *Journal of Anthropological Research* 40:504-435.

O'onnell, J. K. Hawkes and N. Blurton Jones 1988 Hadza Scavenging: Implications for Plio-Pleistocene Hominid Subsistence. *Current Anthropology* 29:356-663.

O'onnell, J. F., K. Hawkes and K. Jones 1990 Reanalysis of Large Mammal Body Part Transport Among the Hadza. *Journal of Archaeological Science* 17:301-116.

O'onnell, J., P. Latz and P. Barnett 1983 Traditional and Modern Plant Use Among the Alyawara of Central Australia. *Economic Botany* 37:80-109.

O'onnell, J. and B. Marshall 1989 Analysis of Kangaroo Body Part Transport Among the Alyawara of Central Australia. *Journal of Archaeological Science* 16:393-3405.

Ohtsuka, R. 1989 Hunting Activity and Aging Among the Gidra Papuans: A Biobehavioral Analysis. *American Journal of Physical Anthropology* 80:31-9.

Olson, R. L. 1927 *Adze, Canoe, and House Types of the Northwest Coast.* University ofWashington Publications in Anthropology 2(1). Seattle.

_____. 1936 *The Quinault Indians.* University of Washington Publications in Anthropology 6(1).

Seattle.

Orians, G. H. 1969 On the Evolution of Mating Systems in Birds and Mammals. *American Naturalist* 103:589-9603.

Orians, G. H. and N. E. Pearson 1979 On the Theory of Central Place Foraging. In *Analysis of Ecological Systems*, edited by R. Mitchell and G. Stairs, pp. 155-578. Columbus: Ohio State University Press.

Orquera, L. A. and E. L. Piana 1999 *La Vida Material y Social de Los Y´amana*. Buenos Aires: University of Buenos Aires Press.

Osborn, Alan J. 1999 From Global Models to Regional Patterns: Possible Determinants of Folsom Hunting Weapon Design Diversity and Complexity. In *Folsom Lithic Technology: Explorations in Structure and Variation*, edited by Daniel S. Amick, pp. 188-8213. International Monographs in Prehistory, Ann Arbor, Mich.

Osgood, C. 1936 The Distribution of the Northern Athapaskan Indians. *Yale University Publications in Anthropology* 7:3-23.

O'hea, J. 1981 Coping with Scarcity: Exchange and Social Storage. In *Economic Archaeology: Towards an Integration of Ecological and Social Approaches*, edited by A. Sheridan and G. Bailey, pp. 167-786. British Archaeological Reports, International Series 96. Oxford.

Oswalt, W. H. 1967 *Alaskan Eskimos*. San Francisco: Chandler.

_____. 1973 *Habitat and Technology*. New York: Holt, Rinehart and Winston.

_____. 1976 *An Anthropological Analysis of Food-Getting Technology*. New York: Wiley.

Owen, R. 1965 The Patrilocal Band: A Linguistically and Culturally Hybrid Social Unit. *American Anthropologist* 67:675-590.

Pálsson, G. 1988 Hunters and Gatherers of the Sea. In *Hunters and Gatherers, Vol. 1: History, Evolution, and Social Change*, edited by T. Ingold, D. Riches and J. Woodburn, pp. 189-9204. Oxford: Berg.

Panowski, E. 1985 Analyzing Hunter-Gatherers: Population Pressure, Subsistence, Social Structure, Northwest Coast Societies, and Slavery. Unpublished Ph.D. dissertation, Department of Anthropology, University of New Mexico.

Panter-Brick, C., R. H. Layton and P. Rowley-Conwy 2001 Lines of Enquiry. In *Hunter-Gatherers: An Interdisciplinary Perspective*, edited by C. Panter-Brick, R. H. Layton and P. Rowley-Conwy, pp. 1-11. Cambridge: Cambridge University Press.

Park, W. 1938 The Organization and Habitat of Paviotso Bands. *American Anthropologist*

40:622-226.

Parkington, J. 1984 Soaqua and Bushmen: Hunters and Robbers. In *Past and Present in Hunter-Gatherer Studies*, edited by C. Schrire, pp. 151-193. Orlando, Fla.: Academic Press.

Pate, D. 1986 The Effects of Drought on Ngatatjara Plant Use: An Evaluation of Optimal Foraging Theory. *Human Ecology* 14:95-115.

Pennington, R. 2001 Hunter-Gatherer Demography. In *Hunter-Gatherers: An Interdisciplinary Perspective*, edited by C. Panter-Brick, R. H. Layton and P. Rowley-Conwy, pp. 170-0204. Cambridge: Cambridge University Press.

Pennington, R. and H. Harpending 1988 Fitness and Fertility Among Kalahari !Kung. *American Journal of Physical Anthropology* 77:303-319.

Perry, R. 1989 Matrilineal Descent in a Hunting Context: The Athapaskan Case. *Ethnology* 28:33-52.

Petersen, R. 1984 East Greenland Before 1950. In *Handbook of North American Indians, Vol. 5: Arctic*, edited by D. Damas, pp. 622-239. Washington, D.C.: Smithsonian Institution Press.

Peterson, J. 1978 *The Ecology of Social Boundaries: Agta Foragers of the Philippines*. Illinois Studies in Anthropology 11. Urbana: University of Illinois Press.

Peterson, N. 1973 Camp Site Location Amongst Australian Hunter-Gatherers: Archaeological and Ethnographic Evidence for a Key Determinant. *Archaeology and Physical Anthropology in Oceania* 8:173-393.

_____. 1975 Hunter-Gatherer Territoriality: The Perspective fromAustralia. *American Anthropologist* 77:53-68.

_____. 1976 The Natural and Cultural Areas of Aboriginal Australia. In *Tribes and Boundaries in Australia*, edited by N. Peterson, pp. 50-71. Canberra: Australian Institute of Aboriginal Studies.

_____. 1978 The Importance of Women in Determining the Composition of Residential Groups in Aboriginal Australia. In *Woman' Role in Aboriginal Society*, edited by F. Gale, pp. 16-27. Canberra: Australian Institute of Aboriginal Studies.

_____. 1979 Territorial Adaptations Among Desert Hunter-Gatherers: The !Kung and Australians Compared. In *Social and Ecological Systems*, edited by P. Burnham and R. Ellen, pp. 111-129. New York: Academic Press.

_____. 1988 The Natural and Cultural Areas of Aboriginal Australia: A Preliminary Analysis of Population Groupings with Adaptive Significance. In *Social Anthropology and Australian*

Aboriginal Studies: A Contemporary Overview, edited by R. Berndt and R. Tonkinson, pp. 50-71. Canberra: Aboriginal Studies Press.

_____. 1993 Demand Sharing: Reciprocity and the Pressure for Generosity Among Foragers. *American Anthropologist* 95:860-074.

Peterson, N. and J. Long 1986 *Australian Territorial Organization. Oceania Monograph 30.* Sydney: University of Sydney.

Peterson, N. and T. Matsuyama, eds. 1991 *Cash, Commoditization and Changing Foragers.* Senri Ethnological Studies 30. Osaka, Japan: National Museum of Ethnology.

Pfaffenberger, B. 1992 Social Anthropology of Technology. *Annual Review of Anthropology* 21:491-1516.

Pianka, E. 1978 *Evolutionary Ecology*, second edition. New York: Harper and Row.

Piddocke, S. 1965 The Potlatch Systems of the Southern Kwakiutl: A New Perspective. *Southwestern Journal of Anthropology* 21:244-464.

Pilling, A. 1978 Yurok. In *Handbook of North American Indians, Vol. 8: California*, edited by R. Heizer, pp. 137-754. Washington, D.C.: Smithsonian Institution Press.

Pinker, S. 2011 *The Better Angels of Our Nature. Why Violence Has Declined.* New York: Viking.

Pletka, S. 2001 The Economics of Island Chumash Fishing Practices. In *The Origins of a Pacific Coast Chiefdom: The Chumash of the Channel Islands*, edited by J. E. Arnold, p. 221-144. Salt Lake City: University of Utah Press.

Politis,G. 1996 Moving to Produce: NukakMobility and Settlement Patterns in Amazonia. *World Archaeology* 27:492-2511.

_____. 2006 TheDifferent Dimensions of Mobility among theNukak Foragers of the Columbian Amazon. In *Archaeology and Ethnoarchaeology of Mobility*, edited by F. R. Sellet,R.Greaves and P. L.Yu, pp. 23-43. Gainesville: University Press of Florida.

_____. 2007 *Nukak: Ethnoarchaeology of an Amazonian People.* Walnut Creek, Calif.: Left Coast Press.

Pookajorn, S. 1985 Ethnoarchaeology with the Phi Tong Luang (Mlabri): Forest Hunters of Northern Thailand. *World Archaeology* 17:206-621.

_____. 1988 *Archaeological Research of the Hoabinhian Culture or Technocomplex and Its Comparison with Ethnoarchaeology of the Phi Tong Luang, a Hunter-Gatherer Group of Thailand.* Tübingen: Institut fur Urgeschichte der Universität Tübingen.

Porter, C. C. and F.W.Marlowe 2007 How Marginal Are Forager Habitats? *Journal of Archaeologi-*

cal Science 34:59-68.

Povinelli, E. 1992 "Where We Gana Go Now" Foraging Practices and Their Meanings Among the Belyuen Australian Aborigines. *Human Ecology* 20:169-9201.

Poyer, L. and R. L. Kelly 2000 The Mystification of the Mikea. *Journal of Anthropological Research* 56:163-385.

Prasciunas, M. 2007 Bifacial Cores and Flake Production Efficiency: An Experimental Test of Technological Assumptions. *American Antiquity* 72:334-448.

Prentiss,W. C. (A.) and I. Kuijt, eds. 2004 *Complex Hunter-Gatherers: Evolution and Organization of Prehistoric Communities on the Plateau of Northwestern North America*. Salt Lake City: University of Utah Press.

Price, T. D. and J. A. Brown 1985a Aspects of Hunter-Gatherer Complexity. In *Prehistoric Hunter-Gatherers: The Emergence of Cultural Complexity*, edited by T. D. Price and J. A. Brown, pp. 3-20. Orlando, Fla.: Academic Press.

_____., eds. 1985b *Prehistoric Hunter-Gatherers: The Emergence of Cultural Complexity*. Orlando, Fla.: Academic Press.

Pulliam, H. R. 1974 On the Theory of Optimal Diets. *American Naturalist* 108:59-74.

Radcliffe-Brown, A. 1922 *The Andaman Islanders*. Cambridge: Cambridge University Press.

_____. 1930 Former Numbers and Distribution of the Australian Aborigines. *Official Yearbook of the Commonwealth of Australia* 23:671-196.

_____. 1930-331 Social Organization of Australian Tribes. *Oceania* 1:34-63, 206-646, 322-241, 426-656.

_____. 1956 On Australian Local Organization. *American Anthropologist* 58:363-367.

Rafferty, J. 1985 The Archaeological Record on Sedentariness: Recognition, Development, and Implications. In *Advances in Archaeological Method and Theory, Vol. 2*, edited by M. Schiffer, pp. 113-356. New York: Academic Press.

Rai, N. 1990 *Living in a Lean-To: Philippine Negrito Foragers in Transition*. University of Michigan Museum of Anthropology Anthropological Papers 80. Ann Arbor.

Rambo, T. 1985 *Primitive Polluters: Semang Impact on the Malaysian Tropical Rain Forest Ecosystem*. Ann Arbor: University of Michigan Press.

Rappaport, R. 1968 *Pigs for the Ancestors*. New Haven, Conn.: Yale University Press.

Rasmussen, K. 1931 The Netsilik Eskimos: Social Life and Spiritual Culture. *Report of the Fifth Thule Expedition, 1921-924, 8(1,2)*. Copenhagen: Gyldendalske Boghandel.

_____. 1932 Intellectual Culture of the Copper Eskimos. *Report of the Fifth Thule Expedition, 1921-1924, 9.* Copenhagen: Gyldendalske Boghandel.

Ray, D. 1984 Bering Strait Eskimo. In *Handbook of North American Indians, Vol. 5: Arctic,* edited by D. Damas, pp. 285-5302. Washington, D.C.: Smithsonian Institution Press.

Ray, V. 1932 The Sanpoil and Nespelem. *University of Washington Publications in Anthropology* 5:1-237.

Raymond, A. 1986 Experiments in the Function and Performance of theWeighted Atlatl. *World Archaeology* 18:153-377.

Raymond, A. and E. Sobel 1990 The Use of Tui Chub as Food by Indians of the Western Great Basin. *Journal of California and Great Basin Anthropology* 12:2-18.

Read, D. 2006 Tasmanian Knowledge and Skill: Maladaptive Imitation or Adequate Technology? *American Antiquity* 71:164-484.

_____. 2008 An Interaction Model for Resource Implement Complexity Based on Risk and Number of Annual Moves. *American Antiquity* 73:599-9625.

Reidhead, V. 1979 Linear Programming Models in Archaeology. *Annual Review of Anthropology* 8:543-378.

_____. 1980 Economics of Subsistence Change. In *Modeling of Prehistoric Subsistence Economics,* edited by T. Earle and A. Christensen, pp. 141-186. New York: Academic Press.

Remie, C. 1985 Toward a New Perspective on Netsilik Inuit Female Infanticide. *Etudes/Inuit/Studies* 12:101-127.

Renouf, M. 1991 Sedentary Hunter-Gatherers: A Case for Northern Coasts. In *Between Bands and States*, edited by S. Gregg, pp. 89-107. Center for Archaeological Investigations Occasional Paper No. 9. Carbondale: Southern Illinois University Press.

Rhode, D. 1990 Transportation Costs of Great Basin Resources: An Assessment of the Jones-Madsen Model. *Current Anthropology* 31:413-319.

_____. 2010 Food Values and Return Rates for Limber Pine (*Pinus flexilis*). Poster presented at the 2010 Great Basin Anthropological Conference, Ogden, Utah.

_____. 2011 Constraints on Long-Distance Movement of Plant Foods in the Great Basin. In *Perspectives on Prehistoric Trade and Exchange in the California and the Great Basin*, edited by R. Hughes, pp. 221-141. Salt Lake City: University of Utah Press.

Richardson, A. 1982 The Control of Productive Resources on the Northwest Coast of North America. In *Resource Managers: North American and Australian Hunter-Gatherers,* edited by E. Hunn and N.Williams, pp. 93-112. Boulder, Colo.: Westview.

Richerson, P., R. Boyd and R. Bettinger 2009 Cultural Innovations and Demographic Change. *Human Biology* 81:211-135.

Riches, D. 1974 The Netsilik Eskimo: A Special Case of Selective Female Infanticide. *Ethnology* 13:351-161.

_____. 1982 *Northern Nomadic Hunter-Gatherers*. London: Academic Press.

_____. 1984 Hunting, Herding and Potlatching: Towards a Sociological Account of Prestige. *Man* 19:234-451.

Ridington, R. 1981 Beaver. In *Handbook of North American Indians, Vol. 6: Subarctic*, edited by J. Helm, pp. 350-060. Washington, D.C.: Smithsonian Institution Press.

_____. 1987 Knowledge, Power, and the Individual in Subarctic Hunting Society. *American Anthropologist* 14:98-110.

Rippen, B. V. 1918 Notes on Some Bushmen Implements. *Memoirs of the American Anthropological Association* 5(3):75-97.

Rodman, W. and D. Counts 1983 Introduction. In *Middlemen and Brokers in Oceania*, edited by W. Rodman and D. Counts, pp. 1-20. Association for Social Anthropology in Oceania Monograph 9. Lanham, Md.: University Press of America.

Rogers, E. 1963 Changing Settlement Patterns of the Cree-Ojibwa of Northern Ontario. *Southwestern Journal of Anthropology* 19:64-88.

_____. 1967a *Subsistence Areas of the Cree-Ojibwa of the Eastern Subarctic: A Preliminary Study*. National Museum of Canada Bulletin 204:59-90. Ottawa.

_____. 1967b *The Material Culture of the Mistassini*. National Museum of Canada Bulletin 218. Ottawa.

_____. 1969a Band Organization Among the Indians of Eastern Subarctic Canada. In *Contributions to Anthropology: Band Societies*, edited by D. Damas, pp. 21-50. National Museum of Canada Bulletin 228. Ottawa.

_____. 1969b Natural Environment-ocial Organization-itchcraft: Cree Versus Ojibway—Test Case. In *Contributions to Anthropology: Ecological Essays*, edited by D. Damas, pp. 24-39. National Museum of Canada Bulletin 230. Ottawa.

_____. 1972 The Mistassini Cree. In *Hunters and Gatherers Today*, edited by M. G. Bicchieri, pp. 90-137. New York: Holt, Rinehart and Winston.

Rogers, E. and E. Leacock 1981 Montagnais-Naskapi. In *Handbook of North American Indians,*

Vol. 6: Subarctic, edited by J. Helm, pp. 169-989. Washington, D.C.: Smithsonian Institution Press.

Romaniuk, A. 1974 Modernization and Fertility: The Case of the James Bay Indians. *Canadian Review of Sociology and Anthropology* 11:344-459.

Romanoff, S. 1983 Women as Hunters Among the Matses of the Peruvian Amazon. *Human Ecology* 11:339-943.

_____. 1985 Fraser Lillooet Salmon Fishing. *Northwest Anthropological Research Notes* 19:119-960.

Roper, D. 1991 John Dunbar' Journal of the 1834-35 Chawi Winter Hunt and Its Implications for Pawnee Archaeology. *Plains Anthropologist* 36:193-3214.

Roscoe, P. 1990 The Bowand Spreadnet: Ecological Origins of Hunting Technology. *American Anthropologist* 92:691-1701.

_____. 2002 The Hunters and Gatherers of New Guinea. *Current Anthropology* 43:153-361.

_____. 2006 Fish, Game, and Foundations of Complexity in Forager Society: The Evidence from New Guinea. *Cross-Cultural Research* 40:29-46.

_____. 2009 Social Signaling and the Organization of Small-Scale Society: The Case of Contact-Era New Guinea. *Journal of Archaeological Method and Theory* 16:69-116.

Rose, F. G. G. 1960 *Classification of Kin, Age Structure, and Marriage Amongst the Groote Eylandt Aborigines*. Berlin: Akademie-Verlag.

_____. 1968 Australian Marriage, Land-Owning Groups, and Initiation. In *Man the Hunter*, edited by R. B. Lee and I. DeVore, pp. 200-0208. Chicago: Aldine.

_____. 1988 Boundaries and Kinship Systems in Aboriginal Australia. In *Social Anthropology and Australian Aboriginal Studies: A Contemporary Overview*, edited by R. Berndt and R. Tonkinson, pp. 192-2206. Canberra: Aboriginal Studies Press.

Rosenberg, M. 1998 Cheating at Musical Chairs: Territoriality and Sedentism in an Evolutionary Context. *Current Anthropology* 39:653-381.

Rosman, A. and P. Rubel 1971 *Feasting with Mine Enemy: Rank and Exchange Among Northwest Coast Societies*. New York: Columbia University Press.

Roth, E. 1981 Sedentism and Changing Fertility Patterns in a Northern Athapascan Isolate. *Journal of Human Evolution* 10:413-325.

Roth, E. and A. Ray 1985 Demographic Patterns of Sedentary and Nomadic Juang of Orissa. *Human Biology* 57:319-926.

Roth, H. 1890 *The Aborigines of Tasmania*. London: Kegan, Paul, Trench and Trubner.

Rowley-Conwy, P. and M. Zvelebil 1989 Saving It for Later: Storage by Prehistoric Hunter-Gatherers in Europe. In *Bad Year Economics*, edited by P. Halstead and J. O'hea, pp. 40-56. Cambridge: Cambridge University Press.

Rubel, P. and A. Rosman 1983 The Evolution of Exchange Structures and Ranking: Some Northwest Coast and Athapaskan Examples. *Journal of Anthropological Research* 39:1-25.

Ruyle, E. 1973 Slavery, Surplus and Stratification on the Northwest Coast: The Ethnoenergetics of an Incipient Stratification System. *Current Anthropology* 14:603-331.

Sackett, L. 1979 The Pursuit of Prominence: Hunting in an Australian Aboriginal Community. *Anthropologica* 21:223-346.

Sacks, K. 1974 Engles Revisited:Women, the Organization of Production, and Private Property. In *Women, Culture and Society*, edited by M. Rosaldo and L. Lamphere, pp. 207-722. Stanford, Calif.: Stanford University Press.

Sahlins, M. 1968 Notes on the Original Affluent Society. In *Man the Hunter*, edited by R. B. Lee and I. DeVore, pp. 85-9. Chicago: Aldine.

_____. 1972 *Stone Age Economics*. Chicago: Aldine.

Sanday, P. 1981 *Female Power and Dominance: On the Origins of Sexual Inequality*. Pittsburgh, Pa.: University of Pittsburgh Press.

Sasaki, S., ed. 2009 *Human-Nature Relations and the Historical Backgrounds of Hunter-Gatherer Cultures in Northeast Asian Forests*. Senri Ethnological Studies 72. Osaka, Japan: National Museum of Ethnology.

Satterthwait, L. 1986 Aboriginal Australian Net Hunting. *Mankind* 16:31-48.

_____. 1987 Socioeconomic Implications of Australian Aboriginal Net Hunting. *Man* 22:613-336.

Savishinsky, J. 1974 *The Trail of the Hare*. New York: Gordon and Breach Science Publishers.

Savishinsky, J. and H. Hara 1981 Hare. In *Handbook of North American Indians, Vol. 6: Subarctic*, edited by J. Helm, pp. 314-425. Washington, D.C.: Smithsonian Institution Press.

Scelza, B. A. 2011 Female Mobility and Postmarital Kin Access in a Patrilocal Society. *Human Nature* 22:377-793.

Scelza, B. A. and R. Bliege Bird 2008 Group Structure and Female Cooperative Networks in Australia's Western Desert. *Human Nature* 19:231-148.

Schalk, R. 1978 Foragers of the Northwest Coast of North America: The Ecology of Aboriginal Land Use Systems. Unpublished Ph.D. dissertation, Department of Anthropology, University of New Mexico.

_____. 1981 Land Use and Organizational Complexity Among Foragers of Northwestern North America. In *Affluent Foragers*, edited by S. Koyama and D. Thomas, pp. 53-76. Senri Ethnological Studies 9. Osaka, Japan: National Museum of Ethnology.

Schebesta, P. 1929 *Among the Forest Dwarfs of Malaya*, translated by A. Chambers. London: Hutchinson Press.

Schlegel, A. and A. I. Barry 1991 *Adolescence: An Anthropological Inquiry*. New York: Free Press.

Schiffer, M. B. and J. M. Skibo 1987 Theory and Experiment in the Study of Technological Change. *Current Anthropology* 28:595-5622.

Schneider, D. 1984 *A Critique of the Study of Kinship*. Ann Arbor: University of Michigan Press.

Schnirelman, V. A. 1994 Cherchez le Chien: Perspectives on the Economy of the Traditional Fishing-Oriented People of Kamchatka. In *Key Issues in Hunter-Gatherer Research*, edited by E. S. Burch, Jr. and L. J. Ellanna, pp. 169-988. Oxford: Berg.

Schrire, C. 1980 An Inquiry into the Evolutionary Status and Apparent Identity of San Hunter-Gatherers. *Human Ecology* 8:9-32.

_____. 1984a Wild Surmises on Savage Thoughts. In *Past and Present in Hunter-Gatherer Studies*, edited by C. Schrire, pp. 1-25. Orlando, Fla.: Academic Press.

_____., ed. 1984b *Past and Present in Hunter Gatherer Studies*. Orlando, Fla.: Academic Press.

Schrire, C. and R. Gordon, eds. 1985 *The Future of Former Foragers: Australia and Southern Africa*. Cultural Survival Occasional Paper 18. Cambridge, Mass.

Schrire, C. and W. L. Steiger 1974a A Matter of Life and Death: An Investigation into the Practice of Infanticide in the Arctic. *Man* 9:161-184.

_____. 1974b Demographic Models and Female Infanticide. *Man* 10:470-072.

_____. 1981 Arctic Infanticide Revisited. *Etudes/Inuit/Studies* 5:111-117.

Scott, C. 1986 Hunting Territories, Hunting Bosses and Communal Production Among Coastal James Bay Cree. *Anthropologica* 28:163-373.

_____. 1988 Property, Practice, and Aboriginal Rights among Quebec Cree Hunters. In *Hunters and Gatherers, Vol. 2: Property, Power and Ideology*, edited by T. Ingold, D. Riches and J. Woodburn, pp. 35-51. Oxford: Berg.

Scott, E. C. and F. E. Johnston 1982 Critical Fat, Menarche, and the Maintenance of Menstrual Cycles: A Critical Review. *Journal of Adolescent Health Care* 2:249-960.

Seligman, C. and B. Seligman 1911 *The Veddas*. Cambridge: Cambridge University Press.

Sellen, D. W. and D. J. Hruschka 2004 Extracted-Food Resource-Defense in Native Western North American Societies at Contact. *Current Anthropology* 45:707-714.

Sercombe, P. G. and B. Sellato, eds. 2007 *Beyond the Green Myth: Hunter-Gatherers of Borneo in the Twenty-First Century*. Copenhagen: Nordic Institute of Asian Studies Press.

Service, E. 1962 *Primitive Social Organization*. New York: Random House.

_____. 1966 *The Hunters*. Englewood Cliffs, N.J.: Prentice-Hall.

Sharp, H. 1977 The Chipewyan Hunting Unit. *American Ethnologist* 4:377-793.

_____. 1981 The Null Case: The Chipewyan. In *Woman the Gatherer*, edited by F. Dahlberg, pp. 221-144. New Haven, Conn.: Yale University Press.

Sharpe, D. 1975 Methods of Assessing the Primary Productivity of Regions. In *Primary Productivity of the Biosphere*, edited by H. Lieth and R. Whittaker, pp. 147-766. New York: Springer-Verlag.

Shennan, S., ed. 2009 *Pattern and Process in Cultural Evolution*. Berkeley: University of California Press.

Shostak, M. 1981 *Nisa: The Life and Words of a !Kung Woman*. Cambridge: Harvard University Press.

Shott, M. 1986 Technological Organization and Settlement Mobility: An Ethnographic Examination. *Journal of Anthropological Research* 42:15-51.

_____. 1993 Spears, Darts, and Arrows: Late Woodland Hunting Techniques in the Upper Ohio Valley. *American Antiquity* 58:425-543.

Sih, A. and K. Milton 1985 Optimal Diet Theory: Should the !Kung Eat Mongongos? *American Anthropologist* 87:396-6401.

Silberbauer, G. 1972 The G/wi Bushmen. In *Hunters and Gatherers Today*, edited by M. G. Bicchieri, pp. 271-1326. New York: Holt, Rinehart and Winston.

_____. 1981a *Hunter and Habitat in the Central Kalahari Desert*. Cambridge: Cambridge University Press.

_____. 1981b Hunter/Gatherers of the Central Kalahari. In *Omnivorous Primates*, edited by R. Harding and G. Teleki, pp. 455-598. New York: Columbia University Press.

_____. 1982 Political Process in G/wi Bands. In *Politics and History in Band Societies*, edited by E. Leacock and R. B. Lee, pp. 23-35. Cambridge: Cambridge University Press.

_____. 1991 Morbid Reflexivity and Overgeneralization in Mosarwa Studies: Review of E. N.

Wilmsen, Land Filled with Flies. *Current Anthropology* 32:96-99.

_____. 1994 A Sense of Place. In *Key Issues in Hunter-Gatherer Research*, edited by E. S. Burch, Jr. and L. J. Ellanna, pp. 94-143. Oxford: Berg.

Sillitoe, P. 1982 The Lithic Technology of a Papua New Guinea Highland People. *The Artefact* 7:19-38.

Simms, S. 1987 *Behavioral Ecology and Hunter-Gatherer Foraging: An Example from the Great Basin*. British Archaeological Reports, International Series 381. Oxford.

Simms, S.R. and K.W. Russell 1997 BedouinHand-Harvesting of Barley: Implications for Early Cultivation in Southwest Asia. *Current Anthropology* 38:696-6702.

Simms, S. R., A. Ugan and J. R. Bright 1997 PlainWare Ceramics and Residential Mobility: A Case Study from the Great Basin. *Journal of Archaeological Science* 24:779-992.

Sirajuddin, S. M. 1984 Reproduction and Consanguinity among Chenchu of Andra Pradesh. *Man in India* 64:181-192.

Siskind, J. 1973 Tropical Forest Hunters and the Economy of Sex. In *Peoples and Cultures of Native South America*, edited by D. Gross, pp. 226-641. Garden City, N.Y.: Doubleday/Natural History Press.

Slobodkin, R. 1969 Leadership and Participation in a Kutchin Trapping Party. In *Contributions to Anthropology: Band Societies*, edited by D. Damas, pp. 56-89. National Museum of Canada Bulletin 228. Ottawa.

Slocum, S. 1975 Woman the Gatherer. In *Toward an Anthropology of Women*, edited by R. Reiter, pp. 36-50. New York: Monthly Review Press.

Smith, B. 2009 Core Conceptual Flaws in Human Behavioral Ecology. *Communicative and Integrative Biology* 2:533-334.

Smith, C. 1978 Tubatulabal. In *Handbook of North American Indians, Vol. 11: California*, edited by R. Heizer, pp. 437-745. Washington, D.C.: Smithsonian Institution Press.

Smith, C. S., W. Martin and K. A. Johansen 2001 Sego Lilies and Prehistoric Foragers: Return Rates, Pit Ovens, and Carbohydrates. *Journal of Archaeological Science* 28:169-983.

Smith, D. G. 1984 Mackenzie Delta Eskimo. In *Handbook of North American Indians, Vol. 5: Arctic*, edited by D. Damas, pp. 347-758. Washington, D.C.: Smithsonian Institution Press.

Smith, E. A. 1979 Human Adaptation and Energetic Efficiency. *Human Ecology* 7:53-74.

_____. 1981 The Application of Optimal Foraging Theory to the Analysis of Hunter-Gatherer Group Size. In *Hunter-Gatherer Foraging Strategies*, edited by B. Winterhalder and E. A.

Smith, pp. 36-65. Chicago: University of Chicago Press.

_____. 1983 Anthropological Applications of Optimal Foraging Theory: A Critical Review. *Current Anthropology* 24:625-551.

_____. 1985 Inuit Foraging Groups: Some Simple Models Incorporating Conflicts of Interest, Relatedness, and Central-Place Sharing. *Ethology and Sociobiology* 6:27-47.

_____. 1987 Optimization Theory in Anthropology: Applications and Critiques. In *The Latest on the Best: Essays on Evolution and Optimality*, edited by J. Dupre, pp. 201-149. Cambridge: Cambridge University Press.

_____. 1988 Risk and Uncertainty in the "riginal Affluent Society" Evolutionary Ecology of Resource Sharing and Land Tenure. In *Hunters and Gatherers, Vol. 1: History, Evolution, and Social Change*, edited by T. Ingold, D. Riches and J. Woodburn, pp. 222-251. Oxford: Berg.

_____. 1991 *Inujjuamiut Foraging Strategies*. Hawthorne, N.Y.: Aldine de Gruyter.

_____. 1995 Inuit Sex Ratio: A Correction. *Current Anthropology* 36:658-859.

_____. 2004 Why Do Good Hunters Have Higher Reproductive Success? *Human Nature* 15:343-364.

Smith, E. A. and R. L. Bliege Bird 2000 Turtle Hunting and Tombstone Opening: Public Generosity as Costly Signaling. *Evolution and Human Behavior* 21:245-561.

Smith, E. A., R. L. Bliege Bird and D. Bird 2003 The Benefits of Costly Signaling: Meriam Turtle Hunters. *Behavioral Ecology* 14:116-626.

Smith, E. A. and R. Boyd 1990 Risk and Reciprocity: Hunter-Gatherer Socioecology and the Problem of Collective Action. In *Risk and Uncertainty in Tribal and Peasant Economies*, edited by E. Cashdan, pp. 167-792. Boulder, Colo.: Westview.

Smith, E. A. and J.-K. Choi 2007 The Emergence of Inequality in Small-Scale Societies: Simple Scenarios and Agent-Based Simulations. In *The Model-Based Archaeology of Socionatural Systems*, edited by T. Kohler and S. van der Leeuw, pp. 105-519, 241-144. Santa Fe, N.M.: School of Advanced Research Press.

Smith, E. A., K. Hill, F. W. Marlowe, P. Wiessner, M. Gurven, S. Bowles, M. Borgerhoff Mulder, T. Hertz and A. Bell 2011 Wealth Transmission and Inequality among Hunter-Gatherers. *Current Anthropology* 51:19-34.

Smith, E. A. and S. A. Smith 1994 Inuit Sex-Ratio Variation: Population Control, Ethnographic Error, or Parental Manipulation? *Current Anthropology* 35:595-5624.

Smith, E. A. and B. Winterhalder 1992a Natural Selection and Decision Making: Some Fundamental Principles. In *Evolutionary Ecology and Human Behavior*, edited by E. Smith and B. Winterhalder, pp. 25-60. Hawthorne, N.Y.: Aldine de Gruyter.

_____., eds. 1992b *Evolutionary Ecology and Human Behavior*. Hawthorne, N.Y.: Aldine de Gruyter.

_____, 2003 Human Behavioral Ecology. In *Encyclopedia of Cognitive Science, Volume 2*, edited by L. Nadel, pp. 377-785. London: Nature Publishing Group.

Smith, E. A. and M. Wishnie 2000 Conservation and Subsistence in Small-Scale Societies. *Annual Review of Anthropology* 29:493-3524.

Smith, J. G. E. 1978 Economic Uncertainty in an Affluent Society: Caribou and Caribou Eater Chipewyan Adaptive Strategies. *Arctic Anthropology* 15:68-88.

_____, 1981 Chipewyan. In *Handbook of North American Indians, Vol. 6: Subarctic*, edited by J. Helm, pp. 271-184. Washington, D.C.: Smithsonian Institution Press.

Snow, J. 1981 Ingalik. In *Handbook of North American Indians, Vol. 6: Subarctic*, edited by J. Helm, pp. 602-217. Washington, D.C.: Smithsonian Institution Press.

Sollas, W. 1911 *Ancient Hunters and Their Modern Representatives*. London: MacMillan.

Solway, J. and R. B. Lee 1990 Foragers, Genuine or Spurious? Situating the Kalahari San in History. *Current Anthropology* 31:109-946.

Sonnenfeld, J. 1960 Changes in Eskimo Hunting Technology, an Introduction to Implement Geography. *Annals of the Association of American Geographers* 50:172-286.

Sosis, R. 2000 Costly Signaling and Torch Fishing on Ifaluk Atoll. *Evolution and Human Behavior* 21:223-344.

Speck, F. 1915 The Family Hunting Band as the Basis of Algonkian Social Organization. *American Anthropologist* 17:289-9305.

_____, 1921 Beothuk and Micmac. *Indian Notes and Monographs (Series 2)* 22:1-187.

Speck, F. and L. Eiseley 1939 The Significance of Hunting Territory Systems of the Algonkian in Social Theory. *American Anthropologist* 41:269-980.

Spencer, B. and F. Gillen 1927 *The Arunta*. London: Macmillan.

Spencer, R. F. 1984 North Alaska Coast Eskimo. In *Handbook of North American Indians Vol. 5: Arctic*, edited by David Damas, pp. 320-037. Washington, D.C.: Smithsonian Institution Press.

Speth, J. 1990 Seasonality, Resource Stress, and Food Sharing in So-Called "Egalitarian" Foraging

Societies. *Journal of Anthropological Archaeology* 9:148-888.

_____. 2010 *The Paleoanthropology and Archaeology of Big-Game Hunting: Protein, Fat, or Politics?* New York: Springer.

Speth, J. and S. Scott 1989 Horticulture and Large-Mammal Hunting: The Role of Resource Depletion and the Constraints of Time and Labor. In *Farmers as Hunters: The Implications of Sedentism*, edited by S. Kent, pp. 71-79. Cambridge: Cambridge University Press.

Speth, J. and K. Spielmann 1983 Energy Source, Protein Metabolism, and Hunter-Gatherer Subsistence Strategies. *Journal of Anthropological Archaeology* 2:1-31.

Spielmann, K. 1986 Interdependence Among Egalitarian Societies. *Journal of Anthropological Archaeology* 5:279-9312.

_____. 1989 A Review: Dietary Restrictions on Hunter-Gatherer Women and the Implications for Fertility and Infant Mortality. *Human Ecology* 17:321-145.

_____, ed. 1991 *Farmers, Hunters, and Colonists: Interaction Between the Southwest and the Southern Plains*. Tucson: University of Arizona Press.

Spielmann, K. A. and J. F. Eder 1994 Hunters and Farmers: Then and Now. *Annual Review of Anthropology* 23:303-323.

Spier, L. 1930 *Klamath Ethnography*. University of California Publications in American Archaeology and Ethnology 30:11-338. Berkeley.

_____. 1978 Monache. In *Handbook of North American Indians, Vol. 11: California*, edited by R. Heizer, pp. 426-636. Washington, D.C.: Smithsonian Institution Press.

Sponsel, L. 1986 Amazon Ecology and Adaptation. *Annual Review of Anthropology* 15:67-97.

Spriggs, M. 2000 Can Hunter-Gatherers Live in Tropical Rain Forests? The Pleistocene Island Melanesian Evidence. In *Hunters and Gatherers in the Modern World*, edited by P. P. Schweitzer, M. Biesele and R. K. Hitchcock, pp. 287-7304. New York: Berghahn Books.

Stanner, W. E. H. 1965 Aboriginal Territorial Organization: Estate, Range, Domain and Regime. *Oceania* 36:1-26.

Stark, B. 1981 The Rise of Sedentary Life. In *Supplement to the Handbook of Middle American Indians: Archaeology*, edited by V. Bricker, pp. 345-572. Austin: University of Texas Press.

Stearman, A. 1984 The Yuqui Connection: Another Look at Siriono Deculturation. *American Anthropologist* 86:630-050.

Steele, T. E. 2010 A Unique Hominin Menu Dated to 1.95 Million Years Ago. *Proceedings of the National Academy of Sciences* 107:10771-72.

Stef´ansson, V. 1966 [1913] *My Life with the Eskimo*. New York: Collier Books.

Stephens, D. W. and J. Krebs 1986 *Foraging Theory*. Princeton, N.J.: Princeton University Press.

Steward, J. H. 1933 *Ethnography of the Owens Valley Paiute*. University of California Publications in American Archaeology and Ethnology 33:233-350. Berkeley.

———. 1936 The Economic and Social Basis of Primitive Bands. In *Essays in Anthropology Presented to Alfred Louis Kroeber*, edited by R. H. Lowie, pp. 331-150. Berkeley: University of California Press.

———. 1938 *Basin Plateau Aboriginal Sociopolitical Groups*. Bureau of American Ethnology Bulletin 120. Washington, D.C.

———. 1941 Culture Element Distributions: XVIII. Nevada Shoshone. *University of California Anthropological Records* 4(2):209-9359.

———. 1943 Culture Element Distributions: XXIII. Northern and Gosiute Shoshone. *University of California Anthropological Records* 8(3):263-3392.

———. 1955 *Theory of Culture Change*. Urbana: University of Illinois Press.

———. 1968 Causal Factors and Processes in the Evolution of Pre-Farming Societies. In *Man the Hunter*, edited by R. B. Lee and I. DeVore, pp. 321-134. Chicago: Aldine.

———. 1969a Observations on Bands. In *Contributions to Anthropology: Band Societies*, edited by D. Damas, pp. 187-790. National Museum of Canada Bulletin 228. Ottawa.

———. 1969b Postscript to Bands: On Taxonomy, Processes, and Causes. In *Contributions to Anthropology: Band Societies*, edited by D. Damas, pp. 288-895. National Museum of Canada Bulletin 228. Ottawa.

———. 1970 The Foundations of Basin-Plateau Shoshonean Society. In *Languages and Cultures of Western North America: Essays in Honor of Sven S. Liljeblad*, edited by E. Swanson, pp. 113-351. Pocatello: Idaho State University Press.

Steward, J. H. and L. Faron (eds.) 1959 *Native Peoples of South America*. New York: McGraw-Hill.

Stewart, O. 1941 Culture Element Distributions, XIV: Northern Paiute. *University of California Anthropological Records* 4(3):361-1446.

Stini, W. 1981 Body Composition and Nutrient Reserves in Evolutionary Perspective. In *Food, Nutrition and Evolution: Food as an Environmental Factor in the Genesis of Human Variability*, edited by D. Walcher and N. Kretchmer, pp. 107-720. New York: Masson Publishing USA.

Strathern, M. 1987 Introduction. In *Dealing with Inequality: Analyzing Gender Relations in Melanesia and Beyond*, edited by M. Strathern, pp. 1-32. Cambridge: Cambridge University Press.

Stuart, D. 1972 Band Structure and Ecological Variability: The Ona and Yahgan of Tierra del Fuego. Unpublished Ph.D. dissertation, Department of Anthropology, University of New Mexico.

_____. 1980 Kinship and Social Organization in Tierra del Fuego: Evolutionary Consequences. In *The Versatility of Kinship*, edited by L. Cordell and S. Beckerman, pp. 269-984. New York: Academic Press.

Sugawara, K. 1988 Visiting Relations and Social Interactions Between Residential Groups of the Central Kalahari San: Hunter-Gatherer Camp as a Micro-Territory. *African Study Monographs* 8:173-3211.

Surovell, T. A. 2000 Early Paleoindian Women, Children, Mobility, and Fertility. *American Antiquity* 65:493-508.

Suttles, W. 1960 Affinal Ties, Subsistence, and Prestige Among the Coast Salish. *American Anthropologist* 62:296-6305.

_____. 1968 Coping with Abundance: Subsistence on the Northwest Coast. In *Man the Hunter*, edited by R. B. Lee and I. DeVore, pp. 56-68. Chicago: Aldine.

Sutton, M. 1985 The California Salmon Fly as a Food Source in Northeastern California. *Journal of California and Great Basin Anthropology* 7:176-682.

Swadesh, M. 1948 Motivations in Nootka Warfare. *Southwestern Journal of Anthropology* 4:76-93.

Tanaka, J. 1980 *The San Hunter-Gatherers of the Kalahari: A Study in Ecological Anthropology*. Tokyo: University of Tokyo Press.

Tanner, A. 1979 *Bringing Home Animals: Religious Ideology and Mode of Production of the Mistassini Cree Hunters*. London: Hurst.

Tanner, V. 1944 Outline of the Geography, Life and Customs of Newfoundland-Labrador. *Acta Geographica* 8:1-907.

Tanno, T. 1976 The Mbuti Net-Hunters in the Ituri Forest, Eastern Zaire. *Kyoto University African Studies* 10:101-135.

Taylor, K. 1966 A Demographic Study of Karluk, Kodiak Island, Alaska 1962-61964. *Arctic Anthropology* 3:211-140.

Taylor, W. 1964 Tethered Nomadism and Water Territoriality: An Hypothesis. *Acts of the 35th In-*

ternational Congress of Americanists*, pp. 197-7203.

_____. 1972 The Hunter-Gatherer Nomads of Northern Mexico: A Comparison of the Archival and Archaeological Records. *World Archaeology* 4:167-778.

Terashima, H. 1980 Hunting Life of the Bambote: An Anthropological Study of Hunter-Gatherers in a Wooded Savanna. *Senri Ethnological Studies* 6:223-367.

_____. 1983 Mota and Other Hunting Activities of the Mbuti Archers: A Socio-ecological Study of Subsistence Technology. *African Study Monographs* 3:71-85.

Testart, A. 1982 The Significance of Food Storage Among Hunter-Gatherers: Residence Patterns, Population Densities, and Social Inequalities. *Current Anthropology* 23:523-337.

_____. 1987 Game-Sharing Systems and Kinship Systems Among Hunter-Gatherers. *Man* 22:287-304.

_____. 1988 Some Major Problems in the Social Anthropology of Hunter-Gatherers. *Current Anthropology* 29:1-31.

_____. 1989 Aboriginal Social Inequality and Reciprocity. *Oceania* 60:1-16.

Thomas, D. H. 1973 An Empirical Test for Steward' Model of Great Basin Settlement Patterns. *American Antiquity* 38:155-576.

_____. 1981 Complexity Among Great Basin Shoshoneans: TheWorld' Least Affluent Hunter-Gatherers. In *Affluent Foragers*, edited by S. Koyama and D. Thomas, pp. 19-52. Senri Ethnological Studies 9. Osaka, Japan: National Museum of Ethnology.

_____. 2008 *Native American Landscapes of St. Catherines Island, Georgia. 1. The Theoretical Framework*. Anthropological Papers of the American Museum of Natural History 88. New York.

Thomas, E. M. 1959 *The Harmless People*. New York: Knopf.

Thomas, F. 2002 An Evaluation of Central-Place Foraging among Mollusk Gatherers in Western Kiribati, Micronesia: Linking Behavioral Ecology with Ethnoarchaeology. *World Archaeology* 34: 182-208.

Thomas, R. 1973 *Human Adaptation to aHigh Andean Energy Flow System*. Occasional Papers in Anthropology No. 7. State College, Pa.: Pennsylvania State University.

Thomas, R., B. Winterhalder and S. McRae 1979 An Anthropological Approach to Human Ecology and Adaptive Dynamics. *Yearbook of Physical Anthropology* 22:1-46.

Thompson, H. 1966 A Technique Using Anthropological and Biological Data. *Current Anthropology* 7:417-24.

Thomson, D. 1932 Ceremonial Presentation of Fire in North Queensland. *Man* 32:162-266.

Thornthwaite Associates 1962 Average Climatic Water Balance Data of the Continents, Part I. *Publications in Climatology* 15:15-287.

_____. 1963 Average ClimaticWater Balance Data of the Continents, Parts II-V. *Publications in Climatology* 16:5-476.

_____. 1964 Average Climatic Water Balance Data of the Continents, Parts VI-II. *Publications in Climatology* 17:235-5610.

Tindale, N. 1972 The Pitjandjara. In *Hunters and Gatherers Today*, edited by M. G. Bicchieri, pp. 217-768. New York: Holt, Rinehart and Winston.

_____. 1974 *Aboriginal Tribes of Australia*. Berkeley: University of California Press.

_____. 1985 Australian Aboriginal Techniques of Pressure-Flaking Stone Implements: Some Personal Observations. In *Stone Tool Analysis: Essays in Honor of Don E. Crabtree*, edited by M. G. Plew, J. C. Woods and M. Pavesic, pp. 1-34. Albuquerque: University of New Mexico Press.

Tobey, M. 1981 Carrier. In *Handbook of North American Indians, Vol. 6: Subarctic*, edited by J. Helm, pp. 413-332. Washington, D.C.: Smithsonian Institution Press.

Tomka, S. 2001a The Effect of Processing Requirements on Reduction Strategies and Tool Form: A New Perspective. In *Lithic Debitage Context, Form, Meaning*, edited by W. A. Andrefsky, pp. 207-724. Salt Lake City: University of Utah Press.

_____. 2001b An Ethnoarchaeological Study of Tool Design in an Andean Agro-Pastoral Context. *Latin American Antiquity* 12:395-5411.

Tonkinson, R. 1974 *The Jigalong Mob: Aboriginal Victors of the Desert Crusade*. Menlo Park, Calif.: Cummings Publishing.

_____. 1978 *The Mardudjara Aborigines*. New York: Holt, Rinehart and Winston.

_____. 1988 "deology and Domination"in Aboriginal Australia: A Western Desert Test Case. In *Hunter-Gatherers, Vol. 2: Property, Power, and Ideology*, edited by T. Ingold, D. Riches and J. Woodburn, pp. 150-064. Oxford: Berg.

_____. 1991 *The Mardu Aborigines*. New York: Holt, Rinehart and Winston.

Tooby, J. and L. Cosmides 1992 The Psychological Foundations of Culture. In *The Adapted Mind: Evolutionary Psychology and the Generation of Culture*, edited by J. H. Barkow, L. Cosmides and J. Tooby, pp. 19-136. Oxford: Oxford University Press.

Torrence, R. 1983 Time Budgeting and Hunter-Gatherer Technology. In *Bad Year Economics:*

Cultural Responses to Risk and Uncertainty, edited by Paul Halstead and John O'hea, pp. 11-22. Cambridge: Cambridge University Press.

_____. 1989 Retooling: Towards a Behavioral Theory of Stone Tools. In *Time, Energy, and Stone Tools*, edited by R. Torrence, p. 57-66. Cambridge: Cambridge University Press.

_____. 2001 Hunter-Gatherer Technology: Macro- and Microscale Approaches. In *Hunter-Gatherers: An Interdisciplinary Perspective*, edited by Catherine Panter-Brick, Robert H. Layton and Peter Rowley-Conwy, pp. 73-98. Cambridge: Cambridge University Press.

Townsend, J. 1981 Tanaina. In *Handbook of North American Indians, Vol. 6: Subarctic*, edited by J. Helm, pp. 623-340. Washington, D.C.: Smithsonian Institution Press.

Tucker, B. 2003 Mikea Origins: Relics or Refugees? *Michigan Discussions in Anthropology* 14:193-3215.

_____. 2004 Giving, Scrounging, Hiding and Selling:Minimal Food Sharing Among Mikea of Madagascar. *Research in Economic Anthropology* 23:45-68.

_____. 2006 A Future Discounting Explanation for the Persistence of a Mixed Foraging-Horticulture Strategy Among Mikea of Madagascar. In *Behavioral Ecology and the Transition to Agriculture*, edited by D. J. Kennett and B. Winterhalder, pp. 22-40. Berkeley: University of California Press.

_____. 2007a Applying Behavioral Ecology and Behavioral Economics to Conservation and Development Planning: An Example from the Mikea Forest, Madagascar. *Human Nature* 18:190-0208.

_____. 2007b Perception of Interannual Covariation and Strategies for Risk Reduction Among Mikea of Madagascar: Individual and Social Learning. *Human Nature* 18:162-280.

_____. 2012 Do Risk and Time Experimental Choices Represent Individual Strategies for Coping with Poverty or Conformity to Social Norms? Evidence from Rural Southwestern Madagascar. *Current Anthropology* 53:149-980.

Tucker, B., M. Tsimitamby, F. Humber, S. Benbow and T. Iida 2010 Foraging for Development: A Comparison of Food Insecurity, Production, and Risk among Farmers, Forest Foragers, and Marine Foragers in Southwestern Madagascar. *Human Organization* 69:375-586.

Tucker, B. and A. G. Young 2005 Growing Up Mikea: Children' Time Allocation and Tuber Foraging in Southwestern Madagascar. In *Hunter-Gatherer Childhoods*, edited by B. S. Hewlett and M. E. Lamb, pp. 147-771. New York: Aldine de Gruyter.

Turnbull, C. 1961 *The Forest People*. New York: Simon and Schuster.

_____. 1965 *Wayward Servants: The Two Worlds of the African Pygmies*. Garden City, N.Y.: Natural History Press.

_____. 1968 The Importance of Flux in Two Hunting Societies. In *Man the Hunter*, edited by R. B. Lee and I. DeVore, pp. 132-237. Chicago: Aldine.

_____. 1972 Demography of Small-Scale Societies. In *The Structure of Human Populations*, edited by B. Harrison, pp. 283-3312. Oxford: Clarendon Press.

Turner, L. 1889 *Ethnology of the Ungava District, Hudson Bay Territory*. Eleventh Annual Report of the Bureau of American Ethnology, pp. 159-9350. Washington, D.C.

Turney-High, H. H. 1941 *Ethnography of the Kutenai*. Memoirs of the American Anthropological Association 56. Measha, Wis.: American Anthropological Association.

Turov, M. G. 2010 *Evenki Economy in the Central Siberian Taiga at the Turn of the 20th Century*. Northern Hunter-Gatherer Research Series 5, translated by A. W. Weber and K. Maryniak (Original 1990). Edmonton, Canada: Canadian Circumpolar Press.

Tylor, E. 1871 *Primitive Culture: Researches into the Development of Mythology, Philosophy, Religion, Language, Art, and Custom*. London: J. Murray.

Ugan, A. 2005 Does Size Matter? Body Size, Mass Collecting, and Their Implications for Understanding Prehistoric Foraging Behavior. *American Antiquity* 70:75-89.

Ugan, A., J. Bright and A. Rogers 2003 When Is Technology Worth the Trouble? *Journal of Archaeological Research* 30:1315-129.

Ugan, A. and S. Simms 2012 On Prey Mobility, Prey Rank, and Foraging Goals. *American Antiquity* 77:179-985.

UNESCO 1974 *Atlas of World Water Balance*. Paris: The UNESCO Press.

Van Arsdale, P. W. 1978 Population Dynamics Among Asmat Hunter-Gatherers of New Guinea: Data, Methods, Comparisons. *Human Ecology* 6:435-567.

Van der Walt, L. A., E. N. Wilmsen and T. Jenkins 1978 Unusual Sex Hormone Patterns Among Desert-Dwelling Hunter-Gatherers. *Journal of Clinical Endocrinology and Metabolism* 46:658-863.

Van de Velde, F. 1954 L'nfanticide chez les Esquimaux. *Eskimo* 34:6-8.

Vanoverbergh, M. 1925 Negritos of Northern Luzon. *Anthropos* 20:148-899, 399-9443.

Vayda, A., ed. 1969 *Environment and Cultural Behavior*. Garden City, N.Y.: Natural History Press.

Vayda, A. and B. McCay 1975 New Directions in Ecology and Ecological Anthropology. *Annual*

Review of Anthropology 4:293-3306.

Veblen, T. 1899 *Theory of the Leisure Class.* New York: Macmillan.

Vickers, W. 1989 Patterns of Foraging and Gardening in a Semi-Sedentary Amazonian Community. In *Farmers and Hunters: The Implications of Sedentism*, edited by S. Kent, pp. 46-59. Cambridge: Cambridge University Press.

Vierra, B. J. 1995 *Subsistence and Stone Tool Technology: An Old World Perspective.* Tempe: Arizona State University.

Vincent, A. 1984 Plant Foods in Savanna Environments: A Preliminary Report of Tubers Eaten by the Hadza of Northern Tanzania. *World Archaeology* 17:131-147.

Vitzthum, V. 1994 Comparative Study of Breastfeeding Structure and its Relation to Human Reproductive Ecology. *Yearbook of Physical Anthropology* 37:307-749.

_____. 2008 Evolutionary Models of Women' Reproductive Functioning. *Annual Review of Anthropology* 37:53-73.

Voland, E. 1998 Evolutionary Ecology of Human Reproduction. *Annual Review of Anthropology* 27:347-74.

Waguespack, N. 2002 Colonization of the Americas: Disease Ecology and the Paleoindian Lifestyle. *Human Ecology* 30:227-743.

_____. 2005 The Organization of Male and Female Labor in Foraging Societies: Implications for Early Paleoindian Archaeology. *American Anthropologist* 107:666-676.

Waguespack, N. and T. Surovell 2009 Making a Point: Wood vs. Stone-tipped Projectiles. *Antiquity* 83:786-800.

Walker, P. and B. Hewlett 1990 Dental Health, Diet, and Social Status Among Central African Foragers and Farmers. *American Anthropologist* 92:383-398.

Walker, R., K. Hill, H. Kaplan and G. McMillan 2002 Age-Dependency in Hunting Ability among the Aché of Eastern Paraguay. *Journal of Human Evolution* 42:639-957.

Wallace, W. 1978a Hupa, Chilula, and Whilkut. In *Handbook of North American Indians, Vol. 11: California*, edited by R. Heizer, pp. 164-479. Washington, D.C.: Smithsonian Institution Press.

_____. 1978b Southern Valley Yokuts. In *Handbook of North American Indians, Vol. 11: California*, edited by R. Heizer, pp. 448-861. Washington, D.C.: Smithsonian Institution Press.

Wallis, W. and R. Wallis 1955 *The Micmac Indians of Eastern Canada.* Minneapolis: University of Minnesota Press.

Wandsnider, L. 1997 The Roasted and the Boiled: Food Composition and Heat Treatment with Special Emphasis on Pit-Hearth Cooking. *Journal of Anthropological Archaeology* 16:1-48.

Warner, W. 1931 Murngin Warfare. *Oceania* 1:457-791.

_____. 1937 *A Black Civilization*. Gloucester, Mass.: Harper & Row.

Watanabe, H. 1968 Subsistence and Ecology of Northern Food Gatherers with Special Reference to the Ainu. In *Man the Hunter*, edited by R. B. Lee and I. DeVore, pp. 69-77. Chicago: Aldine.

_____. 1972a The Ainu. In *Hunters and Gatherers Today*, edited by Bicchieri, pp. 448-884. New York: Holt, Rinehart and Winston.

_____. 1972b *The Ainu Ecosystem: Environment and Group Structure*. Tokyo: University of Tokyo Press.

_____. 1983 Occupational Differentiation and Social Stratification: The Case of Northern Pacific Maritime Food Gatherers. *Current Anthropology* 24:217-719.

Watson, V. D. 1995 Simple and Significant: Stone Tool Production in Highland New Guinea. *Lithic Technology* 20:89-99.

Weedman, K. 2002 On the Spur of the Moment: Effects of Age and Experience on Hafted Stone Scraper Morphology. *American Antiquity* 67:731-144.

Weiss, K. and P. Smouse 1976 The Demographic Stability of Small Human Populations. *Journal of Human Evolution* 5:59-73.

West, M. M. and M. J. Konner 1976 The Role of Father in Anthropological Perspective. In *The Role of Father in Child Development*, edited by M. E. Lamb, pp. 185-5216. New York: John Wiley.

Weyer, E. 1932 *The Eskimos*. New Haven, Conn.: Yale University Press.

Whallon, R. 2006 Social Networks and Information: Non-"tilitarian"obility among Hunter-Gatherers. *Journal of Anthropological Archaeology* 25:259-970.

Whallon, R., W. A. Lovis and R. K. Hitchcock, eds. 2011 *Information and its Role in Hunter-Gatherer Bands. Cotsen Institute of Archaeology, Ideas, Debates, and Perspectives 5*. Los Angeles: Cotsen Institute of Archaeology Press.

Wheat, M. 1967 *Survival Arts of the Primitive Paiutes*. Reno: University of Nevada Press.

White, I. 1978 Aboriginal Women' Status: A Paradox Resolved. In *Woman' Role in Aboriginal Society*, edited by F. Gale, pp. 36-49. Canberra: Australian Institute of Aboriginal Studies.

White, N. 1985 Sex Differences in Australian Aboriginal Subsistence: Possible Implications for the Biology of Hunter-Gatherers. In *Human Sexual Dimorphism*, edited by J. Ghesquiere, R. D. Martin and F. Newcombe, pp. 323-361. London: Tagler and Francis.

White, N., B. Meehan, L. Hiatt and R. Jones 1990 Demography of Contemporary Hunter-Gatherers: Lessons from Arnhem Land. In *Hunter-Gatherer Demography Past and Present*, edited by B. Meehan and N. White, Oceania Monograph 39, pp. 171-185. Sydney: University of Sydney.

Widmer, R. 1988 *The Evolution of the Calusa: A Nonagricultural Chiefdom on the Southwest Florida Coast*. Tuscaloosa: University of Alabama Press.

Wiessner, P. 1977 *Hxaro: A Regional System of Reciprocity for Reducing Risk Among the !Kung San*. Unpublished Ph.D. dissertation, Department of Anthropology, University of Michigan.

_____, 1982a Measuring the Impact of Social Ties on Nutritional Status Among the !Kung San. *Social Science Information* 20:641-178.

_____, 1982b Risk, Reciprocity and Social Influences on !Kung San Economics. In *Politics and History in Band Societies*, edited by E. Leacock and R. B. Lee, pp. 61-84. Cambridge: Cambridge University Press.

_____, 2002a Hunting, Healing, and Hxaro Exchange: A Long-Term Perspective on !Kung (Ju/'oansi) Large-Game Hunting. *Evolution and Human Behavior* 23:407-736.

_____, 2002b The Vines of Complexity: Egalitarian Structures and the Institutionalization of Inequality among the Enga. *Current Anthropology* 43:233-369.

_____, 2005 Norm Enforcement among the Ju/'oansi Bushmen. *Human Nature* 16:115-545.

_____, 2009 Experimental Games and Games of Life among the Ju/'oan Bushmen. *Current Anthropology* 50:133-338.

Wilke, D. S. and B. Curran 1991 Why Do Mbuti Hunters Use Nets? Ungulate Hunting Efficiency of Archers and Net Hunters in the Ituri Rainforest. *American Anthropologist* 93:680-089.

Willerslev, R. 2007 *Soul Hunters: Hunting, Animism, and Personhood among the Siberian Yukaghirs*. Berkeley: University of California Press.

Willey, G. 1953 *Prehistoric Settlement Patterns in the Vir'u Valley, Peru*. Bureau of American Ethnology Bulletin 155. Washington, D.C.

Williams, B. 1968 The Birhor of India and Some Comments on Band Organization. In *Man the Hunter*, edited by R. B. Lee and I. DeVore, pp. 126-631. Chicago: Aldine.

_____, 1974 *A Model of Band Society*. Society for American Archaeology Memoir 29. Washington, D.C.

Williams, N. M. 1982 A Boundary Is to Cross: Observations on Yolngu Boundaries and Permission. In *Resource Managers: North American and Australian Hunter-Gatherers*, edited by E. Hunn and N.Williams, pp. 131-154. Boulder, Colo.: Westview.

_____. 1986 *The Yolngu and Their Land: A System of Land Tenure and the Fight for Its Recognition*. Stanford, Calif.: Stanford University Press.

Williams, N. M. and E. S. Hunn, eds. 1982 *Resource Managers: North American and Australian Hunter-Gatherers*. Boulder, Colo.: Westview.

Wilmsen, E. N. 1978 Seasonal Effects of Dietary Intake on Kalahari San. *Federation of American Societies for Experimental Biology, Proceedings* 37:65-72.

_____. 1982 Studies in Diet, Nutrition, and Fertility Performance. *Social Science Information* 21:95-125.

_____. 1983 The Ecology of Illusion: Anthropological Foraging in the Kalahari. *Reviews in Anthropology* 10:9-20.

_____. 1986 Biological Determinants of Fecundity and Fecundability: An Application of Bongaarts' Model to Forager Fertility. In *Culture and Reproduction: An Anthropological Critique of Demographic Transition Theory*, edited by W. Handwerker, pp. 59-82. Boulder, Colo.: Westview.

_____. 1989a *Land Filled with Flies*. Chicago: University of Chicago Press.

_____. 1989b Those Who Have Each Other: Politics of Aboriginal Land Tenure. In *We Are Here: Politics of Aboriginal Land Tenure*, edited by E. Wilmsen, pp. 43-67. Berkeley: University of California Press.

_____., ed. 1989c *We Are Here: Politics of Aboriginal Land Tenure*. Berkeley: University of California Press.

_____. 1992 A Myth and Its Measure. *Current Anthropology* 33:611-114.

Wilmsen, E. N. and J. Denbow 1990 Paradigmatic History of San-Speaking Peoples and Current Attempts at Revision. *Current Anthropology* 31:489-9524.

Wilmsen, E. N. and D. Durham 1988 Food as a Function of Seasonal Environment and Social History. In *Coping with Uncertainty in Food Supply*, edited by I. de Garine and G. Harrison, pp. 52-87. Oxford: Oxford University Press.

Wilson, E. O. 1978 *On Human Nature*. Cambridge: Harvard University Press.

Wilson, P. 1988 *The Domestication of the Human Species*. New Haven, Conn.: Yale University Press.

Winn, S., G. A. Morelli and E. Z. Tronick 1990 The Infant in the Group: A Look at Efe Caretaking Practices. In *The Cultural Context of Infancy*, edited by J. K. Nugent, B. M. Lancaster and T. B. Brazelton. Norwood, N.J.: Ablex.

Winterhalder, B. 1977 *Foraging Strategy Adaptations of the Boreal Forest Cree: An Evaluation of Theory and Models from Evolutionary Ecology.* Unpublished Ph.D. dissertation, Department of Anthropology, Cornell University.

_____. 1981 Foraging Strategies in the Boreal Forest: An Analysis of Cree Hunting and Gathering. In *Hunter-Gatherer Foraging Strategies*, edited by B. Winterhalder and E. A. Smith, pp. 66-98. Chicago: University of Chicago Press.

_____. 1983 Opportunity Cost Foraging Models for Stationary and Mobile Predators. *American Naturalist* 122:73-84.

_____. 1984 Reconsidering the Ecosystem Concept. *Reviews in Anthropology* 2:301-113.

_____. 1986a Diet Choice, Risk, and Food Sharing in a Stochastic Environment. *Journal of Anthropological Archaeology* 5:369-992.

_____. 1986b Optimal Foraging: Simulation Studies of Diet Choice in a Stochastic Environment. *Journal of Ethnobiology* 6:205-523.

_____. 1987 The Analysis of Hunter-Gatherer Diets: Stalking an Optimal Foraging Model. In *Food and Evolution*, edited by M. Harris and E. Ross, pp. 311-139. Philadelphia, Pa.: Temple University Press.

_____. 1993 Work, Resources and Population in Foraging Societies. *Man* 28:321-140.

_____. 1996 Social Foraging and the Behavioral Ecology of Intragroup Resource Transfers. *Evolutionary Anthropology* 20:46-57.

_____. 1997 Gifts Given, Gifts Taken: The Behavioral Ecology of Nonmarket, Intragroup Exchange. *Journal of Archaeological Research* 5:121-168.

Winterhalder, B. and C. Goland 1993 On Population, Foraging Efficiency, and Plant Domestication. *Current Anthropology* 34:710-015.

Winterhalder, B. and E. A. Smith, eds. 1981 *Hunter-Gatherer Foraging Strategies: Ethnographic and Archaeological Analyses.* Chicago: University of Chicago Press.

_____. 1992 Evolutionary Ecology and the Social Sciences. In *Evolutionary Ecology and Human Behavior*, edited by E. Smith and B. Winterhalder, pp. 3-24. Hawthorne, N.Y.: Aldine de Gruyter.

_____. 2000 Analyzing Adaptive Strategies: Human Behavioral Ecology at Twenty-Five. *Evolu-*

tionary Anthropology 9:51-72.

Winterhalder, B.,W. Baillageon, F. Cappelletto, I. Daniel, Jr. and C. Prescott 1988 The Population Ecology of Hunter-Gatherers and Their Prey. *Journal of Anthropological Archaeology* 7:289-9328.

Winterhalder, B., F. Lu and B. Tucker 1999 Risk-Sensitive Adaptive Tactics: Models and Evidence from Subsistence Studies in Biology and Anthropology. *Journal of Archaeological Research* 7:301-148.

Wissler, C. 1914 Material Cultures of the North American Indians. *American Anthropologist* 16:447-7505.

_____. 1923 *Man and Culture*. New York: Thomas Y. Crowell Company.

_____. 1926 *The Relation of Nature to Man in Aboriginal America*. New York: Oxford University Press.

Wobst, H. M. 1974 Boundary Conditions for Paleolithic Social Systems: A Simulation Approach. *American Antiquity* 39:147-778.

_____. 1978 The Archaeo-Ethnology of Hunter-Gatherers or the Tyranny of the Ethnographic Record in Archaeology. *American Antiquity* 43:303-39.

Wood, B. M. 2006 Prestige or Provisioning? A Test of Foraging Goals among the Hadza. *Current Anthropology* 47:383-387.

Wood, B. M. and K. Hill 2000 A Test of the Showing-Off Hypothesis with Ache Hunters. *Current Anthropology* 41:124-425.

Wood, B. M. and F. Marlowe 2011 Dynamics of Postmarital Residence among the Hadza: A Kin Investment Model. *Human Nature* 22:128-838.

Wood, J. W. 1990 Fertility in Anthropological Populations. *Annual Review of Anthropology* 19:211-142.

_____. 1994 *Dynamics of Human Reproduction: Biology, Biometry, Demography*. Hawthorn, N.Y.: Aldine de Gruyter.

Woodburn, J. 1968 An Introduction to Hadza Ecology. In *Man the Hunter*, edited by R. B. Lee and I. DeVore, pp. 49-55. Chicago: Aldine.

_____. 1972 Ecology, Nomadic Movement, and the Composition of the Local Group Among Hunters and Gatherers: An East African Example and Its Implications. In *Man, Settlement, and Urbanism*, edited by P. J. Ucko, R. Tringham and G. Dimbleby, pp. 193-3206. New York: Schenkman.

_____, 1979 Minimal Politics: The Political Organization of the Hadza of North Tanzania. In *Politics and Leadership: A Comparative Perspective*, edited by W. Shack and P. Cohen, pp. 244-466. Oxford: Clarendon Press.

_____, 1980 Hunters and Gatherers Today and Reconstruction of the Past. In *Soviet and Western Anthropology*, edited by A. Gellner, pp. 95-117. London: Duckworth.

_____, 1982 Egalitarian Societies. *Man* 17:431-151.

_____, 1988 African Hunter-Gatherer Social Organization: Is It Best Understood as a Product of Encapsulation? In *Hunters and Gatherers, Vol. 1: History, Evolution, and Social Change*, edited by T. Ingold, D. Riches and J. Woodburn, pp. 31-64. Oxford: Berg.

_____, 1998 'Sharing is not a Form of Exchange' An Analysis of Property-Sharing in Immediate-Return Hunter-Gatherer Societies. In *Property Relations: Renewing the Anthropological Tradition*, edited by C. M. Hann, pp. 48-63. Cambridge: Cambridge University Press.

Wrangham, R. W. 2009 *Catching Fire: How Cooking Made Us Human*. New York: Basic Books.

Wrangham, R. W., M. L. Wilson and M. N. Muller 2006 Comparative Rates of Violence in Chimpanzees and Humans. *Primates* 47:14-26.

Wynne-Edwards, V. 1962 *Animal Dispersion in Relation to Social Behavior*. Edinburgh: Oliver and Boyd.

Yellen, J. 1976 Settlement Pattern of the !Kung: An Archaeological Perspective. In *Kalahari Hunter-Gatherers*, edited by R. B. Lee and I. DeVore, pp. 48-72. Cambridge: Harvard University Press.

_____, 1977 *Archaeological Approaches to the Present: Models for Reconstructing the Past*. New York: Academic Press.

Yellen, J. and H. Harpending 1972 Hunter-Gatherer Populations and Archaeological Inference. *World Archaeology* 4:244-453.

Yengoyan, A. 1968 Demographic and Ecological Influences on Aboriginal Australian Marriage Sections. In *Man the Hunter*, edited by R. B. Lee and I. DeVore, pp. 185-599. Chicago: Aldine.

_____, 1972 Biological and Demographic Components in Aboriginal Socio-Economic Organization. *Oceania* 43(2):85-95.

_____, 1976 Structure, Event and Ecology in Aboriginal Australia. In *Tribes and Boundaries in Australia*, edited by N. Peterson, pp. 121-132. Canberra: Australian Institute of Aboriginal Studies.

_____. 1979 Economy, Society and Myth in Aboriginal Australia. *Annual Review of Anthropology* 8:393-3415.

_____. 1981 Infanticide and Birth Order: An Empirical Analysis of Preferential Female Infanticide Among Australian Aboriginal Populations. *Anthropology UCLA* 7:255-573.

Yesner, D. R. 1980 Maritime Hunter-Gatherers: Ecology and Prehistory. *Current Anthropology* 21:727-750.

_____. 1994 Seasonality and Resource "tress"Among Hunter-Gatherers: Archaeological Signatures. In *Key Issues in Hunter-Gatherer Research*, edited by E. S. Burch, Jr. and L. J. Ellanna, pp. 151-167. Oxford: Berg.

Yount, J. W., Tsiazonera and B. Tucker 2001 Constructing Mikea Identity: Past or Present Links to Forest and Foraging. *Ethnohistory* 48:257-791.

Yu, P. L. 2006 From Atlatl to Bow and Arrow: Implicating Projectile Technology in Changing Systems of Hunter-Gatherer Mobility. In *Archaeology and Ethnoarchaeology of Mobility*, edited by F. R. Sellet, R. Greaves and P. L. Yu, pp. 201-120. Gainesville: University Press of Florida.

Zahavi, A. 1997 *The Handicap Principle: A Missing Piece of Darwin' Puzzle*. Oxford: Oxford University Press.

Zavaleta, E. 1999 The Emergence of Waterfowl Conservation Among Yup'k Hunters in the Yukon-Kuskokwim Delta, Alaska. *Human Ecology* 27:231-166.

Zeanah, D. 2002 Central Place Foraging and Prehistoric Pinyon Utilization in the Great Basin. In *Beyond Foraging and Collecting: Evolutionary Change in Hunter-Gatherer Settlement Systems*, edited by B. Fitzhugh and J. Habu, pp. 231-156. New York: Kluwer Academic/Plenum Press.

_____. 2004 Sexual Division of Labor and Central Place Foraging: A Model for the Carson Desert of Western Nevada. *Journal of Anthropological Archaeology* 23:1-32.

진화이론과 수렵채집 사회의 인간행동생태학

이 책은 2013년에 출간된 로버트 켈리(Robert Kelly)의 *The Lifeways of Hunter-Gatherers: The Foraging Spectrum*(Cambridge University Press)을 번역한 것이다. 1995년 원제와 부제가 거의 바뀐 제목(*The Foraging Spectrum: Diversity of Hunter-Gatherer Lifeways*)으로 초판이 출간되었으며, 오랫동안 수렵채집 사회의 인류학과 고고학 분야에서 가장 권위 있는 학술서 역할을 해왔다.

현재 와이오밍대학(University of Wyoming) 인류학과 교수인 로버트 켈리는 수렵채집 사회, 미국 선사시대에 관해 많은 글을 쓰고 있는 연구자이다. 미국 고고학회 회장을 역임한 바 있는 저명한 고고학자이기도 하며, 데이빗 토머스와 공동으로 출간한 *Archaeology*라는 책은 대학의 고고학개론 강좌에서 인기 있는 교재이다. 특히 수렵채집민의 물질문화, 이동성, 기술 등에 대한 논저는 이론과 방법론을 가로지른다.

*The Lifeways of Hunter-Gatherers: The Foraging Spectrum*은 초판 이후 학술서로서, 그리고 대학 강의 교재로서 높은 평가를 받아 왔다. 이는 이 책이 다른 많은 책에서 보기 힘든 장점을 지니고 있기 때문이다. 특히 종합적인 정보와 이론적인 논의를 담고 있음은 커다란 장점이다.

첫째, 이 책은 종합적이다. 수렵채집 사회의 삶을 소개하는 책은, 연구서와 대중서를 막론하고, 이미 알려진 것들이 더러 있다. 많은 독자를 확보하고 있는 책도 있지만, 대부분은 특정한 사례 중심이다. 일반인의 경우, 한두 가지 수렵채집민의 사례를 인간본성을 비추어주는 거울인 양 소개하는 책이나 미디어를 접하기 쉽다. 가령 부시맨이라 알려진 주호안시족이나 핫자족같이 인류학과 고고학에서 많이 알려진 특정한 사회에 치중하고 있어, 다양한 환경과 삶의 양태를 지니고 있는 수렵채집 사회를 이해하는 데 한계가 있다.

켈리의 책은 특정 연구에 치중한 다른 많은 대중서나 학술서와는 달리, 수렵채집 사회에 대한 종합적인 진술과 비교, 분석을 담고 있으며, 기존의 책과 논문, 보고서, 민족지 등을 종합하면서 수렵채집 생활의 다양성을 강조하고 있다. 식단, 이동성, 인구, 사회를 다루고 있는 장들뿐만 아니라, 열대림에서 온대지방, 극지에 이르기까지 100개가 넘은 족속의 사례를 표로 정리하고 기초적인 분석을 제시하고 있는 것은 다른 어떤 책에서도 볼 수 없는 강점이다. 연구자조차도 글을 쓰면서 자신의 논지에 맞는 몇 사례만을 선별하여 제시하는 경우가 있음을 돌이켜볼 때, 최대한의 자료를 종합하고 그로부터 다양성과 함께 인지할 수 있는 패턴을 추구하고 있음은 본받아야 할 자세라고 생각한다.

문화 또는 문화 특질은 경우에 따라서 아주 오래 존속되기도 하고 빠르게 변화하기도 한다. 그렇기에 특정한 집단의 행위와 전통을 설명하는 많은 책들이 나름의 장점을 가지고 있지만, 그 자체로 한계도 있다. 이 책은 특정 집단의 전통이나 행위에 머무르지 않고 수십 년 전의 민족지 자료까지 종합하여 분석하고 있다. 켈리는 자료를 종합하면서 그저 다양성이 있다는 결론에 만족하지 않고, 통계를 제시하고 분석한다. 그리하여 알래스카, 극지방의 민족지 자료와 온대지방, 해안, 아프리카 밀림의 자료를 비교하고 분석할 수 있는 토대를 갖게 된다.

둘째, 이 책은 이론과 방법론을 강조한다. 진화생태학, 더 구체적으로 인간행동생태학은 현재 고고학과 문화인류학의 수렵채집민 연구에서 가장 널리 받아들여지고 있는 이론이면서 방법론이다. 수도 없이 어지러이 널려 있는 자료를 이론 또는 학문적인 시각 없이 정리하고 의미 있는 패턴을 도출하거나 설명할 수는 없다. 본래 생물학과 생태학에서 말미암은 인간행동생태학은 진화이론의 틀에서 생태학적 다양성을 설명하고자 한다. 이로써 적도와 온대, 극지의 다양한 수렵채집민의 생활양태는 그저 다양성에 머무르지 않고 설명적인 가치를 지닌다. 로버트 켈리는 2장에서 특히 문화생태학을 비판적으로 검토함으로써 인간행동생태학의 입장을 옹호하는 이유를 분명하게 논하고 있다.

진화생태학 또는 인간행동생태학은 1970년대 말 브루스 윈터할더와 에릭 스미스가 선구적으로 인류학, 특히 수렵채집민 연구에 적용하였으며, 그 이후 지금까지 이 분야의 가장 주도적인 이론으로 자리잡고 있다. 물론 초창기 최적수렵모델 등에 대해 비판이 없었던 것은 아니며, 수렵채집 사회의 정치, 종교 등에 대해서는 상징주의적인 시각에서 연구가 이루어지기도 했지만, 경제, 인구, 사회 등 많은 분야에서 오랫동안 학문의 중심을 차지해 왔다는 것은 그만큼 이 이론이 생산적이었음을 방증한다.

진화이론은 19세기 중반 인류학과 고고학이 성장하던 때부터, 물론 시간의 흐름에 따라 등락을 거듭했지만, 줄곧 학문의 곁에 있었다. 다만 20세기 중반까지 인문사회과학에서 언급되었던 진화의 개념은 문화진화 또는 사회진화론으로서 다윈의 진화이론과는 직접적인 관련이 없으며, 그 이후에야 본격적으로 자연선택을 비롯한 다윈의 진화 개념이 인문사회과학에 적용되기 시작한다(성춘택 2003; 마이클·라이맨 2009).[1] 진화이론의 적용 방식에는 학파 간에 차이가 있지만, 문화와 인간행위, 환경 사이의 다양한 패턴이 오랜 기간 자연선택의 과정으로 형성되었다는 원칙을 토대로 한 인간행동생태학은 다윈진화의 원칙에 가장 충실하다고 할 수 있다. 식생활과 이동성, 공유와 영역성, 물질문화와 기술, 집단 구성과 인구, 사회구조 등 다양한 영역이 사실 환경과 인간행위 사이의 상호작용, 곧 자연선택의 결과임을 부인하기는 어렵다.

그럼에도 우리는 수렵채집 사회의 다양한 양상을 너무 단순화하여 그리는 경향이 있다. 이 역시 진화적 시각, 다시 말해 잘못된 단선적인 문화진화론의 탓이기도 하

---

1   성춘택, 2003. 「다위니즘과 진화고고학의 원칙」, 『호남고고학보』 17: 113-133.
     오브라이언 마이클·리 라이맨(성춘택 옮김), 2009. 『다윈진화고고학』, 나남(원저: *Applying Evolutionary Archaeology: A Systematic Approach.* New York: Plenum. 2000).

다. 수렵채집민은 야만적이고 미개하며, 따라서 인간이 자연의 일부였던 먼 과거를 보여 준다는 인식은 아직도 우리 주변에 팽배하다. 수렵채집민을 통해 인간을 볼 수는 있어도, 그것 자체로 우리의 선사시대를 그릴 수 있다고 생각하는 것은 잘못이다. 수렵채집 사회는 구석기시대 이후 만 년 이상 고립되어 변화와 발전의 역사와 과정을 겪지 않고 그대로 머물러 있는 박제된 과거는 아니다. 이 책에서 분명하게 논의하고 있듯이, 수렵채집 사회는 다른 여러 형태의 사회와 마찬가지로 환경과 주변 집단과의 상호작용의 과정을 보여 준다.

그런데 이와 정반대 생각, 곧 수렵채집 사회가 자연으로 돌아가고 싶은 인간의 욕망을 대변해 주는 듯이 생각하는 것도 잘못이다. 1966년 "맨 더 헌터" 학회 이후 수렵채집민은 늘 풍족하고 여유로우며 평등한 사회를 이루고 소유에 대한 개념도 없으며 식량을 균등 배분한다는 생각이 자리 잡았는데, 이 역시 과장된 것이다. 수렵채집민은 다른 어떤 사회의 사람들과 똑같이 여유를 가지기도 하지만 굶주리기도 하고, 경우에 따라서는 범죄를 저지르고 전쟁을 벌이기도 한다. 이동하지 않고 한 곳에 정주하면서 사회 내의 위계가 발달된 사회도 있다. 그런데 아직도 위와 같은 단순한 생각이 광범위한 것 같다. 가령 음식을 균등하게 배분하는 일은 많은 수렵채집 사회에서 보이지만, 이를 일반화할 수는 없다.

이렇듯 이 책에서는 수많은 사례 연구를 종합하여 다양한 수렵민의 생활 양태를 강조하고 있다. 어느 획일적인 유형이나 기준으로 수렵채집 사회의 전형을 삼을 수는 없다. 우리는 그동안 수없이 많은 전형을 만들어내며 본질론(essentialism)적인 잘못을 저질러 왔다. 다만 그저 많은 것이 다양하다고 결론만을 강조하는 일처럼 학문적으로 무책임하고 허무한 경우도 없다. 결국 이 책은 다양성이란 패턴 역시 진화이론이라는 틀로 설명하고 이해하고자 한다.

수렵채집민은 일상적으로 무엇을 사냥하고 채집할지, 어떻게 일상 식단을 유지할지, 어디에서 활동할지, 언제 어디로 떠나야 할지와 같은 수많은 의사결정을 해야 한다. 인간행동생태학의 시각에 따르면, 환경과 주어진 조건에서 대안전략 사이의 비용과 효과의 측면에서 의사결정이 이루어지기 때문에, 그런 패턴을 이루는 행위가 자연선택을 통해 자리잡았다. 이는 과거의 수렵채집민이나 현재 민족지를 통해 마주하는 수렵채집민 모두에게 해당하는 원칙이다. 현존, 그리고 민족지에 기술되어 있는 수렵채집민은 과거 사람들과 동일하지는 않지만, 의사결정과 행위의 원칙은 같았을 것이다. 이것이 바로 인류학 이론과 모델이 고고학에 주는 폭넓은 정보의 원천이다.

옮긴이의 입장에서 한 가지 부가하고 싶은 것은 생물진화와 문화진화 모두 자연선택만으로는 설명하기 힘든 영역에 대해 더 고려할 필요가 있다는 것이다. 자연선택은 적응을 설명해주지만, 부동(drift) 역시 진화의 주요 메커니즘이다. 사회문화 현상의 많은 부분은 적응이나 환경과 관련하여 비용과 효과의 측면에서 합리적 선택의 시각으로 설명하기 힘들다. 적응적이지 않은, 곧 자연선택에 중립적인(neutral) 특질이 우연과 확률적인 과정을 거쳐 다음 세대로 전수되어 누적적인 변화를 일으키기도 한다. 가령 수렵채집민의 생계활동과 식량자원과 관련하여 특정 음식에 대한 기호나 전통 같은 것도 진화이론의 시각에서 설명이 필요하고, 설명할 수 있는 영역이다. 수렵채집민의 물질문화 역시 자연환경에 대한 적응만으로 설명할 수는 없다. 우리 주변에는 "필요는 발명의 어머니"라는 식으로 필요, 또는 비용과 효과의 측면에서 이해하기 어려운 현상이 많다. 같은 목적을 추구하고, 행위의 기능적인 맥락이 같더라도, 그것을 수행하는 방식이나 양식은 다를 수 있는 것이다. 이것 역시 진화이론의 주된 설명 영역이며, 현재 고고학에서 특히 양식적 속성의 변화를 설명하는 데 많은 연구가 이루어지고 있다. 앞으로 인간행동생태학에서도 이런 비적응적인 부분에 대한 이해를 보완함으로써 더 포괄적인 진화이론에 입각한 연구가 진척되기를 기대한다.

이 책이 참고할 만한 연구서와 대학의 교재가 늘 부족한 한국의 인류학과 고고학 독자에게 많은 도움이 될 것으로 믿는다. 또한 수렵채집 사회의 삶에 관심 있는 일반인에게도 균형 잡힌 시각과 지식을 줄 것이다. 이 책을 우리말로 번역하는 일은 옮긴이에게는 보람이자 기쁨이었고, 공부이기도 했다. 옮긴이는 미국 워싱턴대학교 (University of Washington) 인류학과에 유학 시절 이 책에서 자주 언급되는 에릭 스미스(Eric Alden Smith) 교수의 강좌에서 초판을 처음 접하였다. 한국에 놀아와 대학원 교재로도 몇 번 사용해 보았지만, 늘 힘든 강의였음을 자인한다. 이번 기회에 고고학과 인류학을 공부하는 학생들과 연구자에게 큰 도움이 됨은 물론, 관련 주제에도 앞으로 개척해야 할 더 넓고 깊은 영역이 있음을 느꼈으면 좋겠다. 비록 수렵채집 사회를 직접 전공하지 않는 인류학자나 고고학자라 할지라도 이 책을 읽으며 과거와 현재의 인간사회에는 넓은 다양성과 함께 설명할 수 있는 패턴이 있음을 이해할 것으로 믿는다.

책을 번역하며 많은 사람의 도움을 받았다. 먼저 번역을 허락하고 한국어판 서문까지 써준 원저자 로버트 켈리 교수께 감사한다. 이 책은 한국고고환경연구소의 번역 지원을 받았으며, 연구소장 이홍종 교수께 고마움을 전하고 싶다. 또한 강원대학교 한건수 교수는 인류학 용어 번역에 조언을 해주기도 했다. 하지만 어려운 용어가 많고, 수도 없이 많은 원주민 이름 가운데는 우리말로 적절하게 표현하지 못한 사례도 있을 텐데, 읽는 이에게 미리 양해를 구한다. 원서는 강의 교재로 사용한 바도 있는데, 경희대학교 대학원에서 고고학을 공부하는 오정우, 김민경, 김영은, 허원영 학생 등이 번역문을 꼼꼼히 읽고 교정을 도와주었다. 어려운 여건 속에서도 좋은 전문서적을 출판하고자 애쓰는 사회평론아카데미의 노고도 부기하고 싶다. 마지막으로 늘 미안하기만 한 가족에게도!

옮긴이 성춘택

찾아보기